Verhandlungen, Mitteilungen

und

Berichte

des

Centralverbandes Deutscher Industrieller.

№ 125.

Herausgegeben

von

Dr. jur. Schweighoffer,
Generalsekretär des Centralverbandes Deutscher Industrieller,
Berlin W9, Linkstr. 25 (Fuggerhaus).

Telephon: Amt Lützow, Nr. 2527.

Juni 1912.

Berlin 1912.
J. Guttentag, Verlagsbuchhandlung,
G. m. b. H.

Inhaltsverzeichnis.

Centralverband Deutscher Industrieller.

Sitzung des Ausschusses
am 21. Mai 1912, morgens 9 ½ Uhr, in München.

Zu Punkt 1 der Tagesordnung „Geschäftliche Angelegenheiten" bringt der Geschäftsführer Herr Regierungsrat a. D. Dr. Schweighoffer satzungsgemäß zur Kenntnis, daß die Revision der Rechnung des Centralverbandes für das Jahr 1911 von der Prüfungskommission, den Herren Generaldirektor Werminghoff, Baurat Krause und Generaldirektor Winkler, vorgenommen und die Rechnung richtig befunden worden ist. Ohne Erörterung wird Kenntnis genommen und Entlastung erteilt, sodann die Wiederwahl der genannten drei Herren in die Prüfungskommission beschlossen. Betreffs Zuwahl von Mitgliedern in den Ausschuß bemerkt der Vorsitzende, daß bei den Wahlen in den Ausschuß zu unterscheiden ist zwischen denjenigen, die die Delegiertenversammlung wählt, und denjenigen, die im Wege der Kooptation vom Ausschuß gewählt werden. In den Ausschuß sind durch die Delegiertenversammlung zwei Mitglieder und ein Stellvertreter zu wählen. Es wird vorgeschlagen, an Stelle des verstorbenen Herrn Kommerzienrat Brauns in Eisenach den Herrn Baurat Generaldirektor Beuckenberg in Hörde und an Stelle des Herrn Kommerzienrat Sartorius, der sein Amt wegen zu hohen Alters niedergelegt hat, den jetzigen Vorsitzenden des Verbandes deutscher Leinenindustrieller, Herrn Kommerzienrat Tiemann-Bielefeld und an Stelle des Herrn Kommerzienrat Herbst-Triebes Herrn Albert Haasemann, Direktor der Jutespinnerei und -Weberei Bremen, als Stellvertreter zu wählen. Der Ausschuß stimmt diesem Vorschlage zu.

Dann folgen die Wahlen, die der Ausschuß durch Kooptation zu vollziehen hat. Auf Vorschlag des Direktoriums werden folgende Herren zugewählt: Kommerzienrat Wilh. Röll-Aue, Erzgebirge (Sachsen), Hüttenbesitzer Dr. Max von Vopelius-Sulzbach a. d. Saar, Kommerzienrat Philipp Rosenthal-Selb (Bayern), Dr. Kubatz, Geschäftsführer des Vereins zur Wahrung der Interessen der Asphaltindustrie in Deutschland und des Vereins deutscher Pappenfabrikanten, Berlin.

Zur Vorberatung der Tagesordnung der Delegiertenversammlung bemerkt der Vorsitzende, daß eine Einladung zu dieser Versammlung an die bayerische Staatsregierung, die Stadt München, die Leitung der Bayerischen Gewerbeschau, des Deutschen Museums usw. ergangen sei. Es sei in Aussicht genommen, Huldigungstelegramme an Se. Majestät den Kaiser und an Se. Königliche Hoheit den Prinzregenten von Bayern zur Absendung zu bringen. Bezüglich der satzungsgemäß vorzunehmenden Neuwahl des Direktoriums weist der Vorsitzende darauf hin, daß das Direktorium gegenwärtig aus 13 Herren bestehe: den Herren Geheimräten Dr. von Rieppel, Koenig, Kirdorf, Vorster, Schlumberger, Semlinger, Hilger, Vogel, von Siemens, Hugenberg und Schrey, Herrn Bueck und ihm selbst. Nach dem Tode des Herrn von Vopelius sei für diesen eine Neuwahl erforderlich und außerdem Neuwahl für die genannten 13 Herren. Das Direktorium schlage vor, auch die übrigen Sitze bis zur satzungsgemäß zulässigen Gesamtzahl von 18 zu besetzen und benenne, an Stelle des Herrn von Vopelius, im Einvernehmen mit den großen Verbänden in Südwestdeutschland, Herrn Kommerzienrat Eduard Abt, Mitglied des Vorstandes der Firma Gebr. Abt in Ensheim und Forbach, ferner Herrn Kommerzienrat Brückner in Calbe a. S., Vorsitzender des Vereins Deutscher Papierfabrikanten, Herrn Geheimen Baurat Flohr, Vorsitzender des Direktoriums der Stettiner Maschinenbau-A.-G. „Vulkan", Stettin-Hamburg in Hamburg, Herrn Baurat Ehrhardt, Vorsitzender des Verbandes Deutscher Tonindustrieller, und Herrn Generaldirektor Werminghoff. Bezüglich der übrigen Mitglieder des Direktoriums bittet der Vorsitzende, ihm Vorschläge zu machen und glaubt, als aus der Versammlung der Ruf „Wiederwahl!" laut wird, sagen zu können, daß sämtliche Herren des Direktoriums bereit sein dürften, diese Wiederwahl anzunehmen. In der Delegiertenversammlung wäre mitzuteilen, daß der Ausschuß Wiederwahl beantragt.

Es werden sodann die der Delegiertenversammlung vorzulegenden Beschlußanträge in der vom Direktorium genehmigten Fassung zur

Verlesung gebracht (s. S. 45 ff.). Zum ersten, betreffend Schutz der Arbeitswilligen, beantragt Herr Generalsekretär Steller-Cöln einen Zusatz „insbesondere durch gesetzliches Verbot des Streikpostenstehens", und betont in der Begründung: Es habe sich herausgestellt, daß die Bestrebungen zum besseren Schutz der Arbeitswilligen sich auf einen Punkt vereinigt haben, und der sei das Verlangen nach einem Verbot des Streikpostenstehens. Man habe gesehen, daß die Streikposten an sich eine Drohung bedeuten für alle Arbeitswilligen, die von den anderen Arbeitern verächtlich gemacht und in Verruf erklärt, bis in ihre Wohnungen verfolgt und mißhandelt würden. Das Streikpostenstehen sei die Wurzel alles Uebels. Die bestehenden gesetzlichen Bestimmungen seien unzureichend, das Streikpostenstehen müsse deshalb verboten werden. Herr Justizrat Wandel-Essen erklärt es für sehr zweckmäßig, wenn die Versammlung zum Ausdruck bringe, daß sie einen verstärkten Schutz für die Arbeitswilligen und insbesondere ein Verbot des Streikpostenstehens wünsche. Herr Kommerzienrat Reusch-Oberhausen schlägt vor, im zweiten Satz zu sagen statt „da dieser Schutz ... nicht in ausreichender Weise gewährt werden kann": „nicht immer in ausreichender Weise gewährt werden kann". Mit diesen beiden Aenderungen bzw. Einschaltungen wird der erste Beschlußantrag einstimmig angenommen. Ebenfalls einstimmige Annahme findet der zweite, betreffend Wehrvorlagen, mit einer redaktionellen Aenderung. An der kurzen Erörterung beteiligten sich die Herren Stumpf, Dr. Schweighoffer, Meesmann, Wandel, Bock. Der erste Redner drückte von vornherein seine Freude aus, daß eine solche Zustimmungskundgebung des Centralverbandes angeregt worden sei. Bezüglich des dritten Antrages zur Sozialpolitik wurden von einer Seite Zweifel geäußert, ob es angebracht sei, jetzt, wo keine besondere gesetzliche Vorlage dazu zwinge, mit einer solchen Kundgebung hervorzutreten. Demgegenüber wird von verschiedenen Herren darauf hingewiesen, daß das sozialpolitische Drängen unaufhörlich vor sich gehe, wofür die bei Eröffnung des neuen Reichstages eingebrachten zahlreichen Initiativanträge den besten Beweis lieferten. Es sei ein dankenswertes Unternehmen gewesen, daß der Centralverband diese Anträge zusammengestellt und hierdurch die Aufmerksamkeit der Industrie darauf gelenkt habe. In der Erörterung, an welcher die Herren Dr. Fiebelkorn, Dr. Tille, Reusch, Dr. Guggenheimer, Ditges, Dr. Schweighoffer, Hirsch teilnahmen, wurde u. a. besonders hervorgehoben, daß sich der Centralverband Deutscher Industrieller durchaus nicht, wie vielfach ausgestreut werde, grundsätzlich gegen jede Sozialpolitik ausgesprochen habe oder die ganze Sozialpolitik zurückschrauben wolle, daß er vielmehr erfüllbaren Wünschen durchaus freundlich gegenüberstehe und nur das Uebermaß bekämpfe. Auch dieser Beschlußantrag fand nach einigen redaktionellen Aenderungen einstimmige Annahme. Herr Steller regt noch die Absendung eines Telegramms an Herrn Melchers-Bremen zu dessen 70. Geburtstage an.

Schluß der Ausschußsitzung 10½ Uhr.

Versammlung

der

Delegierten des Centralverbandes Deutscher Industrieller

am 21. Mai, morgens 10 ½ Uhr, in München.

Vorsitzender Landrat a. D. **Rötger:** Meine Herren! Ich eröffne die Delegiertenversammlung. Bevor wir in die Erledigung der Tagesordnung eintreten, möchte ich zunächst den Vorschlag machen, der sicherlich Ihrer aller Zustimmung finden wird. Wir wollen an Se. Majestät den Kaiser und an Se. Königl. Hoheit den Prinzregenten von hieraus einen Huldigungsgruß senden. (Bravo!) Ich bitte die beiden Telegramme vorzulesen. (Geschieht.)

„Eure Kaiserliche Majestät bittet der Centralverband Deutscher Industrieller, dessen Delegierte in Bayerns Hauptstadt versammelt sind, seine ehrfurchtvollste Huldigung allergnädigst entgegennehmen zu wollen.

Rötger, Landrat a. D. Dr. Schweighoffer."

„Eure Königliche Hoheit bittet der Centralverband Deutscher Industrieller, dessen Delegierte in der bayrischen Hauptstadt versammelt sind, die ehrfurchtvollste Huldigung allergnädigst entgegennehmen zu wollen.

Rötger, Landrat a. D. Dr. Schweighoffer."

(Bravo! und Beifall.)

Meine Herren, Sie haben durch Ihre Zurufe bewiesen, daß Sie mit diesem Vorschlage einverstanden sind, ich bitte Sie, einzustimmen in den Ruf: Se. Majestät der Kaiser und Se. Königl. Hoheit der Prinzregent hurra, hurra, hurra! (Geschieht.) Meine Herren, dann habe ich daran zu erinnern, daß vor 25 Jahren der Centralverband Gast in Bremen gewesen ist bei einer hochbedeutsamen Veranlassung, bei der Feier der Eröffnung der Reichspostdampferlinien, eine Veranlassung, die Schiffahrtsinteressenten und Interessenten der übrigen Industrie zusammengeführt hat. Ich möchte die Herren bitten, sich damit einverstanden zu erklären, daß wir dem Herrn, der damals in Bremen dem Centralverbande gegenüber die Gastfreundschaft in glänzender Weise ausgeübt hat, Herrn Hermann Melchers, ein Telegramm senden, um ihm zu zeigen, daß wir dieses denkwürdigen Tages heute gedacht haben. (Bravo!) Das Telegramm soll lauten:

„In angenehmer Erinnerung an die glänzenden Festtage, die Stadt und Kaufmannschaft Bremen als Zeichen der Gemeinsamkeit ihrer wirtschaftlichen Interessen bei Eröffnung der Reichspostdampferlinien den Industriellen Deutschlands bereitet haben, sendet Ihnen, hochgeehrter Herr, als einem der freundlichen Gastgeber, zum 70. Geburtstag herzlichste Glückwünsche der Centralverband Deutscher Industrieller.

Landrat a. D. Rötger, Vorsitzender."

Vorsitzender: Meine Herren! Wir tagen nicht zum ersten Male in Bayern, vor sechs Jahren hatte sich der Verband das altehrwürdige Nürnberg zur Festfeier seines 30jährigen Bestehens auserkoren und dort anläßlich der hochbedeutsamen Landesausstellung gastliche Aufnahme gefunden, zum ersten Male aber ist der Verband in Bayerns schöner Hauptstadt versammelt und wieder aus Anlaß einer Ausstellung, der Bayrischen Gewerbeschau 1912. Da ist es uns eine willkommene Pflicht gewesen, die offiziellen Kreise Münchens, insbesondere die höchsten und hohen Staatsbehörden, Vertretungen der Bürgerschaft, an ihrer Spitze den Herrn Oberbürgermeister Dr. von Borscht und zahlreiche Korporationen zu bitten, uns die Ehre der Teilnahme an unseren Sitzungen zu geben. Unser Dank für Ihr Erscheinen, meine Herren, richtet sich in erster Linie an die Herren Vertreter der hohen bayrischen Staatsregierung, sowie naturgemäß auch an die Herren Vertreter aller städtischen und sonstigen Körperschaften, die ich im einzelnen jetzt nicht namhaft machen will. Wir hegen die Hoffnung, daß durch die Teilnahme an unserer heutigen Tagung insbesondere bei der hohen bayrischen Staatsregierung die Bestrebungen des Centralverbandes Deutscher Industrieller und unsere Arbeit steigende Beachtung finden werden. Meine Herren, wir sind aber ganz besonders erfreut darüber, daß wir diese Tagung legen konnten in eine Zeit, wo wir von uns sagen können, daß wir zusammen mit der uns befreundeten Vertretung, die gestern getagt hat, dem Verband der deutschen Betriebskrankenkassen, die ersten Korporationen sein durften, die anläßlich der Gewerbeschau nach hier geeilt sind. Freilich, es wird wohl von denen, die aus dem Norden gekommen sind, nur wenige geben, die bereits einen tieferen Blick in die Ausstellung selbst haben tun können, aber die hohe Bedeutung des Königreichs Bayern im Zusammenhange des großen deutschen Kultur- und Wirtschaftsgebietes läßt keinen Zweifel darüber, daß diese Gewerbeschau hochbedeutsam sein wird. Das Königreich Bayern ist ja in der außerordentlich glücklichen Lage, neben den über die Maßen schönen landschaftlichen Reizen in sich zu bergen Landwirtschaft, Industrie, Handel, Gewerbe, Kunstgewerbe namentlich, und das Schönste zuletzt: eine Kunst, die allesamt die Beiworte hochentwickelt und blühend für sich in Anspruch nehmen darf. Und, meine Herren, in dem großen Kranze blühender Städte wird neidlos die Palme gereicht der schönen Hauptstadt Bayerns, bei deren Namensnennung in jedem Kunstfreunde sich Erinnerungen auslösen, die im Zusammenhange stehen mit all dem Herrlichen, was dank dem Kunstsinne hochherziger Herrscher aus dem Hause Wittelsbach den Besuchern Münchens geboten wird. Aber, meine Herren, ich würde, wenn ich bei meinen Begrüßungsworten vor den Männern, die im täglichen Kampfe des Wirtschaftslebens stehen, verschweigen wollte das, was uns bedrückt, vergleichbar sein einem Manne, der über dem schönen blauen Himmel, der sich über ihm wölbt, geflissentlich übersehen wollte die Wetterwolken, die von allen Seiten heraufziehen. Meine Herren, es muß in unserer Versammlung ausgesprochen werden, daß noch niemals in Deutschlands Entwickelung innere Gefahren von solcher Bedeutung unser Wirtschaftsleben bedroht haben als gegenwärtig, und es muß ausgesprochen werden, daß dies die Folge ist in der Hauptsache einer tiefen, beklagenswerten Zerrissenheit der bürgerlichen Gesellschaft (sehr richtig!), die wir nicht ändern können und die ich auch jetzt nicht auf die Frage hin untersuchen will, wer daran schuld ist, auf die aber hinzuweisen heute meine Pflicht ist, um daran anknüpfend mit allem Nachdruck zu betonen, daß unsere bürgerliche Gesellschaft alle Veranlassung hat, sich endlich durchzuringen zu der Ansicht, daß es so nicht weiter gehen darf. Meine Herren! Handel und Industrie stehen in einer Vorpostenstellung vor der bürgerlichen Gesellschaft in unmittelbarer Fühlung mit dem Gegner und dank der unermüdlichen Wachsamkeit weitsichtiger Männer in voller Kenntnis der Bedeutung, Pläne und Absichten des Gegners. Meine Herren, das ist meine Auffassung: Industrie und Handwerk sind in erster Linie verantwortlich für das, was in dieser Hinsicht der hinter ihnen stehenden bürgerlichen Gesellschaft droht! Man nennt uns immer Scharfmacher, nicht nur in den Kreisen der Gegner, an die ich gedacht habe, sondern auch in bürgerlichen Kreisen. Man vergißt aber vollkommen, daß nicht nur wir, sondern die ganze bürgerliche Gesellschaft sich in Verteidigungsstellung befindet (sehr richtig!) und daß diese Kampfstellung unter der Einsicht stehen sollte, daß der Schutz der nationalen Arbeit gegen den Terror die unentbehrliche Vorbedingung ist für das Wohlergehen aller Kreise unserer Bevölkerung, daß die Förderung der nationalen Arbeit, die immer erneute Heranholung neuer Arbeitsgelegenheiten durch bedeutende, wagemutige, weitsichtige Unternehmer allein geeignet ist, die Lebenshaltung unserer Lohnarbeiter zu heben und sie in immer steigendem Maße an den Gütern unserer Kultur teilhaftig werden zu lassen; aber auch allein geeignet ist, meine Herren, unsere Wehrkraft und die Leistungsfähigkeit unseres Volkes im Interesse der Ausnutzung dieser Wehrkraft zur Sicherung unserer Grenzen und unseres Handels in der Welt zu erhalten. (Bravo!)

Meine Herren, mit dieser Auffassung stehen wir allerdings im diametralen Gegensatze zur Ansicht der Sozialdemokratie, welche die Hebung der Lebensverhältnisse der Lohnarbeiter auf dem Wege grundstürzender Aenderungen der Gesellschaftsordnung, der Verteilung der Güter und der Gütererzeugung zu erreichen strebt, ein Streben, meine Herren, das durch keinen Revisionismus beseitigt werden kann, und das alle bürgerlichen Kreise ebenso wie die nüchterner Ueberlegung zugänglichen Lohnarbeiter sich hüten sollten, auch nur indirekt zu unterstützen. (Sehr richtig!) Die Industrie sollte dies vor allem einsehen. Und doch, auch in den Kreisen der Gewerbetreibenden gibt es Herren, welche an dieser einfachen Tatsache vorbeigehen, die sie nicht sehen, vielleicht auch nicht sehen wollen, und die sich beruhigen lassen durch bequemen, gänzlich unangebrachten Optimismus und aus Bedürfnissen der Taktik herrührende Gegengründe. Meine Herren, leider ist es so, die vielfach zu beobachtende Gleichgültigkeit, der Mangel an Einfluß der Gewerbetreibenden auf ihre politischen Parteifreunde sind nicht die letzte Ursache für den Einfluß, den die agitatorische Kraft der Sozialdemokratie auf andere Parteien, auf unsere Regierung und damit auf die Gesetzgebung in deutschen Landen gewonnen hat. Ich sage Ihnen, meine Herren, nichts Neues, aber es muß betont werden, der Centralverband hat diese Dinge seit langer Zeit erkannt, er hat immer gewarnt, er hat noch kurz vor den letzten Reichstagswahlen immer wieder auf diese Dinge hingewiesen und wird seine mahnende Stimme immer wieder erheben. (Bravo!) In dieser trostlosen Oede und Zerrissenheit ist es ein Lichtblick gewesen — neulich hat sich das bei der parlamentarischen Erledigung der Wehrvorlagen gezeigt —, daß gegen die äußeren Feinde wenigstens die bürgerlichen Parteien zusammenstanden und dem Kaiser gegeben haben, was des Kaisers ist. (Bravo!) Die Versündigung der Sozialdemokratie an der Sicherheit des Deutschen Reiches wird — so dürfen wir hoffen — in den breitesten Schichten unserer bis auf die Knochen nationalen Bevölkerung nicht vergessen werden. Aber es ist dringend zu wünschen, daß die bürgerlichen Parteien zu der Einsicht kommen, daß sie auch gegen innere Feinde nationale Güter gemeinsam zu verteidigen haben. (Sehr richtig!) Nur so — und das ist nach der Ansicht des Centralverbandes das Endziel aller deutschen Arbeit — wird es möglich sein, unserer gesunden und starken, vorwärtsstrebenden Volkskraft unter dem Schutze eines einigen Deutschen Reiches die Möglichkeit intensivster Arbeitsausnutzung und Freude an der Arbeit gegen alle Feinde in Ehren zu erhalten. (Bravo! Allseitiger Beifall.)

Nun, meine Herren, kommen wir zum 2. Punkte der Tagesordnung:

Neuwahl des Direktoriums.

Das Direktorium, meine Herren, scheidet nach den Satzungen alle drei Jahre in corpore aus; augenblicklich ist das Direktorium zusammengesetzt aus 13 Mitgliedern, es besteht neben meiner Wenigkeit aus den Herren v. Rieppel, Koenig, Kirdorf, Vorster, Schlumberger, Semlinger, Hilger, Vogel, Bueck, von Siemens, Hugenberg und Schrey. Meine Herren, ich bitte um Vorschläge in bezug auf die Wahlen. (Zurufe von mehreren Seiten: Wiederwahl.) Es wird hier Wiederwahl zugerufen — wenn kein Widerspruch erfolgt, so betrachte ich es als den Willen der Versammlung (jawohl!)

und konstatiere das. (Bravo!) Ich gebe also bekannt, daß das Direktorium in corpore per Akklamation wiedergewählt ist. Ich nehme für meine Person die Wahl dankend an. (Bravo!) Darf ich die anwesenden Herren fragen? (Tut dies.) Die Herren haben auch angenommen, die anderen Herren werden gefragt werden. Nun haben wir infolge des Todes des Herrn von Vopelius noch einen Sitz zu besetzen und außerdem sind satzungsgemäß noch vier weitere Sitze frei, nach deren Besetzung die Höchstziffer von 18 erreicht sein wird. Der Ausschuß macht Ihnen durch mich den Vorschlag, diese Sitze jetzt auch zu besetzen; 1. An Stelle des Herrn von Vopelius wird Herr Kommerzienrat Abt, Mitglied des Vorstandes der Firma Gebr. Abt in Ensheim und Forbach, vorgeschlagen. Ich stelle den Herrn zur Wahl und mache darauf aufmerksam, daß auch hier Wahl per Akklamation zulässig ist. (Zuruf: einverstanden!) Es ist Wahl durch Zuruf beantragt — wenn kein Widerspruch erfolgt — dies geschieht nicht, dann darf ich annehmen, daß die Wahl des Herrn Kommerzienrat Abt getätigt ist. (Bravo!) Darf ich Herrn Kommerzienrat Abt fragen, ob er die Wahl annimmt? (Nimmt dankend an.) 2. Wir schlagen Ihnen Herrn Kommerzienrat Brückner in Calbe-Saale, Vorsitzender des Vereins deutscher Papierfabrikanten, vor (Zuruf); wenn kein Widerspruch erfolgt, darf ich annehmen, daß Sie auch diese Wahl getätigt haben. Darf ich Herrn Kommerzienrat Brückner fragen? (Nimmt an.) 3. Herrn Geh. Baurat Flohr von der Vulkanwerft in Hamburg (Zuruf); da kein Widerspruch erfolgt, nehme ich an, daß Sie auch diese Wahl tätigen, das ist der Fall. 4. Herrn Baurat Ehrhardt, Vorsitzender des Verbandes deutscher Tonindustrieller (Zuruf). Wenn kein Widerspruch erfolgt, darf ich annehmen, daß Sie auch diese Wahl getätigt haben — das ist der Fall. 5. Herrn Generaldirektor Werminghoff aus der Braunkohlenindustrie (Zuruf). Es erfolgt kein Widerspruch, dann ist auch diese Wahl durch Akklamation getätigt. Damit sind die 18 Sitze des Direktoriums wieder besetzt.

Dann kommen wir zu Punkt 3 der Tagesordnung:

Wahlen in den Ausschuß.

In den Ausschuß sind zwei Mitglieder und ein Stellvertreter zu wählen. An Stelle des verstorbenen Herrn Kommerzienrat Brauns-Eisenach wird in Vorschlag gebracht Herr Baurat Generaldirektor Beuckenberg in Hörde. Darf ich annehmen, daß Sie einverstanden sind (jawohl!), das ist der Fall. An Stelle des Herrn Kommerzienrat

Sartorius-Bielefeld wird der jetzige Vorsitzende des Verbandes deutscher Leinen-Industrieller, Herr Kommerzienrat Tiemann-Bielefeld vorgeschlagen. Ich konstatiere Ihr Einverständnis. An Stelle des Herrn Kommerzienrat Herbst-Triebes wird Herr Albert Haasemann, Direktor der Jutespinnerei und -Weberei-Bremen, als Stellvertreter in Vorschlag gebracht. Sind Sie auch damit einverstanden? (Zustimmung.)

Ich gebe nun dem Herrn Geschäftsführer das Wort zu Punkt 4 der Tagesordnung:

Bericht des Geschäftsführers.

Geschäftsführer Regierungsrat a. D. Dr. jur. **Schweighoffer**-Berlin: Meine sehr geehrten Herren! Es ist Brauch im Centralverband Deutscher Industrieller, daß sich der zu erstattende Geschäftsbericht auf die seit der letzten Delegiertenversammlung verflossene Periode bezieht. Die letzte Versammlung der Delegierten des Centralverbandes hat am 7. November v. J. stattgefunden und diejenigen, die an dieser Tagung teilgenommen haben, werden sich wohl nicht ohne Befriedigung an sie erinnern. Denn ihr Verlauf hat gegenüber den vielfachen Anfeindungen und Angriffen, denen der Centralverband im letzten Jahre ausgesetzt gewesen ist, den überzeugenden Beweis erbracht, nicht nur für die innere Geschlossenheit des Verbandes, sondern auch dafür, daß die erste und vornehmste Aufgabe des Centralverbandes die Förderung der Interessen der heimischen Arbeit ist und daß dieses Ziel fest und mit Erfolg im Auge behalten worden ist. Daß weite Kreise der Industrie in dieser Beurteilung des Centralverbandes einig gehen, ist auch äußerlich dadurch zum Ausdruck gekommen, daß dem Centralverband seit jener Tagung außer einer Reihe von Einzelmitgliedern nicht weniger als 8 große Verbände beigetreten sind, so daß der Centralverband Deutscher Industrieller gegenwärtig 197 korporative Mitglieder umfaßt, gegenüber 189 in der gleichen Zeit des Vorjahres. Von diesen 197 körperschaftlichen Mitgliedern gehören nur 38 dem Bergbau und der Eisenindustrie an; die übrigen Verbandsmitglieder sind, soweit sie nicht als Vereine zur Wahrung allgemeiner industrieller Interessen mehr oder weniger große und bedeutende Bezirke, z. B. das Königreich Bayern, die preußischen Provinzen Rheinland und Westfalen mit allen in ihnen vertretenen Industriezweigen umfassen, Vereinigungen der Maschinen- und Metallindustrie, der Industrie der Steine und Erden, der Textilindustrie in allen ihren Zweigen, des Papiergewerbes, der Nahrungs- und Genußmittelindustrie, der chemischen Industrie usw. Wer diesen Tatsachen gegenüber heute noch immer an der Behauptung festhält, daß der Centralverband in der Hauptsache nur die Industrien der Rohstoffe und Halbfabrikate vertrete, die Industrien der Fertigfabrikate in ihm aber keine wirksame Vertretung fänden, der kann sich dem Vorwurf nicht entziehen, daß er diese Behauptung wider besseres Wissen nur in der Absicht aufstellt, den Keim des Unfriedens in der Industrie zu nähren und die bestehende Zerklüftung zu fördern. (Sehr richtig!)

Meine Herren! Ich habe anfangs dieses Jahres in einer kleinen Broschüre „Centralverband und Fertigindustrie" den Nachweis dafür gegeben, daß die Tätigkeit des Centralverbandes im Laufe seines nunmehr 36jährigen Bestehens den Interessen der weiterverarbeitenden und Fertigindustrie in gleichem, wenn nicht in höherem Maße zugute gekommen ist, wie denjenigen der sogenannten „schweren" Industrie und daß der Vorwurf, der Centralverband habe sich stets nur in den Dienst einzelner bevorzugter Teile der Industrie gestellt, ein nach jeder Richtung hin unbegründeter ist. Wenn daher in manchen Kreisen der Industrie gegenwärtig dennoch das Gefühl vorhanden ist, daß ihre besonderen wirtschaftlichen Interessen beim Centralverband nicht diejenige Förderung erfahren haben, die ihnen erwünscht und notwendig erschien, so sollte man sich in diesen Kreisen doch auch einmal die Frage vorlegen, ob der Einfluß der industriellen Vertretungskörperschaften in unserem wirtschaftlichen Leben dadurch besonders gefördert wird, daß von seiten der Gegner des Centralverbandes die vermeintlichen Interessengegensätze geflissentlich immer stärker betont und durch die Politik der unablässigen Anfeindung immer mehr verschärft werden. (Sehr richtig!)

Allen denjenigen, welche die große Zeit der wirtschaftlichen Bewegung in den 70er Jahren mitgemacht haben, wird noch gewärtig sein, daß durch die damalige Umkehr von der unbedingten Freihandelspolitik in Deutschland zu einem maßvollen System von Schutzzöllen, die in allererster Linie auf die energische Tätigkeit des Centralverbandes zurückzuführen war, die Grundlage gegeben wurde für die gewaltige Entwickelung der deutschen Industrie, die jeden Vaterlandsfreund mit Stolz und Freude erfüllt. Dieser Sieg wurde damals erreicht durch die Einmütigkeit der Industrie und durch die Ueberzeugung von der Solidarität der Interessen. Wer heute einen Rückblick wirft auf jene große Zeit und sie mit den gegenwärtigen Verhältnissen vergleicht, der wird mit Bedauern feststellen müssen, daß an die Stelle dieser Einigkeit in der Industrie fast überall Zwietracht getreten ist und daß die Ueberzeugung von der unbedingten Solidarität der Interessen nicht nur in der Industrie, sondern auch zwischen Industrie und Landwirtschaft heutzutage in weiten Kreisen nicht mehr herrscht. (Leider!)

Wie sehr diese Gegensätze auf wirtschaftlichem Gebiete auch auf unsere inneren politischen Verhältnisse eingewirkt haben, das beweist zur Genüge der Ausfall der Neuwahlen zum Reichstage, die sich Anfang dieses Jahres unter den schärfsten und erbittertsten Kämpfen abgespielt haben und die wegen ihrer weittragenden Bedeutung für die fernere Entwickelung unserer wirtschaftlichen und wirtschaftspolitischen Verhältnisse von mir an erster Stelle kurz zum Gegenstande einiger Betrachtungen gemacht werden müssen.

Meine Herren! Die Kaiserliche Thronrede zur Eröffnung des neuen Reichstages hat an die Spitze ihrer Erklärungen die Betonung der Pflicht gestellt: „das feste Gefüge des Reiches und staatlicher Ordnung unversehrt zu erhalten". Mit diesen Worten, mit der Hervorhebung der Aufgabe, die staatliche Ordnung unversehrt zu erhalten, ist das Hauptergebnis der Reichstagswahlen in der treffendsten Weise bewertet worden; sie geben die unzweideutige Antwort auf die Wahl der 110 Sozialdemokraten in den Deutschen Reichstag.

Es soll hier unerörtert bleiben, ob dieser Wahlerfolg der Sozialdemokraten sich nicht hätte vermindern lassen, wenn von den zuständigen Stellen aus energischer und zielbewußter auf eine Zusammenfassung und Aufklärung der an sich vielfach indolenten, aber von Hause aus national und monarchisch gesinnten Wähler hingewirkt worden wäre. Denn das Anwachsen der sozialdemokratischen Mandate von 53 auf 110, die Steigerung der Wählerstimmen für die sozialdemokratische Partei auf $4^1/_4$ Millionen, d. h. auf 34,8 pCt. aller abgegebenen gültigen Stimmen darf sicher nicht als ein Zeichen des unentwegten Fortschreitens der sozialdemokratischen Ideen und Umsturzgedanken gedeutet werden. Dieses Ergebnis ist ohne Zweifel im wesentlichen gezeitigt worden durch die Zersplitterung und gegenseitige Verbitterung der bürgerlichen Parteien, von denen die Fortschrittliche Volkspartei sich nicht einmal gescheut hat, durch das bekannte Stichwahlabkommen mit der Sozialdemokratie dieser Partei unmittelbar Vorspanndienste zu leisten. Ein derartiger Mangel an Geschlossenheit unter den bürgerlichen Parteien mußte natürlich von vornherein die Wahlaussichten gegenüber einem Gegner, der durch eine skrupellose Agitation die breiten Massen der Wähler für sich zu gewinnen wußte, erheblich herabmindern. Er mußte aber auch den Bestrebungen, den Interessen der Industrie durch die Wahl sachkundiger Abgeordneter eine bessere Vertretung im Reichstage zu verschaffen, bis zu einem gewissen Grade hindernd im Wege stehen. (Sehr wahr!)

Es ist Ihnen bekannt, meine Herren, daß, um den Einfluß der Industrie im Parlamente zu mehren, von seiten des Centralverbandes ein industrieller Wahlfonds gesammelt worden war, und es soll auch von dieser Stelle aus gegenüber den vielfachen Anfeindungen, denen diese Bildung eines Wahlfonds bis in die jüngste Zeit hinein begegnet ist, ausdrücklich betont werden, daß trotz der ungewöhnlich ungünstigen Verhältnisse, die infolge der derzeitigen Parteikonstellation der vollen Wirksamkeit des Wahlfonds entgegenstanden, das Vorgehen des Centralverbandes einen beachtenswerten Erfolg gehabt hat. Von den 120 Kandidaten, deren Wahl durch Zuwendungen aus dem industriellen Wahlfonds an die betreffenden Wahlkomitees unterstützt worden war, sind 41 Abgeordnete, d. h. 34 pCt. gewählt worden, und es ist hiermit der Beweis erbracht, daß die Industrie sehr wohl in der Lage ist, bei den Wahlen selbständig ihre Interessen zu vertreten. Es darf gehofft werden, daß diese Abgeordneten bereit sind, auf dem Gebiete der Wirtschafts- und Sozialpolitik der deutschen Industrie den Schutz zu gewähren, der ihr nach Maßgabe ihrer Produktionsbedingungen und gegenüber der Wirtschaftspolitik der fremden, mit ihr in Konkurrenz stehenden industriellen Staaten gebührt. Daß die gleichen Abgeordneten bei der Behandlung nationaler Fragen eine unbedingt zuverlässige, treu zu Kaiser und Reich haltende Gesinnung betätigen würden, war als sicher zu erwarten und hat bei der Erledigung der Wehrvorlagen auch die Bestätigung gefunden.

Der deutsche Außenhandel bezifferte sich im Jahre 1872 auf $5^1/_2$ Milliarden Mark, im Jahre 1911 auf über 18 Milliarden Mark. Diese beiden Zahlen entrollen das Bild einer gewaltigen wirtschaftlichen Entwickelung, nicht nur auf dem Gebiete des Handels, sondern auch auf dem der produktiven Tätigkeit. Denn nur auf der Grundlage einer großen, fortschreitenden produktiven Tätigkeit konnte sich der Handel eines Landes derartig entfalten, wie es diese Zahlen des deutschen Außenhandels zeigen. Deutschland hat mit seinen hochgespannten Interessen als Weltmacht in den weitesten Teilen, in den entferntesten Gebieten unseres Erdballs Wurzel geschlagen, und die fernere Entwickelung seines wirtschaftlichen Gedeihens ist bedingt durch die Erhaltung seiner Kraft und Größe, die geschaffen worden ist durch das deutsche Heer, durch das Volk in Waffen. Auf der Leistungsfähigkeit und Schlagfertigkeit unserer Wehrkräfte zu Lande und zu Wasser beruht unsere nationale Machtstellung, die politische wie die wirtschaftliche, und die Sicherung dieser Machtfülle des Deutschen

Reiches, die ihre starke Stütze findet in der treuen Bundesgenossenschaft, die uns mit unserem großen Nachbarreiche Oesterreich-Ungarn eint, ist die beste Bürgschaft für eine Erhaltung des Friedens. In dieser Ueberzeugung hat sich daher auch die Industrie wohl mit ungeteilter Zustimmung auf den Boden der Kaiserlichen Thronrede gestellt, die die neuen Anforderungen für Heer und Marine mit den Worten begründete: „Das Gedeihen unserer Werke daheim und über See hängt davon ab, daß das Reich mächtig genug bleibt, um seine nationale Ehre, seinen Besitz und seine berechtigten Interessen in der Welt jederzeit zu wahren und zu vertreten."

Von diesem Grundgedanken hat sich der Centralverband in seinen Entschließungen stets leiten lassen, und er hat bei allen sich darbietenden Gelegenheiten die Regierung in vollem Maße unterstützt, wenn es galt, Gesetzesvorlagen durchzubringen, die auf die Vermehrung und Kräftigung unserer Streitkräfte zu Wasser und zu Lande abzielten. Diese Haltung hat das Direktorium des Centralverbandes auch den gegenwärtigen, von den Verbündeten Regierungen eingebrachten Forderungen gegenüber eingenommen. Hierbei wurde allerdings von der Voraussetzung ausgegangen, daß, nachdem durch die letzte Reichsfinanzreform die Finanzen des Reichs der Gesundung entgegengeführt worden sind, dieser Gesundungsprozeß durch die für den Ausbau der Wehrkraft erforderlichen Mehrausgaben nicht wieder in Frage gestellt werden würde. Es erschien daher das Verlangen berechtigt, daß die finanzpolitischen Grundsätze, die mit der Reform von 1909 aufgestellt worden sind und die in der Forderung gipfelten: „Keine Ausgaben ohne Deckung", auch fernerhin in Geltung bleiben.

Meine Herren! Die Ihnen bekannte Deckungsvorlage der Reichsregierung sowie die derselben beigegebene Begründung stützten sich auf die Annahme, daß sich einerseits die Reichseinnahmen mit der wachsenden Bevölkerung ohne weiteres vermehren und daß andererseits auch für die nächsten sechs Jahre gegenüber dem Voranschlage Mehrerträge in der gleichen Höhe eingehen werden, wie sie die beiden verflossenen Finanzjahre dank einer ungewöhnlich günstigen wirtschaftlichen Konjunktur gebracht haben.

Es kann wohl kaum bestritten werden, daß diese Voraussetzung einer gleich glänzenden Weiterentwickelung der Reichseinnahmen und der Fortdauer einer über das Normalmaß hinausgehenden Hochkonjunktur auf recht schwachen Füßen stand und einen wenig sicheren Faktor in der Rechnung der Reichsregierung gebildet hat. Ich darf daran erinnern, daß im Jahre 1902 beim Erlaß des neuen Zolltarifgesetzes bestimmt wurde, einen gewissen Teil der Erträgnisse aus den Zolleingängen für die künftige Versorgung der Witwen und Waisen der Arbeiter bereitzustellen, und daß damals dieser Ertrag für das Jahr auf 92 Millionen Mark berechnet wurde. Diese Hoffnung hat sich sehr bald als durchaus trügerisch herausgestellt. Nicht in einem einzigen Jahre ist der angenommene Betrag vereinnahmt worden, und anstatt der vom damaligen Staatssekretär des Reichsschatzamts, Freiherrn von Thielmann, bis zum Jahre 1910 erwarteten 330 Millionen Mark, die als Kapitalgrundstock gelten sollten, waren dem anzusammelnden Fonds bis zum 1. Januar 1910 überhaupt nicht mehr als rund 45 Millionen Mark zugeflossen. (Hört, hört!)

Nach derartigen Vorgängen mußte es in der Tat berechtigten Bedenken unterliegen, dauernde große Ausgaben auf Einnahmen zu stützen, deren Eingang zum mindesten sehr zweifelhaft war, und diesen Bedenken hat die Budgetkommission des Reichstages durch die von ihr in den letzten Tagen gefaßten Beschlüsse denn auch Rechnung getragen. Nach Maßgabe dieser Beschlüsse ist allerdings die Frage der Erschließung neuer Einnahmequellen für das Reich wieder brennend geworden und es wird sich wohl im Plenum des Reichstags noch der Kampf darüber in verschärfter Form erheben, welchen Schultern man die Kosten aufladen soll.

Meine Herren! Zu den Glaubenssätzen der Wahl- und Parteitaktik gehört seit langem in erster Linie der Grundsatz, daß die Schultern, die für eine Neubelastung durch Steuern in Betracht kommen, lediglich die sogenannten starken sein dürfen, und daß die Verbrauchsartikel der Massen nicht mit weiteren Abgaben zu belasten sind. Zusicherungen in dieser Hinsicht werden in den Wahlreden der Reichstagskandidaten mit großer Vorliebe gegeben, und zahlreiche Abgeordnete lassen hinter diesen Glaubenssätzen alle sachlichen Erwägungen zurücktreten. Und doch sollte man sich eigentlich bewußt sein, daß, falls dieser Grundsatz konsequent durchgeführt werden sollte, alsdann die verbündeten Regierungen des Reichs und überhaupt jedes Staatswesen, das in die gleiche Lage versetzt würde, wohl dazu übergehen müßten, einen großen Teil des Einkommens und des Vermögens dieser sogenannten starken Schultern auf dem Wege der Steuergesetzgebung zu konfiszieren. Denn diese Klasse der starken Schultern ist nicht nur in Deutschland, sie ist selbst in dem als sehr reich bekannten England im Verhältnis zu der ganzen Bevölkerung überaus gering.

Wenn man z. B. an der Hand der preußischen Einkommensteuer — und ich glaube, daß die Verhältnisse in dieser Beziehung in ganz Deutschland ziemlich ähnlich denen des preußischen Staates sein werden — alle diejenigen, die ein Einkommen von 3000 M. und mehr haben, mit zu den starken Schultern rechnen will, dann beträgt die Zahl dieser Zensiten nur 5,89 pCt. aller Steuerpflichtigen in Preußen, während 94,11 pCt. weniger als 3000 M. Einkommen haben. (Hört, hört!) Die Klasse der sogenannten starken Schultern ist hiernach also recht minimal, und man sollte aus den Erfahrungen, die in allen modernen Kulturstaaten auf dem Gebiete der Steuergesetzgebung gemacht worden sind, entnehmen, daß, wenn es sich darum handelt, zur Deckung der staatlichen Bedürfnisse größere Summen auf dem Wege der Besteuerung zu gewinnen, solche nicht zu erlangen sind, ohne daß die Massen in Mitleidenschaft gezogen werden. (Sehr richtig!) Diesem Erfahrungssatz gegenüber kann auch die von einzelnen Parteiführern so oft gehörte Behauptung nicht maßgebend sein, daß bei uns in Deutschland die unteren Klassen nicht in der Lage wären, neue Lasten zu tragen.

Meine Herren! Eine Nation, die jährlich über $3^1/_2$ Milliarden Mark für alkoholische Getränke ausgibt, die also hierin in einem Jahre einen Konsum hat, von dem weniger als $^1/_5$ ausreichen würde, um die gesamten für sechs Jahre berechneten Kosten der Wehrvorlagen in Höhe von $650^1/_2$ Millionen Mark zu decken, eine solche Nation ist nicht zu arm, um sich ein schlagfertiges Heer und eine leistungsfähige Flotte zu halten. (Sehr richtig!) Und, meine Herren, was die deutsche Arbeiterschaft anbetrifft, so glaube ich, daß, wenn die Arbeiter heute imstande sind, freiwillig an ihre sozialdemokratischen Organisationen rund 32 M. jährlich und mehr zu entrichten, wenn es ihnen möglich ist, in die Kasse dieser Organisationen im Jahre 1910 über 64 Millionen Mark einzuzahlen, wenn ferner nach den von der sozialdemokratischen Partei bei der Beratung der Reichsversicherungsordnung im Vorjahre gestellten Anträgen den Arbeitern für soziale Zwecke nicht weniger als 1 Milliarde Mark jährliche Mehrlasten als erträglich zugemutet wurden, — so glaube ich, daß es ihnen dann ein leichtes sein wird, den unendlich viel kleineren Betrag zu missen, der notwendig ist, um unsere Wehrkraft zu stärken, die doch im eigensten Interesse der deutschen Arbeiterschaft stark und mächtig erhalten wird. (Sehr wahr!)

An dieser Tatsache sollte auch innerhalb der Arbeiterschaft ein Zweifel eigentlich nicht bestehen, und doch lehren gerade die Vorgänge der letzten Zeit, daß die sozialdemokratischen Führer der organisierten Arbeiterschaft mit den wachsenden Kräften der Partei ihre Anstrengungen zu verdoppeln trachten, unsere nationale Wehrmacht, als die Grundlage unserer staatlichen Ordnung und wirtschaftlichen Größe, zu schwächen oder sogar zu vernichten. Ein maßgebender deutscher „Genosse", der verflossene Reichstagspräsident Scheidemann, hat sich nicht gescheut, am 30. März d. J. in Paris das fast feierliche Versprechen abzugeben — anders lassen sich seine Worte nicht deuten —, daß die Sozialdemokraten in Deutschland den Ausbruch eines Krieges gegen Frankreich mit der Proklamation des Massenstreiks beantworten würden, um auf diese Weise die volle und rasche Entfaltung unserer Wehrkräfte zu hindern oder zu vereiteln. (Pfui!)

Meine Herren! Es ist bedauerlich, daß gegenüber derartigen Aeußerungen sozialdemokratischer Agitatoren, die das vaterlandslose, anarchistische Treiben dieser Revolutionäre aufs schärfste beleuchten und denen sich die täglichen Auslassungen der sozialdemokratischen Presse würdig an die Seite stellen, bei uns in Deutschland innerhalb weiter Kreise der bürgerlichen Gesellschaft eine Unempfindlichkeit und Gleichgültigkeit herrscht, wie kaum in einem anderen Lande. Selbst die unerhörten Schmähungen, die am 25. April und 17. Mai d. J. im preußischen Abgeordnetenhause und im Deutschen Reichstage sich die sozialdemokratischen Abgeordneten Ströbel und Scheidemann gegen ihr eigenes Vaterland zuschulden kommen ließen, haben nicht vermocht, bei einem großen Teil unserer bürgerlichen Presse, bis in diejenige hinein, die sich nationalliberal nennt, ein wirklich starkes und ehrliches Gefühl der Entrüstung hervorzurufen, während doch derartige Vorgänge den deutlichsten Beweis dafür liefern sollten, daß zwischen jedem Manne, dem sein Vaterland noch heilig ist, und einem Sozialdemokraten eine tiefe, durch nichts überbrückbare Kluft besteht. (Bravo!)

Unter dem Einfluß der Lehren des heutigen Kathedersozialismus hat sich das Gefühl gegenüber den revolutionären Bestrebungen der Sozialdemokratie leider immer mehr abgeschwächt, und man ist bemüht, in den sozialdemokratischen Lehren und Grundanschauungen den „Wert der Ideen" zu erkennen und zur Anerkennung zu bringen. (Zustimmung.) Ihnen allen, namentlich auch den Herren österreichischen Delegierten, die wir den Vorzug haben, unter uns zu sehen, wird der Aufsatz zu Gesicht gekommen sein, den Anfang vorigen Monats der Wirkliche Geheime Rat, das Mitglied des preußischen Herrenhauses, Professor von Schmoller in der „Neuen Freien Presse" über die 110 Sozialdemokraten im Deutschen Reichstage veröffentlicht hat und in der er eine Verständigung mit der Sozialdemokratie über einen modus vivendi empfiehlt. Er weist zu diesem Zwecke darauf hin, daß es einst auch im alten Rom dem Patrizierstaat gelungen sei, die Plebs, die gleichfalls staatsartig fest in sich organisiert gewesen sei, wie die heutige Sozialdemokratie, und dem Patriziat ebenso feindlich gegenübergestanden habe, doch zuletzt dem Staatswesen versöhnlich einzufügen.

Dieser Hinweis auf die römische Geschichte ist kein Meisterstück (Heiterkeit. Sehr wahr!) eines historischen Vergleichs. Ganz abgesehen davon, daß die Zustände des römischen Reichs während der Kämpfe zwischen Patriziern und Plebs mit den Zuständen im heutigen Deutschland ganz unvergleichbar sind, läßt sich auch die Versöhnung der beiden Stände als eine glückliche Lösung des Konflikts wohl kaum kennzeichnen, wenn man sich den Untergang der römischen Republik (sehr richtig!), die darauf folgenden, während eines Jahrhunderts wütenden Bürgerkriege und den daraus hervorgegangenen Cäsarismus vor Augen hält. (Sehr richtig! Bravo!) Dieses sollte, meine Herren, das Warnungszeichen, die Mahnung sein, die aus der Vergangenheit zu uns herüberleuchtet. (Sehr richtig!) Und auch die Vorgänge der Gegenwart widersprechen nach jeder Richtung hin der Prophezeiung Schmollers, daß die Sozialdemokratie mit jedem Jahre praktischer Mitarbeit an der laufenden Staatsverwaltung einen oder zwei ihrer revolutionären Giftzähne verliere und sich allmählich aristokratisiere oder „mausere". Dieser Glaube an die Mauserung der Sozialdemokraten, der auch in der liberalen Wahlarbeit eine Hauptrolle gespielt hat, sollte doch allmählich von seinen Trägern als ein leerer Wahn empfunden werden. Mit aller Schärfe hat unlängst erst wieder in der Sitzung des Reichstages am 17. Februar d. J. der Wortführer der sozialdemokratischen Reichstagsfraktion, der Abgeordnete Ledebour, die Annahme, daß sich seine Partei im „Läuterungsfeuer des Revisionismus allmählich in eine bürgerliche Partei umwandeln" werde, für eine phantastische Illusion erklärt (sehr richtig!) und hat unter lebhafter Zustimmung seiner Genossen ausgeführt: „Ich bin überzeugt, ich spreche das einmütige Urteil aller meiner Parteigenossen aus, welcher Richtung sie auch angehören; sie alle weisen mit Entschiedenheit den Verdacht zurück, als ob irgendwelche Sozialdemokraten zu einer Rückwärtsrevidierung der Sozialdemokratie in eine bürgerliche Partei jemals die Hand bieten würden." (Hört! hört!) Und der „Genosse" Scheidemann hat bei seinem, von mir schon erwähnten Auftreten in Paris am 30. März d. J. den Wahlsieg der Sozialdemokraten darauf zurückgeführt, daß sich ungeheure Massen der Wähler, die bei den Reichstagswahlen für die Sozialdemokratie die Stimme abgegeben haben, gesagt hätten: „Wenn diese Sozialdemokraten von der bestehenden Ordnung keinen Stein auf dem andern lassen wollen, dann sind sie uns gerade recht."

Meine Herren! Wenn aus solchen unzweideutigen Erklärungen sozialdemokratischer Führer von den Inhabern akademischer Lehrstühle der Volkswirtschaft und einem Mitgliede des preußischen Herrenhauses — ich zitiere jetzt wörtlich — „die Erkenntnis gewonnen wird, daß ein steigender Teil der Leiter der Sozialdemokraten durch praktische Erfahrungen gemäßigter und versöhnlicher geworden sei und daß unter ihrer Führung die Arbeitermassen allein wieder diszipliniert und friedlich in das Ganze von Staat und Volkswirtschaft würden eingefügt werden können", dann wird man diese Art Kathedersozialismus mit dem Wort „weltfremd" wohl noch sehr milde charakterisieren. (Sehr wahr!)

Mit beißender Schärfe hat einmal ein Historiker und Gelehrter, der unseren heutigen Kathedersozialisten als Wissenschaftler sicher nicht nachstand, Professor von Treitschke, in seiner Schrift „Der Sozialismus und seine Gönner" die Neigung gegeißelt, den in der Sozialdemokratie herrschenden Theorien und Ansichten entgegenzukommen, und hat sie treffend als nervöse Furchtsamkeit vor den Massen gekennzeichnet, die zu einer Verwirrung aller wissenschaftlichen und sittlichen Begriffe führe. Treitschke schreibt wörtlich: „Wenn der große Volksmann X. mit der üblichen rüpelhaften Betonung mir treuherzig erklärt, er denke zur rechten Zeit unsere Paläste und Akademien mit Petroleum anzufeuchten, so darf ich ihm nicht ebenso treuherzig erwidern: „Großer Mann, ich finde das niederträchtig und werde mich nötigenfalls zur Wehr setzen." Nur ein geistloser Mensch oder ein hartherziger Krämer mag sich solche Antwort erlauben. Ich bin vielmehr verpflichtet, anzuerkennen, die unholde Schale jener Drohungen umschließe einen edlen Kern unergründlicher sozialpolitischer Weisheit — nur schade, daß besagter Volksmann diese Weisheit als elende Bourgeois-Halbheit entschieden verdammt." (Heiterkeit.)

In diesen sarkastischen Worten Treitschkes liegt in bezug auf unsere gegenwärtigen sozialen Verhältnisse eine ungleich größere Wahrheit als in dem ganzen Aufsatze Schmollers, dessen Anschauung von der „Herrschaft der Führer über die Massen der Arbeiter" auch wohl zur Genüge widerlegt ist durch die jüngsten Vorgänge in England, im einheimischen Buchdruckerei- und Schneidergewerbe, und vor allem durch die Vorgänge im Ruhrrevier im März d. J. Gerade bei den letzteren hat es sich gezeigt, wie schwer es diesen Führern bereits geworden ist, die Herrschaft über die anwachsenden Massen in Händen zu behalten, wie leicht sie ihnen entgleitet.

Meine Herren! Der Versuch, aus Anlaß der englischen Streikbewegung auch bei uns einmal wieder eine sozialdemokratische Machtprobe zu veranstalten, für deren Gelingen das Ergebnis der Reichstagswahlen starke Hoffnung erweckt hatte, ist, wie Ihnen bekannt, völlig gescheitert und das Mißglücken des Streiks hat auf seiten der Unterlegenen nichts als Erbitterung, nicht nur gegen die Sieger, sondern auch gegen die Führer zurückgelassen. Der Ausstand der Bergarbeiter im Ruhrkohlenrevier hat aufs neue den klaren Beweis erbracht, daß den Führern der Sozialdemokratie nicht so sehr das Wohl der Arbeiter am Herzen liegt, als vielmehr der Sieg der sozialistischen Sache, der sie dienen und von der sie leben. Diese Erkenntnis sowie die allgemeine Ueberzeugung, daß der diesjährige Streik im Ruhrrevier der typische Fall eines Sympathiestreiks war, hat denn auch nicht wenig dazu beigetragen, die öffentliche Meinung in einer ganz anderen Weise zu beeinflussen, als es nach dem Vorbilde des Jahres 1905 von den Führern des Ausstandes erwartet wurde.

Wenn man von der Stellungnahme der demokratischen und einiger linksliberaler Blätter absieht, die in Gemäßheit ihres Bündnisverhältnisses zur Sozialdemokratie sich eifrigst bemühten, die Sache der Streikenden zu unterstützen, so kann man sagen, daß, im Gegensatze zum Jahre 1905, wo nicht nur die ganze sozialdemokratische, sondern auch die ganze liberale und klerikale Presse sich mit einer sonst seltenen Einmütigkeit auf die Seite der Ausständigen stellte und sich mit der größten Schärfe gegen die Arbeitgeber wandte, in diesem Jahre die öffentliche Meinung den streikenden Arbeitern ganz erheblich weniger Sympathien entgegenbrachte. (Sehr richtig!)

Es war dieses wohl ohne Zweifel im wesentlichen mit zurückzuführen auf die politischen Ereignisse des letzten Jahres, die nicht gerade dazu angetan waren, einem England freundlichen Sympathiestreik die Gunst weiter Kreise zuzuwenden, und es lag sodann daran, daß der diesjährige Ausstand im Ruhrkohlenrevier sich unter völlig anderen Umständen vollzog als der Streik im Jahre 1905. Abgesehen von dem Kontraktbruch, unter dem in beiden Fällen die Arbeit niedergelegt wurde, handelte es sich im Jahre 1905 um einen spontanen Ausbruch gegen den Willen der Organisationen, deren Leiter erst nachträglich eine Anzahl Forderungen notdürftig zusammenstellen konnten; in diesem Jahre um einen lange von den sozialdemokratischen Führern geplanten Angriff, zu dem die englische Ausstandsbewegung das Signal gab. Im Jahre 1905 traten alle Verbände der organisierten Arbeiterschaft geschlossen in den Kampf ein; in diesem Jahre standen die christlichen Gewerkschaften außerhalb der Bewegung und nahmen sogar keinen Anstand, den Streik als eine unverantwortliche Gewissenlosigkeit zu bezeichnen, von der nur die sozialdemokratische Partei und die Anarchosozialisten Vorteil haben würden.

Meine Herren! Diese Beurteilung des Ausstandes aus den eigenen Kreisen der Arbeiterschaft ist charakteristisch genug, und sie beweist hinreichend, daß es lediglich die von der Sozialdemokratie betriebene, durch unsere Gesetze leider gestattete Verhetzung gewesen ist, die die Arbeiter in den Streik hineingetrieben hat. Es ist bekannt, daß die Grubenverwaltungen sich in den meisten Fällen bereit erklärt hatten, mit den Arbeitern in Verhandlungen zu treten, allerdings nicht mit den politischen Organisationen, sondern mit den gesetzlich anerkannten Arbeiterausschüssen. Es war also hierdurch Gelegenheit genug gegeben, über die von den Bergarbeitern aufgestellten Forderungen zu unterhandeln, wenn allerdings auch wohl von vornherein feststehen mußte, daß die Erfüllung dieser Forderungen in der ganzen Höhe ihres Ausmaßes ganz außerhalb des Bereiches der Möglichkeit lag. Neben allerlei Wünschen, die sich auf Lohnzahlungsfristen, Ueber- und Nebenschichten, Arbeitsnachweis, Strafwesen, Wohlfahrtseinrichtungen und dergl. mehr bezogen, war vor allem das Verlangen gestellt, eine 15 proz. Lohnerhöhung eintreten zu lassen und die $8^1/_2$ stündige Arbeitszeit auf 8, in bestimmten Schichten auf 7 Stunden zu verkürzen.

Die Gewährung dieses Verlangens hätte für den Ruhrbergbau eine jährliche Mehrbelastung von 151,3 Millionen Mark bedingt (hört, hört!) und zu Zuständen geführt, deren notwendige Folge eine weitere Erhöhung der Kohlenpreise oder die Stillegung zahlreicher Gruben gewesen wäre.

Diese Verhältnisse waren den Führern der Streikbewegung auch vollauf bekannt; da es aber durchaus ihren Absichten widersprach, irgendeine Verständigung über berechtigte Wünsche aufkommen zu lassen, so wurde die Kampflust der Arbeiter in der gewissenlosesten Weise geschürt, und die sozialdemokratischen, wie die ihnen verbündeten Hirsch-Dunckerschen Organisationen bemühten sich mit Eifer, das Feuer aller Orten anzufachen. Im östlichen Teile des Ruhrreviers gelang ihnen dieses besser als im westlichen. Denn während in ersterem am ersten Tage 40—46 pCt. der Belegschaft feierten, war in letzterem die Zahl der die Anfahrt Versäumenden wesentlich geringer. Hierin trat indessen schon beim nächsten Schichtwechsel ein auffallender Umschwung ein. Die Zahl der Ausständigen geriet über Erwarten ins Wachsen. Der Grund hierfür lag — und das ist, meine Herren, vielleicht die markanteste Erscheinung bei dem diesjährigen Streik im Ruhrrevier — in dem im Anfang völlig ungenügenden Schutz der Arbeitswilligen. (Sehr richtig!)

Trotz den von der Regierung getroffenen Maßregeln zur Aufrechterhaltung der öffentlichen Ordnung fanden schon an den ersten Streiktagen ernste Zusammenstöße mit der Polizei statt, und die Lage gestaltete sich schließlich so bedrohlich, daß die christlichen Gewerkschaften und die Zechenbesitzer sich telegraphisch an die Behörden mit der Bitte um besseren Schutz der Arbeitswilligen wandten. Von den Arbeitern selbst wurde also hier Hilfe gegen den sozialdemokratischen Terrorismus verlangt, und nichts bezeichnet die Dringlichkeit eines erhöhten Schutzes der Arbeitswilligen besser als dieser Hilferuf aus den Kreisen der terrorisierten Arbeiterschaft.

Meine Herren! Der Centralverband Deutscher Industrieller hat bereits auf seiner letzten Delegiertenversammlung am 7. November v. J. in einer Entschließung auf die immer drohender werdende Gestaltung der Arbeitskämpfe und den immer rücksichtsloseren Machtgebrauch der Streikgewerkschaften hingewiesen und hat es als unbedingt erforderlich bezeichnet, daß durch gesetzliche Maßnahmen die Freiheit der Arbeit wirkungsvoller, als es bisher geschehen ist, geschützt wird. Auf den gleichen Standpunkt hat sich durch die Annahme des Antrages von Puttkamer am 12. März d. J. das preußische Herrenhaus gestellt, und es ist mit lebhafter Freude zu begrüßen, daß Ende vorigen Monats auch der bedeutende Bayerische Industriellenverband sich dieser Forderung angeschlossen und der bayerischen Staatsregierung in einer eingehend begründeten Denkschrift die Notwendigkeit einer Abänderung unserer maßgebenden gesetzlichen Bestimmungen dargelegt hat.

Um so bedauerlicher ist es, daß sich die zuständigen Stellen in Berlin diesem Verlangen gegenüber so wenig zu einem entschiedenen Vorgehen entschließen können. (Sehr wahr!) Nicht mit Unrecht hat bei den Debatten im preußischen Herrenhause auf die Erklärung des Vertreters der Staatsregierung, „bei einem Massenstreik könne der Schutz der Arbeitswilligen nicht so durchgeführt werden, daß jede Person zu schützen sei", der Graf Zieten-Schwerin die Antwort gegeben, in einer solchen Erklärung liege eine Bankerotterklärung des Staates (sehr wahr!), und es wäre in der Tat wohl die verhängnisvollste aller Wirkungen, die der sozialdemokratische Terror gezeitigt hat, wenn der gesetzgeberische Wille gegenüber den anarchistischen Bestrebungen der Umsturzpartei sich als gelähmt erweisen würde. (Sehr richtig!)

Es widerspricht der Ueberzeugung der gesamten deutschen Arbeitgeber, insbesondere auch der mittleren und kleineren, und auch der vaterländisch gesinnten Arbeitnehmer, wie es der Hilferuf der christlichen Gewerkschaften beim diesjährigen Streik im Ruhrrevier gezeigt hat, wenn in der Sitzung des Reichstages am 29. Februar d. J. von behördlicher Seite die Ansicht vertreten wurde, daß eine Verschärfung unserer Strafbestimmungen für einen besseren Schutz der Arbeitswilligen, insbesondere in bezug auf das Streikpostenstehen, diesem wesentlichsten Mittel zur Terrorisierung der Arbeitswilligen, nicht nötig sei, da die vorhandenen Bestimmungen vollständig ausreichten. (Hört, hört!)

Genau das volle Gegenteil dieser Erklärung hat vor 21 Jahren im Reichstage der damalige Regierungsvertreter, der preußische Handelsminister Freiherr von Berlepsch, ausgesprochen. „Aus ganz Deutschland", sagte damals der Minister, „liegen Berichte von allen beteiligten Behörden vor, die zweifellos feststellen, daß der Zwang zum Streik, zur Koalition, in unerhörtem Maße zugenommen hat. . . . Dieser anarchische Zustand, in dem der freie Wille des Arbeiters, sich die Arbeit unter den ihm richtig und annehmbar erscheinenden Bedingungen zu suchen, von den ausständigen Genossen vollständig unterdrückt wird, entspricht nach der Auffassung der Verbündeten Regierungen nicht unserer staatlichen und rechtlichen Ordnung." (Hört, hört!)

Man fragt in der Tat wohl mit Recht, was denn seit jener Zeit geschehen ist, daß heute der Herr Staatssekretär des Innern den entgegengesetzten Standpunkt einnimmt und den bereits vor 21 Jahren als anarchisch gekennzeichneten Zustand für erträglich erklärt. Es ist jedenfalls bezeichnend, daß diese Stellungnahme dem Herrn Staatssekretär von seiten der Sozialdemokraten sofort die Note „Gut" eintrug und ein Berliner demokratisches Blatt zu einer besonderen Vertrauenskundgebung veranlaßte. (Heiterkeit.)

Meine Herren! Der Größte des deutschen Volkes, der Altreichskanzler Fürst Bismarck hat am 29. Februar d. J. dem Herrn Vertreter der Reichsregierung nicht als Vorbild gedient. Denn Fürst Bismarck verwahrte sich einer solchen Vertrauenskundgebung der äußersten Linken gegenüber in einer ähnlichen Sache einmal mit den Worten: „Daß ich auf der Linken nicht an Popularität gewonnen habe, ist mir außerordentlich erfreulich. Ich würde sehr nachdenklich werden, was ich wohl dem Lande Schädliches, beabsichtigt oder unbeabsichtigt, zugefügt haben könnte, wenn ich dort an Popularität gewonnen hätte." (Sehr gut!)

In so schwerwiegenden Fragen sollte man sich auf seiten unserer Reichsregierung doch etwas mehr bewußt sein, daß die Verwaltung vor allem den Staatsgedanken zu verkörpern und zu vertreten hat und daß der Staat Macht ist. (Sehr richtig!) Anscheinend ist aber leider in manchen Kreisen das bekannte Wort Wilhelm von Humboldts aus der Erinnerung geschwunden, daß die Energie die erste aller Tugenden ist und daß nichts echtes Leben hat, das nicht von der Energie ausgeht. (Sehr richtig!)

Wie weit die Ausschreitungen Streikender und die Belästigungen der Arbeitswilligen im März d. J. im Ruhrrevier gegangen sind, das ist auf Grund von Einzelmitteilungen vom Verein für die bergbaulichen Interessen im Oberbergamtsbezirk Dortmund in einer genauen Zusammenstellung dargelegt worden. Diese Zusammenstellung sollte für die Herren Vertreter der Reichsregierung Anlaß genug sein, um ihre bisherigen Ansichten über den ausreichenden Schutz der Arbeitswilligen einmal einer Revision zu unterziehen. Sie bildet aber auch eine treffliche Ergänzung zu den Ausführungen, die am 28. Februar d. J. hier in München in der gemeinsamen Sitzung der volkswirtschaftlichen Gesellschaft und des sozialwissenschaftlichen Vereins Professor Brentano über „das ewige Problem der Arbeitswilligen" gemacht hat (Heiterkeit) und in denen er sich dahin ausließ: „Arbeiter sind es nicht, die den Schutz der Arbeitswilligen fordern. Arbeiter, die bereit sind, an die Stelle der Streikenden zu treten, sind solche, die, jeden Gemeingefühls und der Standesehre bar, ihren momentanen persönlichen Vorteil verfolgen." (Hört, hört!)

Nun, meine Herren, wenn ein Professor von der Höhe seines wissenschaftlichen Berufes und seines die Sicherheit der Existenz verbürgenden Katheders herab diejenigen der Arbeiterschaft, die sich nicht bedingungslos nach der Laune gut besoldeter, unverantwortlicher Agitatoren und Arbeiterführer zu Märtyrern hergeben wollen, diejenigen Arbeiter, die den Haus- und Familienvater, den Menschen, dem Klassenangehörigen voranstellen, in einer solchen Weise charakterisiert, dann kann man allerdings wohl sagen, etwas stärkeres an blindem Vorurteil und Unkenntnis der Verhältnisse gibt es nicht. (Sehr richtig!) Und man muß den Ausführungen des Herrn Dr. Kuhlo, des Geschäftsführers des Bayerischen Industriellenverbandes, in der „Bayerischen Industrie" vom 6. März d. J. wohl unbedingt beitreten, daß derartige sozialistische Schlagworte mit „Wissenschaft" nicht das geringste mehr zu tun haben (sehr richtig!), und daß Brentano, dessen wissenschaftliche Bedeutung durch seinen, den Stempel persönlicher Gereiztheit tragenden Briefwechsel mit Professor Bernhard sicher nicht gehoben ist, aus seiner Gelehrtenstube heraus offenbar jeden Blick für die tatsächlichen Vorgänge der Gegenwart verloren hat. (Sehr richtig!)

Meine Herren! Es bewahrheitet sich auch hier wieder, daß in sozialistischen Ideen noch jederzeit der verwegenste Idealismus mit dem begehrlichsten Materialismus zusammengetroffen ist. (Sehr richtig!) Brentanos ganze Ausführungen in seinem damaligen Vortrage sind ein erneuter typischer Beweis dafür, wie nahe der Kathedersozialismus an die Sozialdemokratie herangerückt ist (sehr richtig!) und daß sein Wirken lediglich eine Beschönigung und Verbreitung der sozialdemokratischen Lehren und Grundanschauungen ist. Dieses Wirken muß aber aus dem Grunde für den Staat und die Gesellschaft um so verhängnisvoller werden, weil die Kathedersozialisten mit wenigen Ausnahmen auch heute noch die akademischen Lehrstühle der Volkswirtschaft beherrschen, also die Lehrer unserer akademischen Jugend und unserer angehenden Staats- und Verwaltungsbeamten sind.

Schon ein Größerer als Brentano hat einst darauf verwiesen, daß die Masse des Volkes niemals soweit gebildet werden könne, daß sie die verwickelten Gesetze des sozialen Lebens wirklich verstehen lerne. Wenn daher Brentano — der sich selbst in seinem Vortrage mehrfach als „Seufzender" bezeichnet hat — über die Ungleichheit der Gesellschaftsklassen und ihre ungleiche Behandlung durch die Gesetzgebung jammert, dann wird man ihm die Worte Treitschkes entgegenstellen können: „Der soziale Gleichheitsdrang unserer Tage kann niemals das Gesetz umstoßen, daß die Gesellschaft leben muß, daß also die Mehrheit der Menschen den niederen Zwecken der Wirtschaft, der groben Arbeit sich zu widmen hat. Millionen müssen ackern und schmieden und hobeln, damit einige Tausende forschen, malen und regieren können." (Sehr gut!)

Dieses Gesetz der Klassenordnung, das sich ebenso notwendig aus der Natur der Gesellschaft, wie der Gegensatz zwischen Regierenden und Regierten aus der Natur des Staates ergibt, wird sich auch durch die Vorschläge Brentanos nicht aus der Welt schaffen lassen, und es ist nichts als eine Utopie, wenn Brentano am Schlusse seines Vortrages die Erwartung ausspricht, daß durch gesetzliche Einführung des kollektiven Arbeitsvertrages (Heiterkeit) an die Stelle heute vielfach anarchischer Zustände wiederum Ordnung treten werde. (Heiterkeit.)

Meine Herren! Der Centralverband Deutscher Industrieller hat seine Stellungnahme zur Frage der Tarifverträge bereits im Jahre 1905 auf einer Versammlung der Delegierten in Berlin durch eine Resolution zum Ausdruck gebracht und er hält auch heute noch an der damals bekundeten Ansicht fest, daß der Abschluß solcher Verträge zwischen den Arbeitgeberorganisationen und den Organisationen der Arbeiter der deutschen Industrie und ihrer gedeihlichen Fortentwickelung geradezu schädlich sein würde. (Sehr richtig!) Die Gründe für eine solche Bewertung sind sowohl in dem Umstande zu finden, daß dem einzelnen Arbeitgeber durch den Vertrag die für die sachgemäße Fortführung seines Unternehmens notwendige Freiheit der Entschließung über die Verwendung seiner Arbeiter und hinsichtlich der Lohnfestsetzung genommen wird, als auch vor allem in der Gefahr, daß durch diese Verträge die Arbeiter unvermeidlich unter die völlige Herrschaft der Arbeiterorganisationen gezwungen werden, die ihrerseits noch niemals über die „Zwirnsfäden" eines geschlossenen Tarifvertrages gestolpert sind.

Den freien Gewerkschaften ist es bei ihren Verhandlungen über Arbeitsbedingungen noch niemals auf die Herstellung einer besseren Wirtschaftslage der Arbeiter und friedlicherer Verhältnisse zwischen Arbeitern und Arbeitgebern angekommen. Ihr Ziel ist stets nur die Erlangung von Macht, die Herrschaft in den Betrieben und über die Arbeitgeber gewesen. Gerade die neuere Entwickelung des Tarifwesens hat daher denn auch die bisherige Stellungnahme des Centralverbandes als durchaus zutreffend erwiesen und vielen die Illusion, daß der Tarifvertrag die Arbeitsstörungen beseitigen oder auch nur wesentlich vermindern würde, genommen. In eingehender Weise ist erst vor kurzem auf der Hauptversammlung der Vereinigung für exakte Wirtschaftsforschung am 17. Februar d. J. von dem Mitgliede des Direktoriums des Centralverbandes, Herrn Regierungs- und Geheimen Baurat Schrey, dargelegt worden, daß alle in der Großindustrie im In- und Auslande gemachten Erfahrungen das angebliche „Friedensinstrument" des Tarifvertrages noch stets als ein schweres Hindernis des technischen und organisatorischen Fortschritts der Industrie erwiesen haben und daß die Gründe, die für manchen handwerksmäßigen Betrieb einen Tarifvertrag und eine Festlegung bestimmter Lohnsätze anwendbar oder sogar vorteilhaft haben erscheinen lassen, für den Großbetrieb, insbesondere den für den Weltmarkt arbeitenden, in keiner Weise zutreffen. (Sehr wahr!) Hier ist Freiheit der Lohnfestsetzung, der Preispolitik, der technischen Einrichtungen und der geschäftlichen Kalkulation eine grundlegende Vorbedingung für das Gedeihen.

Wenn man daher für eine gegenteilige Auffassung neuerdings wieder mit Vorliebe auf das britische Inselreich hinweist und auf den Erlaß des englischen Mindestlohngesetzes, der „minimum wage bill", so soll man doch zunächst erst einmal abwarten, wie sich diese Verpflanzung australischer und neuseeländischer Experimentiergesetze in das Mutterland bei dem dort weitaus größeren wirtschaftlichen Risiko bewähren wird. Es ist jedenfalls bezeichnend genug, daß schon jetzt weder auf seiten der englischen Bergarbeiter noch auf seiten der Unternehmerschaft dieses Gesetz, das in mehr als rein juristischem Sinne eine lex imperfecta ist, als eine Lösung des Problems des wirtschaftlichen und sozialen Friedens empfunden wird, daß vielmehr die großen Mängel der Bill als überaus verhängnisvoll für die Zukunft erachtet werden. Keinerlei Strafbestimmungen zwingen zur Befolgung der Lohnfestsetzung seitens der Distriktsämter; die Streikgefahr bleibt unvermindert bestehen und wird, da die Durchführung des Gesetzes in letzter Linie der jeweiligen Uebermacht belassen bleibt, vielleicht in noch stärkerem Maße als bisher heraufbeschworen. Auf dieses Ergebnis wird man jedenfalls gefaßt sein müssen, wenn man sich das Endziel vergegenwärtigt, das der englische Gewerkschaftsverband beim Beginn des Ausstandes verfolgte, und seine Forderungen ansieht, die er bei den Einigungskonferenzen unter dem Vorsitz des Premierministers Asquith erhob. Als bei einer solchen Gelegenheit von der Regierung und den Arbeitgebern Garantien verlangt wurden gegen Faulenzerei und Simulantentum, da wurde dieser Vorschlag ohne weiteres abgelehnt und der Präsident der Miners' Federation erklärte, jeder Bergarbeiter unter Tage solle den Mindestlohn erhalten, gleichgültig, ob er 1, 2, 3 oder 4 Tonnen pro Tag fördere. Auf die Gegenfrage, ob auch einem Arbeiter, der nur einfahre und dann nichts tue, der Mindestlohn gezahlt werden müsse, antwortete der Führer der Arbeiter: „Ich erwarte doch, daß er wenigstens etwas tun wird". (Große Heiterkeit.)

Das also war die Grundstimmung, in der die Arbeiterführer an das Problem der gesetzlichen Festlegung bestimmter Lohnsätze herantraten und es ist wohl kaum zu bestreiten, daß auch hier, wie in Deutschland, der Sozialismus lediglich eine Machtprobe veranstalten wollte, um mit Hilfe des stärksten Gewerkschaftsverbandes eine Theorie zu verwirklichen, die er in weiterem Umfange seit Jahren auf sein Programm gesetzt hat: „Lohnminimum für alle Arbeiter".

Meine Herren! Dieses Eingreifen der englischen Regierung in den Bergarbeiterstreik, dessen unheilvolle Wirkung auf das nationale Wirtschaftsleben am besten aus der Tatsache erhellt, daß der gesamte Lohn-, Zins- und Ertragsausfall während des englischen Ausstandes auf weit über 1 Milliarde Mark geschätzt wird, hat den radikalen Sozialreformern in Deutschland wieder Anlaß gegeben, auf ein schon früher von ihnen empfohlenes Projekt, die Errichtung eines Reichseinigungsamtes, zurückzukommen. Diese Bestrebungen haben bereits den Erfolg gehabt, daß im Reichstage zu Beginn der neuen Session ein Antrag auf Errichtung eines solchen Amtes eingebracht worden ist. Hierbei gehen allerdings die Meinungen über die äußere und innere Gestaltung des Reichseinigungsamtes erheblich auseinander. Von den meisten wird an ein dem Reichsamt des Innern anzugliederndes Institut mit behördlichem Charakter gedacht, das auch ohne Anruf verpflichtet sein soll, drohenden Arbeitskämpfen von vornherein vorzubeugen. Das Amt soll befugt sein, streitende Parteien zum Verhandeln zu zwingen und Zeugen und Sachverständige zu laden, während es nach dem Vorschlage anderer, und zu diesen gehört z. B. Friedrich Naumann, lediglich eine „beratende Wohlfahrtsbehörde" sein soll, die, ohne zwingende Entscheidungen zu treffen, nur ihre guten Dienste anbietet, wie die Großmächte im Italienisch-Türkischen Kriege. (Heiterkeit.)

Schon dieses, letzthin von Naumann in einem besonderen Aufsatze gebrauchte Beispiel sollte eigentlich genügen, um gegen eine derartige Funktion die lebhaftesten Bedenken wachzurufen, und Naumann erklärt denn auch wörtlich, daß er in dem Einigungsamt weniger eine moralische Gerechtigkeitsbehörde, als vielmehr eine „Kommission zur Abwägung der beiderseitigen Stärkeverhältnisse" erblicke. (Aha!) Mit diesen Worten bekennt sich Naumann also selbst zu der alten Wahrheit, daß die Mehrzahl aller Lohnkämpfe heutzutage nicht mehr auf rein wirtschaftlichem Boden ausgefochten wird, sondern daß sie zu sozialdemokratischen Machtproben mit politischem Hintergrund geworden sind (so ist es!) und stets von neuem werden unternommen werden, sobald die gewerkschaftlichen Organisationen sich genügend gerüstet glauben. (Sehr richtig!)

Meine Herren! In welcher Richtung sich hierbei die Bestrebungen der Führer der organisierten Arbeiterschaft bewegen, das geht zur Genüge hervor aus den 31 Initiativanträgen, die bei Beginn der neuen Legislaturperiode des Reichstages von der sozialdemokratischen Partei gestellt worden sind und die zu einem großen Teile lediglich den Zweck haben, das Selbstbestimmungsrecht der Arbeitgeber aufzuheben und Intelligenz und Kapital unter den Willen der einheitlich geleiteten Arbeitermassen zu beugen.

Die Aufhebung der autoritativen Stellung des Arbeitgebers in seinem Betriebe und die Einführung des Mitbestimmungsrechts des Arbeiters sind heutzutage in vielen Kreisen nicht mehr Argumente, die bewiesen werden sollen; sie sind ein Axiom geworden, und die Mehrheit der politischen Parteien glaubt, diesem Axiom Rechnung tragen zu müssen. Unter der Flut der sozialpolitischen Anträge, die die neue Session des Reichstages in dem bekannten Wettlauf der Parteien um die Gunst der Massen gebracht hat, befinden sich neben den bereits früher erhobenen Forderungen des Maximalarbeitstages, der Einschränkung der Arbeitszeit, der Errichtung von Arbeitskammern und Arbeitsämtern, der Arbeitslosenversicherung usw. dieses Mal auch Anträge auf Erweiterung des Koalitionsrechtes, auf Errichtung eines Reichsarbeitsamtes, auf Erlaß eines Kartellgesetzes, eines Gesetzes über die Beteiligung der Industrie an den Kosten der Lehrlingshaltung im Handwerk, sowie eines Reichsberggesetzes.

Wenn man die Masse — es handelt sich um 170 Initiativanträge — und den Inhalt der gestellten Forderungen überblickt, dann taucht ohne weiteres die Frage auf, ob denn die Erwählten des deutschen Volkes, die doch gemäß der landläufigen Anschauung die Elite der Nation bilden (hört, hört!), also auch an Einsicht und Verstand, ob diese Erwählten wirklich annehmen können, daß irgendeine Regierung imstande wäre, alle die Erhebungen, Gesetze und Anträge anzustellen, vorzubereiten und zu erfüllen „tunlichst bald" oder „sobald wie möglich", wie die Einleitung der Anträge meistens lautet. Sind wirklich die Abgeordneten überzeugt, daß insbesondere der Deutsche Reichstag, in dem bei Erörterung sozialpolitischer Fragen die Vielrederei mit unendlichen Wiederholungen Sitte (Zuruf: Unsitte!) geworden ist, in der Lage sein sollte, die gestellten Aufgaben halbwegs sachgemäß im Laufe einer oder in zwei Sessionen zu erfüllen? Und weiter muß man fragen: Besteht bei den Herren Abgeordneten in der Tat die Ansicht, daß das, was sie verlangt haben, alles durchführbar ist, und daß die Durchführung auch den Interessen der Arbeiter und der Gesamtheit förderlich sein würde? Dabei soll von den Anträgen der Sozialdemokraten ganz abgesehen werden, die ich mir schon vorher erlaubte zu charakterisieren. Aber nehmen etwa die Antragsteller an, daß es der Gesamtheit und vor allem der Arbeiterschaft von Nutzen sein würde, wenn die Betriebe der Großeisenindustrie durch Verbot der Ueberarbeit, durch Einführung der achtstündigen Arbeitsschicht usw. eingeschränkt würden und auf diese Weise die Industrie gegenüber der Konkurrenz des Auslandes wettbewerbsunfähig gemacht würde? Oder glaubt man im Reichstage wirklich, daß die Einzelstaaten auf ihr Recht verzichten dürften, die Verhältnisse im Bergbau selbst gesetzlich zu regeln, und zustimmen werden, daß den Unternehmern und Arbeitgebern im Bergbau bezüglich des Arbeitsverhältnisses Bedingungen auferlegt werden, die geeignet sind, sie und ihre gefährlichen Betriebe unter die Herrschaft der Arbeiter zu stellen?

Meine Herren! Es fällt in der Tat schwer, anzunehmen, daß für die Einbringung solcher und zahlreicher anderer Anträge wirklich feste Ueberzeugung und guter Glauben maßgebend gewesen sind. (Sehr richtig!) Man kann nur glauben, daß, abgesehen von der Sucht der

Parteien, auf die Masse der Wähler Eindruck zu machen oder, wie der Abgeordnete Graf Posadowsky sich unlängst im Reichstage ausdrückte, „die Wähler sozusagen zu massieren“ (Heiterkeit), sich in solchen Anträgen lediglich die Stimmung widerspiegelt, die in manchen bürgerlichen Kreisen gegenüber unserem ganzen heutigen Wirtschaftssystem und gegenüber den Großen unserer deutschen Unternehmer besteht. (Das ist es!)

Gerade der Kampf gegen unseren deutschen Bergbau ist bezeichnend hierfür. Schon seit Jahren wird immer wieder das Gespenst der monopolistischen Entwickelung an die Wand gemalt, um die Regierung zu veranlassen, dem Bergbau, vor allem dem Steinkohlenbergbau, durch gesetzliche Maßnahmen Fesseln anzulegen. Den Ausgangspunkt der Angriffe, soweit sie aus industriellen Kreisen stammen, bildet hierbei zumeist die Preispolitik des Kohlensyndikats, und es ist Ihnen vielleicht bekannt, meine Herren, daß selbst eine industrielle Interessenorganisation, wie der Bund der Industriellen, unlängst den Zeitpunkt für gekommen erachtete, um einen heftigen Vorstoß gegen das Kohlensyndikat zu machen.

Meine Herren! Ueber die Stellungnahme des Centralverbandes zu der Syndikatsfrage hat niemals ein Zweifel bestanden und mein hochverehrter Amtsvorgänger, Herr Generalsekretär Bueck, hat in früheren Jahren manche Anfeindungen über sich ergehen lassen müssen, wenn er denjenigen entgegentrat, die die Aufgabe der Kartelle und Syndikate lediglich als einen „Raubzug auf die Taschen der Konsumenten“ zu kennzeichnen beliebten. Die Entwickelung des deutschen Wirtschaftslebens in den letzten 20 oder 25 Jahren hat wohl den genügenden Gegenbeweis erbracht und gezeigt, daß diese wirtschaftlichen Gebilde eine absolute Notwendigkeit sind, wenn unsere Industrie den Wettbewerb auf dem Weltmarkte mit den organisierten Industrien des Auslandes aufrecht erhalten soll. Es ist in allererster Linie dem Vorhandensein und der Wirksamkeit dieser Organisationen zu verdanken gewesen, wenn bei den wirtschaftlichen Krisen seit Anfang des Jahrhunderts ein maßloser Preissturz und ein vernichtender Konkurrenzkampf, Erscheinungen, die in früherer Zeit mit einem wirtschaftlichen Rückgang unzertrennlich verbunden schienen, hintangehalten sind. Bezüglich des Kohlensyndikats ist dieses denn auch in weitestem Umfange im verflossenen Jahre gelegentlich der im preußischen Abgeordnetenhause gepflogenen Beratungen über die Lage des staatlichen Bergbaues anerkannt worden. Parlament wie Regierung haben sich auf Grund des überaus eingehenden, bedeutsamen Berichts des nationalliberalen Abgeordneten Syndikus Hirsch-Essen überzeugt, daß die Nichterneuerung der beiden ausschlaggebenden Verbände, des Kohlensyndikats und des Stahlwerksverbandes, von geradezu unheilvollen Folgen für unsere gesamte nationale Wirtschaft sein müßte, und selbst ein früherer Sozialdemokrat, Calwer, schrieb am 28. Dezember v. J. in seiner Zeitschrift „Die Konjunktur", daß „nicht nur die Interessen des werbenden Kapitals, sondern auch die der in der Montanindustrie tätigen gesamten Arbeiterschaft im Falle der Nichterneuerung aufs schwerste bedroht sein würden".

Welches Ergebnis die Verhandlungen über die Erneuerung des Stahlwerksverbandes in der Nacht vom 30. April zum 1. Mai d. J. gehabt haben, ein Ergebnis, das in jedem Falle ein neues starkes Zeugnis für die Notwendigkeit des Verbandsgedankens ablegt, wird Ihnen allen bekannt sein, so daß ich von weiteren Ausführungen Abstand nehmen kann. Ich darf auch ferner wohl auf Ihr Einverständnis rechnen, wenn ich mich mit Rücksicht auf die mir für meinen Geschäftsbericht zur Verfügung stehende Zeit über die Preispolitik der großen Kartelle im einzelnen hier nicht näher auslasse. Ich möchte lediglich darauf verweisen, daß die treffenden und sachlichen Darlegungen des Geschäftsführers des Bayerischen Industriellenverbandes, Herrn Dr. Kuhlo, die er vor sechs Jahren in einem Vortrage auf der Delegiertenversammlung des Centralverbandes in Nürnberg in dieser Beziehung gab, auch heute noch in allen Punkten zutreffen. Es kann daher denjenigen, die gerade die Differenzen zwischen Rohstoff- und Fertigindustrie aus diesem Gesichtspunkte heraus zu schüren suchen, die Lektüre dieses Vortrages: „Die Beziehungen zwischen den Industrien der Rohstoff- und Halbfabrikate und den verarbeitenden Industrien" nur angelegentlichst empfohlen werden.

Meine Herren! Billige Kohlenpreise, wie auch billige Preise im allgemeinen, sind keineswegs immer ein Zeichen wirtschaftlichen Gedeihens. Ein befriedigender wirtschaftlicher Zustand besteht nicht darin, daß alle Verbrauchsgegenstände einen möglichst niedrigen Preis haben, sondern darin, daß möglichst weite Kreise der Verbraucher in der Lage sind, höhere Preise zu zahlen. (Sehr richtig!) Es ist erst kürzlich von einem der bewährtesten Führer der Industrie, Herrn Landtagsabgeordneten Dr. Beumer, in der Hauptversammlung des Vereins Deutscher Maschinenbauanstalten in Berlin darauf hingewiesen worden, daß in den 70er Jahren, als in unserem Vaterlande die gesamte Industrie aufs schwerste darniederlag und der ganze industrielle Untergang bevorstand, die Kohlenpreise den niedrigen Stand von 30 und 33 Mark hatten. Die Voraussetzung für eine lohnende und regelmäßige Erwerbstätigkeit sind stetige Preise. Ohne feststehende Produktionsfaktoren, ohne für längere Zeit stabile Rohstoffpreise ist der Industrie die Möglichkeit sicherer Kalkulation genommen und mit der Stetigkeit der Preise hängt des weiteren die Stabilität der Löhne und eine natürliche Aufwärtsbewegung derselben unbedingt zusammen. Hierin liegt die Bedeutung und das Wirken der großen Syndikate und aus diesem Grunde sind sie unentbehrlich und unersetzlich geworden, auch in bezug auf die Richtung, in der sich bei den bevorstehenden Kämpfen um neue Vertragsverhältnisse die deutsche Zoll- und Handelspolitik dem Auslande gegenüber wird bewegen müssen.

Meine Herren! Ich hatte bereits auf der letzten Delegiertenversammlung Gelegenheit, Ihnen darzulegen, daß der Centralverband Deutscher Industrieller in Gemeinschaft mit den ihm in einer Interessengemeinschaft verbundenen großen Verbänden, dem Verein zur Wahrung der Interessen der chemischen Industrie Deutschlands und der Centralstelle für Vorbereitung von Handelsverträgen, die Frage einer eingehenden Prüfung unterzogen hat, inwieweit unser ganzes handelspolitisches System einer Reform bedarf. Diese Arbeiten der Interessengemeinschaft sind in der Zwischenzeit eifrigst gefördert worden und es ist eine umfangreiche Denkschrift: „Die Meistbegünstigungsfrage und ihre Behandlung bei der bevorstehenden Erneuerung der Handelsverträge“ mit begründeten Vorschlägen bereits im Laufe dieses Monats den zuständigen behördlichen Stellen überreicht worden. Zwei weitere Denkschriften über die Gestaltung des Zolltarifs sowie über Tarifvertragspolitik werden demnächst folgen und ich hoffe, auf einer der nächsten Delegiertenversammlungen in der Lage zu sein, Ihnen über diese bedeutungsvollen Fragen eingehender referieren zu können. Ich erachte mich hierzu um so mehr verpflichtet, als die Stellungnahme des Centralverbandes zu den Fragen unserer Zoll- und Handelspolitik in der letzten Zeit wieder mehrfach in der Oeffentlichkeit Gegenstand der Kritik gewesen ist. Diese Kritik ging insbesondere von den dem Handelsvertragsverein nahestehenden Kreisen aus und stützte sich darauf, daß sich der Centralverband der neusten Aktion dieses Vereins, der Bildung eines sogenannten handelspolitischen Verständigungskomitees, gegenüber ablehnend verhalten habe. Nun, meine Herren, dem Centralverband ist überhaupt niemals Gelegenheit gegeben gewesen, sich an dieser Aktion zu beteiligen (hört, hört!), da er weder zu der am 6. Mai noch zu der am 5. Dezember v. J. stattgehabten Sitzung des Handelsvertragsvereins eine Einladung erhalten hat. Es ist dieses bezüglich der ersten Versammlung auch in einem Rundschreiben des Handelsvertragsvereins vom 20. April v. J. ausdrücklich mit der Bemerkung begründet worden, daß von einer Aufforderung des Centralverbandes Abstand genommen worden sei, weil man bei ihm von vornherein habe annehmen müssen, daß „die Anregung doch nur auf Mißverständnis und Widerstand stoßen würde". (Hört, hört!)

Wenn hiermit zum Ausdruck gebracht sein sollte, daß die Bestrebungen des Handelsvertragsvereins bei seinem Vorgehen in einer anderen Richtung liegen, als die nunmehr seit 36 Jahren vom Centralverband verfolgten, so glaubt Ihr Direktorium allerdings, Ihres Vertrauens sicher zu sein, wenn es sich auf den Standpunkt stellt, daß es Pflicht und Aufgabe des Centralverbandes ist, an den bewährten Grundlagen unserer derzeitigen Wirtschafts- und Handelspolitik unbedingt festzuhalten. (Bravo! Sehr richtig!) In der Ueberzeugung, daß der gewaltige, die Bewunderung der ganzen Welt erregende wirtschaftliche Aufschwung, den das Deutsche Reich im Laufe von drei Dezennien genommen hat, in allererster Linie dieser, auf dem System maßvoller Schutzzölle beruhenden Wirtschaftspolitik zu verdanken ist, wird der Centralverband auch fernerhin unentwegt eintreten für die Politik des Schutzes der nationalen Arbeit, für die bewährte Wirtschaftspolitik des Fürsten Bismarck. (Bravo!) Und er wird bei den bevorstehenden wichtigen, die Zoll- und Handelspolitik des Deutschen Reiches bestimmenden Entscheidungen in gemeinsamer Arbeit mit den ihm angeschlossenen Interessentenvereinigungen dahin zu wirken suchen, daß im tunlichsten Ausgleich vorkommender Gegensätze und unter sorgfältiger Abwägung der Interessen des Gemeinwohles, die Interessen der deutschen Industrie im einzelnen wie im ganzen gewahrt werden. (Bravo!)

In diesem Streben wird der Centralverband auch durch die Erkenntnis gefestigt, daß das Gedeihen der nationalen Wirtschaft niemand in höherem Grade zugute kommt, als gerade der handarbeitenden Klasse, und wenn die Lebenshaltung der breiten Masse bei uns heutzutage eine so gehobene ist, wie sie es unter der Herrschaft des Freihandels niemals war und niemals sein könnte, so soll man gerechterweise das Verdienst hieran auch unserer Wirtschaftspolitik beimessen und nicht immer nur, wie es die Freihändler tun, die Frage des Zollschutzes vom Konsumentenstandpunkt aus betrachten. (Sehr richtig!)

Meine Herren! Für die Beurteilung der Frage, ob die Zollbelastung in Deutschland unverhältnismäßig hoch ist, höher als in anderen, etwa unter den gleichen Bedingungen produzierenden Ländern, hat der Geschäftsführer des österreichischen Industriellen Klubs, Herr Raunig außerordentlich instruktives Material beigebracht. Nach seinen, durch sorgfältigen Vergleich ermittelten Zahlen haben andere Staaten, wie Oesterreich-Ungarn, Italien und Frankreich durchschnittlich sehr viel höhere Sätze als Deutschland und es sind vor allem die deutschen Industriezölle vielfach erheblich niedriger als die Normierungen anderer Länder, ganz zu schweigen von den exorbitanten Ziffern der russischen und nordamerikanischen Prohibitivzölle. (Sehr richtig!) Aus diesen tatsächlichen Verhältnissen lassen sich also die beständigen Klagen über die übermäßige Belastung unseres Erwerbslebens durch die Schutzzölle gegenüber anderen Ländern in keiner Weise begründen. Man wird sich vielmehr bei der Untersuchung dieser Frage und der Teuerungsverhältnisse, die in der letzten Zeit in den Parlamenten wieder ein so beliebtes Thema gebildet haben, auch einmal darüber klar werden müssen, inwieweit die Zunahme unserer öffentlichen und sozialen Lasten preissteigernd und verteuernd gewirkt hat und ob nicht auch die Preispolitik der staatlichen Verkehrsinstitute belastend auf Handel und Gewerbe ruht.

Meine Herren! Die Frage der sozialen Belastung soll heute aus meinen Betrachtungen ausscheiden. Sie ist in den Kreisen des Centralverbandes im Laufe der letzten Jahre — ich verweise nur auf die bedeutsamen Abhandlungen und Vorträge der Herren Generalsekretäre Steller-Köln und Dr. Tille-Saarbrücken — eingehend und mit großer Sachlichkeit behandelt worden. Aber auf dem Gebiete der Verkehrspolitik möchte ich mir einige Bemerkungen über das Verhalten der Staatsbehörden gestatten. Wenn ich hierbei allerdings auch von meinem Standpunkte aus in erster Linie die preußische Staatseisenbahnverwaltung im Auge habe, so darf ich doch wohl davon ausgehen, daß auch Bayerns Handel und Industrie ein weitgehendes Interesse an allen tarifarischen Verbesserungen des preußischen Verkehrswesens hat, da Bayern, weit vom Meere, ohne große leistungsfähige Wasserstraßen und an zwei Seiten vom Auslande begrenzt, hinsichtlich des Bezuges aller Rohstoffe und Halbprodukte stark auf die preußischen Verkehrsstraßen angewiesen ist.

Die Höhe der Güterfrachten ist eine langjährige Klage der Industrie und hat den Centralverband schon seit einer Reihe von Jahren mehrfach beschäftigt. Diese Frage hat um so weniger von der Tagesordnung verschwinden können, als die Erinnerung an die bei der Verstaatlichung der Eisenbahnen gegebene Zusicherung nicht vergessen werden kann, die Zusicherung, daß die Erträgnisse der Eisenbahnen wesentlich im Interesse des Verkehrswesens selbst verwertet werden sollten. Das war seinerzeit zweifellos wohl die aufrichtige Meinung des damaligen Ministers der öffentlichen Arbeiten, des Ministers Maybach, der diese Erklärung abgab. Das Versprechen ist aber leider nicht eingehalten worden. Es war vielmehr seit Jahren Gewohnheit geworden, in schlechten Zeiten auf die schlechte Finanzlage des Staates hinzuweisen und in guten Zeiten sich darauf zu berufen, daß die Gewerbetätigkeit „es nicht nötig habe". Um so mehr, meine Herren, glaubte man hoffen zu können, daß, nachdem das Rechnungsjahr 1910/11 ein so über Erwarten gutes Ergebnis für die Staatseisenbahnverwaltung gehabt hat — aus den Eisenbahnüberschüssen sind nicht weniger als 226 Millionen dem preußischen Fiskus zugeflossen, daneben 125 Millionen für außerordentliche Eisenbahnzwecke und 160 Millionen statt der veranschlagten 32 Millionen für den Ausgleichsfonds zurückgestellt —, daß unter diesen Umständen dem Verlangen der Verfrachter etwas mehr Entgegenkommen gezeigt und vor allem den vom Centralverbande in seiner letzten Eingabe vom 15. Dezember v. J. vorgetragenen Wünschen auf Ermäßigung der Abfertigungsgebühren in vollem Umfange Rechnung getragen werden würde. Dieses ist indessen nicht geschehen. Denn wenn auch nach der Erklärung des Herrn Eisenbahnministers in der Sitzung des preußischen Abgeordnetenhauses vom 16. April d. J. für 15-Tonnenwagen eine Ermäßigung von 3 M. und für 20-Tonnenwagen eine solche von 4 M. in Zukunft eintreten soll, so entspricht dieses Zugeständnis doch ebenso sehr den eigensten Interessen der Eisenbahn als den Interessen des Verkehrs, da die Verwendung der Wagen mit höherem Ladegewicht betriebstechnisch von erheblichstem Vorteil für die Eisenbahn ist und da ferner die an die Ermäßigung geknüpfte Bedingung der vollen Ausnutzung der Tragfähigkeit für die Verfrachter eine starke Erschwernis bedeutet. Vor allem aber kommt in Betracht, daß die hauptsächlichsten Rohstoffe für die Industrie, wie Kohle, Erze usw., von der Tarifreform ausgeschlossen bleiben sollen, während andererseits der Landwirtschaft dadurch eine besondere Vergünstigung gewährt wird, daß Düngemittel aller Art, wie z. B. Kali und Thomasschlacke, an den Vorteilen der Ermäßigung teilhaben sollen.

Es zeigt sich also hier leider wiederum einmal, daß behördlicherseits der Landwirtschaft und der Industrie gegenüber mit ungleichem Maß gewogen wird und daß auch bei dieser staatlichen Maßnahme, wie so oft, die agrarischen Interessen in den Vordergrund gestellt worden sind.

Meine Herren! Der Centralverband Deutscher Industrieller hat niemals ein Hehl daraus gemacht, daß er mit der Landwirtschaft auf dem Boden einer von wechselseitiger Gleichberechtigung getragenen Wirtschaftspolitik zusammenzustehen sucht und daß er in diesem Zusammenhalten der Landwirtschaft und der Industrie zum Schutze der nationalen Arbeit stets sein wirtschafts- und handelspolitisches Ziel gesehen hat. Aber es ist dann andererseits auch das Verlangen wohl begründet, daß auch auf der Gegenseite für die berechtigten Interessen der Industrie Verständnis herrscht und daß in wechselseitiger Unterstützung von der Industrie, nicht nur auf zoll- und handelspolitischem, sondern auch auf gewerbe- und verkehrspolitischem Gebiete, alle Maßnahmen ferngehalten werden, die die gewerbliche Produktion unnötigerweise erschweren und verteuern und ihre gedeihliche Weiterentwickelung zu beeinträchtigen geeignet sind. (Sehr richtig!) Es darf gefordert werden, daß der Grundsatz vom Schutz der heimischen Arbeit beiderseits, in landwirtschaftlichen Kreisen nicht minder, wie in den Kreisen der Industrie festgehalten und praktisch betätigt wird, und daß neben den landwirtschaftlichen Interessen auch die gewerblichen Interessen die gebührende Würdigung und Berücksichtigung finden. (Bravo!)

Von diesem Grundsatze ist letzthin die zur Vorberatung des preußischen Wassergesetzentwurfes eingesetzte Kommission, die zum weitaus größten Teile aus Grundbesitzern oder der Landwirtschaft nahestehenden Abgeordneten besteht, in befremdlicher Weise abgewichen. Es ist trotz des lebhaften Widerspruchs der Industrie die Bestimmung der Regierungsvorlage über die Erhebung eines Wasserzinses (hört, hört!) von industriellen Unternehmungen nicht allein beibehalten, sondern dadurch, daß ein besonderer, in seiner Höhe lediglich ministeriellem Ermessen anheimgestellter Gebührentarif geschaffen wurde, noch über Erwarten verschärft worden, während das Privilegium der Steuerfreiheit landwirtschaftlichen Zwecken dienender Unternehmungen als etwas Selbstverständliches anerkannt wurde.

Wenn dieser Beschluß der Kommission Gesetz werden sollte, dann wird nach einer überschläglichen Berechnung der wassernutzenden Industrie hierdurch eine Belastung von etwa 25—28 Millionen Mark jährlich entstehen (hört, hört!) und die Industrie wird, da, wie gesagt, irgendeine Norm für die Bemessung der Gebühren nicht gegeben ist, der fiskalischen Willkür schutzlos preisgegeben sein.

Meine Herren! Gegenüber solchen gesetzgeberischen Vorschlägen kann man sich des Eindrucks nicht erwehren, daß an manchen Stellen jeglicher Maßstab fehlt für die richtige Beurteilung der schweren Belastung, die unserer Gewerbetätigkeit bereits auferlegt ist, sowie dafür, was man schließlich der gewerblichen Tätigkeit an Leistungen zumuten darf. Sie weisen aber auch mit Deutlichkeit darauf hin, daß die industriellen Kreise auf der Warte stehen müssen, um derartigen Eingriffen in das Wirtschaftsleben und die Existenzmöglichkeit der Industrie, durch welche in gleicher Weise die Interessen der Arbeiter wie der Arbeitgeber bedroht werden, einmütig entgegenzutreten.

Es ist von dieser Stelle aus schon des öfteren betont worden, daß die Industrie mit ernster Sorge die Richtung verfolgt, welche die Gesetzgebung nicht nur des Reichs, sondern auch der Einzelstaaten in den letzten Jahren zum Nachteil und zum Schaden der Industrie eingeschlagen hat. Es ist in weiten Kreisen der industriellen Arbeitgeber die Ueberzeugung verbreitet, daß von den Parlamenten nicht viel für die berechtigten Wünsche der Industrie zu erwarten ist, und daß insbesondere im Deutschen Reichstage gegenüber den machtvollen, die Bedeutung des Parlamentarismus ganz in Frage stellenden Einflüssen des allgemeinen, gleichen und geheimen Wahlrechts die Stimme der Industrie ungehört verhallt.

Daher, meine Herren, bleibt der Industrie nur die Hoffnung übrig auf die Verbündeten Regierungen, auf deren besseres Verständnis für die Anforderungen des praktischen Lebens, auf deren gerechtere Würdigung der Interessen aller an unserm Wirtschaftsleben beteiligten Faktoren. Sie gibt, insbesondere im Hinblick auf die bedeutsamen, von allen Industriellen mit freudiger Genugtuung begrüßten Worte des bayerischen Herrn Ministerpräsidenten in der bayerischen Kammer der Abgeordneten am 19. April d. J. über die maßgebende Bedeutung der Industrie der Erwartung Ausdruck, daß die Verbündeten Regierungen gegenüber den ins Unverständige gehenden Bestrebungen der sozialistischen Agitatoren und Fanatiker nunmehr in Zukunft die erforderliche Widerstandskraft finden und auch beweisen werden. Denn eine große, leistungsfähige, mächtig fortschreitende Industrie ist eine der hauptsächlichsten Grundlagen aller unserer modernen Staaten geworden, und ohne sie würde auch das Deutsche Reich nicht mehr imstande sein, seine großen Aufgaben auf allen Gebieten der Kultur zu erfüllen und seine Machtstellung unter den Staaten der Erde behaupten zu können. (Sehr wahr!)

Wenn Sie dieser Hoffnung, meine Herren, durch eine Entschließung Ausdruck geben, so werden Sie auf der anderen Seite aber auch verpflichtet sein, zu beweisen, daß Sie bei allen berechtigten Anforderungen unserer Zeit, insbesondere bei der Lösung notwendiger nationaler Aufgaben bereit sind, sich ernst und opferwillig an die Seite der Regierung zu stellen. Das, meine Herren, hat Ihr Direktorium beabsichtigt, indem es Ihnen hierzu Gelegenheit bot durch die Vorlegung der Erklärungen, die sich in Ihren Händen befinden.

Ich habe die Ehre, im Auftrage des Direktoriums die Bitte an Sie zu richten, diese Erklärungen anzunehmen. Wenn Sie das tun, dann werden Sie nicht nur sich selbst, das heißt der deutschen Industrie, sondern Sie werden auch dem Vaterlande und der Gesamtheit einen großen Dienst erweisen. (Lang anhaltender Beifall und Bravorufe.)

Vorsitzender: Meine Herren! Ihr Beifall hat Herrn Regierungsrat Schweighoffer Ihren Dank zum Ausdruck gebracht. Ich möchte Ihnen nun den Vorschlag machen, daß wir zunächst in eine Generaldiskussion über alles Gehörte eintreten und dann in der Spezialdiskussion es so halten, daß die drei Resolutionen, die in Ihren Händen befindlich sind, einzeln besprochen werden. Ich darf zu diesen drei Resolutionen bemerken, daß heute morgen in der Ausschußsitzung eine Reihe von Aenderungen vorgenommen worden sind, die es notwendig machen, ehe wir in die Diskussion eintreten, sie noch einmal verlesen zu lassen. Das wird uns zwingen, die Spezialdiskussion in drei Teile zu zerlegen, bedingt durch die in den drei Resolutionen zusammengefaßten Gesichtspunkte. Ich darf wohl annehmen, daß Sie damit einverstanden sind. (Zustimmung.) Ich eröffne die Generaldiskussion. — Meldet sich niemand zum Wort?

Generalsekretär **Steller:** Meine Herren! Es ist vorhin ein Telegramm an Herrn Melchers in Bremen verlesen worden, in dem durch die Bezugnahme auf die Eröffnung der Reichspostdampferlinien in Bremen im Jahre 1887 das damals auf Veranlassung des Centralverbandes hergestellte Zusammenwirken der deutschen Industrie mit der Seeschiffahrt zum Ausdruck gebracht wurde. Diese Kundgebung halte ich für bemerkenswert, insbesondere angesichts der Anfeindungen des Centralverbandes als Vertreters einseitiger Wirtschaftsinteressen. Der Centralverband hat durch seine vorerwähnte einschlägige Tätigkeit bewiesen, daß ihm die Sache höher steht als die Partei, daß es ihm nicht darum zu tun ist, eine besondere Vertretung der deutschen Industrie zu bilden, sondern das Wirtschaftsleben insgesamt zu fördern. Als im Jahre 1882 die Anregung zur Errichtung der Reichspostdampferlinien gegeben wurde, hatte dieser Gedanke viele Anfeindungen, auch im Kreise des Handelstages, zu erleiden, wurde aber doch vom Handelstage auf Antrag insbesondere süddeutscher Mitglieder gegen den Widerspruch großer Handelskammern in Nord- und Westdeutschland angenommen. Der Norddeutsche Lloyd in Bremen hat dann die Reichspostdampferlinien übernommen, die heute gewiß niemand mehr missen möchte. Deren festliche Eröffnung bedeutete gewissermaßen einen Wendepunkt in der bis dahin herrschenden deutschen Wirtschaftsrichtung, indem die binnenländischen Industriellen und die Seehäfen Deutschlands sich hier zu einem gemeinsamen nationalen Zweck vereinigten. Vorhergegangen waren der Bremer Zusammenkunft vom Centralverband veranstaltete Besuche von Vertretern der Seestädte in den deutschen Industriebezirken. An der Spitze des Centralverbandes stand damals Herr von Haßler aus Bayern. Gerade hier in Süddeutschland, wo der Centralverband auch wirtschaftspolitische Gegner hat, sei deshalb nicht vergessen, hervorzuheben, daß sich der Centralverband nicht für eine einseitige Richtung einsetzt, sondern für das Gesamtwohl des deutschen Wirtschaftslebens tätig ist. — Ich möchte mir dann erlauben, darauf hinzuweisen, was Herr Dr. Schweighoffer in seinem Vortrage beleuchtet hat, was zum Schutze der Arbeitswilligen nötig ist und was im Ruhrbezirk bei den letzten Vorgängen außerordentlich zutage getreten ist. Wir in der Kölner Industrie haben schon seit Jahren danach gestrebt, daß gegen den Unfug des Streikpostenstehens wirksame gesetzliche Maßnahmen getroffen würden. Die Regierung schien auch eine Zeitlang nicht abgeneigt zu sein, etwas dafür zu tun; das hat sie durch den Mund des Reichskanzlers und des preußischen Ministers des Innern bekundet. Der Reichstag hat im vorigen Jahre beschlossen, viele bei ihm eingegangene Eingaben dieser Art dem Reichskanzler als Material zu überweisen. Leider denkt der Reichstag heute in seiner Zusammensetzung mit 110 Sozialdemokraten anders. Auch der Staatssekretär des Innern findet jetzt, daß wir mit den bestehenden Maßnahmen zum Schutze der Arbeitswilligen ausreichen.

Daß dies tatsächlich nicht der Fall ist, wissen die Behörden, die den Dingen näher stehen, besser, als die Minister dies zu wissen scheinen. Mir hat z. B. ein rheinischer Polizeikommissar, der mit seinen Leuten anläßlich des jüngsten Bergarbeiterausstandes im Ruhrbezirk dorthin gesandt war, geschrieben, daß er „mit sehr großem Interesse" meinen Vortrag über Streikpostenstehen und Schutz der Arbeitswilligen, den ich am 9. Dezember v. J. in der Hauptstelle Deutscher Arbeitgeberverbände gehalten habe, in der Südwestdeutschen Wirtschaftszeitung gelesen habe. Diese Frage interessiere ihn heute um so mehr, als er sich noch im März d. J. als Führer eines größeren Kommandos in Hamborn gelegentlich des Bergarbeiterstreiks von der Unhaltbarkeit der bestehenden Zustände an Ort und Stelle überzeugt habe. Er beabsichtige nun, in einer Polizei-Fachzeitung einen Artikel zu veröffentlichen, der sich mit der Frage des Schutzes der Arbeitswilligen befasse und möchte hierzu einige Ausführungen meines Vortrags benutzen. Hier wird also von gewiß sachkundiger und zuständiger behördlicher Seite auf Grund eigener Anschauungen und Erfahrungen bestätigt, daß zum Schutze der Arbeitswilligen unsere gesetzlichen Bestimmungen nicht ausreichen, sondern daß wir ein Verbot des Streikpostenstehens haben müssen.

Vorsitzender: Meine Herren! Es meldet sich niemand mehr zum Worte — dann darf ich konstatieren, daß die Versammlung mit den Ausführungen des Herrn Regierungsrats Dr. Schweighoffer einverstanden ist. (Bravo!) Nun kommen wir zur Spezialdiskussion, zum ersten Beschlußantrag, bitte um Verlesung:

I. Beschlußantrag betreffend Schutz der Arbeitswilligen.

Angesichts der Ausschreitungen bei dem letzten Ausstande der Bergarbeiter im Ruhrrevier, welche die wachsende Gefahr der Vergewaltigung Arbeitswilliger haben erkennen lassen, erachtet es der Centralverband Deutscher Industrieller für seine Pflicht, erneut und nachdrücklich die Forderung nach einem wirksameren Schutze der Arbeitswilligen zu erheben. Da dieser Schutz bei Arbeitskämpfen größeren Umfanges durch polizeiliche Maßnahmen nicht immer in ausreichender Weise gewährt werden kann und infolge des terroristischen Verhaltens der Streikposten die Anwendung der gesetzlich gegebenen Machtmittel sich als unzulänglich erwiesen hat, so ist durch eine baldige Neuregelung der einschlägigen Bestimmungen, insbesondere durch ein gesetzliches Verbot des Streikpostenstehens, dafür Sorge zu tragen, daß die Unabhängigkeit und Sicherheit des Einzelnen in dem Maße gewährleistet wird, wie es im Interesse der staatlichen Ordnung, der Freiheit des Erwerbslebens und der gedeihlichen Entwickelung des allgemeinen Wirtschaftslebens geboten ist.

(Nach der Verlesung erfolgt vielseitiges Bravo!)

Vorsitzender: Ich eröffne die Diskussion.

Syndikus **Scheda:** Wenn ich als Gast das Wort ergreifen darf, so möchte ich darauf hinweisen, daß auch die nationale Arbeiterschaft bereits eine ähnliche Entschließung gefaßt hat. Auch die nationalen Arbeiter wünschen dringend, daß die Regierung endlich wirksame Gesetze zum Schutze der Arbeitswilligen und der persönlichen Freiheit schafft. (Bravo!) Diese wirtschaftsfriedliche Arbeiterbewegung umfaßt heute im „Hauptausschuß nationaler Arbeiterverbände“ 9 Verbände mit 150000 Mitgliedern. Das ist zwar noch wenig, aber die Zugkraft der wirtschaftsfriedlichen Bewegung wird dadurch bewiesen, daß die evangelischen Arbeiterorganisationen wie die Hirsch-Dunckerschen in 40 Jahren nur auf je 120000 Mitglieder gekommen sind. Ich möchte mir daher die Bitte erlauben, daß dieser Bewegung von seiten der Industrie Aufmerksamkeit und Förderung zuteil werden möge. (Bravo!)

Dr. Guggenheimer: Meine Herren! Den zuletzt ausgesprochenen Wunsch möchte ich auf das lebhafteste unterstützen. Ich möchte betonen, daß die Bewegung, die innerhalb der Arbeiterkreise erfreulicherweise immer mehr Platz greift, eine weitgehende Unterstützung seitens der Industrie erfahren möge, eine Unterstützung, die sie bedauerlicherweise bisher nicht gefunden hat. (Sehr richtig!) Der Gedanke, daß diese Arbeiter ausscheiden aus den Reihen der Sozialdemokratie, daß es diejenigen sind, die den Mut haben, sich aufzulehnen gegen den ihnen und uns gemeinsamen Feind, muß uns schon lehren, daß dieselben der besten Unterstützung würdig sind.

Wenn in der Tat ein Zusammenwirken, ein Hand-in-Hand-gehen zwischen Arbeitgeber und Arbeitnehmer, wie es unbedingt im Interesse beider und der Industrie erforderlich ist, erzielt werden soll, wenn der Gedanke, daß ein solches Zusammengehen unbedingt nötig ist, an Boden gewinnen soll, dann ist dies nur denkbar, wenn die nationalen Arbeitervereine und die Werkvereine, die ihre Ueberzeugung von der Notwendigkeit solchen Zusammengehens zu vertreten wagen, die denkbarste Förderung erfahren. Lassen Sie mich hoffen, daß eine entschiedene Stellungnahme der Industrie zu dieser Frage nunmehr zu erwarten sei. (Bravo!)

Vorsitzender: Lassen Sie mich den Ausführungen hinzufügen, daß nach meiner genauen Kenntnis der Verhältnisse augenblicklich eine Aktion in Vorbereitung ist, welche in der Richtung der von den Herren Vorrednern, insbesondere von dem Herrn Dr. Guggenheimer gegebenen Anregungen sich bewegen wird. (Bravo!) Es meldet sich niemand mehr zum Worte — dann schließe ich die Diskussion und bringe den ersten Beschlußantrag zur Abstimmung. Diejenigen Herren, welche dagegen sind, bitte sich zu erheben. Der Antrag ist einstimmig angenommen.

Bitte den zweiten zu verlesen. (Geschieht.)

II. Beschlußantrag betreffend Wehrvorlagen.

Unter dem Eindruck der politischen Ereignisse des letzten Jahres, die die Notwendigkeit verstärkter Kriegsbereitschaft auf das eindringlichste erwiesen haben, sowie in der Erkenntnis, daß die Stärke unserer Rüstung, ein schlagfertiges Heer und eine leistungsfähige Flotte, nicht nur die zuverlässigste Bürgschaft des Friedens, sondern auch die unerschütterliche Grundlage unserer nationalen und wirtschaftlichen Machtstellung ist, hat der Centralverband Deutscher Industrieller die durch die Wehrvorlagen bekundete Absicht der Verbündeten Regierungen, eine Vermehrung und Verstärkung unserer Wehrkräfte zu Lande und zu Wasser herbeizuführen, mit Genugtuung begrüßt. Er gibt seiner Freude Ausdruck über die einmütige Geschlossenheit und Bereitwilligkeit, mit welcher die deutschen bürgerlichen Parteien des Reichstages ihre nationale Pflicht erfüllt haben.

Vorsitzender: Ich eröffne die Diskussion. Es meldet sich niemand zum Worte, dann schließe ich die Diskussion. Auch hier bitte ich die Herren, welche dagegen sind, sich zu erheben. — Einstimmig angenommen. (Bravo!) Dann der dritte Beschlußantrag:

III. Beschlußantrag betreffend Sozialpolitik.

Angesichts der Fülle und des Inhalts der Initiativanträge, die bei Beginn der neuen Legislaturperiode des Reichstages wiederum von sämtlichen politischen Parteien gestellt worden sind, erhebt der Centralverband Deutscher Industrieller in Wahrung der ihm anvertrauten Interessen der deutschen Industrie, gegen die in diesen Anträgen zutage tretende Uebertreibung entschiedensten Widerspruch. Dieser Widerspruch richtet sich gegen jede, die Wettbewerbsfähigkeit auf dem Weltmarkte gefährdende Belastung der Industrie durch Beschränkungen und Einengungen der Betriebe, die über das von der Notwendigkeit gebotene Maß hinausgeht. Er richtet sich gegen die weitere Entziehung industrieller Arbeitskräfte, sei es auf dem Wege ihrer direkten Ausschaltung oder weiterer Verkürzung der Arbeitszeit oder durch Erweiterung bereits bestehender einschränkender Bestimmungen, insofern nicht derartige Maßnahmen zur Erhaltung der Gesundheit oder zur Erziehung unserer handarbeitenden Bevölkerung nötig sind. Er richtet sich ferner gegen die Bestrebungen, durch Schaffung neuer Instanzen den Unternehmer und Arbeitgeber aus der autoritativen Stellung in seinem Betriebe zu verdrängen, ein Weg, der zum sozialistischen Arbeiterstaat führen würde. Der Centralverband Deutscher Industrieller glaubt erwarten zu dürfen, daß die Verbündeten Regierungen den hierauf abzielenden Bestrebungen mit Entschiedenheit entgegentreten werden.

(Bravo!)

Vorsitzender: Ich eröffne die Diskussion. — Es meldet sich niemand zum Worte, dann schließe ich die Diskussion und bringe den Beschlußantrag in der vorliegenden Form zur Abstimmung. Diejenigen Herren, welche gegen die Annahme sind, bitte sich zu erheben. — Einstimmig angenommen. (Bravo!)

Auf die Huldigungstelegramme trafen nachstehende Antworten ein:

Homburg/Höhe, den 21. Mai 1912.

Seine Majestät der Kaiser und König lassen für die freundliche Begrüßung bestens danken.

Der geheime Kabinettsrat:
von Valentini.

Seine Königliche Hoheit der Prinzregent waren über die Huldigung der in München tagenden Delegierten des Centralverbandes Deutscher Industrieller sehr erfreut und entbieten allen Teilnehmern wärmsten Dank.

Berchtesgaden, 21. Mai 1912.

. Freiherr von Wiedenmann, Generaladjutant.

Meine Herren! Wir sind am Schlusse unserer Tagesordnung angekommen. Mit einem warmen Danke an die erschienenen Herren, insbesondere auch die Herren Gäste, schließe ich die Versammlung. (Allseitiger Beifall.)

Schluß 1¼ Uhr.

*

Das Mitglied des Direktoriums, Herr H. A. Bueck, sandte an die Delegiertenversammlung des Centralverbandes zu München nachstehendes Telegramm, welches wegen verspäteter Ankunft in der Versammlung nicht mehr verlesen werden konnte: „Bad Kissingen, 21. Mai. Schmerzlich bewegt wegen Behinderung teilzunehmen, sende der Versammlung ergebenste Empfehlungen und wärmste Wünsche für wirkungsvollsten Erfolg der in schwerer Zeit so nötigen Arbeiten und Beschlüsse des Centralverbandes.“ Schon tags vorher war in der Sitzung des Direktoriums das Bedauern über die Abwesenheit des Herrn Bueck ausgesprochen und ihm ein Telegramm gesandt worden, welches ihm den besten Erfolg zu seiner Kur wünschte.

An dem der Delegiertenversammlung folgenden Frühstück nahmen verschiedene Vertreter der bayerischen Staatsregierung, Oberbürgermeister von Borscht sowie eine Reihe von hervorragender

Persönlichkeiten teil. Herr Landrat Rötger gab in seinem Willkommengruß der Freude Ausdruck, daß der Centralverband im schönen München tage und als eine der ersten großen Körperschaften die bayerische Landesausstellung mit inaugurieren könne, die gewiß wieder die vortrefflichen Leistungen des bayerischen Gewerbes und Kunstgewerbes verkünden werde. Jedesmal, so sagte Herr Rötger unter lebhaftem Beifall, wenn ein Norddeutscher in die bayerische Hauptstadt komme, mit ihrer herrlichen Gegend, angesichts der Alpenwelt, gehe ihm das Herz auf. Sein Toast galt der Stadt München, den Vertretern der Behörden usw. und den Gästen. Ebenso warm antwortete der Vertreter des durch die Landtagssitzung abgehaltenen Ministerpräsidenten Freiherrn von Hertling, Herr Ministerialdirektor v. Meinel. Er freue sich, an historischer Stätte den Centralverband Deutscher Industrieller zu begrüßen. In Bayern, einem eminent deutschen Gebiet, sei man von der Bedeutung der deutschen Industrie für den Wohlstand der Bevölkerung und die Weltstellung des Reiches vollkommen überzeugt. Die Schmerzen der deutschen Industrie seien auch die Schmerzen des ganzen Wirtschaftslebens. Die Arbeit der Unternehmer werde in weiten Kreisen noch nicht richtig geschätzt; ihrer Tatkraft und ihrem Fleiß sei die Weltstellung der deutschen Industrie zu danken, sie verdienten alle Hochachtung. Die bayerische Regierung und die Stadt München vereinigten sich in dem Wunsche, daß die Industrie und die heutigen Verhandlungen reichen Erfolg haben möchten. Es blühe und gedeihe die deutsche Industrie! Beide Toaste fanden lebhaften Beifall.

Am Abend fand eine zwanglose Begrüßung mit den österreichischen Industriellen, die in einem Extrazug von Wien gekommen waren, in den Räumen des Künstlerhauses statt.

Bericht über die deutsch-österreichische Industriellentagung in München.

Am Mittwoch, vormittags 10 Uhr, versammelte man sich zu gemeinsamer Tagung im alten Rathaussaal, der, an sich selten schön, stimmungsvoll und mit künstlerischem Geschmack durch Frühlingsgrün ausgeschmückt war. An der Hauptfront waren die Statuen des Prinzregenten von Bayern, rechts von ihm die des Deutschen Kaisers und links die des Kaisers von Oesterreich aufgestellt. Pünktlich um 10 Uhr erschien der Thronfolger Prinz Ludwig, als Vertreter der bayerischen Regierung der Minister des Innern Freiherr v. Soden, der Kultusminister v. Knilling und eine Anzahl von Ministerialdirektoren und Räten; u. a. waren auch die früheren Minister Graf Podewils und Graf Feilitzsch zugegen. Ministerialdirektor v. Meinel gab der Freude darüber Ausdruck, daß der Gedanke einer gemeinsamen Tagung der deutschen und österreichischen Gewerbetreibenden so schön verwirklicht werden konnte, und daß führende gewerbliche Korporationen Oesterreichs und der allseits geachtete Centralverband Deutscher Industrieller gleich zu Beginn der bayerischen Gewerbeschau durch ihr Erscheinen warmes Interesse bewiesen, was als ein gutes Vorzeichen betrachtet werden könne. Wie allgemein die Freude über diesen Besuch sei, gehe auch aus der Tatsache hervor, daß der Tagung auch ein Vertreter des bayerischen Königshauses, Prinz Ludwig anwohne, ferner aus der Tatsache, daß für die Vorbereitung und Durchführung des Kongresses sich neben industriellen Kreisen Bayerns die Spitzen der staatlichen und städtischen Behörden eingesetzt hätten. Der Grundgedanke der Ausstellung, der gewerblichen Produktion durch Veredelung, durch konsequente Erziehung zur Qualitätsarbeit auf dem Inlands- und auf dem Weltmarkt einen Platz neben den Artikeln der Massenproduktion zu verschaffen und letztere künstlerisch zu durchdringen, habe sich bereits durchgesetzt und in Deutschland wie in Oesterreich überzeugte Anhänger gefunden. Man hoffe nun, daß das, was in Durchführung dieses Grundgedankens durch Gewerbefleiß entstanden, vor dem sachverständigen Urteil der Gäste bestehen wird. Der aufrichtige Wunsch der Staatsregierung sei, daß alle Gäste von der Gewerbeschau und ihrem Aufenthalt in München eine freundliche Erinnerung mit fortnehmen, wie andererseits auch den Bayern diese Tage in Erinnerung bleiben werden als Festtage ihrer Gewerbeschau, an denen sie besonders liebe und werte Gäste empfangen durften. Möge der Wunsch in Erfüllung gehen, daß viele neue Beziehungen auf industriellem und gewerblichem Gebiete zwischen Deutschland und Oesterreich sich anknüpfen, und daß darüber hinaus das Bewußtsein eine neue Stärkung erfährt, daß, wenn nicht zwischen allen europäischen Staaten, so doch zwischen den verbündeten Reichen Oesterreich und Deutschland auf dem Gebiete der industriellen Produktion in weitestem Maße eine Interessengemeinschaft besteht. So heiße er die Gäste im Namen der Regierung herzlich willkommen. Dasselbe tat namens der Stadt Oberbürgermeister Dr. v. Borscht. München habe als einer der vornehmsten Mittelpunkte deutscher Kunstpflege für alle Industrien, die sich mit der Erzeugung der uns im täglichen Leben umgebenden Gegenstände befassen, besondere Wichtigkeit. Das solle auch die Gewerbeschau dartun. Zugleich aber habe München für alle Industriellen natürliche Bedeutung und Anziehungskraft. Mit der behaglichen Lebensführung seiner gutherzigen Bevölkerung und mit seiner Lage nahe der großartigen Hochgebirgsnatur sei München ein Platz, wie ihn der liebe Gott für einen in unaufhörlichem Konkurrenzkampf stehenden Industriellen zur Erholung und Kräftigung nicht besser hätte schaffen können. Unter lautem Beifall fuhr Dr. v. Borscht fort: Wenn auch diese Eigenschaft unserer Stadt mit beigetragen hat, Sie hierher zu führen, dann betrachtet Sie jeder Münchener mit besonderer Herzenswärme als Freund und Gesinnungsgenossen.

Als Vertreter der acht bayerischen Handelskammern, die in einem bayerischen Handelskammertag vereinigt sind, sprach der Vorsitzende der Münchener Kammer, Herr Kommerzienrat Pschorr. Er erinnerte daran, wie gemeinsame Interessen schon früher die Idee einer deutsch-österreichisch-ungarischen Zollunion aufkommen ließen, welche in Oesterreich lebhaft betrieben worden sei. Wennschon Redner dafür keine Propaganda machen könne, so bezeugten doch die tiefen Wurzeln, welche dieser Gedanke schlug, wie ein Gefühl enger Zusammengehörigkeit in beiden Ländern Köpfe und Herzen erfülle. Möchten diese Gefühle auch durch die jetzige Zusammenkunft gestärkt und das Verständnis von der Notwendigkeit gedeihlichen Zusammenarbeitens im Wirtschaftsleben weiter verbreitet werden zur Beseitigung der hemmenden Schranken und Hindernisse.

Es folgten die eigentlichen drei Vorträge der gemeinsamen Festversammlung. Zunächst sprach als Führer der österreichischen Industriellen Sektionschef Exzellenz Exner über die Zusammenhänge zwischen Oesterreich und Deutschland auf geistigem Gebiet sowie über die Gewerbeförderung. Redner schildert, wie trotz der politischen Grenzen die große Volksgemeinschaft der Deutschen im Reich, in Oesterreich und in der Schweiz innig zusammenhänge durch die ganze Kultur, durch Sprache und Wissenschaft, durch die Geistesheroen, durch die Universitäten und technischen Hochschulen; wie ein Austausch von auf geistigem Gebiet führenden Männern stattgefunden hat und noch stattfindet, wie man durch Erfindungen und technische Fortschritte sich ergänzte und gegenseitig förderte. Die Bundesgenossenschaft der beiden Kaiserreiche sollte ebenso unerschütterlich bleiben, wie der geistige Zusammenhang in unserem gemeinsamen Volkstum. Bei diesem Ausspruch ertönte besonders warmer Beifall. Geheimrat Exner ging dann näher auf die Gemeinsamkeit in künstlerischen Leistungen ein, in der Architektur, in der Plastik, in der Malerei, in den reproduzierenden Künsten und in der Musik. Wirtschaftlich allerdings seien Schranken errichtet, vielleicht höher als notwendig. Die Frage des Ausgleichs der Herstellungskosten im Wege des Zolles bildet die Grundlage der handelspolitischen Beziehungen zwischen den benachbarten Staaten sowie mit der übrigen Welt. Der für manchen Handelspolitiker ideale Zustand eines gemeinsamen deutschen und österreichischen Zollgebietes scheint wohl noch in unabsehbarer Ferne zu liegen, wenn auch das Teuerungsproblem dazu mahnen würde, die gegenseitige Abschließung der Märkte minder rigoros zu gestalten. Die hochschutzzöllnerische industriell-agrarische Bewegung scheine vorläufig noch nicht gemäßigt zu werden. In der Verteidigung der wirtschaftlichen Interessen seien wir also heute noch Gegner, jedenfalls aber bedürften hochqualifizierte Waren nur eines geringeren Zollschutzes. Ihrer Förderung diene ja wesentlich die Bayerische Gewerbeschau, und sie ist, wie der österreichische Redner schloß, „nicht nur Ihre, sondern auch unsere Sache". Dem Prinzen Ludwig, dem hochsinnigen Förderer von Industrie und Gewerbe, „Ihrem und unserem" Prinzen Ludwig, überreichte unter freudigen allgemeinen Zurufen Geheimrat Exner einen Strauß frischer Alpenblumen.

Der zweite Vortrag galt der „Organisation von Industrie und Gewerbe in Deutschland". Dr. Kuhlo, der Geschäftsführer des bayerischen Industriellenverbandes, welcher in erster Linie die gemeinsame Tagung zu

München angeregt und vorbereitet hat, wies eingangs darauf hin, wie schwierig es ist, ein so weites Gebiet wie das der gewerblichen Organisation in der zugemessenen kurzen Frist zu behandeln. Er hatte sich die Aufgabe auch weit gestellt, indem er in großen Zügen besonders die Arbeiterversicherung, mit der neuen Privatbeamtenversicherung und der Arbeitsvermittelung, die Arbeitsnachweise usw. schilderte. Bezüglich der eigentlichen Organisation der Industrie skizzierte Redner die verschiedenen Rechtsformen, unter denen sich die industriellen Unternehmungen Deutschlands entwickelten, Aktiengesellschaften, G. m. b. H. usw.; das Kartell- und Syndikatswesen; wenn auch die Preispolitik von Kartellen manchmal anfechtbar sei, so sei man doch heute ziemlich allgemein von ihrer Nützlichkeit und Notwendigkeit überzeugt. Monopolistische Tendenzen hält Dr. Kuhlo für Deutschland noch nicht in bedenklichem Maße vorliegend. Er ging über zu den gewerblichen Interessenvertretungen, amtlichen und privaten, Handelskammern, Centralverband Deutscher Industrieller, Bund der Industriellen und die vielen Berufs- und lokalen Verbände. Schließlich streifte Redner die Verhältnisse der Arbeitgeberverbände, der Organisationen des Handwerks und das Gewerbeschulwesen. Der reichhaltige Vortrag war mit mancherlei Zahlenmaterial versehen.

Zuletzt behandelte Professor Riemerschmid: „Ziele und Zwecke der Bayerischen Gewerbeschau“. Zumeist indes galten seine Ausführungen dem notwendigen besseren Verstehen und Verhältnis zwischen Kunst und Industrie, wo noch vieles fehle. Betreffs der Gewerbeschau unterschied er zwischen näheren und ferneren Zielen. Die ferneren Ziele sieht er darin, daß eine kräftige, blühende Industrie nicht mehr knien und zittern muß vor dem Götzenbild, das sie selbst mit errichtet habe, vor dem Geschmack, oder besser Ungeschmack des kaufenden Publikums, sondern sicher ihren Weg gehen könne, und daß eine gesunde, starke Kunst ihre Wurzeln im ganzen Land verbreitet. Nähere Ziele seien Ankämpfen gegen die Schwierigkeiten, die dem Zusammenarbeiten von Industrie und Kunst im Wege stehen. Redner spricht kräftige Worte gegen die Schundware, gegen das Hasten nach Neuigkeiten, gegen unrichtige Bezeichnungen usw. Wenn die Industrie zu der technischen und organisatorischen Vollendung, die sie mit Intelligenz und Erfolg anstrebt, auch noch die geschmackliche Vollendung zu erreichen suche, dürfe sie die Zuversicht haben, unüberwindlich zu sein. Zweck der Bayerischen Gewerbeschau sei es, einen Beweis durch die Tat zu liefern. Industrielle wie Künstler müssen zum Verstehen und

Zusammengehen vor allem, einer und der andere, ihr Hochgefühl vor der eigenen Vollkommenheit ablegen.

Den mit großem Beifall aufgenommenen Vorträgen folgte um 1½ Uhr ein von der Stadt gebotenes, echt münchnerisches Frühstück, einfach, aber prächtig mundend, mit Weißwürsten, Radi usw. und Bockbier. Zwanglos nahmen die Gäste an den einzelnen Tischen Platz, der Vorsitzende des Centralverbandes, Landrat Rötger, wurde durch den Oberbürgermeister an den Tisch des Prinzen Ludwig gebeten. Der Prinz ließ sich verschiedene Persönlichkeiten, u. a. den Geschäftsführer des Centralverbandes, Dr. Schweighoffer, vorstellen und bewegte sich zur Freude der bald gemütlich und lebhaft gewordenen Gesellschaft selbst in ihr recht gemütlich.

Auf dem abends folgenden Festbankett hielt der österreichisch-ungarische Gesandte in München, Herr von Velics, die erste Rede, auch mit politischem Hinweise, namentlich auf den unerschütterlichen Grundpfeiler der europäischen Politik, auf das unentwegte, im Zeichen engsten, innigsten Einverständnisses stehende Freundschaftsverhältnis zwischen Oesterreich-Ungarn und dem Deutschen Reiche. Lebhafteste Bravo- und Zustimmungsrufe ertönten bei diesen Worten. Der Toast des Redners galt dem Deutschen Kaiser, dem Förderer aller Gebiete deutschen Kulturlebens, dem unermüdlichen Streiter für Deutschlands Macht und Wehr, sowie dem verehrten Prinz-Regenten Luitpold, dessen vielbewährte treue Freundschaft für den Kaiser Franz Joseph, zu leuchtendem Vorbild für die gegenseitige Freundschaft der beiden Völker geworden sei.

Auch Ministerpräsident Freiherr von Hertling feierte das Bündnis. Als besten Gewinn dieser Tagung würde er es bezeichnen, wenn sich in den lieben österreichischen Gästen die Ueberzeugung befestigte, daß über die Schranken hinweg, die unsere Wirtschaftsgebiete trennen, die Hand Deutschlands sich in Treue in die Hand der engverbündeten Donaumonarchie legt, wo immer es gilt, das hohe Gut des Friedens mit Stärke und Nachdruck zu wahren. Das Hoch des bayerischen Ministerpräsidenten galt dem Kaiser von Oesterreich. Namens des Vorstandes der Gewerbeschau toastete Prof. Fischer auf die Gäste, Geh. Baurat Dr.-Ing. von Rieppel-Nürnberg sprach als zweiter Vorsitzender des Direktoriums des Centralverbandes Deutscher Industrieller und erster Vorsitzender des Bayerischen Industriellenverbandes, mit herzlichem Willkommen für die österreichischen Gäste, mit Ausblicken auf die Wechselbeziehungen im deutschen und österreichischen Wirtschaftsleben. Für diesen Toast, der ausklang für das Blühen der österreichischen Industrie, dankte Baurat **Breßler** namens des niederösterreichischen Gewerbevereins und ließ die bayerische Industrie hochleben. Mit einem Damentoast, ausgebracht von Dr. **Kuhlo**, schloß der offizielle Teil des Festmahls, bei dem die wachsend lebhafte Stimmung von bestem Gelingen der Feier zeugte.

Hatte das **Wetter** schon an diesem Tage sich unfreundlich gestaltet, so war das an den folgenden noch mehr der Fall. Am Donnerstag morgen fand eine gemeinsame **Besichtigung der Ausstellung** unter sachkundiger Führung in Gruppen statt. Dann folgte eine Besichtigung der Aktienbrauerei zum **Löwenbräu**, verbunden mit entsprechender Probe ihres Produkts bei einem Frühstück. Der Donnerstag abend brachte als wundervolle **Festvorstellung** im **Prinzregententheater** „Tristan und Isolde". Um 10 Uhr abends gaben die **Oesterreicher** ein Festbankett, auf welchem der Präsident des niederösterreichischen Gewerbevereins, Baurat **Breßler**, der frühere Leipziger Professor Geheimrat Ostwald, der jetzt in Oesterreich lebt, Ministerialrat Dr. Rede, Oberbürgermeister v. Borscht und Sektionsrat Karmenski sprachen. Auch hier hörte man wiederholt Wünsche auf Beseitigung oder Ermäßigung der Zollschranken, ferner den Wunsch, daß bald in Wien eine Wiederholung der Münchener gemeinsamen Feier stattfinden möge. Der für Freitag anberaumte **Ausflug** auf den **Starnberger** See war leider vollständig verregnet. Aber allen Teilnehmern wird eine schöne Erinnerung der Münchener Tage bleiben, denen auch sachlich für die Industrie und ihre gemeinsamen Interessen bleibender Erfolg beschieden sein dürfte.

Aus der Tätigkeit des Centralverbandes.

Seit dem Jahre 1911 hat der Centralverband Deutscher Industrieller weiter eine rege Tätigkeit auf mannigfachen Gebieten entfaltet, von der nachstehend eine kurze Uebersicht gegeben wird. Auf handelspolitischem Gebiet wurde dem Herrn Reichskanzler von der Interessengemeinschaft, welche zwischen dem Centralverbande Deutscher Industrieller, der Centralstelle für Vorbereitung von Handelsverträgen und dem Verein zur Wahrung der Interessen der chemischen Industrie Deutschlands besteht, eine vertrauliche Denkschrift betreffend die Meistbegünstigungsfrage und ihre Behandlung bei der bevorstehenden Erneuerung der Handelsverträge überreicht. Ferner wurden Eingaben und Berichte an Behörden und Parlamente erstattet, welche sich auf unser handelspolitisches Verhältnis zu Kanada, auf Zollerlaß aus Billigkeitsrücksichten, auf Fragen des Veredelungsverkehrs, auf Verzollung von Kalkstickstoff in Uruguay, zollfreie Einfuhr von Kalkstickstoff nach Rußland, auf die Erfüllung militärischer Pflichten, auf die Ermäßigung der Abfertigungsgebühren im Güterverkehr der Eisenbahn usw. bezogen. Rundschreiben an die Mitglieder des Centralverbandes wurden gesandt in Sachen der amtlichen Handelsstatistik, bezüglich des Kartellwesens, des industriellen Wahlfonds usw., ferner Fragebogen bezüglich der Wünsche für die Aufstellung eines neuen deutschen Zolltarifs und für den Abschluß neuer Handelsverträge.

Den Mitgliedern gingen zu die von dem Geschäftsführer verfaßten Abhandlungen „Centralverband und Fertigindustrie", „Förderung des Handwerks auf Kosten der Industrie", „Eine Zusammenstellung der Initiativanträge der einzelnen Fraktionen des Reichstages", „Die Grundzüge des neuen Entwurfs eines preußischen Wassergesetzes". Eine Schrift über „Die Lage der deutschen Tuchindustrie und der englische Wettbewerb" von dem stellvertretenden Geschäftsführer des Centralverbandes, sowie verschiedene andere Arbeiten werden nachstehend veröffentlicht.

Eingaben.

Regelung des handelspolitischen Verhältnisses zu Kanada.

Eingabe an den Herrn **Reichskanzler.**

Berlin, den 15. Januar 1912.

Euer Exzellenz

beehren wir uns, die auf Abschluß eines Handelsvertrages mit Kanada gerichteten Wünsche der unserem Verband angehörenden Industrien ganz gehorsamst zu unterbreiten.

I. Am 15. Februar 1910 ist von dem Kaiserlichen Konsul in Montreal und dem kanadischen Finanzminister eine Vereinbarung unterzeichnet worden, derzufolge die deutsche Regierung vom 1. März 1910 ab für eine Reihe der wichtigsten Erzeugnisse Kanadas bei der Einfuhr nach Deutschland die Vertragszölle einräumt, während Kanada die seit dem 28. November 1903 auf deutsche Waren erhobenen Zollzuschläge beseitigt und die deutschen Erzeugnisse zu den Zollsätzen des Generaltarifs zuzulassen sich verpflichtet.

Der Wunsch der deutschen Industrie, daß die in Absatz 3 dieses vorläufigen Abkommens in Aussicht genommene endgültige vertragliche Regelung der deutsch-kanadischen Handelsbeziehungen möglichst bald durch den Abschluß eines Handelsvertrages in die Wege geleitet werden möge, hat inzwischen außerordentlich an Lebhaftigkeit gewonnen.

Schon vor Abschluß des Handelsabkommens mit Deutschland hatte Kanada durch den Handelsvertrag vom 19. September 1907 nebst Zusatzvertrag vom 23. Januar 1909 Frankreich und mit ihm den meistbegünstigten Ländern, wie Argentinien, Bolivien, Kolumbien, Dänemark, Japan, Norwegen, Oesterreich-Ungarn, Rußland, Spanien, Schweden, Schweiz und Venezuela viel weitergehende, teilweise die Sätze des kanadischen Mitteltarifs unterschreitende Zugeständnisse gemacht. Diese Verträge sind am 1. Februar 1910 in Kraft getreten, seitdem hat nun die kanadische Regierung durch das Handelsabkommen mit Italien vom 6. Juni 1910 diesem eine Reihe von Positionen seines Mitteltarifs eingeräumt. Ferner hat der Generalgouverneur von Kanada am 7. Juni 1910 eine Verordnung erlassen, nach der mit Rücksicht auf die belgischerseits den kanadischen Erzeugnissen bisher gewährten Vergünstigungen die Anwendung des Mitteltarifs in Kanada sich auf eine große Reihe von Waren belgischen Ursprungs, die unter 95 Nummern dieses Tarifs fallen, erstrecken wird. Endlich hat der Generalgouverneur von Kanada eine weitere Verordnung vom 7. Juni 1910 erlassen, in welcher den Erzeugnissen der Niederlande dieselben Vorteile des Mitteltarifs eingeräumt werden, die den Erzeugnissen Belgiens gewährt worden sind.

Deutschland hat bisher keinen Anspruch auf den Genuß der Zollsätze des Mitteltarifs, die Kanada den drei Ländern, Italien, Belgien und Holland, eingeräumt hat, und ebensowenig einen Anspruch auf die besonderen niedrigeren Zollsätze, die Frankreich und den meistbegünstigten Staaten gewährt werden.

Dadurch haben sich die handelspolitischen Beziehungen Deutschlands zu Kanada ungemein verschlechtert, und es bietet das Zugeständnis der Sätze des kanadischen Generaltarifs unter diesen Umständen kein Aequivalent mehr für die Einräumung der für Kanada wichtigsten Positionen des deutschen Vertragstarifs.

Es ist dem deutschen Export denn auch nur in geringem Maße gelungen, das während des Zollkrieges in Kanada verlorene Terrain wiederzuerobern. Um dies zu erreichen, bedarf er unbedingt der meistbegünstigten Behandlung und, wenn möglich, darüber hinaus eines gewissen Ausgleichs der Zollvorteile, welche die britische Industrie auf Grund des Vorzugstarifs in Kanada genießt.

In Ziffer 4 der vorerwähnten deutsch-kanadischen Vereinbarung vom 15. Februar 1910 ist vorgesehen, daß, wenn nach angemessener Zeit ein Handelsvertrag nicht zustande gekommen ist, dann jeder Kontrahent, falls er es für wünschenswert hält, die auf Grund dieser Vereinbarung gewährten Zugeständnisse zurückziehen kann, indem er dem anderen zwei Monate vorher von dieser seiner Absicht Kenntnis gibt.

Im Interesse einer vorteilhaften Gestaltung unserer Handelsbeziehungen zu Kanada richten wir an Euer Exzellenz die ganz ergebene dringende Bitte, auf den baldigen Abschluß eines Handelsvertrages mit Kanada hinwirken zu wollen.

Sollte sich aber ein solcher Vertrag unter Erlangung entsprechender handelspolitischer Vorteile nicht erreichen lassen, so bitten wir, statt dessen wenigstens ein Meistbegünstigungsabkommen abzuschließen.

II. Die einzelnen Anträge zu den kanadischen Zollsätzen, geordnet nach den Tarifnummern des kanadischen Zolltarifs, beehren wir uns, Euer Exzellenz in der beifolgenden Anlage ganz gehorsamst zu unterbreiten.

Errichtung eines deutschen Generalkonsulats in Paris.

Eingabe an den Herrn **Reichskanzler.**

Berlin, den 1. April 1912.

In den Kreisen unserer Mitglieder, die an dem Export nach Frankreich beteiligt sind, wird die Errichtung eines deutschen Generalkonsulats in Paris, dem das Aufsichtsrecht über alle deutschen Konsuln und Vizekonsuln in Frankreich übertragen werden soll, dringend gewünscht. Die Ausfuhr aus dem deutschen Zollgebiet nach Frankreich betrug nach der amtlichen Statistik des Deutschen Reichs im Jahre 1902 253 Millionen Mark; sie stieg im Jahre 1906 auf 383 Millionen Mark und im Jahre 1910 auf 543 Millionen Mark, während die Ausfuhr nach Großbritannien, das als Empfänger deutscher Waren an erster Stelle steht, im Jahre 1902 966 Millionen Mark ausmachte und im Jahre 1910 auf 1102 Millionen Mark angewachsen ist. Auch im Vergleich zu der jährlichen Gesamtausfuhr aus dem deutschen Zollgebiet nach dem Auslande ist unser Export nach Frankreich am meisten, nämlich von 5,3 pCt. im Jahre 1902 auf 7,3 pCt. im Jahre 1910 gestiegen, während in derselben Zeit unsere Ausfuhr nach Großbritannien relativ von 20,1 pCt. auf 14,7 pCt. gesunken ist.

In Großbritannien hat das Deutsche Reich in London ein deutsches Generalkonsulat für Großbritannien und Irland errichtet. Ferner bestehen 24 deutsche Konsulate in den wichtigsten Handelsplätzen, und in 44 weiteren Städten sind deutsche Vizekonsuln tätig; außerdem werden noch 26 Konsularagenten beschäftigt. In Frankreich dagegen ist bisher noch kein deutsches Generalkonsulat vorhanden; es bestehen nur 6 Konsulate in den wichtigsten Handelsplätzen, außerdem sind noch 9 deutsche Vizekonsuln in anderen bedeutenden Städten Frankreichs tätig. Frankreich selbst hat in Deutschland u. a. 3 Generalkonsulate errichtet, und zwar in Hamburg, Leipzig und Frankfurt a. M.

Seit dem Inkrafttreten der neuen französischen Zolltarifnovelle, deren Bestimmungen nach den Absichten der Gesetzgeber vornehmlich die steigende Einfuhr aus dem deutschen Zollgebiet treffen sollen, haben die Zollschwierigkeiten und Zollbeschwerden deutscher Interessenten bei ihrer Ausfuhr nach Frankreich ungemein zugenommen.

Bekanntlich besteht eine amtliche Auskunftsstelle für Zolltarifangelegenheiten in Frankreich nicht. Nach einer Bekanntgabe des

Reichsamts des Innern ist jedoch die Generalzolldirektion in Paris bereit, in zweifelhaften Fällen für einzuführende Waren auf Ersuchen der Beteiligten die Tarifnummer und den Zollsatz anzugeben. Die Erkundigung kann unmittelbar (in französischer Sprache) oder durch Inanspruchnahme des Kaiserlich deutschen Konsulats in Paris eingezogen werden.

Nach den vom Reichsamt des Innern veröffentlichten „Winken für den Verkehr deutscher Interessenten des Handels und der Industrie mit den Kaiserlichen Konsulaten im Auslande" vom 19. Januar 1912 soll der deutsche Absender, falls seine Zollerklärung von einem französischen Zollamt beanstandet wird, obwohl sie nach bestem Wissen abgegeben wurde, unverzüglich dem deutschen Konsulat in Paris den Fall mitteilen. Das Konsulat werde alsdann den Fall prüfen und ihn geeignetenfalls bei der französischen Generalzolldirektion zur Sprache bringen, damit er womöglich ohne Sachverständigen-Schiedsspruchverfahren erledigt werde. Sind die von dem deutschen Konsulat in Paris unternommenen Schritte bei der französischen Generalzolldirektion ergebnislos geblieben, so erübrigt sich nur das Sachverständigenschiedsverfahren. Ist aber das Verfahren zuungunsten des deutschen Interessenten ausgefallen, so bleibt, wenn er die unrichtige Zollerklärung in gutem Glauben abgegeben hat, nur der Versuch übrig, bei der für die Festsetzung der Strafe zuständigen französischen Behörde eine möglichst niedrige Bemessung der Zollstrafe oder eine Ermäßigung derselben zu erwirken. Er hat sich zu diesem Zwecke bei einem Gegenstande im Werte bis zu 4875 Fr. einschließlich unverzüglich nach Beendigung des Schiedsverfahrens an das Kaiserliche Konsulat in Paris zu wenden, damit dieses bei der französischen Generalzolldirektion eine möglichst niedrige Bemessung der Zollstrafe befürwortet.

Schon aus den in vorstehendem angeführten Einzelheiten der amtlichen Anweisung des Reichsamts des Innern geht deutlich hervor, daß das deutsche Konsulat in Paris bei den Zollschwierigkeiten, die sich jetzt für deutsche Interessenten aus der Handhabung des geltenden französischen Zolltarifs und dem eigentümlichen Verhalten französischer Zollbeamten gegenüber deutschen Untertanen ergeben, eine sehr beschleunigte Mehrarbeit zu leisten hat im Vergleich zu der Tätigkeit der anderen deutschen Konsulate in Frankreich. Hieraus ergibt sich von selbst die berechtigte Forderung nach einer größeren Ausgestaltung des Konsulats in Paris und in Verbindung mit den allgemeinen hier nicht zu erörternden Gesichtspunkten nach einer Umwandlung desselben in ein Generalkonsulat. Eine solche Erhöhung des Konsularamts in Paris würde der Würde des Reichs und der steigenden Bedeutung des deutsch-französischen Handelsverkehrs nur entsprechen. Deutschland muß in Paris eine mit denselben Befugnissen ausgestaltete konsularische Vertretung haben, wie sie die ihm gleichstehenden übrigen Staaten dort besitzen. Es darf nicht hinter diesen, sowie hinter einer Reihe anderer kleiner Staaten, die durch Generalkonsulate vertreten sind, zurückstehen. Vielleicht erscheint die Annahme nicht ausgeschlossen, daß bisher seitens der Reichsregierung lediglich aus Sparsamkeitsrücksichten von der Errichtung eines deutschen Generalkonsulats in Paris abgesehen worden ist. Bei dem großen und zunehmenden Handelsverkehr Deutschlands mit Frankreich kann dieser Gesichtspunkt nicht allein als ausschlaggebend angesehen werden.

Es wird von der Industrie dankbar begrüßt, daß die Vertretungen des Deutschen Reichs im Auslande stets bereitwillig ihre Unterstützung zur Verfügung stellen, wo es gilt, die deutschen Interessen im Auslande zu fördern. Im Hinblick auf diese Förderung deutscher Interessen beehrt sich das gehorsamst unterzeichnete Direktorium des Centralverbandes Deutscher Industrieller Euer Exzellenz die Bitte zu unterbreiten, die Errichtung eines deutschen Generalkonsulats in Paris in die Wege zu leiten.

Ermäßigung der Abfertigungsgebühren.

Eingabe an die beiden **Hohen Häuser des Landtags.**

Berlin, den 15. Dezember 1911.

Die überaus große Bedeutung der Eisenbahnen für die wirtschaftliche Entwickelung des Landes ist seinerzeit bei Regierung und Landtag für die Verstaatlichung wesentlich mit maßgebend gewesen. In der Begründung zu dem Gesetzentwurf betreffend den Erwerb mehrerer Privateisenbahnen für den Staat vom 19. Oktober 1879 heißt es durchaus zutreffend:

„Der Transportpreis der Eisenbahnen bildet daher gegenwärtig in der Tat einen höchst wesentlichen Teil der Produktionskosten der meisten Waren, so daß die Entwickelung aller Produktionszweige, die nicht etwa aus besonderen Gründen der Transportvermittelung durch die Eisenbahnen überhoben sind, von der Tarifstellung derselben abhängig ist . . . Bei seiner Fürsorge für die Belebung des inländischen

Verkehrs hat der Staat an der Ermäßigung der Frachten im allgemeinen und vor allem für die minderwertigen Massenartikel, welche für die Entwickelung der Industrie unentbehrlich sind, ein eminentes Interesse. Es leuchtet dies um so mehr ein, als der großartige Aufschwung des Verkehrs, den das Zeitalter der Eisenbahnen gebracht hat, ebensowohl mit der allmählichen Ermäßigung der Transportpreise, wie mit der Ausdehnung des Eisenbahnnetzes selbst gleichen Schritt gehalten hat."

Inzwischen sind die Lasten, welche die deutschen Unternehmungen zu tragen haben, insonderheit durch den Ausbau der sozialen Gesetzgebung in den letzten Jahren, immer größer geworden; in keinem Konkurrenzlande werden der Industrie für soziale Zwecke annähernd ähnliche Leistungen zugemutet. Es fällt das um so schwerer ins Gewicht, als wir für einen sehr erheblichen Teil unserer gewerblichen Erzeugnisse auf den Absatz im Auslande, auf den Weltmarkt angewiesen sind; auch für diese deutsche Ausfuhr sind, wie für die inneren Absatzgebiete, entsprechend billige Frachtkosten eine Lebensbedingung.

Unser mächtigster Rivale, England, besitzt für seine Industrie überhaupt bessere Bedingungen durch ältere Einbürgerung, größere Kapitalkraft, günstige geographische Lage der Kohlendistrikte zu den industriellen Verbrauchszentren, namentlich aber auf dem Verkehrsgebiete durch die billigere Seefracht. In anderen Wettbewerbsländern, Belgien, Frankreich, Amerika, Rußland sind zum Teil auch die Eisenbahn-Gütertarife niedriger als bei uns.

Als die Eisenbahnverstaatlichung vor einigen dreißig Jahren in Preußen durchgeführt ward, gingen Regierung und Parlament dahin einig, daß die Staatsbahnen nicht zu einer fiskalischen Erwerbsquelle ausgestaltet, sondern ihre Ueberschüsse, abgesehen von unbedeutenden Beträgen, für die Eisenbahnen selbst, zu Verkehrsverbesserungen und -Erleichterungen benutzt werden sollten. Auf Veranlassung des Hauses der Abgeordneten wurde 1879 der erste Gesetzentwurf betreffend den Erwerb mehrerer Privateisenbahnen durch den Staat dahin ergänzt, daß zur Ausgleichung eines etwaigen Defizits im Staatshaushalte die Staatsbahnüberschüsse nur bis zur Höhe von 2,2 Millionen Mark verwendet werden sollten. Die Entwickelung ist anders gekommen. Zurzeit braucht der preußische Staat für seine allgemeinen Aufgaben eine große Summe, die jetzt gesetzlich auf etwa 220 Millionen Mark festgelegt ist, notwendig aus den Eisenbahnüberschüssen. Es wird nicht mehr daran gedacht, sie ihm zu bestreiten. Auch wir stehen auf dem Standpunkt, daß eine Ermäßigung der Gütertarife nur insoweit stattfinden kann, als die Eisenbahn- und Staatsfinanzen nicht empfindlich davon beeinflußt werden. Aber wir glauben, daß zurzeit alle Wünsche und Verheißungen auf diesem Gebiete endlich eine Verwirklichung, ohne eine solche schädliche Rückwirkung, erfahren können und müssen, weil die Staatsfinanzen es erlauben und es für das heimische Erwerbsleben ein dringendes Bedürfnis ist. Im Jahre 1905 ersuchte das Abgeordnetenhaus unter Zustimmung aller Parteien die Staatsregierung allgemein um eine planmäßige Herabsetzung der Gütertarife und seitdem ist dieser Wunsch nach einer Ermäßigung der Frachtkosten alljährlich wiedergekehrt und nicht verstummt. In den Kreisen der Industrie, insonderheit im Centralverband Deutscher Industrieller hat man, um weiter zu kommen, die Frage der Ermäßigung der Abfertigungsgebühren herausgegriffen und in dieser Beziehung in mehrfachen Eingaben eine Fülle von Material zusammengetragen zur Begründung des Antrages auf Ermäßigung, bisher leider ohne jeden Erfolg.

Die Fracht setzt sich zusammen aus einer Zahlung für die eigentliche Beförderung auf der Eisenbahnstrecke und aus einer Gebühr für die Benutzung lokaler Einrichtungen und Leistungen auf der Station, die sogenannte Abfertigungsgebühr, welche erhoben wird für das Bereitstellen der Wagen, ihr Rangieren in den Zügen mit der nötigen Inanspruchnahme der Geleise, Bahnhofsanlagen und des Bahnpersonals usw. Hier erscheint eine Erleichterung für die Versender um so mehr gerechtfertigt, als sich die hiermit zusammenhängenden Kosten der Eisenbahn selbst relativ vermindert haben. Der Ausbau der Bahnhöfe, die Vermehrung der Geleise, die Vervollkommnung aller technischen Einrichtungen usw. vereinfachen und verbilligen die „Abfertigung" und lassen die vor Jahrzehnten für sie ermittelten Ansätze nicht mehr entsprechend erscheinen. Zudem ist besonders in Anschlag zu bringen, daß bei der Bemessung der geltenden Sätze man mit den damals in Gebrauch stehenden 10-Tonnen-Wagen oder noch kleineren rechnete. Heute aber sind wir im Durchschnitt der Wagen schon bei fast 15 Tonnen Tragfähigkeit angelangt. Die Abfertigung eines Wagens von 15 oder 20 Tonnen verursacht nicht oder nur wenig mehr Kosten als die eines solchen von 10 Tonnen; andererseits ist die Benutzung von Wagen mit hohem Ladegewicht für die Verfrachter mit mancherlei Kosten und Lasten verknüpft, mit höheren Ausgaben für Abfuhr und Lagerhaltung, dem Umbau unzureichender Anschlußgeleise usw. Da jedoch die Berechnung der Abfertigungsgebühr für den Verfrachter nach dem Gewicht der Wagenladung, von

100 zu 100 Kilogramm steigend, erfolgt, so zahlt jetzt der Verfrachter für einen 15-Tonnen-Wagen etwa ein Drittel zu viel, gegenüber dem Satz, welchen die Eisenbahn ursprünglich als Entschädigung für ihre Leistung verlangt hat. Die Eisenbahn-Verwaltung selbst wünscht und begünstigt die vermehrte Verwendung von Wagen größerer Ladefähigkeit neben anderen Gründen auch deshalb, weil deren Beförderung ihr relativ weniger kostet. Der Herr Minister der öffentlichen Arbeiten hat schon bei seinem Amtsantritt im Jahre 1906 eine Ermäßigung der Abfertigungsgebühren bei Verwendung von Wagen höherer Tragfähigkeit in Aussicht gestellt.

Alljährlich ist bei den Etatsdebatten die Frage neu angeregt und eingehend verhandelt worden. Zur Zeit der wirtschaftlich ungünstigeren Lage und der stark verminderten Eisenbahnüberschüsse, besonders im Jahre 1908, war natürlich keine Neigung bei Regierung und Parlament zur Verminderung irgendwelcher Einnahmequellen vorhanden. Doch hat der Herr Minister in den Verhandlungen der Budgetkommission im Jahre 1909 die Ermäßigung der Abfertigungsgebühr als eine Maßnahme bezeichnet, die nach seiner Ueberzeugung im Laufe der Jahre die Einnahmen nicht ungünstig beeinflusse. Aber, so führte er weiter aus, es gebe einen längeren Zeitraum, in dem solche Tarifermäßigungen zu Ausfällen führen, und da sei der damalige Zeitpunkt zu solchen Tarifmaßnahmen doch der ungünstigste, *dazu müsse man bessere Zeiten abwarten. Diese besseren Zeiten sind jetzt gekommen*, sie dürfen nicht verpaßt werden, soll nicht die Reform auf die lange Bank geschoben werden.

Schon für das Jahr 1910 hat der Herr Minister selbst die Eisenbahnüberschüsse als „glänzende" bei den Etatsdebatten im Februar 1911 gekennzeichnet, und noch günstiger scheint sich das Etatsjahr 1911 entwickelt zu haben. Außer den für allgemeine Staatszwecke bestimmten etwa 220 Millionen Mark dürfte aus den Ergebnissen des Jahres 1910 der Ausgleichsfonds noch bedeutend mehr als die im Etat angenommenen 32 Millionen Mark erhalten. Bei vermehrten Einnahmen konnten die Ausgaben relativ verringert werden; der Betriebskoeffizient, d. i. das Verhältnis der Ausgaben zu den Einnahmen, ist wesentlich gesunken. Es darf die Befriedigung dringender Bedürfnisse des Verkehrslebens überhaupt nicht zu sehr von der Rentabilität der Staatsbahnen abhängig gemacht werden; vielmehr darf nicht vergessen werden, daß die Befriedigung dieser Bedürfnisse die Rentabilität der Verkehrsanstalten immer weiter steigert, und daß gerade die Industrie den Eisenbahnen die größten Einnahmen zuführt. Auch bei den letzten Erörterungen im Abgeordnetenhause im Frühjahr dieses Jahres hat die Ermäßigung der Abfertigungsgebühren von verschiedenen Seiten Befürwortung, von keiner Seite direkten Widerspruch gefunden. Der Herr Minister äußerte sich neuerdings wohlwollend, aber wie bisher von Jahr zu Jahr dilatorisch, trotzdem die von ihm im Jahre 1909 ausgesprochene Voraussetzung, es müßten bessere Zeiten abgewartet werden, inzwischen sich erfüllt hat. Wir möchten hier unter Hinweis auf unsere weitere Begründung an die Erklärung des Herrn Ministers erinnern: sehr erheblich ausgestaltet worden seien die gesamten Betriebs- und Verkehrsanlagen, und es sei der schlagende Beweis geführt, daß lediglich die Unvollkommenheiten dieser Anlagen die ungewöhnliche Steigerung der Betriebskosten in den Jahren 1906, 1907, 1908 und 1909 herbeigeführt haben.

Gewiß sind im einzelnen manche dankenswerten Tariferleichterungen zugestanden worden. Aber sie fallen im ganzen für eine wirkliche Verbilligung der Frachtkosten nicht ins Gewicht. Seit mehr als einem Jahrzehnt stagniert bei uns die durchschnittliche Frachtrate, die im Lauf der vorangegangenen Zeit allmählich bedeutend gesunken war, auf etwa 3,55 Pf. für den Tonnenkilometer.

Der Centralverband Deutscher Industrieller hat bereits in zwei eingehend begründeten Eingaben an den Herrn Minister 1906 und 1909 eine Ermäßigung der Abfertigungsgebühren erbeten. Er erachtet es für notwendig, an diesem Punkt mit einer Verbilligung der Frachtkosten einzusetzen, zumal auf diese Weise die weitesten Kreise von der Erleichterung Nutzen ziehen: alle Verkehrsinteressenten aus Industrie, Landwirtschaft und Handel, welche ganze Wagenladungen verfrachten oder beziehen. Den wiederholten Auslassungen des Herrn Ministers gegenüber müssen wir freilich annehmen, daß bei der Königl. Eisenbahnverwaltung nur für die Wagen mit größerer Tragfähigkeit Geneigtheit zur Herabsetzung der Abfertigungsgebühren vorhanden sein dürfte, und diese Ermäßigung wird für viele Industriekreise besondere Bedeutung haben. Trotzdem möchten wir, wie wir schon früher in unseren Eingaben getan, eine Herabsetzung der Abfertigungsgebühr, zunächst bei Massengütern, für alle Wagen befürworten, und zwar etwa im Verhältnis von 3 : 2. Denn für viele Verkehrsinteressenten in Landwirtschaft und Industrie kommen zurzeit in größerem Umfang 10-Tonnenwagen zur Verwendung. Um aber dem berechtigten Wunsch der Eisenbahnverwaltung, die Verwendung der Wagen mit größerer Tragfähigkeit zu fördern, und der tatsächlich relativ wohlfeileren Abfertigung dieser Wagen Rechnung zu tragen, dürfte es gerecht sein, den Bestellern von Wagen mit größerer Tragfähigkeit neben der allen zugestandenen Ermäßigung noch eine besondere Vergütung zuteil werden zu lassen, etwa in Form einer Prämie, indem die Gebühr um eine weitere Rate ermäßigt wird.

In diesem Sinne bitten wir den Hohen Landtag ganz ergebenst, neuerdings geneigte Erwägungen anstellen und Beschluß fassen zu wollen.

Nähere Begründung.

Die Frage einer Ermäßigung der Gütertarife, speziell der Abfertigungsgebühren der Eisenbahn, schwebt seit einer Reihe von Jahren, ohne daß ein gedeihliches Ende abzusehen oder auch nur ein greifbarer Fortschritt zu verzeichnen ist. Wir glauben indes, daß die Zeit gekommen sein dürfte, auf diesem Gebiet eine Entscheidung zu fällen, und der Industrie, welche am meisten zu den großen Ueberschüssen der preußisch-hessischen Staatsbahnverwaltung beiträgt, dagegen selbst vom Staat immer stärker belastet wird, ein durchaus gerechtfertigtes Entgegenkommen und eine Erfüllung alter Verheißungen zu gewähren. Es wurde bei der Verstaatlichung ausdrücklich festgelegt, daß die Ueberschüsse der Staatsbahn — abgesehen von einem geringen Betrag — nicht für anderweitige Staatszwecke, sondern für Verbesserungen der Eisenbahnen und Verkehrsbedingungen selbst verwendet werden sollten. Die Eisenbahnzuschüsse zum allgemeinen Staatshaushalt haben sich seither als unumgänglich notwendig erwiesen; es müßten sonst die direkten Steuern übermäßig erhöht werden. Aber auch unter dem neuen Gesetz, welches diese Zuschüsse auf etwa 220 Millionen Mark jährlich bestimmt (s. Vermerk zu Kap. 33a des Etats der Staatsbahnverwaltung für 1910), sollten selbstverständlich die nötigen Mittel für Verkehrserleichterungen übrig bleiben, und die Erfahrung gerade der letzten Jahre hat gezeigt, daß sie wirklich vorhanden sind, wenigstens für maßvolle Ansprüche.

Die Wünsche wurden früher gerade aus dem Parlament erheblich weiter gestellt. Noch im Jahre 1905 ersuchte das Abgeordnetenhaus unter Zustimmung aller Parteien die Königliche

Staatsregierung allgemein um eine planmäßigere Herabsetzung der Gütertarife. Später, als die ungünstigeren Wirtschaftsjahre kamen, war die Stimmung auf konservativer Seite zurückhaltender. Wirklich aber ist bei den letzten Parlamentsverhandlungen auch von der rechten Seite eine Ermäßigung, wenigstens der Abfertigungsgebühren, befürwortet und dem von keinem Abgeordneten widersprochen worden. In der Sitzung vom 21. Februar d. J. führte der freikonservative Abgeordnete Graf Moltke aus, daß die Gütertarife dem heimischen Erwerbsleben dienen und seine Entwickelung fördern; er könne sich ebensowenig wie seine politischen Freunde der Ansicht anschließen, daß in der Entwickelung dieser Gütertarife eine Art Stagnation eingetreten sei, wie das in der Budgetkommission von verschiedenen Seiten angedeutet worden; dann fuhr Abg. Graf Moltke fort, er müsse noch einen Punkt besonders hervorheben:

„Die Abfertigungsgebühren sind ja schon vor einer Reihe von Jahren in ihrer Höhe festgestellt worden, und zwar sind sie damal natürlich nach den Verhältnissen jener Zeit und nach dem Typ des 10-Tonnenwagens, der damals als die Norm betrachtet wurde, festgestellt worden. Inzwischen haben sich die Verhältnisse aber dahin geändert, daß für den Massentransport, für große durchgehende Transporte heute der 15-Tonnentyp als Normaltyp angesprochen werden muß. Wenn man nun auch von der Absicht ausgeht, daß diese Abfertigungsgebühr eine Entschädigung für die Stationskosten sein soll, dann wird man sich dem Schluß kaum entziehen können, daß jetzt, wo der 15-Tonnenwagen als Normaltyp für Massentransporte angesehen wird, die Zeit gekommen sein kann, wo man mit Recht die Herabsetzung der Abfertigungsgebühr verlangt, und zwar deshalb verlangt, weil die Eigenkosten der Eisenbahn bei diesem Normaltyp der 15-Tonnenwagen sich selbst erheblich verringert haben.“

Aus der konservativen Partei hat der Abg. Graf von der Groeben bei diesen jüngsten Parlamentsdebatten zwar den vom Herrn Minister der öffentlichen Arbeiten eingenommenen Standpunkt vertreten, daß bei der wesentlichen Steigerung der Ausgaben das Gleichbleiben der Tarife indirekt eine wesentliche Ermäßigung derselben bedeute, daß eine weitere Ermäßigung der Gütertarife nur in Frage kommen könne, wo nachweislich der Ausfall durch den Mehrversand gedeckt werde, und daß wir in unserer Eisenbahnpolitik irgendwelche Experimente nicht machen dürften. Aber die Abfertigungsgebühren speziell erwähnte Graf von der Groeben nicht, und auf diese haben, wie noch zu zeigen sein wird, die vorgebrachten allgemeinen Bedenken und Bedingungen weniger Bezug. Sowohl bei den diesjährigen Verhandlungen wie bei denen des vorangegangenen Jahres hat kein einziger Parlamentarier mehr eine allgemeine Ermäßigung der Gütertarife, ein bedenkliches Experiment, verlangt. Der nationalliberale Abg. Macco kleidete diese Stimmung in der Sitzung vom 21. Februar d. J. drastisch in folgende Worte: „Ich wiederhole nochmals, daß es niemandem eingefallen ist, hier eine plötzliche allgemeine Tarifermäßigung zu beantragen. Das wäre geradezu ein Unfug und ein Verbrechen an unseren preußischen Staatsfinanzen. Es ist immer davon auszugehen, systematisch und allmählich in kleinen Sprüngen Tarifermäßigungen in einer Form durchzuführen, die den preußischen Eisenbahnen keinen Schaden bringen kann und einen Ausfall bald durch erhöhte Einnahmen ausgleicht, die in Wirklichkeit also auch der Finanzverwaltung keinen Schaden bringt.“ Abg. Macco wies nach, wie die Grundbedingungen für eine große wirtschaftliche Produktion in Deutschland so schwer sind wie in keinem der Länder, mit denen wir konkurrieren, und wie für die nötige Herabminderung der Selbstkosten vornehmlich die Tarife in Betracht kommen. Er zeigte ebenso, wie wir schon in früheren Eingaben an den Herrn Minister geltend machten, darauf hin: es sei immer die alte Geschichte, daß, wenn wir gute Zeiten in der Industrie haben, die gewöhnlich mit guten Zeiten bei der Eisenbahn zusammenfallen, uns dann die Eisenbahnverwaltung sagt: ja, ihr braucht doch keine Ermäßigung der Tarife; und wenn wir schlechte Zeiten hatten, dann sagte die Eisenbahnverwaltung, ja, es geht uns auch schlecht, und wir können es nicht mit Rücksicht auf die Staatsfinanzen. Der Abg. Dr. Wendlandt erinnerte daran, daß man die Frage durchaus klar begrenzen müsse auf den Antrag, der von den verschiedensten Parteien des Hauses gestellt worden sei — er dürfe ihn den Antrag v. Arnim, Friedberg und Genossen nennen — und der darauf hinausgehe, daß diese Herabsetzung für Roh- und Hilfsstoffe erfolgen solle. Das sei doch etwas ganz anderes, als wenn verstanden werde, es müßte der Gütertarif allgemein herabgesetzt werden. Es solle damit aber auf der anderen Seite nicht gesagt werden, daß die Herabsetzung sich nicht auch auf Fertigfabrikate, auf andere Tarifpositionen erstrecken sollte. Das könne sich natürlich von Fall zu

Fall als durchaus notwendig erweisen. In derselben Debatte erinnerte aus der Zentrumspartei der Abg. Schmedding daran, daß in der Denkschrift, welche im Jahre 1875 der damalige Minister Maybach an den Fürsten Bismarck richtete, als Zweck der Verstaatlichung angegeben war: „Die für den öffentlichen Verkehr hergestellten Eisenbahnen sind nicht Finanz-, sondern Verkehrsanstalten, konzessioniert und gebaut zur Förderung des öffentlichen Wohls." Dieser Gedanke sei im Verlauf der Jahre hin und wieder in den Hintergrund getreten. Redner begrüßte es mit Freude, daß durch die vorjährigen Bestimmungen über den Ausgleichsfonds und die Abgrenzung des Extraordinariums Sicherheit dafür gegeben werden sollte, daß die Eisenbahnfinanzen nicht ausschließlich als melkende Kuh für die anderen Ressorts behandelt werden können. Tatsächlich ist fast eine Viertelmilliarde, welche sie nach der Neuregelung für allgemeine Staatszwecke abgeben, doch eine recht schöne Summe, und mehr hat auch der Landtag, der in erster Linie dafür mitverantwortlich ist, daß die Steuern nicht unerträglich anwachsen, aus dieser ursprünglich gar nicht für die Staatsfinanzen geschaffenen Quelle nicht bewilligen wollen. Schon im Frühjahr 1909 äußerte, obwohl damals die Staatsbahnverwaltung finanziell außerordentlich ungünstig abgeschlossen hatte, Abg. Schmedding sich dahin: Seine Freunde hätten nichts dagegen zu erinnern, wenn die Eisenbahnverwaltung allmählich den Plan durchsetze, die Abfertigungsgebühr bei Verwendung größerer Wagen zu ermäßigen und die Rohstofftarife abzustaffeln. Damals hatte der konservative Abg. Graf von der Groeben allerdings bemerkt, daß, wenn in kritischen Zeiten von einer Verteuerung oder Verbilligung der Tarife die Rede sei, dann in einigen Punkten noch eher einer Verteuerung als einer Verbilligung das Wort geredet werden könne. Auf verschiedene lautgewordene Proteste versicherte aber ein konservativer Abgeordneter ausdrücklich, daß die Konservativen sich enthalten würden, irgendwelche Anträge auf Erhöhung der Tarife zu stellen. Bei den letzten hier zitierten Parlamentsdebatten erklärte sich auch der Abg. Dr. Pachnicke von der Fortschrittlichen Volkspartei für Vorsicht betreffs der Gütertarife; aber man solle die Vorsicht nicht übertreiben. Mehrmals habe der Herr Eisenbahnminister wenigstens eine Ermäßigung der Abfertigungsgebühren und außerdem eine Ausdehnung des Rohstofftarifs in Aussicht gestellt; trotzdem sei in den letzten Jahren nach dieser Richtung sehr wenig geschehen. Unsere

Industrie habe den Anspruch darauf, daß ihre Wünsche, die sie nun von Jahr zu Jahr erneuere, endlich bei der Verwaltung Gehör finden. Zur Ermäßigung der Abfertigungsgebühren sei um so mehr Grund vorhanden, als die Verwaltung auf diesem Gebiet Ersparnisse erzielt habe. Durch die Vereinfachung des Abfertigungs-Verfahrens — gemeint ist hier nur die Tätigkeit in den Bureaus der Güterabfertigungen — würden jährlich zwei Millionen erspart. Davon habe der Verfrachter bisher keinen Vorteil gehabt. Eine weitere Ersparnis sei durch den Wagenverband herbeigeführt worden; die Leerläufe seien weggefallen, die Mietabrechnungen ebenfalls, der Rangierdienst habe sich auf Grund dieses neuen Wagenabkommens wesentlich erleichtert. Auch hier sei für den Verfrachter nichts, für die Verwaltung alles abgefallen.

Jedenfalls darf man nach alledem bitten und hoffen, daß angesichts der nunmehr anerkannt glänzend gewordenen Ueberschüsse der Eisenbahnen der Landtag im Sinne seiner früheren Stellungnahme zur endlichen Verwirklichung einer höchst wünschenswerten und nützlichen Verkehrserleichterung die Hand bieten wird.

Leider ist indes die Stimmung dafür an maßgebender Regierungsstelle im Laufe der Jahre eher ungünstiger geworden. In den Verhandlungen über den Etat der Eisenbahnverwaltung für das Etatsjahr 1907 nahm der Minister der öffentlichen Arbeiten Herr von Breitenbach Bezug auf den vorerwähnten Beschluß des Abgeordnetenhauses vom Jahre 1905, der allgemein eine planmäßigere Ermäßigung der Gütertarife gewünscht hatte, und sagte: „Die Staatsregierung hat darauf erklärt, daß sie darauf bedacht sei, innerhalb der durch die Rücksicht auf die Finanzlage des Staates und die Wettbewerbsverhältnisse gezogenen Grenze, die Tarife, insbesondere für die im Beschluß genannten Güter, weiter herabzusetzen. Zu dem in dieser Erklärung niedergelegten Programm bekenne ich auch mich."

Der Herr Minister führte dazu im besonderen aus, in erster Linie halte er eine Ermäßigung der Abfertigungsgebühren bei Verwendung von Wagen höherer Tragfähigkeit für nützlich. Die preußisch-hessischen Staatsbahnen seien immer mehr zur Beschaffung von Wagen mit höherer Tragfähigkeit — 15 und 20 Tonnen — übergegangen, weil diese eine ausgiebigere Ausnützung der Betriebseinrichtungen ermöglichen. Ferner erscheine ihm wünschenswert eine weitere Ausgestaltung der allgemein gültigen Ausnahmetarife, die für die Erleichterung des Bezuges der Roh- und Hilfsstoffe für Industrie und Landwirtschaft besonders in Betracht kämen, insbesondere des wichtigsten unter ihnen, des sogenannten Rohstofftarifs. Eine Entschließung des Königlichen Staatsministeriums liege noch nicht vor. In der Sitzung vom 6. März 1907 wiederholte der Herr Minister diese Ausführungen unter lebhafter Zustimmung des Hauses mit dem Hervorheben, daß er seinerseits geneigt sei, den Wünschen, die in bezug auf die Ermäßigung der Abfertigungsgebühren bei Verwendung von Wagen größerer Tragfähigkeit laut geworden seien, Rechnung zu tragen. Im folgenden Jahre 1908 erwiderte der Herr Minister auf den Vorhalt, daß die Ermäßigung der Abfertigungsgebühren immer noch der Erledigung harre: sie sei allerdings in Aussicht gestellt, bei der Steigerung der Betriebsausgaben sei es jedoch nicht möglich gewesen, mit Tarifermäßigungen vorzugehen; er betonte aber ausdrücklich, daß die Absicht nicht aufgegeben sei. Die Frage sei zum Gegenstand einer eingehenden Enquete im Kreise der Verwaltungen gemacht worden. Wieder ein Jahr später, 1909, erklärte der Herr Minister: das, was er heute noch plane, eine Ermäßigung der Abfertigungsgebühr bei Verwendung von Wagen größerer Tragfähigkeit, würde nach seiner Ueberzeugung im Laufe der Jahre die Einnahmen nicht ungünstig beeinflussen. Aber es gebe einen längeren Zeitraum, in dem solche Tarifermäßigungen zu Ausfällen führten, und da sei der jetzige Zeitpunkt für solche Tarifmaßnahmen doch der ungünstigste, dazu müsse man bessere Zeiten abwarten. Der Herr Minister bemerkte damals, er habe schon, als er das Ministerium übernahm — Frühjahr 1906 — seinerseits erwogen, die Abfertigungsgebühren in dem bezeichneten Sinne zu ermäßigen.

Wie vorher Jahr für Jahr, so ward auch 1910 bei der Etatsdebatte geklagt, daß die in Aussicht gestellte Ermäßigung der Abfertigungsgebühren in Verbindung mit der Einführung von Wagen großer Tragfähigkeit, sowie der Ausbau der Rohstofftarife noch der Erfüllung harre. Nun wandte der Herr Minister besonders ein, daß der geringen Steigerung der Eisenbahneinnahmen eine riesige Steigerung der Ausgaben gegenüberstehe; der Betriebskoeffizient (das Verhältnis der Ausgaben zu den Einnahmen) sei seit seinem Amtsantritt von 62 auf 74 und 71 Prozent gestiegen. Da mit dem hohen Betriebskoeffizienten von 70 gerechnet werden müsse, sei es wohl nicht angebracht, über Tarifermäßigungen Erwägungen anzustellen, wenigstens nicht in dem Sinne, daß sie alsbald in die Praxis übersetzt würden.

In Wirklichkeit ist schon für das Betriebsjahr 1909/10 der Betriebskoeffizient abermals, auf 68,9, zurückgegangen. Trotzdem erklärte heuer in der Kommission und im Plenum des Abgeordnetenhauses (Sitzung vom 20. Februar 1911) der Herr Minister: seine Auffassung gehe dahin, daß eine Tarifermäßigung zurzeit nicht in Aussicht genommen werden könne, weil die Ausgabensteigerung verhältnismäßig viel größer sei als die Einnahmesteigerung, und weil zu gewärtigen sei, daß die Ausgaben, insbesondere die Personalausgaben, im Laufe der nächsten Jahre eine weitere wesentliche Steigerung erfahren würden. Der Herr Minister kennzeichnete dabei die überaus günstige finanzielle Entwickelung der Staatsbahnen mit folgenden Worten: „Unsere Reinüberschüsse sind ungewöhnlich hoch, sie werden in diesem Jahre so hoch sein, wie wir es noch nicht erlebt haben, und ich darf mitteilen, daß unsere Schätzung, nach der wir dem Ausgleichsfonds im laufenden Jahre nur einen Betrag von 32 Millionen zuführen, eine Unterschätzung war; wir werden dem Ausgleichsfonds aller Voraussicht nach mindestens einem Betrage von 60 Millionen zuführen." Weiterhin sagte der Herr Minister wörtlich: „Wir befinden uns heute in aufsteigender Linie, wenn man auch nicht behaupten kann, daß die wirtschaftliche Lage glänzend ist, obwohl die Staatsbahnverwaltung glänzend verdient."

Trotzdem der Herr Minister hier selbst die Eisenbahnverwaltung derzeit mit ihrem glänzenden Verdienst günstiger hinstellt als die Industrie, beruft er sich zur Abweisung oder abermaligen unbestimmten Hinausschiebung der Ermäßigung der Abfertigungsgebühren auf die Ansicht: Die Staatsbahnverwaltung sei berufen und verpflichtet, mit allgemeinen Tarifermäßigungen, solange sie überhaupt leistungsfähig sei, doch nur dann vorzugehen, wenn ein allgemeines wirtschaftliches Bedürfnis im Lande vorhanden sei. Und dieses Bedürfnis glaubt der Herr Minister leugnen zu können, trotzdem er „ohne weiteres zugibt, daß unsere Industrie durch die soziale Gesetzgebung in viel weiterem Maße beansprucht ist, als die Industrie anderer Länder". Er erinnert sich, wie er bemerkt, sehr wohl, daß, als er Minister wurde, er eine Erleichterung durch Ermäßigung der Abfertigungsgebühr für Wagen großer Tragfähigkeit und eine Ermäßigung des Rohstofftarifs auf weite Entfernungen in Aussicht stellte. „Aber", so sagte Se. Exzellenz, „es haben sich die Verhältnisse außerordentlich verändert durch eine weitere

Besserung unserer wirtschaftlichen Lage und durch unverhältnismäßig stärkeres Wachsen der Eisenbahnausgaben als der Einnahmen."

Letzteres kann man an der Hand der amtlichen Daten und angesichts des erheblich gesunkenen Betriebskoeffizienten direkt bestreiten. Der Hinweis auf die Besserung der wirtschaftlichen Lage, den der Herr Minister besonders mit der starken Entwickelung der Eisenindustrie begründete, verfällt in den alten circulus vitiosus, in welchem wir niemals zu Tarifermäßigungen gelangen werden: in guten Tagen habe die Industrie sie nicht nötig, und in schlechten habe die Eisenbahn keine Mittel dafür. Wenn der Herr Minister den Grundsatz aufstellt, Tarifermäßigungen nicht mit Rücksicht auf die Höhe der Eisenbahnüberschüsse, sondern nur dann vorzunehmen, wenn ein allgemeines wirtschaftliches Bedürfnis im Lande vorhanden ist, dann müßte er konsequenterweise überhaupt die von verschiedenen Abgeordneten im Landtag energisch verfochtene Anschauung vollständig sich aneignen, wonach gute und schlechte Zeiten nicht oder nicht vorwiegend für Tarife maßgebend sein sollen, sondern vielmehr die allgemeine Lage der Industrie. Dann aber hätte der Herr Minister vor zwei oder drei Jahren, als es der deutschen Industrie zweifellos schlecht ging, die Ermäßigung der Abfertigungsgebühren gewähren müssen. Es ist unseres Erachtens auch nicht angängig, wenn sie schließlich vom Herrn Minister derart mit den Rohstofftarifen verquickt wird, daß er sagt: Die Ermäßigung der Abfertigungsgebühren sei bei der Aenderung des Rohstofftarifs beabsichtigt worden, und man habe sie deshalb nicht getrennt weiter verfolgt. Auf diesem Wege können doch zu leicht zwei versprochene Dinge alle beide oder wenigstens eins davon illusorisch gemacht werden; es ist ein schlechter Trost und kein gutes Argument, wenn es heißt: beide kann ich euch jetzt nicht geben; deshalb bekommt ihr gar nichts. Auch der schließlich erhobene Einwand, daß im Jahre 1914 unsere im Bau befindlichen künstlichen Wasserstraßen dem Betriebe übergeben und den Staatsbahnen erheblich Abbruch tun würden, geht zu weit.

Es ist ja natürlich, daß Herr Minister v. Breitenbach in seinem verdienstvollen und vom Landtag, auch von Anhängern der Tarifermäßigung voll anerkannten Bestreben, Eisenbahnüberschüsse in einem für die allgemeinen Staatsbedürfnisse nun einmal als notwendig erkannten Maße zu erzielen, sehr vorsichtig und zurückhaltend betreffs Verbilligungen ist und schwer gewonnene finanzielle Erfolge nicht gefährden möchte. Unwillkürlich scheint diese Stimmung bezüglich der Abfertigungsgebühren etwas zu viel sich geltend zu machen. Indes möchten wir hinsichtlich der endlichen Erfüllung alter Wünsche und Zusagen folgenden Satz aus der Rede des Herrn Ministers vom 20. Februar d. J. festhalten:

Ich lehne die Tarifermäßigung durchaus nicht grundsätzlich ab, meine aber, daß wir zurzeit zurückhalten müssen. Wir können unsere Hoffnung auf den Ausgleichsfonds setzen. Wenn dieser Fonds die kräftige Entwickelung nimmt, die er nach dem Ergebnis dieses Jahres zu nehmen scheint — und auch allem Anschein nach nach dem Ergebnis des kommenden Jahres —, dann haben wir in dem Ausgleichsfonds einen Reservefonds und werden zeitweilig auch die Ausfälle hinnehmen können, die uns Tarifermäßigungen bringen. Das ist eine Perspektive, die nach den tatsächlichen Verhältnissen, wie sie sich nun mal entwickelt haben, nicht als unsicher bezeichnet werden kann."

Werfen wir nun einen Blick auf die wirklich „glänzenden" Staatsbahnergebnisse.

Für das Etatsjahr 1911 sollen nach dem Voranschlag die ordentlichen Einnahmen 2 181 Millionen Mark, die dauernden Ausgaben 1 514 Millionen Mark betragen, so daß ein Ueberschuß von 667 Millionen Mark verbliebe. Hiervon sind in Abzug zu bringen die Zinsen mit 225 Millionen Mark, die Tilgungsbeträge mit 46 Millionen Mark, zusammen 301 Millionen Mark, so daß der Ueberschuß im Ordinarium noch 366 Millionen Mark beträgt. Die einmaligen und außerordentlichen Ausgaben belaufen sich nach Abzug von 6 Millionen Mark Einnahmen auf rund 114 Millionen, so daß der wirkliche Reinüberschuß noch 252 Millionen ausmacht. Dieser Ueberschuß würde gemäß dem Etatsvermerk vom vorigen Jahre Verwendung finden mit 220 Millionen für allgemeine Staatszwecke und mit 32 Millionen für den Ausgleichsfonds.

In solchem Lichte erschienen die Dinge bei der Etatsberatung im Februar d. J., die wir in vorstehendem kurz gekennzeichnet haben. Die tatsächliche Entwickelung ist seither noch bedeutend einträglicher vor sich gegangen. In den ersten fünf Monaten des Betriebsjahres (April bis August einschließlich) haben die wirklichen Einnahmen den Etatsansatz um reichlich 42 Millionen Mark überstiegen. Unter dem 18. September schrieben die gut unterrichteten „Berliner Politischen Nachrichten":

„Die aufsteigende Bewegung der Verkehrseinnahmen der preußischen Staatsbahnen hat auch im Monat August in sehr befriedigender Weise angehalten. Dieses günstige Ergebnis ist vornehmlich dem weiteren Anwachsen des Güterverkehrs zuzuschreiben, während der Personenverkehr, wahrscheinlich infolge der großen Hitze, nicht in demselben Maße gestiegen ist. In den ersten fünf Monaten dieses Jahres haben nunmehr die Verkehrseinnahmen der Eisenbahnen die der entsprechenden Zeit des Vorjahres um mehr als 60 Millionen Mark überstiegen. Was das in bezug auf das Istergebnis der Eisenbahnverwaltung gegenüber dem Etatsanschlag bedeutet, erhellt aus der Tatsache, daß für 1911 die Einnahmen der Staatsbahnen nur um sehr wenig höher veranschlagt sind, als die Isteinnahme des Jahres 1910 betrug. Dabei haben sich die Mehrausgaben in verhältnismäßig engen Grenzen gehalten. Es ist dies vornehmlich der in den letzten Jahren vorgenommenen planmäßigen Erweiterung und Ergänzung der stehenden Anlagen und der Vermehrung des Fuhrparks der Staatsbahnen zuzuschreiben. Wenn daher die Verkehrsentwickelung in dem übrigen Teil des Etatsjahres auch nur annähernd sich in gleicher Weise vollzieht, so ist auf einen höheren Ueberschuß der Staatsbahnen, als im Etat vorgesehen, und demzufolge auf eine erheblich höhere Dotierung des Ausgleichsfonds als mit den im Etat vorgesehenen 32 Millionen zu rechnen. Allerdings wird dieser Ueberschuß etwas durch die Maßnahmen leiden, welche zur Verhütung der Nachteile infolge der starken Dürre dieses Sommers sowohl auf dem Gebiete des Tarifwesens als auf anderen Gebieten durchgeführt werden. Die stetige starke Steigerung des Verkehrs, insbesondere des Güterverkehrs, legt auch die Frage einer entsprechenden Verstärkung des Fuhrparks der deutschen Eisenbahnen nahe."

Die Einnahmeausweise für Monat September 1911 ergaben eine weitere, sehr bedeutende Zunahme der Einnahmen der preußischen Staatsbahnen aus dem Güterverkehr.

Allerdings wurde einige Tage nach den vorstehenden Ausführungen der „Berliner Politischen Nachrichten" von demselben Organ unter Wiederholung, daß die erfreuliche Zunahme der Eisenbahneinnahme für die Füllung des Ausgleichsfonds günstige Aussichten eröffnete, einschränkend bemerkt, die wegen der Sommerdürre vorgenommenen Tarifermäßigungen würden für den Rest des Rechnungsjahres sich durch einen beträchtlichen Einnahmeausfall bemerklich machen, auch sei wegen der Verteuerung der Lebenshaltung des Eisenbahnpersonals Fürsorge zu treffen. Selbstverständlich werden die für die Landwirtschaft beschlossenen Tarifermäßigungen ihr von der Industrie gegönnt, obwohl letztere unter der Dürre und Lebensmittelteuerung ebenfalls leidet. Jedenfalls aber wäre es unbillig, wenn etwa aus diesem Grunde einer notwendigen Hilfeleistung für die Landwirtschaft die Industrie einseitig benachteiligt und ihr eine Erleichterung nicht gewährt werden sollte, die, wie die Ermäßigung der Abfertigungsgebühren, auch der Landwirtschaft mit zugute kommt. Es ist notorisch, daß wir uns keineswegs in einer industriellen Hochkonjunktur befinden, wie etwa im Jahre 1906/07 oder am Ende des vorigen Jahrhunderts; der Geschäftsgang ist im ganzen nur lebhaft und leidlich befriedigend, und man kann ebensoviel Gründe und Wahrscheinlichkeiten zu der Annahme finden, daß bereits wieder ein Niedergang nahe, als für die Hoffnung eines weiteren Aufschwunges. Gerade jetzt, bei den der Industrie wegen der Teuerung mit Lohnerhöhungen usw. drohenden erhöhten Lasten, wäre es sehr dankenswert, wenn betreffs der Tarife ein kleines Entgegenkommen gezeigt würde. Die Staatsbahnüberschüsse werden auch dann noch groß genug und glänzend bleiben, und die Industrie ist es doch, die ihrerseits der Eisenbahn die meisten Einnahmen liefert. Nach den letzten Erklärungen des Herrn Ministers darf sie wenigstens ihre Hoffnungen auf den Ausgleichsfonds setzen.

Der Ausweis der Betriebseinnahmen für den Monat Oktober, der letzte bisher vorliegende, war besonders interessant. Er zeigte im Güterverkehr gegen den gleichen Vorjahrsmonat eine Mehreinnahme von 8,2 Millionen Mark, gleich 6,22 Prozent. Dazu bemerkte die „Zeitung des Vereins deutscher Eisenbahnverwaltungen" (Nr. 91 vom 22. November 1911): „Im Güterverkehr würde die Mehreinnahme ohne die im Herbst dieses Jahres angeordnete namhafte Ermäßigung der Tarife für Futter-, Nahrungs- und Düngemittel usw. noch erheblich höher gewesen sein. In Wirklichkeit war also die Steigerung des Güterverkehrs wesentlich stärker als 6,22 Prozent." Tatsächlich ist das doch schon eine recht stattliche Mehreinnahme! Halbamtlich wurde dann in der „Nordd. Allg. Ztg." (Nr. 287 vom 7. November d. J.) noch die Feststellung veröffentlicht, daß der Monat Oktober an Frachtausfällen erbracht hat: bei Kartoffeln 2 Millionen Mark, bei frischen Feld- und Gartenfrüchten 0,3 Millionen Mark, bei Futter- und Streumitteln 1,3 Millionen Mark, bei Düngemitteln 0,3 Millionen Mark, zusammen 3,9 Millionen Mark. Im Oktober sind die

Notstandstarife zum erstenmal voll in Wirksamkeit getreten. Vorher hatte der September einen Ausfall von 1,1 Millionen Mark erbracht. Die weiteren Monate würden, wie die „Nordd. Allg. Ztg." hinzufügte, die Ausfälle des Oktobers kaum erreichen, obwohl sie naturgemäß ähnliche Ausfälle zeigen würden. Diese Zahlen sind immerhin geeignet, eine Ueberschätzung der für die Staatsbahnverwaltung eintretenden Mindereinnahmen hintanzuhalten. Vor allem aber muß berücksichtigt werden, daß die Ausfälle doch nur zeitweilig, nicht dauernd eintreten.

Allerdings ist der vollständige Abschluß der preußischen Staatsbahnverwaltung für 1910/11 noch nicht bekannt. Ein Grund für diese Verzögerung war an zuständiger Stelle nicht zu erfahren. Für das Jahr 1909 findet man den Abschluß bereits in der Nr. 43 der Zeitung des Vereins deutscher Eisenbahnverwaltungen vom 8. Juni 1910, mit Vergleichen der Ergebnisse der beiden vorangegangenen Jahre, veröffentlicht. Das Jahr 1909 zeigte sich über alles Erwarten gut. Die Betriebseinnahmen waren um rund 120 Millionen höher als 1908. In dem betreffenden Aufsatz des halbamtlichen Organs heißt es: „Während nun bislang in den Zeiten der Verkehrssteigerung den Mehreinnahmen stets auch erhebliche Mehrausgaben gegenüberstanden, zeigt das Jahr 1909 die überraschende Erscheinung einer Minderausgabe im ganzen von 25,1 Millionen Mark ..... Infolge dieser außerordentlich günstigen Gestaltung der Ausgaben verbesserte sich der Betriebskoeffizient von 74,62 Prozent auf 68,9 Prozent, sank also noch etwas unter 1907 (69,68 Prozent) trotz der inzwischen erfolgten Besoldungserhöhung und Materialpreissteigerung. Dementsprechend ist der Betriebsüberschuß stärker gestiegen als je zuvor." Er wuchs gegen 1908 um 144,5 Millionen Mark an! Der Reinüberschuß, der der preußischen Staatskasse zufloß, war um fast 100 Millionen höher als im Etat vorgesehen war, er betrug 183,2 Millionen Mark, gegen nur 99,2 Millionen in dem außerordentlich ungünstigen Jahre 1908 und 163,8 Millionen in 1907. Wie schon mitgeteilt, ist er im Etat für 1911 auf 252 Millionen veranschlagt und wird tatsächlich diese hohe Summe noch übersteigen!

Einige Monate nach den oben erwähnten letzten Etatsdebatten, bei der Beratung über das Eisenbahnanleihegesetz hat schließlich der Herr Minister am 5. Mai d. J. im Abgeordnetenhause erklärt:

„Wenn Sie sich vergegenwärtigen, in welch schwierigen Betriebsverhältnissen wir in den Jahren 1907 und 1908 waren, in denen wir den Anforderungen, die der Verkehr stellte, anerkanntermaßen nur schwer genügen konnten; wenn Sie sich vergegenwärtigen, daß wir heute einen erheblich größeren Verkehr fahren als im Jahre 1907, daß sich trotzdem sowohl der Personen- wie der Güterbetrieb vollkommen regelmäßig entwickelt, daß wir unter der Einwirkung dieser Regelmäßigkeit unseres Betriebs ganz außerordentlich wirtschaftlich arbeiten, so wirtschaftlich, daß der Betriebskoeffizient dauernd heruntergeht — ich darf einfließen lassen, daß der Betriebskoeffizient des Jahres 1910 auf 67,5 gesunken ist (Bravo!), dann ist doch erkennbar, daß die Bestrebungen der Staatsbahn, die Verwaltung auf der Höhe der Leistungsfähigkeit zu erhalten, von Erfolg begleitet gewesen sind."

Ja! Aber es ist doch auch zu erkennen, daß der Herr Minister mit seinem früheren Einwand, wonach weiter mit einem Betriebskoeffizienten von 70 Prozent oder mehr zu rechnen sei, und mit seiner Schätzung der Mehrausgaben zu vorsichtig, zu schwarz gesehen hat. Er hat selbst im Abgeordnetenhause betont: Sehr erheblich ausgestaltet worden seien die gesamten Betriebs- und Verkehrsanlagen, und es sei der schlagende Beweis geführt, daß lediglich die Unvollkommenheiten dieser Anlagen die ungewöhnliche Steigerung der Betriebskosten in den Jahren 1906, 1907, 1908 und 1909 herbeigeführt haben. Und Herr Ministerialdirektor Offenberg führte im „Bankarchiv" (N. 1 und 2, Jahrgang XI) in einem Aufsatz über „Kaufmännischen Geist und Eisenbahnverwaltung" aus:

„Die Staatseisenbahnverwaltung unterscheidet sich in einem wesentlichen Punkte von Privatunternehmungen. Bei ihr ist nicht die Erzielung möglichst hoher Ueberschüsse die Hauptsache, sondern ihre oberste Aufgabe ist die Erfüllung ihrer Betriebspflicht, allerdings unter tunlichster Wahrung der Wirtschaftlichkeit. Geraten beide in Widerspruch, so hat die erstere den Vorrang, und daraus erklärt es sich, daß die Eisenbahnverwaltung in den Zeiten der Verkehrsnot, insbesondere den Jahren 1905, 1906 und 1907 in immer schwierigere wirtschaftliche Verhältnisse geriet, die schließlich zu dem schweren Rückgange des Ueberschusses im Jahre 1908 führten, zumal inzwischen durch die Erhöhung der Beamtenbesoldung, der Löhne und der Materialpreise die Ausgaben sich um weit mehr als 100 Millionen gesteigert hatten. Erst die Beseitigung der Verkehrsnot infolge des Verkehrsrückganges im Jahre 1908 gestattete, die Grundsätze der Wirtschaftlichkeit wieder energisch zur Geltung zu bringen, und daß dies geschehen, dafür zeugen die Ergebnisse der Jahre 1909 und namentlich 1910, das trotz einer Einnahmesteigerung von 260 Millionen Mark gegenüber 1908 eine Erhöhung der Betriebsausgaben um nur 35 Millionen Mark zeigte."

Nach alledem darf nun wohl etwas mehr für Verkehrserleichterungen, wie die längst in Aussicht gestellte Ermäßigung der Abfertigungsgebühren, und etwas weniger zu fiskalischen oder zu Zukunfts-Reservezwecken verwendet werden.

Gewiß ist anzuerkennen und tatsächlich bei den letzten Landtagsverhandlungen allseitig gebührend hervorgehoben worden, daß die Eisenbahnverwaltung im einzelnen nach wie vor mancherlei dankenswerte Zugeständnisse gemacht hat. Ihre Einnahme für den Tonnenkilometer ist um eine Kleinigkeit, von 3,56 Pf. im Jahre 1908 auf 3,54 im Jahre 1909 gesunken. Jedoch ist seit einem Dutzend Jahren die durchschnittliche Frachtrate nicht niedriger geworden, im ganzen hat die deutsche Industrie lange Zeit für diesen sehr bedeutenden Teil ihrer Herstellungskosten keine Verbilligung erfahren. In dem Jahrzehnt von 1889 bis 1899 ermäßigte sich der Durchschnittsatz der Frachtgebühr von 3,81 auf 3,55 Pf., im letzten Jahrzehnt herrschte völliger Stillstand. Auf diese Tatsache ist auch im Ausland schon wiederholt hingewiesen worden, mit dem Bestreben, sie gegen das deutsche Staatsbahnsystem wegen seiner allzu großen Fiskalität auszubeuten. So bemerkte der bekannte französische Eisenbahnfachmann Staatsrat Colson vor einigen Jahren in einer vergleichenden Statistik der Ergebnisse des Eisenbahnbetriebs in Frankreich, England und Deutschland, daß in dem Jahrzehnt von 1896 bis 1905 die Verkehrseinnahmen auf den französischen Eisenbahnen um 298 Millionen Franken oder um 23 Prozent, auf den deutschen um 1060 Millionen oder um 53 Prozent gewachsen seien. Dagegen sei im gleichen Zeitraum der durchschnittliche Tarif für die beförderte Gütertonne in Frankreich um 12 Prozent in Deutschland nur um 7 Prozent (tatsächlich sogar nur um 5 Prozent) heruntergegangen. Diese Ermäßigung setzte sich in Frankreich von Jahr zu Jahr fort, während in Deutschland der durchschnittliche Tarif für Frachtgut seit 1899 stationär sei. Kürzlich ist Colson in der Revue politique et parlementaire auf diese Dinge zurückgekommen und hat ausgeführt, daß der gegenüber dem französischen verhältnismäßig hohe Betriebskoeffizient in Deutschland keineswegs aus den Verkehrsinteressenten besonders günstigen Tarifen stamme. Wennschon der Durchschnittstarif für Personen wegen des Bestehens einer vierten Wagenklasse niedriger sei als in Frankreich (nach Colsons Angabe 3,07 Centimes gegen 3,68

Centimes), so sei er für Güter in Deutschland höher (4,39 statt 4,26 Centimes für die Kilometertonne). Dieser schon merkliche Abstand in den Tarifen sei aber in Wirklichkeit ein noch wesentlich größerer, da das viel stärkere Vorwiegen der schwerwiegenden Güter in Deutschland einen erheblich niedrigeren Tarif ergeben würde als in Frankreich, wenn die Tarifierung dieselbe wäre. Ferner wird z. B. in dem Verwaltungsbericht der Orleansbahn für 1910 hervorgehoben, daß der durchschnittliche Frachtsatz für die Kilometertonne von 1900 bis 1910 von 5,07 auf 4,53 Centimes sich ermäßigt hat. Hier scheinen die Herabsetzungen im volkswirtschaftlichen Interesse, unbekümmert um das finanzielle Erträgnis vorgenommen zu sein; denn dieses war wenigstens im laufenden Jahre, mit etwa 6 Millionen Mindereinnahme bis Ende September, für die Orleansbahn das ungünstigste unter allen großen französischen Eisenbahnen.

Auf der französischen Ostbahn, die, zumal bei der überaus starken Entwickelung der Montanindustrie in französisch Lothringen während der letzten Jahre, für unsere deutschen Verhältnisse am nächsten in Betracht kommt, betrug laut Bericht für 1910 die Reineinnahme für die Person und das Kilometer 3,23 Centimes, für die Kilometertonne Güter 3,8 Centimes, d. i. nur 3,05 Pfennig, gegen 3,54 auf den preußisch-hessischen Staatsbahnen. Und in Deutsch-Lothringen klagt die Industrie besonders über wenig Entgegenkommen betreffs des Verkehrswesens und ungünstiger Zustände. Wie gerade in Deutschland für die Eisenerze eine Herabminderung der Fracht von großer Wichtigkeit ist, das wurde schon vor 2 Jahren besonders auf der Hauptversammlung des Vereins deutscher Eisenhüttenleute ausgeführt. Neuerdings hat dieser 5120 Mitglieder zählende Verein auf seiner Hauptversammlung in Breslau die Bestrebungen der Oberschlesischen Industrie um Erstellung billigerer Tarife für den Erzbezug befürwortet, die ja nunmehr in dankenswerter Weise in die Wege geleitet sind. Und bei der Einweihung eines neuen Oberbergamtsgebäudes in Breslau wies jüngst auch der Minister für Handel und Gewerbe, Herr Dr. Sydow, darauf hin, wie englische Kohle, begünstigt durch ungewöhnlich billige Seefrachten, die schlesische Kohle aus einem Teil ihres natürlichen Absatzgebietes verdrängt habe und dadurch Arbeitsgelegenheit für viele fleißige Hände dem Inlande entzogen und dem Auslande zugewendet sei. Der Minister könne nur lebhaft wünschen, daß bald Wege gefunden werden, um dem abzuhelfen.

Dazu möchten wir noch auf einen Aufsatz verweisen, den kürzlich (15. September 1911) Herr Baurat Beuckenberg in Heft III des Magazins für Technik- und Industriepolitik über die Ermäßigung der Gütertarife und ihre Bedeutung für unsere Eisenindustrie veröffentlicht hat. Berief sich doch auch der Herr Minister der öffentlichen Arbeiten in der letzten bezüglichen Parlamentsdebatte besonders auf „die größte Industrie unseres Landes, die Eisenindustrie, welche in mächtig aufsteigender Bewegung sei", um zu beweisen, daß bei der „außerordentlich glücklichen und günstigen" Entwickelung der wirtschaftlichen Lage für Deutschland und Preußen eine allgemeine Tarifermäßigung nicht nötig sei. Baurat Beuckenberg zeigt, wie die Produktionsverhältnisse bei uns ungünstiger liegen als in benachbarten Industrieländern, wie namentlich in England und Belgien Kohle und Eisenerz meist dicht zusammenliegend vorkommen, oder doch die auf dem Kohlenvorkommen errichteten Werke ausländische Erze mit billiger Seefracht, ohne nennenswerte Eisenbahnfracht heranführen können. Noch dazu haben die ausländischen Bahnen fast durchweg niedrigere Gütertarife für Rohstoffe als unsere deutschen Eisenbahnen, und sei unser heimisches Eisenerz ziemlich arm an Metall. Ein starkes Bedürfnis mache sich für eine Herabsetzung der Tarife für die wichtigsten Rohstoffe geltend. Beim Roheisen machen die Transportkosten der zu seiner Herstellung erforderlichen Rohstoffe ¼ bis ⅓ der gesamten Selbstkosten aus. Schon vor einer Reihe von Jahren hat Abg. Hirsch-Essen im Abgeordnetenhause dargelegt, wie unter allen für die Produktion in Betracht kommenden Faktoren allein die Herabsetzung der Transportkosten die Möglichkeit einer wesentlichen Verbilligung der Produktion gewährt.

Seit langer Zeit ist allgemein, im Parlament, in Interessentenkreisen und seitens der Regierung anerkannt und proklamiert worden: es sei viel mehr eine Ermäßigung unserer Gütertarife als unserer Personentarife angebracht. Indes sind laut amtlicher Feststellung im letzten Jahrzehnt die Einnahmen für das Personenkilometer von 2,65 auf 2,32 Pf. herabgegangen, für das Gütertonnenkilometer aber stabil geblieben. Die Minderung im Personenverkehr beruht allerdings nicht auf einer Herabsetzung der Tarife, sondern auf dem Uebergang von höheren Klassen in niedere. Bei Gütern steht ein solcher Weg zur Selbsthilfe nicht zur Verfügung. Mindestens hätte man gleichzeitig für den Güterverkehr die gleiche Möglichkeit einer Verbilligung gewähren müssen, wenn man nicht jenem anerkannten Grundsatz widersprechen wollte.

Uebrigens möchten wir hervorheben, daß, wenn seit Jahren eine Ermäßigung gerade der Abfertigungsgebühren für Massengüter zunächst und zumeist betrieben wird, das wesentlich deshalb geschieht, weil diese Erleichterung den verschiedensten Industrien allgemein und auch der Landwirtschaft zugute kommt. In dieser Beziehung führte schon der Bericht der Handelskammer Essen für das Jahr 1907 aus: Es dürfe nicht vergessen werden, daß wegen der Gefahr einschneidender wirtschaftlicher Verschiebungen, die bei dem System der Ausnahmetarife erfahrungsgemäß vorliege, auf diesem Wege nur verhältnismäßig langsam voranzukommen sei.

„Unter diesen Umständen empfiehlt es sich durchaus, wie der Herr Minister es ja auch beabsichtigt, an einem Punkte einzusetzen, bei dem kein Streit ist, bei dem das Interesse von Landwirtschaft und Industrie ziemlich gleichmäßig beteiligt ist, und bei dem, wenn er in Angriff genommen wird, nicht ein Teil vor dem andern bevorzugt wird, nämlich bei den Abfertigungsgebühren. Wenn der Herr Minister an diesem Punkt ansetzt, so wird er einen Wunsch erfüllen, der in weiten Kreisen der Interessenten, in weiten Kreisen unserer heimischen Gewerbetätigkeit gehegt wird, und der um deswillen auch in seiner Durchführung auf weniger Schwierigkeiten stoßen wird, weil hier die Interessen ziemlich gleichartig liegen."

Schließlich darf man nicht außer acht lassen, daß es sich bei all den langjährigen Bemühungen eigentlich gar nicht um eine Vergünstigung, nicht um eine wirkliche Herabsetzung der Abfertigungsgebühr handelt, sondern nur um die Rückgängigmachung einer unbilligen, ursprünglich garnicht gewollten Erhöhung. Der Frachtsatz für Wagenladungsgüter setzt sich zusammen aus der Streckenfracht und der Abfertigungsgebühr. Erstere soll als Entgelt für die Beförderung auf der Strecke dienen, während die Abfertigungsgebühr die vor und nach der Beförderung auf der Anfang- und Endstation, evtl. auch auf einer Zwischenstation entstandenen Kosten decken soll. Die Leistungen, für welche die Abfertigungsgebühr erhoben wird, dürften im wesentlichen in der Bereitstellung der Wagen zum Be- und Entladen, dem Rangieren auf den Bahnhöfen und in die Züge, der dazu nötigen Inanspruchnahme der Bahnhöfe und des Bahnpersonals, der Behandlung des Frachtbriefes, vielleicht bei längeren Beförderungsstrecken in der

Ueberführung der Wagen von einem Zug auf den anderen bestehen. Die Kosten für diese Leistungen, namentlich für die zuletzt genannte, wodurch die Erhöhung der Abfertigungsgebühr mit der wachsenden Entfernung begründet werden könnte, hat die Eisenbahn durch Verbesserung der Betriebseinrichtungen wesentlich herabgemindert, andererseits hat sie die Verfrachter zur Mitwirkung bei der Verringerung dieser Kosten herangezogen. Zahlreiche Ausnahmetarife sind an die Bedingung geknüpft, daß die Fracht für das Ladegewicht der beladenen Wagen bezahlt wird. Stellenweise wird zur Verminderung der Rangierarbeiten die gleichzeitige Auflieferung mehrerer zusammenstehender Wagen für einen Empfänger verlangt.

Es ist klar, daß die Kosten der vorgenannten Gegenleistungen der Eisenbahn für die Abfertigungsgebühr nicht entsprechend der Größe des Wagens steigen, sondern für 15- oder 20-Tonnenwagen nicht oder nur wenig höher sind, als für 10-Tonnenwagen. Die Abfertigungsgebühr ist für die verschiedenen Tarifklassen verschieden, wird für je 100 Kilogramm berechnet und steigt mit der Beförderungslänge. Die heute gültigen Sätze stammen noch aus der Zeit, als nur 10-Tonnenwagen für den Güterverkehr üblich waren. Jetzt sind wir ungefähr auf dem Durchschnittssatz von 15 Tonnen angelangt. Heute erhält die Eisenbahn, ohne entsprechend erhöhte Leistung und Aufwendung ihrerseits, für jeden Wagen eine bedeutend höhere Abfertigungsgebühr als früher. Eine Herabsetzung der Abfertigungsgebühr um etwa ⅓ würde nur der Billigkeit und der ursprünglich gewollten und gerechtfertigten Gegenleistung der Eisenbahn entsprechen.

Nach der Feststellung der Königlichen Eisenbahndirektion Essen waren offene zum Kohlen- und Kokstransport geeignete Wagen am 1. Oktober 1910 bei den preußischen Staatsbahnen vorhanden:

21	Wagen unter	10 t	Ladegewicht . .	210 t	= 0,009 %
29 980	„ von je	10 „	„ Gesamtlad.	299 800 „	= 12,979 %
38 456	„ „ „	12,5 „	„ „	480 700 „	= 16,648 %
143 962	„ „ „	15 „	„ „	2 159 430 „	= 62,322 %
18 577	„ „ „	20 „	„ „	371 540 „	= 8,042 %
230 996				3 311 680	100 %

Der Sollbestand am 1. Oktober 1911 mußte nach den erteilten Aufträgen betragen 239 331 Wagen mit einem Ladegewicht von rund

3½ Millionen Tonnen. Hiernach betrug das durchschnittliche Ladegewicht für jeden Wagen bei den preußischen Staatsbahnen am 1. Oktober 1910 14,33 Tonnen, am 1. Oktober 1911 14,41 Tonnen. In diesen Zahlen sind nicht enthalten die offenen Wagen besonderer Bauart, die zur Beförderung von langen Gegenständen bestimmt sind und wegen ihres höheren Ladegewichtes die Durchschnittsziffer erhöhen würden. Für die gedeckt gebauten Wagen liegen uns zurzeit zum Vergleich geeignete Ziffern nicht vor. Zu bemerken ist noch, daß nach einer Angabe der Königlichen Eisenbahndirektion Essen bei den sehr zahlreichen 15=Tonnen=Kokswagen das Ladegewicht nach und nach von 15 auf 20 Tonnen erhöht werden soll und ferner, daß der Minister der öffentlichen Arbeiten in der Budgetkommission bei den Verhandlungen über den Eisenbahnetat für 1911 erklärte, offene Güterwagen beschaffe die Eisenbahnverwaltung — abgesehen von Spezialwagen größeren Ladegewichts — nur noch in den Größen von 15 und 20 Tonnen Ladegewicht.

Die Eisenbahnverwaltung hat nicht nur durch die verhältnismäßig niedrigeren Unterhaltungskosten der größeren Wagen, sondern noch mehr infolge des bei weitem günstigeren Verhältnisses während der Zugbeförderung zwischen der Nutzlast und dem Eigengewicht bei diesen neuen Wagentypen ganz erhebliche Vorteile aus dem Uebergang zu den Typen der 15= und 20=Tonnenwagen. Diese Vorteile hat der Herr Minister wiederholt anerkannt, ja, er hat selbst eine Ermäßigung der Abfertigungsgebühren deshalb für praktisch erklärt, weil sie einen Anreiz zur Verwendung der größeren Wagen geben könnte. Die Industrie legt auf die Bereitstellung solcher gewiß Wert, aber es darf nicht vergessen werden, daß ihr die Einführung dieser größeren Wagen auch erhebliche Kosten und Mühe macht. Die vorhandenen Einrichtungen und Betriebsverhältnisse hinsichtlich der Entladung und Beladung müssen den neuen Bedingungen angepaßt werden, Privatanschlüsse, Drehbühnen, Entladevorrichtungen usw. müssen mit bedeutendem Aufwand geändert werden. Auch ergeben sich betreffs der Versendung auf kleineren Bahnen, namentlich im Ausland, stellenweise mit den großen Wagen Schwierigkeiten. Ferner muß betont werden, daß viele kleinere und mittlere Industrielle keine oder wenig Verwendung für größere Wagen haben, daß sie also unbillig von der längst in Aussicht gestellten Erleichterung ausgeschlossen würden, wenn die Ermäßigung der Abfertigungsgebühren nur für Wagen über 10 Tonnen Ladegewicht erfolgt. Auch sehr bedeutende Industriezweige, wie die Kohlenindustrie, die Zuckerindustrie u. a. wünschen eine den Bedürfnissen entsprechende Beibehaltung der 10-Tonnenwagen.

Im Laufe der letzten Jahre hat durch die Schaffung des Leerläufe verhindernden oder vermindernden deutschen Wagenverbandes die Eisenbahn weitere Ersparnisse gemacht, die wieder nur ihr zugute kommen. Andererseits hat, wie namentlich der Stahlwerksverband in einer Eingabe an den Minister der öffentlichen Arbeiten zeigte, die Neuregelung des Gütertarifs vom 1. Januar 1910 durch im eigenen Interesse der Eisenbahn vorgenommene Streckenverlegungen und -Neuberechnungen der Industrie stellenweise eine nicht unbeträchtliche Mehrbelastung auferlegt. Zugleich ist darüber Klage geführt worden, namentlich seitens des Vereins zur Wahrung gemeinsamer Interessen der ost-lothringer Industrie und der Handelskammer von Metz, daß verschiedene erhöhte Nebengebühren im Mißverhältnis zu den tatsächlich gebotenen Leistungen stehen. Für eine Ermäßigung der Abfertigungsgebühren haben sich im Laufe der Jahre zahlreiche und bedeutende industrielle und Handelskörperschaften ausgesprochen und für dieses Ziel gewirkt. Der Centralverband Deutscher Industrieller hat 1906 und 1909 eingehend begründete Eingaben an den Minister der öffentlichen Arbeiten, Herrn von Breitenbach, gerichtet. Auf die letzte erfolgte unter dem 9. Juni 1909 die Antwort: Der Herr Minister habe mit Interesse von der Eingabe Kenntnis genommen; der Inhalt der Denkschrift werde als schätzbares Material für die weiteren Entschließungen der Staatseisenbahnverwaltung dienen. Wie wir übrigens an zuständiger Stelle hörten, ruhte bisher die Angelegenheit im Ministerium, es waren keine neuen Schritte oder Vorbereitungen im Werke.

Der Bezirkseisenbahnrat in Köln hat schon im Jahre 1907 über die Frage verhandelt und mit allen gegen eine Stimme folgenden Antrag des Herrn Geh. Regierungsrat Dr. von Böttinger befürwortet: „Der Bezirkseisenbahnrat Köln hebt die Notwendigkeit einer planmäßigen und umfassenden Verbilligung der Gütertarife, zunächst einer Herabsetzung der Abfertigungsgebühren, hervor. Diese Ermäßigung hat sich im weiteren Ziel auf alle Klassen und Tarife zu erstrecken, insbesondere auf die Rohstoffe. Der Betrag, um den die Abfertigungsgebühren herabzusetzen sind, müßte zum mindesten sowohl demjenigen entsprechen, um welchen sich die Selbstkosten der Eisenbahnverwaltung im Abfertigungs- und Stationsdienst seit 1880 ermäßigt haben, sowie auch demjenigen, welcher durch die Erhöhung des durchschnittlichen Ladegewichtes der Güterwagen erspart worden ist." Dieser Antrag beruhte auf einer Anregung der Handelskammer zu Bochum im Einverständnis mit der Vereinigung von Handelskammern des niederrheinisch-westfälischen Industriebezirkes.

Verschiedene Handelskammern haben neuerdings eine baldige gedeihliche Lösung als sehr wünschenswert erklärt; der Verkehrsausschuß des deutschen Handelstages ist mit der Sache beschäftigt. Betreffs Art und Umfang der Ermäßigung sind die Vorschläge verschieden. Der Centralverband Deutscher Industrieller hat einer allgemeinen Herabsetzung der in den Frachten für die einzelnen Tarifklassen enthaltenen Abfertigungsgebühren gemäß dem Verhältnis des erhöhten durchschnittlichen Ladegewichts der Wagen zu dem früheren Ladegewicht auf der Grundlage der bisherigen Berechnung nach dem Gewichte der Ladung das Wort geredet. Nach den Erklärungen des Herrn Ministers wäre nur eine Ermäßigung bei Verwendung von Wagen mit höherem Ladegewicht in Aussicht zu nehmen. Wir möchten in unserer Eingabe diesen Standpunkt gebührend berücksichtigen, indem wir eine besondere Prämie für die Verwendung größerer Wagen befürworten, aber nach wie vor bitten, eine Ermäßigung der Abfertigungsgebühren allen Wagen zugute kommen zu lassen. Dabei möchten wir zunächst nicht eingehen auf die Tatsache, daß die Generaldirektion der Reichseisenbahnen zu Straßburg den Antrag der Handelskammer Metz auf Ermäßigung der Abfertigungsgebühren abgelehnt hat. Eine beachtenswerte Widerlegung der für die Abweisung angeführten Gründe befindet sich in Nr. 248 der „Frankfurter Zeitung" vom 7. September d. J.

An den preußisch-hessischen Staatsbahnen als den in Deutschland führenden und finanziell am besten rentierenden ist es, auch auf diesem Gebiet voranzugehen.

Daß man an maßgebenden Stellen immerhin ernst erwägt, welche Stellung dem unausgesetzten und nachdrücklichen Verlangen der Industrie auf Ermäßigung der Abfertigungsgebühr gegenüber einzunehmen ist, glauben wir aus einer Aeußerung des Tarifdezernenten im Ministerium der öffentlichen Arbeiten, Geheimen Regierungsrat Laury, in dem neuen Werke „Das deutsche

Eisenbahnwesen der Gegenwart", Verlag von Reimar Hobbing in Berlin, 1911, entnehmen zu dürfen. Es heißt dort:

„Die Abfertigungsgebühr ist für eine Ladung von 15 Tonnen um 50 Prozent höher als für eine Ladung von 10 Tonnen, obwohl die Stationskosten mit der Größe des Wagens, wenn auch etwas, so doch jedenfalls nicht im Verhältnis des Ladegewichts zunehmen. Hierauf stützt sich die seit Jahren von der Industrie gestellte Forderung, daß man die Abfertigungsgebühr bei den größeren Wagen ermäßige, damit auch die Industrie teilhabe an den Vorteilen, die große Wagen den Eisenbahnen einbringen und zugleich ein größerer Anreiz zu ihrer Benutzung geschaffen werde. Wird dieser Forderung auch nicht jede Berechtigung abgesprochen werden können, so bedingt sie doch eine Frachtherabsetzung nicht nur für bestimmte Industriezweige, deren wirtschaftliche Lage eine solche vielleicht wünschenswert erscheinen lassen könnte, es wäre vielmehr eine Frachtermäßigung allgemein für alle wirtschaftlichen Kreise, die Wagen von größerer Tragfähigkeit zu verwenden in die Lage kommen; hierfür wird erst der Nachweis eines wirtschaftlichen Bedürfnisses erbracht werden müssen, solange die Finanzlage auf diesen nicht zu verzichten gestattet, zumal alle bisherigen Frachtermäßigungen die heutige Abfertigungsgebühr vorausgesetzt haben und ohne sie vielleicht weder nötig noch möglich gewesen wären. Auch bringen die großen Wagen schon jetzt nicht nur der Eisenbahn Vorteil, sondern auch der Industrie, der sie eine bessere Ausnutzung ihrer industriellen Anlagen ermöglichen. Es ist aber in Betracht zu ziehen, daß die Abfertigungsgebühr nicht lediglich ein Entgelt für die Stationskosten vorstellt, sondern namentlich auf kürzeren Strecken auch die Aufgabe einer Frachtgrundgebühr zu erfüllen hat. Eine Frachtgrundgebühr aber dürfte mit Recht für eine Ladung von 15 Tonnen höher zu bemessen sein als für 10 Tonnen."

Diese Aeußerung, die in einzelnen Punkten nicht unanfechtbar ist, erscheint uns immerhin bemerkenswert.

Wenn die Staatsregierung immer wieder auf den durch Ermäßigung der Abfertigungsgebühr zu erwartenden hohen Einnahmeausfall hinweist, so möchten wir dazu bemerken, daß er zweifellos bei weitem nicht die rechnerisch ermittelte Höhe erreichen wird nach der bekannten Regel: Verkehrserleichterung schafft neuen Verkehr. Es gibt z. B. zahlreiche Fälle, in denen durch eine an sich nicht große und die Rentabilität des Eisenbahntransportes keineswegs ausschließende Ermäßigung der Eisenbahnfracht große Mengen Massengüter, die jetzt auf dem Wasserwege befördert werden, der

Eisenbahnbeförderung zufallen. Besonders wird dies der Fall sein für solche Transporte, in denen der Wasserweg sich in den Eisenbahnverkehr zwischen Versand- und Empfangsstation einschiebt, d. h. in solchen Fällen, in denen dem Wassertransport eine Eisenbahnbeförderung voraufgeht und nachfolgt.

Den Mitgliedern des **Ausschusses des Landeseisenbahnrats** übersandt.

Berlin, den 30. April 1912.

Bezüglich der vom Herrn Minister der öffentlichen Arbeiten schon vor sechs Jahren in Aussicht gestellten, dann unter Berufung auf ungünstige Zeiten verschobenen Ermäßigung der Güterfrachten durch Herabminderung der Abfertigungsgebühren ist jetzt ein gewisses Zugeständnis angekündigt worden. Dasselbe zeigt sich jedoch als die berechtigten Wünsche der Verkehrsinteressenten nicht befriedigend und mehr im Interesse der Eisenbahnverwaltung selbst gehalten.

Eine Ermäßigung der Abfertigungsgebühren rechtfertigt sich von selbst, weil die Abfertigung durch die technische Vervollkommnung der Einrichtungen, die Vereinfachung des Betriebes, den Ausbau der Bahnhöfe usw. für die Eisenbahnverwaltung billiger geworden ist und weil durch die Zunahme des Ladegewichts der Wagen — heute im Durchschnitt 15 t gegen früher 10 t — der Eisenbahnverwaltung für die Abfertigung heute etwa $^1/_3$ mehr gezahlt wird, als sie ursprünglich selbst für angebracht erachtet und verlangt hat. Der Herr Minister will nun den Wünschen nur in sehr beschränkter Weise Rechnung tragen; für Wagen von 10 t überhaupt nicht. Eine Ermäßigung von 3 M. für den Wagen von 15 t und von 4 M. für Wagen von 20 t, d. i. 20 Pf. für die Tonne, soll nur gewährt werden bei voller Ausnutzung des Ladegewichts der gestellten Wagen höherer Tragfähigkeit und bei Ausnahmetarifen nur insoweit, als deren Anwendung nicht bereits an die Bedingung der Ausnutzung des Ladegewichts gebunden ist. Auf kurze Entfernungen soll sie noch geringer bemessen werden.

Es ist stets anerkannt worden, daß gerade für Massengüter, für Rohstoffe, deren die weitesten Kreise von Gewerbe und Landwirtschaft bedürfen, eine Frachtverbilligung notwendig ist. Wirklich hat auch der Herr Minister die Ermäßigung der Abfertigungsgebühren von Anfang an wiederholt mit dem Rohstofftarif selbst in Verbindung gebracht. So empfahl er im Jahre 1907 neben einer Ermäßigung der Abfertigungsgebühren bei Verwendung von Wagen höherer Tragfähigkeit eine weitere Ausgestaltung der allgemein gültigen Ausnahmetarife, die für die Erleichterung des Bezuges der Roh- und Hilfsstoffe für Industrie und Landwirtschaft in Betracht kämen, insbesondere des wichtigsten unter ihnen, des sogenannten Rohstofftarifs. Die weitere Ausgestaltung dieser Rohstofftarife stellte der Herr Minister auch in den folgenden Jahren immer in Verbindung mit der Herabsetzung der Abfertigungsgebühren in Aussicht.

Jetzt sollen gerade die meisten und wichtigsten unter die Rohstofftarife fallenden Güter von der Ermäßigung der Abfertigungsgebühren ausgeschlossen bleiben.

Nach der Statistik der Güterbewegung der deutschen Eisenbahnen sind im Inlandsverkehr befördert im Jahre 1910 . . 341 284 852 t

darunter gebundene Güter:

Braunkohlen	11 179 454 t	
Braunkohlenbriketts und Koks . .	14 639 149 „	
Steinkohlen	84 215 506 „	
Steinkohlenkoks	12 991 218 „	
Steinkohlenbriketts	3 689 621 „	
Erde, Kies, Mergel, Ton usw. . . .	20 175 662 „	
Eisenerze	12 014 922 „	
Erze, rohe und Bleierze	417 105 „	
Kupfererze	91 294 „	
übrige Erze	1 955 084 „	
Rüben	10 079 233 „	
sonstige gebundene Güter (geschätzt) .	20 000 000 „	191 448 248 „
bleiben		149 836 604 t

Hiervon sind noch abzurechnen für Stückgüter, 5-t-Ladungen, sperrige Güter, rund, nach vorsichtiger Schätzung	10 000 000 „
so daß also für die Ermäßigung überhaupt nur in Betracht kommen	139 836 604 t
rund	140 000 000 „

Hierunter befinden sich folgende nicht an die Ausnutzung des Ladegewichtes gebundene Güterarten und Mengen des Rohstofftarifs:

Düngemittel aller Art	12 342 100 t
Kartoffeln	3 748 773 „
Torf, Torfstreu und Holzkohlen	520 047 „
Brennholz, Grubenholz, Holzschwellen usw.	6 788 597 „
	23 399 517 t

Hier kommt die Ermäßigung der Land- und Forstwirtschaft zugute, wogegen die hauptsächlichsten Rohstoffe der Industrie, namentlich der wichtigsten des Landes, der Kohlen- und Eisenindustrie, an den Vorteilen, die die Ermäßigung bietet, keinen Anteil haben sollen.

Wenn überdies für kurze Entfernungen nach der Erklärung des Ministers eine geringere Ermäßigung als 3 M. für 15-t- und 4 M. für 20-t-Ladungen = 0,20 M. für eine Tonne eintreten soll, so würde der bei der Verwendung von 15- und 20-t-Ladungen gegenüber dem Versande von 10-t-Ladungen eintretende Frachtgewinn durch die mit dem Bezuge größerer Ladungen für den Empfänger verbundenen Nachteile (erschwerte Be- und Entladung und Abfuhr, Vorhaltung größerer Lagerräume, Zinsverlust usw.) in den meisten Fällen reichlich aufgewogen werden, so daß voraussichtlich mit Ausnahme größerer Bezüge einzelner Werke (Kalksteine an Hochofenwerke, Roheisen an Stahlwerke und Gießereien, Grubenholz au Bergwerke usw.) auf kurze Entfernungen ein Versand von 15- und 20-t-Ladungen in größerem Umfange kaum zu erwarten steht.

Wenn, was als etwa zutreffend angenommen werden kann, 75 pCt. der Güter auf eine Entfernung bis 100 km befördert werden, so würden von der oben angegebenen Beförderungsmenge von rund 140 Millionen nicht gebundene Güter nur 35 Millionen Tonnen für die von der Regierung angekündigte Ermäßigung von 0,20 M. für die Tonne in Betracht kommen. Es würde sich hierbei um einen Betrag von 7 Millionen Mark handeln, wenn die Verladung ausschließlich in 15- oder 20-t-Ladungen erfolgen würde. Dies ist aber gänzlich ausgeschlossen, da auch nach Durchführung der Ermäßigung die Verfrachtung in 10-t-Ladungen, namentlich für höherwertige Güter in größerem Umfange beibehalten wird.

Wenn, wie verlautet, die Ermäßigung im Naheverkehr bis zu 50 km nur mit 1 M. für den Wagen bemessen werden soll, so würde sie bei 15-t-Wagen nur 6,6 Pf. und bei 20-t-Wagen nur 5 Pf. für die Tonne ausmachen — ein minimales Zugeständnis. Aber gerade auch der Naheverkehr von Massengütern bedarf sehr einer Verbilligung.

Daß nach der Absicht des Herrn Ministers den nicht gebundenen Gütern des Rohstofftarifs für freiwillige Ausnutzung des Ladegewichts eine Frachtermäßigung gewährt, diese aber den gebundenen Gütern des gleichen Ausnahmetarifs, für die die Ausnutzung des Ladegewichts bereits vorgeschrieben ist, versagt werden soll, ist an und für sich ungerechtfertigt, und zwar auch von dem Gesichtspunkte aus, daß die

Beförderung dieser minderwertigen Güter durchweg in offenen, die jener aber überwiegend in gedeckt gebauten Wagen stattfindet.

Ein erhebliches Bedenken besteht bei der Ausschließung der Wagen von weniger als 15 t Ladegewicht noch insofern, als das Verlangen nach Gestellung von Wagen mit höherem Ladegewicht nicht immer befriedigt werden kann und dann eine vom Zufall abhängige ungleiche Behandlung der Verlader zu befürchten ist. Da eine Aenderung der Ladegewichtsklausel in den Ausnahmetarifen kaum zu erwarten ist, so würde die Nichtgewährung der Ermäßigung für 10-t-Wagen auch in dieser Beziehung eine ungerechtfertigte Härte bedeuten. Ueberhaupt werden bei der Ausschließung der 10-t-Wagen von der Ermäßigung gerade die mittleren und kleineren Verfrachter und Empfänger unbillig benachteiligt, die nicht mehr als 10 t auf einmal verfrachten bzw. beziehen können.

Von der Regierung ist klar zum Ausdruck gebracht worden, daß die Erleichterung, die in der jetzt angekündigten Ermäßigung der Abfertigungsgebühr liegt, überwiegend der Staatsbahnverwaltung zugute kommt. Der Herr Minister erklärte wörtlich: „Selbstverständlich, sie soll uns zugute kommen, aber gleichzeitig auch den Interessenten. Ich habe bereits in der Kommission gesagt: manus manum lavat. Wir ermäßigen die Abfertigungsgebühr in der Erwartung, daß unsere Wagen von größerer Tragfähigkeit ausgenutzt werden. Die Ermäßigung der Abfertigungsgebühr soll einen Anreiz auf die Verlader ausüben, Wagen von größerer Tragfähigkeit zu benutzen, damit wir einen billigeren Betrieb einführen können." Danach darf man annehmen, daß die Eisenbahnverwaltung bei der Ausführung ihrer Absicht gar kein oder ein sehr geringes Opfer bringt, da die eintretenden Frachtausfälle zweifellos durch Ersparung an Bau- und Betriebskosten aufgewogen werden.

Die in Aussicht gestellte Ermäßigung erscheint relativ sehr klein, wenn man damit die Hauptziffern der finanziellen Ergebnisse der Eisenbahnverwaltung vergleicht, welche schon nach des Herrn Ministers vorjähriger Angabe „glänzende" Geschäfte machte und deren Abschluß sich tatsächlich noch weit über die damaligen Schätzungen hinaus glänzend gestellt hat. Aus den Eisenbahnüberschüssen des Jahres 1911 werden hergegeben für allgemeine Staatszwecke 226 Millionen, für das Extraordinarium 125 Millionen, an den Ausgleichsfonds, dessen Mittel vornehmlich auch den Staatsfinanzen dienen sollen, statt der im Budgetvoranschlag vorgesehenen $32^1/_2$ Millionen 160 Millionen, so daß ihm aus den Eisenbahnüberschüssen in zwei Jahren 230 Millionen zufließen. Der Ueberschuß der Staatsbahnverwaltung beträgt

127½ Millionen mehr als der Etatsansatz. Der Betriebskoeffizient ist auf 65,3 pCt. gesunken, während der Herr Minister noch vor kurzem meinte, man müsse mit einem solchen von 70 pCt. rechnen. Bei diesem für die Eisenbahnverwaltung und die Staatsfinanzen so überaus erfreulichen Ergebnisse und bei, soweit absehbar, auch guten Aussichten für die nächste Zukunft, dürfte es doch berechtigt sein, im Interesse des Verkehrs die Ermäßigung der Abfertigungsgebühren etwas reichlicher zu bemessen.

Hiernach glauben wir die Bitte aussprechen zu dürfen:

> der Landeseisenbahnrat wolle befürworten, daß in die vom Herrn Minister in Aussicht gestellte Ermäßigung der Abfertigungsgebühren auch diejenigen Güter einbezogen werden, für welche zurzeit die Ausnutzung des Ladegewichts in den Ausnahmetarifen vorgeschrieben ist, daß die Ermäßigung der Abfertigungsgebühren nicht allein auf Wagen von 15 und 20 t beschränkt wird, sondern auch für 10-t-Wagen gelte, daß sie auch für kurze Entfernungen tunlichst in gleichem Umfange gewährt werde.

Die Kolonien und die Eisen- und Stahlindustrie.

Eingabe an den **Staatssekretär des Innern.**

Berlin, den 25. November 1911.

Im Anschluß an unseren unter dem 15. September d. J. erstatteten Bericht beehren wir uns, Euer Exzellenz ganz ergebenst mitzuteilen, daß der Centralverband Deutscher Industrieller am 24. d. M. mit zahlreichen Vertretern der Eisen- und Maschinenindustrie und des Kolonialwirtschaftlichen Komitees, deren Namen aus der anliegenden Liste zu ersehen sind, eine Besprechung abgehalten hat.

Nach sehr eingehenden Beratungen über die Frage, in welcher Weise zum Zwecke des Absatzes von Maschinen in den deutschen Kolonien ein Zusammenschluß der Eisen- und Maschinenindustrie mit der technischen Kommission des Kolonialwirtschaftlichen Komitees herbeigeführt werden könnte, wurde von der Versammlung der nachstehende Beschlußantrag angenommen:

„Die Versammlung erachtet den Anschluß der deutschen Metall- und Maschinenindustrie an das Kolonialwirtschaftliche Komitee und seine Technische Kommission zum Zweck der Erweiterung ihres Absatzgebietes, Schaffung neuer Industriezweige und zur Gewinnung von Rohstoffen aus den eigenen Kolonien für wünschenswert und erklärt sich bereit, dahin zu wirken, daß seitens dieser Industrie die für vorstehende Zwecke benötigte Summe von jährlich 250 000 M. zunächst auf fünf Jahre durch Leistung eines Beitrages zur Berufsgenossenschaft, wie es von der Textilindustrie bereits geschieht, oder durch andere geeignete Maßnahmen gesichert und dem Kolonialwirtschaftlichen Komitee zur Verfügung gestellt wird."

Ferner gestatten wir uns hinsichtlich des Schlußsatzes der vorstehenden Resolution zu berichten, daß der Centralverband Deutscher Industrieller in nächster Zeit eine Kommission, bestehend aus Vertretern der wirtschaftlichen Vereine der Metall- und Maschinenindustrie, berufen wird, um über die zweckmäßigste Verteilung und Aufbringung der Mittel seitens der einzelnen Industriellen zu beraten.

Versammlung der dem Centralverband Deutscher Industrieller angeschlossenen Kartelle und Syndikate.

Am 10. Februar, 11 Uhr, wurde zu Berlin im Hotel Adlon eine Versammlung der dem Centralverband Deutscher Industrieller angeschlossenen Kartelle und Syndikate abgehalten, die aus den verschiedensten Industrien und Teilen Deutschlands zahlreich besucht war. Die Tagesordnung umfaßte: Vereinbarungen im Submissionswesen, Schiedsgerichte, Arbeits- und Kartellfragen. Der Vorsitzende, Herr Landrat a. D. **Rötger**, wies in der Eröffnungsansprache darauf hin, wie die hohe wirtschaftliche Bedeutung der Kartelle und ähnlicher Verbände überall anerkannt wird und wie von einer „Kartellmüdigkeit", von der man gelegentlich schon seit Jahren gesprochen, tatsächlich nicht viel zu merken ist. Bezeichnend aus der jüngsten Zeit sei die Abmachung zwischen dem preußischen Staat als Zechenbesitzer und dem Rheinisch-Westfälischen Kohlensyndikat. Den wiederholten Anregungen, ein Kartellgesetz zu erlassen, hat die Regierung mit Recht bisher widerstanden; auf diesem Gebiet ist alles derartig in Fluß, daß eine gesetzliche Einzwängung unmöglich erscheint oder voraussichtlich mehr schaden als nützen würde. Beim Mangel eigentlicher gesetzlicher Bestimmungen auf dem Kartellgebiet kommt der Rechtsprechung eine um so größere Bedeutung zu. Auf der vorigen Versammlung hatte sich eine Anzahl Herren freundlichst bereit erklärt, zwecks weiterer Aufklärung für das Kartellwesen wichtige Fragen rechtlicher und praktischer Natur zu behandeln. Ein Teil der Ergebnisse dieser Arbeiten soll der heutigen Versammlung zur Kenntnis gebracht werden. Der Vorsitzende erteilte darauf das Wort zum ersten Punkt der Tagesordnung: Vereinbarungen im Submissionswesen, Herrn Dr. jur. Schieß.

Vereinbarungen im Submissionswesen.

Berichterstatter Dr. jur. **Schieß**, Mitglied des Vorstandes des Rheinisch-Westfälischen Kohlensyndikats: Dem Rechte des Produzenten, überall Absatz für seine Produkte zu suchen und sie an jeden Markt zu bringen, steht das Recht des Konsumenten gegenüber, die Deckung seines Bedarfs überall zu suchen und allen Unternehmern Gelegenheit zu bieten, seine Befriedigung zu bewirken. Dieses Recht des Konsumenten gelangt im weitestgehenden Maße zur Anwendung in der Submission, die den schärfsten Wettbewerb der Unternehmer herbeiführt und als gegenseitiges Kampfesmittel Unterbietungen mit sich bringt, welche für den einzelnen sich unliebsam fühlbar machen können. Daher ist es nur natürlich, daß die einzelnen Unternehmer versucht haben, diesen für sie bedenklichen Erscheinungen abzuhelfen, und zwar durch Anwendung der Submissionskontingentierung.

Die Submissionskontingentierung verhindert das gegenseitige Unterbieten. Sie schließt eine Einigung über den Anteil an den Aufträgen in sich, welche die Ausschreibung den einzelnen in dem Verbande zusammengeschlossenen Unternehmen bringen kann.

Es ist nicht zu verwundern, daß ein derartiger Zusammenschluß der Unternehmer große Schwierigkeiten im geschäftlichen Verkehr hervorgerufen hat. Denn während der Ausschreibende den berechtigten Wunsch hat, ein wohlfeiles Angebot zu erzielen, dessen Gewinnung nur bei einem unbegrenzten Wettbewerb möglich ist, erstrebt der an der Ausschreibung Beteiligte den freien Wettbewerb auszuschließen, der in seiner Schrankenlosigkeit ausartet. Es handelt sich eben hier um den Zusammenstoß zweier einander diametral gegenüberstehender Prinzipien, der unvermeidlich ist bei der gewaltigen Ausdehnung, die Handel und Industrie in den letzten Jahrzehnten gewonnen haben, bei der Größe der auf beiden Seiten arbeitenden Kapitalien, bei der Vervollkommnung der Technik, welche die Herstellung industrieller Anlagen in gesonderten Betrieben und getrennten Unternehmungen nötig macht.

Das Kartellierungsprinzip ist eben nicht minder gerechtfertigt als das Ausschreibungsprinzip. Der Zusammenstoß dieser beiden Prinzipien, den die Entwickelung der wirtschaftlichen Verhältnisse herbeiführen mußte, hat alsbald die öffentliche Aufmerksamkeit erregt und die Allgemeinheit lebhaft beschäftigt.

Verschiedene Gründe sind es, welche das Interesse der Allgemeinheit an diesen wirtschaftlichen Fragen wachgerufen haben. Zunächst haben die Ausschreibenden selbst die Beschäftigung der öffentlichen Meinung mit den Submissionsverbänden veranlaßt. Es liegt auf der Hand, daß die Ausschreibenden, welche den Nutzen des freien Wettbewerbs für sich verwenden wollen und in den Bewerbern freie Wettbewerber sehen, sich getäuscht fühlen, wenn die Bewerber durch Abschluß eines Verbandes oder einer Vereinbarung den freien Wettbewerb ausschließen und den Ausschreibenden nur als scheinbare Wettbewerber gegenübertreten, in Wirklichkeit aber an dem Wettbewerbe ernsthaft nicht teilnehmen. Des weiteren haben die Submissionsgemeinschaften selbst durch ihre Preisstellungen, namentlich bei ausländischen Submissionen, die öffentliche Kritik herausgefordert. Schließlich ist nicht zu vergessen, daß die Oeffentlichkeit der Submissionen überhaupt und die Bedeutung, welche ihnen für den Staat, wie für Handel und Industrie beizumessen ist, bewirkt haben, daß die Frage ihrer Nachteile für die Konsumenten in Presse und Parlament erörtert wurde und so zu einem Gegenstand der Allgemeinheit heranwuchs. Bei der Spannung, welche zwischen Konsumenten und Produzenten in der geschilderten Weise Platz gegriffen hatte, konnte es nicht ausbleiben, daß die Frage, ob nach dem Stande der Gesetzgebung der Zusammenschluß der Unternehmer zur Erzielung günstiger Lieferungs- und Preisbedingungen bei Submissionen rechtlich erlaubt ist, der Anlaß zu Rechtsstreitigkeiten wurde und zur Entscheidung an die höchsten Gerichtshöfe gelangte.

Schon vor Einführung des Bürgerlichen Gesetzbuches hat das Reichsgericht in einem Urteile vom 5. Juli 1890 ausgesprochen, daß keineswegs jede Beeinflussung der Produktion oder der Preisbildung gegen die guten Sitten verstoße. In ähnlichem Sinne hat das Oberste Landesgericht in München, das höchste bayerische Gericht, in einem Urteil vom 7. April 1888 den Satz aufgestellt, daß der Abschluß von Vereinbarungen unter den Angehörigen eines Gewerbezweiges über die Art und Weise des künftigen Betriebes ihres Gewerbes als die Aufgabe eines jeden umsichtigen Geschäftsmannes erscheine. (Entsch. B. 28 S. 238 ff.)

Mit der Einführung des Bürgerlichen Gesetzbuches, in dessen § 138 bestimmt ist, daß ein Rechtsgeschäft nichtig ist, das gegen die guten Sitten verstößt, ist eine Aenderung in der Rechtsprechung nicht eingetreten.

Wenn diese Rechtsprechung auch zunächst nur für die Kartellvereinigungen als solche im allgemeinen Bedeutung hat, so bietet sie doch auch die Grundlage für die Beurteilung der Frage nach der Gültigkeit einer Vereinbarung, welche für die Mitglieder eines Verbandes die Verpflichtung begründet, sich an öffentlichen Ausschreibungen für Lieferungen oder Verdingungen nicht oder nur im Rahmen einer Verabredung zu beteiligen. Ein solches pactum de non licitando ist nach der Entscheidung des Reichsgerichts vom 11. Juli 1904 nicht immer und nicht grundsätzlich als verwerflich zu erachten, vielmehr soll letzteres nur dann anzunehmen sein, wenn die besondere Beschaffenheit des Falles den Vertrag zu einem unsittlichen stempelt. (Entsch. B. 58 S. 393 ff.)

In einem Urteile vom 24. November 1903, das in dem Sammelwerke der Entscheidungen des Reichsgerichts in Zivilsachen nicht abgedruckt ist, wird der Fall behandelt, daß zwei Unternehmer von einer öffentlichen Behörde aufgefordert worden waren, Preisangebote für die Verlegung einer Kleinbahnstrecke vorzulegen und beide Unternehmer vereinbart hatten, in gegenseitigem Einverständnis vorzugehen. Das Gericht ist auf Grund dieses Sachverhaltes zu dem Ergebnis gelangt, daß der von dem Ausschreiber veranstaltete Wettbewerb den Zweck haben sollte, die Baubehörde gegenüber dem Unternehmer in eine möglichst günstige Lage zu bringen, daß aber die Unternehmer nicht gegen die guten Sitten verstießen, wenn sie durch eine vorherige Verständigung über ihre Preisforderungen die ihnen ungünstige Situation für sich zu bessern suchten, daß sie weiter auch nicht verpflichtet waren, ihre Vereinbarung dem Ausschreiber mitzuteilen, da Inhalt, Zweck und Erfolg ihres Vertrages nicht eine Täuschung der Baubehörde gewesen wäre. Zu einem ähnlichen Ergebnisse ist das Reichsgericht in einem in Seufferts Archiv, B. 63 S. 350 abgedruckten Urteile vom 7. März 1908 gelangt, in dem gesagt ist, daß Vereinbarungen von Unternehmern, welche dahin zielen, gemeinschaftlich eine angemessene Erhöhung der bei Submissionen üblich gewordenen niedrigen Preise zu erreichen, durch die Festsetzung von Mindestgeboten mit der Abrede, daß die übrigen Teilnehmer das Mindestgebot überbieten, an sich nicht gegen die guten Sitten verstoße. Das Reichsgericht geht hier sogar soweit, auszusprechen, daß derartige Vereinbarungen Billigung verdienten vom Standpunkte einer gesunden Wirtschaftspolitik und daß die Festsetzung von Mindestgeboten mit der Abrede, daß die übrigen Teilnehmer das Mindestgebot überbieten müssen, zum selbstverständlichen Inhalte solcher Vereinbarungen gehöre. Der ausschreibenden Behörde bleibt es nach der Darlegung des Reichsgerichtes überlassen, die Offerten auf ihre Angemessenheit zu prüfen und, wenn wirklich einmal ein Beamter dieser Behörde irregeführt wird, so hat er es seiner eigenen schuldhaften Unkenntnis der Verhältnisse zuzuschreiben. (Entsch. B. 18 S. 222 ff.)

Die Rechtsauffassung des höchsten Gerichtshofes haben sich nach und nach auch die Instanzgerichte zu eigen gemacht. Eingehend beschäftigt sich mit der Frage der Preiskonvention bei der Submission z. B. ein Urteil des Amtsgerichts Würzburg, welches davon ausgeht, daß Preisabreden der Unternehmer bei Submissionen nicht nur Selbstschutz der Unternehmer bezwecken, sondern auch Schutz der Allgemeinheit gegenüber gewissenlosen Geschäftsleuten, die sich den Zuschlag sichern zum Nachteil der Besteller durch Schleuderpreise und minderwertige Arbeit, daß diese Preisabreden daher im allgemeinen nicht gegen die guten Sitten verstoßen und auch dem Prinzip der Gewerbefreiheit nicht entgegenstehen, die es jedem frei läßt, sich zur Schaffung besserer Erwerbsverhältnisse mit anderen zusammenzuschließen. (Kartell-Rundschau 8. Jahrgang Heft 11.)

Im allgemeinen sind also Vereinbarungen der Unternehmer über ihre Beteiligung an Submissionen, insbesondere Preisabreden nicht zu beanstanden, da in ihnen an sich ein Verstoß gegen die guten Sitten nicht zu erblicken, das Rechtsgeschäft daher gültig ist. Es ist aber dabei zu beachten, daß die Abmachungen der Unternehmer, welche auf Erlangung günstiger Lieferungsbedingungen hinzielen, nicht aus dem § 138 B.G.B. zu beanstanden sein dürfen. Im wesentlichen ist es also Tatfrage, ob eine derartige Vereinbarung als ein Verstoß gegen die guten Sitten zu erachten und damit nichtig ist, oder nicht. Geht die Verabredung darauf hinaus, eine Täuschung des Ausschreibenden herbeizuführen, oder ist sie auch nur geeignet, ihn unter falschen Voraussetzungen zu einem Zuschlage zu bestimmen, so ist die Nichtigkeit des Rechtsgeschäftes begründet, und es treten die Folgen ein, welche das Gesetz an das Zustandekommen eines nichtigen Rechtsgeschäftes knüpft. (Kartell-Rundschau 7. Jahrgang Heft 4.)

In einem Falle hat das Reichsgericht einen Verstoß gegen die guten Sitten in der Verabredung erblickt, nach der ein Bauunternehmer mit seinen Konkurrenten vereinbart hatte, daß er das Mindestgebot, die übrigen frei gewählte höhere Gebote abgeben sollten, wogegen letzteren von ersterem für den Fall der Uebertragung der Lieferung eine Entschädigungssumme zugesichert wurde. Die Schlußfolgerung des Gerichtes beruht hier auf der Erwägung, daß die Gebote der letzteren nicht ernstlich gemeint gewesen seien, und ersterer durch sein Verhalten den Ausschreibenden getäuscht habe. Es kommt also wesentlich darauf an, daß die Vereinbarungen der an einer Submission sich beteiligenden Unternehmer nicht eine Täuschung des Ausschreibers bezwecken dürfen.

Daraus folgt, daß die in dieser Weise kartellierten Unternehmer alles vermeiden müssen, was geeignet ist, das Vorhandensein eines freien Wettbewerbes vorzutäuschen. Gibt nur ein einziger von ihnen in einer Submission ein Gebot ab, und werden die anderen für ihre Nichtbeteiligung von ihm entschädigt, so kann der Ausschreibende, der aus der ganzen Sachlage das Vorhandensein einer bestimmten Abmachung ersehen muß, sich nicht getäuscht fühlen. Tatsächlich sind in einem solchen Falle nicht ernstlich gemeinte Gebote überhaupt nicht abgegeben worden. Ebensowenig wird einer Anfechtung unterliegen eine

Vereinbarung, bei der Abgabe von Geboten bestimmte Mindestpreise einzuhalten und, wenn ein Abschluß gemacht ist, bestimmte Entschädigungssätze an diejenigen Unternehmer zu verteilen, welche den Zuschlag nicht erhalten haben, da auch hier von einer Täuschung keine Rede sein kann.

Für die Teilnehmer der nach den Bestimmungen des Bürgerlichen Gesetzbuches nicht anfechtbaren Vereinigungen für die Submissionen ergeben sich aber unter Umständen Schwierigkeiten anderer Art, die strafrechtliche Verfolgung und rechtskräftige Verurteilung zu nicht unbedeutenden Geld- oder Freiheitsstrafen im Gefolge haben können.

Für die von öffentlichen Behörden oder Beamten vorgenommenen Versteigerungen sind in einigen Landesteilen noch strafrechtliche Vorschriften in Kraft, die das Abhalten vom Bieten unter Strafe stellen. Für Preußen, und zwar auch für die neuen Provinzen, in denen dieses Strafgesetz ausdrücklich eingeführt ist, gilt noch der § 270 des Strafgesetzbuches für die Preußischen Staaten vom 14. April 1851, für das Großherzogtum Hessen der Artikel 38 des Hessischen Polizeistrafgesetzbuches vom 30. Oktober 1855/10. Oktober 1871 und für das Reichsland der Artikel 412 des Code pénal vom Jahre 1810. Was die Bestimmung des Preußischen Strafgesetzbuches anbelangt, so ist sie, wie das Reichsgericht in feststehender Rechtsprechung angenommen hat, durch § 2 des Einführungsgesetzes zum Reichsstrafgesetzbuch nicht außer Kraft gesetzt worden, trotzdem die gesetzgebenden Faktoren des Reiches sich über die kriminelle Verantwortlichkeit für den Abschluß von Verträgen, welche die Bietfreiheit beschränken, nicht haben einigen können, indem sowohl der Norddeutsche Reichstag, als auch der Deutsche Reichstag es abgelehnt hat, ein dem § 270 des Preußischen Gesetzes entsprechendes Strafgesetz als nicht mehr zeitgemäß in das Reichsstrafgesetzbuch aufzunehmen. (Entsch. B. 18 S. 222.)

Auch über die Gültigkeit der beiden anderen analogen landesgesetzlichen Strafbestimmungen besteht in der Praxis der Gerichte kein Streit.

Um etwaigen Zweifeln zu begegnen, soll hier hervorgehoben werden, daß, wenn in dem Preußischen Strafgesetze von den Versteigerungen „öffentlicher Behörden oder Beamten" die Rede ist, unbedenklich diese Begriffe nach dem herrschenden preußischen Staatsrechte auszulegen sind und daher die Kommunalbehörden und Kommunalbeamten mit umfassen. Für eine Auslegung, daß der Gesetzgeber nur staatliche Behörden und Beamte im Auge gehabt hat, fehlt jeder Anhaltspunkt.

Es entsteht nun im Hinblick auf das Fortbestehen des § 270 des Preußischen Strafgesetzbuches die Frage, ob, wenn in einem Verbande absprachegemäß ein Mitglied durch sein Versprechen, einem anderen Mitgliede für das von diesem unterlassene Mitbieten bei einer von einer öffentlichen Behörde veranstalteten Submission einen Vorteil zu gewähren, dieses Mitglied vom Bieten abgehalten und dadurch sich eines Vergehens gegen dieses Strafgesetz schuldig gemacht hat, der Vertrag als nichtig anzusehen ist. Die Streitfrage ist durch ein Urteil der vereinigten Zivilsenate des Reichsgerichts vom 17. März 1905 in verneinendem Sinne entschieden worden. Dieses Urteil ist insofern von großer Bedeutung, als es auf einer Plenarentscheidung der vereinigten Zivilsenate beruht und gegenüber der vorher schwankenden Rechtsprechung bahnbrechend gewirkt hat. Das Urteil geht davon aus, daß nach § 134 des Bürgerlichen Gesetzbuches nicht schlechthin jede gesetzlich verbotene oder mit Strafe bedrohte Handlung der zivilrechtlichen Wirksamkeit entbehrt, sondern daß diese Folge nur dann eintritt, wenn das Rechtsgeschäft gegen ein gesetzliches Gebot verstößt und ferner, wenn sich nicht aus dem Gesetze ein anderes ergibt. Im vorliegenden Falle verneint das Urteil das Vorhandensein der ersten Voraussetzung, indem es ausführt, die Strafvorschrift des § 270 richte sich nicht gegen das Rechtsgeschäft selbst, das durch das Versprechen von der einen und dessen Annahme von der anderen Seite zustande komme, sondern nur gegen die erstere der beiden Willenserklärungen, das Versprechen von Vorteilen, und indem es dabei zurückgreift auf die Motive des Bürgerlichen Gesetzbuches, die als Regel hervorheben, daß in den Fällen, in denen bei einem Vertrage das Verbot nur den einen Teil treffe, der Vertrag selbst nicht ungültig sein solle. Weiter folgert das Urteil aus der Entstehungsgeschichte des § 270 des Preußischen Strafgesetzbuches, daß seine Strafandrohung keineswegs dem Rechtsgeschäfte als solchem gelten solle, da der Paragraph eine ganz andere Tendenz verfolge als die gegen Mißbräuche bei Subhastationen und Versteigerungen erlassene Verordnung vom 14. Juli 1797, an deren Stelle er getreten sei, und ohne sich mit der Absicht zu befassen, in der die Abhaltung vom Bieten erfolgt sei, nur sich gegen die Tätigkeit des einen Vertragsgenossen richte. (Entsch. B. 60 S. 273 ff.)

So günstig die in dieser Plenarentscheidung niedergelegte Rechtsauffassung ist für die Mitglieder eines Submissionskartelles oder die Beteiligten einer für eine Submission einer öffentlichen Behörde geschlossenen Vereinbarung, so ist dabei doch zu bedenken, daß Fälle eintreten können, in denen die Beteiligten zivilrechtlich gebunden und gleichzeitig strafrechtlich haftbar sind.

Die Schwierigkeit der Sachlage wird noch dadurch erhöht, daß die Rechtsprechung über die Tatumstände, welche eine Verurteilung aus dem § 270 des Preußischen Strafgesetzbuches rechtfertigen, keine einheitliche ist, und daß sich in der Beurteilung der Tatbestandsmerkmale eine abweichende Auffassung beim Reichsgerichte und beim Kammergerichte findet. Denn während das Reichsgericht die Strafbarkeit des Abhaltens vom Bieten bei Submissionen öffentlicher Behörden abhängig macht von einer Einwirkung des einen auf die Willensentschließung des anderen, hat das Kammergericht als höchster Gerichtshof für landesrechtliche preußische Strafsachen seit dem Jahre 1906 die Auffassung vertreten, daß alle Abmachungen der Unternehmer bei öffentlichen Lieferungen über die Innehaltung bestimmter Minimalpreise bei öffentlichen Submissionen strafbar seien. Das Kammergericht verlangt also im Gegensatze zum Reichsgerichte für die Strafbarkeit nicht den Nachweis, daß auf den Willen eines der Beteiligten eingewirkt worden ist, sondern verurteilt, gleichviel ob nur ein Beteiligter den übrigen oder alle gemeinschaftlich sich Vorteile zugesichert haben und gleichviel, in welcher Weise die Beteiligten den gegenseitigen Wettbewerb ausgeschlossen haben. Auch dann erblickt das Kammergericht den Tatbestand des Vergehens gegen § 270 als gegeben, wenn der Personenkreis der Unternehmer beschränkt, und die Submission nicht öffentlich bekanntgemacht ist. (Kartell-Rundschau 7. Jahrgang Heft 7.)

Die Rechtsprechung des Kammergerichts ist unter Berücksichtigung der Entstehungsgeschichte und der Motive des Gesetzes im letzteren Punkte rechtlich kaum zu beanstanden, sie ist sogar dann mit Freuden zu begrüßen, wenn es mit ihrer Hilfe gelingt, unlautere Machenschaften bei Submissionen auszuschalten. Wenn das Kammergericht so weit geht, auch in dem Falle schon eine im Sinne des § 270 strafbare Handlung anzunehmen, wo jemand einen Vorteil für das Unterlassen des Mitbietens verspricht, und der Empfänger des Versprechens durch dasselbe sich abhalten läßt, so führt die Rechtsauffassung doch zu bedenklichen Folgen. Ganz abgesehen davon, daß es zweifelhaft ist, ob diese weitausgreifende Auslegung der ratio legis entspricht, ergibt sich auch aus ihr die das ganze Verkehrsleben schädigende Konsequenz, daß als strafbar angesehen werden kann eine Vereinbarung der einem Gewerbszweige angehörenden Unternehmer, in der sie sich verpflichten, bestimmte Preise nicht zu unterbieten, desgleichen die Zugehörigkeit zu einem derartigen Verbande und das Recht der Beteiligten auf das Verlangen, von ihren Mitbeteiligten nicht unterboten zu werden, schließlich sogar eine Abmachung des Inhaltes, daß die Vertragsgenossen die einem von ihnen zugeschlagenen

Lieferungen untereinander sich teilen und denjenigen entschädigen sollen, der bei dieser Verteilung unberücksichtigt bleibt.

Wird schon an und für sich durch das Submissionswesen und insbesondere die bedauerliche, immer mehr um sich greifende Gepflogenheit, mit Vorliebe dem Mindestfordernden den Zuschlag zu erteilen, ein Tiefstand der Preise bewirkt und die Schleuderkonkurrenz begünstigt, so wird die Lage der Unternehmer immer unerfreulicher, wenn die vorstehend geschilderte Rechtsprechung ihnen die Möglichkeit nimmt, sich durch Selbsthilfe vor der Schleuderkonkurrenz zu schützen und eine angemessene Preishaltung zu erreichen.

Bei dieser Sachlage ist es nicht verwunderlich, daß aus den Kreisen der Gewerbetreibenden allgemein der Wunsch geäußert wird, entweder die veraltete Bestimmung des Strafgesetzbuches vom Jahre 1851 zeitgemäß umzugestalten oder ganz aufzuheben. Die Handelskammer in Düsseldorf hat sich das Verdienst erworben, in einer Eingabe vom 11. Oktober 1909 bei dem preußischen Justizminister um Veranlassung der Aufhebung des alten Strafgesetzes vorstellig zu werden. Die Eingabe weist darauf hin, daß die Regierung schon selbst die Strafbestimmung als unbequem anerkannt und ihr im Hinblick auf die neue Gesetzgebung und Rechtsprechung nur geringe praktische Bedeutung zugemessen habe. Der Justizminister hat auf die Vorstellung am 4. Mai 1910 geantwortet, daß die Aufhebung des § 270 nicht allgemein als unbedenklich oder erwünscht angesehen, seine Aufrechterhaltung bei der Reform des materiellen Strafrechtes sogar in nicht amtlichen Kreisen als geboten bezeichnet werde. Der Minister lehnt es ab, bei dem vorgeschrittenen Stande der Reform mit der Frage der Aenderung oder Aufhebung des Paragraphen sich zu befassen, stellt dagegen in Aussicht, das gesamte Material an das Reichsjustizamt abzugeben.

Die Entscheidung liegt also jetzt bei der Behörde, welche mit der Ausarbeitung des Entwurfes des neuen Reichsstrafgesetzbuches betraut ist. Zu hoffen ist, daß das Reichsjustizamt die Gesetzesbestimmung aus dem Jahre 1851, welche sich überlebt hat, streicht, oder daß, wenn dieses nicht der Fall ist, die gesetzgebenden Körperschaften des Reiches die Abschaffung beschließen. Tatsächlich muß man zu der Ueberzeugung gelangen, daß eine strafrechtliche Bestimmung, welche die Freiheit des Bietens bei Submissionen beschränkt, sehr wohl entbehrt werden kann. Weitaus die meisten Länder kennen derartige Bestimmungen nicht. Nur Ungarn besitzt eine dem alten preußischen Strafgesetze entsprechende Gesetzesvorschrift, desgleichen Frankreich in dem schon oben erwähnten Artikel 412 Code pénal, der aber klarer als das preußische Gesetz erkennen läßt, daß offenbar nur derjenige sich nach Auffassung des Gesetzgebers strafbar macht, welcher auf den Willen des anderen bestimmend einwirkt. Belgien hat einen Teil des Artikels 412 außer Kraft gesetzt und verfolgt strafrechtlich nur noch denjenigen, welcher den Mitbewerb eines anderen durch Gewalt oder Drohung verhindert hat. (Kartell-Rundschau 7. Jahrgang 7. Heft.)

Für unser modernes Wirtschaftsleben in Deutschland würde auch der Fortfall der die Freiheit beim Bieten in Submissionen hemmenden Sonderbestimmungen segensreiche Wirkungen bringen. Freilich darf die Freiheit beim Bieten durch unlautere Mittel ebensowenig verkümmert werden, wie die Freiheit desjenigen, der die Ausschreibung veranlaßt. Mittel zum Einschreiten gegen derartige Auswüchse gibt aber in genügendem Maße an die Hand das Gesetz gegen den unlauteren Wettbewerb in seiner neuen Fassung vom 7. Juni 1909. Die in § 1 an der Spitze des Gesetzes stehende Generalklausel gewährt dem sie verständnisvoll auslegenden Richter die Macht, gegen alle Uebergriffe und Ausschreitungen vorzugehen und Maßnahmen für sittlich verwerflich zu erklären, welche in früheren Zeiten der Rechtsentwickelung geduldet wurden.

Vorsitzender: Meine Herren, ich eröffne die Diskussion.

Dr. **Kubatz:** Meine Herren, ich möchte an den Herrn Referenten eine Frage richten und Ihre Aufmerksamkeit kurz auf die Vorgänge im Baugewerbe hinlenken. Ich glaube, die Ueberzeugung ist ganz allgemein, daß dieser § 270 des Preußischen Strafgesetzbuches sehr antiquiert wirkt, und wenn wirklich nach diesem § 270 des Strafgesetzbuches vom Jahre 1851 verfahren würde, so müßten tatsächlich in kolossalem Umfange Freiheitsstrafen verhängt werden.

Es wird Ihnen auch bekannt sein, daß im Baugewerbe sehr weitgehend Verständigungen gepflogen werden, daß aber im Baugewerbe nicht eigentlich Kartelle bestehen, sondern sogenannte Verständigungskomitees von Fall zu Fall wirken, derart, daß, falls irgendein Bau zur Ausschreibung gelangt, diejenigen Firmen zusammentreten, die aufgefordert worden sind sich zu beteiligen, und die Preise vereinbaren. Es ist einmal der Fall vorgekommen, daß bei dieser Gelegenheit der Bauunternehmer einen Fehler begangen hat, indem er auf der Rückseite des Anschlages — glaube ich — den er dem Auftraggeber einreichte, eine Notiz darüber stehen ließ, an welche anderen Baufirmen er eine Abgabe zu zahlen hatte. (Heiterkeit.) Nachdem infolgedessen der Ausschreibende glaubte, daß er auf diese Weise ein bißchen bemogelt werden sollte, ist er hingegangen und hat dem Bauunternehmer gesagt: ich bezahle dir den Preis nicht. Darauf ist es zu einem Rechtsstreit gekommen, und dieser Rechtsstreit ist bis zur höchsten Stelle ausgetragen worden.

Ich wollte also fragen, ob dem Herrn Referenten dieser Rechtsstreit bekannt ist. Das Reichsgericht hat in diesem Falle wie folgt entschieden: Wenn sich auch die einzelnen zu einer Submission aufgeforderten Firmen zusammensetzen und eine Verständigung treffen, so verstößt das noch lange nicht gegen die guten Sitten. Ein Verstoß gegen die guten Sitten, beziehungsweise eine Nichtigkeit des Rechtsgeschäftes wäre nur dann herzuleiten, falls die betreffende Baufirma, die sich mit den anderen Baufirmen verständigt hatte, unangemessene Preise bei dieser Sache gefordert hätte. Soweit also diese betreffende Baufirma der ausschreibenden Stelle keine unangemessenen Preise gestellt hat, soweit sie also den Bauherrn — um es einmal so auszudrücken — nicht übervorteilt hat, ist der Bauherr verpflichtet, der Baufirma den vereinbarten Preis zu zahlen, ohne Rücksicht darauf, ob eine Verständigung vorliegt oder nicht.

Meine Herren, ich habe seinerzeit den mir befreundeten Baufirmen diese Reichsgerichtsentscheidung -- es handelte sich um eine Hamburger Firma; ich glaube, die Sache hieß: Haupt contra Lehmann — als eine solche von prinzipieller Wichtigkeit hingestellt und habe in der Tat gefunden, daß diese Entscheidung bei den Streitfällen, wo sie bisher beachtet werden konnte, auch beachtet worden ist, und ich habe gefunden, daß dadurch in den beteiligten Baukreisen auch eine gewisse Beruhigung eingetreten ist.

Ich wollte — wie gesagt — nur fragen, ob vielleicht dem Herrn Referenten dieser Reichsgerichtsfall bekannt geworden ist.

Dr. **Schiek:** Nein, der Fall ist mir nicht bekannt, sonst würde ich ihn selbstverständlich hier zur Erörterung gestellt haben, zumal, soweit ich das jetzt nach den kurzen Mitteilungen beurteilen kann, eigentlich ein gewisser Widerspruch gegenüber den früheren Entscheidungen vorliegt; denn tatsächlich ist doch, wenn die Sachlage so liegt wie Herr Dr. Kubatz eben vorgetragen hat, der Auftraggeber derjenige, der darüber getäuscht worden ist; es ist ihm ernstlich nur ein Unternehmer entgegengetreten, insofern ist er doch getäuscht worden. Also ich meine, es ist ein Widerspruch gegen die frühere Rechtsprechung. Es wäre mir recht interessant gewesen, wenn ich den Fall gekannt hätte.

Dr. **Kubatz:** Ich kann Ihnen den Fall behändigen, ich habe diese Sache zu Hause in meinen Akten. Ich habe ihn nur nicht genau präsent. Jedenfalls stammt er aber aus dem Jahre 1908 oder 1909, und insofern ist ja die Reichsgerichtsentscheidung aus dem Jahre 1905, von der, glaube ich, der Herr Referent gesprochen hat, überholt.

Dr. **Schiefz**: Ja, sie scheint dadurch überholt.

Dr. **Tschierschky**: Meine Herren, Herr Dr. Kubatz hat schon selbst die Prinzipienfrage angeschnitten, die ich auch anschneiden wollte, nämlich: welche Bedeutung hat die ganze Frage, die wir hier behandeln, überhaupt für das Kartellwesen? Ich möchte da an das anknüpfen, was Herr Dr. Kubatz vorgebracht hat, und muß auch sagen, daß das meiner Ansicht nach ein ganz eklatanter Fall ist, wo ich als Richter sogar mit ziemlicher Schärfe vorgegangen wäre, solange ich den heutigen gesetzlichen Boden habe. Die heutige rechtliche Auffassung steht durchaus zugunsten unserer Kartelle. Es wendet sich namentlich die strafrechtliche Seite dahin, ob eine Täuschung vorliegen kann. Wann kann nun eine Täuschung vorliegen, meine Herren? Doch nur in solchen Fällen, wo tatsächlich — wie der Herr Referent ja auch sehr richtig gesagt hat — bei demjenigen, der die Submission ausschreibt, die Ansicht erweckt werden soll, als herrsche freie Konkurrenz, während eine, oft sogar außerordentlich weitgehende, Beschränkung der freien Konkurrenz vorhanden ist.

Das führt zu der weiteren Betrachtung, daß, soweit es sich namentlich um Preiskartelle mit einheitlicher Festsetzung von Preisen handelt, ein Dolus von seiten des Kartells schon aus dem Grunde nicht vorkommen kann, weil der Betreffende, der die Submission ausschreibt, ja die Möglichkeit hat, sich sehr schnell zu vergewissern, ob hier ein Kartell vorliegt oder nicht. Ich meine, die Oeffentlichkeit unseres praktischen Kartellwesens geht doch heute so weit, daß kaum irgendeiner, der eine ernsthafte Submission auszuschreiben hat, sich nicht sehr leicht darüber informieren könnte, ob er einer geschlossenen Einheit gegenübersteht, die ihm mit einem Einheitspreise entgegentritt. Ergo kann diese ganze rechtliche Frage meiner Ansicht nach nur auf solche geheimen Kartelle zutreffen, wie wir sie ja leider in einzelnen Industrien gehabt haben und wohl auch noch haben, die, soweit ich orientiert bin, gerade dazu geführt haben, daß die Frage aufgerollt wurde, ob das nicht eine grobe Täuschung derjenigen sei, die die Submissionen ausschreiben, namentlich wo es sich um solche Riesenobjekte handelt, wenn hinter dem Rücken Vereinbarungen getroffen worden sind, und doch eine freie Konkurrenz vorgetäuscht wird. Meiner Ansicht nach kann die ganze Frage nur für eine Kategorie in Frage kommen, das ist die im Aussterben begriffene Kategorie von Kartellen, die keine Preise festsetzen, aber die Auftragsbefugnis der einzelnen Mitglieder nach dem jeweiligen Stande der Absatzverhältnisse im Rahmen des Kartells kontingentieren. Ich kenne ein derartiges Kartell, das nach außen nicht in die Erscheinung tritt. Ich bin selbstverständlich auch nicht befugt, den Namen zu nennen, es handelt sich aber um einen sehr bedeutenden Artikel, der in großen Submissionen vergeben wird, und da ist die Sache so, daß, wenn eine Submission ausgeschrieben wird, überhaupt tatsächlich nur einer das Angebot machen darf. Die Herren verständigen sich telephonisch, sehen die Liste nach, wie die Auftragsbestände sich unter den Kontrahenten im Augenblick gestalten, und dann muß derjenige sofort die Preisofferte machen, der gerade mit seinem Absatze im Rückstande ist. Die anderen bieten überhaupt nicht. Ich meine, das wäre ein Fall, wo unter Umständen die zur Erörterung stehende strafrechtliche Seite in Frage kommen könnte. Aber soweit ich orientiert bin, gibt es dieser Kartelle sehr wenige.

Also, meine Herren, ich möchte mich dahin resümieren, daß ich gegen die Aufhebung des § 270 für Preußen nichts einzuwenden habe; ich persönlich stehe aber auch auf dem Standpunkt — und im allgemeinen hat ja auch der Herr Referent den Standpunkt vertreten, es ist wohl mehr die formal-rechtliche Seite, die ihm die Aufhebung wünschenswert erscheinen läßt —, daß für unsere Kartelle die Bestimmung gar nicht so übel ist, daß aber, wo Zweifel entstehen können, bei der Auffassung, die heute die Gerichte von unseren Kartellen haben, auch zugunsten der Kartelle entschieden werden wird.

Generaldirektor **von Prondzynski:** Meine Herren, an sich haben die preußischen Behörden heute nicht die Auffassung, daß jede Vereinbarung der Offerenten im Submissionswege, die darauf basiert, daß sich Fabrikanten durch Zusammenschluß zu einem Kartell über Vorrechtstellung verständigt haben, unstatthaft ist; das geht schon daraus hervor, daß preußische Behörden Offerten direkt von solchen Kartellen entgegennehmen. Aber selbst wenn die etwas sehr strenge Auffassung des Herrn Referenten richtig wäre, daß an sich dem Wortlaut des Gesetzes nach es schon strafbar ist, daß überhaupt eine Preisvereinbarung geschlossen ist, so möchte ich folgende Frage an ihn richten: Es gibt Kartelle, die darin bestehen, daß das Kartell Selbstkäufer der gesamten Produktion seiner Mitglieder ist. Die Mitglieder sind also gar nicht mehr in der Lage, an irgendeinen dritten etwas zu verkaufen, weder an einen Privatmann, noch an eine Behörde. In solchen Fällen kann doch eigentlich von einer Vereinbarung im Syndikatswege nicht mehr die Rede sein. Es ist nur ein Mensch da, der die betreffende Ware absetzt. Ich möchte also die Frage dahin resümieren, ob nach Ihrer Auffassung (zum Berichterstatter) es trotzdem dem Wortlaut des Gesetzes nach strafbar wäre, wenn ein Kartell in dem Sinne existiert, daß das Kartell Selbstkäufer und zugleich der einzige Offerent in der Submission ist.

Dr. **Schieß:** Nein, das würde ich unter keinen Umständen annehmen, denn in diesem Falle würde ja das Kartell dem Auftraggeber nur als anderer Kontrahent gegenübertreten, während das Kartell als solches sich wieder mit seinen Mitgliedern vereinbart.

Dr. **Ballerstedt:** Ich möchte mir erlauben, Herrn Dr. Tschierschky darauf hinzuweisen, daß doch nicht bloß für ganz besonders alte oder wenige Kartelle oder verdeckte Kartelle die Sache Bedeutung hat; wenigstens ist bereits in der Denkschrift, die das Reichsamt des Innern 1905 herausgegeben hat, auch allgemein diese Frage als von Wichtigkeit für die Kartelle angenommen worden. Es sind auch dort schon Reichsgerichtsurteile und andere — da die Rechtsprechung der oberen Gerichte sich tatsächlich schon seit längeren Jahren mit der Sache beschäftigt — angeführt worden, und ich glaube, daß dem doch wohl eine allgemeine Bedeutung zukommt.

Dann kurz ein zweiter Punkt. Auch der Herr Referent hat ja mit Recht hervorgehoben, daß wir diese veralteten Bestimmungen des ehemaligen Preußischen Strafgesetzbuches und ähnliche nicht mehr brauchen, daß schon durch das Gesetz in bezug auf den unlauteren Wettbewerb dem Bedürfnis genügt wird. Dazu kommt noch der gewöhnliche Betrugsparagraph des Strafgesetzbuches, und da ist meiner Erinnerung nach gerade im Jahre 1910 in einem ziemlich krassen Fall in Hamburg eine Verurteilung zu Gefängnis erfolgt auf Grund des Betrugsparagraphen, der ungefähr besagt: Wer durch Vorspiegelung falscher oder Entstellung wahrer Tatsachen sich einen rechtswidrigen Vermögensvorteil verschafft, wird mit Gefängnisstrafe oder mit Geldstrafe bestraft.

Dr. **Beumer:** Meine Herren, hoffentlich führt die heutige Versammlung dazu, daß der Centralverband Deutscher Industrieller für Aufhebung des § 270 des Preußischen Strafgesetzbuches zuständigen Ortes vorstellig wird. Die Bestrebungen, diesen Paragraphen abzuschaffen — das wird in historischer Beziehung interessieren —, sind bedeutend älter als diese dankenswerte Eingabe der Düsseldorfer Handelskammer. Schon im Anfange der 90er Jahre des vorigen Jahrhunderts hat sich das preußische Abgeordnetenhaus wiederholt mit dieser Angelegenheit beschäftigt, namentlich auf Anträge, die von den inzwischen verstorbenen Abgeordneten Justizrat Eckels und meiner

Wenigkeit beim Justizetat gestellt waren, und ich möchte die heutige Gelegenheit benutzen, darauf hinzuweisen, daß der damalige Justizminister Schönstedt der Abschaffung des § 270 sehr viel freundlicher gegenüberstand, als der gegenwärtige Justizminister Dr. Beseler ihr gegenüberzustehen scheint. Der Justizminister Schönstedt hat damals in der Plenarsitzung des Abgeordnetenhauses erklärt, daß auch er diesen Paragraphen für antiquitiert halte, und daß wegen der vielen Unzuträglichkeiten, die aus seiner Handhabung bei einzelnen Gerichten nun in die Erscheinung träten, ein Außerkraftsetzen des Paragraphen in Aussicht genommen werden könne. Er müsse sich nur mit den anderen Ressorts, die ja auch dabei in Betracht kämen, ins Einvernehmen setzen. So haben wir uns damals der Hoffnung hingegeben, daß es recht bald zu einer Abschaffung des § 270 kommen werde.

Leider hat der jetzige Herr Justizminister eine ganz andere Auffassung von der Sache, obwohl diese Uebelstände weiterbestehen und nicht allein für die Kartelle, sondern auch für manche Industrien, in denen solche Verabredungen gang und gäbe sind, dieselben Unzuträglichkeiten mit sich bringen. Ich nenne nach dieser Richtung namentlich die Holzindustrie, wo bei Submissionen in den Königlichen Forsten und auch in Privatwaldungen häufig derartige Verabredungen stattfinden, die ja nach der Judikatur des Reichsgerichts zulässig sind, wenn sie nicht den guten Sitten widersprechen.

Wenn die Geschäftsführung des Centralverbandes Deutscher Industrieller die Güte hat, die damaligen Erörterungen im Abgeordnetenhause einmal nachzulesen, so wird sie diese Ausführungen von mir bestätigt finden, und ich glaube, daß der Centralverband Deutscher Industrieller ein gutes Werk täte, wenn er zuständigen Ortes auf Abschaffung des § 270 des Preußischen Strafgesetzbuches hinwirken würde.

Vorsitzender: Meine Herren, den Ausführungen des Herrn Dr. Beumer möchte ich einige Worte hinzufügen. Die Verhandlungen, welche in dieser Versammlung stattfinden und welche in den früheren Versammlungen der dem Centralverbande angeschlossenen Kartelle stattgefunden haben, werden natürlich von der Geschäftsführung und der Leitung des Centralverbandes Deutscher Industrieller weiter verarbeitet. Die Ergebnisse der weiteren Verarbeitung alles dessen, was der stenographische Bericht — der ja jedesmal aufgenommen wird — über diese Versammlungen bringt, werden von unserer Geschäftsführung in den Sitzungen des Direktoriums zum Vortrag gebracht, soweit sie spruchreif sind, und so wird das, was heute im Zusammenhang mit dem Vortrage, den wir soeben hier gehört haben, diskutiert worden ist, auch in dieser Richtung behandelt werden. Es wird also in einer der Sitzungen des Direktoriums des Centralverbandes Deutscher Industrieller zunächst zu der hier gegebenen Anregung Stellung genommen werden. Ich glaube, daß das Direktorium nach Lage der Sache wohl zu der Entschließung kommen wird, in einer Eingabe im Sinne der Anregungen des Herrn Dr. Beumer Stellung zu nehmen, und ich glaube, daß auch Herr Dr. Tschierschky, der ja vorher einige Bedenken gegen die Aufhebung des § 270 äußerte, die aber doch nur sehr allgemeiner Natur waren, gegen eine solche Behandlung nichts einzuwenden haben wird. Sie (zu Herrn Dr. Tschierschky) haben die Freundlichkeit, mir zuzunicken; dann ist das erledigt.

Dr. **Tschierschky**: Formell will ich mich dem Standpunkt sehr gern anschließen, schon aus den Gründen, die der Herr Referent angeführt hat, weil wir ja tatsächlich gesetzliche Mittel genug haben, um, wo ein Unfug oder eine arglistische Täuschung vorliegt, entsprechend vorzugehen. Ich möchte aber im Hinblick auf das, was Herr Dr. Beumer speziell bei Erwähnung des Holzhandels gesagt hat, doch noch einmal das unterstreichen, was ich vorhin gesagt habe. Gerade im Holzhandel, wo es sich um Einkäufe aus den Forsten handelt, sind, wie mir bekannt ist, doch erhebliche Mißstände zutage getreten, die in Süddeutschland — ich glaube in Bayern, oder war es wohl in Württemberg oder Baden — dazu geführt haben, daß die Zentralbehörde ausdrücklich die Forstverwaltung angewiesen hat, bei derartigen Holzverkäufen sehr vorsichtig vorzugehen, und, sowie irgendein Verdacht einer Preisverabredung unter den Käufern vorliegt, die Submission aufzuheben. Meiner Ansicht nach liegt da für den Gegenkontrahenten eine Täuschung vor. Wenn ich nun formell auf dem Standpunkt stehe, daß unter Umständen selbst derartige Strafmittel nichts schaden können, so gehe ich von dem Gesichtspunkte aus, der meiner Ansicht nach der weitergehende ist, daß nämlich für unsere ganze Kartellentwickelung uns nichts lieber sein kann, als wenn zunächst einmal die Kartelle immer weiter in die Oeffentlichkeit hinausgedrängt werden, was ja auch tatsächlich der Fall ist und sich aus der Praxis von selbst ergibt, wenn aber auch alle Schädlichkeiten in dem Sinne, wie wir es hier besprochen haben, in gebührender Weise bekämpft werden; denn dadurch erreichen wir, daß die Versuche, die sich aus solchen Quellen herleiten: die Versuche, eine besondere Kartellgesetzgebung zu machen, überhaupt jeden Boden verlieren. Das ist für mich der Gesichtspunkt, den ich bei der ganzen Frage habe.

Direktor **Altgelt:** Meine Herren, ich möchte noch einen Gesichtspunkt erwähnen, den ich speziell bei den Ausführungen des Herrn Vorredners vermißt habe. Es kam schon vor und wird häufig vorkommen, daß nicht ein Kartell allein seine Preise abzugeben hat, sondern daß auch die Verfertiger korrespondierender Fabrikate, die durch ein anderes Kartell vertreten werden, sich durch dieses zu verständigen haben, um eine abgesprochene Offerte herauszubringen. Ich möchte Ihnen das an einem Beispiel erläutern, wenn auch der Fall nicht gerade typisch ist. Es würde beispielsweise eine Kupferdrahtlieferung ausgeschrieben, und der ausschreibende Teil würde, um Gelegenheit zu haben, die Preise zu drücken, alternativ Aluminiumdrahtlieferungen zulassen. Daß zwischen den beiden Kartellen, die in diesem Falle für Kupferdraht und Aluminiumdraht in Frage kommen, richtigerweise eine Verständigung herbeizuführen wäre, wird wohl niemand bestreiten können; dadurch würde aber wieder ein Fall geschaffen, wie der Herr Vorredner und auch der Herr Referent erwähnt hat, aus welchem leicht der Dolus einer unlauteren Absprache hergeleitet werden könnte. Schon aus diesem Grunde wäre die Anregung, die für die Abschaffung des § 270 gegeben worden ist, und worüber Sie sich auch schon einig sind, auf jeden Fall zu unterstützen.

Dr. **Beumer:** Meine Herren, ich habe selbstverständlich nicht durch die Aufhebung des § 270 des Preußischen Strafgesetzbuches diejenigen Mißbräuche geheiligt wissen wollen, die im Holzhandel existieren. Herr Dr. Tschierschky meinte offenbar dabei die Mißbräuche, die man in Süddeutschland und in Elsaß-Lothringen als „Kippesmacherei" bezeichnet hat: das ist der fachmännische Ausdruck dafür. Ich habe demgegenüber selbstverständlich nur die berechtigten Verabredungen gemeint, die auch bei Submissionen in Forsten usw. getroffen werden können, und dagegen hat sich das Preußische Strafgesetzbuch als hinderlich erwiesen. Nur in diesem Sinne sind meine Ausführungen gemacht worden.

Dr. **Kubatz:** Meine Herren, gerade im Anschluß an die Ausführungen des Herrn Dr. Tschierschky und im Anschluß an die Ausführungen des Herrn Vorsitzenden, der sagte, daß die Anregungen eventuell weiterverarbeitet werden, möchte ich doch bitten, daß nun nicht etwa der Centralverband eine Stellung gegen Geheimkartelle überhaupt einnimmt. Das dürfte nicht der Fall sein, denn es sind eben Geheimkartelle nicht zu vermeiden; und wenn bei diesen Geheimkartellen der Zustand auch nicht so schön ist wie bei den Kartellen, die vollkommen im Lichte der Oeffentlichkeit wirken, so würde doch der Ausschluß von Geheimkartellen in manchen Industrien wahrscheinlich zur Folge haben, daß soweit als möglich mehr und mehr Konzentrationen erfolgen und große Konzerne sich herausbilden; und ob bei derartigen Konzentrationen schließlich nachher die Behörden oder die Privatleute, die auf diese betreffenden Industrien angewiesen sind, sich günstiger ständen, das ist auch noch eine Frage für sich. Ich meine, Geheimkartelle an sich lassen sich nicht aus der Welt schaffen. Geheime Verabredungen werden nach wie vor stattfinden.

Dr. **Bonikowsky:** Meine Herren! Ich halte im Gegensatz zu Herrn Dr. Tschierschky die Aufhebung des fraglichen § 270 doch für sehr wünschenswert und kann mich daher dem Antrage des Herrn Dr. Beumer nur anschließen. Hierfür muß schon der jetzt obwaltende Widerstreit zwischen der zivilrechtlichen und strafrechtlichen Behandlung von Vereinbarungen der Submittenten — auf den der Herr Referent ja bereits hingewiesen hat — als ein zwingender Grund angesehen werden, da durch diesen Widerstreit eine das ganze Geschäftsleben sehr fühlbare Rechtsunsicherheit geschaffen wird.

Im Anschluß hieran möchte ich zur Beseitigung von Zweifeln mir noch eine Frage an den Herrn Referenten gestatten: Aus seinen Ausführungen schien hervorzugehen, daß auch Preisvereinbarungen, die ganz generell und nicht etwa nur für die Zwecke einer Submission geschlossen werden, möglicherweise gegen den § 270 verstoßen, so daß also, wenn die Mitglieder einer Preiskonvention, die ganz generell zur Einhaltung von Mindestpreisen verpflichtet sind, sich an Submissionen beteiligen und bei ihren Geboten sich an die durch die Konvention generell vorgeschriebenen Mindestpreise halten, auf Grund des § 270 strafbar werden würden. Ich kann mir nun allerdings nicht recht denken, daß dieser Paragraph eine so weitgehende Auslegung erfahren könnte und möchte daher annehmen, daß ich den Herrn Referenten in dieser Beziehung unrichtig verstanden habe. Die Sache ist indessen doch so wichtig, daß ich dem Herrn Referenten für eine kurze Aufklärung dankbar sein würde.

Kommerzienrat **Reusch:** Meine Herren, wenn sich die Parlamente in der Zukunft einmal mit einem Kartellgesetz befassen sollten, dann sind meines Erachtens lediglich die Geheimkartelle daran schuld. Die bestehenden Geheimkartelle müssen aus ihrem Schlupfwinkel heraustreten, mit offenen Karten spielen und dürfen die Kritik der Oeffentlichkeit nicht scheuen. Nur dadurch kann die Gefahr eines gesetzgeberischen Eingriffes abgewendet werden. Ich darf wohl annehmen, daß die Mehrheit der Versammlung meinen Standpunkt teilt.

Vorsitzender: Es hat sich niemand mehr zum Wort gemeldet. Ich schließe dann die Diskussion und erteile dem Herrn Referenten das Schlußwort.

Berichterstatter Dr. **Schieß:** Meine Herren, ich wollte nur im Anschluß an das, was der vorletzte Herr gesagt hat, erwähnen, daß der aus Oberschlesien angezogene Fall selbstverständlich nicht unter den Paragraphen fällt, es sich da nicht um eine Verabredung handelt, die irgendwie strafrechtlich zu verfolgen sein würde. Die Frage liegt auf einem ganz anderen Gebiet.

Vorsitzender: Meine Herren, wir haben dann den ersten Punkt der Tagesordnung erledigt und kommen nun zu den vier Vorträgen, die den zweiten Punkt der Tagesordnung bilden. Leider hat uns eben durch einen Rohrpostbrief der Berichterstatter zu dem Verfahren, Herr Assessor Dr. Heyers von der Spirituszentrale mitteilen müssen, daß er durch Krankheit, die ihn ans Bett fesselt, im letzten Moment verhindert sei, hier zu erscheinen. Herr Regierungsrat Dr. Voelcker wird die Freundlichkeit haben, zu diesem Punkt der Tagesordnung das Notwendige in seinem Bericht mitzuteilen.

Ich gebe nun zu Punkt a) Herrn Dr. Fiebelkorn als Berichterstatter das Wort:

Schiedsgerichte. Berechtigung und Zweckmäßigkeit der Schiedsgerichte für Verkaufs-Vereinigungen.

Berichterstatter Dr. **Fiebelkorn,** Schriftführer des Verbandes deutscher Tonindustrieller: In den §§ 1025—1048 gibt die Zivilprozeßordnung die Möglichkeit, Rechtsstreitigkeiten unter Ausschließung der ordentlichen Gerichte durch Schiedsgerichtsurteile zu beseitigen. Die Verkaufsvereinigungen haben sich diese Möglichkeit vielfach zunutze gemacht und einen entsprechenden Paragraphen in ihrer Satzung aufgenommen. Allerdings habe ich in Versammlungen auch hin und wieder Stimmen gegen die Einrichtung von Schiedsgerichten gehört, und tatsächlich kenne ich Verkaufsvereinigungen, besonders der Ziegelindustrie, in der ich in erster Linie zu Hause bin, die den Schiedsgerichtsparagraphen in ihrer Satzung nicht haben. Ihre Zahl ist aber nur klein.

Bei der Behandlung meines Themas gehe ich von dem aus, was die Gegner der Frage anführen. Sie betonen folgendes:

1. Die viel gerühmte Schnelligkeit der Schiedsgerichte läßt nicht selten zu wünschen übrig. Es sind Fälle bekannt geworden, in denen Schiedsgerichte genau so langsam oder noch langsamer gearbeitet

haben als die ordentlichen Gerichte. Niemand ist davor sicher, daß dieser Fall nicht auch bei ihm eintritt, ganz besonders, wenn es sich um langwierige Zeugenvernehmungen, die Feststellung von Tatsachen und dergleichen mehr handelt. Infolgedessen sind die ordentlichen Gerichte vorzuziehen, zumal bei ihnen mit der zu erwartenden Verbesserung des Gerichtsverfassungsgesetzes und des ganzen Gerichtswesens eine Aenderung zum besseren eintreten wird.

2. Schiedsgerichte arbeiten nicht immer billiger als die ordentlichen Gerichte. Auch die Schiedsrichter wollen für ihre Bemühungen entschädigt werden, und wenn sie gar zu dem Orte der Verhandlung eine weitere Reise zu machen haben und berechtigterweise die Sätze der Ingenieur- und Architektenvereine bzw. die Gebühren der Rechtsanwälte ihrer Kostenberechnung zugrunde legen, so kommen unter Umständen beträchtliche Summen heraus.

3. Die Frage, ob, wie häufig behauptet wird, die Schiedsgerichte besser als die ordentlichen Gerichte arbeiten, ist noch nicht gelöst. Allerdings wird seitens der Freunde der Schiedsgerichte betont, daß es angenehmer ist, Fachgenossen als Richter über sich zu haben, als Richter, die mit den technischen und wirtschaftlichen Verhältnissen der betreffenden Industrie wenig oder gar nicht vertraut sind. Hierbei ist jedoch zu berücksichtigen, daß es bei einem Schiedsgerichte keineswegs immer von vornherein feststeht, daß gerade Fachgenossen das Urteil sprechen werden. Nur in ganz wenigen Verträgen ist die Aufstellung von Fachgenossen als Schiedsrichter bindend vorgeschrieben. Meistens bleibt die Aufstellung der Schiedsrichter den Parteien überlassen und ist über deren Art und Herkunft nichts festgelegt. Es steht also dem nichts im Wege, Kaufleute, Gewerbetreibende, Juristen usw. zu wählen. Ferner darf nicht außer acht bleiben, daß in den Schiedsgerichtsverhandlungen wie auch sonst bei ähnlichen Gelegenheiten die Berufsgenossen vielfach noch päpstlicher als der Papst sind, daß sie gegenüber dem allein maßgebenden Wortlaute der Satzung leicht zu sehr ihre eigene Ansicht in den Vordergrund schieben, daß es weiter fraglich ist, ob die Parteien auch wirklich immer möglichst objektiv denkende Fachgenossen als Richter wählen — kurz gesagt, daß man selbst bei Fachgenossen als Richtern nicht immer Vorurteilslosigkeit und Objektivität voraussetzen kann.

4. Auch die Rechtsanwälte sind im allgemeinen gegen die Schiedsgerichte, und wenn man ihnen unter Umständen eine durch ihre eigenen Interessen diktierte Voreingenommenheit beimessen muß, so haben sie doch auch auf diesem Gebiete reiche Erfahrung und wissen

das Für und Wider wohl gegeneinander abzuwägen. Ihrer Anschauung darf daher Beachtung nicht versagt werden.

5. Es ist bei Schiedsgerichtsverhandlungen und Urteilen nicht ausgeschlossen, daß Formfehler gemacht werden. Die unterlegene Partei benutzt diesen Umstand, wie man häufiger hat beobachten können, um das Urteil anzufechten und eine Ungültigkeitserklärung zu beantragen. Erreicht sie ihr Ziel, so treten die ordentlichen Gerichte in Tätigkeit, und viele Arbeit und viel Geld sind zwecklos aufgewandt worden.

6. Schiedsgerichte sind nicht unfehlbar, und ihre Urteile können daher Fehlsprüche darstellen. Eine Berufungsinstanz gibt es gegen einen solchen Spruch nicht, und abgesehen von dem Mißbehagen, das jeden befällt, der durch einen offenkundigen Fehlspruch verurteilt ist, ohne die Möglichkeit zu haben, eine andere Entscheidung herbeizuführen, können pekuniäre Schädigungen des Verurteilten eintreten, die unter Umständen seinen Ruin veranlassen.

Die Freunde des Schiedsgerichtsgedankens urteilen von ihrem Standpunkte aus anders:

1. Allerdings ist zuzugeben, daß auch Schiedsgerichte langsam arbeiten können, besonders wenn es sich, wie angegeben, um die Vernehmung widerspenstiger Zeugen, die Feststellung von Tatsachen u. dgl. handelt. Es ist jedoch keineswegs sicher, daß die ordentlichen Gerichte in dem betreffenden Falle nicht ebenso langsam, vielleicht noch langsamer gearbeitet hätten. Dies ist sogar höchst wahrscheinlich, wenn man die Ueberhäufung der ordentlichen Gerichte mit Terminen bedenkt und sich weiter vergegenwärtigt, eine wie große Geschicklichkeit manche Rechtsanwälte als Vertreter ihrer Partei besitzen, die Verhandlungen immer wieder vertagen zu lassen und Urteilsfällung hinauszuschieben. Gerade gegen den letztgenannten Mißstand werden auch Verbesserungen des Gerichtsverfassungsgesetzes und des ganzen Gerichtswesens überhaupt keine nennenswerte Abhilfe schaffen können.

2. Es muß zugegeben werden, daß auch Schiedsgerichte Unkosten verursachen und daß diese bisweilen beträchtlich hoch sein können. Aber man kann sich dagegen etwas schützen. Beide Parteien sind fast immer in der Lage, Schiedsrichter in ihrer Gegend zu finden, und haben es nicht nötig, wenn sie z. B. in Magdeburg wohnen, Schiedsrichter aus Metz oder Königsberg i. Pr. herbeizuholen. Außerdem haben die Schiedsgerichte fast durchweg das Bestreben, die Sache in kurzer Zeit zu Ende zu führen, so daß auch dadurch Ersparnis an Kosten eintritt. Gewiß wird es Schiedsgerichtsurteile geben, deren

Herbeiführung mehr Geld gekostet hat, als wenn die ordentlichen Gerichte in der Sache angerufen worden wären. Aber kann die Höhe der für die Schiedsrichter zu zahlenden Summe eine Rolle spielen, wenn andere bedeutende Vorteile für das Schiedsgerichtsverfahren überwiegen?

3. Man kann darüber streiten, ob es sich empfiehlt, Fachgenossen als Richter über sich selbst zu haben. Gewiß wird es Kollegen geben, die noch päpstlicher als der Papst sind. Aber dieser Fall wird doch immer nur selten eintreten. Stets bietet der Fachgenosse den Vorteil, daß ihm die zur Besprechung kommenden Fragen geläufig sind und er sich leicht in sie hineindenken kann; auch ist er nicht wie der ordentliche Richter der Gefahr ausgesetzt, auf Grund mangelnder Sachkenntnis von einem redegewandten Zeugen oder Sachverständigen so auf eine schiefe Ebene gebracht zu werden, daß das Urteil anders ausfällt, als es der mit den Verhältnissen vertraute Fachmann hätte erwarten können. Zweckmäßig ist es daher, wenn in der Satzung der Verkaufsvereinigung die Ernennung von Fachgenossen als Schiedsrichtern vorgeschrieben ist.

Allerdings muß hier noch die Frage erörtert werden, welcher Fachgenosse als Schiedsrichter aufgestellt werden soll und welche Gesichtspunkte für seine Auswahl allein maßgebend sein dürfen. In der Praxis nimmt sich unwillkürlich jede Partei denjenigen Berufsgenossen, von dem sie erhofft, daß er ihren Standpunkt vertritt. Nur selten erlebt man es, daß von einem als Schiedsrichter gewählten Fachgenossen ein rein sachliches Urteil verlangt wird, und mir selbst ist es vorgekommen, daß eine Partei mich als Schiedsrichter angenommen hatte, nachdem ich ihr auseinandergesetzt hatte, daß für mein Handeln nicht die Vertretung der Interessen dieser Partei, sondern eine gleich große Objektivität die Richtlinie sein würde. Vielfach wissen die Parteien aber auch nicht, an wen sie sich zwecks Uebernahme des Schiedsrichteramtes wenden sollen, besonders, wenn gerade der Fachgenosse, den sie gern mit ihrer Vertretung betrauen möchten, weit entfernt wohnt. Ich würde es begrüßen, wenn in gewissen Industriezweigen, und dahin gehört für mich die Ziegelindustrie in erster Linie, in gewissen Zeitabschnitten Verzeichnisse geeigneter Sachverständiger für Schiedsgerichte erschienen, die sich auf ganz Deutschland erstrecken. Naturgemäß dürften sie nur die Namen erprobter Männer enthalten, und alle diejenigen Namen müßten aus dem Verzeichnisse rücksichtslos gestrichen werden, deren Träger sich von dem für Schiedsrichter erforderlichen Standpunkte der Objektivität nachweisbar entfernt haben.

4. Auf die Meinung der Rechtsanwälte und Juristen ist in der vorliegenden Frage nicht allzuviel zu geben. Schon die Gegner der Schiedsgerichte haben gestehen müssen, daß hier häufig eine gewisse Interessenpolitik mitspricht, und dann kennt man ja die Abneigung zahlreicher Juristen gegen den Laienrichter zu gut, um sich über eine ablehnende Stellung wundern zu sollen. Auch die Berufung auf die Erfahrung der Rechtsanwälte auf diesem Gebiete will wenig besagen. Kommen unrichtige und unverständliche Schiedsgerichtssprüche vor, so fehlen solche Urteile auch nicht bei den ordentlichen Gerichten, und die Zeiten liegen noch gar nicht so fern, in denen das Wort von Weltfremdheit der Richter und ihrer vom gesunden Menschenverstande abliegenden Urteile in der Presse nur allzu häufig wiederholt werden mußte.

5. Formfehler können bei Schiedsgerichtsverhandlungen und Urteilen immer einmal vorkommen. Die unterlegene Partei wird sie zur Anfechtung des Urteils benutzen, so daß die ordentlichen Gerichte dann doch in Tätigkeit treten. Es darf aber nicht übersehen werden, daß bei genauer Berücksichtigung der gesetzlichen Vorschriften und bei sachverständiger Leitung der Verhandlungen Formfehler nicht vorzukommen brauchen und tatsächlich auch nur selten zu finden sind. Wie wäre es sonst möglich, daß so zahlreiche Schiedsgerichtsurteile unangefochten bleiben, zumal man doch weiß, wie sehr die unterlegene Partei auf der Suche nach einem Formfehler die Lupe benutzt?

Die Gefahr, daß Formfehler begangen werden, wird wesentlich geringer, wenn unter den Schiedsrichtern mindestens ein Jurist ist und er, wenn möglich, sogar den Vorsitz führt. Dies hat gleichzeitig auch noch folgenden Vorzug: Die Behauptung, der Fachgenosse ließe sich bei den Verhandlungen im Schiedsgerichte in gewissen Fällen mehr als angebracht von seinem Gefühl leiten, ist, wie schon oben erwähnt, nicht immer von der Hand zu weisen. Der Schiedsrichter steht aber hinsichtlich seiner Tätigkeit dem ordentlichen Richter gleich. Er soll in erster Linie den Wortlaut der Satzung zugrunde legen und erst hinterher alles andere, wie die Motive der Parteien usw. mit in Berücksichtigung ziehen. Hier ist der Jurist auf seinem Gebiet. Er ist auf scharfes logisches Denken geschult und weiß das Sachliche vom Unsachlichen, das Wesentliche vom Unwesentlichen zu unterscheiden und beides aus sich herauszuschälen. Jurist und Fachgenosse ergänzen sich so bei dem Schiedsgerichte auf das glücklichste, und wer öfter derartige Verhandlungen mitgemacht hat, weiß es zu schätzen, wenn die Parteien je einen Fachmann als Schiedsrichter und diese beiden dann einen tüchtigen Juristen als Obmann aufgestellt haben. Formfehler sind dann kaum zu befürchten.

6. Eine Gewähr für die Unfehlbarkeit des Urteils wird weder bei den ordentlichen Gerichten noch bei den Schiedsgerichten jemand verlangen dürfen oder zu bieten wagen. Es ist schlimm, wenn jemand durch das Fehlurteil eines Schiedsgerichts pekuniär schwer geschädigt, vielleicht sogar ganz ruiniert wird. Dies spricht allerdings sehr gegen die Schiedsgerichte, aber es gibt zum Glück doch Mittel und Wege zur Abhilfe.

Der eine Weg besteht in der Einsetzung eines Oberschiedsgerichts. In der Ziegelindustrie kennt man diese Institution kaum, dagegen finde ich in den Satzungen der Schiedsgerichtsordnung der Vereinigung Frankfurter Fruchtmarkt vom 1. Januar 1908 einen § 7 mit folgendem Wortlaut: „Gegen den Schiedsspruch kann Berufung an das Oberschiedsgericht eingelegt werden. Die Berufung ist .... nur zulässig, wenn die Beschwerde den Wert von 300 M. übersteigt. Ueber das Vorliegen dieser Voraussetzung unterscheidet das Berufungsgericht nach freiem Ermessen endgültig." Das Oberschiedsgericht besteht hier aus fünf Schiedsrichtern, während das Schiedsgericht nur drei Schiedsrichter hat (§ 8). Es leuchtet ein, daß die Einrichtung der Oberschiedsgerichte von Vorteil sein muß. Zweckmäßig setzt man die unterste Wertgrenze des Gegenstandes für die Zulässigkeit einer Berufung an das Oberschiedsgericht nicht zu niedrig an.

Ein zweiter Weg zur Abhilfe besteht darin, daß die Anrufung eines Schiedsgerichtes satzungsgemäß ausgeschlossen wird, wenn die Höhe des Objektes eine gewisse Summe überschreitet. In diesem Falle dürfen nur die ordentlichen Gerichte angerufen werden. Das Kalisyndikat hat ein solches Sicherheitsventil für Objekte von über 20 000 M. in seiner Satzung vorgesehen, und Dr. Kubatz hat neuerdings wiederholt (Der Ruf nach dem Baugericht. Die Bauwelt 1911, Nr. 110, S. 17; Schiedsgerichte. Beton und Eisen 1911, S. 336) auf die Wichtigkeit desselben für die Behandlung und Beurteilung der Schiedsgerichtsfrage hingewiesen. Vielleicht wird es auch zweckmäßig sein, die Anrufung der ordentlichen Gerichte bei einer bestimmten Werthöhe des Gegenstandes nicht zwingend zu machen, sondern der klagenden Partei die Möglichkeit zu geben, nach Wahl entweder die ordentlichen Gerichte oder das Schiedsgericht anzurufen. Jeder kann dann tun, was er will. Gewiß wird mancher dem Schiedsgerichte freundlicher gegenübertreten, wenn einer der beiden erwähnten Wege vorgesehen ist.

Hiermit wären die Einwände der Gegner der Schiedsgerichte behandelt. Nicht unerwähnt darf jedoch noch ein Vorzug der Schiedsgerichte bleiben, der mit eine Hauptrolle spielt. Es ist dies das Schiedsgericht als versöhnendes Moment. Der Sachkundige weiß, daß die Anrufung von Schiedsgerichten seitens Gesellschaftern von Verkaufsvereinigungen häufig das Endergebnis von Streitigkeiten zwischen diesen Gesellschaftern und der Zentrale ist, denen an und für sich, und besonders zu Anfang, wenig Bedeutung beizumessen ist, und die durch kränkende Worte und einen immer schärfer werdenden Briefwechsel hervorgerufen sind. Das Schiedsgericht hat die Aufgabe, zunächst zu vermitteln und einen Vergleich anzubahnen bzw. vorzuschlagen. Auch der ordentliche Richter pflegt dies zu tun, aber er hat mit dem Nachteile zu kämpfen, daß er nicht Fachmann ist und daher in die Materie und das Wesen der Streitpunkte von vornherein nicht so einzudringen vermag wie das Schiedsgericht mit seinen zwei Fachgenossen. Die Vergleichsvorschläge des Richters werden daher viel weniger überzeugend und auch unwirksamer sein als die des Schiedsgerichtes. Befindet sich unter den beiden Fachgenossen im Schiedsgerichte gar noch mindestens einer, der sowohl technisch als auch wirtschaftlich in seiner Industrie gut beschlagen und mit dem Wesen der Verkaufsvereinigungen innig vertraut ist, so sind die Aussichten auf das Zustandekommen eines Vergleiches noch größer, und es wird dann mit der Annahme des Vergleiches noch der weitere Vorteil erzielt, daß alle Verärgerung wegen Verurteilung, Zahlung von Strafen usw. fortfällt und aus den allmählich zu Gegnern des Verkaufsvereinigungsgedankens gewordenen Klägern oder Verklagten wieder Freunde der Sache werden.

Aus dem Vorstehenden geht meiner Auffassung nach hervor, daß die Gründe für die Einsetzung von Schiedsgerichten die Gegengründe übertreffen und man S c h i e d s g e r i c h t e als eine b e r e c h t i g t e und z w e c k m ä ß i g e I n s t i t u t i o n anerkennen muß, wenn die von mir genannten Sicherheitsventile in der Satzung vorgesehen werden.

In enger Beziehung zu der Frage der Berechtigung und Zweckmäßigkeit der Schiedsgerichte steht die Frage, ob es nicht möglich ist, noch dadurch eine bestimmte Grundlage zu schaffen, daß man versucht, die das Schiedsgericht betreffenden Paragraphen der Satzung so auszubauen, daß sie alles das enthalten, was für die Schiedsrichter und die Parteien als Maßstab für das Verfahren gelten muß, so daß also gleichsam eine Norm herauskommt.

Man kann hierbei zunächst an die Schaffung einer vollständigen Schiedsgerichtsordnung denken. Eine solche kenne ich in der schon erwähnten Schiedsgerichtsordnung der Vereinigung Frankfurter Fruchtmarkt. Sie umfaßt 15 Paragraphen und gibt bis in die Einzelheiten hinein genaue Anweisungen über das Verfahren von Anfang bis zu Ende. Unzweifelhaft wird diese Schiedsgerichtsordnung von Nutzen sein, und ich würde es wünschen, daß u. a. die rund 200 Verkaufsvereinigungen der von mir vertretenen Ziegelindustrie sich für ihre Zwecke einen ähnlichen Wortlaut schaffen. Wäre am 22. Januar 1912 der Verband der deutschen Ziegelverkaufsvereinigungen, wie beabsichtigt, gegründet worden, so hätte ihm unter vielen anderen gleich hier eine recht dankenswerte Aufgabe überwiesen werden können.

Bis eine Schiedsgerichtsordnung geschaffen und allseitig angenommen ist, wird noch mancher Tag dahingehen. Ich schlage vor, bis dahin folgenden Wortlaut für den Schiedsgerichtsparagraphen in die Verträge einzuschalten, besonders wenn es sich um Verträge neu zu gründender Verkaufsvereinigungen handelt:

„Die aus diesem Vertrage zwischen den Gesellschaftern und der Gesellschaft bzw. ihren Organen entstehenden Rechtsstreitigkeiten werden, soweit solche durch das Gesellschaftsverhältnis begründet sind, unter Ausschluß des ordentlichen Rechtsweges durch ein Schiedsgericht entschieden. An diese Bestimmung sind die Gesellschafter bzw. die Gesellschaft nicht gebunden, wenn der Streitgegenstand über x Mark beträgt. In diesem Falle steht ihnen die Wahl zwischen Anrufung des ordentlichen Gerichts oder des Schiedsgerichtes frei. Jede Partei ernennt einen Schiedsrichter, der zweckmäßig ein Fachgenosse ist. Als Schiedsrichter darf kein Organ und Mitglied der Gesellschaft tätig sein. Beide Schiedsrichter wählen gemeinsam den Obmann, der ein Jurist sein muß, wenn nicht schon ein anderes Mitglied des Schiedsgerichts aus dem Stande der Juristen entnommen ist. Ist die Wahl des Obmannes nicht innerhalb einer Woche seitens der Bestellung des Schiedsgerichtes erfolgt, so soll der Präsident des Oberlandesgerichtes in Y um Ernennung eines solchen gebeten werden. Dasselbe soll sinngemäß geschehen, wenn die betreibende Partei dem Gegner ihren Schiedsrichter schriftlich mit der Aufforderung bezeichnet hat, binnen einer einwöchentlichen Frist seinerseits das Gleiche zu tun, und dieses nicht geschieht. Stirbt ein Schiedsrichter oder scheidet ein solcher aus irgendeinem Grunde aus, so hat die Partei, von der er ernannt ist, innerhalb einer Woche nach Kenntnisnahme einen neuen Schiedsrichter zu ernennen. Gegen das Urteil des Schiedsgerichtes ist innerhalb 14 Tagen nach Empfang des Urteils die Berufung an das Oberschiedsgericht statthaft, wenn der Wert des Gegenstandes x Mark übersteigt. Das Oberschiedsgericht besteht aus fünf Personen. Für ihre Ernennung gelten sinngemäß dieselben Bestimmungen wie für die Mitglieder des Schiedsgerichtes. Ueber die Art des Verfahrens bestimmen die Mitglieder des Schiedsgerichtes bzw. Oberschiedsgerichtes nach freiem Ermessen. Die Kosten des Verfahrens trägt, wenn das Schiedsgericht bzw. Oberschiedsgericht nichts anderes bestimmen, die unterlegene Partei."

Es ist mir bekannt, daß in den Schiedsgerichtsparagraphen der Verkaufsvereinigungen eine Reihe weiterer Gesichtspunkte enthalten ist, die in meiner Zusammenstellung fehlen. Von ihrer Aufnahme habe ich bis zur Schaffung einer vollständigen Schiedsgerichtsverordnung abgesehen, weil sie zum Teile selbstverständlich, zum anderen Teile zwecklos sind oder auch das Verfahren unnütz hinziehen; wieder andere Vorschriften verwerfe ich, so z. B. die Einsetzung ständig aus denselben Personen bestehender Schiedsgerichte. Wie schon oben ausgeführt, erblicke ich den Wert der Schiedsgerichte mit in dem Wirken geeigneter Fachgenossen. Ein Mensch kann nicht alles beherrschen, und außerdem werden Fälle vorkommen, in denen man es nicht gern sieht, den einen oder anderen Fachgenossen in seiner Sache als Richter zu haben, selbst wenn man keine maßgebenden Gründe für eine etwaige Ablehnung öffentlich angeben kann. Der Wert der Schiedsgerichte wird meiner Auffassung nach durch die Tätigkeit immer derselben Fachgenossen als Richter nicht gehoben.

Vorsitzender: Meine Herren, ich gebe Herrn Regierungsrat Dr. Voelcker das Wort zu dem Bericht über

Zusammensetzung und Verfahren der Schiedsgerichte.

Berichterstatter Regierungsrat Privatdozent an der Königl. Technischen Hochschule Dr. **Voelcker:** Bei der Zusammensetzung der Schiedsgerichte unterscheiden wir ihre quantitative und qualitative Besetzung. Der Anzahl der Schiedsrichter nach ist es wohl, wie sich aus den meisten Kartellsatzungen ergibt, die Regel, daß das Schiedsgericht aus drei Richtern besteht, von denen jede Partei einen ernennt. Die ernannten Schiedsrichter wählen einen Dritten, welcher den Vorsitz im Schiedsgerichte führt. Einigen sich die beiden Schiedsrichter nicht über den Obmann, so soll er vom Präsidenten des zuständigen Landgerichts oder der zuständigen Handelskammer ernannt werden. Bei verschiedenen Vereinigungen ist ein für allemal eine bestimmte Persönlichkeit zum Vorsitzenden des Schiedsgerichts gewählt worden, während die anderen Richter aus der Zahl der Mitglieder, soweit sie nicht direkt beteiligt sind, entnommen werden.

In einigen Verbänden, welche die Schiedsgerichtsklausel in ihren Verträgen aufgenommen haben, sind fünf Schiedsrichter vorgesehen. In qualitativer Beziehung wird bei der Zusammensetzung des Schiedsgerichtes in erster Linie darauf Rücksicht genommen, daß die Schiedsrichter Gewähr für Unparteilichkeit und Sachkenntnis bieten. Hiernach bestimmt sich die Wahl nach dem Berufskreis, dem die Schiedsrichter angehören.

Es kommen in Frage:

1. Kaufleute, Industrielle, Gewerbetreibende,
2. rechtskundige Personen, Richter, Rechtsanwälte, Justiziare oder Syndizi,
3. Geschäftsführer, Handelskammersyndizi, Vertrauensmänner von industriellen Vereinen oder Syndikaten.

Die im Erwerbsleben stehenden Persönlichkeiten können entweder dem Erwerbszweige der klagenden bzw. beklagten Parteien oder anderen Erwerbszweigen angehören. Bei der Wahl der Richter wird häufig auch Rücksicht genommen auf die Art des Streitgegenstandes, ob es sich um eine Auslegung der Vertragsbestimmungen, um Meinungsverschiedenheiten über den Sinn von Vereinbarungen, Handelsgewohnheiten usw. handelt oder um die Verhängung von Vertragsstrafen oder um Abrechnungs- und Bilanzfragen, um Verkaufsbedingungen usw.

Um die volle Unparteiischkeit zu gewährleisten, enthalten manche Verträge die Bestimmung, daß die Schiedsrichter dem beteiligten Verbande nicht angehören, daß sie auch nicht Konkurrenten der streitenden Parteien sein dürfen. Eine gewisse Gewähr ist ja schon dadurch gegeben, daß jede Partei einen Schiedsrichter wählt, und hierin, in dem Einflusse, welchen jede Partei auf die Zusammensetzung des Schiedsgerichts ausübt, liegt der große prinzipielle Unterschied gegenüber dem ordentlichen Gerichtsverfahren. Es ist allgemein Gebrauch, keinen Schiedsrichter zu wählen, welcher der Gegenpartei nicht genehm ist, und ebenso ist es üblich, daß der Obmann von den Schiedsrichtern nicht ohne vorherige Verständigung mit den Parteien ernannt wird.

Vielleicht aus dieser Gewohnheit heraus ist es zu verstehen, daß man häufig der irrigen Auffassung begegnet, die Schiedsrichter seien Parteivertreter und sie müßten die Interessen der Partei vertreten, von welcher sie gewählt sind. Es ist ja richtig, daß man aus dem Grunde häufig das schiedsgerichtliche Verfahren dem ordentlichen Gerichtsverfahren vorzieht, weil man den Mann seines Vertrauens zum Richter bestimmen kann, und man erwartet von ihm, daß er sich dieses Vertrauens auch würdig erweise, daß er sich mit besonderer Intensität in die Materie vertiefe und sich der Sache seiner Auftraggeber annehme. Gleichwohl muß aber mit aller Schärfe der Anschauung entgegengetreten werden, daß der Schiedsrichter Parteivertreter sei. Auch der gewählte Schiedsrichter hat seines Amtes mit voller Objektivität und Unparteiischkeit zu walten, und er hat hierbei das Vertrauen der Partei, die ihn erwählt hat, dadurch zu rechtfertigen, daß er sich mit der erforderlichen Sachkunde in die Materie vertieft.

Damit kommen wir zu dem zweiten Punkte der Anforderungen, welche an die Sachkenntnis der Schiedsrichter gestellt werden.

Soweit Kartellschiedsgerichte in Frage kommen — und es gibt kaum einen Kartellvertrag, welcher die Schiedsrichterklausel nicht enthält —, handelt es sich bei Rechtsstreitigkeiten zumeist um Auslegung der Vertragsbestimmungen. Es hat sich nun in der Kartellpraxis eine gewisse Kartelltechnik, eine bestimmte Art der Vertragskonstruktion herausgebildet, sowie ein bestimmter Sprachgebrauch kartelltechnischer Ausdrücke, in welchen näher einzudringen dem Fernerstehenden erst durch eingehendes Studium möglich ist.

Schon das Auseinanderhalten der Kartellverträge, welche sich aus mehreren Verträgen — denen der Mitglieder untereinander und wiederum mit der Verkaufs- oder Geschäftsstelle — zusammensetzen, erfordert ein Vertiefen in dem Sinne des Vertrages und der Absichten der vertragschließenden Teile. In den Verträgen selbst finden sich fortwährend kartelltechnische Ausdrücke, wie Vorverbandsgeschäfte, Hand- oder Kleinverkäufe, Mehr- oder Minderlieferungen, Pflicht- und Anspruchverhältnis, quantitativer und geldlicher Ausgleich, Verrechnungspreise, Richtpreise usw. Um die oft weittragende Bedeutung dieser Ausdrücke zu ermessen, bedarf es einer eingehenden Kenntnis der Kartelltechnik.

Die scharfen begrifflichen Unterscheidungen und das Bedürfnis, den Willen der Kontrahenten zu erforschen, haben nun dazu geführt, rechtskundige Persönlichkeiten zu Schiedsrichtern zu wählen, und zwar in erster Linie Rechtsanwälte. In einigen Fällen, meistens da wo es sich um Streitigkeiten mit Kommunen oder sonstigen öffentlichen Verwaltungen handelt, hat man auch Richter zu Schiedsrichtern gewählt; vielfach ist aber in gewerblichen Kreisen die Ansicht vertreten, daß Richter kein Schiedsrichteramt annehmen dürften. Es ist dies um so bedauerlicher, als gerade der Richter die Gewähr für die Einhaltung eines geordneten schiedsrichterlichen Verfahrens und für volle Unparteiischkeit bietet. Der Vorteil, rechtskundige Personen zu wählen, liegt in ihrer juristischen Schulung, in ihrer Gewandtheit und Erfahrung, im mündlichen Verfahren zu verhandeln, Einwände zu widerlegen und

Einwendungen zu erheben. Ein weiterer Vorteil liegt in ihrer Gesetzeskenntnis und in der Kenntnis, allgemeine Rechtsgrundsätze auf den gerade vorliegenden Streitfall anzuwenden. Dagegen treten auch gewisse Nachteile hervor. Insbesondere der Rechtsanwalt liebt es, durch ausgedehnte Anwendung des Schriftsatzaustausches, durch Vertagungsanträge usw. das Verfahren hinzuziehen, und er legt öfters den Hauptwert auf die formale Bedeutung des Falles, indem er zu wenig Rücksicht auf die besonderen Verhältnisse im Handelsverkehr, auf die kaufmännischen Anschauungen und Gewohnheiten nimmt. Ein besonders in die Augen springender Nachteil der Wahl rechtskundiger Schiedsrichter liegt aber darin, daß die eine Partei, wenn die andere einen Rechtsanwalt wählt, nun glaubt, auch ihrerseits einen solchen wählen zu sollen, und beide Parteien lassen sich dann wiederum vor dem Schiedsgerichte durch Rechtsanwälte vertreten. Bei der Wahl von Kaufleuten kommt in Betracht, daß sie mit der erforderlichen Sachkunde ausgestattet und mit den Anschauungen und Handelsgewohnheiten gut vertraut sind; es läßt sich aber nicht verkennen, daß sie, gewohnt, stets energisch im Wettbewerbskampfe ihre eigenen Interessen wahrzunehmen, häufig der objektiven Betrachtungsweise entbehren, daß sie sich zu sehr als Parteivertreter fühlen. Auch beherrschen sie zu wenig die Formen des gerichtlichen Verfahrens, dessen genaue Einhaltung es erst den Parteien ermöglicht, den Streitgegenstand scharf und klar darzulegen und dadurch die Feststellung des Tatbestandes zu bewirken.

Ich komme zu dem Ergebnisse, daß sich allgemeine Regeln hinsichtlich der Zusammensetzung der Schiedsgerichte nicht aufstellen lassen. Handelt es sich bei dem Streitfalle um reine Rechtsfragen, so empfiehlt es sich, zu Schiedsrichtern Rechtsanwälte oder Richter zu wählen. Handelt es sich um Vertragsauslegungen oder Auslegung von Handelsgebräuchen, Verkaufsbedingungen, so erscheint es mir am zweckmäßigsten, zwei Gewerbetreibende als Schiedsrichter und den Obmann aus dem Kreise der Rechtskundigen zu entnehmen. Handelt es sich dagegen um die Verhängung von Vertragsstrafen oder die Berufung gegen solche, so genügt es, wenn das Schiedsgericht nur aus dem Erwerbsstande Angehörigen besetzt wird. In allen Fällen aber sollten die Parteien vor dem Schiedsgerichte ihre Sache selbst vertreten und sich nicht durch Rechtsanwälte vertreten lassen.

Vorsitzender: Meine Herren, ich gebe nun zu dem letzten Punkt, der uns im Rahmen der Nr. 2 der Tagesordnung zu beschäftigen hat:

Wirkungen der Schiedsgerichte

Herrn Dr. Sachs das Wort.

Berichterstatter Assessor Dr. **Sachs**, vom Verband Deutscher Preßhefefabrikanten: Mir liegt die Aufgabe ob, über die Wirkungen der Schiedsgerichte zu sprechen. Ich möchte mein Thema — der Interessensphäre entsprechend, die hier einzig in Frage kommt — etwas enger begrenzt wissen.

Ich will sprechen über die Wirkungen der Schieds*sprüche* eines Kartell- oder Syndikats-Schiedsgerichts, und zwar unter besonderer Würdigung des Umstandes, daß nicht alle Teilnehmer des betreffenden Verbandes, sondern nur ein Teilnehmer oder vielleicht eine Gruppe solcher Teilnehmer an dem betreffenden Schiedsgerichtsverfahren beteiligt sind.

Solche Schiedssprüche über Rechtsstreitigkeiten zwischen einem Syndikatsgenossen einerseits und der Geschäftsstelle des Syndikats andererseits werden sehr häufig sich mit Fragen zu befassen haben, die — wie z. B. Fragen der Auslegung des Syndikatsvertrages — allen Teilnehmern gegenüber logischerweise nur einheitlich entschieden werden können.

Welche Gewähr ist dafür gegeben, daß nicht eine solche Frage in einem von einem anderen Teilnehmer anhängig gemachten schiedsgerichtlichen Verfahren anders entschieden werden könnte — trotz der logischen Notwendigkeit einer einheitlichen Entscheidung?

Wenn ich zu dieser Frage Stellung nehme, begebe ich mich auf ein recht heikles Gebiet. Diese Frage liegt nämlich, um es kurz heraus zu sagen, fast verzweifelt, und es ist vielleicht nicht opportun, durch ihre Aufrollung in extenso diesen Mißstand in ein besonders helles Licht zu rücken. Denn er kann natürlich von Gegnern des betreffenden Syndikats — und welches Syndikat hat nicht Gegner in seinen eigenen Reihen? — dazu ausgenützt werden, um den Bestand des Syndikats zu erschüttern, und es ist wohl hier nicht der passende Ort, um aufklärend für die Möglichkeit solcher Machenschaften zu wirken.

Trotzdem soll hier auf die Frage eingegangen werden in der — nicht unberechtigten — Hoffnung, daß die Praxis wie mit anderen Schwierigkeiten so auch mit dieser schließlich fertig wird, da ja letzten Endes die Kartelle und Syndikate doch auf den gemeinsamen Interessen aller Teilnehmer beruhen.

Um nun auf die Sache selbst zu kommen, so hat man sich zu vergegenwärtigen, daß, wenn ein Syndikatsteilnehmer mit dem Syndikat bzw. der Geschäftsstelle des Syndikats über Rechte und Pflichten aus dem Kartellvertrage prozessiert, das ergehende Schiedsgerichtsurteil selbstverständlich nur Rechtskraft zwischen dem fraglichen Teilnehmer und dem Syndikat schafft. Von einer Wirkung für und gegen alle

Teilnehmer kann keine Rede sein. Es ist eine unabweisliche Konsequenz, daß die gleiche Frage, wenn sie sich nach der subjektiven Seite verändert, von einem anderen Schiedsgericht gerade entgegengesetzt entschieden werden kann. Denn selbstverständlich wird sich nicht notwendig ein Schiedsgericht nach dem anderen richten.

Also um ein Beispiel anzuführen: Es gibt Syndikate, bei denen die Teilnehmer für die an das Syndikat abzuliefernden Produkte nicht ein und denselben Preis, sondern einen nach dem Verhältnis des Verdienstes der einzelnen Teilnehmer in der vorsyndikatlichen Zeit abgestuften Preis erhalten. Hier kann der Teilnehmer A ein Urteil dahin erstreiten, daß — ihm gegenüber — für die Ermittelung des seinen Preis regulierenden Verhältnisses ein bestimmter Maßstab anzuwenden ist. Wenn dann der Teilnehmer B die gleiche Streitfrage anhängig macht, kann es dahin kommen, daß ihm gegenüber eine Entscheidung ergeht, auf Grund welcher im Verhältnis zu ihm gerade der in dem anderen Urteil verpönte Maßstab Anwendung finden soll.

Man könnte bei der Vielgestaltigkeit der Syndikatsverträge noch tausende von solchen Beispielen, die täglich praktisch werden können, anführen.

Daß solche Divergenzen in der Beurteilung von Fragen, die einheitlich zu entscheiden sind, die Durchführung des Syndikatsvertrages unmöglich machen und somit das Syndikat letzten Endes zur Auflösung bringen können, liegt auf der Hand. Notwendig ist eine solche Konsequenz allerdings in der Praxis nicht. Denn bis zu einem gewissen Grade wird es praktisch, und zwar auch rechnerisch möglich sein, daß der Vertrag dem einen Teilnehmer gegenüber so und dem anderen gegenüber so durchgeführt wird. Es werden wohl auch immer Fonds bei den einzelnen Syndikaten vorhanden sein, aus denen man Mittel zum Ausgleich solcher Angelegenheiten unanfechtbar entnehmen kann. Also wenn z. B. ein einziger — oder wenige — Teilnehmer mit einer relativ kleinen Beteiligungsziffer mit seinem Begehren nach anderweitiger Auslegung des Vertrages gegenüber den anderen Genossen allein bleibt und sein Begehren für seine Person auch prozessual durchsetzt, dann wird sich solch ein Fall in der Regel beilegen lassen. Anders liegt es aber, wenn Teilnehmer mit einer verhältnismäßig großen Beteiligungsziffer das der allgemeinen Auslegung zuwiderlaufende Urteil erstreiten, dann wird der Effekt eines solchen Urteils für die Gesamtheit zu sehr fühlbar werden und die Durchführung der verschiedenfachen Auslegung nicht mehr möglich sein, so daß also höchstens eine Vertragsänderung das letzte Rettungsmittel für eine Aufrechterhaltung des Syndikats bleiben wird.

Ich habe bisher nur ganz allgemein von Schiedsgerichtsprozessen zwischen einzelnen Syndikatsteilnehmern einerseits und dem Syndikat andererseits gesprochen. Ich will jetzt aus dieser Allgemeinheit eine besondere Klasse von Prozessen speziell behandeln, nämlich die Anfechtungsprozesse gegen Generalversammlungsbeschlüsse.

Hier liegt für das Aktienrecht in den §§ 271 ff. des Handelsgesetzbuchs eine positive Regelung vor, die übrigens auch in das Genossenschaftsgesetz (§ 51) übernommen ist.

In diesen Gesetzen ist — neben einigen hier nicht interessierenden besonderen Erfordernissen — für solche Anfechtungsprozesse bestimmt, daß, soweit ein Generalversammlungsbeschluß durch rechtskräftiges Urteil für nichtig erklärt worden ist, das Urteil auch für und gegen die Aktionäre bzw. Genossen wirkt, die nicht Partei sind.

Ist also ein Syndikat vollständig in die Form einer Aktiengesellschaft oder Genossenschaft gegossen, was wohl selten vorkommen wird, dann steht für solche Urteile die Wirkung der Rechtskraft für und gegen sämtliche Syndikatsteilnehmer fest. Aber diese Fälle dürften außerhalb unseres Themas liegen. Denn solche Anfechtungsprozesse auf dem Gebiete des Aktien- und Genossenschaftsrechts können — wenigstens nach der im jüngsten Staub und auch sonst in obergerichtlichen Entscheidungen betonten Ansicht — nicht vor Schiedsgerichten ausgefochten werden, da für sie ein ausschließlicher Gerichtsstand, nämlich das Landgericht, in dessen Bezirk die Gesellschaft ihren Sitz hat, bestimmt ist, und sich hieraus, wenn man der herrschenden Ansicht folgt, die Unzulässigkeit, sie im Schiedsgerichtsverfahren zu erheben, ergibt.

Zu untersuchen bleibt nur, ob das im Aktien- und Genossenschaftsrecht zum positiven Ausdruck gelangte Prinzip der erweiterten Rechtskraftwirkung eines die Ungültigkeit von Generalversammlungsbeschlüssen aussprechenden Urteils analog auch auf die anderen für die Syndikate am meisten in Betracht kommenden Rechtsgebiete, insbesondere das Recht der Gesellschaften mit beschränkter Haftung, anwendbar ist.

Es wird nämlich — und zwar vornehmlich von Hachenburg für das Recht dieser Gesellschaften — die Ansicht vertreten, daß jene erweiterte Rechtskraftwirkung der genannten Urteile zwar für das Aktienrecht im Gesetz positiv ausgesprochen, aber nichtsdestoweniger keine Spezialbestimmung des Gesetzes sei, sondern schlechthin aus dem Wesen der Anfechtung folge und folglich auch auf das Recht der Gesellschaften mit beschränkter Haftung Anwendung zu finden habe.

Meines Erachtens kann dieser Ansicht jedoch nicht beigetreten werden. Sie setzt sich in bewußtem Gegensatz zu der Meinung, die

Staub vertrat, ist auch schon sonst literarisch stark bekämpft worden und dürfte — die Praxis der Oberlandesgerichte schwankt — vom Reichsgericht, falls ein solcher Fall zu seiner Entscheidung gelangen sollte, schwerlich akzeptiert werden.

Auf alle juristischen Gegengründe einzugehen, würde hier zu weit führen. Es sei lediglich darauf hingewiesen, daß dem G. m. b. H.-Gesetz die bewußten aktienrechtlichen Bestimmungen mit ihren Folgen nicht fremd sind (vgl. § 75), gerade aber bei der Materie der Anfechtung von Generalversammlungsbeschlüssen ist auf diese Bestimmung nicht verwiesen. Diesem Schweigen des G. m. b. H.-Gesetzes muß um so mehr die Unzulässigkeit der Anwendung der aktienrechtlichen Bestimmungen entnommen werden, als das dem G. m. b. H.-Gesetz sehr nahestehende Genossenschaftsgesetz wieder die Bestimmungen des Aktienrechts für die Anfechtung von Generalversammlungsbeschlüssen und für ihre Folgen ausdrücklich heranzieht.

Würde man übrigens der Ansicht Hachenburgs folgen, so hätte man für den Fall des Schiedsgerichts noch zu einer weiter auftauchenden Schwierigkeit Stellung zu nehmen. Man könnte das Prinzip der erweiterten Rechtskraft für das schiedsgerichtliche Verfahren um deswillen ablehnen, weil ein Schiedsgericht, auf dessen Zusammensetzung ein Syndikatsteilnehmer Einfluß gehabt hat, billigerweise keine Wirkung gegenüber anderen Syndikatsteilnehmern äußern kann, die auf seine Zusammensetzung keinen Einfluß gehabt haben. Dieser Erwägung kann man eine gewisse Berechtigung nicht absprechen.

Doch dies nur nebenher! Für mich kommt, wie gesagt, eine Anwendbarkeit des Prinzips der erweiterten Rechtskraft überhaupt nicht in Frage. Es bleibt also meines Erachtens auch für die die Ungültigkeit von Generalversammlungsbeschlüssen aussprechenden Schiedssprüche das wenig tröstliche Ergebnis, daß sie nur Wirkungen zwischen den Parteien äußern.

Es kann füglich unter Umständen das widersinnige Ergebnis eintreten, daß für den einen Syndikatsteilnehmer die angefochtene Aenderung des Syndikatsvertrages unwirksam wird, für den anderen bestehen bleibt, daß ein Bilanzposten von einem Teilnehmer mit Erfolg beanstandet wird, gegenüber dem anderen Gesellschafter aber aufrecht zu erhalten ist usw. Solche Fälle sind auch nicht bloß theoretisch denkbar, sondern sind tatsächlich in der Praxis vorgekommen. So ist mir von einem Fall berichtet worden, daß in einem Syndikat das von einem Gesellschafter angerufene Schiedsgericht eine Bilanz beanstandete und, als die Bilanz hierauf abgeändert wurde, eine Gegengruppe ihrerseits ein Schiedsgericht anrief, das die neue Bilanz verwarf und die alte für richtig hielt, so daß der Streit nur durch gütliches Nachgeben beider Parteien beendet worden sein soll. Daß dieser Fall von einer geradezu beklemmenden Rechtsunsicherheit zeugt, kann nicht in Abrede gestellt werden.

Dem Resultat gegenüber, daß die Schiedssprüche eines Syndikats-Schiedsgerichts über die an dem betreffenden Prozeß beteiligten Parteien hinaus nicht wirken können, erhebt sich nun die Frage, ob es keine Möglichkeit gibt, die anderen Syndikatsteilnehmer in das von einem Gesellschafter anhängig gemachte schiedsgerichtliche Verfahren hineinzuziehen und hierdurch eine für alle Teilnehmer einheitlich wirkende Entscheidung zu ermöglichen.

Man wird bei Aufwerfung dieser Frage im ersten Moment vielleicht versucht sein, daran zu denken, ob nicht das beklagte Syndikat durch eine Streitverkündung an alle Syndikatsteilnehmer das Ziel erreichen könnte.

Dies wäre jedoch ein Trugschluß.

Eine Streitverkündung würde nur einen sehr beschränkten Effekt haben. Sie würde den Syndikatsteilnehmern, denen der Streit verkündet wird, nur die Möglichkeit abschneiden bzw. erschweren, gegenüber dem Syndikat später geltend zu machen, daß dies den betreffenden Prozeß falsch geführt habe und daß dieser spezielle Prozeß falsch entschieden worden sei, d. h. der Teilnehmer B., dem der Streit verkündet worden ist, kann nicht später das Syndikat dafür verantwortlich machen, daß er durch die von A. erstrittene Entscheidung geschädigt sei. Nicht ist ihm aber durch die erfolgte Streitverkündung das Recht genommen, geltend zu machen, daß, soweit das von A. erstrittene Urteil eine generelle oder wenigstens auch ihn berührende Streitfrage entschieden hat, diese Streitfrage ihm gegenüber anders zu entscheiden sei.

Die Streitverkündung sichert also dem Syndikat nicht eine einheitliche Entscheidung derjenigen Fragen, die allen Teilnehmern gegenüber logischerweise nur einheitlich zu entscheiden sind, sondern schützt es im wesentlichen lediglich vor Regreßprozessen wegen schlechter Prozeßführung.

Aber selbst dieser doch recht beschränkte und uns eigentlich wenig helfende Erfolg fehlt nach einer vielfach und auch vom Reichsgericht vertretenen Ansicht in der Regel bei einer Streitverkündung, die in einem schiedsrichterlichen Verfahren erfolgt: Nur wenn eine entsprechende rechtsgeschäftliche Abmachung vorliegt oder die Grundsätze des bürgerlichen Rechts im gegebenen Falle zu dem gleichen Ergebnis führen, soll die Streitverkündung im schiedsgerichtlichen Verfahren die hier durch die Zivilprozeßordnung beigelegten Wirkungen äußern. Man wird also im einzelnen Falle, wenn man eine Streitverkündung vornehmen will, zu untersuchen haben, ob man das Vorliegen einer Vereinbarung nachweisen kann, auf Grund deren die Partei, der der Streit zu verkünden ist, die zivilprozessualen Wirkungen der Streitverkündung gegen sich gelten lassen, d. h. im gewissen Sinne die Gefahr des schiedsgerichtlichen Verfahrens mit tragen muß. Ich möchte es im allgemeinen bejahen, daß eine solche Vereinbarung implicite dann einer Schiedsgerichtsklausel innewohnt, wenn sie in einen Syndikatsvertrag aufgenommen ist und alle Teilnehmer des Syndikats bindet; aber unbedenklich ist eine solche Ansicht natürlich nicht.

Wenn also ein beklagtes Syndikat, um Regreßprozesse zu vermeiden, mit der Streitverkündung an die nicht an dem betreffenden Schiedsgerichtsprozeß beteiligten Teilnehmer operieren will, wird man zunächst sich mit dieser Rechtsfrage, die ja nur im einzelnen Falle klar zu entscheiden ist, zu befassen haben. Auch wenn man diese Frage in dem einzelnen Falle bejaht, wird aber die Leitung des Syndikats zu erwägen haben, ob es praktisch ist, mit der Streitverkündung um des ihr innewohnenden geringfügigen Effektes willen zu operieren, denn vielleicht birgt die Anwendung dieses Rechtsbehelfes eine größere Gefahr in sich als die Unterlassung. Man vergegenwärtige sich, welche Unruhe man bei Syndikaten mit großer Teilnehmerzahl in die Reihen der Beteiligten trägt, wenn man sie sämtlich in einen schwebenden Rechtsstreit hineinzieht und möglicherweise einen unförmig großen Apparat (tausende von Streitverkündeten) in Bewegung setzen muß. Da wird es vielleicht zweckmäßig sein, es lieber auf einen einzelnen Regreßprozeß ankommen zu lassen, dessen Durchsetzung dem betreffenden Syndikatsteilnehmer mindestens schwer fallen werden wird, wenn der Hauptprozeß möglichst vorsorglich geführt wird.

Bisher habe ich nur die Frage untersucht, ob das Syndikat bzw. die Geschäftsstelle des Syndikats, wenn ein Syndikatsteilnehmer eine Klage im schiedsgerichtlichen Verfahren anhängig macht, es in der Hand hat, eine einheitliche Entscheidung zu erzwingen. Ich möchte jetzt auch einmal die umgekehrte Seite der Angelegenheit streifen: Kann es ein Syndikatsteilnehmer seinerseits erreichen, daß, wenn er eine Frage zur schiedsgerichtlichen Entscheidung bringt, eine einheitliche Entscheidung dieser Frage allen Syndikatsteilnehmern gegenüber erwirkt wird. Sehr praktisch scheint mir dieser Fall nicht zu sein. Denn in der Regel wird es jedem Syndikatsteilnehmer genügen, wenn ihm selbst gegenüber eine Frage in dem von ihm gewünschten Sinne entschieden wird, und er wird weder Anlaß noch Neigung haben, außer der Geschäftsstelle noch jemanden anderen zu verklagen. Es ist aber immerhin möglich, daß ein Teilnehmer aus freien Stücken, um ein Syndikat zu helfen und es vor dem Tohuwabohu sich widersprechender Entscheidungen zu schützen, eine einheitliche Entscheidung erwirken und daher die seiner Meinung widerstrebenden Syndikatsgenossen in den Streit hineinziehen will. Es ergibt sich also die Frage: Kann ein solcher Syndikatsteilnehmer seine schiedsgerichtliche Klage nicht bloß gegen das Syndikat bzw. dessen Geschäftsstelle, sondern gleichzeitig auch gegen die einzelnen Syndikatsteilnehmer richten? Eine erschöpfende Beantwortung dieser Frage ist recht schwierig, da die Vielgestaltigkeit der vertraglichen Struktur der einzelnen Syndikate eine einheitliche Beantwortung unmöglich macht. Da es sich um eine, wie gesagt, nicht gerade sehr praktische Frage handelt, will ich mich mit Rücksicht auf die Kürze der mir zur Verfügung stehenden Zeit darauf beschränken, diese Frage nur für das Recht der G. m. b. H., also für dasjenige Rechtsgebiet, das für das Syndikatsleben weitaus am meisten in Betracht kommen dürfte, zu beantworten:

Für das G. m. b. H.-Recht ist im allgemeinen zu sagen, daß ein Gesellschafter über Rechte und Pflichten aus dem Gesellschaftsvertrage nur mit der Gesellschaft selbst, nicht aber mit den anderen Gesellschaftern prozessieren kann. Denn die einzelnen Mitglieder stehen zueinander in keiner Rechtsbeziehung. Es wird also einem Vertragsteilnehmer hiernach die Möglichkeit benommen sein, seine Klage über Rechte und Pflichten aus dem Syndikatsvertrage außer gegen das Syndikat selbst auch noch gegen die einzelnen anderen Teilnehmer zu richten.

Es wird aber in Literatur und Praxis als nicht hiermit in Widerspruch stehend behandelt, wenn in einem Falle, nämlich bei Klagen auf Ungültigkeit von Generalversammlungsbeschlüssen, dem Anfechtungskläger das Recht zugesprochen wird, die Klage nicht nur gegen die Gesellschaft zu richten, sondern auch gegen die den Beschluß hervorgerufene Majorität der Gesellschafter, um zu einem die Rechtskraft gegenüber sämtlichen Gesellschaftern rechtfertigenden Ergebnis zu gelangen. Da, wie oben ausgeführt, einem von einem Gesellschafter gegen die Gesellschaft erwirkten Urteil auf Ungültigkeitserklärung eines Generalversammlungsbeschlusses für das G. m. b. H.-Recht nicht die Wirkung zukommt, daß es auch für und gegen alle nicht am Prozeß beteiligten Gesellschafter wirkt, kann ein Gesellschafter eine für alle Gesellschafter bindende Entscheidung auf Ungültigkeitserklärung eines Generalversammlungsbeschlusses dadurch herbeiführen, daß er die Anfechtungsklage gegen die Gesellschaft und diejenigen Gesellschafter richtet, deren Teilnahme notwendig ist, um den Anfechtungsgrund aufzuheben. Würde einmal ein solcher Fall praktisch werden und ein Gesellschafter vor einem Schiedsgericht Klage gegen die Gesellschaft und die erforderliche Anzahl von einzelnen Gesellschaftern anstrengen, dann würde sich aber eine sehr unangenehme Komplikation ergeben: In den meisten Schiedsgerichtsklauseln wird bestimmt sein, daß sowohl der Kläger wie der Beklagte je einen Schiedsrichter zu bestellen hat. Wenn nun mehrere Beklagte da sind, wird durchaus nicht notwendig der eine Beklagte den gleichen Schiedsrichter ernennen wollen wie der andere. Daraus ergibt sich dann, wenn unter den Beklagten keine Einigung erfolgt, die Unausführbarkeit des Schiedsvertrages bzw. die Unmöglichkeit der Anstrengung einer gegen mehrere Beklagten als Streitgenossen zu erhebenden Klage im schiedsgerichtlichen Verfahren, wenn der Schiedsvertrag nicht in Ansehung der Bestellung der Schiedsrichter geändert wird.

Somit müssen wir es als ein unkorrigierbares Faktum registrieren, daß im allgemeinen, wenn von verschiedenen Syndikatsteilnehmern vor einem Schiedsgericht gegen das Syndikat über Rechte und Pflichten aus dem Syndikatsvertrage prozessiert wird, Fragen, hinsichtlich deren die Logik eine allen Syndikatsteilnehmern gegenüber einheitliche Entscheidung erheischt, trotz aller Logik verschieden entschieden werden können und daß hierdurch unter Umständen eine Wirrnis geschaffen werden kann, deren Beseitigung nur durch das freiwillige Nachgeben der Interessenten möglich, aber ohne das nicht erzwingbar ist.

Wenn man sich dies unbefriedigende Resultat vor Augen hält, darf man aber nicht daran denken, daß diese Rechtsunsicherheit ausschließlich eine Folge des Abschlusses von Schiedsverträgen wäre.

Es ist zu betonen, daß es sich — wenn man einmal von Abweichungen in untergeordneten Fragen absieht — theoretisch um keine Besonderheiten handelt, die dem schiedsrichterlichen Verfahren gegenüber dem Verfahren vor den ordentlichen Gerichten anhaften. Auch, wenn an die Stelle von Schiedsgerichten ordentliche Gerichte treten, bleibt für unsere Fälle die Rechtskraftwirkung und somit die Möglichkeit einer verschiedenfachen Entscheidung die gleiche.

Der Unterschied liegt auf praktischem Gebiete.

Daß die Fälle, die wir vor Augen haben, im Verfahren vor den ordentlichen Gerichten rechtskräftig von verschieden besetzten, von einander unabhängigen Gerichtshöfen entschieden werden, kann zwar vorkommen, wird aber nicht häufig der Fall sein.

Wenn das Syndikat verklagt wird, werden in der Regel die gleichen Gerichte über die verschiedenen Prozesse zu entscheiden haben.

Gegenüber der Möglichkeit, daß verschiedene Gerichte mit der Aburteilung befaßt werden, bürgt aber bei revisiblen Objekten die Institution des Reichsgerichts bis zu einem gewissen Grade für eine Konstanz der Rechtsprechung.

Kommen also lediglich Objekte unter 4000 M. in Frage und sind in letzter Instanz verschiedene Gerichte örtlich oder sachlich zuständig, dann liegt der Fall genau so wie bei den Schiedsgerichtsverfahren.

Es gibt übrigens überhaupt keine theoretische Sicherheit dafür, daß nicht einmal das gleiche Gericht, ja sogar in derselben Besetzung, rechtskräftig die gleiche Frage in zwei verschiedenen Prozessen verschieden entscheidet. Das kann sogar beim Reichsgericht vorkommen, bei dem ja nur das Abweichen des einen Senats von der Entscheidung des anderen Senats erschwert ist. Derselbe Senat des Reichsgerichts kann sehr wohl ohne jede Erschwerung seine eigene Ansicht umstoßen.

Wie gesagt, sind dies jedoch nur theoretische Gefährdungen der Konstanz der staatlichen Rechtsprechung; in praxi ist, wenn das Reichsgericht oder sonst ein und dasselbe letztinstanzliche Gericht die verschiedenen Prozesse zu entscheiden hat, eine Bürgschaft für eine konstante Rechtsprechung und für die Verhinderung eines Wirrwarrs von verschiedenen Entscheidungen gegeben.

Aber auch darüber hinaus wird man bei ordentlichen Gerichten stets mit einem gewissen Bestreben nach Konstanz der Rechtsprechung rechnen können, nur ganz selten wird sich ein Gericht über das rechtskräftig gewordene Urteil eines anderen Gerichts hinwegsetzen und ohne den dringendsten Anlaß Fragen, die nur einheitlich entschieden werden können, verschieden entscheiden.

Hierin liegt ein großer praktischer Unterschied gegenüber den Schiedsgerichten. Denn bei verschieden zusammengesetzten Schiedsgerichten wird das Bestreben nach einer einheitlichen Rechtsprechung nicht ohne weiteres vorausgesetzt werden dürfen und selbst, wenn es vorhanden sein sollte, nicht ohne weiteres verwirklicht werden können. Schiedsrichter werden — das liegt in der Natur der Sache — aus sich heraus nicht so leicht den Ansporn fühlen, sich nach einem schon bestehenden Schiedsspruch zu richten, und es fehlt überdies auch sonst an den bei dem ordentlichen Gericht vorhandenen, auf eine konstante Rechtsprechung hinzielenden Institutionen, nämlich Sammlungen von sorgfältig begründeten Entscheidungen.

Jedoch, dies sind keine rechtlichen Erwägungen! Sieht man einmal von der Institution des Reichsgerichts ab und zweitens von den Vorschriften über die Zuständigkeit, die eine Befassung verschiedener letztinstanzlicher Gerichte mit einheitlich zu entscheidenden Fragen nicht allzu häufig machen werden, so ist die Situation bei den ordentlichen Gerichten die gleiche wie bei den Schiedsgerichten.

Ich bin nunmehr zu Ende mit dem, was ich zu meinem ganzen Thema sozusagen „de lege lata" zu berichten hätte, und möchte nun zum Schluß die Frage beleuchten, inwieweit es möglich wäre, den von mir behandelten Mißständen durch eine positive Regelung in den Syndikatsverträgen zu steuern

Am nächsten liegt die Erwägung, ob man nicht eine Bestimmung in den Syndikatsvertrag aufnehmen könnte, daß jeder ergehende Schiedsspruch auch für und gegen die Syndikatsteilnehmer wirken soll, die nicht Partei sind, d. h. daß die Rechtskraftwirkung des Schiedsspruchs nicht auf die Partei beschränkt bleiben, sondern sich auf alle Kontrahenten des Syndikats- und Schiedsvertrages erstrecken soll.

Eine solche vertragliche Bestimmung würde ich für nichtig halten. Die Rechtskraft ist nach herrschender Lehre ein Institut des öffentlichen Rechts und daher der privaten Vereinbarung entzogen.

Eine andere Frage ist es aber, ob man den gewünschten Effekt nicht durch die Vereinbarung erreichen könnte, daß sich alle Syndikatsteilnehmer jedem von einem Syndikatsschiedsgericht erlassenen Schiedsspruch nach gewisser Richtung hin zu unterwerfen haben.

Man kann nämlich im Wege des Vertrages bestimmen, daß ein zwischen zwei Parteien ergehendes Urteil bestimmte Verpflichtungen anderer Personen begründen soll. Ein Beispiel hierfür ist die Klausel in den Versicherungsverträgen, daß der Versicherer dem Versicherten die Summe zahlen werde, zu der er von der in Anspruch nehmenden Seite rechtskräftig verurteilt worden ist. Dies ist keine vereinbarte Rechtskrafterstreckung.

Für zulässig halte ich deshalb eine Vereinbarung etwa folgenden Inhalts:

> „Soweit ein von einem Syndikatsteilnehmer angerufenes Schiedsgericht in seinem Urteil eine Frage entscheidet, die nur allen Syndikatsteilnehmern gegenüber einheitlich entschieden werden kann, haben sich alle Syndikatsteilnehmer dieser Entscheidung zu unterwerfen."

Vom rechtlichen Standpunkt läßt sich meines Erachtens gegen eine solche Vereinbarung nichts einwenden. Denn für das geltende Recht muß man die prinzipielle Zulässigkeit aller Verträge anerkennen, sofern bei der Eingehung der Verpflichtungen den Kontrahenten das nach Treu und Glauben zu beurteilende Maß von Geschäftsfreiheit belassen bleibt. Würden sich die Syndikatsteilnehmer auf die vorgeschlagene Vereinbarung verpflichten, dann würde die Rechtslage die sein, daß zwar an sich jeder Teilnehmer trotz eines ergangenen Schiedsspruchs die bereits entschiedene Frage wiederum zur Entscheidung bringen könnte. Aber das neue Schiedsgericht müßte den alten Schiedsspruch, soweit darin Fragen entschieden sind, die allen Teilnehmern gegenüber nur einheitlich entschieden werden können, so ansehen, als ob er das Resultat einer neuen, zwischen den Syndikatsteilnehmern getroffenen Vereinbarung wäre, und mithin diese neue Vereinbarung seiner Entscheidung zugrunde legen. Demgemäß könnte der Teilnehmer, der das neue Schiedsgericht anruft, gegenüber der Entscheidung des früheren Schiedsgerichts etwa nur geltend machen, daß ihm gegenüber die Entscheidung nicht wirke, weil er ein Sonderrecht habe. Es wäre fernerhin auch ein etwaiger Einwand der Kollusion zulässig, d. h. es könnte geltend gemacht werden, daß die an sich maßgebende frühere Entscheidung nur durch bewußtes Zusammenwirken des Syndikats mit dem einen Teilnehmer zustandegekommen sei und um deswillen keine wirkliche Entscheidung der Streitfrage darstelle.

In der vorgeschlagenen Vereinbarung wäre also ein Heilmittel gegen die berührten Mißstände zu erblicken.

Trotzdem bezweifele ich es vom Standpunkt des Praktikers aus, daß auf eine solche Vereinbarung die Teilnehmer eines Syndikats sich freiwillig einlassen werden. Man kann es auch niemandem verdenken, wenn er sich nicht in einem Verfahren eventuelle Rechte beschneiden bzw. Pflichten auferlegen lassen will, an dem er gar nicht beteiligt ist und auf das er keinen Einfluß hat. Man wird in der Mehrzahl der Fälle in der vorgeschlagenen Vereinbarung eine Vergewaltigkeitsmöglichkeit erblicken und sich deshalb nie zu ihr verstehen wollen. Nur in einem Syndikat mit relativ geringer Mitgliederzahl und mit einem wenig komplizierten und besonders klar erscheinenden Vertrage wird es meines Erachtens leicht sein, die Mitglieder auf die bewußte Vereinbarung zu verpflichten.

Die zweite Möglichkeit zur Verhinderung von divergierenden Entscheidungen des Schiedsgerichts wäre die, daß man vertraglich einen ganzen Komplex von formell- und materiell-rechtlichen Bestimmungen festlegen würde, die den Zweck hätten, bei der Befassung eines Schiedsgerichts mit einer einheitlich zu entscheidenden Frage den gesamten Kreis der Syndikatsteilnehmer in den Streit hineinzuziehen. Ich denke mir die Sache so, daß nach dem zu schaffenden Vertrage das beklagte Syndikat verpflichtet sein soll, im Falle der Anhängigmachung eines solchen schiedsgerichtlichen Verfahrens allen nicht beteiligten Teilnehmern den Streit zu verkünden und daß eine solche Streitverkündung vertraglich die Wirkung haben soll, daß die Streitverkündeten nicht bloß als Streitgenossen, sondern als Hauptparteien zu gelten haben, so daß dann also der ganze Rechtsstreit sich zwischen sämtlichen Syndikatsteilnehmern abzuspielen hätte. Daß eine solche vertragliche Regelung möglich und zulässig wäre, dürfte nicht zweifelhaft sein, aber ich halte sie für höchst unpraktisch. Man erwäge einmal die ungeheuere Schwerfälligkeit eines solchen Verfahrens mit vielleicht hunderten Beteiligten. Jedoch ganz abgesehen hiervon wird es überhaupt für jedes Syndikat höchst unzweckmäßig sein, eine auftauchende Streitfrage der geschilderten Art, die von einem oder wenigen Teilnehmern angeschnitten wird, derart aufzuwirbeln, daß der ganze Kreis der Teilnehmer auf sie aufmerksam gemacht wird. Es wird hierdurch jede Möglichkeit fehlen, etwa einen einzelnen Streitfall in Güte zu applanieren, was ja im Geschäftsleben das leichteste und praktikabelste Mittel ist. Also diesen Weg muß ich als noch viel ungangbarer als den zuerst von mir genannten bezeichnen.

Dagegen kann ich einen anderen Vorschlag machen, der meines Erachtens durchsetzbar sein und den Bedürfnissen der Praxis genügen wird:

Man muß für das schiedsgerichtliche Verfahren vertragliche Vorkehrungen treffen, durch die man die besonderen Erschwerungen in Fortfall bringt, die dem schiedsrichterlichen Verfahren in Ansehung einer konstanten Rechtsprechung gegenüber dem Verfahren vor den ordentlichen Gerichten anhaften.

Mein Vorschlag geht dahin, den Versuch zu machen, auf möglichst einfache Weise den nach Maßgabe der Schiedsgerichtsordnung in Funktion tretenden einzelnen Schiedsgerichten sozusagen ein kleines Reichsgericht überzuordnen, dessen Bestehen eine Gewähr für eine konstante Rechtsprechung bieten wird.

An sich würden ja die erörterten Mißstände dadurch zum größten Teil in Fortfall kommen, wenn nicht verschiedene, in ihrer Zusammensetzung wechselnde Schiedsgerichte, sondern *ein* ständiges, vertraglich eingesetztes Schiedsrichterkollegium sämtliche Streitigkeiten zu erledigen haben würde. Ein solches behördenähnliches Schiedsgericht würde wohl aber für die meisten Syndikate nicht passen, und seine vertragliche Festlegung nur schwer durchzusetzen sein, denn der Kreis sämtlicher Streitigkeiten, die in einem Syndikate entstehen könnten, ist zu groß, als daß man hiermit zweckmäßig ein einziges Kollegium befassen kann.

Dagegen würde ich es für zweckmäßig und durchsetzbar halten, wenn man ein solches ständiges, mit besonderer Vorsorglichkeit zusammenzusetzendes Kollegium als Berufungsinstanz vertraglich einsetzen würde, und zwar mit der ferneren Maßgabe, daß die Berufung nur insoweit zuzulassen ist, als die Entscheidung von Streitigkeiten über Fragen begehrt wird, die allen Syndikatsteilnehmern gegenüber nur einheitlich zu entscheiden sind.

Vor eine solche Berufungsinstanz würden mithin alle diejenigen Streitigkeiten nicht kommen, die, wie z. B. Streitigkeiten über Verhängung von Konventionalstrafen und Streitigkeiten über Sonderrechte der einzelnen Teilnehmer, die Syndikatsschiedsgerichte am häufigsten zu beschäftigen pflegen und welche die zu beseitigenden Divergenzen nicht im Gefolge haben.

Das von mir vorgeschlagene Berufungsschiedsgericht würde sich vielmehr einzig mit Streitigkeiten zu befassen haben, bei denen die Notwendigkeit einer einheitlichen Entscheidung allen Syndikatsteilnehmern gegenüber vorliegt.

Es wären also z. B. drei Schiedsrichter für einen bestimmten Zeitraum als ständige Mitglieder des Berufungsschiedsgerichts zu wählen und außerdem vielleicht ebensoviel Ersatzmitglieder, die nur dann einberufen werden sollen, soweit ein ordentliches Mitglied wegfällt.

Durch die Einsetzung eines solchen Kollegiums würde selbstverständlich kein absolut haltender Damm gegen die Möglichkeit der Fälle divergierender Urteile errichtet sein. Denn ein Zwang, daß das Berufungsschiedsgericht in jedem Falle gleich urteilt, insbesondere wenn seine Besetzung wechselt, ist natürlich nicht ohne weiteres vorhanden. Aber es ist in hohem Grade unwahrscheinlich, daß solch ein Berufungsgericht, das gerade zur Schaffung einer konstanten Rechtsprechung eingesetzt wird, in seiner Judikatur schwanken wird. Es wird dies ebenso selten eintreten, wie es vorkommt, daß ein Senat des Reichsgerichts von seiner eigenen in einer früheren Entscheidung festgelegten Ansicht abweicht, was ja an sich auch zulässig und durch keinerlei Vorschriften erschwert ist.

Man könnte übrigens bei einer solchen Berufungsinstanz, die im allgemeinen von mir vorhin als unpraktisch, d. h. als schwer durchsetzbar erklärte Bestimmung treffen, daß sich sämtliche Syndikatsteilnehmer, also auch die an dem betreffenden Verfahren nicht beteiligten, unbedingt den von dieser Instanz getroffenen Entscheidungen zu unterwerfen haben. Denn wenn die Syndikatsteilnehmer erwarten können, daß bei der Zusammensetzung dieser Instanz mit besonderer Sorgfalt verfahren wird, dann werden sie vielleicht eher geneigt sein, die Judikatur dieser Instanz ohne weiteres gegen sich gelten zu lassen. An sich bin ich, wie gesagt, kein Freund einer solchen Bestimmung, die ja übrigens kein Analogon in den Gesetzen hat, aber wenn man besonderen Wert auf eine solche Bestimmung legt, wird sie sich allenfalls bei der Schaffung einer Berufungsinstanz, wie ich sie mir denke, durchsetzen lassen, und zwar insbesondere dann, wenn es sich um ein Syndikat mit wenigen Teilnehmern und mit einem Vertrage handelt, der so wenig kompliziert und so klar gefaßt ist, daß an sich schon divergierende Entscheidungen weniger leicht möglich sind.

Ein möglichst einfacher und möglichst klarer Syndikatsvertrag bietet wohl überhaupt die besten Bedingungen, um ein Tohuwabohu von sich widersprechenden Entscheidungen zu verhindern. Aber es ist banal, eine solche Forderung aufzustellen: Denn es ist eben einfach unmöglich, für wirtschaftlich und juristisch so komplizierte Verhältnisse, wie sie die Syndizierung oder Kartellierung eines Gewerbes bieten, einfache und unzweideutige Formeln zu finden und alle Konsequenzen im voraus zu fassen. Deshalb muß man immer mit der Möglichkeit rechnen, daß die Bestimmungen eines Syndikatsvertrages sich sehr wohl verschiedenfach werden auslegen lassen und daß deshalb ein besonderer Schutz gegen eine divergierende Rechtsprechung erforderlich ist.

Einen solchen Schutz in gewissem Sinne kann hoffentlich die von mir vorgeschlagene Schaffung eines ständigen Berufungsschiedsgerichts bieten. (Beifall.)

Vorsitzender: Ich eröffne die Diskussion.

Dr. **Wöhler:** Meine Herren, die Schiedsgerichtsfrage ist sehr interessant und praktisch von großer Bedeutung. Jedenfalls würde sich der Centralverband ein großes Verdienst erwerben, wenn er Normativbestimmungen für das Verfahren aufstellen wollte.

Das Schiedsgerichtsverfahren hat für den, der viel damit befaßt gewesen ist, große Vorzüge.

Es ist heute ausgeführt worden, die Prozesse dauerten zu lange, das Schiedsgerichtsverfahren ginge schneller, beziehungsweise es ist die Frage aufgeworfen worden, was dauert länger. Demgegenüber ist kurz zu sagen, ich kann jeden Prozeß in die Länge ziehen, ich kann jedes Verfahren unter Umständen abkürzen, wenn ich es nämlich richtig behandle. Beim Schiedsgerichtsverfahren bleiben die Parteien mehr in der Materie drin; die Parteien haben beim Schiedsgericht einen größeren Einfluß auf das Schiedsgerichtsverfahren. Ist das richtig, dann ist auch das richtig, daß das Schiedsgericht chneller geht. Geht aber das Schiedsgerichtsverfahren schneller, dann spielen auch die Kosten keine Rolle, selbst wenn sie in einem Falle größer sein sollten als im ordentlichen Gerichtsverfahren, weil an Zeit gewonnen wird.

Meine Herren, ein ideales Moment spielt auch hier eine große Rolle. Nehmen Sie einmal an, ein Unternehmer hat Differenzen mit einer Behörde, die Behörde lehnt alle Verhandlungen ab: Der Unternehmer hat für 100 000 M. Arbeiten geliefert, die Stadt sagt einfach, wie das tausendmal vorkommt: „Wir zahlen nicht und für den Prozeß haben wir einen langen Atem.“ Der Unternehmer muß einen Prozeß führen, der jahrelang dauert. Der Mann ist mit der Stadt fertig, er bekommt keinen Auftrag mehr, er steht mit ihr auf dem Kriegsfuß. Das schadet ihm in seinem Gewerbe unbedingt. Ganz anders ist es, wenn ein Schiedsgerichtsverfahren mit der Stadt schwebt. Es gilt das im Volksmunde nicht so als ein Prozeßverfahren; es liegt nicht das Odium auf dem Verfahren wie beim Prozeß.

Man wird vielleicht die Behauptung aufstellen können, daß jeder Bauprozeß, den Sie vor Gericht führen, ein Lotteriespiel ist, vielleicht wird man auch soweit gehen können, zu sagen, daß überall, wo technische Fragen hineinspielen, es ein Lotteriespiel ist, einen Prozeß vor dem ordentlichen Gericht zu führen, und deshalb wird man von vornherein geneigt sein, dem Schiedsgerichtsverfahren näherzutreten.

Meine Herren, die Hauptschwierigkeit beim Schiedsgerichtsverfahren liegt aber nicht in der eigentlichen Durchführung des Schiedsgerichts, sondern sie liegt vorher. Sie werden mir zugeben, daß meistens die Sache so geht, daß unendlich viel Zeit vergeudet wird mit dem, was eigentlich vorher mit Nägeln und Köpfen festgelegt werden sollte, daß heißt insbesondere: wer soll Schiedsrichter sein, wer soll Obmann sein, wenn die Schiedsrichter sich nicht einigen können? Alle Fälle, die überhaupt eintreten können, jede Kombination, die eintreten kann, muß vorher erwogen werden, es muß sich eine förmliche Schiedsgerichtspraxis herausbilden. Diese Schiedsgerichtspraxis fehlt uns, und daher kommt es, daß so viele Schiedsgerichtsverfahren mißglücken, und daß nachher die Sache doch vor das ordentliche Gericht kommt.

Meine Herren, in Wirklichkeit liegt doch die Sache oft so. Wer entscheidet vor den ordentlichen Gerichten einen Prozeß, in dem es sich um technische Fragen handelt? Doch nur diejenigen Leute, die ich mir vorher hätte zu Schiedsrichtern nehmen können, nur daß sie dort Sachverständige heißen. — Es wird mehrere Jahre lang prozessiert, und dann sind die Parteien so mürbe geworden, daß sie sich doch schließlich auf der Basis der Sachverständigen vergleichen. Wenn das die Erfolge des ordentlichen Verfahrens sind, daß die Parteien mürbe geworden sind, dann wird besser von vornherein gleich das Schiedsgerichtsverfahren in der richtigen Weise durchgeführt.

Nun ist von dem ersten Herrn Referenten die sogenannte Objektivität des Schiedsrichters angeführt worden. Das ist ein sehr wesentlicher Punkt, ist vielleicht der Kardinalpunkt. — In dieser Beziehung stimme ich mit dem ersten Herrn Referenten nicht überein, wenn er so großen Wert auf die sogenannte „Objektivität des Schiedsrichters" legt. Denn, meine Herren, was heißt Objektivität für einen Schiedsrichter? Was ist denn überhaupt ein Schiedsrichter? Der Schiedsrichter ist doch derjenige, der schiedlich-friedlich den Prozeß erledigen soll, wie er ihm vorgetragen wird. Und nun, meine Herren, wird doch ein Prozeß im Schiedsgericht ganz anders vorgetragen, als dem Gericht der Prozeßstoff vorgetragen wird. Außerdem: Was heißt denn Objektivität beim Richter? Im Zivilprozeß gilt doch auch nicht der Grundsatz der materiellen Wahrheit, sondern das Gericht entscheidet den Prozeß, so wie er ihm vorgetragen wird, ohne von Amts wegen auf etwa erst artikulierte Punkte einzugehen.

Die Objektivität des Schiedsrichters ist eine andere als die des Richters. Es wird niemals eine große Firma einen Mann zum Schiedsrichter ernennen, der ihr verfeindet ist, und das schadet auch gar nichts, denn dadurch gerade kommt am schnellsten die Sache zur Regelung, daß jeder, ich möchte beinahe sagen, die Interessen der Partei vertritt, die ihn ernannt hat; über das, worüber sie sich nicht einigen können, entscheidet der Obmann.

Daß die Anwälte grundsätzlich keine große Freunde der Schiedsgerichte sind, ist menschlich begreiflich. Aber ich stehe auf dem Standpunkt, daß der Anwalt durchaus nicht aus dem Schiedsgerichtsverfahren ausgeschaltet werden soll. Um das Material zu sichten, um überhaupt die richtigen Angriffspunkte herauszubekommen, ist es notwendig, daß jede Partei ihren juristischen Beirat heranzieht.

Mein Herr Vorredner hat den Vorschlag gemacht, eine Art „kleines Reichsgericht" in die Sache hineinzubringen, dem Schiedsgericht ein Reichsgericht aufzuoktroyieren.

Ich meine: Entweder — oder!

Entweder Schiedsgericht oder ordentliches Gericht!

Die Parteien wissen ja, wem sie ihren Streitstoff an die Hand geben. Aber noch einmal wieder auf das Schiedsgericht eine Behörde zu setzen, das halte ich nicht für richtig.

Generaldirektor **von Prondzynski:** Meine Herren, in den Referaten, die ich gehört habe, haben mich vor allen Dingen interessiert, erstens die Ausführungen des Herrn Regierungsrat Dr. Voelcker über die Zusammensetzung des Schiedsgerichts und die Ausführungen, die der Herr Assessor Dr. Sachs über die Schwierigkeiten machte, die durch verschiedene Schiedsgerichtssprüche bei der Auslegung von Syndikatsbestimmungen innerhalb desselben Syndikats entstehen können. Meine Herren, ich habe in dem Referat des Herrn Voelcker eine Art der Zusammensetzung des Schiedsgerichts vermißt. Ich kann nicht annehmen, daß sie rechtsungültig ist, da ich eine derartige Zusammensetzung des Schiedsgerichts kenne, die in einem Syndikatsvertrage vorgeschrieben ist, der die gerichtliche Prüfung wohl bestanden hat. Es handelt sich nämlich darum, daß in einem Syndikat zwei verschiedene Arten Schiedsgerichte zusammengesetzt werden können. Die eine Art kommt in Anwendung, wenn es sich darum handelt, Streitigkeiten unter den Mitgliedern selbst über Auslegung der einzelnen Bestimmungen des Vertrages oder Streitigkeiten zwischen den Mitgliedern und dem Syndikat über Auslegung des Vertrages oder über Beschlüsse der Generalversammlung zu schlichten. Für derartige Streitigkeiten ist ein für allemal ein bestimmtes Schiedsgericht festgelegt. Es bestimmt nämlich das Statut, daß für die Dauer von je 6 oder 8 Jahren — das spielt ja keine Rolle — ein für allemal ein Schiedsgericht besteht, welches aus drei durch Zweidrittel-Mehrheit in der Generalversammlung zu wählenden Schiedsrichtern zusammengesetzt ist. Wenn die Streitigkeiten, welche ein Mitglied des Syndikats gegen einen Generalversammlungsbeschluß angeregt hat, in diesem Schiedsgericht einmal erledigt sind, so kann man nicht annehmen, daß dasselbe Schiedsgericht in einem anderen Falle anders entscheiden wird. Ganz sicher ist das Ventil, wie Herr Dr. Sachs ja angegeben hat, nicht, insofern ja späterhin nach 6 oder 8 Jahren ein neu gewähltes Schiedsgericht zufällig einmal mit der ähnlichen Frage beschäftigt werden kann. Immerhin ist es ein Sicherheitsventil, nur, daß es nicht eine Art kleines Reichsgericht oder als eine Berufungsinstanz gelten soll, sondern ein für allemal ist für solche Differenzen das Schiedsgericht schon vorher zusammengesetzt.

Die zweite Art ist das Schiedsgericht für Kontraventionen usw., wo jeder Beteiligte seinen eigenen Schiedsrichter ernennt. Ueber diese Frage ist heute ja schon viel gesprochen worden, und sie ist auch leichter zu erledigen. Darauf wollte ich nicht näher eingehen; ich wollte nur feststellen, daß es nach meiner Ansicht doch Mittel und Wege gibt, zu vermeiden, was hier so beanstandet worden ist, daß nämlich widersprechende Urteile im Schiedsgericht vorkommen können bei Streitigkeiten oder bei Prozessen z. B. gegen die Gültigkeit eines Generalversammlungsbeschlusses. Wenn da ein für allemal im Kartellvertrag ein Schiedsgericht festgesetzt ist, das aus bestimmten Herren besteht, dann können sich widersprechende Schiedssprüche doch kaum vorkommen.

Direktor **Schaltenbrand:** Meine Herren, ich muß mich auch dagegen aussprechen, daß beim Schiedsgerichtsverfahren eine höhere Instanz geschaffen wird, denn meines Erachtens kommt ein Schiedsgerichtsverfahren nur dann in Frage, wenn die Entscheidung dringend ist, und wenn auch die Parteien gewillt sind, der dringlichen Entscheidung nichts in den Weg zu legen. In anderen Fällen ist es zweckmäßiger, das öffentliche Gericht zu wählen.

Der erste und der letzte Herr Referent haben ja ihr Berufungsgericht oder Oberschiedsgericht aus ganz verschiedenen Gesichtspunkten heraus vorgeschlagen. Der wichtigste Gesichtspunkt scheint mir der zu sein, daß dadurch verschiedene Urteile in denselben Fragen vermieden werden sollen. Ich glaube, diese Vermeidung der verschiedenartigsten Urteile ist eher durch die praktische Handhabung des Verfahrens zu finden, einmal dadurch, daß der Streitgegenstand so formuliert wird, daß er eine generelle Bedeutung erhält, und dann auch, wie das meistens in Syndikaten üblich ist, dadurch, daß jedes Streitverfahren, wenn es absolut gütlich nicht zu beseitigen ist, der Generalversammlung unterbreitet wird. Die Generalversammlung entscheidet per majora, und wer sich der Entscheidung nicht unterwerfen will, ist gezwungen, zu prozessieren. Gelingt es dann, sämtliche Prozeßgegner des Syndikats unter einen Hut zu bringen, daß sie sich auf ein Schiedsgericht einigen, dann ist der Weg des Schiedsgerichts ja leicht und einfach, und ein divergierendes Urteil kommt nicht in Frage. In allen anderen Fällen bleibt eben nur das ordentliche Gericht übrig, und wenn dann, wie das auch in den meisten Syndikaten der Fall ist, sämtliche Mitglieder einen einheitlichen Gerichtsstand gewählt haben, so werden eben sämtliche Klagen in dem einen Fall von den verschiedenen Parteien vor ein einziges Gericht gebracht, und damit ergibt sich ohne weiteres auch wiederum der einheitliche Spruch.

Dr. **Tschierschky:** Meine Herren, ich möchte nur zur Illustrierung der Bedeutung der Schiedsgerichte gegenüber den ordentlichen Gerichten auf einen Punkt hinweisen, der meiner Ansicht nach wohl von Herrn Dr. Fiebelkorn erwähnt worden ist, aber nur beiläufig. Das ist der berühmte § 723. Ich bin, soweit ich die Literatur übersehen kann, der erste gewesen, der ausdrücklich auf die Bedeutung dieses

Paragraphen hingewiesen hat, insofern man ihn auch unter die Schiedsgerichtsordnung bringen muß. In den Verträgen heißt es ja in der Regel: „Bei allen Streitigkeiten aus dem Vertrage oder zwischen den Gesellschaftern entscheidet das Schiedsgericht.“ Darin liegt aber, wie mir wenigstens namhafte Juristen, die unmittelbar in der Praxis stehen, gesagt haben, nicht ohne weiteres gegeben, daß der berühmte § 723 darunter fällt. Dieser Paragraph besagt nämlich, daß bei einem Gesellschaftsvertrage jemand aus einem wichtigen Grunde auch vor Ablauf der Kündigung zurücktreten kann. Nun ist diese Kündigung eine so wichtige Sache, die unter Umständen die Existenz des Kartells in Frage stellt. Es ist deshalb von eminenter Wichtigkeit, von vornherein den Mitgliedern gegenüber keinen Zweifel darüber zu lassen, daß sie sich auch für diesen wichtigen Grund, der ja die Existenzfrage des ganzen Kartells angeht, dem Schiedsgericht zu unterwerfen haben. Weswegen aber sowohl materiell wie formell gerade dieser Punkt so außerordentlich für die Schiedsgerichte spricht, das ist den Herren Juristen ja ohne weiteres klar, ich möchte es daher nur mit einem Wort sagen: daß eben in einem solchen Falle, wenn ein Kartellmitglied aus dem Kartell auskneifen will, es dann auf die absolute Fixigkeit ankommt. Bei dem ordentlichen Gericht ist das ja nicht zu erreichen, wenn der Gegner, der austreten will, nur einen geschickten Rechtsanwalt hat. Wenn aber ein Kartellmitglied freiwillig aus dem Kartell herausgeht, also einfach kündigt, dann ist es frei, bis die Kartellleitung ein gegenteiliges Urteil in Händen hat. Wenn das Urteil aber nur zwei Monate dauert oder 14 Tage, und der Mann geht sofort mit Verkäufen an den Markt, so macht er das Kartell unter Umständen sofort absolut unmöglich. In solchen Fällen gelingt es dagegen dem Schiedsgericht, dem Manne unter Umständen in drei Tagen absolut klar zu machen, daß er keinen wichtigen Grund gehabt hat, daß er bleiben und außerdem noch eine anständige Konventionalstrafe zahlen muß. Bei Syndikaten mit eigenen Verkaufsstellen, die aus handelsrechtlichen Gründen in der handelsrechtlichen Form der Aktiengesellschaft oder G. m. b. H. begründet werden müssen, kommt das ja nicht in Frage, aber gerade für die große Zahl von Preiskartellen ist das von eminenter Bedeutung, weil es da — ich selbst habe eine ganze Reihe von solchen Kartellen gegründet — kaum möglich ist, in den Rahmen des Vertrages alle Konsequenzen soweit hineinzunehmen, daß nicht unter Umständen sogar recht erhebliche Mängel sich herausstellen. Also ich meine, für diese Kartelle ist es von eminenter Bedeutung, ein Schiedsgerichtsverfahren gerade gegenüber dem § 723 des Bürgerlichen Gesetzbuch zu haben.

Ich möchte nun auf die Urteile, die über die Zusammensetzung usw. geäußert worden sind, nur mit zwei Worten eingehen und da allerdings mein Urteil über die Vorschläge in die Worte kleiden, daß man jeden Vorschlag pro und contra angreifen oder befürworten kann. Herr Regierungsrat Voelcker sagte, es gebe eine Reihe von Kartellen, wo der betreffende Justitiar als Obmann fungiere. Ich halte das für einen formellen Grund, derartige Urteile vor dem Reichsgericht anzugreifen. Ein Justitiar ist unter allen Umständen mittelbar für das Kartell interessiert, denn sein Gehalt fällt immer mit dem Weiterbestehen des Kartells zusammen. Infolgedessen ist er mittelbar oder unmittelbar interessiert. Also das ist eine Lösung, die meiner Ueberzeugung nach nicht für eine Schiedsgerichtsordnung paßt, und die von einem geschickten Gegner als Formfehler ohne weiteres angegriffen werden kann, aber auch aus materiellen Gründen. Ich meine daher, in der Festsetzung solcher Schiedsgerichtsordnungen kann man nicht vorsichtig genug sein.

Ich möchte noch auf einen Punkt eingehen: auf den Vorschlag, eine allgemeine Schiedsgerichtsordnung durch den Centralverband ausarbeiten zu lassen. Da habe ich eine andere Auffassung des Schiedsgerichtsverfahrens, als wie sie hier vielfach zum Ausdruck gekommen ist. Ich bin dazu gekommen, in meinen Verträgen lediglich die Konstitution des Schiedsgerichts in dem Sinne, wie es Herr Dr. Wöhler als Präliminarien ganz richtig bezeichnet hat, auszusprechen. Um ein schnelleres Schiedsgerichtsverfahren zu haben, muß man das regeln. Das materielle Verfahren selbst aber lasse ich vollständig heraus und verweise in dieser Beziehung auf das 10. Buch der Zivilprozeßordnung. Ich habe damit ausgezeichnete Erfahrungen gemacht, während beispielsweise bei einem rheinisch-westfälischen Brauereikartell, weil derselbe Rechtsanwalt als Obmann fungierte, sich bei den kolossalen Komplikationen, die sich aus der Materie ergeben haben, sie ein ganzes Gebetbuch von Schiedsgerichtsordnungen zustande brachten. Ich habe mit unendlichem Bemühen versucht, mir aus diesem Gebetbuch eine Norm herauszukonstruieren, ob wirklich alles einwandfrei ist, und ich bin der festen Ueberzeugung, daß es viel schlechter ist als vorher. Das ist ja gerade der Vorzug der Zivilprozeßordnung, daß sie die Grundlinien so eindeutig klarlegt, daß namentlich, wenn an die Spitze des Schiedsgerichts ein Rechtsanwalt gestellt wird, der mit den formellen juristischen Sachen vollkommen vertraut ist, meiner Ansicht nach die einfache Bestimmung genügt, daß für das Schiedsgericht das 10. Buch der Zivilprozeßordnung gültig ist; und ich glaube, daß man da viel bessere Erfahrungen machen wird, als wenn man versucht, alle möglichen Normen usw. über das Verfahren selbst, über Zeugenvernehmung usw. einheitlich in allen Prozessen zu regeln.

Direktor **Reuther:** Meine Herren, aus alledem, was hier vorgetragen worden ist, kann ich den Schluß ziehen, daß unser Syndikat, der Druckpapierverband, der jetzt im zwölften Jahre besteht, in seinen Bestimmungen über das Schiedsgericht das Richtige getroffen hat. Das beweist die Praxis. Wir haben als Syndikat erster Ordnung mit gemeinsamer Verkaufsstelle alle Streitigkeiten, die aus dem Vertrage, sei es zwischen den Gesellschaftern unter sich, oder zwischen den Gesellschaftern und dem Syndikat selbst auftreten, durch unser Schiedsgericht endgültig zu erledigen. Die Schnelligkeit ist dadurch gewahrt, daß wir alljährlich durch den Vorsitzenden der Handelskammer in Leipzig den Vorsitzenden unseres Schiedsgerichts, der Jurist sein muß, ernennen lassen. Es werden von den Parteien Schiedsrichter innerhalb einer Woche ernannt, und zwar vom Syndikat durch den Vorsitzenden seines Aufsichtsrats. Ist die andere Partei mit der Ernennung ihres Schiedsrichters säumig, so ernennt ihn der Vorsitzende des Schiedsgerichts. Innerhalb drei, längstens vier Wochen ist meistens alles erledigt.

Meine Herren, die Praxis hat ergeben, daß von den acht Fällen, die bisher an das Schiedsgericht gekommen sind, nur einer durch Vergleich beendet worden ist; die übrigen sieben Fälle sind alle zugunsten des Syndikates durch Abweisung der Klage erledigt worden. Ueber alle Fälle, die zur Klage gekommen sind, wurde natürlich erst mit dem Geschäftsführer vorverhandelt und dann mit dem Aufsichtsrat. Die Streitfrage kam auch in einzelnen Fällen vor die Gesellschafterversammlung, und erst wenn die Gesellschafter sich dabei nicht beruhigt haben, dann erst wurde das Schiedsgericht angerufen.

Meine Herren, die Kosten sind erheblich geringer als sie beim öffentlichen Gerichtsverfahren wohl gewesen wären. Die beiden Schiedsrichter bekommen nach unseren Bestimmungen nur die Diäten des Aufsichtsrats, das sind 20 M. pro Tag und die Fahrgelder. Der Vorsitzende bekommt ein Fixum nach dem Vertrage, den der Aufsichtsrat mit ihm abgeschlossen hat. Es ist auch nur ein Fall vorgekommen, wo einer der ernannten Schiedsrichter Jurist war, die übrigen waren Kaufleute oder Fabrikanten. Wir haben es mit Freuden begrüßt, daß die Praxis diesen Weg gegangen ist, weil wir uns sagten, daß die Zusammensetzung eines in Handelssachen und namentlich auch in Kartellsachen tätigen Schiedsgerichts aus einem erfahrenen Juristen, der die Form nach jeder Richtung hin wahrt, so daß kein Fehler vorkommt, und aus zwei Kaufleuten oder Syndikatsmitgliedern die richtige ist. Wir haben auch die Vorschrift, daß ein Schiedsrichter nicht wegen Befangenheit abgelehnt werden darf. Der Schiedsrichter, den die Partei ernennt, muß anerkannt werden.

Was die Ausführungen des Herrn Dr. Wöhler betrifft, betreffend Objektivität oder Nichtobjektivität, so muß man doch von jedem Schiedsrichter strengste Objektivität verlangen. Ich war selbst schon in der Lage, meiner Partei zu sagen, als deren Schriftsätze an mich herankamen: ich kann mich als Kaufmann und als Geschäftsführer eines Syndikates nicht in die Lage hineindenken, die hier konstruiert wird.

Ich will Ihnen nur einen Fall ganz kurz vortragen. In einem anderen großen Syndikat besteht die Vorschrift, daß die beiden gewählten Schiedsrichter sich ihren Obmann wählen und nur, wenn diese sich nicht einigen, eine bestimmte Handelskammer für die Benennung einzutreten hat. In jenem Falle handelte es sich um den Preis, den das Syndikat an seine Mitglieder für Exportlieferungen innerhalb eines bestimmten Quartals zu zahlen hat. Der Preis wechselt meistens quartaliter. Nun trat ein bedeutender Preisaufschlag ein. Der Bestimmung nach mußte der niedrigste Preis, der für die Ware frei an Bord des Ausfuhrhafens, innerhalb dieses Quartals geliefert, gezahlt wurde, als Berechnungspreis für die Syndikatsmitglieder gelten. Das Syndikat schloß Exportverkäufe nur von Quartal zu Quartal ab. Es trat dabei manchmal, wenn auch nicht eine willkürliche, aber doch eine durch die Notwendigkeit erzwungene Säumigkeit in der Lieferung ein. Der Streitpunkt war nun der: Soll der Preis, der für eine Anbordlieferung verspätet, in der Absendung vom Werk und in der Fakturierung aber noch in das abgelaufene Quartal fallende Lieferung bestand, für alle Exportlieferungen des neuen Quartals Geltung haben oder nicht?

Man stritt sich um die Bedeutung der Worte Ablieferung und Lieferung. Nun, meine Herren, es hieß in dem Statut einmal Lieferung und hieß auch einmal Ablieferung. Man mußte sich durchwinden und mußte, wie das ja in allen solchen Fällen richtig ist, den Willen der Kontrahenten erforschen, der zu der strittigen Bestimmung geführt hatte. Da nun aber die Bestimmung schon eine Reihe von Jahren bestand und noch niemals aus diesem Punkte irgendeine Differenz sich ergeben hatte, so war natürlich zu erforschen: wie ist man bei der Aufstellung des Vertrages dazu gekommen, in dem einen Falle „Lieferung" und in dem anderen „Ablieferung" zu setzen, und da war es notwendig, auf die Entstehung zurückzugehen. Man hat die alten Akten herausgesucht und gefunden, daß die

Redaktionskommission, der schließlich der schon von der Versammlung angenommene Vertrag überwiesen worden war, ohne jeden inneren Grund, ich möchte sagen, rein mechanisch, das Wort „Ablieferung" in den Text gebracht hat. Nun war klar, daß nach dem ursprünglichen Wortlaut „Lieferung ab Werk" zu verstehen war. Die Herren Juristen haben aber anders entschieden. Das Gericht war zusammengesetzt aus einem Rechtsanwalt und mir, und die Handelskammer wählte als Obmann einen Juristen. Die Schriftsätze waren klar. Ich habe durch meine Partei vorbringen lassen, daß hier ein redaktioneller Irrtum vorläge. Das hat alles nichts geholfen. „Kommentar Staub so und so", „Reichsgerichtsentscheidung so und so", durften nur für den Begriff „Ablieferung" in Frage kommen. Das Ende war: meine Partei, das Syndikat, ist verurteilt worden, zu dem hohen Preis des vorliegenden Quartals abzurechnen und zu zahlen. Hieraus habe ich die Ueberzeugung gewonnen, daß die Besetzung des Schiedsgerichts, mit zwei Juristen und einem Kaufmann, in vielen Fällen nicht zweckentsprechend ist. Es gibt gewiß Fälle, wo drei gelehrte Richter das Richtige wären. Wenn es sich aber um Kauf und Verkauf und alles, was damit zusammenhängt, handelt, muß doch der Praktiker, der sicherlich in seinem Leben schon Geld in großen Geschäften verloren und durch Erfahrung klug geworden ist, wissen was Rechtens ist.

Will nun der Centralverband dazu übergehen, Normalbestimmungen aufzustellen, so ist das gewiß nicht leicht, denn es handelt sich ja hier nicht nur um Syndikate erster Ordnung, sondern auch um losere Vereinigungen bis hinunter zu den allerlosesten Konventionen. Für diese muß natürlich eine ganz andere Vorschrift erfolgen. Jedenfalls aber werden wir alle wohl dem Centralverbande dankbar sein, wenn er den Versuch dazu macht und es sich dabei zur Aufgabe stellt, praktische Fälle an der Hand der erledigten Schiedsgerichtsakten hinsichtlich der Zeitdauer, der Art und Weise, wie sie geführt wurden, ob mit Zeugen, ob ohne Zeugen usw. zusammenzustellen, woraus man dann ersehen kann, was für uns am dienlichsten und zweckmäßigsten ist. Wenn auch nur von einer beschränkten Zahl von Syndikaten diese Akten eingeliefert werden, dann bekommen wir meines Erachtens ein sehr wertvolles Material zusammen und kommen mit der Zeit auch dazu, Normalbestimmungen für jeden passend aufzustellen.

Dr. **Tschierschky:** Meine Herren, ich möchte nur eine ganz kurze Bemerkung machen, weil mir die Worte des Herrn Vorredners über die Zusammensetzung des Schiedsgerichts für die Praxis unserer Kartelle große Bedenken verursachen. Ich kann mein Urteil gegenüber den Aeußerungen des geehrten Herrn Vorredners in den Satz kleiden: das Druckpapiersyndikat hat eben scheußlich Glück gehabt (Heiterkeit), oder mit anderen Worten, wie der Herr Vorredner selbst gesagt hat: es ist eben kein Fall schiedsgerichtlich ausgetragen worden (Widerspruch des Herrn Reuther), alle sind vorher niedergeschlagen worden, und ein Fall ist durch Vergleich erledigt. Aber, meine Herren, es ist zwingendes Recht — es ist darüber eine Reichsgerichtsentscheidung ergangen, ich habe sie in der „Kartellrundschau" abgedruckt, den meisten Herren wird das auch bekannt sein — das Reichsgericht hat entschieden, daß, wenn auch nur eine Idee von einer Ahnung der Möglichkeit vorliegt, daß jemand Richter in eigener Sache ist, damit sofort ein Revisionsgrund und ein Umstoßungsgrund gegeben ist. Wenn Sie also sagen, daß sogar die Syndikatsleitung die beiden Schiedsrichter ernennt, obwohl sie Partei ist, so ist das absolut unzulässig, und wenn Sie den Einwand machen, Sie sind mit Ihrem Schiedsrichter, den Sie erwählt haben, einverstanden — Sie haben alles Vertrauen zu ihm, selbstverständlich, aber nicht die Gegenpartei, wenn Sie einen Schiedsrichter aus dem Kreise des Syndikats nehmen, denn der Mann ist von vornherein beeinflußt, er hat ein vitales Interesse an dem Bestehen des Syndikats, und da das Bestehen des Syndikats unter Umständen von dem Ausgang des Schiedsgerichtsverfahrens abhängig ist, ist er ein beeinflußter Richter in eigener Sache, und es ist ein bestehendes Recht, es liegt hierüber außerdem eine Reichsgerichtsentscheidung vor, daß das unzulässig ist.

Dr. **Wöhler:** Meine Herren, ich habe natürlich nicht dem Gedanken das Wort geredet, dem Schiedsrichter Normen aufzuzwingen, wie er entscheiden soll; sondern nur die Präliminarien möchte ich festgelegt haben, damit die Parteien gegen Formfehler geschützt sind. Der Richter muß natürlich völlig freistehen, denn je freier er steht, desto schneller die Lösung.

Ueber das, was ein objektiver Schiedsrichter ist und darüber, wann er objektiv ist, könnten wir tage- und wochenlang reden und würden nicht darüber einig werden. Aber ich glaube wohl, daß jemand ein sehr objektiver Richter und ein sehr objektiver Schiedsrichter sein kann, und das sich das nicht beides zu decken braucht.

Vorsitzender: Meine Herren, es hat sich niemand mehr zum Wort gemeldet. Ich schließe dann die Diskussion und frage die Herren Berichterstatter, ob sie das Schlußwort haben wollen.

Berichterstatter Dr. **Fiebelkorn:** Meine Herren, Herr Dr. Tschierschky hat darauf hingewiesen, daß er nicht für eine allgemeine Schiedsgerichtsordnung eintreten würde. Ich möchte einen Gesichtspunkt anführen, der nach meiner Meinung doch für eine solche in Frage kommt. Es gibt bei der Gründung von Kartellen bekanntlich Herren, die außerordentlich schnell dabei sind, mit denen man sehr leicht fertig wird, die, wenn ich mich vulgär ausdrücken darf, sofort mit beiden Füßen in das Kartell hineinspringen. Für diese Herren brauchen Sie eine Schiedsgerichtsordnung kaum, denn mit denen kommen Sie später auch so zum Ziele. Wenn ich dagegen Herren habe, die ängstlicher Natur sind, wie es bei uns in der Ziegelindustrie oft der Fall ist, so muß ich die Satzungen der Verkaufsvereinigungen weiter fassen, als erforderlich, nur um den Herren zu zeigen, daß für Sie stets die Möglichkeit vorhanden ist, sich zu schützen und sich nicht, wie sie fürchten, übers Ohr hauen zu lassen. Wenn ich bei uns die Satzung ganz kurz fassen würde, so würde ich gewöhnlich starker Ablehnung begegnen; die Herren würden sagen: „Wer weiß, was dabei herauskommen soll". Ich würde es infolgedessen begrüßen, wenn wir in der Ziegelindustrie u. a. auch Normativbestimmungen für Schiedsgerichte hätten.

Herr Dr. Wöhler hat darauf hingewiesen, daß es objektive Schiedsrichter nicht gibt. Er meinte, wir differierten in unserer Ansicht. Ich glaube, wir stimmen überein, nur hat Herr Dr. Wöhler seinen Begriff etwas weiter gefaßt als ich. Ich verstehe unter einem objektiven Schiedsrichter den, wie ich noch einmal hervorheben möchte, der sich nicht dazu hergibt, die Interessen der Partei zu vertreten, sondern der sich bemüht, so zu urteilen, wie er es vor seinem Gewissen verantworten kann.

Wenn Herr Direktor Schaltenbrand sich gegen eine höhere Instanz gewandt hat, so bedaure ich das. Er hat allerdings nachher gesagt, daß ihm die höhere Instanz zur Vermeidung verschiedenartiger Urteile in gewisser Beziehung nichtig erscheint. Aber ich möchte doch darauf hinweisen, daß es von Wichtigkeit ist, ob jemand durch ein Schiedsgerichtsurteil völlig ruiniert werden kann. Ich kenne einen solchen Fall, und hier wirft sich weiter die Frage auf, ob man dem betreffenden Mann nicht dadurch, daß man ihm eine höhere Instanz von vornherein zur Verfügung stellt, die Lust und Liebe zur Verkaufs-Vereinigung erhöht und ihm die Möglichkeit gibt, solch ein Fehlurteil abzuwenden.

Berichterstatter Regierungsrat Dr. **Voelcker:** Meine Herren, ich habe nur einen Punkt zu erwähnen. Herr Dr. Tschierschky ist der Ansicht gewesen, daß die Bestimmungen der Zivilprozeßordnung durchaus ausreichend seien, und daß es genüge, auf diese Bestimmungen zurückzugreifen, die Aufstellung von Normativbestimmungen über das Schiedsgerichtsverfahren also nicht erforderlich sei. Ich bin anderer Ansicht. Die Zivilprozeßordnung läßt ja, wie ich ausgeführt habe, einen außerordentlich weiten Spielraum; sie bestimmt eigentlich nur, was nicht sein soll, was nicht notwendig ist, sie überläßt es also den Schiedsrichtern in der Hauptsache, wie sie das Verfahren ordnen wollen. Nun wissen Sie, daß gerade in den meisten Kartellverträgen bei den Schiedsgerichten die Bestimmung nicht enthalten ist, wonach das Vernehmen von Zeugen, die Einreichung von Schriftsätzen usw. ausgeschlossen wäre. Die Folge davon ist doch, daß Zeugen gehört werden müssen, daß Schriftsätze eingereicht werden können, daß die Parteien das Recht haben, vor dem Schiedsgericht zu verhandeln. Nun sind mir aber wiederholt in meiner Schiedsgerichtspraxis Fälle vorgekommen, wo es das Schiedsgericht abgelehnt hat, die Parteien neuerlich zu vernehmen oder Sachverständige zu hören. Das Schiedsgericht hat es in einem Falle direkt abgelehnt, die Parteien zu hören, weil es auf dem Standpunkt stand, die eingereichten Schriftsätze genügen ihm. Ich könnte eine ganze Anzahl solcher Beispiele anführen, und ich bin der Ansicht, daß das Vertrauen zu den Schiedsgerichten steigen wird, wenn das schiedsrichterliche Verfahren in einer Normativordnung festgelegt ist. Gerade weil die Zivilprozeßordnung hier einen so weiten Spielraum läßt, ist es notwendig und erforderlich, daß durch Normativbestimmungen ein ordentliches Verfahren vor dem Schiedsgericht gewährleistet wird.

Berichterstatter Assessor Dr. **Sachs:** Ich möchte nur ganz kurz auf einen Punkt zurückkommen. Es ist mir vorhin der Einwand gemacht worden, daß Berufungsinstanzen bei Schiedsgerichten nicht üblich sind. Das ist ganz selbstverständlich, und ich habe bei meinem Referat nur nicht die Zeit gehabt, auf diesen Punkt einzugehen. Es fragt sich nur, ob man nicht lieber in speziellen Fällen davon abweichen will, um eben über die Mißstände hinwegzukommen, die ich vorhin geschildert habe. Wenn man ein ständiges Schiedsgericht für gewisse Prozesse von vornherein schaffen kann, dann ist ja selbstverständlich damit die Frage begraben; soweit das aber nicht möglich ist, wollte ich nur für gewisse Prozesse ein Oberschiedsgericht haben, trotz der Erkenntnis, daß Oberschiedsgerichte eigentlich dem Wesen eines Schiedsgerichts widersprechen.

Vorsitzender: Meine Herren, am Schlusse der Diskussion, nachdem die Herren Referenten zum Wort gekommen sind, möchte ich erklären, daß die Verhandlungen, die heute hier zu diesem Punkte geführt worden und die ja recht inhaltsreich gewesen sind, in der Geschäftsführung des Centralverbandes eingehend geprüft werden, und sollte dann, was im Bereiche der Wahrscheinlichkeit liegt, an die Ausarbeitung einer solchen Schiedsgerichtsordnung herangegangen werden, so darf ich wohl die Bitte an die Herren richten, daß sie ihre sachverständige Mitwirkung bei den Vorarbeiten zu dieser Frage uns zur Verfügung stellen. Die Anregung, die Herr Reuther gegeben hat, die Akten einzufordern, in denen sich zahlreiches Spezialmaterial findet, würde ich sehr gern weiter verfolgen. Ich fürchte nur, daß nicht bei allen Syndikaten eine solche liebenswürdige Bereitwilligkeit zur Vorlegung der Akten vorhanden sein wird, wie dies nach Ihren Darlegungen (zu Herrn Reuther) speziell bei Ihnen der Fall ist. Wenn ich mich in dieser Beziehung irre, werde ich mich darüber freuen, aber ich habe, wie gesagt, die Befürchtung, daß das einige Schwierigkeiten machen wird. Hoffentlich aber werden wir ein sehr reiches Material zu unserer Belehrung und Aufklärung bekommen.

Wir kommen nun zum letzten Punkt der Tagesordnung:

Arbeits- und Kartellfragen.

Ich gebe dem Berichterstatter, Herrn Dr. jur. Ballerstedt, das Wort.

Berichterstatter Dr. jur. **Ballerstedt:** Die Arbeitsfragen und Arbeitskämpfe haben im Laufe der letzten Zeit eine so tiefgehende und weitumfassende Bedeutung genommen, daß ich heute trotz vorgeschrittener Zeit wohl noch einige Worte bezüglich ihres Eingreifens in das Kartellwesen sagen darf. Ich möchte das kurz nach zwei Richtungen hin tun; erstens zeigen, wie auf der Unternehmerseite Beziehungen zwischen wirtschaftlichen Verbänden, auch zwischen Kartellen und zwischen Arbeitgeberverbänden sich herausbilden, zweitens eine Verquickung des Kartellwesens mit Arbeiterforderungen und Arbeiterorganisationen erstrebt wird. Ich möchte vorausschicken, daß es grundsätzlich wohl angebracht ist und die Industrie vorwiegend auf dem Standpunkt steht, auch auf diesen Gebieten nicht zu viel auf einen Wagen zu laden und den wirtschaftlichen Vertretungsverbänden und Syndikaten einerseits und den Arbeitgeber- und Arbeiterverbänden andererseits ihre eigene Aufgabe zuzuteilen und zu belassen.

Wirklich ist aber von vornherein nicht überall eine genaue Scheidung vorzunehmen. Ferner können soziale Momente ein Zusammenwirken, eine Verquickung aufdrängen. Gegenüber dem wachsenden Terrorismus der Sozialdemokratie und der Gewerkschaften müssen die Unternehmer mit allen Kräften sich zur Abwehr vereinigen; anderseits haben alle Unternehmerorganisationen, Arbeitgeberverbände wie Kartelle auch auf die Arbeiter gebührend Rücksicht zu nehmen. Manchmal sind bei den Versuchen eines Zusammenschlusses die Unternehmer selbst nicht ganz klar, was dabei herauskommen soll oder wird, ob ein Arbeitgeberverband nur zur Behandlung von Arbeits- bzw. Arbeiterfragen, ob eine Vereinigung zur Vertretung allgemeiner wirtschaftlicher Interessen oder aber auch Verabredungen wegen des Warenabsatzes und der Preise. Aus Verbänden, die ursprünglich nur zur Wahrung gemeinsamer Interessen eines Industriezweiges gegründet sind, entwickeln sich Konventionen und Kartelle. Nicht selten ist es schwer zu entscheiden, in welche Kategorie man die eine oder die andere Organisation einreihen soll. Also vollständige Trennung, genaue Begrenzung der Aufgaben ist nicht immer gegeben.

Wo und soweit das der Fall, da geht neuerdings vermehrtes Streben dahin, zwischen den verschiedenartigen Unternehmerverbänden Abmachungen und Vereinbarungen zu treffen. Seit Jahren sind solche getätigt oder versucht worden, namentlich seitens des Baugewerbes und der Baumaterialien produzierenden Industrien. Die Bestrebungen haben sich dann infolge des großen Arbeitskampfes im Baugewerbe seit 1910 noch lebhafter gestaltet. Unter anderem gelangten sie auf der Hauptversammlung des Vereins der Kalksandsteinfabriken am 1. März 1909 zur Erörterung. Wie heute noch, so waren schon damals die Meinungen geteilt. Vom Vorsitzenden wurde erklärt, es lasse sich recht gut machen, daß Verkaufsvereinigungen von Kalksandsteinfabrikanten oder Ziegeleibesitzern — also wirkliche Kartelle und Syndikate — mit einem gut geleiteten Arbeitgeberverband für das Baugewerbe ein Abkommen dahin treffen, einen Beitrag für seine Kasse zu zahlen. Die Arbeitgeberverbände bekämpften meistenteils die sozialdemokratischen Gewerkschaften und hätten dazu einen großen Fonds nötig. Es sei ihnen daher sehr erwünscht, wenn eine Verkaufsvereinigung erklärte: für je 1000 Steine oder Ziegel, die wir in eurem Arbeitgeberverbandsbezirk umgesetzt haben, zahlen wir 25 oder 50 Pfennig in die Kasse. Als Gegenleistung verlangt man dann von dem Arbeitgeberverbande, daß in seinem Kreise keine anderen Steine oder Ziegel verwandt werden als die der mit ihm paktierenden Vereinigten Fabriken. Verschiedene Arbeitgeberverbände hatten damals schon mit Ziegeleiverkaufsvereinigungen solche Abschlüsse gemacht. In Westfalen war durch Vereinbarung zwischen dem Zementsyndikat und dem Arbeitgeberverbande erreicht worden, daß der Arbeitgeberverband für jede Ladung Zement 15 Mark bekam. So wurden über 100 000 M. an den Arbeitgeberverband bezahlt, dafür bezogen seine Mitglieder aber auch keinen belgischen Zement. Beim **Bunde Deutscher Arbeitgeberverbände** für das Baugewerbe herrschte der Grundsatz, alle diese Verkaufsvereinigungen möglichst an sich heranzuziehen, indem sie direkt Mitglieder eines gemischten Arbeitgeberverbandes werden oder sich als selbständiger Verein mit dem lokalen Arbeitgeberverein kartellieren.

Von anderen Seiten wurden in der erwähnten Versammlung starke Bedenken geltend gemacht. Ein Redner sagte: ihm sei der Fall bekannt, wo ein Arbeitgeberverband dem Ziegelsyndikat einfach die Preise diktiert habe. Als die Ziegler nicht darauf eingingen, gründete der Arbeitgeberverband sich selbst eine Ziegelei. Man sollte, so meinte der Redner, einen Arbeitgeberverband nicht von seinen Aufgaben ab auf andere Gebiete drängen. Ein anderer Sachkundiger bestätigte, es sei keineswegs selten, daß ein Arbeitgeberverband, je größer er wird und je mehr Einfluß er erhält, um so energischer gegen die Fabrikanten vorgeht, die mit ihm Verträge abschließen. Das Gefährliche wäre immer, wenn man zwei Parteien zusammenbringe, die eigentlich entgegengesetzte Interessen haben. Die einen wollen hohe Preise erzielen, die anderen wollen billig kaufen. Eine Uebereinstimmung könnte es da nur geben, wenn die Macht auf beiden Seiten gleich groß sei; sowie sie auf einer Seite größer, so würde sie auch ausgenutzt. Der Vorsitzende jener schon vor drei Jahren abgehaltenen Versammlung, der zugleich auch dem Vorstande des Bundes Deutscher Arbeitgeberverbände angehörte, gab bei aller Befürwortung von Vereinbarungen zu: habe ein solcher Arbeitgeberverband erst einmal Blut geleckt, indem er glaube, diese oder jene Verkaufsvereinigung zu seinen Gunsten einmal drücken zu können, so könne es zu Auswüchsen kommen. Seither sind zweifellos gerade im Baugewerbe eine Menge derartige Vereinbarungen abgeschlossen worden. Dabei trat, besonders infolge des Streiks und der Aussperrung von 1910 mit Rücksicht auf drohende neue Arbeitskämpfe neben den finanziellen Abmachungen ein anderes Moment in den Vordergrund, eine Art **Streikklausel**, wonach die Syndikate der Baumaterialfabrikanten nach gemeinsam mit den Arbeitgeberverbänden aufgestellten Grundsätzen bei Streiks oder Aussperrungen ihre Lieferungen einschränken oder einstellen, wogegen den Verkaufsvereinigungen in Friedenszeiten von den Arbeitgeberverbänden Vergünstigungen betreffs der Abmachungen zugesagt werden. Auf diese Weise kann beiderseitig ein Antrieb für Außenseiter entstehen, in die Verbände einzutreten. Außenseiter wissen aber auch vielfach jene Abmachungen zum Schaden der Kontrahenten, besonders der Verkaufsvereinigungen für sich auszunutzen. Je allgemeiner die Verträge betreffs ausschließlicher Lieferung oder Bevorzugung bei der Lieferung werden, desto mehr schränken sie natürlich die Absatzmöglichkeit der einzelnen Verkaufsvereinigungen ein. Jedenfalls ergibt sich nicht selten eine unangenehme Kehrseite, und scheint heute auf seiten der Ziegel- und ähnlichen Kartelle, soweit eine veranstaltete Umfrage es erkennen läßt, mehr Unzufriedenheit als Zufriedenheit betreffs der Vereinbarungen mit Arbeitgeberverbänden zu bestehen; erheblich mehr Stimmen liegen vor, welche schlechte, als solche, welche gute Erfahrungen gemacht haben. Das ungünstige Ergebnis oder Urteil mag wohl wesentlich daher kommen, daß sowohl im Baugewerbe wie in den Gewerben der Herstellung von Baumaterial der Umfang und die Verläßlichkeit der Organisation noch viel zu wünschen übrig läßt. Indes scheinen hier zumeist noch die Arbeitgeberverbände die mächtigeren zu sein, um einen Druck auf die Verkaufsvereinigungen ausüben zu können. Demnächst sollen übrigens diese Verhältnisse auf der Generalversammlung der Zieglerverbände von fachkundiger Seite Erörterung erfahren. Auch an die großen Syndikate der Eisenindustrie, die ja sehr viel Baumaterial liefert, ist der Deutsche Arbeitgeberverband für das Baugewerbe herangetreten zwecks Materialsperre bei Arbeitskämpfen. Letztere dürften ja durch eine solche Streikklausel erheblich abgekürzt werden, da bei mangelndem Baumaterial die Streikenden oder Ausgesperrten anderwärtig weniger oder keine Beschäftigung finden. Das Ansinnen, zu den vom Arbeitgeberbund für das Baugewerbe beschlossenen Wehrschatz die Mittel aufzubringen, indem die Lieferanten unter Androhung des Ausschlusses vom Bezug einen gewissen Teil eines jeden Rechnungsbetrages an den Wehrschatz abführen sollten, hat eine Reihe von Vereinigungen der Baumaterialfabrikanten abgelehnt.

Neben verschiedenen tatsächlichen Schwierigkeiten aber begegnen Abmachungen zwischen Kartellen und Arbeitgeberverbänden einem rechtlichen Hemmnis. Sie sind nämlich nicht klagbar oder ihre Klagbarkeit ist mindestens zweifelhaft. Denn sie können als unter den § 152 der Reichsgewerbeordnung fallend angesehen werden, der zwar alle Verbote oder Strafbestimmungen gegen Gewerbetreibende und Fabrikanten wegen Verabredungen und Vereinigungen zum Behufe der Erlangung günstiger Lohn- und Arbeitsbedingungen aufhebt, aber jedem Teilnehmer den Rücktritt von solchen Vereinigungen und Verabredungen freistellt und aus ihnen weder Klage noch Einrede zuläßt. Unsere Rechtsprechung hat sich von vornherein auf den Standpunkt gestellt, daß Kartelle und Syndikate als solche nicht unter § 152 der Gewerbeordnung fallen, daß ihre Verträge klagbar sind.

Allerdings befassen sich Kartelle und ähnliche Gebilde ihrem Grundzweck nach nicht mit Lohn- und Arbeitsbedingungen, von denen § 152 spricht, sondern mit der Regelung der Erzeugung und des Absatzes der Waren. Bei dem Uebergreifen ihrer Betätigung auch auf die Arbeitsverhältnisse, bei bezüglichen Abmachungen mit Arbeitgeberverbänden setzen die Kartelle sich also einer Rechtsunsicherheit aus, welche für sie innerhalb ihrer eigenen Tätigkeit nicht besteht. Man hat diesem Mißstand dadurch abzuhelfen gesucht, daß man Bezugspflicht und Provisionsversprechen, die nicht oder weniger leicht dem § 152 unterstellt werden können, möglichst von der Streithülfe zu trennen suchte und zwei verschiedene Verträge machte. Die Verkaufsvereinigung verpflichtet sich die Mitglieder des Arbeitgeberverbandes noch einzeln betreffs des Bezugs, oder nimmt in den Vertrag eine Bestimmung auf, wonach mangelnde Klagbarkeit der Streikhilfepflicht die Klagbarkeit der Bezugspflicht nicht beeinträchtigen soll. Aber das ist alles einigermaßen zweifelhaft. Einen festen Boden hat hier die Rechtsprechung noch nicht geschaffen oder sanktioniert.

Es gibt ferner bemerkenswerte Bestrebungen, direkte Beziehung zwischen Kartellen — ich fasse unter diesem Wort immer kurz alle ähnlichen Verbände zur Regelung des Warenverkehrs zusammen — und den Arbeitern der beteiligten Werke bzw. der Arbeiterorganisationen herzustellen. Das ist in verschiedener Art möglich durch den Abschluß von Tarifverträgen oder dergleichen Abmachungen auch mit direkter Regelung der Löhne nach den Warenpreisen der Kartelle. Auf diesem Gebiete ist wenigstens in Deutschland noch mehr die Theorie und Zukunftsforderung herrschend als eine wirkliche Ueberführung in die Praxis, hier ist namentlich Professor Liefmann wissenschaftlich führend vorangegangen. Er legt in seinem neuen Werk über „Kartelle und Trusts" dar, wie sich durch Tarifgemeinschaften und Kollektivverträge „der ausschließliche Verbandverkehr", das Fernhalten der Konkurrenz mit Hilfe der Gegenpartei bildet, jeder Verband garantiert geradezu die Konkurrenz ausschließende Stellung des andern, indem die Gewerkschaft nicht für außerhalb der Unternehmerverbände stehende Unternehmer arbeitet und der Unternehmerverband nur Mitglieder der Gewerkschaft beschäftigt.

Das ist auch der Grundsatz der englischen sogenannten „Allianzverbände", trades-alliances, nicht trades-unions, indem bei ihnen zu der gegenseitigen Verpflichtung zum ausschließlichen Verbandsverkehr noch eine gleitende Lohnskala, automatische Regelung der Löhne nach der Höhe der Kartellpreise, hinzutritt. Professor Liefmann, der eine solche weitgehende Verquickung theoretisch vereinigt, spricht ihr in der

Tat doch das Todesurteil, denn er sagt, daß in England freilich die Allianzverbände sich nicht halten konnten — trotz jahrzehntelanger eifriger Versuche und Bemühungen. Sonst werden in unserer jüngsten Kartelliteratur dergleichen „Allianzen" besonders von Dr. Tschierschky und Dr. Utsch empfohlen oder wenigstens als hoffnungsvolle Zukunftsgebilde betrachtet. Tschierschky bemerkt indes zutreffend, daß die deutsche Großindustrie ein solch Paktieren mit der Arbeiterschaft verwerfe und erkennt dabei an: man könne das für deutsche Verhältnisse insoweit begreiflich und berechtigt ansehen, als in der Tat derartige Verträge nur mit entsprechend gebildeten, organisierten und somit verhandlungsfähigen Arbeitern abgeschlossen werden könnten, während unsere deutsche Arbeiterschaft durch den politischen Untergrund ihrer Organisation sich selbst zumeist vertragsunfähig mache. Ich meine, gerade die letzten Erfahrungen, der Bruch der schönsten Verträge und die revolutionär ausgearteten Streiks in England zeigen, daß auch die dortigen Arbeiter für solche Allianzen nicht genügend zuverlässig sind. Auch Dr. Utsch, der ein umfangreiches Buch über „Kartelle und Arbeiter" geschrieben hat, erkennt an, daß die seines Erachtens hervorragend wichtige Regelung des Verhältnisses zwischen Kartellen einerseits und Arbeiterorganisationen andererseits erst auf einige Beispiele zurückblicke und mehr der Zukunft überlassen bleibe; er gibt zu, in Deutschland seien auch ohne sie zwischen Arbeiterschaft und Kartellen größere Mißstände noch nicht in Erscheinung getreten, das Kartellwesen habe die Arbeitslöhne stetiger gemacht und erhöht.

Sehr bemerkenswert ist, wie die Sozialdemokratie eine Teilnahme der Arbeiterschaft am Kartellwesen befürwortet, obschon sie grundsätzlich die Kartelle als kapitalistische Auswüchse verdammt; ihr Urteil wird ein ganz anderes, wenn sie selbst den Nutzen aus den Kartellen ziehen kann. Schon vor Jahren hat der Geschäftsführer des sozialdemokratischen Bergarbeiterverbandes Huë Abmachungen zwischen diesem und dem Kohlensyndikat angeregt; und im vorigen Jahre, als die große Mehrheit des Abgeordnetenhauses eine Vereinbarung zwischen dem Staat und dem Kohlensyndikat befürwortete, erklärte sich auch der sozialdemokratische Redner für den Eintritt des Staats in das Syndikat unter der Bedingung, daß zur Erhöhung der Arbeitslöhne das Syndikat Tarifverträge mit der Gewerkschaftsorganisation abschließe. Das rheinisch-westfälische Kohlensyndikat hat seinerseits jede Befassung mit Arbeitsfragen streng abgewiesen und diese ausschließlich dem Arbeitgeberverband übergeben. Und grundsätzlich hat Herr Geheimrat Kirdorf schon im Jahre 1905 auf der Mannheimer Tagung des Vereins für Sozialpolitik erklärt: Daß die Arbeiter- und Lohnfragen an sich mit den Kartellen nicht das geringste zu tun haben. Gebe man den Kartellen das Recht der Eingriffe in die Betriebe, namentlich in den Hauptfaktor des Betriebes: die Arbeits- und Lohnverhältnisse, dann komme man unweigerlich zum Trust; denn namentlich die schwächeren Betriebe würden bei Vorschreibung der Löhne auch die entsprechende Preisstellung oder den Ankauf ihrer Werke durch einen Trust verlangen. Damit käme man auf eine sehr gefährliche Bahn.

Immerhin bestehen in Deutschland ähnliche Gebilde wie die englischen „Allianzen". Wenn hier namentlich der Tarifvertrag der deutschen Buchdrucker ausgeführt wird, so muß bemerkt werden, daß in diesem Gewerbe auf seiten der Arbeitgeber nicht ein eigentliches Kartell Vertragschließender ist, und daß sich wenigstens vertragsmäßig die Löhne nicht nach den Warenpreisen richten. Tatsächlich aber haben sich Preissteigerungen aus dem Vertrage in der Buchdruckerei ganz von selbst infolge der erhöhten Löhne ergeben. Mehrmals sind bisher beim Abschluß und beim Neuabschluß dieses Tarifvertrages die Preise der Drucksachen um je 10 Prozent heraufgesetzt worden. Tarifverträge zwischen Arbeitgeberverbänden und Arbeiterorganisationen bestehen ja viele. Aber auch hier befaßt sich nicht selten die Unternehmerorganisation zugleich mit kartellartigen Aufgaben. So ist z. B. der „Verband sächsisch-thüringischer Webereien" in Greiz 1904 zunächst zum gegenseitigen Schutz der Mitglieder bei Arbeitsschwierigkeiten gegründet worden. Er hat die Solidarität der Mitglieder bei Streiks, Aussperrungen usw. geregelt, zugleich einheitliche Arbeitsbedingungen und einen einheitlichen Mindestlohntarif eingeführt; tatsächlich sind seit 1904 viermal Lohnerhöhungen vorgenommen. Weiterhin hat dieser Arbeitgeberverband in wirtschaftlicher Beziehung für sämtliche Mitglieder gegenüber der gesamten deutschen Kundschaft einheitliche Verkaufs- und Lieferungsbedingungen aufgestellt, er ist also auch ein sogenanntes Konditionskartell geworden. Aehnlich liegen die Verhältnisse bei den sächsisch-thüringischen Färbereien, die, nebenbei bemerkt, im vergangenen Jahre den Arbeitern dreimal Lohnerhöhung zugebilligt haben, womit indes diese noch immer nicht zufrieden sind, und ähnlich wie im Buchdruckergewerbe ist z. B. zwischen dem Arbeitgeberverband im Rohrlegergewerbe für Berlin und Umgebung und dem sozialdemokratischen deutschen Metallarbeiterverband ein Vertrag mit ausschließlicher Beschäftigung und Lohntarif abgeschlossen. Dr. Tschierschky erwähnt in seinem Buch über „Kartell und Trust", er selbst habe die Hilfe einer Arbeiterorganisation auf Grundlage eines solchen Gegenseitigkeitsvertrages zwecks Begründung eines Kartells erfolgreich in Anspruch genommen. Beckerath erklärt in seinem jüngst erschienenen Werk über die Kartelle der Deutschen Seidenweberei-Industrie, daß für deren Entstehung vorangegangene Arbeitgeberverbände von großer Bedeutung gewesen sind. Einige Kartelle seien direkt aus den Arbeitgeberverbänden durch Erweiterung des Wirkungskreises hervorgegangen. In der Samtbranche habe man freilich einsehen müssen, daß eine derartige Vereinigung so verschiedenartiger Zwecke in einer Organisation untunlich ist und ist zur Bildung besonderer Kartelle neben dem Arbeitgeberverband übergegangen. von Beckerath erwähnt u. a. auch einen interessanten Fall eines Allianzvertrags zwischen dem Meisterverband der Bandwirker und dem Kartell der Verleger und Fabrikanten; auch hier handelt es sich um ausschließlichen Verbandsverkehr, aber um ganz besondere Verhältnisse mit Hausarbeit.

Im ganzen ist, wie gesagt, eine Verquickung von Unternehmerkartellen mit Arbeiterorganisationen selten geblieben; sie dürfte auch kaum die große Zukunft haben, die manche Sozialpolitiker sich davon versprechen. Zur Bestimmung der Warenpreise ist schließlich doch nur der Unternehmer, der die Verantwortung für die Kapitalanlage und die Kalkulation hat, berufen. Können die Arbeiterorganisationen hier ausschlaggebend mitsprechen, so wird sich eine Tendenz zur Preissteigerung — zwecks Lohnerhöhung — um so mehr bemerklich machen; das konsumierende Publikum wird den Schaden und die ohnedies schon viel verschrieenen Kartelle werden das vermehrte Odium davon haben. Beim starken Fall der Warenpreise des Kartells würden die beteiligten Arbeiter doch eine entsprechende Lohnherabsetzung verweigern. Die sozialdemokratischen destruktiven Tendenzen könnten sich auch innerhalb der Kartelle fühlbar machen, bei Nichteinhaltung der von den Arbeitern eingegangenen Verpflichtungen würde der Bestand der Kartelle noch unsicherer werden als bisher. Und vom praktischen Standpunkt ist die Hauptsache, daß auch ohne vertragsmäßige Hineinziehung der Arbeiter in die Kartellverträge unsere deutschen K a r t e l l e f ö r d e r n d und n ü t z l i c h n i c h t am w e n i g s t e n auch f ü r d i e A r b e i t e r gewirkt haben, indem sie überhaupt für Arbeit auch bei schlechteren Zeiten sorgten und auch im Bereich der Kartelle die Löhne relativ befriedigend waren. Dieser wirklich bestehende Nutzen der Kartelle für die Arbeiter ist auch vielfach von solchen Seiten anerkannt worden, welche manches an ihnen auszusetzen haben.

Verquicken sich Kartelle mit Arbeitgeberverbänden durch Verträge, so sind auch sie gegenseitig der eine mehr vom Bestand des anderen abhängig, während doch gesicherter Bestand und Dauer die Hauptsache ist. In manchen großen Industriezweigen gibt es keinen Arbeitgeberverband oder kaum Kartelle, also lassen sich allgemeine durchgehende Regelungen zwischen Arbeitgeberverbänden und Kartellen doch nicht erzielen. Stellenweise ist die Macht der Kartelle größer, stellenweise die der Arbeitgeberverbände.

So kann man eine Verquickung des Kartellwesens mit Arbeitsfragen zwar nicht grundsätzlich verbieten oder vermeiden, aber es ist Vorsicht geboten, man soll nicht zu viel vermischen wollen. Auch diese Frage des realen Lebens ist vorwiegend als eine solche der Zweckmäßigkeit anzusehen.

Vorsitzender: Meine Herren, ich eröffne die Diskussion.

Dr. **Tschierschky:** Meine Herren, der Herr Vortragende war ja so liebenswürdig, meine Ansicht über die Sache zu erwähnen. Ich möchte nur auf eins verweisen, gerade, was den speziellen Fall anbetrifft, wo ich aus der Praxis reden kann. Es handelte sich um eine kunstgewerbliche Industrie, die nicht anders zusammenzubringen war, und deswegen sind wir zu dem Hilfsmittel gekommen, daß wir eine Alliance mit der Arbeiterschaft geschlossen haben. Diese Arbeiterschaft nimmt, wie ja die Qualität als kunstgewerbliche Arbeiterschaft besagt, eine exzeptionelle Stellung ein. Sie ist vor allen Dingen im englischen Sinne effektiv eine Gewerkschaft, die also nicht im Fahrwasser der deutschen Gewerkschaften segelt, nicht sozialdemokratische Tendenzen verfolgt, wenn auch natürlich der größte Teil der Arbeiter Sozialdemokraten sein werden. Wir haben auch lediglich mit der Arbeiterschaft das Abkommen getroffen, nicht, wie es Herr Dr. Ballerstedt etwas weitergehend in Aussicht nahm, daß die Arbeiterschaft irgendwie in die Preispolitik mittelbar oder unmittelbar hineinreden darf — damit haben wir nichts zu tun —, wir haben nur einen ausschließlichen Verbandsverkehr mit der Arbeiterschaft begründet in dem Sinne, daß wir nur Leute in unser Kartell einstellen dürfen, die der Organisation angehören oder ihr beitreten, und daß umgekehrt — das ist natürlich ein sehr wichtiger Punkt — die Arbeiter in ihrer Organisation keinen dulden dürfen, der in einem Outsiderbetriebe von uns beschäftigt ist. Es liegt ja nahe, daß diese gegenseitige Hilfe außerordentlich weitgehend ist.

Ich kann sodann weiter sagen: wir haben gewisse Konzessionen machen müssen: wir haben beispielsweise die Lehrlingsfrage usw. im Sinne einer Nichtzüchtung von Lehrlingen geregelt, und wir haben gemeinsame Beratungen über Erhöhung der Löhne. Ich leite noch heute das kleine Kartell. Ich kann nur sagen, daß es mir immer gelungen ist, in schwierigen Zeiten die Arbeitervertreter davon zu überzeugen, daß sie mit Lohnforderungen nicht kommen dürfen, weil sie selbst genauen Einblick haben in die Rentabilität der Betriebe und vernünftig genug sind, mit diesen Faktoren zu rechnen. Es stellt sich aber häufig heraus, und das ist der Hauptnachteil bei allen derartigen Abmachungen: man hat den Gegenkontrahenten niemals in der Hand, und zwar deswegen nicht, weil diejenigen Leute, mit denen man ursprünglich kontrahierte und die sehr besonnene ruhige Leute sein können, nicht bleiben, das Bild ändert sich, und man kann dann unter Umständen in große Schwierigkeiten kommen, namentlich wenn es sich um größere Industrien handelt, wo die Verhältnisse viel komplizierter sind.

Deswegen möchte ich mich den Worten des Herrn Referenten durchaus anschließen, daß die allergrößte Vorsicht bei derartigen Dingen geboten ist.

Dann will ich noch mit einem Wort das befürworten, was der Herr Vortragende schon erwähnt hat. Ich bin ein grundsätzlicher Gegner und sowohl theoretisch als auch praktisch — irgendwelcher Verquickung von Arbeitgeberinteressen und Kartellinteressen. Meine Herren, die Kartelle sind eine derart spezifische Organisation, daß man nur neue Konfliktpunkte in die ohnehin schwierigen Kartelldinge hineinträgt, wenn man die sehr komplizierte Frage der Arbeitgeberorganisation damit verquicken will. Ich will nur an das eine Moment erinnern, daß die Arbeitgeberfrage sich für das einzelne Kartellmitglied ganz anders abspielt, je nachdem seine Rentabilität im Unternehmen selbst gegeben ist Kleinere und mittlere Unternehmer haben unter Umständen ganz andere Interessen als große Unternehmer, und wenn man à conto des Abkommens drakonisch gewissermaßen eingreifen will, wird man bei den Kartellmitgliedern oder bei den Mitgliedern des Arbeitgeberverbandes meist auf sehr große Schwierigkeiten stoßen.

Vorsitzender: Meine Herren, wenn nicht noch jemand das Wort wünscht — und das ist nicht der Fall —, dann schließe ich die Diskussion.

Ich frage Herrn Dr. Ballerstedt, ob er noch das Schlußwort wünscht.

Berichterstatter Dr. jur. **Ballerstedt:** Da Herr Dr. Tschierschky im wesentlichen sich mit meinen Ansichten einverstanden erklärt, erübrigt es sich für mich, weitere Ausführungen zu machen.

Vorsitzender: Nun, meine Herren, sind wir am Schlusse unserer Tagesordnung. Ich darf den Herren, die hier bis zuletzt ausgehalten haben, den verbindlichsten Dank aussprechen, und möchte gleichzeitig den Herren Referenten, die heute uns belehrt haben, den Dank der Versammlung votieren.

Ich schließe die Versammlung.

Schluß 3 Uhr.

Mitteilungen des Instituts für ausländisches Recht.

Eigentumsvorbehalt an Maschinen im Auslande.

Ueber die gesetzliche Regelung des Eigentumsvorbehaltes an Maschinen im Auslande sind folgende Auskünfte erteilt worden.

1. Bulgarien.

Dem Eigentumsvorbehalt bis zur Abtragung des Kaufpreises steht nach bulgarischem Recht nichts entgegen. § 65 des bulgarischen Obligationsgesetzes gestattet hinsichtlich der Rechtsgeschäfte alle Bedingungen und Vorbehalte, welche den guten Sitten nicht widersprechen, und Art. 339 des bulgarischen Handelsgesetzbuches nimmt bezüglich der Bedingungen des Kaufes und Verkaufes auf die einschlägigen Bestimmungen des Obligationenrechtes Bezug. Auch das Gesetz über Sachen, Eigentum und Servituten kennt an sich keine Beschränkung nach der gedachten Richtung hin. Indessen hat der eigentliche Vorbehalt doch keine dingliche Wirkung: für gutgläubige Dritte gilt der Satz des französischen Rechts: „En fait de meubles possession vaut titre.“

Nur im Konkurs des Käufers, wenn dieser Kaufmann ist, wird die Forderung des Verkäufers auf Zahlung des Preises privilegiert, wenn es sich um Maschinen von bedeutendem Werte handelt, und wenn der Käufer die Urkunde über den Kaufvertrag bei dem Notar, in dessen Bezirk die Maschine aufgestellt ist, zur Eintragung angemeldet hat. Dies gilt auch für den Fall, daß die Maschinen die Eigenschaft von Immobilien angenommen haben.

Dieses Vorzugsrecht ist jedoch wirkungslos, wenn die Eintragung der Verkaufsurkunde nicht innerhalb der ersten drei Monate nach erfolgter Uebergabe der Maschinen an den Käufer bewirkt worden ist.

Der Kauf soll auch nicht länger zurückliegen als drei Jahre vor der Konkurseröffnung über das Vermögen des Gemeinschuldners (Art. 732 Abs. 4 des bulgarischen Handelsgesetzbuches).

Demnach ist auf alle Fälle anzuraten, nicht nur den Kaufvertrag notariell zu bewerkstelligen, sondern auch die Eintragung der Schuldurkunde in der gedachten Weise innerhalb drei Monaten nach Uebergabe der Maschinen herbeizuführen.

2. Rumänien.

Der Eigentumsvorbehalt an Maschinen ist in Rumänien durchaus statthaft. Allein hier wird das Eigentumsrecht illusorisch, wenn die Maschinen „immeubles par destination" werden (Art. 468 des rumänischen Bürgerlichen Gesetzbuches, der mit Art. 524 des französischen Bürgerlichen Gesetzbuches übereinstimmt). Dasselbe gilt, wenn das betreffende Grundstück hypotheziert wird, gegenüber den Hypothekengläubigern.

3. Serbien.

Prinzipiell gilt nach dem bürgerlichen Recht Serbiens der Kaufvertrag als abgeschlossen, sobald zwischen den Kontrahenten Uebereinstimmung über den Gegenstand und den Kaufpreis zustande gekommen ist (§ 642 des serbischen Bürgerlichen Gesetzbuchs). Die Uebergabe der gekauften Sachen bildet die Erfüllung des Vertrages, doch geht das Eigentum nur dann auf den Käufer über, wenn der beiderseitige Wille der Kontrahenten darauf gerichtet war. Es kann daher die Zahlung des Kaufpreises als Bedingung für den Eigentumsübergang von dem Verkäufer gesetzt sein, so daß der Verkäufer den Anspruch aus dem Eigentum auf Rückgabe der Kaufsache geltend machen kann, wenn der Kaufpreis nicht oder nicht ganz gezahlt ist. In diesem Falle muß der Verkäufer etwa geleistete Teilzahlungen zurückgeben; andererseits muß der Käufer die Sache in dem Zustande restituieren, in welchem er sie erhalten hat. Ist ihm dies nicht möglich, so muß er Ersatz für die Wertminderung der Sache leisten. Für den Nutzen, den er während der Zeit der Detention aus der Sache gezogen hat, ist er keinen Ersatz schuldig, da er während der Zeit als ehrlicher Inhaber (redlicher Besitzer) zu betrachten ist (§§ 204, 207 des serbischen Bürgerlichen Gesetzbuches). Ebenso ist der Verkäufer nicht verpflichtet, Zinsen der zurückzugewährenden Teilzahlungen zu erstatten.

Der Verkäufer kann auch die Sache von jedem Dritten vindizieren, so lange der Kaufpreis nicht voll gezahlt ist (§§ 213, 219);

der Dritte ist dann berechtigt, vom Verkäufer Entschädigung zu verlangen. Uebrigens hat nur der Verkäufer die Actio publiciana (§ 223 des serbischen Bürgerlichen Gesetzbuchs), so daß er nicht zu beweisen braucht, daß er Eigentümer der zurückverlangten Sache ist. Es genügt, daß er im Streitfalle dartut, er habe die betreffende Sache unter Eigentumsvorbehalt verkauft, und daß der Dritte, der sie vom Käufer erworben hat, nicht berechtigt war, die Sache zu kaufen. Hat aber der Dritte beim Kauf nichts von dem Eigentumsvorbehalt gewußt und konnte er auch keinen Verdacht gegen die Ehrlichkeit des Käufers schöpfen, so braucht er die Sache nur gegen Ersatz der Auslagen an den Verkäufer auszuhändigen.

Sind die Maschinen oder Gerätschaften eingemauert oder sonstwie mit einer anderen unbeweglichen Sache verbunden worden, so gelten sie nach § 189 des serbischen Bürgerlichen Gesetzbuchs gleichfalls als unbewegliches Gut und teilen das rechtliche Schicksal des Grundstückes, auf dem sie sich befinden; nur unter den Kontrahenten selbst wirkt der Eigentumsvorbehalt fort. Will der Verkäufer aber auch gegen dritte Erwerber des Grundstücks oder Hypothekengläubiger sein Eigentum geltend machen, so muß der Vorbehalt des Eigentums öffentlich bekanntgemacht worden sein.

4. Türkei.

Nach türkischem Recht muß der Eigentumsvorbehalt auf indirektem Wege geschaffen werden. Die Maschinen gehen durch den Verkauf an sich in das Eigentum des Käufers über. Dieser ist verpflichtet, die Maschine dem Verkäufer für die Stundung des Kaufpreises zu verpfänden, der sie nun seinerseits dem Käufer aus dem Pfandbesitze heraus leihweise überläßt.

Der Käufer als Entleiher muß die Maschine jederzeit dem Verkäufer auf Verlangen herausgeben, und dieser ist dann berechtigt, sich im Wege des Pfandverkaufes für seine Lieferung bezahlt zu machen.

5. Norwegen.

Der Eigentumsvorbehalt bei beweglichen Sachen ist in Norwegen allgemein zulässig. Eine bestimmte Form ist für den Vertrag nicht vorgeschrieben. Maschinen können zwar mit einer Fabrik zusammen verpfändet werden, doch muß die Mitverpfändung dann speziell ausgesprochen sein. Grundsätzlich werden die in eine verpfändete Fabrik eingelieferten Maschinen von der Verpfändung nicht ergriffen.

Wenn der Verkäufer die verkauften Sachen wegen Nichterfüllung seitens des Käufers zurückhaben will, so geschieht dies auf Antrag des Verkäufers durch ein sogenanntes Ueberlieferungsgeschäft. Es ist dies eine Art Zwangsvollstreckung, als deren Grundlage ein vollstreckbarer Titel vorhanden sein muß. Daher wird in Norwegen fast immer in diese Verträge die sogenannte Vergleichsklausel aufgenommen. Der Käufer erklärt sich damit einverstanden, daß eine bestimmt bezeichnete Person, gewöhnlich der Ladungszeuge, für ihn in der Vergleichskommission auftreten kann, um mit dem Vertreter des Verkäufers einen Vergleich auf Auslieferung der Sachen abzuschließen. Dieser Vergleich ist vollstreckbar. Er wird der Vollstreckungsbehörde vorgelegt, welche sodann einen Termin für das Auslieferungsgeschäft festsetzt. Die Sache wird dort dem Eigentümer übergeben.

Die Lage der deutschen Tuchindustrie und der englische Wettbewerb.*)

Von Dr. von Stojentin.

Es ist eine eigentümliche Erscheinung, daß der Bestand großer, auf den Export gegründeter Industrien durch an sich geringfügige Ursachen stark geschädigt und bedrängt werden kann, selbst wenn sonst alle für deren Blühen und Gedeihen nötigen Bedingungen gegeben und auch die zoll- und handelspolitischen Verhältnisse sach- und zweckentsprechend geregelt sind. Das beste Beispiel hierfür bietet die deutsche Tuch- und Wollwarenfabrikation, die nach kraftvoller Aufwärtsbewegung bis zum Jahre 1907 seitdem stark zurückgegangen ist, ohne daß äußere, im natürlichen Laufe der Dinge begründete Ursachen dies erzwungen hätten oder hätten bedingen müssen. Nachstehende Zahlen, die den vom Kaiserlich Statistischen Amte herausgegebenen monatlichen Nachweisen über den auswärtigen Handel Deutschlands entnommen sind, lassen dies deutlich erkennen.

An Kleiderstoffen wurden nach Deutschland eingeführt:

	1911	1910	1909	1908	1907
Wert insgesamt . . . M.	29 017 000	25 525 000	23 845 000	22 879 000	23 808 000
Menge insgesamt . . dz	27 566	24 221	21 729	18 083	20 202
Davon aus England Menge . . . . . „	22 306	19 259	17 050	14 220	15 775
Englischer Anteil an der Gesamt-Einfuhr	80,9 %	79,5 %	78,5 %	78,7 %	78,1 %
Wert der englischen Einfuhr . . . . . . M.	23 230 000	19 459 000	17 401 000	17 495 000	17 918 000

An Kleiderstoffen wurden aus Deutschland ausgeführt:

	1911	1910	1909	1908	1907
Wert insgesamt . . . M.	205 110 000	209 617 000	207 128 000	208 221 000	223 160 000
Menge insgesamt . . dz	242 384	250 711	241 226	231 472	254 605
Davon nach England Menge . . . . . „	33 670	33 986	39 019	33 267	35 222
Englischer Anteil an der Gesamt-Ausfuhr	13,9 %	13,6 %	16,2 %	13,9 %	13,8 %
Wert der Ausfuhr nach England . . . . M.	28 485 000	28 368 000	34 284 000	30 964 000	32 257 000

*) Den Mitgliedern des Centralverbandes stehen Sonderabdrücke dieses Aufsatzes bei der Geschäftsstelle auf Wunsch zur Verfügung.

Nach den Produktionserhebungen des Reichsamts des Innern vom Jahre 1907 über die Herstellung von gewebten Herren-, Damen- und Kinderkleiderstoffen, einschließlich Futterstoffen, wurden im Jahre 1907 rund 1 134 000 dz der ebenbezeichneten Produkte im Werte von 774,5 Millionen Mark hergestellt, von denen 899 597 dz im Inlande verbraucht wurden. Bei konstantem Durchschnittswert würde sich — bei gleichbleibendem Verhältnis zur Einwohnerzahl Deutschlands — der einheimische Verbrauch von Tuchstoffen im Jahre 1911 auf 949 299 dz, die Jahresproduktion überhaupt auf 1 191 676 dz im Werte von 813,9 Millionen Mark stellen müssen. Unter Zugrundelegung dieser Zahlen berechnete sich die Einfuhr englischer Stoffe nach Deutschland ihrem Werte nach im Jahre 1907 auf 2,3 pCt., im Jahre 1910 aber auf 2,9 pCt. der heimischen Produktion. In derselben Zeit ist der Wert der Ausfuhr deutscher Stoffe nach England von 4,2 pCt. auf 3,5 pCt. zurückgegangen: 1907 betrug die Mehreinfuhr deutscher Waren nach England 19 447 dz im Werte von 14,34 Millionen Mark, dagegen 1911 nur noch 11 364 dz im Werte von 5,26 Millionen Mark*).

Geht man den Ursachen dieser Erscheinung auf den Grund, so läßt sie sich sachlich zunächst wenig erklären. Die Wollwarenfabrikation, vor allem die Tuchmacherei, ist einer der ältesten und vornehmsten Fabrikationszweige Deutschlands, der seit Jahrhunderten blühte, im Mittelalter zu vornehmsten Gilden gehörte, durch seine hervorragenden Leistungen weithin Ansehen erworben, und im 16. und zu Anfang des 17. Jahrhunderts den Weltmarkt beherrscht hat. Diesen guten Ruf hat sich der Industriezweig auch bemüht zu allen Zeiten aufrecht zu erhalten. Besonders in den letzten drei Jahrzehnten hat die Tuchindustrie ihre Aufmerksamkeit darauf gerichtet, den von Saison zu Saison stark wechselnden Anforderungen der Mode gerecht zu werden. Die Betriebe sind zu diesem Zweck, ganz im Gegensatz zu dem geschäftlich so konservativen England, in dem noch heute vielfach nach Großväter-Manier gearbeitet wird, mit den kostspieligsten, neuesten Maschinen ausgestattet, und die deutschen Fabrikanten scheuen keine Kosten, um ihre Anlagen technisch ständig auf der Höhe zu halten und jede Neueinrichtung sich nutzbar zu machen. Durch Einrichtung von

*) Daß zu den obenstehenden Aufstellungen als Ausgangspunkt das Jahr 1907, obwohl ein Jahr der Hochkonjunktur, gewählt worden ist, ändert an den festgestellten Tatsachen nichts; dies Jahr mußte um deswillen zum Vergleich herangezogen werden, weil die vom Reichsamt des Innern veranstalteten, letzten produktionsstatistischen Erhebungen für die Textilindustrie in dem in Rede stehenden Jahre vorgenommen worden sind.

Webschulen haben sie sich bemüht, ein hochgebildetes, technisches Personal heranzubilden. Die von ihr ins Leben gerufenen Schuleinrichtungen sind geradezu vorbildlich geworden und von der ausländischen Konkurrenz vielfach übernommen. Die bei den größeren Weltausstellungen auf deutsche Tuchfabrikate gefallenen Preise und Auszeichnungen sprechen ferner unzweifelhaft für die Güte und Anerkennung der deutschen Produkte im Auslande.

Der Umstand, daß in den letzten fünf Jahren die Ausfuhr zurückgegangen und die englische Einfuhr gestiegen ist, kann deshalb nicht darauf zurückgeführt werden, daß das deutsche Produkt geringwertiger geworden sei. Der zu früheren Zeiten gelegentlich angeführte Hinweis, daß der englischen Industrie gewisse Cheviot- oder Kreuzzuchtwollen ausschließlich zur Verfügung ständen, trifft heute längst nicht mehr zu, da die besonders in Schottland gezüchteten Wollen vom englischen Spinner auch dem deutschen Fabrikanten verkauft werden, und die deutsche Spinnerei eine hohe Stufe der Vollkommenheit infolge der seit 1879 eingeleiteten deutschen Schutzzollpolitik erreicht hat. Ueberdies hat der Handel angesichts des großen Weltbedarfes an solchen Wollen auch andere Länder, vor allem Australien und Neuseeland, zur Lieferung gleichwertigen Rohmaterials herangezogen. Auch hierfür bietet die amtliche Statistik einen untrüglichen Beweis. Nach ihr wurden nach Deutschland an Rohwolle eingeführt aus

	England	Australien und Argentinien insgesamt
1907	159 523 dz	1 292 942 dz
1910	130 129 „	1 402 502 „

Während sich die Einfuhr aus Argentinien in den bezeichneten Jahren fast die Wage gehalten hat, hat die Einfuhr der australischen Rohwollen in diesem Zeitraum insgesamt um 110 211 dz zugenommen; die Einfuhr aus England ist dagegen in derselben Zeit um 29 394 dz zurückgegangen. Von der trefflichen Merinowolle hat Australien allein im Jahre 1910 591 589, von Kreuzzuchtwollen 199 331 dz mehr als England bei uns eingeführt, wobei bemerkt sei, daß der Wert dieser Wollen größer als der der entsprechenden englischen Sorten gewesen ist, also die Qualität eine bessere war.

Die Statistik lehrt aber weiter, daß es sich bei der vermehrten Einfuhr englischer Stoffe keineswegs um die beste Qualität handelt. Die Statistik unterscheidet schwere, mittlere und leichte Stoffe; von der ersten Sorte gehen über 700 g auf 1 qm, von der zweiten über 200 bis 700 g, von der dritten Sorte bis 200 g auf 1 qm. Insgesamt wurden aus Großbritannien nach Deutschland eingeführt von der Qualität I (schwere Stoffe) 1907: 132 dz im Werte von 144 000 M., 1910: 279 dz im Werte von 302000 M.; von Qualität II (mittlere Stoffe) 1907: 146 614 dz im Werte von 1 607 600 M., 1910: 18 095 dz im Werte von 1 809 400 M.; von Qualität III (leichte Stoffe) endlich 1907: 10 029 dz im Werte von 1 698 000 M., 1910: 885 dz im Werte von 1 063 000 M.

Danach entfielen auf Großbritannien von schweren Stoffen im Jahre 1907 43 pCt., im Jahre 1910 aber nur noch 39,5 pCt. der Einfuhr in Deutschland; in mittleren Stoffen 86 bzw. 87 pCt., in leichten 35 bzw. 33 pCt. Der Wert dieser Produkte stellte sich im Durchschnitt bei der schweren Qualität im Jahre 1907 auf 1091, 1910 auf 1082 M., bei der mittleren auf 1100 bzw. 1000 M. und bei den leichten Stoffen auf 1650 bzw. 1201 M.*)

Diese Zahlen lassen deutlich erkennen, daß bei der Einfuhr aus Großbritannien Stoffe der mittleren Qualität die Hauptrolle spielen — die Einfuhr der besten Stoffe ist stark zurückgegangen, während sich die der mittleren Qualität erheblich vermehrt hat — und daß, da die englische Ausfuhr billiger geworden ist, während das Rohprodukt erheblich im Preise stieg, dementsprechend auch die Beschaffenheit der nach Deutschland eingeführten Stoffe geringer geworden ist. In welchem Maße dies der Fall sein muß, läßt sich aus dem Umstand annehmen, daß der Wert der Wolle sich seit 1901 fast ständig erhöht hat; während 1901 norddeutsche Wolle mittlerer Qualität in Berlin 231,3 M. für den Doppelzentner notierte**), war der Preis hierfür 1910 auf 336,7 M. gestiegen. Argentinische (Buenos Ayres) Wolle I notierte in Bremen 1901 302,8 M., 1910 434,2 M. und australischer Kammzug A in Leipzig 1901 396,7 M., 1910 aber 533,3 M.

Sucht man nun nach Feststellung der vorstehend verzeichneten Tatsachen eine Erklärung für den auffälligen Rückgang der deutschen Tuchindustrie, so kommt man zu dem Ergebnis, daß derselbe keineswegs in sachlichen Gründen, vor allem nicht in der Beschaffenheit des deutschen Produktes liegen kann. Andere Momente geben hierbei vielmehr den Ausschlag; sie sind kürzlich in einem Aufsatz gelegentlich der Erörterung der Frage „England-Deutschland" dargelegt, ohne

*) Die mittleren Durchschnittswerte sind für schwere Stoffe 1907 1020 M., 1910 947 M., für mittlere 1100 bzw. 1035 M., für leichte Stoffe 1648 bzw. 1221 M.

**) Statistisches Jahrbuch für das Deutsche Reich. Herausgegeben vom Kaiserlichen Statistischen Amt. 32. Jahrgang 1911, S. 323.

daß dessen Verfasser vermutlich von der schweren Schädigung der deutschen Tuchindustrie durch die von ihm gegeißelte Modenarrheit Kenntnis gehabt hat. Gerade darum aber verdienen die Ausführungen wörtlich wiedergegeben zu werden*): „Seit vielen Jahren schon und neuerdings in immer stärkerem Maße ist das deutsche Volk bei der Arbeit, sich dem englischen Wesen mehr und mehr zu „assimilieren". Das gilt für alle Gebiete des Lebens. So z. B. in der Art, sich zu kleiden. Wer etwas vorstellen will, trägt nur englische Stoffe mit englischem Schnitt. So Herren wie Damen, besonders in den höheren Kreisen. Der Herrenschneider nennt sich meist English clothing company. Er verfertigt Ulster, Cutaweys, Smokings, Brüches usw. Hemden liefert der Shirtmaker, Sweater der Hosier. Sportleute tragen Kleider aus Cord oder Homespun. Das Kleid jeder anständigen Dame ist tailor made. Ihren Kopfschmuck lassen beide Geschlechter im Ladies and gentlemen hair dressing room herrichten oder im Hair and beauty parlour. Selbst die Kleinsten, die kein Deutscher anders als Babies nennt, werden schon englisch zugestutzt, und unter Umständen von Lady nurses gepflegt. Babykleider, Babyausstattungen bieten die Vorstadtläden den Arbeiterfrauen an. An einem dieser Geschäfte in meiner Nachbarschaft prangt über dem Schaufenster ein großes Schild mit der Inschrift „English Style". Ein Herrenbekleidungsgeschäft in der Berliner Friedrichstraße nennt sich Old England, ein anderes — um die deutsche Kundschaft besonders stark einzuladen — nach unserem treuesten Freunde, dem verstorbenen Eduard, Prince of Wales, ein drittes The gentleman usw."

Der Verein Deutscher Tuch- und Wollwarenfabrikanten, der in 72 Städten 26 Ortsgruppen umschließt, hat diesen Kernpunkt der Sache richtig erkannt. In einer Eingabe sagt er diesbezüglich: „Ein überaus rühriger Zwischenhandel und bedeutendere Herrenkleidergeschäfte an den größeren Handelsplätzen verstehen es, die Vorliebe der in Unkenntnis der tatsächlichen Verhältnisse befindlichen Käufer für englische Ware auszunutzen, und zwar hauptsächlich deshalb, weil an den englischen Stoffen in der Regel mehr verdient wird. Es ist soweit gekommen, daß deutsche Tuche, die bei objektiver Würdigung trotz der billigeren Preislage in ihrer Beschaffenheit der englischen Ware keineswegs nachstanden, in Schneidergeschäften als englische Erzeugnisse verkauft worden sind, nur um dem Hange des Publikums für englische Stoffe zu genügen. Ja, es geht sogar soweit, daß

*) Zeitschrift des Allgemeinen Deutschen Sprachvereins, Mai 1912, Jg. 27, Nr. 5, S. 130.

deutsche Herrenstoffe aus bestem Rohmaterial und von bester Beschaffenheit vom Käufer deshalb abgelehnt worden sind, nur weil sie deutscher Herkunft waren." Der Hauptgrund der Entwickelung der englischen Tuchindustrie liegt in der wirtschaftlichen Vormachtstellung Englands, in seinem großen englischen Weltreich und in der führenden Bedeutung seiner Herrenmode. Seitdem auch die deutsche Bevölkerung wohlhabender geworden ist und die führenden Schichten einen größeren Aufwand für ihre Kleidung nicht scheuen, seitdem die früher fast ausschließlich das deutsche Tuchgeschäft pflegenden inländischen Großhandelshäuser und Schneidergeschäfte die Aufmerksamkeit des kaufenden Publikums auf das englische Fabrikat lenken, seitdem ist die Wirkung in der Tat eingetreten, die in den umstehend vorgeführten Zahlen in bedauerlicher Weise zum Ausdruck gelangt. Die Irreleitung des deutschen Publikums ist nicht von gestern auf heute erfolgt, sondern in langsamer und planmäßiger Durchführung der diesen zielbewußten Bestrebungen des Auslandes innewohnenden Tendenz, wobei man sich in erster Linie an die führenden Stände wenden mußte und den zahlungsfähigeren Teil der Bevölkerung das gesellschaftliche Vorbild geben ließ. Es ist nicht zu verkennen, daß die Gefahr besteht, daß verblendeter Geschmack und Modetorheit einen der ältesten urdeutschen Industriezweige, der nach den letzten statistischen Ausweisen 122 000 bis 126 000 Personen*) Brot und Unterhalt gewährt, dem langsamen, aber stetigen Rückgang und Verderben preisgibt. Der dadurch angerichtete Schaden wirkt aber um so verhängnisvoller, als die Wollweberei noch in ansehnlichem Umfange als Heimarbeit betrieben wird, wenn auch die weitaus größte Zahl der in der Wollwaren- und Tuchfabrikation beschäftigten Personen — etwa $^4/_5$ der Gesamtzahl — in Betrieben zwischen 20 und 500 Arbeitern beschäftigt werden. Sogenannte Riesenbetriebe mit mehr als 1000 Arbeitern fehlen in diesem Produktionszweige gänzlich. Welche gewaltigen Lohnsummen für die von der deutschen Tuchfabrikation beschäftigten Arbeiter in Betracht kommen, lehrt ein Bericht der Handelskammer Aachen, wonach die Sektion VI Aachen der Rheinisch-Westfälischen Textilberufsgenossenschaft im Jahre 1908 eine Arbeiterzahl von 22 823 mit 18 918 000 M., 1909 24 618 mit 20 275 000 M. und 1910 24 585 mit 21 251 963 M. Lohn nachweisen konnte! Das entspricht in diesen Jahren einem Einzelverdienst von 824, 829 und 864 M. Werden für die übrigen Arbeiter dieser Branche im Reiche dieselben Lohnverhältnisse zugrunde gelegt,

*) Gewerbliche Betriebsstatistik. Statistik des Deutschen Reiches, Band 213, S. 15.

so ergibt sich für das Jahr 1907 eine Gesamtlohnsumme von 101,1 Millionen Mark. In der Gesamterzeugung des Deutschen Reiches in Tuchen für das Jahr 1907 von 774,5 Millionen Mark bedeutet diese Lohnsumme einen Prozentsatz von 13,1. Ist in dem Werte der englischen Einfuhr nach Deutschland im Jahre 1911 ein gleich hoher Lohnkoeffizient enthalten, so würde, wenn das importierte englische Fabrikat hätte in Deutschland gefertigt werden können, die deutsche Arbeiterschaft rund 3 Millionen Mark mehr an Löhnen verdient haben bzw. es hätten zu dem Durchschnittslohnsatz von 1910 mit 864 M. rund 3520 Arbeiter in der deutschen Tuch- und Wollwarenfabrikation mehr beschäftigt werden können!

Das ist ein Ausfall für die deutsche Arbeiterschaft, der in sozialer und volkswirtschaftlicher Hinsicht lebhaft zu bedauern ist und zu ernsten Bedenken Anlaß gibt, wenn der bisherige Rückgang der deutschen Tuchfabrikation infolge der gänzlich unbegründeten Anglomanie anhalten oder gar weiter fortschreiten sollte. Im Interesse deutschen Gewerbefleißes, des deutschen Volksvermögens und im Interesse endlich der deutschen Arbeiterschaft sollte jedermann darauf bedacht sein, dem einheimischen Produkt den Vorzug zu geben, wenn es sich als gleichwertig oder gar als besser als ausländisches Fabrikat erweist.

Der deutsche Volkscharakter kennt im allgemeinen keine Selbstverherrlichung, mit Recht gilt Bescheidenheit bei uns als Tugend. Diese darf aber nicht zur Bevorzugung des Fremdländischen ausarten nur deshalb, weil es außerhalb der schwarz-weiß-roten Grenzpfähle entstanden ist. Dem sollte jeder Deutsche nach seinem Vermögen entgegenwirken und damit Bismarcks bitteren Tadel entkräften helfen, den der Altreichskanzler in die Worte gekleidet hat: „Die Sucht, sich für ausländische Fabrikate begeistert zu zeigen, selbst wenn es auf Kosten der eigenen Nation geschieht, ist eine politische Krankheitsform, deren geographische Verbreitung sich nur auf Deutschland erstreckt."

Namen der Mitglieder des Ausschusses.

Mitglieder.	Stellvertreter.
Böcking, Rudolf, Geh. Kommerzienrat, Halbergerhütte bei Brebach (Saar).	Röchling, Louis, Kommerzienrat, Völklingen.
Beuckenberg, Generaldirektor, Baurat, Hörde i. W.	Lehmann, Professor, Dr., Handelskammer-Syndikus, Geschäftsführer des Vereins Deutscher Tuch- und Wollwarenfabrikanten und des Vereins für die berg- und hüttenmännischen Interessen im Aachener Bezirk, Aachen.
	Euler, W., Kommerzienrat, Bensheim.
Delius, Karl, Dr.-Ing. h. c., Geh. Kommerzienrat, Aachen.	van Delden, Gerrit, Geh. Kommerzienrat, Gronau (Westf.).
	Toussaint, Direktor, Kiel.
Gärtner, R., Kommerzienrat, Freiburg (Schles.).	Websky, Ernst, Fabrikbesitzer, Tannhausen (Schles.).
Goldschmidt, Karl, Dr., Kommerzienrat, Essen (Ruhr).	Curtius, Richard, Fabrikbesitzer, Duisburg.
Haarmann, A., Dr.-Ing., Geh. Kommerzienrat, Osnabrück.	Baare, Fritz, Geh. Kommerzienrat, Bochum.
Hummel, Friedrich, Generaldirektor, Ettlingen.	Kraner, Direktor, Erlangen.
Kauffmann, Georg, Dr., Kommerzienrat, Hermsdorf (Katzbach).	Mittelstaedt, Wilhelm, Fabrikbesitzer, Oberlangenbielau.
Kraushaar, C., Dr., Generaldirektor, Hannover.	Heintze, G., Direktor, Döhren bei Hannover.

Langen, E. O., Kommerzienrat, M.-Gladbach.

Linke, Paul, Domänenrat, Slawentzitz.

Lueg, Heinrich, Dr.-Ing., Geh. Kommerzienrat, Düsseldorf.

Melchior, A., Geh. Kommerzienrat, Nürtingen.

Meyer, Ed., Fabrikbesitzer, Aachen.

Meyer, Wilhelm, Rechtsanwalt, M. d. R., Vorsitzender des Vereins Deutscher Eisen- und Stahlindustrieller, Hannover, Tiergartenstr. 39.

Mieg, Daniel, Fabrikant, Mülhausen (Els.).

Müser, Kommerzienrat, Dortmund.

Randebrock, Bergrat, Generaldirektor, Gelsenkirchen.

Rickel, Ferd., Direktor, Harburg (Elbe).

Servaes, A., Geh. Kommerzienrat, Düsseldorf.

Stark, Emil, Kommerzienrat, Chemnitz.

Tiemann, Kommerzienrat, Bielefeld.

Ugé, Kommerzienrat, Kaiserslautern.

Laurenz, Anton, Kommerzienrat, Ochtrup.

Knochenhauer, Bergrat, Kattowitz.

Schrödter, E., Dr.-Ing., Ingenieur, Geschäftsführer des Vereins Deutscher Eisenhüttenleute, Düsseldorf.

Bourcart, Fabrikbesitzer, Gebweiler.

Neubarth, Eugen, Kommerzienrat, Forst (Lausitz).

Jüngst, Geh. Bergrat, Dr.-Ing., Berlin W 15, Kurfürstendamm 214.

Kiener, André, Kommerzienrat, Colmar (Els.).

Graßmann, Bergrat, Essen (Ruhr).

Caro, Geh. Kommerzienrat, Gleiwitz.

Haasemann, Albert, Direktor der Jutespinnerei und Weberei Bremen, Bremen.

Kamp, H., Kommerzienrat, Berlin-Grunewald, Auerbachstr. 9.

Zeyß, Richard, Dr., Syndikus der Handelskammer Crefeld, Crefeld.

Möhlau, Adolf, Kommerzienrat, Düsseldorf.

Stumpf, F., Generalsekretär des Georgs-Marien-Bergwerks- und Hütten-Vereins, Syndikus der Handelskammer zu Osnabrück, Osnabrück.

Walter, W., Senator, Fabrikdirektor, Hannover-Linden.

Weisdorff, Generaldirektor, Burbacher Hütte bei Saarbrücken.

Williger, Generaldirektor, Bergrat, Dr.-Ing., Kattowitz.

Winkler, Paul, Geh. Kommerzienrat, Fürth (Bayern).

Ziegler, Gottfr., Kommerzienrat, Düsseldorf, Ahnfeldstr. 17.

Amann, Emil, Kommerzienrat, Bönnigheim.

Wandel, Justizrat, Vertr. der Firma Fried. Krupp A.-G., Essen (Ruhr).

Voltz, Dr., Generalsekretär des Oberschlesischen Berg- und Hüttenmännischen Vereins, Kattowitz.

Müllensiefen, Th., Kommerzienrat, Crengeldanz.

Reusch, Kommerzienrat, Generaldirektor der Gutehoffnungshütte, Oberhausen II (Rheinland).

Zugewählte Mitglieder.

Baur, G., Baurat, Germaniawerft, Kiel.

Beumer, W., Dr., M. d. A., Generalsekretär des Vereins zur Wahrung der gemeinsamen wirtschaftlichen Interessen in Rheinland und Westfalen und der Nordwestlichen Gruppe des Vereins Deutscher Eisen- und Stahl-Industrieller, Düsseldorf.

Blohm, Herm., Dr.-Ing., Hamburg.

Bock, Heinrich, Kommerzienrat, Würzburg.

Böker, M., Geh. Kommerzienrat, Vorsitzender des Bergischen Fabrikanten-Vereins, Remscheid.

von Borsig, E., Kommerzienrat, Berlin-Tegel.

Brandt, Dr., Syndikus der Handelskammer Düsseldorf, Geschäftsführer des Vereins Deutscher Eisengießereien, Düsseldorf.

Brockhaus, Prokurist der Firma Berliner Kalksandsteinwerke Rob. Guthmann, G. m. b. H., Berlin NW 7, Neustädtische Kirchstr. 15.

Budde, Professor, Generaldirektor der Aktiengesellschaft Siemens & Halske, Berlin SW 11, Askanischer Platz 3.

Büttner, Erhard, Dr., Syndikus, Augsburg.

von Buz, Hch., Kommerzienrat, Direktor der Maschinenfabrik Augsburg-Nürnberg, A.-G., Augsburg.

Coste, David, Kommerzienrat, Biere.

Dietel, Franz, Geh. Kommerzienrat, Coßmannsdorf.

Dietrich, Dr., Handelskammer-Syndikus, Plauen (Vogtland).

Ditges, Rudolf, Generalsekretär des Vereins Deutscher Papierfabrikanten und des Vereins Deutscher Schiffswerften, Berlin W 10, Lützowufer 17.

Dulon, M., Kommerzienrat, Magdeburg.

Eichler, Generaldirektor des Kali-Syndikats, Staßfurt.

Evers, Ziegeleibesitzer, Ehrenvorsitzender des Verbandes Deutscher Tonindustrieller, Halensee, Joachim-Friedrich-Str. 43.

Fleitmann, R., Kommerzienrat, Düsseldorf, Tonhallenstr. 15.

Frölich, Fr., Dipl.-Ing., Geschäftsführer des Vereins Deutscher Maschinenbau-Anstalten, Düsseldorf.

Fromm, Geh. Kommerzienrat, Generaldirektor der Maximilianshütte, Rosenberg (Oberpfalz).

Goldberger, Geh. Kommerzienrat, Vorsitzender der Ständigen Ausstellungskommission für die deutsche Industrie, Berlin W 56, Markgrafenstr. 53/54.

Gottstein, L., Dr., Generaldirektor, Vorsitzender des Vereins Deutscher Zellstoff-Fabrikanten, Breslau I.

Großberger, Generaldirektor, Kneuttingen.

Guggenheimer, Dr., Direktor der Maschinenfabrik Augsburg-Nürnberg A.-G., Augsburg.

von Guilleaume, Th., Kommerzienrat, Cöln.

Haas, Karl, Geh. Kommerzienrat, Erster stellvertretender Vorsitzender des Vereins Deutscher Zellstoff-Fabrikanten, Waldhof bei Mannheim.

Hallbauer, Kommerzienrat, Lauchhammer.

Haumann, Oberbürgermeister, Generaldirektor der Vereinigten Stahlwerke van der Zypen und Wissener Eisenhütten, Cöln.

Guido Fürst Henckel von Donnersmarck, Neudeck (Oberschles.).

von der Herberg, C., Direktor, Vorsitzender der Verkaufsstelle des Deutschen Kupferdraht-Verbandes, Mülheim (Rhein).

Hirsch, Wilh., M. d. A., Syndikus der Handelskammer für die Kreise Essen, Mülheim (Ruhr) und Oberhausen, Essen (Ruhr).

Hoesch, Kommerzienrat, Königstein (Sachsen).

Hoeter, Ministerialdirektor a. D., Berlin W 15, Kurfürstendamm 220.

Jordan, H., Dr., Bankdirektor, Elberfeld.

Junghann, Geh. Bergrat, Schlachtensee, Zietenstraße.

Kirdorf, A., Geh. Kommerzienrat, Rothe Erde bei Aachen.

Klein, Ernst, Kommerzienrat, Vorsitzender des Vereins Deutscher Maschinenbau-Anstalten, Dahlbruch.

Kleine, Geh. Bergrat, Dortmund.

Körting, Berth., Geh. Kommerzienrat, Hannover.

Kramer, i. Fa. Raab, Karcher & Co., Duisburg.

Krause, Max, Kgl. Baurat, Berlin N 4, Chausseestr. 13.
Kroener, Kommerzienrat, Direktor des Vereins Deutscher Marmorwerke, Kiefersfelden.
Krüger, Generalleutnant z. D., Exzell., Geschäftsführer des Vereins der Fabrikanten landwirtschaftlicher Maschinen und Geräte, des Verbandes Deutscher Maschinenfabrikanten für Brauindustrie und des Verbandes Deutscher Mühlenbauanstalten, Berlin-Westend, Kaiserdamm 67.
Kubatz, Dr., Geschäftsführer des Vereins zur Wahrung der Interessen der Asphaltindustrie in Deutschland und des Vereins deutscher Pappenfabrikanten in Berlin, Berlin.
Kuhlo, Dr., Syndikus des Bayerischen Industriellen-Verbandes, München, Prannerstr. 15.
Landsberg, Heinrich, Direktor des Heddernheimer Kupferwerks, vormals F. A. Hesse Söhne zu Frankfurt a. M., Vorsitzender der Verkaufsstelle des Kupferblech-Syndikats, Cassel.
von Langen, Gottlieb, Fabrikbesitzer, Cöln.
Laval, Direktor der Firma Schäffer & Budenberg, G. m. b. H., Magdeburg-Buckau.
von und zu Loewenstein, Bergassessor, Geschäftsführer des Vereins zur Wahrung der bergbaulichen Interessen im Ober-Bergamtsbezirk Dortmund, Essen (Ruhr).
Mann, L., Kommerzienrat, Handelsrichter, Vorsitzender des Vereins Deutscher Lackfabrikanten, Berlin W 15, Meinekestr. 4.
March, Fabrikbesitzer, Vorsitzender des Deutschen Vereins für Ton-, Zement- und Kalkindustrie, Charlottenburg 2, Sophienstr. 23/25.
Martens, Dr., Syndikus der Handelskammer Dortmund, Dortmund.
Marwitz, Kommerzienrat, Vorsitzender des Verbandes Deutscher Baumwollgarnverbraucher, Dresden.
Mathies, Regierungsrat, Generaldirektor der „Union", Dortmund.
Meesmann, Geschäftsführer des Mittelrheinischen Fabrikanten-Vereins und der Süddeutschen Gruppe des Vereins Deutscher Eisen- und Stahl-Industrieller, Mainz.
Menck, Joh. A., M. d. A., Kommerzienrat, Altona (Elbe).
Merwitz, Direktor der Firma: C. Heckmann, A.-G., Duisburg, Postfach 125.
Meyer, Paul, Dr., Berlin N 39, Lynarstr. 5/6.
Müller, Waldemar, Geh. Ober-Finanzrat a. D., Direktor der Dresdner Bank, Berlin W 9, Bellevuestr. 13.
Müller, Dr., Vorsitzender des Vereins Deutscher Portland-Zement-Fabrikanten, Kalkberge (Mark).

Müller, Th., Direktor der Firma: Gebr. Stumm, Neunkirchen (Bz. Trier).

Mundt, Arthur, i. Fa. Berliner Gipswerke L. Mundt vorm. H. Kühne, Berlin W 57, Berl. Großgörschenstraße.

Naumann, Dr., i. Fa. Seidel & Naumann, Dresden.

Offermann, Geh. Kommerzienrat, Leipzig.

Oswald, W., Kommerzienrat, Coblenz.

Protzen, Kommerzienrat, Berlin C. 19, Köllnischer Fischmarkt 4.

Reinecker, J. E., Dr.-Ing., Chemnitz, stellvertretender Vorsitzender des Vereins Deutscher Werkzeugmaschinenfabriken, Düsseldorf.

Rennen, Kommerzienrat, Oberhomburg.

Reutzsch, H., Dr., Dresden-Blasewitz.

Rhazen, Regierungsrat a. D., Generaldirektor der Gasmotorenfabrik Deutz, Cöln.

Rocke, Dr. jur. u. phil., Geschäftsführer des Fabrikanten-Vereins für Hannover-Linden und die benachbarten Kreise, Hannover.

Roessing, Kommerzienrat, Präsident der Handelskammer Plauen, Plauen (Vogtland).

Röll, Wilh., Kommerzienrat, Aue (Erzgebirge).

Rosenthal, Kommerzienrat, Selb (Bayern).

Schaafhausen, Direktor, Neuwelzow (N.-Lausitz).

Schaltenbrand, Vorsitzender des Direktoriums des Stahlwerksverbandes, Düsseldorf.

Schieß, Ernst, Dr.-Ing., Geh. Kommerzienrat, Düsseldorf.

Herzog Ernst Günther zu Schleswig-Holstein, Schloß Primkenau.

Schmid, Th. W., Direktor, Hof (Bayern).

Schott, F., Geh. Kommerzienrat, Heidelberg.

Schroers, A., Kommerzienrat, Erster Vorsitzender des Vereins der Deutschen Textilveredlungs-Industrie, Düsseldorf, Crefeld.

von Schubert, Generalleutnant z. D., Exzellenz, Berlin W 35, Kurfürstenstraße 134.

Siemens, Bergrat, Vorsitzender des Deutschen Braunkohlen-Industrie-Vereins, Halle a. S., Königstr. 84.

von Skene, Karl, Geh. Kommerzienrat, Klettendorf b. Breslau.

Springorum, Dr.-Ing., Kommerzienrat, Generaldirektor, Vorsitzender des Vereins Deutscher Eisenhüttenleute, Dortmund.

Steller, Paul, Generalsekretär des Vereins der Industriellen des Regierungsbezirks Cöln und des Vereins Deutscher Werkzeugmaschinenfabriken, Cöln, Domstr. 33.

Stinnes, Hugo, Mülheim (Ruhr).

Tille, Alexander, Dr., Syndikus der Handelskammer Saarbrücken, Generalsekretär des Vereins zur Wahrung der gemeinsamen wirtschaftlichen Interessen der Saarindustrie und der Südwestlichen Gruppe des Vereins Deutscher Eisen- und Stahl-Industrieller, Saarbrücken 3.

Uthemann, Geh. Bergrat, Generaldirektor von Georg von Giesche's Erben, Zalenze.

Vischer, Generaldirektor, Vorsitzender des Vereins Deutscher Motorfahrzeug-Industrieller, Untertürkheim.

von Vopelius, Max, Dr., Hüttenbesitzer, Sulzbach a. Saar.

Weinlig, Generaldirektor, Burg Lede bei Beuel.

de Wendel, Humbert, Hayingen.

Wenzel, Kommerzienrat, Direktor der Kammgarnspinnerei zu Leipzig, Leipzig.

Wiebe, G., Dr., Syndikus der Handelskammer zu Bochum, Bochum.

van den Wyngaert, Jos., Direktor, Berlin-Wilmersdorf, Prinzregentenstr. 118.

Zahnbrecher, Dr., Syndikus des Verbandes Bayrischer Metallindustrieller, Nürnberg, Sandstr. 4.

Zanders, Hans, Kommerzienrat, i. Fa. J. W. Zanders, Papierfabriken, Bergisch-Gladbach.

Zörner, Bergrat, Generaldirektor der Maschinenbauanstalt „Humboldt", Kalk bei Köln.

Zschille, Georg Herm., Dresden, Wiener Str. 45.

Versicherungsverträge.

Zu dem im Februar 1906 vom Centralverband Deutscher Industrieller mit der Kölnischen Unfallversicherungs-Aktiengesellschaft abgeschlossenen Vergünstigungsvertrag, auf welchen wir unsere Mitglieder wiederholt aufmerksam machen möchten, ist mitzuteilen, daß am 1. April 1912 für die Kautions- und Garantieversicherung ein neuer Prämientarif in Kraft getreten ist. Interessenten bitten wir, sich direkt an die Kölnische Unfallversicherungs-Aktiengesellschaft zu wenden.

Druck: Deutscher Verlag (G. m. b. H.), Berlin SW 48, Wilhelmstr. 8 2804

Verhandlungen, Mitteilungen

und

Berichte

des

Centralverbandes Deutscher Industrieller.

№ 126.

Herausgegeben

von

Dr. jur. Schweighoffer,

Generalsekretär des Centralverbandes Deutscher Industrieller,

Berlin W9, Linkstr. 25 (Fuggerhaus).

Telephon: Amt Lützow, Nr. 2527.

Januar 1913.

Berlin 1913.

J. Guttentag, Verlagsbuchhandlung,

G. m. b. H.

Inhaltsverzeichnis.

Centralverband Deutscher Industrieller.

Sitzung des Ausschusses
am 11. Dezember 1912, nachmittags 5½ Uhr zu Berlin im Hotel Adlon.

Der Vorsitzende des Direktoriums, Herr Landrat a. D. Rötger, bemerkt in der Eröffnungsansprache, die Tagesordnung enthalte im wesentlichen neben der Erledigung einiger geschäftlicher Angelegenheiten die Vorberatung der Tagesordnung für die Versammlung der Delegierten. Er bedaure, daß es nicht möglich gewesen wäre, auf die heutige Tagesordnung mehr zu setzen, aber die Tage der Woche seien so stark besetzt gewesen, daß eine ganze Reihe von Fragen, deren Erörterung in einer Sitzung des Ausschusses in Aussicht genommen sei, habe zurückgestellt werden müssen. Es sei deshalb beabsichtigt, demnächst den Ausschuß noch einmal zu berufen, um alsdann in Ruhe verschiedene aktuelle Angelegenheiten zu behandeln. Der Vorsitzende erwähnt als Beispiel die Frage von Fabrik und Handwerk und gibt der Hoffnung Ausdruck, daß die demnächstige Sitzung ebenso zahlreich besucht werde, wie die heutige.

Sodann berichtet der Geschäftsführer, Herr Regierungsrat a. D. Dr. Schweighoffer, über den Voranschlag des Centralverbandes für 1913, unter Angabe und Erläuterung der Hauptdaten. Der Etat wird ohne Diskussion genehmigt.

Auf Vorschlag des Direktoriums werden folgende Herren in den Ausschuß gewählt: Herr Fabrikbesitzer Max Clouth, i. Fa. Franz Clouth-Köln-Nippes, an Stelle seines verstorbenen Vaters, und Herr Karl Rösch-Mülheim a. Ruhr, Vorstandsmitglied des Verbandes deutscher Buntwebereien.

Es folgt die Beratung der Tagesordnung für die Versammlung der Delegierten. Es wird zunächst beschlossen, der Delegiertenversammlung zur Wahl in den Ausschuß der Hauptstelle deutscher Arbeitgeberverbände vorzuschlagen die Herren: Dr. Beumer, M. d. A., Düsseldorf; Kommerzienrat Brückner, Calbe a. S.; Fabrikbesitzer Richard Dulon, Magdeburg; Fabrikbesitzer Otto Huesker, Reichenbach; Generaldirektor Karcher, Dillingen; Fabrikbesitzer Laederich, Mülhausen i. Els.; Kommerzienrat Rusch., Greiz; Geh. Baurat Schrey, Charlottenburg; Kommerzienrat Starck, Chemnitz; Senator Walter, Hannover.

Von der Erstattung eines Geschäftsberichts wird der Geschäftsführer mit Rücksicht auf den für die Delegiertenversammlung bestimmten Bericht herkömmlicherweise entbunden. Es werden jedoch die vorgeschlagenen Resolutionen eingehend erörtert und es geht in dieser Hinsicht der Geschäftsführer in seinen Ausführungen zunächst auf den Beschlußantrag betr. die Vereinheitlichung des Angestelltenrechts näher ein. Er hebt hervor, daß, nachdem die Angestelltenbewegung in der letzten Zeit durch die Verhandlungen und Beschlüsse des Deutschen Juristentages in Wien eine gewisse Förderung erfahren habe, es Sache der im Centralverbande zusammengeschlossenen Industrien sei, zu diesen Beschlüssen und namentlich zu den ihnen zugrunde liegenden Gutachten Stellung zu nehmen. Der Centralverband könne seine Berechtigung zu einer besonderen Aktion aus den von ihm in dieser Hinsicht bereits geleisteten Vorarbeiten herleiten und es sei daher beabsichtigt, eine eigene Kommission einzusetzen, welche gegenüber den einseitigen Bestrebungen der Sozialtheoretiker auf dem Gebiete der Angestelltenbewegung in eine objektive, allen Tatsachen gerecht werdende Würdigung der Frage einzutreten habe. An der sich an diese Darlegungen anschließenden Diskussion beteiligten sich die Herren: Kommerzienrat Dr. Goldschmidt-Essen, Generalsekretär Dr. Tille-Saarbrücken, Regierungsrat Dr. Schweighoffer-Berlin, Generalsekretär Frölich-Düsseldorf, Direktor Meesmann-Mainz, Justizrat Wandel-Essen, Abg. Dr. Beumer-Düsseldorf, Kommerzienrat Dr. Gottstein-Berlin, Direktor Dr. Guggenheimer-Augsburg, Geh. Kommerzienrat Vorster-Köln, Kommerzienrat Dr. Kauffmann-Hermsdorf, auf Grund deren Ausführungen der Beschlußantrag mit einigen redaktionellen Aenderungen angenommen wird. Der Geschäftsführer gab sodann noch eine kurze Erläuterung zu dem zweiten Beschlußantrag betr. Einführung eines staatlichen Petroleummonopols. Er erwähnt dabei, daß auch der Deutsche Handelstag sich am gleichen Tage mit der Regierungsvorlage beschäftigt und sein Votum in ablehnendem Sinne gegeben habe. Der Centralverband habe niemals unterlassen, zu Fragen, die, wie die vorliegende, das deutsche Wirtschaftsleben in der einschneidendsten Weise berührten, Stellung zu nehmen. Redner empfiehlt daher, dieses auch bezüglich des von den Verbündeten Regierungen geplanten Petroleummonopols zu tun und begründet den Vorschlag einer in ablehnendem Sinne zu fassenden Entschließung. Nach eingehender Erörterung des Beschlußantrages, an der sich die Herren Justizrat Wandel-Essen, Regierungsrat Dr. Schweighoffer-Berlin, Geh. Finanzrat Müller-Berlin, Kommerzienrat Brückner-Calbe, Abg. Dr. Beumer-Düsseldorf, Landrat Rötger-Berlin, Direktor Meesmann-Mainz und Baurat Beukenberg-Hörde beteiligen, wird auch dieser Antrag mit geringen Aenderungen einstimmig angenommen. Dasselbe geschah ohne Diskussion betr. des Beschlußantrages über den preußischen Wassergesetzentwurf. Das Referat des Herrn Direktor Dr. Guggenheimer über die Werkvereine wurde der Delegiertenversammlung vorbehalten.

Schluß der Sitzung 7½ Uhr.

Versammlung

der

Delegierten des Centralverbandes Deutscher Industrieller

am 12. Dezember 1912, vormittags 10 Uhr, zu Berlin im Hotel Adlon.

Vorsitzender Landrat a. D. **Rötger**: Meine Herren! Ich eröffne die Delegiertenversammlung des Centralverbandes Deutscher Industrieller und heiße die Herren Delegierten herzlich willkommen.

Meine Herren, während wir uns hier heute versammeln, steigen in deutschen Landen überall die Flaggen auf Halbmast. Heute in der Frühe ist Seine Königliche Hoheit der Prinz Luitpold von Bayern, des Königreichs Bayern Verweser (die Anwesenden erheben sich) hochbetagt an den Folgen einer Bronchitis verschieden.

Meine Herren, mit dem Deutschen Kaiser und den deutschen Bundesfürsten steht das gesamte monarchisch gesinnte deutsche Volk trauernd an der Bahre dieses ehrwürdigen deutschen Fürsten, der unter den schwierigsten Verhältnissen vor mehr als 26 Jahren, schon damals in hohem Alter, die Regentschaft in Bayern übernommen hat und sich nicht nur im Bayernvolke, sondern weit über die Grenzen desselben hinaus in deutschen Landen und in der Welt durch seine Herrschertugenden einen Namen gegründet hat, der uns alle in Ehrfurcht zu ihm aufblicken ließ, an der Spitze der Nation unseren Kaiser.

Meine Herren! Sie haben sich von Ihren Sitzen erhoben, um der Trauer um den hohen Verblichenen Ausdruck zu geben. Ich konstatiere das und danke Ihnen dafür.

Wünschen wir dem Bayernvolke und dem Deutschen Reiche, daß sein Nachfolger in dem schweren Amte des Regenten von Bayern von den gleichen Tugenden beseelt ist, wie sein hoher verblichener Vater es war.

Meine Herren, es ist in diesem Jahre bereits die zweite Delegiertenversammlung, die das Direktorium des Centralverbandes einberufen hat. Wir haben gegenüber der Fülle der Vorlagen, die uns beschäftigen, es für richtig halten müssen, vor Jahresschluß noch einmal die Delegierten zu versammeln. Die erste Sitzung der Delegierten fand im Mai dieses Jahres in München statt. Sie war reich besucht aus der Zahl der Mitglieder des Centralverbandes, reich besucht auch aus den Kreisen der Königlich bayrischen Staatsbehörden, und verlief unter besonders angenehmen Auspizien im Zusammenhange mit einem Kongreß deutscher und österreichischer Industrieller, an dem auch der jetzige Prinzregent, Prinz Ludwig von Bayern, regen Anteil nahm, im Zusammenhange mit der schönen bayrischen Landesausstellung, welche in diesem Sommer zahlreiche Fremde und in Sonderheit auch Industrielle nach Bayerns Hauptstadt zog.

Auch die heutige Versammlung ist, wie ich mit Freuden konstatieren kann, rege besucht. Auch an der heutigen Versammlung nehmen Kommissare der hohen Reichsregierung und der hohen preußischen Staatsbehörden teil, und wir haben auch die Freude, Herren aus den Parlamenten unter uns zu sehen. Ich darf den erschienenen Herren den Dank des Centralverbandes aussprechen.

In einem, meine Herren, unterscheidet sich aber die heutige Versammlung von der Versammlung in München ganz wesentlich. Während damals die Welt in tiefem Frieden sich befand, ist heute der politische Horizont Europas dicht umwölkt, und kein Mensch kann heute sagen, was uns die nahe Zukunft bringen wird. Es ist, meine ich, ganz selbstverständlich, daß beim Beginn der Verhandlungen in einer so bedeutsamen Versammlung, wie sie die unsrige darstellt, an dieser Sachlage nicht vorübergegangen werden darf. Aber, meine Herren, es ist auch auf etwas anderes in diesem Zusammenhange hinzuweisen. Trotzdem, meine Herren, vor jetzt mehr als zwei Monaten die europäische Welt und eine große Zahl europäischer Regierenden durch die Feindseligkeiten auf dem Balkan vollständig überrascht wurden und nun seit mehr als zwei Monaten die Balkanfrage angeschnitten ist, trotzdem seit fast zwei Monaten der Krieg auf dem Balkan seine Opfer fordert, trotzdem Europa sich seit mehr als 50 Jahren daran gewöhnt hat, anzunehmen, daß mit dem Anschneiden der orientalischen Frage notwendigerweise eine kriegerische Auseinandersetzung unter den Völkern Europas heraufbeschworen würde, trotzdem heute niemand weiß und wissen kann, ob nicht vielleicht schon die nahe Zukunft diese Besorgnis wahrmachen wird — — trotz aller dieser wirtschaftlich hochbedeutsamen und hemmenden Tatsachen, meine Herren, erfreut sich die deutsche Industrie heute einer Konjunktur, die man wohl ohne Uebertreibung als eine glänzende bezeichnen kann.

Meine Herren, darauf dürfen wir in der heutigen Versammlung mit ganz besonderem Stolze hinweisen, denn es ist ein Zeichen von der Gesundheit der deutschen Wirtschaftsverhältnisse, daß es so ist. Und wenn auch gegenwärtig Geldknappheit herrscht und die Geldknappheit zu manchen Besorgnissen Anlaß gibt, so ist dieselbe doch wohl weniger auf eine Ueberspannung der Verhältnisse zurückzuführen, als vielmehr auf die anderen von mir eben angedeuteten Verhältnisse, und man darf hoffen, daß, wenn der Frieden in Ehren gewahrt werden kann, dann auch dieses unangenehme Moment wieder verschwindet.

Meine Herren, noch ein anderes zeichnet dieses auf der wirtschaftlichen Höhe stehende Jahr aus. Das ist, daß in diesem Jahre eine sehr große Zahl von industriellen Unternehmungen auf eine lange halbjahrhundertjährige, dreivierteljahrhundertjährige und hundertjährige Arbeit zurückblicken konnte.

Es kann natürlich nicht meine Aufgabe sein, meine Herren, nun jeder einzelnen Firma zu gedenken, die in diesem Jahre ein Jubiläum gefeiert hat. Aber aus dem reichen Kranze der Erinnerungsfeiern in diesem Jahre will ich doch die einiger Firmen herausheben. Ich nenne die Maschinenfabrik von Wolf in Magdeburg-Buckau und von Johannes Kleinewefers Söhne, Maschinenfabrik in Krefeld, die seit 50 Jahren bestehen; die Baumwollspinnerei Kolbermoor in Bayern, ebenfalls 50 Jahre, die Firma Franz Clouth, Vereinigte Gummiwarenfabriken, ebenfalls 50 Jahre; dann die Sächsische Maschinenfabrik, vormals Richard Hartmann, in Chemnitz, die Maschinenfabrik A. Borsig in Berlin, die Schiffswerft F. Schichau in Elbing, sowie aus der Textilbranche die Firma Wilhelm Vogel in Chemnitz, alles Weltunternehmungen, die, im Jahre 1837 gegründet, in diesem Jahre ihr 75jähriges Bestehen feiern konnten; die Gute Hoffnungshütte, meine Herren, die im Vorjahre 100 Jahre alt wurde, und endlich die Firma Friedrich Krupp, die zwar auch schon im November vorigen Jahres ihren hundertsten Geburtstag begangen hat, die aber ihr erstes Säkularfest in diesem Jahre mit der Feier des Geburtstages des großen Alfred Krupp, des zweiten Begründers der Firma Krupp, verband.

Meine Herren, es kann nicht meine Aufgabe sein, auf alle diese Firmen und die ungenannt gebliebenen Firmen eine Festrede zu halten. Ich wäre dazu gar nicht imstande. Aber auf zwei Dinge möchte ich aufmerksam machen. Alle diese Werke haben das eine gemeinsam, daß sie aus ganz kleinen Anfängen zu ihrer heutigen, zum großen Teil weltumspannenden Bedeutung gediehen sind, und daß sie in vorbildlicher Weise den Entwicklungsgang der deutschen Industrie überhaupt widerspiegeln. Es ist Industriegeschichte, was uns in den Jubiläumsschriften dieser Firmen entgegentritt.

Noch auf ein zweites möchte ich aufmerksam machen. Ein großer Teil, meine Herren, der von mir genannten Werke hat den besonderen Vorzug, unter der Leitung von nur sich selbst verantwortlichen Männern zu stehen, also noch das persönliche Moment des Unternehmers darzustellen. (Bravo!) Ich nenne hier die Namen Kleinewefer, Clouth, Borsig, Schichau, Vogel und Krupp.

Meine Herren, der Centralverband Deutscher Industrieller und seine Mitglieder haben mit dem regsten Interesse und mit Stolz an diesen Jubelfesten Anteil genommen. Ich möchte mich auch hier zum Dolmetsch der Gefühle derselben machen, indem ich den jubilierenden Werken zurufe: Vorwärts zu immer neuen Siegen, zum Ruhme der Industrie und zum Segen des deutschen Vaterlandes! (Lebhafter Beifall.)

Wir treten nun, meine Herren, in die Erledigung unserer Tagesordnung ein. Zunächst:

Wahl von 10 Mitgliedern in den Ausschuß der „Hauptstelle Deutscher Arbeitgeberverbände".

Da habe ich vorweg mitzuteilen, daß als Mitglieder in den Vorstand der Hauptstelle Deutscher Arbeitgeberverbände das Direktorium des Centralverbandes satzungsgemäß jetzt nach Ablauf eines dreijährigen Turnus gewählt hat die Herren Geheimer Regierungsrat Koenig-Berlin, Kommerzienrat Wiedemann-Augsburg, Kommerzienrat Reusch-Oberhausen-Gute Hoffnungshütte und Regierungsassessor a. D. Emil Pastor-Aachen, Vorsitzender des Vereins Deutscher Tuch- und Wollwarenfabrikanten.

Ich möchte Sie nun bitten, meine Herren, zehn Mitglieder in den Ausschuß der Hauptstelle Deutscher Arbeitgeberverbände zu delegieren nach dem Vorschlage, den gestern abend Ihr Ausschuß Ihnen zu machen beschlossen hat. Es sind das die Herren: Dr. Beumer-Düsseldorf, Kommerzienrat Brückner-Calbe a. Saale, Fabrikbesitzer Laederich-Mülhausen i. Elsaß, Geheimer Baurat Schrey-Charlottenburg, Kommerzienrat Stark-Chemnitz, Senator Walter-Hannover — diese sechs Herren gehörten schon dem Ausschusse an —, und dann neu in den Ausschuß zu wählen die Herren: Kommerzienrat Nusch-Greiz, Fabrikbesitzer Richard Dulon jr.-Magdeburg, Fabrikbesitzer Otto Huesker-Reichenbach und Generaldirektor Karcher-Dillingen.

Ich stelle diesen Antrag des Ausschusses zur Diskussion. — Wenn niemand das Wort wünscht, dann schließe ich die Diskussion und darf annehmen, daß die Herren Delegierten mit diesem Vorschlage einverstanden sind und die Wahl getätigt haben.

Nun, meine Herren, bevor ich dem Herrn Geschäftsführer das Wort erteile zur Erstattung seines Jahresberichts, möchte ich die Herren Delegierten darauf aufmerksam machen, daß heute Herr Bueck, unserer früherer Generalsekretär, jetziges Mitglied des Direktoriums, seinen 83. Geburtstag feiert. Er hat gestern an unserer Direktoriumssitzung und an der Sitzung des Ausschusses wegen Unwohlseins nicht teilnehmen können, und hat auch heute hier nicht erscheinen können. Ich möchte Ihnen den Vorschlag machen, dem alten Herrn, der sicherlich heute sehr ungern von dieser Delegiertenversammlung ferngeblieben ist, eine besondere Freude dadurch zu bereiten, daß Sie ihm ein Glückwunschtelegramm zu seinem Geburtstag übersenden. (Lebhafter Beifall.) Ich möchte Ihnen den Vorschlag machen, demselben folgenden Wortlaut zu geben:

„Dem hochverehrten Vorkämpfer der deutschen Industrie senden zur Vollendung seines 82. Lebensjahres in dankbarer Erinnerung der geleisteten Dienste ein herzliches Glückauf
die Delegierten des Centralverbandes."

Sind die Herren einverstanden? (Zustimmung.)

Ich gebe nun das Wort dem Herrn Geschäftsführer Regierungsrat Schweighoffer zur Erstattung des Geschäftsberichts.

Geschäftsführer Regierungsrat a. D. Dr. jur. **Schweighoffer**-Berlin: Meine sehr geehrten Herren! Die letzte Versammlung des Centralverbandes war eine Delegiertenversammlung und hat am 21. Mai d. J. aus Anlaß der gemeinsamen Tagung der deutschen und österreichischen Gewerbetreibenden in München stattgefunden. Ich konnte bereits damals einleitend darauf hinweisen, daß der Centralverband Deutscher Industrieller in der Zeit der abgelaufenen Berichtsperiode eine beachtenswerte Erweiterung erfahren hatte, und darf auch heute wieder mit Genugtuung konstatieren, daß ihm seit jener Tagung außer einer Reihe von Einzelmitgliedern mehrere bedeutende Verbände beigetreten sind, u. a. der Verein Ottensener Industrieller in Altona und der Allgemeine Industrieverband in Hamburg, so daß der Centralverband Deutscher Industrieller gegenwärtig über 200 Verbände mit rund 50 000 Einzelmitgliedern umfaßt.

Meine Herren! Die Zeit von jener Frühjahrsversammlung ab — den Hochsommer und die Herbstmonate — konnte man früher wohl als eine Ruhepause nicht nur in unserem öffentlichen Leben, sondern vielfach auch in der geschäftlichen Tätigkeit betrachten. Hierin ist aber bereits seit geraumer Zeit eine merkbare Aenderung eingetreten. Die Vielgestaltigkeit unserer allgemeinen und besonders unserer wirtschaftlichen Verhältnisse, die Intensität, mit der sich die Interessen von allen Seiten der Beachtung und der Verfolgung ihrer Ziele zudrängen, bewirken es, daß von einer derartigen Ruhepause eigentlich nicht mehr die Rede ist. Die Anfragen bei der Geschäftsführung, die Ersuchen um Auskunftserteilung auf allen Gebieten unseres wirtschaftlichen Lebens haben in der verflossenen Berichtsperiode einen außerordentlichen Umfang erreicht und ich möchte nicht unerwähnt lassen, daß gerade auch die Anfragen ausländischer Werke, vor allem englischer Firmen, nach deutschen Bezugsquellen, die zeitweise fast täglich zu mehreren einzugehen pflegen und zumeist zu vielseitigen Erhebungen Anlaß geben, in der letzten Zeit in erheblichem Maße zugenommen haben. Aber gerade in solcher Kleinarbeit, wie in der fortgesetzten Beratung seiner Mitglieder liegt meines Erachtens eine der Hauptaufgaben eines wirtschaftlichen Verbandes, und dieser Zweig der Tätigkeit spricht, wenn er auch nach außen wenig hervortritt, in erfreulicher Weise für das Vertrauen, das dem Centralverband Deutscher Industrieller nicht nur von seinen Mitgliedern, sondern auch von ausländischen Gewerbetreibenden entgegengebracht wird.

Neben solcher Kleinarbeit, deren Bedeutung wohl auch dadurch gekennzeichnet wird, daß der Geschäftsführung des Centralverbandes Deutscher Industrieller in der verflossenen Berichtsperiode nicht weniger als 144 Erlasse der Reichs- und Staatsbehörden zur Berichterstattung oder weiteren Veranlassung zugegangen und daß aus besonderen Anlässen 30 Eingaben an die zuständigen behördlichen Stellen abgefertigt worden sind, sind aber naturgemäß auch die großen Fragen der Zeit, die für die Industrie, wie darüber hinaus für unsere ganzen wirtschaftlichen und sozialen Verhältnisse von Bedeutung sind, vom Centralverband Deutscher Industrieller nach wie vor aufmerksam verfolgt und behandelt worden, wie Ihnen das, meine Herren, die Ausarbeitungen und Denkschriften gezeigt haben werden, die Ihnen im Laufe des Sommers und der Herbstmonate als Mitgliedern des Centralverbandes Deutscher Industrieller übermittelt worden sind.

Hierbei möchte ich zunächst der Mitarbeit des Centralverbandes Deutscher Industrieller bei der Gestaltung des preußischen Wassergesetzentwurfs gedenken. über dessen nunmehrige Fassung Ihnen heute noch in einem besonderen Referate Bericht erstattet werden wird. Es erübrigt sich daher für mich, hierauf im einzelnen näher einzugehen. Ich möchte es aber nicht unterlassen, hier von dieser Stelle aus dem Deutschen Handelstage, dem Verein zur Wahrung der Interessen der chemischen Industrie Deutschlands und dem Wasserwirtschaftlichen Verbande Dank zu sagen für die Bereitwilligkeit, mit welcher sie die Anregung des Centralverbandes in dieser, für die gesamte wassernutzende Industrie Preußens und ebenso für die großen Gemeinden so überaus wichtigen Frage geschlossen und einmütig vorzugehen, seinerzeit eine Folge gegeben haben. Es wird Ihnen bekannt sein, meine Herren, daß von diesen 4 Korporationen auf den 9. September d. J. eine große Protestversammlung nach Berlin einberufen worden war, welcher Vertreter sämtlicher preußischen Ministerien und zahlreiche Abgeordnete der gesamten bürgerlichen Parteien beiwohnten. Die Einmütigkeit und der Nachdruck, mit denen auf dieser Versammlung die berechtigten Forderungen der Industrie und der großen Gemeinden vertreten wurden, haben erfreulicherweise ihren Eindruck nicht verfehlt und haben wohl im wesentlichen dazu beigetragen, daß das preußische Wassergesetz eine Gestalt gewonnen hat, welche im großen und ganzen als Grundlage für eine gesunde und gedeihliche Entwickelung der preußischen Wasserwirtschaft angesehen werden kann.

Es hat des geschlossenen Zusammenstehens aller beteiligten Kreise, der Industrie, des Handels und der Städte bedurft, um diesen Erfolg zu erzielen, und es wäre zu wünschen, daß auch andere Verbände, die gerade in der letzten Zeit wirtschaftliche Fragen wiederum in erster Linie vom Standpunkt der Interessengegensätze zu behandeln pflegen, aus diesem Beispiele eine Lehre ziehen. (Lebhafte Zustimmung.) Wäre dieses der Fall und würde die Ueberzeugung von der unbedingten Solidarität der Interessen innerhalb der Industrie mehr in Geltung sein, so wäre es vielleicht auch zu erreichen gewesen, daß ein anderes, in Kürze in Kraft tretendes Gesetz, das Versicherungsgesetz für Angestellte, den berechtigten Wünschen und Forderungen der Industrie in ausreichenderem Maße Rechnung getragen hätte. (Sehr richtig!)

Ich will hier nicht weiter ausführen, in welcher Weise bei den parlamentarischen Verhandlungen über diesen Gesetzentwurf die Bestrebungen des Centralverbandes Deutscher Industrieller und anderer wirtschaftlicher Korporationen durchkreuzt worden sind, und wie gerade diejenigen, die sonst über den mangelnden Einfluß der Industrie im Parlament die lauteste Klage zu erheben pflegen, in diesem Falle den Einfluß der Industrie dadurch schwächten, daß sie im Gegensatz zu der weit überwiegenden Mehrheit der industriellen und der Handelskreise der Schaffung einer Sonderkasse für die Angestellten das Wort redeten.

Ich darf daran erinnern, meine Herren, daß der Centralverband Deutscher Industrieller in Gemeinschaft mit dem deutschen Handelstage, dem Bayerischen Industriellenverbande und einigen anderen industriellen Vertretungskörperschaften seinerzeit zwei eingehende Denkschriften ausgearbeitet hat, in denen der Nachweis erbracht wurde, daß es Wege gäbe, auf denen die Frage der Versicherung der Privatangestellten technisch vollkommener, sozialpolitisch gerechter und für die Beteiligten — Angestellte wie Arbeitgeber — befriedigender würde gelöst werden können, als durch die von der Regierung in Vorschlag gebrachte Sonderversicherung, ohne daß die Belastung sich höher gestellt haben würde. Wie überaus zutreffend diese Ausführungen der beiden Denkschriften und vor allem auch die Warnung gewesen sind, Gründe der Parteitaktik und der Wahlagitation nicht maßgebend sein zu lassen für ein gesetzgeberisches Problem, das der gründlichsten und sorgfältigsten Vorbereitung bedurfte, das beweisen zur Genüge die großen Schwierigkeiten, die sich gegenwärtig bei der Ausführung des Privatbeamtenversicherungsgesetzes ergeben. Weder die Direktion der Reichsversicherungsanstalt noch die Versicherungsämter, die für die Beantwortung zweifelhafter Fragen zunächst zuständig sein sollten, vermögen eine authentische Auslegung der Gesetzesvorschriften zu geben, und es macht den Eindruck, als ob gerade diejenigen Stellen, die in erster Linie für die Unzulänglichkeit des Gesetzes verantwortlich sind, sich jetzt selber nicht zu helfen wissen. (Heiterkeit.)

Es darf daher der Centralverband Deutscher Industrieller wohl mit Recht behaupten, daß seine „Bremsversuche“ auf diesem Gebiete der sozialpolitischen Betätigung seinerzeit durchaus begründet und gerechtfertigt waren, und es ist besonders kennzeichnend, daß am 5. November d. J. bei Gelegenheit der von den Nationalliberalen eingebrachten Interpellation über die Versicherung der Privatangestellten im preußischen Abgeordnetenhause der Herr Minister für Handel und Gewerbe selbst recht scharfe Kritik an dem Gesetze ausgeübt hat. Mit vollem Rechte maß er den politischen Parteien die Schuld an der übereilten Gesetzgebung bei und gab bei aller Zurückhaltung gegenüber den gesetzgebenden Faktoren des Reichs deutlich zu verstehen, daß nach der Auffassung der preußischen Regierung die

Verabschiedung des Gesetzes mit so großer Eile, wie es tatsächlich geschehen, sicherlich nicht erfolgt wäre, wenn nicht die Reichstagswahlen vor der Tür gestanden hätten. (Hört, hört!)

Meine Herren! Eine solche, von hoher behördlicher Seite ausgehende Charakteristik eines Gesetzes, das, wie der sozialdemokratische Abgeordnete Leinert in der Besprechung der Interpellation sich ausdrückte, nicht eine sozialpolitische, sondern eine parteipolitische Tat war, legt wirklich die Frage nahe, ob wir im Deutschen Reiche schon soweit gekommen sind, daß Parlament und Bundesrat genötigt sind, soziale Fragen von der einschneidendsten Bedeutung für alle Kreise unserer erwerbstätigen Bevölkerung nur aus Furcht vor den Wählermassen in einer Weise und auf einem Wege gesetzlich zu regeln, gegen den aus den sachkundigsten Kreisen in einmütigen Gegenvorschlägen die schwerwiegendsten Bedenken erhoben worden sind. (Sehr gut!)

Diese Behandlung eines der schwierigsten gesetzgeberischen Probleme von seiten der Parteien des deutschen Reichstages, der nach vollbrachter Tat alle weiteren Sorgen der Regierung und den Behörden überließ, ruft die Worte in die Erinnerung zurück, die einst ein Großer, der Altreichskanzler Fürst Bismarck, in einer ähnlichen Situation dem Parlamente gegenüber fand: „So kommt mir die Sache vor, wie ich wohl von Souveränen gehört habe, die sagten: Mein Wille ist es, daß jeder in meinem Staate glücklich und zufrieden sei; wie das zu machen ist, das ist Sache der Schreiber von Ministern; darum habe ich mich als Fürst nicht zu bekümmern." Das ist anscheinend auch die Ansicht mancher Parlamentarier gewesen, die um das Zustandekommen des Gesetzes vor den Wahlen so außerordentlich bemüht waren, insoweit sie sich nicht mit dem Nebengedanken trugen, durch die Angestelltenversicherung die Privatbeamten in die politische Bewegung hineinzuziehen, wie dieses in ähnlicher Weise gerade in der letzten Zeit mit den Organisationen der staatlichen und kommunalen Unterbeamten durch die Versprechungen gehobener Rechtsstellung und materieller Vergünstigungen von seiten der demokratisch-liberalen Parteien mehrfach versucht worden ist.

Meine Herren! Diese Art „staatsbürgerlicher Erziehung" durch die Eröffnung bestechender Aussichten auf ein freiheitliches Angestelltenrecht hat sich jüngsthin leider auch eine so hoch angesehene Körperschaft, wie es der Deutsche Juristentag ist, unter der Führung extremster Sozialtheoretiker angelegen sein lassen. Der

Deutsche Juristentag bekundet bereits seit einigen Jahren ein lebhaftes Interesse für den rechtlichen Schutz der Privatangestellten und hat zuerst auf seiner 30. Tagung im Jahre 1910 in Danzig die Frage der „Vereinheitlichung des Angestelltenrechts" einer Erörterung unterzogen. Die Verhandlungen führten damals zu dem Beschlusse, daß die für Handlungsgehilfen bestehenden sozialen Schutzvorschriften als zwingendes Recht auf alle Privatangestellten auszudehnen seien, soweit sie höhere Dienste zu leisten hätten. Gleichzeitig wurde in dieser Entschließung die ständige Deputation ersucht, auf die Tagesordnung des nächsten Juristentages die Frage zu setzen, welche sonstigen sozialen Schutzvorschriften gleichmäßig für alle Privatangestellten zu treffen wären, und die Schaffung eines einheitlichen Rechtes für den Dienstvertrag der Privatangestellten vorzubereiten.

Dieser Aufforderung entsprach nun die Deputation, indem sie für die 31. Tagung, die im September d. J. in Wien stattfand, zu dem Thema „Vereinheitlichung des Angestelltenrechtes" mehrere eingehende Gutachten erstatten ließ.

Es soll nicht verkannt werden, daß der Juristentag ein an sich durchaus erstrebenswertes Ziel verfolgt, wenn er die gesetzliche Regelung des Dienstrechtes der Angestellten übersichtlicher zu gestalten sucht, als das bei der zerstreuten Anordnung des Stoffes in zahlreichen Spezialgesetzen gegenwärtig der Fall ist. Die Grenzen dieser Aufgabe sind jedoch weit überschritten worden. Man beschränkte sich nicht darauf, vom rein wissenschaftlichen und rechtstechnischen Standpunkte aus mit dem vorhandenen Material einheitliche Normen zu schaffen, sondern es trat das offensichtliche Bestreben gewisser Kreise zutage, bei dieser Gelegenheit dem Gesetzgeber die Erfüllung allerlei sozialpolitischer Schutzpflichten aufzunötigen, um die Angestellten im wirtschaftlichen Kampf gegen das Unternehmertum künftig mit stärkeren Waffen zu versehen.

Diese Tendenz machte sich mit unverhohlener Schärfe in den dem Juristentag erstatteten Gutachten geltend, ganz besonders natürlich in den Aeußerungen des als Gutachter hinzugezogenen Führers der Angestelltenbewegung, Dr. Potthoff. Um Ihnen, meine Herren, zu zeigen, wie in diesen sogenannten „wissenschaftlichen" Ausführungen der Gedanke der Gegnerschaft zwischen Prinzipal und Angestellten propagiert wurde, möchte ich mir gestatten, einige Stichproben aus den Thesen der Gutachter zu Ihrer Kenntnis zu bringen.

Dem Arbeitgeber soll zunächst durch zwingendes Recht ganz allgemein die Zurückbehaltung von Arbeitsverdienst und die Aufrechnung mit Darlehen, Schadensersatzansprüchen und ähnlichen Forderungen verboten werden. Nach längerer Dienstzeit des Angestellten soll dem Prinzipal ein Kündigungsrecht nur unter erschwerten Bedingungen zustehen. Ferner wird verlangt, daß durch Ausdehnung des VII. Titels der Gewerbeordnung der dem Gewerbegericht unterstehende Angestelltenkreis entsprechend erweitert wird, mit anderen Worten, daß die Kompetenz der Sondergerichte im sozialpolitischen Schutzinteresse ausgedehnt wird. Es wird weiter gefordert, daß die Sonntagsarbeit grundsätzlich verboten werde, und es sind vor allem zwei Forderungen, die klar den Weg beleuchten, den die Führer der Angestellten gehen wollen:

Es soll nämlich „die Befriedigung der Sonderbedürfnisse einzelner Gewerbezweige und Berufe" durch Gesetz „lediglich den Vereinbarungen der organisierten Parteien im Wege der Tarifverträge überlassen bleiben", und das Dienstverhältnis der Angestellten soll durch eine obligatorisch vorgeschriebene Arbeitsordnung geregelt werden, über deren Inhalt die Beamtenausschüsse, die gleichfalls obligatorisch sein sollen, mit einem gesetzlichen Genehmigungsrecht zu befinden haben. (Bewegung.) Dr. P o t t h o f f fügte seinen Thesen mit einer gewissen Offenherzigkeit noch hinzu: „Dieser Keim zur konstitutionellen Fabrikverfassung bedarf der Entwickelung."

Nun, meine Herren, diese Auslassungen und Thesen der Herren Gutachter zeigen wohl zur Genüge, welches Ziel sie mit ihren Bestrebungen und angeblichen „wissenschaftlichen" Untersuchungen verfolgten, und es konnte solchen Forderungen bei den Verhandlungen des Deutschen Juristentages naturgemäß mit einigem Eindruck und Erfolg nur dann entgegengetreten werden, wenn dortselbst die anwesenden Vertreter der Industrie eine möglichst einheitliche Stellung einnahmen und sich gegenseitig in ihren Ausführungen unterstützten. Das war um so nötiger, als nicht allein die Gutachter in der einseitigsten Weise für die Angestellten eintraten, sondern auch den Worten des ersten Referenten, des früheren österreichischen Justizministers, Exzellenz K l e i n , die deutliche Absicht zugrunde lag, die Interessen der Arbeitnehmer auf Kosten der Arbeitgeber zu fördern, denen er „Engherzigkeit", „Uebervorteilung", „Ausbeutung" usw. zur Last legte. Da ich auf Wunsch einiger uns angeschlossener Fachverbände diesen Verhandlungen des Deutschen Juristentages beizuwohnen mich erboten hatte, so nahm ich Gelegenheit, den Worten des Referenten,

Exzellenz Klein, entgegenzutreten, und nicht nur das Interesse der Arbeitgeber in dieser Sache zu wahren, sondern vor allem auch mich gegen die Bestrebungen zu wenden, die darauf hinausgingen, die Angestellten mit den Lohnarbeitern sozial wie rechtlich auf eine gleiche Stufe zu stellen. Und es war besonders erfreulich, daß auch zwei so hervorragende Fachjuristen, wie der Erlanger Professor Oertmann und der Reichsgerichtsrat Dr. Neukamp, in ähnlichem Sinne sprachen und mit Entschiedenheit vor der radikalen Politik der Stürmer und Dränger, vor der einseitigen Begünstigung der Angestellteninteressen warnten.

Wenn trotzdem in der liberal-demokratischen Presse mit Befriedigung konstatiert worden ist, daß nicht nur die Kreise der Juristen, sondern auch die der Industriellen dem Votum der Gutachter und Referenten in jeder Beziehung beigetreten seien, so ist der Schein eines Grundes für eine derartige unzutreffende Benachrichtigung der Oeffentlichkeit darin zu erblicken, daß in der Diskussion den Ausführungen des Ministers Dr. Klein von dem Vertreter eines großen Werkes eine — ich möchte sagen — etwas allzu lebhafte Anerkennung gezollt wurde. Das Bestreben, den Geist der Versöhnlichkeit und des Entgegenkommens bei diesen Verhandlungen im Namen der Arbeitgeber zum Ausdruck zu bringen, soll in seiner Berechtigung keineswegs verkannt werden und ist auch in meinen Darlegungen bekundet worden; eine in so enthusiastischer Form geäußerte Zustimmung mußte jedoch zur Verbreitung irrtümlicher Anschauungen über den Standpunkt der Industrie führen und hat auch, wie gesagt, hierzu tatsächlich beigetragen.

Wenn daher, meine Herren, derartigen irrtümlichen Anschauungen und den sich hierauf stützenden Bestrebungen der Herren Potthoff und anderer Sozialtheoretiker wirksam entgegengetreten werden soll, so dürfte es angebracht erscheinen, in einer unzweideutigen Erklärung von seiten der industriellen Arbeitgeber zu den Reformwünschen der Angestellten und zu den Beschlüssen des Deutschen Juristentages Stellung zu nehmen, und ich habe die Ehre, Ihnen im Auftrage des Direktoriums des Centralverbandes Deutscher Industrieller einen dahingehenden Beschlußantrag zur Annahme vorzulegen. In dieser Entschließung wird auch um Ihre Einverständniserklärung gebeten, daß von seiten des Centralverbandes Deutscher Industrieller unter Hinzuziehung namhafter Juristen demnächst eine besondere Kommission eingesetzt wird, welche unter Mitwirkung der Angestellten in eine genaue Prüfung der Forderungen der Angestellten und der Beschlüsse des Juristentages einzutreten haben wird. Denn es dürfte, falls aus diesen Beschlüssen eines Tages von den maßgebenden Faktoren die Konsequenz gezogen werden sollte, und falls vor allem die von den Gutachtern erhobenen Forderungen sich zu gesetzgeberischen Vorlagen verdichten sollten, auf der Hand liegen, daß wir mit der Einführung der obligatorischen Arbeitnehmer- und Angestelltenausschüsse, mit dem sogenannten „Friedensinstrument" des Tarifvertrages usw. auf einen Weg geraten würden, der, den Wünschen der Sozialdemokratie entsprechend, zur Verwirklichung des konstitutionellen Fabriksystems und letzten Endes zum Wirtschaftskommunismus führen muß.

Meine Herren! Es ist ein großes Ziel, das sich eine andere Organisation, der Hansabund für Gewerbe, Handel und Industrie, gestellt hat, wenn er es nach den Ausführungen eines der Hauptredner auf dem vor kurzem abgehaltenen, zweiten deutschen Hansatage, des Herrn Professor Delbrück, unternehmen will, zum Ausgleich der Gegensätze zwischen Arbeitgebern und Angestellten beizutragen. Es muß der Zukunft überlassen bleiben, ob der Hansabund diesen Aufgaben wird gerecht werden und auf diesem Gebiete etwas Positives wird leisten können, ohne in Gegensatz zu den Bestrebungen zu treten, die z. B. von dem ihm neuerdings korporativ beigetretenen „Bund der Festbesoldeten" in sehr einseitiger Weise verfolgt werden. Wie ergebnislos jedenfalls bisher alle, von sehr viel mächtigeren Wirtschaftsgebilden, vom Staate selbst, ausgehenden Versuche, den sozialen Frieden zwischen Arbeitnehmern und Arbeitgebern herzustellen, gewesen sind, das beweist wohl zur Genüge der völlige Mißerfolg, den in dieser Hinsicht die ursprünglich mit so großer Begeisterung auf Grund der Allerhöchsten Botschaft vom 17. November 1881 inaugurierte Arbeiterversicherungsgesetzgebung bei uns gehabt hat. (Sehr wahr!)

Ganz abgesehen von den unerwünschten Folgen, die sich auf dem Gebiete der Arbeiterversicherung in den Kämpfen um die Rente und infolge des parteipolitischen Mißbrauchs der sozialen Einrichtungen immer mehr herausgebildet haben und die von Herrn Professor Ludwig Bernhard in einer vor kurzem erschienenen Broschüre so trefflich und überzeugend geschildert worden sind, haben auch alle, zum Wohle der arbeitenden Klassen von den Arbeitgebern im Laufe der Jahre freiwillig oder auf Grund gesetzlicher Vorschriften übernommenen Lasten die Gegensätze nicht zu mildern vermocht, sondern es hat der Kampf zwischen Unternehmern und Lohnarbeitern ständig an Schärfe zugenommen. Es zeigt sich also, wie überaus Recht der große Kanzler, Fürst Bismarck, hatte, als er einst im Reichstage bei der Behandlung sozialpolitischer Fragen zur Mäßigung riet und das denkwürdige Wort sprach: „Es werden noch in Ihren Enkeln uns dieselben Fragen beschäftigen, und es ist das vielleicht einer von den Würmern, die nicht sterben." Und es kann ferner das Ergebnis aller Bemühungen, die „Seele des Arbeiters" durch staatliche Fürsorgeeinrichtungen zu gewinnen, wohl nicht schärfer gekennzeichnet werden, als durch die Aeußerungen des sozialdemokratischen Abgeordneten Dr. Frank auf dem diesjährigen sozialdemokratischen Parteitag in Chemnitz: „Solange es in Deutschland eine Industrie gibt, wird es auch eine Sozialdemokratie geben, und solange es eine Sozialdemokratie gibt, solange wird sich die deutsche Arbeiterschaft nicht niederducken." (Hört, hört!)

Gegenüber solchen Aeußerungen der Führer der sozialdemokratischen Arbeiterschaft erscheint es eigentlich unverständlich, wenn im praktischen Leben stehende Männer noch immer der Sozialdemokratie gewissermaßen gut zuzureden suchen, und wenn auf dem von mir schon erwähnten Allgemeinen Hansatage Herr Professor Delbrück, der sich allerdings in seinen „Preußischen Jahrbüchern" vor Jahren einmal in einem der Kaiserin Friedrich gewidmeten Nachruf selbst als „konservativer Sozialdemokrat" bezeichnet hat, über die sozialdemokratische Partei das Urteil abgab, „sie habe ihren revolutionären Charakter verloren". Fast zu derselben Stunde, als dieses Wort fiel, und als der Präsident des Hansabundes die Erwartung aussprach, daß die Bevölkerung Deutschlands im Falle äußerer Verwickelungen sofort unter Zurückstellung aller inneren Differenzen eine untrennbare Einheit bilden würde, haben die hier in Berlin und in anderen Städten abgehaltenen sozialdemokratischen Versammlungen ausnahmslos den Entschluß verkündet, im Falle eines Krieges die Mobilmachung zu revolutionären Kundgebungen zu benutzen oder, wie man sich ausdrückte, den „Genius der Revolution aus der Tiefe aufsteigen zu lassen" (hört, hört!) und der deutsche Reichstagsabgeordnete Scheidemann verstieg sich in Paris zu der von den anwesenden Sozialisten mit stürmischem Beifall aufgenommenen Behauptung, daß „in einem deutsch-französischen Kriege die im deutschen Heere stehenden Sozialdemokraten auf ihre französischen Brüder nicht schießen würden".

Nun, meine Herren, aus diesen Vorgängen und diesen programmatischen Erklärungen der Führer der Sozialdemokraten zu einer

Zeit, in der die politische Spannung infolge der Vorgänge auf der Balkanhalbinsel aufs äußerste gestiegen und die Möglichkeit internationaler Verwickelungen in greifbarste Nähe gerückt war, ergibt sich wohl mit hinreichender Deutlichkeit der wahre Charakter der sozialdemokratischen Bewegung und das Ziel, dem unter dem Einfluß der Führer die Bewegung zustrebt.

In den Sitzungen des Reichstages wie der bundesstaatlichen Parlamente sind in der letzten Zeit von seiten der Reichsregierung und der Staatsregierungen wohl hin und wieder recht starke Worte gegen die Sozialdemokratie gebraucht worden. Aber, meine Herren, diese Worte sind eben nur Worte, und mit Worten ist unsere Sozialdemokratie nicht zu bekämpfen. (Sehr richtig!) Sie ist nur zu bekämpfen, wenn durch Gesetze den Ausschreitungen in der Agitation, dem erbarmungslosen Terrorismus, der von verhältnismäßig wenigen organisierten Arbeitern über die große Masse der nichtorganisierten, der nichtsozialdemokratischen Arbeiter geübt wird, ein Ziel gesetzt wird. (Beifall.)

Diese Forderung, die vor allem in der Einführung eines verstärkten Schutzes der Arbeitswilligen gipfelt, ist, wie Ihnen bekannt sein wird, schon vor mehr als Jahresfrist vom Centralverband Deutscher Industrieller erhoben worden, und es ist in einer, den zuständigen Behörden überreichten Denkschrift auf die Notwendigkeit hingewiesen worden, durch gesetzliche Maßnahmen die Freiheit der Arbeit wirkungsvoller, als es bisher geschehen ist, zu schützen.

Es ist doch in der Tat ein eigentümlicher Zustand, daß bei uns im Deutschen Reiche der religiöse Friede und der politische Friede, der eine durch das strafrechtliche Verbot einer Verunglimpfung kirchlicher Einrichtungen und der andere durch die Strafbestimmungen über Aufruhr, Landfriedensbruch usw., in jeder Weise geschützt sind, daß dagegen der wirtschaftliche Friede einen solchen Schutz nicht genießt. (Sehr wahr!) In dem Bestreben, durch Arzneimittel aller Art soziale Krankheiten zu heilen und die sogenannten wirtschaftlich Schwachen zu stützen und aufzurichten, hat man heutzutage in den zuständigen Kreisen der gesunden Arbeiter ganz vergessen und denkt kaum mehr daran, daß das gesunde Gros der Arbeiterbevölkerung wirtschaftlich nur durch den wirtschaftlichen Fortschritt gehoben werden kann, dessen unbedingte Voraussetzung die Gewährleistung des wirtschaftlichen Friedens ist. (Sehr wahr!)

Es ist bezeichnend, daß gerade in dem Lande, auf das seiner freiheitlichen Institutionen willen unsere Sozialreformer mit besonderer Vorliebe zu verweisen pflegen, in England, die maßgebenden Kreise mit immer stärkerem Nachdruck auf gesetzgeberische Maßnahmen zur Wahrung des industriellen Friedens hindrängen. Ueber 70 der bedeutendsten Verbände aus Englands Handel und Industrie und auch aus dem Handwerk sind in diesem Sinne letzthin bei der englischen Regierung vorstellig geworden, und der Verband der Handelskammern des Vereinigten Königreichs hat vor kurzem zum dritten Male in schärfster Form einen verstärkten Schutz der Arbeitwilligen, insbesondere durch direktes Verbot des Streikpostenstehens verlangt. Auf den gleichen Standpunkt hat sich auch bei uns in Deutschland nunmehr die Mehrzahl der vom Deutschen Handelstage befragten Handelskammern gestellt, in der Ueberzeugung, daß nur durch ein strafrechtliches Verbot des Streikpostenstehens der ungeheure, bei den Arbeitskämpfen gegen die Arbeitswilligen ausgeübte Terrorismus wirklich gebrochen werden könne. Es muß daher mit Recht wundernehmen, daß es wiederum einem, mit dem Centralverband Deutscher Industrieller bei jeder Gelegenheit in Konkurrenz tretenden wirtschaftlichen Verbande vorbehalten geblieben ist, in dieser, die Interessen der gesamten deutschen Industrie so gleichmäßig berührenden Frage einen Sonderweg einzuschlagen. In einer vor einiger Zeit von diesem Verbande bekanntgegebenen Erklärung wird ein gesetzliches Verbot des Streikpostenstehens als ein gegen die Arbeiter gerichtetes „Ausnahmegesetz" charakterisiert. (Hört, hört!)

Nun, meine Herren, es ist gerade dieses Wort ein Schlagwort, mit dem sonst nur die demokratischen Parteien aus agitatorischem Bedürfnis heraus zu operieren pflegen, und es berührt recht eigenartig, daß Führer einer industriellen Vertretungskörperschaft, die auf dem Boden der bürgerlichen Rechtsanschauung stehen, im Widerspruch mit allen juristischen Konklusionen ein auf Verbot des Streikpostenstehens abzielendes Gesetz als ein gegen die Arbeiter gerichtetes „Ausnahmegesetz" bezeichnen. Würde diese Annahme irgendwie zutreffend sein, so würde man auch jedes andere allgemeine Strafgesetz in dem gleichen Umfange als Ausnahmegesetz ansprechen können, da auch dieses vornehmlich nur diejenigen trifft, die ihrer wirtschaftlichen und sozialen Lage nach in gewissem Sinne zu den von dem Gesetz unter Strafe gestellten Handlungen prädisponiert sind. (Sehr richtig!) Es ist bei dem Verbot des Streikpostenstehens nicht der

Stand der Person, sondern lediglich der Charakter der Handlung maßgebend für die Bestrafung (sehr richtig!), ohne Rücksicht darauf, wer die Handlung begangen hat, und man kann daher von den Gegnern eines solchen Verbots nur annehmen, daß sich bei ihnen der Unterschied zwischen den Begriffen „Ausnahmegesetz" und „besonderes Gesetz" verwischt hat. In der geschichtlichen Entwickelung des neueren deutschen Rechtslebens hat es „Ausnahmegesetze", d. h. gesetzliche Ausnahmevorschriften gegen bestimmte Klassen von Staatsangehörigen nur sehr vereinzelt gegeben, „besondere Gesetze" aber außerordentlich viele.

Denn was bedeutet es z. B. anderes, als ein „Sondergesetz" in markantester Form, wenn sich gegenwärtig die Reichsregierung mit dem Gedanken der Einführung eines Petroleummonopols trägt, das von einem der führenden liberalen Blätter nur deshalb so freudig begrüßt worden ist, weil die Regierung, wie es in dem Blatte hieß, „sich mit diesem Projekte dem von seiten der Demokratie von jeher propagierten Grundgedanken der Beseitigung wirtschaftlicher Knechtung nähere", und in dem die „Soziale Praxis" den glückverheißenden Anfang sieht, an die Stelle der privatmonopolistisch tätigen, auf Erwerb gerichteten Unternehmungen, zu denen sie naturgemäß auch das Kohlensyndikat, den Stahlwerksverband, die Spirituszentrale, das Kalisyndikat usw. rechnet, die Staatshoheit zu setzen.

Meine Heren! Ich will hier nicht auf die Frage der wirtschaftspolitischen Bedeutung eines Staatsmonopols überhaupt eingehen. Die Eigenartigkeit des vor kurzem veröffentlichten Gesetzentwurfs über den Verkehr mit Leuchtöl besteht wohl darin, daß es sich hier nicht um die Monopolisierung einer inländischen Produktion handelt, sondern um den Verkauf eines im Auslande gewonnenen Produktes, über dessen Beschaffung man von seiten der Staatsregierung gar nicht verfügen kann. Hierin liegt meines Erachtens auch die Hauptschwierigkeit des Projekts, und es muß fraglich erscheinen, ob diese Schwierigkeit durch den von der Regierung vorgeschlagenen Weg zu überwinden sein wird. Bei den Reichstagsverhandlungen der letzten Tage ist mit Recht darauf verwiesen worden, daß fast 70 Prozent des deutschen Petroleumverbrauchs zurzeit von dem amerikanischen Trust, der Standard Oil Company, geliefert werden, so daß es schwer halten wird, diesen Bedarf durch die sehr viel geringere und vor allem sehr schwankende Petroleumproduktion in Rußland, Galizien und Rumänien zu decken. Es ist kennzeichnend, daß von seiten der österreichischen Petroleumindustriellen — und man sollte eigentlich annehmen, daß dieses auch dem Reichsschatzamte nicht unbekannt geblieben ist — bereits die Erklärung abgegeben worden ist, daß sie angesichts der Schwankungen der inländischen Produktion nicht in der Lage seien, sich auf eine längere Zeit hinaus mit festen Preisen zu binden, und daß ferner auch innerhalb der rumänischen Petroleumindustrie das Monopolprojekt keineswegs die erwartete Begeisterung gefunden hat. (Hört, hört!)

Ueber der Frage der Bedarfsdeckung schwebt somit noch völliges Dunkel, und wenn von der Reichsregierung die Versicherung abgegeben worden ist, daß es „nicht unerreichbar“ erscheine, den „größten Teil“ des Petroleumkonsums im Notfalle ohne Heranziehung der Standard Oil Company beschaffen zu können, so klingt das nicht gerade sehr trostreich. Die auf solchen Möglichkeiten sich aufbauenden Ertragsschätzungen der Reichsregierung müssen aber jedenfalls um so mehr beanstandet werden, als mit der Versorgungsfrage die Preisfrage auf das innigste zusammenhängt. Denn nicht eine jede, überhaupt mögliche Versorgung des deutschen Konsums mit Petroleum kann als akzeptable Grundlage für ein Petroleummonopol betrachtet werden, sondern nur eine solche, die auf die Dauer niedrigere oder zum mindesten nicht höhere Preise für die Konsumenten in Aussicht stellt, als sie gegenwärtig gezahlt werden.

Deutschland ist ein ausgesprochenes Petroleum**konsum**land, und der Verbraucher, der sich sonst bei uns gegen jede Verteuerungspolitik der Produzenten, sei es bei landwirtschaftlichen Produkten, sei es bei Kohlen, Eisen oder dergleichen, stets mit großer Heftigkeit zu wenden pflegt, hatte sich bisher über eine unerträgliche Verteuerung des Petroleums nicht zu beklagen, da die Preise, wenn sie örtlich und zeitlich auch variieren, im großen und ganzen doch stabil blieben und da vor allem das gelieferte Petroleum seiner Menge wie seiner Beschaffenheit nach für die Bedürfnisse des Konsums in jeder Hinsicht ausreichend war.

Es hat somit, und das müßte doch besonders den liberal-demokratischen Blättern, die stets den Verbraucherstandpunkt so sehr zu betonen lieben, einleuchten, der Konsument an der Monopolfrage vom sozial-theoretischen oder volkswirtschaftlichen Standpunkte aus nur ein sehr geringes Interesse, dagegen ein sehr wesentliches daran, daß die gegen die Standard Oil Company als „privatkapitalistische“ Organisation beabsichtigten Abwehrmaßregeln auch eine merkbare

Verbesserung des bestehenden Zustandes, d. h. eine billigere Versorgung der Verbraucher wirklich gewährleisten. (Sehr richtig!)

Die Einführung eines Monopols ohne eine solche Preisermäßigung und etwa noch ohne die bestimmte Sicherung einer quantitativ und qualitativ ausreichenden Leuchtölversorgung, mit dem Risiko einer nicht unerheblichen Preiserhöhung für den Verbraucher und unter Investierung sehr erheblicher Kapitalien und vollständiger Umwälzung der wirtschaftlichen Lage des deutschen Petroleumhandels würde an die Fabel vom Bären erinnern, der, um von der Stirn seines schlafenden Herrn eine Fliege fortzuscheuchen, diesen mit einem Stein erschlug. (Sehr gut!)

Es sind also alles in allem genommen, doch recht schwerwiegende Bedenken, die sich gegen diesen Monopolplan der Reichsregierung geltend machen lassen, und es kann auch nicht unbeachtet bleiben, daß selbst im Bundesrat sich eindrucksvolle Stimmen gegen den Vorschlag des Reichsschatzamtes erhoben und mit Recht betont haben, daß ein ganzes oder auch nur ein halbes Mißlingen dieses Planes unserer gesamten Volkwirtschaft die schwersten Schädigungen zufügen würde.

Meine Herren! Die gleiche Befürchtung einer schweren Schädigung wirtschaftlicher Interessen muß man leider auch hinsichtlich der Maßnahmen der preußischen Regierung in bezug auf die beabsichtigte Einführung eines staatlichen Schleppmonopols auf dem Rhein-Weser-Kanal hegen. Den Herren Mitgliedern des Centralverbandes Deutscher Industrieller ist Ende Oktober dieses Jahres eine kurze Denkschrift zugefertigt worden, in welcher die wesentlichsten Bedenken gegen den, dem preußischen Landtage in dieser Beziehung zugegangenen Gesetzentwurf zusammengestellt worden sind, und ich darf deshalb wohl davon Abstand nehmen, hier im einzelnen auf die Bestimmungen dieser Vorlage einzugehen. In der Denkschrift ist der Nachweis erbracht worden, daß der, auf der neu zu bauenden Wasserstraße, dem Rhein-Weser-Kanal mit seinen Zweigkanälen und der Anschlußstrecke nach Hannover, beabsichtigte sogenannte „eisenbahnmäßige Betrieb" unter den gegebenen Verhältnissen niemals zu erreichen sein wird, daß vielmehr die Einführung des staatlichen Schleppmonopols, wie es auch in einer kürzlich von der Vereinigung der Handelskammern des niederrheinisch-westfälischen Industriebezirks an das Abgeordnetenhaus gerichteten Eingabe zum Ausdruck gebracht worden ist, gegenwärtig als ein schwerer verkehrspolitischer Fehler angesehen werden muß, ganz abgesehen davon, daß die in Aussicht genommenen Schlepplohntarife dem Gesichtspunkte einer genügenden Entlastung der Eisenbahnen auch nicht annähernd Rechnung tragen. Es war daher gefordert worden, daß, falls man nicht die Entwickelung des Verkehrs der freien Initiative privater Unternehmungen überhaupt überlassen will, von der Einführung des staatlichen Schleppmonopols auf dem Kanale im Interesse der Entwickelung des Verkehrs wie der Förderung unserer gesamten Volkswirtschaft doch wenigstens bis auf weiteres abgesehen werde, und daß vor allem der Dortmund—Emskanal, insbesondere der Verkehr von und zu den Emshäfen, unter allen Umständen dem Monopolbereich entzogen bleibe, einer Forderung, der durch den gestrigen Beschluß des Abgeordnetenhauses leider nur insoweit Rechnung getragen worden ist, als die Freigabe eines Teiles des Dortmund—Emskanals vom staatlichen Schleppzwange auf einen Zeitraum von 15 Jahren erfolgt ist.

Wie unbedingt wünschenswert es jedenfalls gewesen wäre, diese ganze Frage nicht vom Standpunkte einer Prinzipienfrage, sondern lediglich unter dem Gesichtspunkte der Zweckmäßigkeit zu betrachten, und die wirtschaftliche Ausnutzung des Kanalbetriebes nicht durch bureaukratische, der Entwickelung der Gütererzeugung schwer folgende Einrichtungen zu hemmen, das beweisen wohl zur Genüge die Erfahrungen, die in den letzten Monaten mit dem staatlichen Eisenbahnmonopol gemacht worden sind.

Es hat sich leider gezeigt, daß die staatliche Eisenbahnverwaltung nicht in der Lage war, den Erfordernissen eines sich plötzlich steigernden Verkehrs zu folgen, so daß der M a n g e l a n G ü t e r w a g e n im rheinisch-westfälischen Industrierevier zeitweise zu einer vollständigen Verkehrsstockung geführt hat. Diese Vorgänge haben daher denn auch zweimal zu einer Interpellation im preußischen Abgeordnetenhause am 4. November und 3. Dezember dieses Jahres Anlaß gegeben, bei der über die gegenwärtige Unzulänglichkeit des Eisenbahnverkehrswesens und über den Mangel an großzügigen Reformen lebhaft Klage geführt wurde.

Es soll durchaus anerkannt werden, daß der Herr Minister der öffentlichen Arbeiten, der diese Interpellationen beantwortete, triftige Argumente zu seiner formellen Entlastung beizubringen vermochte; daß die erhobenen Beschwerden aber gegenstandslos seien, hat er nicht erweisen können, und es wird dem nationalliberalen Abgeordneten M a c c o recht zu geben sein, wenn er ausführte, daß die früher vom Ministertisch gefallene Aeußerung, unser Staatsbahnnetz sei genügend ausgebaut, auf einer vollständigen Verkennung der wirtschaftlichen Kräfte und unserer wirtschaftlichen Zukunft beruhe, und daß daher erwartet werden müsse, daß die Eisenbahnverwaltung mehr als bisher nach großen wirtschaftlichen Gesichtspunkten geleitet werde. (Hört, hört!)

Meine Herren! Wenn gerade diese Worte vom Ministertische aus unwidersprochen geblieben sind, so bedeutet das wohl nichts anderes, als daß auch dortseits anerkannt wird, daß unsere staatlichen Verwaltungen sich unter den gegenwärtigen Zeitverhältnissen daran gewöhnen müssen, ihre administrativen Aufgaben etwas mehr unter dem Gesichtswinkel einer vom bureaukratischen Schema abweichenden, modernen Auffassung zu beurteilen. Es ist das ganz besonders erforderlich zu einer Zeit, in der man in so außerordentlichem Maße dazu neigt, dem staatssozialistischen Prinzip Lobhymnen zu singen und an der privatkapitalistischen Betätigung abfällige Kritik zu üben.

Was in dieser Hinsicht heutzutage von Persönlichkeiten, die man vielfach sogar als Führer in den Kämpfen um wirtschaftspolitische Probleme ansieht, geleistet wird, das möchte ich Ihnen doch an einem kleinen Beispiele zeigen. In einer Broschüre des früheren fortschrittlichen Reichstagsabgeordneten Dr. Potthoff über „Probleme des Arbeitsrechts" steht wörtlich zu lesen: „So wichtig die privatwirtschaftliche Rentabilität unserer gewerblichen Unternehmungen ist, noch wichtiger ist die volkswirtschaftliche Rentabilität, deren wichtigste Rücksicht die auf Leben und Arbeitskraft der darin beschäftigten Menschen ist."

Wichtig, wichtiger, am wichtigsten, eine Steigerung wirtschaftlicher Wichtigkeit, wie man sie sich widersinniger kaum denken kann. Denn einem jeden, der sich mit wirtschaftlichen Fragen von Beruf oder aus Neigung überhaupt beschäftigt, sollte doch klar sein, daß unsere ganze Volkswirtschaft ihrem Wesen nach privatwirtschaftlicher Natur ist, und daß ihr Lebenselement, ihre Lebensbedingung die privatwirtschaftliche Arbeit bildet. Die Landwirtschaft wird fast nur, Industrie, Handel und Handwerk werden beinahe ausschließlich privatwirtschaftlich betrieben, und die Leistungsfähigkeit eines jeden Staatswesens beruht in allererster Linie auf der Privatwirtschaft, die ihm die Existenzmittel gewährt und es damit überhaupt erst in den Stand setzt, seine kulturellen und sozialen Aufgaben zu erfüllen. (Sehr gut!)

Und was in den Privatunternehmungen, der Grundlage und dem Stützpunkt einer jeden volkswirtschaftlichen Rentabilität, die Persönlichkeit des Unternehmers als solche zu bedeuten hat, das haben in diesem Jahre die zahlreichen Jubelfeiern der großen Werke gezeigt, auf die der Herr Vorsitzende in seiner Ansprache bereits hingewiesen hat, und die, wie die Firmen Krupp, Borsig, Hartmann, Vogel, Clouth usw. der Centralverband Deutscher Industrieller die Ehre hat, sämtlich zu seinen Mitgleidern zu zählen.

Meine Herren! Wer der erhebenden Jahrhundertfeier der Firma Krupp am 8. August d. J. beigewohnt hat, dem werden die so überaus denkwürdigen Worte des Vorsitzenden des Kruppschen Direktoriums, des Herrn Geh. Finanzrat Hugenberg, nicht aus dem Gedächtnis entschwunden sein, die er für die Arbeitsgemeinschaft in den großen Betrieben, für die Daseinsgrundlagen einer jeden industriellen Arbeit gefunden hat, und in denen er darauf hinwies, daß der Kruppsche Großbetrieb hervorgegangen sei aus derselben Kinderstube, aus deren gesunder, kraftvoll-ernster Luft unser preußisch-deutscher Staat erwachsen ist (sehr gut!), und daß die Männer, die diesen Staat, sowie das Kruppsche Werk schmiedeten, alle auch die Zeiten der Not kennen gelernt hätten. (Sehr gut!)

Es gibt wohl kaum ein beachtenswerteres Wort als dieses in einer Zeit, in der bei uns in Deutschland von vielen Kreisen, namentlich auch von politischen Parteien, der Staat immer mehr zu einer Institution herabgewürdigt wird, lediglich dazu berufen, seinen Angehörigen oder einer bestimmten Klasse derselben ein gewisses Minimum materiellen Wohlbefindens zu gewährleisten, in der zahlreiche Kräfte am Werke sind, um auf sozialem Gebiete jeden Persönlichkeitswert zu vernichten und auf wirtschaftlichem Gebiete die Fundamente zu erschüttern, auf denen sich Industrie und Handel in so überaus gedeihlicher Entwickelung im Laufe der letzten Dezennien aufgebaut haben.

Wer sich die wirtschaftliche Bewegung in den 70er Jahren des vorigen Jahrhunderts vergegenwärtigt, wer sich die außerordentlichen Kämpfe ins Gedächtnis zurückruft, die erforderlich waren, um die deutsche Wirtschaftspolitik aus dem Banne des bedingungslosen Freihandels zu lösen und ein System maßvoller Schutzzölle einzuführen, der sollte sich der schweren Verantwortung bewußt sein, die er übernimmt, wenn er auch jetzt wieder diese Kämpfe heraufzubeschwören sucht. Und doch sprechen nicht nur die liberal-demokratischen Blätter tagtäglich von der Notwendigkeit eines Kampfes zum Zwecke einer allmählichen Abtragung der Zölle, und auf dem diesjährigen sozialdemokratischen Parteitag in Chemnitz wurde die Freihandelsdoktrin erneut als der handelspolitische Leitstern für die deutsche Arbeiterschaft hingestellt, sondern auch große wirtschaftliche Verbände lassen sich für diese Zwecke als Vorspann benutzen.

Meine Herren! Es ist keine angenehme Aufgabe für mich, bei der Mannigfaltigkeit der Vorgänge, über die ich Ihnen zu berichten habe, die auf diesem Gebiete liegenden Bestrebungen anderer industrieller Vertretungskörperschaften zum Gegenstande einer eingehenderen Kritik zu machen. Ich erachte dieses aber für meine Pflicht, da es sich hier um einen Fall handelt, der ganz besonders charakteristisch für das Vorgehen der Gegner des Centralverbandes Deutscher Industrieller in wirtschaftlichen Kämpfen ist.

In einem, von dem freisinnigen Reichs- und Landtagsabgeordneten H o f f Mitte November dieses Jahres in dem „Hamburger Fremdenblatt" veröffentlichten und mit der Ueberschrift „Der Bund der Industriellen" gekennnzeichneten Artikel wird die Forderung erhoben, daß auch bei uns in wirtschaftlicher Beziehung „das Steuer nach links" herumgelegt werden müsse, und es wird in schärfster Weise der Stab über ein Wirtschaftssystem gebrochen, das, wie es in dem Artikel heißt, „je länger, je mehr dem deutschen Volke das wirtschaftliche Atmen erschwert".

Der Verfasser beruft sich hierbei auf eine letzthin vom großen Ausschuß des Bundes der Industriellen gefaßte Resolution, in welcher die derzeitige Verteuerung der Lebenshaltung als das Ergebnis des bestehenden deutschen Zolltarifs hingestellt wird, und er führt den Rückgang einer Anzahl von Fertigfabrikaten in der Ausfuhr, wie z. B. von Seidenwaren, Wollwaren, Baumwollwaren usw. auf unsere unheilvolle Schutzzollpolitik zurück.

Nun, meine Herren, der Abgeordnete H o f f scheint sich mit zoll- und handelspolitischen Fragen wirklich nicht sehr intensiv beschäftigt zu haben, denn sonst würde er wissen, daß der Grund für den Exportrückgang gerade der von ihm erwähnten Artikel in durchaus anderen Ursachen zu suchen ist und zu einem wesentlichen Teile darin liegt, daß die Wettbewerbsfähigkeit der deutschen Industrie auf dem Weltmarkte infolge der starken Belastung unserer Industrie mit Abgaben zu sozialen Zwecken und der hierdurch bedingten hohen Lohngestaltung in den letzten Jahren immer mehr erschwert worden ist. Wie groß z. B. diese Vorausbelastung für die von ihm erwähnte Seidenindustrie gegenüber einem der Hauptkonkurrenzländer, gegenüber Japan, ist, das ergibt sich daraus, daß nach genauen Berechnungen des Vereins Deutscher Seidenwebereien die Lohnquote in Japan 26,7 Prozent der deutschen Löhne beträgt, so daß also, wenn in Deutschland die Löhne für 1000 M. Warenwert etwa 400 M. ausmachen, sie in Japan nur 106,80 M. betragen. Und es kann Herrn Hoff auch gleichfalls der zahlenmäßige Nachweis dafür erbracht werden, daß, um einen anderen Industriezweig zu erwähnen, die vor Jahren so blühende Kunstseidenindustrie in einem ihrer bedeutendsten Zweige bei uns nur deshalb so völlig daniederliegt, weil sie des unbedingt nötigen Zollschutzes gegenüber der belgischen und französischen Konkurrenz, die durch einen 14- respektive 18mal höheren Zoll gedeckt ist (hört, hört!), völlig entbehrt. Die ganze Argumentation des Herrn Abgeordneten Hoff ist daher eine durchaus hinfällige, und seine Behauptung, daß dem deutschen Volke bei dem gegenwärtigen Wirtschaftssystem das wirtschaftliche Atmen immer mehr erschwert werde, wird wohl zur Genüge widerlegt durch die Tatsache, daß auch das laufende Jahr, so sehr es hinsichtlich der Preise für den Lebensunterhalt unter der Ungunst der Verhältnisse zu leiden gehabt hat, dennoch von einer in jeder Hinsicht aufwärts führenden wirtschaftlichen Entwickelung Zeugnis ablegt. Der Gesamtwert der im deutschen Außenhandel umgesetzten Warengüter hat in den ersten 10 Monaten des laufenden Jahres den Betrag von 16 Milliarden Mark bereits überschritten, so daß, da die beiden letzten Monate des Jahres den Monatsdurchschnitt gewöhnlich noch zu übertreffen pflegen, für das laufende Jahr im ganzen mit einem Außenhandel im Werte von annähernd 20 Milliarden Mark, gegenüber rund 18 Milliarden Mark im Jahre 1911, zu rechnen sein wird.

Wer diese Tatsachen nur einigermaßen unbefangen betrachtet und sich vor Augen hält, daß z. B. in einem einzigen Industriezweige, in der Eisenindustrie, die Steigerung der Produktion in den ersten 10 Monaten des laufenden Jahres, gegenüber dem gleichen Zeitraum des Vorjahres, rund 550 000 Tonnen im Werte von rund 112 Millionen Mark betragen hat, der wird sich eigentlich sagen müssen, daß eine derartige Entwickelung, wenn auch gewiß andere Momente noch mitgespielt haben, doch in der Hauptsache nur durch eine Wirtschaftspolitik ermöglicht worden ist, die den Bedürfnissen der deutschen nationalen Wirtschaft vollauf Rechnung trägt und die gerade den breiten Schichten der Bevölkerung große und bleibende Vorteile gebracht hat. (Sehr wahr!)

Es muß unter solchen Umständen allerdings wundernehmen, daß der Bund der Industriellen, der sich stets als der allein berufene Vertreter der Interessen der Fertigindustrie zu bezeichnen pflegt, es nicht nur unwidersprochen gelassen hat, daß er von dem fortschrittlichen Abgeordneten H o f f in dem von mir erwähnten Artikel ausdrücklich für die freihändlerischen Bestrebungen der fortschrittlichen Volkspartei mit Beschlag belegt wird, sondern auch, daß die Leiter des Bundes, unter denen sich doch sehr einsichtsvolle und maßgebende industrielle Persönlichkeiten befinden (Zuruf: sollten!), es sogar geduldet haben, daß dieser Aufsatz gewissermaßen als wirtschaftspolitisches Bekenntnis des Bundes, zu Propagandazwecken an zahlreiche industrielle Firmen in Hamburg zur Verteilung gebracht worden ist. (Sehr wahr!)

Nach solchen Vorgängen kann sich der Bund der Industriellen wohl kaum mehr darauf berufen, daß er, gleichwie der Centralverband Deutscher Industrieller, noch auf dem Boden unserer bewährten Wirtschaftspolitik steht, und er wird auch wohl kaum einen Einwand dagegen zu erheben haben, wenn der Heidelberger Nationalökonom Dr. L e d e r e r in einer in diesem Jahre erschienenen Schrift über die „wirtschaftlichen Organisationen und die Reichstagswahlen" von ihm behauptet, daß er „in enger Fühlung mit dem Hansabund für einen A b b a u d e r S c h u t z z ö l l e eintrete".

Meine Herren! Es soll hier nicht untersucht werden, ob derartige Bestrebungen von den Gegnern des Centralverbandes Deutscher Industrieller aus sachlicher Ueberzeugung oder nur aus agitatorischem Bedürfnis heraus propagiert werden. Nur in denjenigen Fällen spricht die Vermutung stark für letzteren Beweggrund, in denen immer wieder die Frage der Verteuerung der Lebenshaltung durch die Schutzzölle und die Frage der P r e i s p o l i t i k d e s r h e i n i s c h - w e s t f ä l i s c h e n K o h l e n s y n d i k a t s in den Vordergrund der Erörterung gestellt und in letzterer Hinsicht eine jede Schwierigkeit auf dem Kohlenmarkte sogar dem Centralverband Deutscher Industrieller direkt zur Last gelegt wird. (Handelskammersyndikus S t u m p f : das sind wir gewöhnt!)

Ich hatte erst kürzlich bei einem Vortrage, den ich im Allgemeinen Industrieverbande in der freien und Hansestadt Hamburg zu halten die Ehre hatte, Gelegenheit, darauf hinzuweisen, daß weder der Centralverband Deutscher Industrieller noch irgend ein anderer wirtschaftlicher Verband eine solche Verantwortung für das Tun und Lassen eines jeden einzelnen seiner Mitglieder übernehmen kann, und daß es die unvermeidliche Folge einer jeden Kartellierung in Handel und Industrie ist, wenn sich die Abnehmer der Syndikate und Kartelle einem gewissen Zwange und den damit verbundenen Unannehmlichkeiten zu fügen haben. Es spricht daher wirklich nicht gerade für eine objektive Würdigung der Tatsachen, wenn man den Kohlenmarkt immer nur vom Standpunkte des Verbrauchers aus ansieht und von der Auffassung ausgeht, als ob die Kohlenindustrie lediglich dazu berufen sei, die Stellung einer Hilfsindustrie, etwa nach Analogie der vorsyndikatlichen Zeiten, einzunehmen, die sich nur nach den Interessen der Verbraucher zu richten habe.

Es dürfte hinsichtlich der Preisbewegungen auf dem Kohlenmarkte doch zunächst in Rücksicht zu nehmen sein, daß die Bergarbeiterbewegung im März dieses Jahres Anlaß gegeben hat, den bis zu einem gewissen Grade als billig anerkannten Forderungen der Bergarbeiter auf Lohnerhöhungen zu entsprechen, so daß eine Erhöhung der Kohlenpreise schon aus diesem Grunde erforderlich war, und es dürfte ferner für einen jeden Industriellen verständlich sein, daß, wenn, von einigen Ausnahmen abgesehen, worauf der Herr Vorsitzende auch schon hingewiesen hat, die meisten inländischen Industriezweige sich seit dem Sommer vorigen Jahres in ständig steigender Richtung befinden und auch für das laufende Jahr für die meisten Werke gute Erträgnisse in Aussicht stehen, alsdann auch der Kohlenbergbau den berechtigten Wunsch hegen darf, an dieser guten Konjunktur gleichfalls Anteil zu nehmen.

Und was ferner die Frage der Auslandsverkäufe des Rheinisch-Westfälischen Kohlensyndikats anbetrifft, die gerade in der letzten Zeit den Gegenstand besonders heftiger Angriffe auf den Ruhrkohlenbergbau gebildet haben, so kann die Behauptung wohl kaum widerlegt werden, daß alle Zechen, nicht nur die Mitglieder des Kohlensyndikats, sondern auch der westfälische Bergfiskus, ebenso wie der Saarfiskus und die oberschlesischen Kohlenzechen unbedingt gezwungen sind, sich für ihre Erzeugnisse dort einen Markt zu schaffen, wo sie im Wettbewerb nicht unterliegen und wo sie einen Absatz finden für diejenige Ware, zu deren Aufnahme der inländische Markt nicht in der Lage ist. Die Unterbindung der Kohlenausfuhr, die den Feinden des Kohlensyndikats als Ideal vorschwebt, würde lediglich Arbeiterentlassungen und Betriebseinschränkungen in großem Umfange zur Folge haben. Es würden somit empfindliche Nachteile für die gesamte deutsche Volkswirtschaft zu erwarten sein, da die Kohlenindustrie, falls sie in wirtschaftlich ungünstigen Zeiten ihre Leistungsfähigkeit einschränken müßte, bei einer aufsteigenden Konjunktur infolge des Mangels an Arbeitern nicht imstande sein würde, den Bedarf der inländischen Industrie auch nur annähernd zu decken, so daß alsdann die kohlenverbrauchenden Industriezweige des Inlandes gezwungen sein würden, dem ausländischen Kohlenproduzenten im Wettbewerbe jeden geforderten Preis zu bewilligen. (Sehr richtig!)

Auch die immer wieder auftretende Behauptung, daß das Kohlensyndikat durch seine billigen Auslandsverkäufe die ausländische Industrie in ihrem Wettbewerbe mit der heimischen Industrie sowohl auf dem inländischen als auch auf dem ausländischen Markte geradezu unterstütze, ist wenig zutreffend, und zwar schon deshalb, weil das Kohlensyndikat im Auslande nicht billiger verkauft, als es durch den Wettbewerb gezwungen wird. Selbst in den Parlamenten ist vom Regierungstische aus schon mehrfach hierauf hingewiesen und zugleich betont worden, daß das Kohlensyndikat, wenn es auf dem Weltmarkte als Verkäufer auftritt, sich auch notgedrungen nach den Weltmarktpreisen zu richten habe, die bekanntlich sehr viel schwankender sind, als die inländischen. Daß aber jedenfalls diese inländischen Preise nicht höher sind als die ausländischen, wird wohl am besten dadurch erwiesen, daß die englischen Durchschnittspreise gegenwärtig die Richtpreise für Ruhrkohlen in allen Kohlensorten, und zwar zum Teil sehr erheblich übertreffen.

Die ganze Frage der Auslandsverkäufe des Kohlensyndikats wird, worauf immer wieder hingewiesen werden muß, in allererster Linie durch die Tarifpolitik der staatlichen Eisenbahnverwaltung beeinflußt. Diese hat es in der Hand, es den Zechen zu ermöglichen, auch solche Gebiete Deutschlands mit Kohle zu versorgen, wo bis jetzt die ausländische Kohle infolge günstigerer Frachtverhältnisse die inländische Kohle entweder ganz vom Wettbewerb ausgeschlossen, oder auf einen geringen Teil der Bedarfsdeckung beschränkt hat.

Wie sehr dieses gerade z. B. hinsichtlich des oberschlesischen Absatzgebietes der Fall ist, das ist aus dem Berichte des Oberschlesischen berg- und hüttenmännischen Vereins für das Vereinsjahr 1911 zur Genüge zu ersehen, in welchem nachgewiesen worden ist, daß infolge der ablehnenden Haltung der Eisenbahnverwaltung gegenüber den Kohlentarifwünschen der oberschlesischen Gruben die dortige Kohle von dem Berliner Markte bereits soweit verdrängt worden ist, daß hier im verflossenen Jahre der Verbrauch an englischen Kohlen zum ersten Male denjenigen an oberschlesischen Kohlen auch der absoluten Menge nach übertroffen hat und daß, während der Jahresverbrauch an englischen Kohlen in den letzten 5 Jahren um rund 332 000 Tonnen zugenommen hat (hört, hört!), der Verbrauch an oberschlesischen Kohlen in diesem Zeitraum um rund 338 000 Tonnen zurückgegangen ist. Unter solchen Umständen sind also die Kohlenzechen, und das trifft ganz besonders auch für die Ruhrkohlenzechen zu, infolge der Tarifpolitik der Eisenbahnverwaltungen gar nicht in der Lage, große Teile Deutschlands mit Kohle zu versorgen und sind gezwungen, sich andere geeignete Absatzgebiete für ihre Erzeugnisse zu suchen.

Die Richtigkeit dieser Behauptung nachzuprüfen, werden auch die Gegner des Kohlensyndikats sehr wohl in der Lage sein, und sie sollten in Fragen der Preispolitik vor allem ihren Freunden im demokratisch-liberalen Lager empfehlen, in ihren Forderungen auf sozialpolitischem Gebiete sich einer größeren Mäßigung zu befleißigen, da weder der Rohstoff- noch der Fertigindustrie dauernd neue Lasten auferlegt werden können, ohne daß dadurch auch das Enderzeugnis schließlich wesentlich verteuert wird. (Sehr richtig!)

Von Gottfried Keller ist einst das Wort geprägt: „Alle Agitation darf nur dem Zweck eines tüchtigen und gedeihlichen Lebens dienen und niemals selbst Zweck werden." Dieses Wort hat eine besondere Bedeutung gewonnen in unserer gegenwärtigen Zeit, in der, wie ich gezeigt habe, die Angriffe gegen unsere Wirtschaftspolitik selbst von industriellen Kreisen unterstützt werden und wo die bisherige demokratische Wahlparole „Brotverteuerung und Kornwucher" durch die Stichworte „Fleischnot und Hungersnotpreise" noch eine besonders eindrucksvolle Ergänzung gefunden hat.

Meine Herren! Billige Lebensmittelpreise auf alle Fälle, ist zweifellos ein schönes Problem, zumal vom Standpunkte der Konsumenten aus, aber es ist nicht lediglich ein deutsches, sondern ein weltwirtschaftliches Problem (sehr richtig!), da eine Steigerung der Kosten der Lebenshaltung seit mehr als 2 Jahrzehnten in allen Kulturländern und nicht allein bei uns wahrzunehmen ist. Es hat aus diesem Anlaß auch der Internationale Handelskammerkongreß in Boston Ende September dieses Jahres in einer Entschließung die Anregung gegeben, durch die Einberufung einer internationalen Konferenz die Ursachen und Wirkungen der Lebensmittelteuerung feststellen zu lassen.

So interessant es auch sein mag, die vorwiegend auf allgemein volkswirtschaftlichem Gebiete liegenden Ursachen der — wie schon erwähnt — immer mehr als internationale Erscheinung sich geltend machenden Lebensmittelteuerung zu ergründen, so wenig ist doch von einer solchen Untersuchung eine alsbaldige wirksame Abhilfe zu erwarten. (Sehr wahr!) Für eine solche dürfte in erster Linie die organisierte Selbsthilfe in Betracht kommen, und es sind meines Erachtens trotz mancher nicht zu verkennender Schwierigkeiten vor allem die großen Kommunen berufen, durch eine durchgreifende Erleichterung der Güterzuführung und insbesondere durch die Bereitstellung billiger Nahrungsmittel, die im Großeinkauf erworben werden müssen, der örtlichen Not wirksam entgegenzutreten. Daß die in dieser Hinsicht von der Reichsregierung veranlaßten Maßnahmen bereits eine positive Wirkung erzielt haben, kann füglich wohl nicht mehr bezweifelt werden. Es wird sich lediglich fragen, ob diese Wirkung durch weitergehende Anordnungen, sei es durch die Erleichterung der Einfuhr von überseeischem Gefrierfleisch oder auf anderem Wege zu fördern sein wird, damit der bestehenden Fleischteuerung auch wirksam und nachhaltig vorgebeugt wird.

Meine Herren! Das Direktorium des Centralverbandes Deutscher Industrieller hat sich mit dieser Frage in mehrfachen Sitzungen eingehend beschäftigt. Es ist zu der Ueberzeugung gekommen, daß mit Rücksicht darauf, daß gerade in dieser Hinsicht die statistischen Daten stark in Widerspruch miteinander stehen und daß aus diesen und sonstigen Gründen ein wirklich sicheres und einwandfreies Beobachtungsmaterial zurzeit nicht vorliegt, zunächst für eine Ergänzung der zur Verfügung stehenden Unterlagen Sorge zu tragen ist, und daß es, bevor eine endgültige Stellungnahme erfolgt, auch als empfehlenswert erachtet werden muß, das Ergebnis der Beratungen der zur Vorberatung des Gesetzentwurfs betreffend vorübergehende Zollerleichterungen bei der Fleischeinfuhr eingesetzten Reichstagskommission zunächst abzuwarten.

Bei dieser Stellungnahme hat das Direktorium des Centralverbandes Deutscher Industrieller durchaus gewürdigt, daß die Frage der zur Linderung der Fleischteuerung zu ergreifenden Maßnahmen für unsere gesamte deutsche Bevölkerung, insbesondere auch für unsere Industrie von ganz besonderer Bedeutung ist, da gerade in den großen Arbeitszentren unbedingt Wert darauf gelegt werden muß, daß der Arbeiterbevölkerung die notwendige Fleischnahrung zu mäßigen und vor allem stetigen Preisen dauernd zur Verfügung steht. Anderenfalls würden unter vermehrter Streikgefahr die nicht nachlassenden Ansprüche auf Lohnsteigerung von seiten der Arbeitnehmer zum Ausgleich der erhöhten Kosten der Lebenshaltung ein Moment ständiger Beunruhigung in die industriellen Kreise hineintragen, und es würden diese Lohnkämpfe innerhalb der Industrie schließlich deren Wortführern die Verteidigung ihrer alten und bewährten Stellungnahme gegenüber der Landwirtschaft einmal sehr erschweren können. Das sollte sich auch das führende Organ des „Bundes der Landwirte" vor Augen halten, wenn es sich vor einiger Zeit zu der Aeußerung verstieg, daß die Landwirtschaft nicht verpflichtet sei, sich an den Maßnahmen zur Bekämpfung der Fleischteuerung zu beteiligen, und man sollte sich in diesen Kreisen doch davon überzeugt halten, daß, je mehr sich gerade die deutsche Landwirtschaft an diesen Maßnahmen beteiligt, um so mehr auch der starken Agitation, die sich gegenwärtig infolge der Steigerung der Fleischpreise überall gegen die Landwirtschaft geltend macht, ein großer Teil ihrer Kraft genommen werden würde. (Sehr wahr!)

Meine Herren! Es wäre dieses nicht nur deshalb zu wünschen, weil das Bedenken nicht von der Hand zu weisen ist, daß in den schweren wirtschaftlichen Kämpfen, in denen wir uns ständig befinden, das Gefühl der Solidarität der Interessen zwischen den maßgebenden Erwerbsgruppen, insbesondere zwischen Landwirtschaft und Industrie ins Wanken geraten wird, sondern auch aus dem Grunde, weil die Gefahr, daß unter Umständen unser deutsches Volk um seine Weltmachtstellung und damit um seine Existenz im höheren Sinne des Wortes einen Kampf bis zum äußersten zu führen gezwungen sein wird, wohl noch niemals so groß gewesen ist, wie gerade jetzt. Ein solcher Kampf kann aber nur dann mit Erfolg durchgeführt werden, wenn unser Volk auch wirtschaftlich die nötige Einheit und Stärke dafür besitzt, und es sollten daher die führenden wirtschaftlichen Verbände, in der Landwirtschaft sowohl wie in der Industrie, in wahrer Würdigung der Interessen des Gemeinwohls ihr Handeln und ihre Wirksamkeit nicht so sehr nach den Forderungen und Wünschen einzelner Kreise, sei es der Produzenten oder Konsumenten, und auch nicht nach einer Parteischablone richten, als sich vielmehr in allen diesen Fragen nur von höheren, allgemeinen Gesichtspunkten leiten lassen. (Beifall.)

In diesem Sinne wird jedenfalls der Centralverband Deutscher Industrieller auch fernerhin seine Arbeit auf allen Gebieten unseres wirtschaftlichen Lebens fortzuführen bestrebt sein, und er wird hierbei die Ueberzeugung hegen dürfen, daß er alsdann nicht allein für wirtschaftliche Ziele, sondern letzten Endes auch für die höchsten nationalen Güter unseres Volkes eintritt und kämpft. (Lebhafter anhaltender Beifall.)

Vorsitzender: Meine Herren! Bevor ich die Diskussion eröffne, möchte ich mir erlauben, Ihnen den Vorschlag zu machen, das reichhaltige Material, das Ihnen der mit Beifall von Ihnen aufgenommene Bericht vorgelegt hat, in seine Bestandteile zu zerlegen.

Ausschalten möchte ich zunächst mit Ihrer Zustimmung die Ausführungen, die der Herr Berichterstatter über das Wassergesetz gemacht hat. Wir werden uns nachher mit dem Wassergesetz noch näher zu befassen haben, und es wird sich dann in der Diskussion ohne weiteres auch die Möglichkeit ergeben, auf die Ausführungen des Herrn Regierungsrat Schweighoffer zurückzukommen.

Ich möchte Ihnen deshalb vorschlagen mit der Frage des Angestelltenversicherungsgesetzes zu beginnen (Zuruf: des Angestelltenrechts!), dann zweitens zu behandeln die Ausgestaltung des Angestelltenrechts. — Die beiden Dinge sind doch voneinander zu trennen. Herr Regierungsrat Schweighoffer hat sich zunächst auch über das Angestelltenversicherungsgesetz geäußert und hat meiner Ansicht nach eine ziemlich eingehende, und mit Recht harte Kritik an diesem Gesetz geübt. Also zunächst das Angestelltenversicherungsgesetz, dann die Ausgestaltung des Angestelltenrechts, womit dann auch die Erörterung über die Resolution I, die Ihnen vorliegt, verbunden werden würde, dann drittens der Schutz der Arbeitswilligen, viertens der Gesetzentwurf betreffend das Petroleummonopol — um es so kurz zu bezeichnen —, wozu auch eine Resolution vorgelegt ist; fünftens das Schleppmonopolgesetz und sechstens die deutsche Wirtschaftspolitik.

Da kein Widerspruch aus Ihren Reihen erfolgt, so nehme ich an, daß Sie mit diesem Antrage einverstanden sind, und eröffne nun die Diskussion über das Angestelltenversicherungsgesetz und die Ausgestaltung des Angestelltenrechts.

Die vorgeschlagene Resolution lautet:

Beschlußantrag betreffend Vereinheitlichung des Angestelltenrechtes.

„Angesichts der auf eine Vereinheitlichung des Angestelltenrechtes abzielenden Bestrebungen, insbesondere mit Rücksicht auf die Verhandlungen der beiden letzten deutschen Juristentage zu Danzig im Jahre 1910 und zu Wien im Jahre 1912 erachtet es der Centralverband Deutscher Industrieller für seine Pflicht, nachdrücklichst darauf hinzuweisen, daß diese Bestrebungen nicht dazu führen dürfen, die Angestellten (Kopfarbeiter) mit den Lohnarbeitern (Handarbeiter) sozial und rechtlich auf eine gleiche Stufe zu stellen. Der Centralverband hält an seiner bereits früher verschiedentlich dargelegten Auffassung fest, daß die Angestellten ihrer Bildung und wirtschaftlich-technischen Funktion nach ein Zwischenglied zwischen Unternehmern und Lohnarbeitern bilden und daher eine vermittelnde und in sozialem Sinne ausgleichende Stellung einnehmen. Daraus ergibt sich, daß die Rechtsverhältnisse zwischen Angestellten und Unternehmern auf anderen gesetzlichen Grundlagen aufgebaut werden müssen, als die Rechtsverhältnisse zwischen Lohnarbeitern und Unternehmern. Das Angestelltenrecht muß sich neben dem Arbeiterrecht selbständig entwickeln.

Mit Rücksicht auf die große Bedeutung, welche der Schaffung eines selbständigen Angestelltenrechtes für die gesamte deutsche Industrie zukommt, soll ein besonderer Ausschuß mit der Aufgabe betraut werden, in eine eingehende Beratung darüber einzutreten, ob und inwieweit das bestehende Angestelltenrecht einer Abänderung und inwieweit es einer größeren Vereinheitlichung bedarf. Ueber das Ergebnis dieser Beratungen, bei denen auch die Angestelltenkreise zur Mitwirkung berufen sind, ist der Versammlung der Delegierten des Centralverbandes tunlichst bald Bericht zu erstatten."

Geheimer Regierungsrat Dr. **von Siemens:** Ich möchte nur eine kurze Bemerkung machen mit Rücksicht darauf, daß der Herr Geschäftsführer in seinem Exposé die Ausführungen berührte, welche Herr Dr. Fellinger auf dem letzten Deutschen Juristentag in der Diskussion über die Reform des Angestelltenrechtes gemacht hat. Es ist mir daran gelegen, daß hierüber nicht eine unrichtige Meinung entsteht. Herr Dr. Fellinger hat hier nicht im Auftrag seiner Gesellschaft gesprochen, und man muß einen Unterschied machen, ob jemand seine persönliche Meinung sagt, oder offizielle Erklärungen abgibt. Geradeso, wie das, was der Geschäftsführer vorhin vorgetragen hat, nicht etwa Wort für Wort vom Direktorium genehmigt worden ist. Aber die Anwesenden werden die Ueberzeugung haben, daß das, was er sagte, im Sinne der Auffassungen des Direktoriums gelegen sein wird. Mit dem sachlichen Inhalt der Ausführungen des Herrn Dr. Fellinger bin ich meinerseits im allgemeinen einverstanden. Aber aus dem Exposé des Herrn Geschäftsführers wird man den Eindruck gewonnen haben, als wenn Herr Dr. Fellinger sich mit den Anschauungen der Richtung Potthoff identifiziert hatte. Das ist aber durchaus nicht der Fall. Der Sachverhalt war vielmehr der, daß Herr Dr. Fellinger angenehm berührt war, und das auch zum Ausdruck gebracht hat von dem großen Unterschied in Aufstellung und Begründung der Thesen des Herrn Minister Klein zu den vorangegangenen radikalen Gutachten und Auffassungen. Er hat sich dabei auch durchaus nicht auf den Standpunkt gestellt, daß er alle diese Thesen etwa billigt, trotzdem sie im allgemeinen verhältnismäßig gemäßigt waren, sondern er hat eine sachliche Kritik geübt. Bei fünf Minuten Diskussionszeit war es natürlich unmöglich, die Frage erschöpfend zu behandeln. Herr Dr. Fellinger hat auch deshalb jetzt eine eingehende Auseinandersetzung über dieses Thema in den Preußischen Jahrbüchern erscheinen lassen, gerade auch um zu verhindern, daß er von Herrn Dr. Schweighoffer und anderen so mißverstanden wird, wie es jetzt der Fall gewesen ist. Er hatte diese Schrift Herrn Dr. Schweighoffer zur Verfügung gestellt, und ich glaube, es wäre auch richtig gewesen, wenn derselbe sie in seinem Exposé erwähnt hätte. Wer aus diesem Kreise diese Schrift liest, wird mit Inhalt und Tendenz einverstanden sein können, und dem Sinne nach ist auch ungefähr eine Uebereinstimmung mit dem vorhanden, was Herr Dr. Schweighoffer heute ausgeführt hat. Ich meine auch, daß die Resolution, über die wir heute zu beschließen haben, vollständig im Sinne jener Schrift liegt.

Vorsitzender: Meine Herren, wir sind damit schon in die Diskussion des Punktes 2 eingetreten. Zu dem ersten Punkte hat sich niemand zum Wort gemeldet. Ich kann dann darüber hinweggehen und erteile nun zu dem Punkt 2: Ausgestaltung des Angestelltenrechts zunächst Herrn Geheimrat Vorster das Wort.

Geheimer Kommerzienrat **Vorster:** Meine Herren, darf ich vielleicht einen Vorschlag zur Geschäftsordnung machen? Es schien, meine Herren, daß unser Geschäftsführer, Herr Regierungsrat Schweighoffer, auf die eben angeregte Angelegenheit antworten wollte. In diesem Falle würde ich zurücktreten, damit wir die Gegenstände etwas einheitlich behandeln. Ich glaube, Herr Dr. Schweighoffer wollte sich über Wien noch äußern, und ich darf mir dann nach Erledigung dieser Sache noch einige Worte erlauben.

Geschäftsführer Regierungsrat a. D. Dr. **Schweighoffer:** Meine Herren! Ich bin stark berührt durch die Ausführungen des Herrn Geheimrat von Siemens.

Zunächst liegt es wohl auf der Hand, daß nicht jedes Wort des Geschäftsberichts in der vorhergehenden Direktorialsitzung die Genehmigung der Mitglieder des Direktoriums finden kann. Ich glaube, das ist auch niemals während des 36jährigen Bestehens des Centralverbandes Deutscher Industrieller der Fall gewesen und konnte vorliegend auch wohl um so weniger der Fall sein, als ich doch von den gestern in der Direktorialsitzung anwesenden Herren allein derjenige war, der unter dem unmittelbaren Eindruck der Verhandlungen des Deutschen Juristentages in Wien gestanden hat.

Aber, meine Herren, die Ausführungen des Herrn Vorredners zwingen mich nun doch, auf den ganzen Gang und die Entwickelung der Ereignisse etwas näher einzugehen. Als seinerzeit bekannt wurde, daß der Deutsche Juristentag sich mit der Frage der Vereinheitlichung des Angestelltenrechtes beschäftigen würde, glaubte man in den Kreisen der Industrie, daß es angezeigt wäre, zu dieser Frage jetzt schon Stellung zu nehmen, damit man der Industrie nicht den Vorwurf machen könnte, wie es bei anderen Sachen geschehen ist, daß sie sich zu spät gerührt habe. Es haben daher auf Grund der Anregung des Vereins deutscher Maschinenbauanstalten schon im Sommer dieses Jahres mehrfache Verhandlungen darüber stattgefunden, welche Stellung die Industrie gegenüber den für den Juristentag erstatteten Gutachten einzunehmen habe, die damals schon — das bemerke ich gegenüber einer gestrigen Anfrage im Ausschuß —. im Druck vorlagen und auf deren wesentlichsten Inhalt ich auch in meinen Darlegungen hingewiesen habe. Es wurde zu diesen Verhandlungen auch der von Herrn Geheimrat von Siemens erwähnte Herr auf seinen besonderen Wunsch hinzugezogen, und es war der hierbei von allen übrigen Teilnehmern zum Ausdruck gebrachte Wunsch, daß, wenn Vertreter der Industrie sich an den Beratungen des Juristentages beteiligten — es war eine Streitfrage, meine Herren, ob das überhaupt zweckmäßig wäre —, sie dann gegenüber den radikalen Bestrebungen der Herren Potthoff usw., deren Thesen den Verhandlungen in erster Linie zugrunde lagen, eine möglichst einheitliche und geschlossene Stellung einnehmen sollten. Dies konnte man als das Endergebnis der Vorberatungen, namentlich der Konferenz in Köln, bezeichnen.

Ich bin überzeugt, daß die Verhandlungen des Juristentages noch ganz anders verlaufen wären und seine Beschlüsse sehr viel schärfer und prononzierter gegen die Arbeitgeber ausgefallen wären, wenn es nicht durch die dankenswerte Tätigkeit des Geschäftsführers des Maschinenbauvereins, der seinen Urlaub aufgab und sich in persönliche Beziehungen mit Herrn Professor Oertmann setzte, gelungen wäre, diesen darüber aufzuklären, daß die Industrie und die Arbeitgeber ein außerordentliches Interesse an der Frage des Angestelltenrechtes hätten und daß sie ihrerseits durchaus bereit wären, in eine objektive, aber allen Tatsachen gerecht werdende Würdigung der Frage einzutreten.

Ich habe schon in meinem Geschäftsberichte erwähnt, daß Exzellenz Klein das erste Referat auf dem Juristentag erstattete und muß Herrn Geheimrat von Siemens erwidern, daß der Eindruck, den die Ausführungen von Exzellenz Klein gemacht haben, nicht der einer objektiven Stellungnahme gegenüber den beiderseitigen Interessen der Arbeitgeber und der Angestellten war. Ein österreichisches führendes Blatt der Industriellen, „Die Industrie", hat auf Grund dieser Ausführungen Exzellenz Klein als einen der radikalsten Sozialisten bezeichnet und seine Darlegungen mit den schärfsten Ausdrücken verurteilt. Worte von Exzellenz Klein, wie: Uebervorteilung der Angestellten, Engherzigkeit der Arbeitgeber usw. gaben mir Veranlassung — meine Ausführungen werden ja in den Berichten über den Juristentag demnächst erscheinen — mit aller Entschiedenheit, aber ich darf sagen ohne Schärfe, diesen Ausführungen in Wahrung der Interessen der Arbeitgeber entgegenzutreten und vor allem zum Ausdruck zu bringen, wie gefährlich eine Gleichstellung der Angestellten und der Lohnarbeiter in sozialer und rechtlicher Beziehung zu erachten sei. Ich betonte hierbei aber zugleich, daß die Arbeitgeber als solche jederzeit bereit sein würden, sich an den Vorarbeiten zur Reform des Angestelltenrechts zu beteiligen. Wenn es mir also nach dem Laufe der Verhandlungen des Juristentages insbesondere nach den Worten von Exzellenz Klein als Pflicht erschien, in der von mir angedeuteten Weise in Wien zu antworten, dann war ich meines Erachtens auch wohl berechtigt, hier an dieser Stelle auf die Sache und vor allen Dingen — und das war die Hauptsache — auf die irreführende Benachrichtigung der öffentlichen Meinung durch die liberaldemokratischen Blätter einzugehen.

Was nun die Aeußerungen des von mir erwähnten Vertreters eines großen Werkes anbetrifft, so begann dieser seine Darlegungen mit folgenden Worten:

„Ich bitte, es mir nicht als Ueberhebung auszulegen, wenn ich mir nicht versagen kann, mit einem Wort verehrungsvoller Bewunderung noch einmal der Thesen zu gedenken, die der erste Referent, Exzellenz Klein, uns vorgelegt hat. Ich hätte kein Wort darüber verloren, wenn nicht Exzellenz Klein die Möglichkeit ausgesprochen hätte, daß von industrieller Seite seinen Vorschlägen ein „dezidiertes Nein!“ entgegenschallen würde. Ich halte ein solches „dezidiertes Nein!“ für vollständig ausgeschlossen, denn diese Leitsätze sehen nicht wie so manches, was der Industrie sonst vorgeschlagen wird, nach dem grünen Tisch aus, sondern man spürt darin sehr stark das Rauschen des goldenen Baumes des Lebens, der ja bekanntlich auch grün ist, usw.“

Dann ging der Herr allerdings damals auf das ein, was er speziell noch an den Thesen der Gutachter auszusetzen hatte. Aber gerade an diese einleitenden Worte klammerten sich die Tagesblätter, indem sie es so hinstellten, als ob auch die Industrie durchaus den Gutachtern beigestimmt habe und ich weise nochmals darauf hin, daß, wenn nicht Herr Professor Oertmann und der Herr Reichsgerichtsrat Dr. Neukamp sich in so außerordentlich dankenswerter Weise auf den von der Industrie vertretenen Standpunkt gestellt hätten, gar nicht abzusehen gewesen wäre, wie die Beschlüsse des Juristentages tatsächlich ausgefallen wären. Aus allen diesen Gründen, vor allem wegen der durchaus entstellenden Nachrichten, die seinerzeit einzelne Blätter brachten, habe ich mir erlaubt, die Sache in meinem Geschäftsberichte vorzutragen, weil das für Sie die Unterlagen bieten mußte, um Ihrerseits nunmehr Stellung zu nehmen zu dem hier vorliegenden Beschlußantrage. Es wird darin gebeten, eine Kommission einsetzen zu lassen, in der die ganzen Reformwünsche der Angestellten eingehend geprüft werden, in der auch die Angestellten selbst zu Worte kommen sollen, und in der insbesondere eine einheitliche Stellungnahme der Industrie erwirkt werden soll, an der es — wie die Presse es darstellte — in Wien leider gefehlt hat. (Beifall.)

Regierungsrat **Rhazen:** Meine Herren! Die zeitliche und räumliche Ausdehnung, die der Herr Geschäftsführer in seinem Berichte der Frage der Vereinheitlichung des Angestelltenrechts eingeräumt hat, zeigt in dankenswerter Weise, welche Bedeutung die Leitung des Centralverbandes der Behandlung und dem endlichen Ausgang dieser

Frage beilegt. Ich brauche mich daher nicht darauf zu verlegen, Ihnen in langen Ausführungen hier die Wichtigkeit dieser Fragen für die Industrie und die Notwendigkeit und Dringlichkeit ihrer eingehenden Weiterverfolgung durch den Centralverband vorzutragen.

Die Verhandlung auf dem Wiener Juristentage hat leider dazu geführt, daß diese Frage in vollständig einseitiger Weise behandelt worden ist. Die Gesellschaft Potthoff & Co., G. m. b. H. für die Zerstörung des Verträuensverhältnisses zwischen den Geschäftsherren und den Angestellten (Heiterkeit und Sehr gut!) hat es verstanden, ich glaube, nicht ganz im Sinne des Deutschen Juristentages, diesen Tag zum Tummelplatz für ihre vollständig einseitigen Bestrebungen zu machen, und leider, meine Herren, hat es auf diesem Tage daran gefehlt, daß diesen Bestrebungen, abgesehen von dem dankenswerten Vorgehen unseres Herrn Geschäftsführers, in einer Weise entgegengetreten worden ist, wie sie es verdient hätten.

Damit, meine Herren, komme ich auf den Vorgang, der durch die beiden Herren Vorredner hier eben berührt worden ist. Von vornherein, meine Herren, kann ich Ihnen aus meinen persönlichen Erfahrungen wortwörtlich die tatsächlichen Bemerkungen als richtig bestätigen, die der Herr Geschäftsführer über die Vorgänge bis zur Wiener Tagung Ihnen eben gemacht hat. Wir alle, meine Herren, sind uns ja darüber einig, daß der betreffende Herr, der auf dem Wiener Juristentage die hier kritisierte Stellung nahm, weit davon entfernt war, diejenigen Schlußfolgerungen auslösen zu wollen, die leider seine Ausführungen ausgelöst haben. Damit, meine Herren, teilt er das Schicksal mancher anderen Stellen, und diese Uebereinstimmung geht auch weiter dahin, daß die bestausgefeilte Dementierung später nichts daran ändern kann, daß die falsche Auslegung des Gesagten zum Schaden der Industrie sich festsetzt und weiter kolportiert wird. (Zustimmung.)

Soweit gehe ich mit Herrn Geheimrat von Siemens einig. Dagegen kann ich ihm darin nicht folgen, daß die Ausführungen, die der Herr in Wien gemacht hat, auch objektiv nicht einen gewissen Grund dafür gegeben hätten, daß diese falsche Auffassung entstehen und weiter verbreitet werden konnte. Die uneingeschränkten Zustimmungen — nicht so sehr zu den Gutachten, sondern zu dem Referat von Exzellenz Klein — sind offenbar getragen worden, meine Herren, von der hohen Achtung, die wir wohl alle hier für die ernste und bei ihrer großen Bedeutung doch so liebenswürdige Persönlichkeit von Exzellenz Klein haben. Aber meines Erachtens durfte diese Hochachtung nicht dahin führen, daß man von der Stelle aus, wie sie die Plattform des Wiener Juristentages bot, auch materiell nicht nur vom Standpunkte des Geschäftsherrn aus angreifbaren, und in ihren Folgerungen verderblich wirkenden Thesen und Ausführungen von Exzellenz Klein so begeistert und uneingeschränkt zustimmte, wie es tatsächlich von dem betreffenden Herrn geschehen ist. (Sehr richtig!)

Ich glaube, damit dürfen wir diese Sache verlassen, und ich habe abschließend nur nochmals zu betonen: alle die tatsächlichen Mitteilungen, die Ihnen von dem Herrn Geschäftsführer gemacht worden sind, stehen historisch außer Zweifel.

Meine Herren! Es ist Ihnen hier ein Beschlußantrag vorgelegt worden, und die gefeilte Form der Resolution zeigt meines Erachtens auch wieder, welche Bedeutung mit Recht der Frage in diesem Gremium hier beigelegt wird. Gerade mit Rücksicht auf diese Bedeutung möchte ich mir aber erlauben, eine kleine redaktionelle Aenderung hier vorzuschlagen.

Im allgemeinen ist man doch gewohnt, die Aufträge so zu erteilen, daß man von der leichteren zur schwereren Aufgabe übergeht, und ich möchte Sie bitten, meine Herren, dieses Benefizium auch der Kommission zugute kommen zu lassen, die für die Bearbeitung der Frage gewählt wird. Da ist ohne Zweifel die leichteste Frage für die Bearbeitung und Beantwortung, ob es begründet ist, eine einheitliche Kodifikation derjenigen Bestimmungen über das Angestelltenrecht, die heute schon bestehen, aus den verschiedenen Spezialgesetzen heraus zu einem Sondergesetz für die Angestellten vorzunehmen. Ich glaube, das ist eine klare, engumgrenzte Frage, über die sich die Kommission im bejahenden Sinne bald klar werden wird, und zwar im Interesse nicht bloß der Angestellten, sondern auch der Geschäftsherren. Viel schwieriger dagegen, meine Herren, ist die andere Frage, ob die über das Angestelltenrecht verstreut bestehenden Bestimmungen einer weiteren materiellen Ergänzung bedürfen, nicht etwa lediglich in dem Sinne der Gutachter auf der Wiener Vereinsversammlung, sondern auch im Sinne der Wünsche und Bedürfnisse der Industrie. Meine Herren, diese zweite Materie ist außerordentlich schwierig und wird Ihrer Kommission unzweifelhaft größere Kopfschmerzen machen. Deshalb möchte ich Ihnen, nebenbei auch der historisch richtigen Entwickelung wegen empfehlen, den letzten Absatz der Resolution wie folgt zu fassen:

„Mit Rücksicht auf die große Bedeutung, welche der Schaffung eines selbständigen Angestelltenrechtes für die gesamte deutsche Industrie zukommt, soll ein besonderer Ausschuß mit der Aufgabe betraut werden, in eine eingehende Beratung darüber einzutreten, ob das bestehende Angestelltenrecht einer größeren Vereinheitlichung, und ob und inwieweit es einer Aenderung bedarf."

Vorsitzender: Meine Herren, darf ich fragen: wollen die Herren noch zu der Wiener Frage sprechen? Wohl nicht?

Dr. **Fellinger:** Meine Herren, ich bin derjenige, welcher auf dem Juristentage die angeblich so enthusiastische Bemerkung gegenüber Exzellenz Klein gemacht hat, die von dem Herrn Geschäftsführer in seinem Bericht erwähnt wurde. Der Herr Geschäftsführer hat allerdings einen Teil meiner Ausführungen verlesen; den wichtigsten Teil aber, zu dem der erste Teil nur der Auftakt war, hat er nicht verlesen, und dieser wichtigste Teil betraf meine Einwendungen, die zum Teil sehr scharf und sehr nachdrücklich waren und sich insbesondere auf die Sondergerichtsbarkeit bezogen. Die waren die Hauptsache, meine Herren.

Es ist soeben von Herrn Regierungsrat Rhazen gesagt worden, es sei „historisch", daß ich wohl nicht so sehr zu den Ausführungen der Gutachter, als zu dem Referat von Exzellenz Klein meine Zustimmung gegeben habe, und ferner, ich hätte meine uneingeschränkte Zustimmung gegeben. Beides ist aber „historisch" nicht richtig, und das wird sich auch aus den stenographischen Aufzeichnungen über die Verhandlungen des Juristentages in wenigen Wochen feststellen lassen. Ich habe übrigens meine Ausführungen nach dem Stenogramm bereits vor einer ganzen Reihe von Wochen dem Herrn Geschäftsführer mitgeteilt, so daß er darüber vollständig orientiert sein und mir zustimmen wird.

Es handelt sich bei der Sache um folgendes: Ich habe gerade im Gegensatz zu den ganz unglaublich einseitigen und teilweise sich in Phantastereien ergehenden Gutachten der Herren Potthoff, Kobatsch und Baum einen außerordentlich wohltuenden Eindruck empfangen, als ich am Tage der Verhandlung auf dem Juristentage die Thesen von Exzellenz Klein zu Gesicht bekam. Diese Thesen enthalten etwas ganz anderes, als was die Gutachter verlangt haben, und nur zu diesen Thesen habe ich meine Zustimmung ausgesprochen und auch nur aus einem ganz bestimmten Grunde: In seinem Referat, auf das ich mich weiter gar nicht bezog, hatte Exzellenz Klein zum Schluß mit einer gewissen Betonung gesagt: es sei wohl möglich, daß von gewissen Seiten der Industrie seinen Thesen ein dezidiertes Nein entgegenschallen werde. Was dies heißen sollte, mußte jedem klar sein. Es sollte damit natürlich gesagt sein, daß aus gewissen Kreisen der Industrie dauernd gegen alles, was im Interesse der Angestellten geschehen solle, Ablehnung erfolge. Dem habe ich widersprochen, indem ich sagte: die Thesen von Exzellenz Klein seien nicht solche, daß man ihnen mit einem dezidierten Nein antworten könnte. Ich habe aber meine Zustimmung zu diesen Thesen von Exzellenz Klein durchaus nicht uneingeschränkt gegeben, sondern sofort im Anschluß hinzugefügt, daß namentlich für eine ganze Reihe von kleinen Arbeitgebern die vorgeschlagenen Schutzbestimmungen sehr bedenklich werden könnten. Ich habe in letzterer Hinsicht hingewiesen auf den Tarifvertrag — der übrigens nicht etwa in den Kleinschen Thesen propagiert wird —, ich habe hingewiesen auf die Bedenklichkeit der Zulassung des administrativen Verbots der Gewährung von Kost und Logis, ich habe hingewiesen auf das Bedenkliche, den Angestellten das Recht auf „angemessene" Abschlagszahlungen und Vorschüsse zu gewähren und habe dann, und zwar sehr eingehend, die Frage der Gewerbegerichte und der Kaufmannsgerichte, die Frage der etwaigen Ausdehnung der Sondergerichte behandelt. Auch da waren die Thesen von Exzellenz Klein wesentlich einschränkend in dem, was sie verlangten gegenüber dem, was Potthoff und Baum gefordert hatten; namentlich Potthoff hat ja eine ganz allgemeine Ausdehnung der Sondergerichtsbarkeit auf alles, was Angestellter ist, ohne Grenze bezüglich der Gehaltshöhe usw. verlangt. Aber auch gegen die sehr eingeschränkte Forderung von Klein habe ich mich mit allem Nachdruck gewehrt. Ich habe auf alle die Uebelstände der heutigen Gewerbe- und Kaufmannsgerichte hingewiesen und glaube, daß die Ablehnung der Thesen, die sich auf Gewerbe- und Kaufmannsgerichte bezogen, vielleicht auch mit durch meine Worte befördert worden ist.

In Wirklichkeit haben sich die Vorgänge also denn doch etwas anders abgespielt als Herr Regierungsrat Rhazen meinte.

Das, was der Herr Geschäftsführer in seinem Bericht aus den Thesen von Potthoff vorgetragen hat, verurteile ich genau so, wie er, und ich kann dazu noch etwas hinzufügen. Potthoff ist derjenige, welcher ein allgemeines Arbeitsrecht verlangt, das für sämtliche Arbeitnehmer gelten soll, da sich nach seiner Meinung bereits Arbeiter von Angestellten überhaupt nicht mehr unterscheiden. Gegen solche Forderungen trete ich mit demselben Nachdruck auf, wie der Herr Geschäftsführer und wie irgend jemand.

Ich hielt für notwendig, das heute noch einmal zu konstatieren, damit nicht, wie es seinerzeit mit meinen Worten auf dem Juristentage geschehen ist, nun auf Grund der Ausführungen in der Delegiertenversammlung des Centralverbandes wiederum falsche Berichte über meine Ausführungen in die Zeitungen kommen, damit berichtet wird, was gewesen ist, und nicht das, von dem man wünscht, daß es geschehen wäre.

Vorsitzender: Meine Herren! Bevor ich das Wort weiter erteile, möchte ich, da ich annehme, daß die Erörterungen über dieses Wiener Intermezzo jetzt abgeschlossen sind, zwei Worte sagen. Ich habe das Referat des Herrn Geschäftsführers gelesen, ehe er es gehalten hat, und der Herr Geschäftsführer hat das Referat genau so gehalten, wie er es niedergeschrieben hat. In diesem Referat ist objektiv der Verlauf der Verhandlungen dargestellt worden, soweit es für die heutige Behandlung der Sache im Centralverbande von Wert war, unter Ausschaltung der Nebensachen, unter Ausschaltung auch von Erörterungen, die aus Kreisen der Diskussionsredner gekommen sind. Der Herr Regierungsrat Schweighoffer hat lediglich die Ausführungen des Herrn Dr. Fellinger herangezogen, insoweit es notwendig war, um im Rahmen seines Referats der Vollständigkeit halber — es wäre sonst unvollständig gewesen — sich über die Aufnahme äußern zu können, die die Beschlüsse des Juristentages und die Haltung der Industrie zu diesen Beschlüssen in der Presse gefunden hat. Ich möchte bitten, meine Herren, daß Sie die Sache nur unter diesen Gesichtspunkt stellen, und wenn Sie das tun, so werden auch die Herren Geheimer Regierungsrat von Siemens und Dr. Fellinger das, was Herr Dr. Schweighoffer in seinem Bericht ausgeführt hat, für richtig erachten müssen.

Herr Regierungsrat Schweighoffer hat keine Angriffe gegen Herrn Dr. Fellinger in seinem Referat gerichtet, Herr Regierungsrat Schweighoffer hat auch die Ausführungen des Herrn Dr. Fellinger keiner abfälligen Kritik unterzogen, es wurde von ihm vielmehr lediglich Verwahrung eingelegt gegen eine verkehrte Darstellung, wie sie tatsächlich durch die Presse gegangen ist und wie sie wahrscheinlich auch vielen von den Herren in die Hände gekommen ist.

Ich glaube, hiermit dürfen wir wohl den Gegenstand verlassen.

Geheimer Regierungsrat Dr. **von Siemens:** Ich möchte noch ein Wort sagen. Ich hatte mich zum Wort gemeldet in der Annahme, daß Herr Dr. Fellinger nicht anwesend sei, um ihn gegen mißverständliche Auffassung zu schützen. Sodann hatte ich das Thema berührt, weil nach meiner Meinung der Eindruck entstanden sein mußte, daß zwischen Herrn Dr. Fellinger und der Gesellschaft, in deren Dienst er steht, einerseits und dem vom Centralverband repräsentierten Kreise anderseits eine sachliche Meinungsverschiedenheit über die Angestelltenreformbestrebungen vorhanden wäre. Dem habe ich entgegentreten wollen. Es wäre mir angenehm gewesen, wenn auch der Herr Geschäftsführer das ausdrücklich ausgesprochen hätte, auch im Hinweis auf jene Schrift, auf welche ich vorhin hingewiesen habe, aus welcher die Herren sehr viel Lehrreiches entnehmen und sich auch überzeugen können, daß eine wirkliche Meinungs verschiedenheit über die Sache selbst nicht besteht.

Geschäftsführer Regierungsrat a. D. Dr. **Schweighoffer:** Meine Herren, ich will Sie nicht länger aufhalten; aber zwei Schlußworte bitte ich mir zu gestatten.

Ich möchte doch Herrn Geheimrat von Siemens zunächst darauf aufmerksam machen, daß — was ich leider vergessen hatte zu erwähnen — in der Sitzung des Direktoriums des Centralverbandes am 23. Oktober d. J., der Herr Geheimrat von Siemens nicht beigewohnt hat, diese ganze Frage sehr eingehend erörtert worden ist, nachdem sie auch auf der den Herren Mitgliedern des Direktoriums vor der Sitzung mitgeteilten Tagesordnung als Beratungsgegenstand verzeichnet worden war, und daß damals das Direktorium einstimmig mich ermächtigt hat, die Sache in meinem Geschäftsberichte zum Vortrag zu bringen.

Wogegen sich meine Aeußerungen in erster Linie wandten — ich glaube, das werden die meisten Herren auch wohl daraus entnommen haben — ist, daß aus dem Auftreten eines Vertreters industrieller Interessen auf dem Juristentage die Presse so durchaus unzutreffende Schlußfolgerungen gezogen hat. Dagegen mich zu wenden habe ich mich für verpflichtet gehalten, wobei ich ausdrücklich bemerke, daß mir irgendwelche persönliche Absichten natürlich ferngelegen haben und von mir auch irgendein Name nicht genannt ist.

Vorsitzender: Meine Herren! Ich gebe nun weiter das Wort Herrn Geheimrat Vorster.

Geheimer Kommerzienrat **Vorster:** Meine Herren, Sie haben eine Resolution vorliegen, die die Vereinheitlichung des Angestelltenrechtes betrifft, und Sie haben von Herrn Regierungsrat Rhazen gehört, daß er im letzten Absatz eine kleine Aenderung wünscht, die ich ja nur unterstützen kann. Es scheint mir eine Verbesserung zu sein, mit der diese Resolution wohl allgemeine Zustimmung finden wird.

Meine Herren, weshalb ich mir einige Worte erlauben möchte, ist, um Sie mit einer höchst aktuellen Frage zu beschäftigen, die meiner Ansicht nach dazu angetan ist, auch von der geplanten Kommission ganz besonders beachtet zu werden; das ist nämlich die Novelle zur

Gewerbeordnung, die dieser Tage dem Reichstage zugegangen ist und welche die Konkurrenzklausel der Angestellten betrifft.

Meine Herren, die Frage der Konkurrenzklausel hat seit Jahren den Reichstag beschäftigt; sie ist aber bei der eigenartigen Gestaltung des Reichstags für den Arbeitgeber immer ungünstiger geworden. Als beim letzten Reichstag diese Angelegenheit zu einem Antrag Bassermann sich gestaltet hatte, habe ich damals meine Freunde in der Industrie dringend gebeten, sich mit dieser Fassung zu begnügen, womöglich auf weitergehende Wünsche zu verzichten; denn ich sagte schon damals, ein neuer Reichstag wird wahrscheinlich die Frage weit ungünstiger behandeln. So ist es denn auch gekommen. Die neue Novelle, die jetzt den Reichstag beschäftigen wird, ist, soweit mir bekannt wurde, weit nachteiliger für den Arbeitgeber als die früheren Vorschläge. Vor allem ist eine Konkurrenzklausel zwar statthaft, aber unter allen Umständen soll während der Karenzzeit eine erhebliche Entschädigung des Angestellten stattfinden, einerlei aus welchen Gründen er aus dem Betriebe ausgeschieden ist. In der in diesen Tagen erschienenen volkswirtschaftlichen Korrespondenz ist auch auf sonstige Nachteile und Mängel der jetzigen Vorlage hingewiesen worden. Ich rate den Herren, die sich dafür interessieren, sich mit der Frage auch durch Lektüre des betr. Artikels ernstlich beschäftigen zu wollen.

Meine Herren, es kann wohl kein Zweifel sein, daß auch wir Arbeitgeber auf dem Standpunkt stehen, die Schwachen zu schützen und auch in unserem Verhältnis zu den Angestellten möglichst loyal und anständig zu verfahren; aber wenn wir das System, unter allen Umständen eine Entschädigung zu gewähren, einführen, dann kommen wir dazu, daß wir für untüchtige Angestellte eine Prämie aussetzen. Denken Sie sich nur den Fall, daß irgend jemand einen Angestellten in einen Konkurrenzbetrieb sendet — in diesem Falle sind es ja Handlungsgehilfen —, um irgendwelche geschäftlichen Geheimnisse zu erforschen. Nach einem Jahr macht sich der Mann unbeliebt, er provoziert, möchte ich sagen, seine Entlassung, oder er kündigt selbst, und dann muß er für die drei Jahre, die er vielleicht Karenzzeit hat, noch mit Tausenden von Mark entschädigt werden. Das scheint mir ein absolut unberechtigtes, und, ich möchte fast sagen, unloyales Verfahren zu sein. Es werden dadurch auch namentlich die mittleren Betriebe geschädigt; die großen Unternehmungen sind ja meistens eher in der Lage, Entschädigungen zu zahlen. Sie haben auch vielfach besonders wertvolle Geschäftsgeheimnisse; aber gerade die mittleren Betriebe, meine Herren, werden häufig sehr schwer darunter leiden müssen, daß irgendein, ich möchte fast sagen, ungetreuer Angestellter sie vor die Wahl stellt, entweder Betriebsgeheimnisse preiszugeben oder dafür Entschädigung zahlen zu müssen. Aus diesem Grunde möchte ich doch dringend bitten, daß die geplante Kommission diesem Punkt der Konkurrenzklausel auch ihre volle Aufmerksamkeit widmet. Vor allem müssen die Gründe der Entlassung bei Gewährung einer Entschädigung in Betracht kommen.

Meine Herren, die jetzige Novelle soll nur für die Handlungsgehilfen eingeführt werden. Sie können sich aber darauf verlassen: die anderen folgen nach, der Bund der technisch-industriellen Angestellten und alle derartigen Vereinigungen, und die maßgebende Strömung im Reichstag werden dafür sorgen, daß in kurzer Zeit alle unsere Beamten, also auch die Betriebsbeamten gleiche Forderungen stellen und mit den Handlungsgehilfen gleichgestellt werden wollen. Es handelt sich also momentan zwar nur um das Handelsgewerbe, die Industrie folgt aber nach, und wir haben dann mit diesen Verhältnissen zu rechnen. Ich glaube, daß diese Sache unsere größte Aufmerksamkeit erfordert, und ich hoffe, daß auch die Kommission sich besonders eingehend mit diesem Punkt befassen wird. (Beifall.)

Dr. **John:** Meine Herren, gestatten Sie mir als Angestellten einmal das Wort zu der Frage zu nehmen. Ich befinde mich ja im Kreise von sehr vielen Herren, es sind viele Kollegen von mir hier, Vertreter, Geschäftsführer von Verbänden, die dann auch später der vermeintlichen Wohltaten dieser Gesetzgebung teilhaftig werden würden. Wenn irgendwo sich das Vertrauensverhältnis, das zwischen Arbeitgebern und Arbeitnehmern herrschen soll, widerspiegelt, so, glaube ich, ist es in unserem Berufe der Fall. Wir betrachten uns als die Vertrauensmänner, als die Anwälte der Herren, in deren Dienst wir stehen, und wenn ich auch nicht beauftragt bin, für sie das Wort zu nehmen, so werden meine Herren Kollegen doch mit mir darin übereinstimmen, daß wir uns für diese Systematisierung, Reglementierung, Kodifizierung und wie die Sachen alle heißen mögen, höflichst bedanken. (Bravo!) Wir sagen: Lieber Gott, behüte uns vor den Freunden, die uns helfen wollen; vor den Feinden werden wir uns ja selbst schützen können.

Wie wir denken, so denken aber auch gottlob weite Kreise der Angestellten. Ich glaube, auch Sie werden, wenn Sie den Ausdruck gestatten, wittern, wohin die Sache gehen soll. Es ist eine Leistung der bereits genannten Firma, der G. m. b. H. Potthoff und Gen., und woher der Wind weht oder, wenn Sie wollen, wohin der Wind weht, das wissen wir alle. Wir fühlen aus der Sache schon deutlich genug heraus, daß das, was man plant, wenn auch nicht bestimmt, so jedenfalls in hohem Grade geeignet ist, das jetzt noch klare und auf gegenseitigem Vertrauen beruhende Verhältnis zwischen den einzelnen Körperschaften und ihren Geschäftsführern, sagen wir einmal zu verdunkeln, zu verwischen, unklarer zu gestalten.

Wir halten daran fest, wir bleiben auf dem Standpunkt, auf dem wir jetzt stehen: wir betrachten uns als die Vertrauensmänner der Herren, in deren Dienst wir stehen, und werden uns bemühen, unbekümmert um die anderen, die uns helfen wollen, unseren Dienst zu versehen.

Deshalb bitte ich, in dieser Resolution dieses Vertrauensverhältnis im allgemeinen zwischen Unternehmern und Arbeitnehmern, auf das ja der Centralverband stets großen Wert legt, zum Ausdruck zu bringen, vielleicht in dem Satze, wo es heißt, daß sie, die Angestellten, eine vermittelnde und in sozialem Sinne ausgleichende Stellung einnehmen.

Ich mache keinen wörtlichen Vorschlag, ich stelle das dem Direktorium anheim. Ich möchte aber bitten, nach Möglichkeit meinem Wunsche Rechnung zu tragen.

Dann möchte ich bitten, zu den Beratungen — ich glaube zwar, der Wunsch ist überflüssig, Sie werden schon von selbst daran gedacht haben — Herren aus den Kreisen der volkswirtschaftlichen Beamten, die ja schon heute eine große Rolle spielen, weil sich ihr Kreis von Tag zu Tag vermehrt, hinzuziehen.

Vorsitzender: Herr Dr. John hat keinen Antrag gestellt, sondern eine Anregung gegeben. Ich möchte darauf aufmerksam machen, daß wohl dieses Vertrauensverhältnis schon ziemlich scharf in dem zweiten Satze des ersten Absatzes betont und sogar auch noch durch den Druck hervorgehoben worden ist. Wenn Sie aber glauben, daß das nicht ausreicht, wenn Sie es noch schärfer ausdrücken wollen, so würde ich Herrn Dr. John bitten, einen Antrag formulieren zu wollen.

Baurat **Krause:** Meine Herren, ich hatte eigentlich vorher gebeten, am Schluß der Diskussion über das Wiener Intermezzo ein kurzes Wort sprechen zu dürfen. Ich habe die Empfindung, daß wir diese Erörterung nicht abschließen können, ohne Herrn Regierungsrat Schweighoffer unseren herzlichsten Dank dafür auszusprechen, daß er sowohl auf dem Juristentage in Wien in so vorzüglicher Weise für uns eingetreten ist, als auch dafür, daß er heute über die Angelegenheit hier so berichtet hat, wie es geschehen ist. Ich glaube, es hätte ihm mancher einen Vorwurf gemacht, wenn er dieses Intermezzo verschwiegen hätte (sehr richtig!), und ich würde mich freuen, wenn die Versammlung damit einverstanden wäre, Herrn Regierungsrat Schweighoffer für die gesamte Erledigung dieser Frage ihre volle Zustimmung und den verbindlichsten Dank auszusprechen. (Lebhafter Beifall.)

Vorsitzender: Meine Herren, es meldet sich niemand mehr zum Wort.

Dann schließe ich die Diskussion und frage den Herrn Berichterstatter, ob er zu diesem Teile seines Berichtes das Schlußwort wünscht.

Geschäftsführer Regierungsrat a. D. Dr. jur. **Schweighoffer:** Ich verzichte.

Vorsitzender: Dann frage ich Herrn Dr. John, ob er noch zu dem ersten Absatz einen Antrag stellen will.

Dr. **John:** Ich möchte doch bitten, in dem Satze „Der Centralverband hält an seiner bereits früher verschiedentlich dargelegten Auffassung fest, daß die Angestellten ihrer Bildung und wirtschaftlich-technischen Funktion nach ein Zwischenglied zwischen Unternehmern und Lohnarbeitern bilden" einzufügen, daß diese Beschäftigung oder diese Tätigkeit auf einem ganz besonderen Vertrauensverhältnis beruht. Dann würde allerdings das Wort „daher" nicht mehr passen, denn das schließt sich nicht so unmittelbar an.

Handelskammersyndikus Dr. **Tille:** Meine Herren, ich glaube, die Redaktion ist wesentlich einfacher, wenn wir nicht das Subjekt ändern, sondern wenn wir schreiben: Der Centralverband hält an seiner bereits früher verschiedentlich dargelegten Auffassung fest, daß die Angestellten ihrer Bildung und ihrer wirtschaftlich-technischen Funktion nach eine Stellung als Vertrauensleute der Unternehmer einnehmen, ein Zwischenglied zwischen Unternehmern und Lohnarbeitern bilden und daher eine „vermittelnde und in sozialem Sinne ausgleichende Stellung" — „besitzen" könnte man dann vielleicht sagen, statt „einnehmen".

Vorsitzender: Meine Herren, ich möchte Ihnen den Vorschlag machen, die Sache etwas zu vereinfachen: „daß die Angestellten ihrer Bildung und ihrer wirtschaftlich-technischen Funktion nach durch die ihnen gebührende Vertrauensstellung ein Zwischenglied zwischen Unternehmern und Lohnarbeitern bilden". (Handelskammersyndikus Dr. Tille: Auf Grund ihrer Vertrauensstellung!")

Darf ich fragen, ob die Herren mit der Annahme des ersten Absatzes mit diesem Zusatze einverstanden sind? (Wird bejaht.) Ich konstatiere einstimmige Annahme.

Zum zweiten Absatze ist ein Antrag gestellt worden von Herrn Regierungsrat Rhazen, die Worte in der 4., 5. und 6. Zeile „Ob und inwieweit" bis „bedarf" zu ersetzen durch folgende Worte: „Ob das bestehende Angestelltenrecht einer größeren Vereinheitlichung und ob und inwieweit es einer Abänderung bedarf." Diejenigen Herren, die gegen die Annahme dieses Absatzes 2 mit der Abänderung Rhazen etwas einzuwenden haben, bitte ich die Hand zu erheben.

Der Antrag ist einstimmig angenommen.

Damit ist also der Beschlußantrag einstimmig angenommen. (Vergl. S. 118.)

Wir kommen jetzt zum

Schutz der Arbeitswilligen.

Ich eröffne die Diskussion.

Generalsekretär **Steller:** Ich freue mich, daß in dem Bericht des Herrn Regierungsrats Schweighoffer auch die Frage des Schutzes der Arbeitswilligen, wenn auch kurz, behandelt worden ist. Sie sollte eigentlich bei jeder Gelegenheit auf der Tagesordnung erscheinen und besonders gegenüber der Haltung, die der Hansabund in ihr einnimmt, der, ähnlich wie der Bund der Industriellen, sich, auf deutsch gesagt, um eine entschiedene Beantwortung dieser Frage herumdrückt. Es ist ganz richtig, was Herr Schweighoffer gesagt hat: der Deutsche Handelstag hat jetzt ebenfalls durch seine Vernehmungen festgestellt, daß die große Mehrzahl sämtlicher Handelskörperschaften, soweit sie sich bisher geäußert haben — das sind etwa 60 — sagt: der Schutz der Arbeitswilligen ist nicht ausreichend. Die große Mehrzahl von ihnen sagt sogar: der Schutz der Arbeitswilligen muß durch gesetzliche Aenderungen, insbesondere durch ein Verbot des Streikpostenstehens sichergestellt werden; nur eine Minderheit ist der Ansicht, daß durch bessere Anwendung der bestehenden Gesetze der Schutz bewirkt werden könne.

Das ist eine sehr bemerkenswerte Tatsache, da der Hansabund und die Handelskammern viel engere Beziehungen zueinander haben, als sie der Centralverband Deutscher Industrieller zu denjenigen Körperschaften hat, die im Handelstage vereinigt sind. Diese Kreise sind großenteils bekanntlich linksliberal gesinnt, und trotzdem — das ist das bezeichnende — befinden sich diese Kreise in dem Punkte mit dem Centralverband in Uebereinstimmung und zum Hansabund im Gegensatz. Daß wir das bei dieser Gelegenheit einmal feststellen, glaube ich, ist immerhin der Mühe wert.

Ich möchte außerdem bemerken, daß wir uns von Köln aus um so mehr freuen, wenn die Frage des Schutzes der Arbeitswilligen im Centralverband immer und immer wieder betont wird, weil wir vor drei Jahren bekanntlich schon die Frage zuerst von allen wirtschaftlichen Körperschaften angeregt und auch damit den Erfolg erzielt haben, daß sie nach und nach im allgemeinen Anerkennung fand, so daß der Verband sächsischer Industrieller, als er kürzlich die Frage behandelte, in der Schrift seines Berichterstatters hervorhob, daß von uns, bzw. von unserem Arbeitgeberverband in Köln, seinerzeit die Anregung dazu gegeben wäre.

Das gemeinsame Zusammenfinden auf dieser Forderung des Verbots des Streikpostenstehens halte ich für das wichtigste in der ganzen Sache, denn damit ist ein bestimmter Punkt gegeben, in dem wir immer wieder zusammengehen müssen. Ich würde es sogar für sehr wünschenswert gehalten haben, wenn wir hier eine Erklärung abgegeben hätten. Vielleicht wird das aber bei einer nächsten Gelegenheit geschehen.

Vorsitzender: Meine Herren, es meldet sich niemand mehr zum Wort. Dann schließe ich die Diskussion.

Wir kommen nun zu dem

Gesetzentwurf, betreffend das Petroleummonopol.

Da liegt den Herren auch ein Beschlußantrag vor. Ich bitte, ihn auch in die Diskussion zu ziehen.

Die vorgeschlagene Resolution lautet:

Beschlußantrag betreffend Einführung eines staatlichen Petroleummonopols.

„Der Centralverband Deutscher Industrieller hält es mit Rücksicht auf die geplante Einführung eines staatlichen Petroleummonopols für geboten, auf die schweren und vielseitigen Bedenken hinzuweisen, die sowohl aus allgemeinen volkswirtschaftlichen Gründen als auch vor allem im Interesse des gesamten deutschen Verbrauchs unter den gegenwärtigen Verhältnissen gegen eine Verstaatlichung der Leuchtölversorgung zu erheben sind.

Er gibt der Ansicht Ausdruck, daß das Reichspetroleummonopol neben einer vollständigen Umwälzung der wirtschaftlichen Lage des deutschen Petroleumhandels eine starke Belastung des deutschen Kapitalmarkts zur Folge haben wird und daß ferner ohne die bestimmte Sicherung einer nach Menge und Beschaffenheit ausreichenden Leuchtölversorgung mit einer erheblichen Preiserhöhung für die Verbraucher gerechnet werden muß.

Der Centralverband Deutscher Industrieller erblickt daher in der Vorlage kein zur Verbilligung des Leuchtöls geeignetes Mittel und muß deshalb gegen die Vorschläge der verbündeten Regierungen solange Verwahrung einlegen, bis die Frage der Notwendigkeit eines staatlichen Einschreitens sowie der Durchführbarkeit des gesetzgeberischen Problems einwandfrei gelöst ist."

Geheimer Kommerzienrat **Schlumberger**: Meine Herren, ich halte es für einen großen Fehler der Reichsregierung, daß sie, dem Drängen des Reichstages folgend, diese Vorlage ausgearbeitet hat, die bezweckt, ein Verkaufsmonopol für Petroleum in Deutschland einzuführen. Die Absicht ist ja ganz gut; aber wenn man die Verhältnisse einigermaßen kennt, so muß es als durchaus ausgeschlossen erscheinen, daß es selbst der deutschen Reichsregierung gelingen wird, ein solches Gesetz zur Ausführung zu bringen.

Als langjähriger deutscher Petroleuminteressent hatte ich Gelegenheit, mit der Standard Oil Company zu verhandeln. Sie werden wissen, daß in dem Geschäftsgebaren der Amerikaner unbestritten die Macht des Stärkeren maßgebend ist, und hier muß man anerkennen, wenn man nur in die Materie eindringt, daß die Standard Oil Company die stärkere bleiben wird. Bedenken Sie nur, daß Deutschland einen jährlichen Petroleumverbrauch von 750 000 Tonnen hat, und bedenken Sie, welchen Teil davon die Standard Oil Company beherrscht. Das ist ein so großer Bruchteil, daß es vollständig ausgeschlossen ist, die Standard Oil Company auszuschalten.

Ich will an einem einzigen Beispiel zeigen, wie rücksichtslos die Standard Oil Company ist. Sie hat vor Jahren versucht, das unterelsässische Petroleumwerk zu vernichten, und erst nach zwei- bis dreijährigen erfolglosen Bemühungen hat sie sich zu Verhandlungen herbeigelassen, als sie einsah, daß das Leuchtpetroleum nicht einzig die Kraft des Werkes war. Es wurde, wie auch in dem Bericht des Herrn Geschäftsführers erwähnt worden ist, ein Abkommen unter Bedingungen geschlossen, die sehr annehmbar waren, und seither haben, wie auch im Geschäftsbericht angeführt wurde, die Preisschwankungen aufgehört, welche früher sehr oft zuungunsten des Konsumenten vorgekommen waren, und von denen auch viele Zwischenhändler Nutzen hatten, und es ist ein regelmäßiges Verhältnis eingetreten.

Niemals, meine Herren, wird es der deutschen Regierung gelingen, die Machtstellung von Rockefeller zu brechen. Deswegen hätte sie besser getan, die Sache ganz fallen zu lassen. Ich weiß nicht, zu welchem Ergebnis es führen wird. Ich will mich ja nicht auf Einzelheiten einlassen; aber, meine Herren, glauben Sie mir, das Vorgehen der Regierung war unvorsichtig und unüberlegt, und ich fürchte, aus der ganzen Sache wird nichts Gutes herauskommen.

Generalsekretär **Steller:** Meine Herren, ich finde, daß in dem Beschlußantrag über das Petroleummonopol der Gedanke gar nicht zum Ausdruck gelangt, weshalb man zu dem Plan gekommen ist. Wir haben uns bekanntlich in Deutschland seit zehn bis zwanzig Jahren mit dem Privatmonopol der Standard Oil Company zu befassen gehabt, und in sehr vielen wirtschaftlich denkenden Kreisen ist die Ansicht, ist das Verlangen danach zum Ausdruck gekommen, daß da ein Wandel geschaffen werden möge. Das ist doch schließlich die Grundlage des Gesetzentwurfs. Eine andere Frage ist die, ob der Gesetzentwurf die Aufgabe lösen kann. Ich habe mir erlaubt, eine kleine Aenderung vorzuschlagen, möchte aber, daß das auch in der Erörterung zum Ausdruck kommt, daß man den Gedanken versteht und begreift, und, ich kann für meine Person sagen, auch billigt, der dem Gesetzentwurf zugrunde liegt; daß man wenigstens anerkennt, es sei ein genügender Anlaß dafür vorhanden, daß sich die Reichsregierung mit der Frage befasse. Der Gedanke eines Staatsmonopols ist uns allen jedenfalls wohl lieber als der eines Privatmonopols, wie es die ausländische, die amerikanische Petroleumindustrie tatsächlich auf dem deutschen Beleuchtungsmarkt ausübt. Wir haben ja auch ein Kalimonopol geschaffen. Wenn man daher anerkennen muß, daß Mißstände dadurch bestehen, weil unser Petroleummarkt ganz von dieser großen amerikanischen Trustgesellschaft abhängig ist, dann möchte ich doch bitten, daß das auch in der Resolution vielleicht mit ein paar geeigneten Worten zum Ausdruck gelangt.

Vorsitzender: Ich möchte Herrn Steller fragen, ob er einen Antrag stellen und ihn hier einreichen will, denn er hat eine andere Formulierung hier überreicht. Ich bitte Herrn Regierungsrat Schweighoffer, sie vorzulesen.

Geschäftsführer Regierungsrat a. D. Dr. **Schweighoffer:** Von Herrn Steller ist folgender Zusatz in den einleitenden Worten des Beschlußantrages beantragt worden: „Der Centralverband Deutscher Industrieller hält es unter voller Würdigung der für eine Bekämpfung des amerikanischen Privatmonopols sprechenden Gründe mit Rücksicht auf die geplante Einführung eines staatlichen Petroleummonopols" usw.

Ich fürchte, daß durch einen derartigen Zusatz etwas in die Resolution hineingebracht wird, was ich meinem Referate nach als nicht tunlich ansehen kann (sehr richtig!); wenn nämlich ein derartiger Passus zugefügt wird, dann — fürchte ich — wird sofort die Presse sagen, daß wir hiernach also auch die privatkapitalistische Betätigung durch staatssozialistische Maßnahmen ersetzen und, wie es hier wörtlich heißt, das Privatmonopol bekämpfen wollten. Das will aber der Centralverband nicht. Ich bin also der Ansicht, daß der Antrag des Herrn Steller nicht im Einklang steht mit der Darlegung, die ich mir erlaubt habe, in meinem Geschäftsbericht zu geben, und ich möchte bitten, den Zusatz über die Bekämpfung der Privatmonopole herauszulassen. (Sehr richtig!)

Handelskammersyndikus Dr. **Tille:** Ich möchte auch bitten, nicht etwas Derartiges hineinzusetzen. Der Centralverband hat immer auf dem Standpunkt gestanden, daß er Staatsmonopole bekämpft hat und daß er die Schattenseiten des staatlichen Bergbaues auch schon in einer Zeit hervorgehoben hat, wo das Staatsmonopol noch nicht sogar auf dem Gebiet des Verkehrswesens zu versagen anfing. Es ist höchst bedenklich, überhaupt für ein Staatsmonopol einzutreten, und deshalb werden wir wohl gut tun, den Antrag nicht anzunehmen.

Generalsekretär **Steller:** Wenn ich vielleicht noch ein Wort sagen darf: Es liegt mir natürlich fern, dem Gedanken Ausdruck zu geben, daß der Centralverband sich gegen inländische Privatmonopole, wie sie tatsächlich bestehen, aussprechen soll. Es handelt sich hier doch um eine ganz besondere Sache, um ein ausländisches Handelsmonopol, das unseren ganzen Markt beherrscht, und das ist doch eine Frage, die ganz abseits liegt von unseren sonstigen wirtschaftspolitischen Grundsätzen. (Handelskammersyndikus Stumpf: Es bleibt trotzdem bedenklich!) (Handelskammersyndikus Dr. Tille: Es bleibt bedenklich!)

Vorsitzender: Die Diskussion ist geschlossen.

Ich frage den Herrn Regierungsrat, ob er das Schlußwort haben will. — Das ist nicht der Fall.

Ich bringe nun die einzelnen Absätze zur Abstimmung, zunächst Absatz 1. Diejenigen Herren, welche den Absatz 1 mit dem Zusatzantrag des Herrn Steller annehmen wollen, bitte ich, sich zu erheben. — (Es erhebt sich niemand.)

Diejenigen Herren, welche den Absatz 1 ohne den Zusatzantrag annehmen wollen, bitte ich, sitzen zu bleiben. (Heiterkeit.) Das ist einstimmig angenommen.

Diejenigen Herren, welche den zweiten Absatz annehmen wollen, bitte ich, sitzen zu bleiben. — Einstimmig angenommen.

Diejenigen Herren, welche den Absatz 3 annehmen wollen, bitte ich, sitzen zu bleiben. — Einstimmig angenommen. (Vergl. S. 119.)

Nun kommen wir zum

Schleppmonopolgesetz.

Es meldet sich niemand zum Wort. Dann schließe ich die Diskussion.

Wir kommen zum sechsten und letzten Punkt:

Die Wirtschaftspolitik.

Es meldet sich niemand zum Wort. Dann schließe ich die Diskussion und darf annehmen, daß bezüglich der beiden letzten Sachen: Schleppmonopol und Wirtschaftspolitik die Herren sich auf den Boden des Vortrags stellen.

Wir kommen nun zum nächsten Punkt der Tagesordnung:

Der preußische Wassergesetzentwurf.

Herr Dr. v. Stojentin hat das Wort als Referent.

Referent Dr. **von Stojentin**-Berlin: Meine sehr geehrten Herren! Es ist keine leichte Aufgabe, heute vor Ihnen über das nun in dritter Lesung vom preußischen Abgeordnetenhause verabschiedete neue Wassergesetz zu sprechen, das übrigens nicht bloß für Preußen, sondern auch für die benachbarten Bundesstaaten von Bedeutung ist. Denn seit Jahresfrist ist der Entwurf so oft und eingehend erörtert worden, sowohl in den Sitzungen der einzelnen industriellen Vereine fast aller größeren Industriezweige, wie auch in den großen wirtschaftlichen Zentralverbänden und in der Fach- und Tagespresse, daß das Thema allen Interessenten und auch wohl Ihnen, meine Herren, bekannt ist, und es schwer fällt, in die Beurteilung der an sich schwierigen Materie neue Gesichtspunkte hineinzutragen.

Dieses große allgemeine Interesse, das zeitweilig mit lebhafter Erregung weiter Kreise verbunden war, worauf schon mein Herr Vorredner hingewiesen hat, ist sehr begreiflich. Denn das Wassergesetz greift tief in die bisher bestehenden Verhältnisse und Bestimmungen ein, bringt in vielen Punkten grundstürzende Neuerungen und zwang bei seiner Beratung daher alle, die von ihm berührt wurden, sich nachdrücklich um die Wahrung ihrer Rechte zu kümmern.

Während gewöhnlich bei der Schaffung neuer umfangreicher Gesetze auf einem Spezialgebiet nur die kleine Zahl derer, die eingehender mit der Materie vertraut sind, die volle Bedeutung der Neuerung begreift und vor allem die zwingenden Ursachen für eine Neuregelung im ganzen Umfange zu würdigen und zu verstehen vermag, hatte sich im vorliegenden Falle längst die Erkenntnis von der unbedingten Notwendigkeit einer grundlegenden Neuordnung der modernen Wasserwirtschaft durch die Gesetzgebung selbst in den nicht direkt interessierten Kreisen der Bevölkerung Bahn gebrochen. Denn jedem, der die Entwickelung unserer Volkswirtschaft, insbesondere der Industrie, während der letzten Jahrzehnte erlebt hat, drängen sich schon äußerlich die gewaltigen Veränderungen auf, die mit unseren Seen und Flußläufen vor sich gegangen sind.

Nicht bloß die großen Ströme, sondern auch selbst die kleineren Flüsse sind heute oft auf meilenlange Entfernungen und auf beiden Ufern mit Fabrikanlagen und gewaltigen Werken der verschiedensten Art eingesäumt und manche Seen sind von den Wasserwerken der riesenhaft angewachsenen Großstädte buchstäblich fast aufgesaugt. Ueberall sehen wir neben der intensivsten Ausnutzung der Wasserkraft eine Verschmutzung der Flußläufe, welche droht, deren Wasser schließlich für jeden Zweck unbrauchbar zu machen.

Hand in Hand damit geht die Anlage imposanter Talsperren und Stauanlagen, vor allem aber der Ausbau künstlicher Wasserstraßen, der öffentlichen Kanäle. Denn auch als Lastenträger und Beförderungsweg für große Massen haben die Ströme und Flußläufe im Zeitalter der Industrie eine ehedem ungeahnte Bedeutung gewonnen. Daher ist vor dem zur Beratung stehenden Wassergesetz bereits eine Reihe anderer, für die allgemeine Wasserwirtschaft bedeutungsvoller Gesetze geschaffen worden, die ich Ihnen im einzelnen nicht weiter aufzuzählen brauche.

Meine Herren, diese, jedem aufmerksamen Auge erkennbaren äußeren Wandlungen entsprechen in natürlichem Zusammenhange ganz der veränderten Struktur unseres Volkskörpers, der sich mehr und mehr zu einem Industriestaat auswächst bzw. ausgewachsen hat. Denn während in Deutschland im Jahre 1882 noch $42\frac{1}{2}$ pCt. der Gesamtbevölkerung zu dem landwirtschaftlichen Berufe, $52\frac{1}{2}$ pCt. zu den anderen Berufen der Bevölkerung gehörten, zählten 1907 zu ersterem nur noch $28\frac{1}{2}$, zu letzterem fast 63 pCt. In den 25 Jahren ist also der Anteil der zur Landwirtschaft gehörenden Bevölkerung von mehr als $^2/_5$ auf weniger als $^3/_{10}$ gesunken, jener der zu anderen Berufen gehörenden Bevölkerung aber von etwas über die Hälfte auf nahezu $^2/_3$ gestiegen.

Die Forderung auf Neuordnung der modernen Wasserwirtschaft wurde nun aber nicht bloß begründet durch die völlige Umgestaltung der eben bezeichneten Verhältnisse, sondern auch durch das wilde Durcheinander einer Unzahl gesetzlicher Bestimmungen, die, vor Jahrzehnten vielleicht erträglich, nachgerade einer normalen Weiterentwickelung der Wasserwirtschaft eine Grenze setzten und damit den Bestand der heimischen, auf die Wassernutzung angewiesenen Industrien schwer bedrohten. Galten doch in Preußen auf dem Gebiete des Wasserrechts nicht weniger als 76 verschiedene Gesetze neben dem Allgemeinen Landrecht, dem Gemeinen Recht und dem Code civile, ungerechnet die Fischerei-

und Spezialgesetze, sowie die aus dem 18. Jahrhundert oder noch früherer Zeit herrührenden Graben-, Mühlen- und Schauordnungen. Es begreift sich, daß unter den dargelegten Umständen die Schaffung eines einheitlichen Wassergesetzes, das den zahlreichen, sich aus den verschiedensten Ursachen und in den verschiedensten Richtungen widerstreitenden Interessen Rechnung trägt, außerordentlich schwierig war. Diejenigen, die vordem die Flußläufe gewissermaßen als ihre Domäne glaubten betrachten zu dürfen, die landwirtschaftlichen Anlieger nämlich, fürchteten von einer gesetzlichen Regelung, welche die Wünsche der Industrie, ihrer derzeitigen Bedeutung im Staate entsprechend, berücksichtigte, eine Zurückdrängung und Beeinträchtigung alter Rechte, eine noch größere Verunstaltung und Verschmutzung der Flüsse. Für die Industrie aber war es einfach eine Lebensfrage, mit ihren Forderungen durchzudringen.

Dieser, durch den natürlichen Verlauf der Dinge erzeugte Widerstreit der Interessen hat dem Schicksal des Entwurfs, vor allem aber dem Gange der Verhandlungen bei der Beratung des Gesetzentwurfes im Parlament, den Stempel aufgedrückt. Erst nach mehrfachen umfassenden Wandlungen ist das Gesetz in seiner heutigen Gestalt zustande gekommen. Mit unermüdlichem Fleiß hat die mit der Beratung des Gesetzes beauftragte Kommission des Abgeordnetenhauses ihrer schwierigen Aufgabe genügt und die einzelnen Bestimmungen des Gesetzes nicht bloß wohl erwogen und scharf durchdacht, sondern sich auch bemüht, die Interessen aller Beteiligten in gerechter Weise gegeneinander auszugleichen. Sind auch nicht alle Forderungen und Wünsche der Industrie befriedigt, manche recht bedrohlichen Bestimmungen bedauerlicherweise aufrechterhalten, Vorschriften, die für nötig befunden, gestrichen, so ist das Gesetz doch als eine wichtige Fortbildung unserer heimischen Wasserwirtschaft zu begrüßen.

Meine Herren; wenn wir das Gesetz als ganzes vor unseren Augen vorbeigleiten lassen, so finden wir, daß sich wie rote Fäden zwei Gesichtspunkte hindurchziehen. Zunächst der eine Gesichtspunkt, daß das öffentliche Wohl den Interessen der einzelnen Staatsbürger vorgehen muß, ein Gesichtspunkt, der den modernen Verhältnissen und Anforderungen entsprechend dahin ausgestaltet worden ist, daß wirtschaftliche Interessen von größerer Bedeutung für die Allgemeinheit den geringeren wirtschaftlichen Interessen vorzugehen haben. Dann der zweite Gesichtspunkt der ausgleichenden Gerechtigkeit, der fordert, daß der einzelne Staatsbürger, dessen Interessen dem allgemeinen Wohl und der Förderung der allgemeinen Interessen nachstehen müssen, eine billige Entschädigung erhält.

Das Gesetz will sowohl eine Einheitlichkeit des Rechts wie auch eine vollständige Rechtssicherheit darbieten. Zu diesem Zweck hebt es die bisher gültigen 78 Rechte auf, schafft eine neue Rechtskonstitution, eine klare Einteilung der Gewässer, ferner die Wasserbücher, die Verleihung, die Sicherstellung der Eigentumsrechte nach den Grundsätzen der Verleihung und endlich die Zwangsrechte.

Bereits bestehenden und bewährten Spezialgesetzen entnimmt es die Bestimmungen über die Wassergenossenschaften und die Vorschriften über Verhütung von Hochwassergefahr. Dagegen sind seine grundlegenden Bestimmungen über die Einteilung und Verwaltung der Gewässer, über das Eigentum, die Abwässerfrage, die Verleihung, die Behördenorganisation, Zwangsgenossenschaften und Zwangsrechte vollkommene Neuschöpfungen.

Sowohl in bezug auf die Einteilung der Gewässer wie auf die für die Wasserwirtschaft in Betracht kommenden Verwaltungsbehörden ist durch das Gesetz auf lange Zeit hinaus eine Klarheit geschaffen, die wohl in allen Fällen jeden Zweifel ausschließen dürfte. In zwei getrennte Register sind alle Ströme und alle Flüsse, die von einiger Bedeutung sind, eingetragen. Das eine Register, das der Wasserläufe 1. Ordnung, der Ströme, ist beziehungsweise wird auch künftighin nur durch die Gesetzgebung allein festgelegt; die in ihm eingetragenen Ströme unterliegen in den verschiedensten Richtungen ganz besonderen Bestimmungen, was ihrem allgemeinen und wirtschaftlichen Wert völlig entspricht. Das zweite Register wird unter Beobachtung eines vom Gesetz genau bestimmten Verfahrens von dem Oberpräsidenten geführt und enthält alle Flüsse, welche für die Wasserwirtschaft von erheblicherer Bedeutung sind. Die nichtregistrierten kleinen Wasserläufe gehören einer besonderen 3. Ordnung an; auch für sie gelten in vielfacher Beziehung besondere Bestimmungen. In logischer Weise ist hiernach die Verwaltungsorganisation, die Wasserpolizeibehörde, gegliedert. In der Regel bildet diese für die erste Gruppe der Wasserläufe der zuständige Regierungspräsident, gegebenenfalls der Oberpräsident; für die zweite und die Seen, sowie für die unterirdischen Gewässer der in Betracht kommende Landrat, in Stadtkreisen die Ortspolizeibehörde und für die dritte Gruppe endlich die Ortspolizeibehörde. Aber da unter gewissen Umständen, so wenn es sich z. B. um ganze Stromgebiete oder Flußstrecken in mehreren benachbarten Kreisen handelt, praktischerweise Abweichungen von diesen Anordnungen geboten sein können, hat das Gesetz für derartige Fälle die nötigen Maßnahmen vorgesehen. Auch Funktion und Strafbefugnis der Wasserpolizeibehörden, sowie die Rekursmittel gegen ihre Verfügungen sind klar geregelt. Ihre Machtvollkommenheit geht reichlich weit; in manchen Fällen, wie in den §§ 22 und 39, wäre eine engere Begrenzung derselben wohl am Platze gewesen, denn die in jenen Paragraphen der Wasserpolizeibehörde gegebene Befugnis, schlechthin in die Rechte an Wasserläufen und in den Gemeingebrauch einzugreifen, ohne daß ein Interesse des öffentlichen Wohles vorliegt, schafft eine Rechtsunsicherheit des Gemeingebrauchs, insofern dieser lediglich im öffentlichen Recht wurzelt und kein Privatrecht darstellt, also auch nicht im Wege der Privatklage verfolgt werden kann. Wasserpolizeiliche Verfügungen der bezeichneten Art können also lediglich mit den Mitteln, die das Landesverwaltungsgesetz gegenüber polizeilichen Verfügungen bietet, angefochten werden. Deshalb ist es zu begrüßen, daß die Wasserpolizeibehörde in den bezeichneten Fällen wenigstens Gründe für ihre Entscheidung angeben muß.

Auch die Bestimmungen über das Eigentum an Wasserläufen ermangeln an sich nicht der Klarheit, und es ist in der zweiten Lesung des Gesetzes im Abgeordnetenhause geradezu als einen Vorzug des Entwurfes bezeichnet worden, „daß er mit der alten Unsicherheit der Rechtskonstruktion des gemeinen Rechts, des allgemeinen Landrechts und des französischen Rechts bricht, daß er eine klare Rechtskonstruktion in Anlehnung an die bewährten Grundsätze des Bürgerlichen Rechtes schafft“. Aber die Folgen, die sich aus der Konstruktion des Eigentums an den Strömen und an der fließenden Welle ergeben — wogegen, wie Sie sich erinnern werden, meine Herren, bis zum letzten Augenblick der dringendste Widerspruch erhoben worden ist — lassen sich heute im vollen Umfange gar nicht übersehen. In dieser Beziehung ist im Plenum des Abgeordnetenhauses auf die schweren Folgen einer gesetzgeberischen Analogie, nämlich des Feld- und Forstpolizeigesetzes von 1888, hingewiesen worden, indem seinerzeit selbst für den Wald der starre römisch-rechtliche Eigentumsbegriff eingeführt wurde, woraus sich dann die Aufhebung aller Weidegerechtsame, die deutsch-rechtlichen Ursprungs waren, und ein kolossaler Rückgang der Viehhaltung in allen kleinen, um den Wald belegenen Gemeinden ergeben haben. Es ist im Plenum des Abgeordnetenhauses auch das Bedenken geäußert worden, daß eben infolge der Eigentumskonstruktion — trotz des § 54, der ja generell das Verbot ausspricht, daß ein Entgelt für die Benutzung des Wasserlaufs dem Unternehmer nicht auferlegt werden darf — die Wasserläufe 1. Ordnung durch die Strombauverwaltung und andere Verwaltungen verpachtet und fiskalisch ausgenutzt werden könnten. Demgegenüber hat nun zwar ein nationalliberaler Abgeordneter betont, daß, nachdem § 54 der Regierungsvorlage, der berüchtigte Wasserzinsparagraph, gefallen, „ein Hauptgegenstand des Argwohns aus dem Wege geräumt sei"; aber derselbe Abgeordnete hat die von anderer Seite verlautbarten Befürchtungen dabei eher bestärkt als zurückgewiesen durch die Bemerkung, daß „ein gewisses Mißtrauen zwischen Bevölkerung und dem Fiskus tatsächlich bestehe", daß infolge der Verquickung von privatfiskalischen mit hoheitsrechtrechtlichen Rechten nicht ganz unberechtigt sei.

Wie berechtigt dies Mißtrauen, wie begründet die Befürchtungen der wassernutzenden Kreise gewesen sind, beweisen am besten die Zahlen des von der Regierung in letzter Stunde der Wasserrechtskommission in der zweiten Lesung vorgelegten Gebührentarifs; diese Zahlen weichen auffällig von dem in den Motiven der Regierungsvorlage des Wassergesetzentwurfes ausgesprochenen Grundsatze über die Höhe des zu erhebenden Wasserzinses ab. Jedenfalls wird wohl niemand zugeben können, daß die geplanten Gebühren sich in den dort zugesicherten „mäßigen" Grenzen halten, vielmehr rechtfertigen die bezüglichen Zahlen die seinerzeit geäußerte Befürchtung, daß das Finanzministerium durch die Gebühr 25 Millionen herausschlagen wollte, in vollstem Umfange.

Meine Herren! Nicht bloß als ein neues Beweismittel für die in gewissen Kreisen herrschende Fiskalität und die der heimischen Industrie stets drohende Steigerung der finanziellen Belastung, sondern als Mahnung für die Größe der entgangenen Gefahr dürfte die Mitteilung des von der Regierung für die Erhebung des Wasserzinses aufgestellten Tarifs nicht ohne Interesse sein.

Danach sollten folgende Höchstsätze als Gebühren zur Staatskasse erhoben werden können für das Recht bei einem Wasserlauf 1. Ordnung:

über den Gemeingebrauch hinaus das Wasser zu gebrauchen und zu verbrauchen, insbesondere es oberirdisch oder unterirdisch unmittelbar oder mittelbar abzuleiten

für 1000 cbm verbrauchtes Wasser	M. 1,—
„ 1000 „ gebrauchtes, rein zugeleitetes Wasser . .	„ 0,50
„ 1000 „ „ verunreinigt oder erwärmt zurückgeleitetes Wasser	„ 1,—

für das Recht, über den Gemeingebrauch hinaus Wasser oder andere flüssige Stoffe oberirdisch oder unterirdisch, mittelbar oder unmittelbar einzuleiten,

für 1000 cbm eingeleitetes Wasser oder eingeleitete andere flüssige Stoffe	M. 0,50

und endlich

für das Recht, das Wasser zur Gewinnung und Verwertung von Wasserkräften zu benutzen; für die nutzbare Pferdekraft oder Bruchteile einer solchen jährlich 20 M.

Meine Herren! Die Bedeutung dieser Gebühren möchte ich an einigen Beispielen praktisch beleuchten:

Eine an der Saale gelegene Papierfabrik hat berechnet, daß sie für die von ihr zu gewerblichen Zwecken verwendete Wassermenge von rund 5 Millionen Kubikmeter, die erwärmt oder als Abwässer in die Saale zurückgeleitet werden, und für die Ausnutzung der Wasserkraft für gewerbliche Zwecke, insgesamt für das Jahr einen Wasserzins von 21 040 M. hätte bezahlen müssen. Das bedeutet doch eine recht erhebliche Mehrbelastung des Betriebes.

Ein Werk der chemischen Industrie berichtet, daß es täglich etwa 60—65 000 cbm Wasser dem Rhein entnimmt. Für eine verbrauchte Wassermenge von 5—10 000 cbm würde hier an Wasserzins täglich 5 M. bis 10 M., für zurückgeleitete Abwässer von etwa 55 000 cbm an Zins 27,50 M. zu zahlen sein. Die Abgaben würden sich also auf 32,50 M. bis 37,50 M. für den Tag, d. h. bei rund 300 Arbeitstagen auf 9750 M. bis 11 250 M. im Jahre gestellt haben.

Daß übrigens, wie ich erwähnte, der Wasserzins in nicht geringem Umfange schon jetzt zur Erhebung gelangt, zeigen die Mitteilungen zweier Betriebe aus der Umgebung Berlins, von denen der eine für je 1000 cbm Wasser an den Fiskus eine Abgabe von 50 Pf., der andere für Wasser zur Kesselspeisung und zu Fabrikationszwecken für je 1000 cbm sogar 1 M. zu entrichten hat. Trotzdem hätte für die bereits jetzt mit einer derartigen Auflage belasteten Fabriken der Wasserzins nach der vorgesehenen Tarifgebühr eine Steigerung jener Ausgaben bis zu 100 pCt. bringen können. So berichtet z. B. eine Fabrik in Berlin-Niederschöneweide, daß sie bisher für die Entnahme von 1 465 000 cbm Wasser an den Fiskus 835,05 M. zu zahlen hatte. Sie hätte dafür aber, wenn der Wasserzins zur Annahme gelangt wäre, 1465 M. zahlen müssen, weil diese Wassermengen zum großen Teil verunreinigt oder als Kühl- und Kondenswasser wieder in den Wasserlauf zurückgeleitet werden.

Da von den des weiteren für den Betrieb dieses Werkes benötigten Wassermengen, die einem Tiefbrunnen entnommen werden, 410 200 cbm dem Wasserlauf zugeführt werden, hätte sich die Abgabe um 205,10 M. erhöht, so daß der Gesamtbetrag für den Wasserzins sich also auf 1670 M. gestellt haben würde und damit um genau

100 pCt. höher gewesen wäre, als die jetzt an den Fiskus für Wassernutzung zu entrichtende Summe.

Diese Beispiele dürften die Sache genügend illustrieren.

Die glücklich wieder aus dem Regierungsentwurfe entfernte fiskalische Bestimmung über den Wasserzins stand übrigens in merkwürdigem Kontrast zu dem klar erkennbaren sonstigen Grundzug des Gesetzes, einer kräftigen und gesunden Entwickelung der Wasserwirtschaft die Wege zu ebnen und als Hindernis zur Errichtung gewerblicher Unternehmungen an Wasserläufen im wesentlichen nur das öffentliche Wohl anzuerkennen. Nimmt doch das Gesetz zu diesem Zwecke nicht Anstand, selbst das Recht des Eigentümers zur Benutzung seines Eigentums im allgemeinen Interesse einschneidend zu beschränken, wobei es freilich andererseits darauf bedacht ist, bisher bestehende Härten und Ungerechtigkeiten zu beheben oder doch auszugleichen, selbst wenn dadurch in alte Geflogenheiten zum Nachteil der Betroffenen, eingegriffen wird, wie sich dies bei der Grundwasserentziehung besonders bemerkbar macht.

In dem Bestreben, in dieser Hinsicht gründliche Klarheit zu schaffen, legt das Gesetz die Rechte des Eigentümers in bezug auf die verschiedenen Benutzungsarten genau fest und scheidet dieselben in drei Fälle; in praxi dürften freilich die konstruierten Formen vielfach nicht scharf auseinanderzuhalten sein und in eins zusammenfließen, wie eine nähere Betrachtung leicht erkennen läßt. Das Gesetz unterscheidet nämlich den Gebrauch und Verbrauch von Wasser, die Erzeugung und Beseitigung von Abwässern und die Benutzung des Wassers als Triebkraft. Im ersteren Falle handelt es sich um den Gebrauch und Verbrauch des Wassers durch die tierische und vegetabilische Welt, durch die industriellen und städtischen Wasserwerke, durch Dampfmaschinen und endlich zu zahllosen Fabrikationszwecken. Hierbei ist in vielen Fällen mit einem gänzlichen oder doch erheblichen endgültigen Verlust des gebrauchten Wassers zu rechnen, sei es durch Umwandlung in Dampf, durch den Genuß als Trinkwasser, durch die atmosphärische Verdunstung bei landwirtschaftlichen Meliorationen; in anderen Fällen wird das Wasser nach seiner Benutzung dem weiteren Gebrauch mehr oder weniger verändert zurückgegeben. Das fällt schon mit der zweiten im Gesetz vorgesehenen Benutzungsform, der Abwässererzeugung und Beseitigung in gewissem Grade zusammen. Die Bestimmungen, die hierüber handeln, gehören, wie Sie alle wissen, meine Herren, zu den Punkten, welche bei der Beratung des Gesetzes, vor allem in der Wasserrechtskommission, am heißesten umstritten wurden.

Das ist begreiflich; denn kaum bei einem anderen Punkte stoßen die Interessen der verschiedenen Zweige der Industrie selbst so scharf zusammen, wie bei der Abwässerfrage. Ein Beispiel: Die Färbereien benutzen die lösende und fortführende Eigenschaft des Wassers, um den unvermeidlichen Ueberschuß an Farbstoff zu entfernen; die Wäschereien und Bleichereien, die Textil- und die chemische Industrie, vielleicht sogar auch eine andere Färberei, wollen dieselbe Eigenschaft benutzen, um Schmutzstoffe zu beseitigen. Ist aber der Farbstoff nicht beseitigt, so können alle die übrigen bezeichneten Betriebe das Wasser nicht gebrauchen. Dies Beispiel ließe sich in bezug auf andere Industriezweige vervielfältigen. Vielfach zeigen gerade diejenigen Industriebetriebe, die das Wasser rein für ihren Betrieb benötigen und hereinnehmen — ich brauche sie ihnen, meine Herren, nicht aufzuzählen —, einen Januskopf, indem sie das Wasser mehr oder weniger verschmutzt oder versäuert herauslassen. Nicht minder tragen die großen Städte und die Bergwerke zur Verunreinigung der Flußläufe bei. Es vermag ein einziger Unterlieger durch Verunreinigung des Flußlaufes auf eine lange Strecke hin ganze Industriezweige durch sein Abfallwasser lahmzulegen. Gerade die Industrie kann also ohne reines Wasser gar nicht leben; es wäre deshalb ein verkehrter Standpunkt gewesen und hätte nicht im Interesse der Industrie und der Gesamtheit gelegen, wenn man einer zügellosen Ausnutzung der Wasserläufe zum Abführen der Abfallstoffe das Wort geredet hätte. Die Gefahr der Verschlimmerung der gegenwärtigen Zustände wuchs beständig und der Aufwand, welchen die Herbeiführung geregelter Verhältnisse und die Beschaffung des notwendigen reinen Wassers kostet, würden ins Ungemessene gesteigert worden sein, wenn nicht rechtzeitig vorgebeugt wurde. Bislang war die Einleitung von Abwässern so gut wie ganz freigegeben und nur dadurch etwas eingeengt, daß sie das gemeinübliche Maß, einen unsicheren, unbestimmten Begriff, nicht überschreiten durfte. Es ist ein Verdienst des Gesetzes, hier regelnd einzugreifen. Und daß dieses nicht durch spezielle Vorschriften geschehen ist, sondern durch generelle, praktisch auch durchführbare, gewissermaßen prophylaktische Bestimmungen, ist ein anerkennenswerter Vorzug des neuen Gesetzes. Zeitweilig schien es allerdings, als sollte das Kind mit dem Bade ausgeschüttet werden, als sollten derart rigorose und ruinöse Bestimmungen in bezug auf die Abwässerfrage geschaffen werden, daß die Industrie an vielen Orten einfach ihre Betriebe hätte schließen können. Vor allem die landwirtschaftlichen Interessenten drängten bei der Beratung des Gesetzentwurfs innerhalb der Kommission, unter Hinweis auf die Schädigung ihrer

Betriebe in vegetabilischer und animalischer Hinsicht durch die Verschmutzung der Flüsse auf die schärfsten Maßnahmen, wiewohl die Landwirtschaft selbst durch ihre Nebenbetriebe die Wasserläufe nicht unwesentlich verunreinigt. Sie werden sich erinnern, meine Herren, welcher Nachdruck von unserer Seite erforderlich war, um zwischen der ersten und zweiten Lesung eine Aenderung der Kommissionsbeschlüsse in bezug auf die Abwässerbestimmungen zu bewirken.

Besonderen Anstoß erregte § 24a, der nach der Fassung der ersten Lesung uneingeschränkt bestimmte, daß ein Unternehmer, der durch Abwässer einen Flußlauf unerlaubt verunreinige, für jeden Schaden zu haften hätte, der durch diese Verunreinigung entstünde. Keine Entschuldigung sollte solchem Unternehmer zugebilligt sein, außer dem Beweise, daß die Verunreinigung durch höhere Gewalt verursacht sei. Das schoß natürlich weit über das Ziel und traf nicht nur die Industrie, sondern auch die Gemeinden bei ihren Abwässerleitungen. Es bedeutete außerdem ein so großes Abweichen von allen Grundsätzen des bürgerlichen Rechts, daß die Kommission unter dem Einfluß des nachdrücklichen und vereinten Widerspruchs der Industrie und Großstädte in zweiten Lesung die Forderung einer so ausgedehnten Verpflichtung des Unternehmers fallen ließ und die Bestimmung dahin abänderte, daß derjenige, der durch solche Abwässer aus reinem Fabikunternehmen oder aus einem städtischen oder Gemeinde-Abwässerunternehmen geschädigt wird, beweisen muß, daß in der Fabrik irgendein Verschulden begangen ist, durch das die bezüglichen Abwässer in den Fluß gelangt sind und ihn verunreinigt haben. Der Geschädigte braucht künftighin also nur nachzuweisen, daß er erstens widerrechtlich geschädigt ist, und daß zweitens diese widerrechtliche Schädigung aus der Anlage des von ihm in Anspruch genommenen Unternehmers herstammt. Der letztere hat dann unter Beweis zu stellen, daß er diejenige Sorgfalt angewendet hat, die notwendig war, um den Schaden zu verhüten, daß er es aber trotzdem — sei es, daß ein von ihm nicht vorzusehendes Verschulden, sei es, daß böser Wille seiner Angestellten vorlag — nicht hat verhindern können, daß die Abwässer in den Fluß gelangten und schädigend wirkten. Die Bedenken, welche der konservative Abgeordnete Winckler in der zweiten Lesung des Gesetzes im Abgeordnetenhause in beachtenswerter Vertretung der industriellen Interessen gegen diese Umkehrung der Beweislast vorgebracht hat, sind nicht ganz von der Hand zu weisen, denn der Nachweis des Unternehmers wird im gegebenen Falle natürlich sehr streng genommen werden. Nach der bisherigen Praxis der Gerichte ist nicht zu bezweifeln, daß in jeder Beziehung die äußerste Sorgfalt verlangt werden wird, nicht bloß in bezug auf die erforderlichen Einrichtungen, sondern auch in bezug auf die Auswahl und vor allen Dingen in bezug auf die Beaufsichtigung der Personen, die mit Abwässeranlagen zu tun haben. Die Befürchtung aber, daß die Anwendung des inredestehenden Paragraphen einfach den Betrieb mancher Fabriken unmöglich machen werde, dürften doch wohl zu weitgehend sein; jedenfalls ist § 24a in seiner jetzigen Gestalt von industrieller Seite nicht mehr als bedenklich bemängelt worden. Dagegen überschreiten die Strafbestimmungen in den §§ 346 und 346a das Maß des Erforderlichen und können der Industrie empfindlichen Schaden zufügen, vor allem aber der böswilligen Verfolgung Tür und Tor öffnen.

Durch das neue Gesetz wird die bisherige Sachlage in folgender Weise verändert: während bisher die Wasserpolizei erst abwartete, ob irgendwo durch Verunreinigung Schädigungen eintraten, muß sie jetzt vorbeugend wirken, d. h.: während früher derjenige, der Abwässer in einen Fluß hineinlassen wollte, das einfach tat, auf die Gefahr hin, daß man ihn später verantwortlich machte, falls er über das Gemeinübliche an Verunreinigung hinausging, muß er nach Inkrafttreten des Gesetzes vorher davon Anzeige machen, wenn er irgendwelche verunreinigten Abwässer in den Flußlauf hineinlaufen lassen will, sofern er das Recht hierzu nicht durch Verleihung erworben hat. Es ist ihm also Anzeigepflicht auferlegt und die Wasserpolizei ist gehalten, dann unter Hinzuziehung des zuständigen Schauamtes zu prüfen, ob das geplante Unternehmen etwa übermäßig verunreinigend für die Wasserläufe wirken kann. Hält die Wasserpolizeibehörde eine schädigende Verunreinigung für gegeben, so hat sie zu verbieten, daß die Abwässer überhaupt in den Flußlauf gelangen. Kommt sie aber zu der gegenteiligen Ueberzeugung, so erteilt sie die Genehmigung; im Interesse der Unternehmer ist übrigens auch eine generelle Genehmigung für die Einleitung von gewissen Abwässern in einen Flußlauf durch den Oberpräsidenten zugelassen.

An dem materiellen Recht ist mithin gegen früher kaum wesentliches geändert. Trotzdem bedeutet die Neuregelung einen großen Fortschritt; denn ein Fortschritt ist es offenbar, daß künftighin die Einleitung von Abwässern von der vorhergehenden Genehmigung der Wasserpolizeibehörde abhängig ist, während heute jeder Unternehmer ohne Rücksicht auf die entgegenstehenden Interessen anderer die Wasserläufe als Rezipient für seine Abfallwässer benutzen kann, ohne diese von vornherein der Aufsicht der zuständigen Behörde unterwerfen zu müssen.

Eins darf aber bei der Beurteilung der ganzen Frage nicht vergessen werden, worauf in der zweiten Lesung des Gesetzes ausdrücklich und ausführlich hingewiesen worden ist, daß wir nämlich in Preußen ein lebhaftes Interesse daran haben, die jetzt in weitgehendem Maße statuierte Reinhaltungspflicht für unsere Flußläufe auch auf die Bundesstaaten ausgedehnt zu wissen, die Oberlieger an unseren Flüssen sind. Denn alle die schönen Bestimmungen über Reinhaltung der Wasserläufe können illusorisch gemacht werden durch Handlungen in den Gebieten der Bundesstaaten, die unsere Oberlieger sind, die uns also den Segen herunterschicken können; wir reinigen dann immer fleißig unten, aber von oben kommt der Segen fortgesetzt von neuem. Treffend hat ein Abgeordneter im Plenum des Abgeordnetenhauses auch die Konsequenz hiervon gezeichnet: „Wenn unsere Industrie in Preußen härteren Bestimmungen über die Reinigung der Abwässer, über die Beseitigung der Abwässer ausgesetzt ist als in anderen Bundesstaaten, wenn ihr dadurch erhebliche Nachteile, erhebliche Ausgaben entstehen, so wird sie sich fragen: ‚können wir unsere kommerziellen Zwecke nicht ebensogut in einem der Bundesstaaten außerhalb Preußens verwirklichen, wo diese strengen Bestimmungen nicht Platz greifen, sondern sogar noch mildere Bestimmungen vorhanden sind, als sie heute bei uns gelten?"' Tatsächlich sind auch vielfach schon Industrien in die Bundesstaaten abgewandert und haben sich in diesen angesiedelt, weil dort leichtere Bestimmungen in der Abwässerbeseitigung und ähnlichem getroffen sind. Wir würden also infolge der neuen Bestimmungen nicht bloß große gewerbliche Unternehmungen, die doch einen Teil unserer Steuerkraft darstellen, durch Abwanderung verlieren und dadurch diesen Teil der Steuerkraft einbüßen, sondern würden auch fernerhin den Nachteil behalten, daß wir trotz allem, was wir nun tun, um unsere Flüsse zu reinigen, dafür sorgen müssen, daß die Abwässer, die die Industrien unserer Bundesstaaten uns herunterschicken, auf unsere Kosten beseitigt werden: also ein doppelter Nachteil: mehr Ausgaben und weniger Einnahmen! Die Richtigkeit dieser Ausführungen sind regierungsseitig bestätigt worden. Deshalb ist von der Wasserrechtskommission dem Plenum eine Resolution vorgelegt worden, welche die Staatsregierung ersuchte, im Bundesrat dahin zu wirken, daß gesetzliche oder andere Maßnahmen getroffen werden, welche diesen Uebelständen baldmöglichst abhelfen.

Mit Bezug hierauf hat der Landwirtschaftsminister in der dritten Lesung des Gesetzes erklärt, daß die preußisch-landwirtschaftliche Verwaltung in Uebereinstimmung mit den übrigen beteiligten Ressorts unter allen Umständen dafür Sorge tragen würde, daß entweder im Wege der gesetzgebenden Bestimmungen oder durch sonstige Vereinbarungen mit den übrigen Bundesstaaten eine weitere Verunreinigung unserer Wasserläufe durch die Oberlieger anderer Bundesstaaten verhindert werde.

Der Weg, den nach Inkrafttreten des neuen Gesetzes jedes größere industrielle Unternehmen zur Beseitigung seiner Abwässer beschreiten muß, sofern es sich dabei auf eine unantastbare und gesicherte Rechtsgrundlage stellen will, ist durch das Recht der Verleihung gegeben, das gerade in dieser Beziehung sich als eine besonders wichtige und begrüßenswerte Neuerung darstellt. Der Vorzug der Verleihung in bezug auf die Abwässerfrage liegt qualitativ vor allem darin, daß die vielseitigen, oft sich stark widersprechenden, ja direkt entgegenstehenden Interessen der auf die Benutzung eines Wasserlaufs angewiesenen Unternehmungen — wie ich das vorher schon auszuführen mir erlaubte — gegeneinander in gerechter Weise abgewogen und ausgeglichen werden und der Grad der zulässigen Verunreinigung genau fixirt wird, wobei ebensowohl die wirtschaftliche Bedeutung wie die sonstigen ausschlaggebenden Momente der in Betracht kommenden Gewerbebetriebe gegeneinander abgewogen werden.

Dieser Vorzug des neuen Rechts, das jedem zugänglich ist, nur aus den im Gesetz angegebenen Gründen, wohin vor allem die Rücksichten des öffentlichen Wohles gehören, versagt werden darf und nach Ablauf der Verleihungsfrist, allerdings unter Anpassung an die durch Aenderung der Verhältnisse gebotenen neueren Ansprüche verlängert werden muß, gilt natürlich auch in gleicher Weise für alle anderen gewerblichen wassernutzenden Unternehmungen.

Wie in qualitativer hat die Verleihung auch in quantitativer Beziehung eine erhebliche Bedeutung nicht nur für die Wasserwirtschaft im besonderen, sondern für die Volkswirtschaft ganz im allgemeinen, weil durch sie eine ökonomische Wirtschaft unter möglichstem Ausschluß von Wasserverschwendung gewährleistet wird und gleich bei Beginn jedes Unternehmens die Ansprüche sämtlicher übrigen Interessenten am Wasserlauf festgestellt werden. Dadurch wird von vornherein eine richtige Kalkulation des Unternehmens möglich gemacht, späteren Rechtsstreitigkeiten mit den benachbarten Unternehmungen in bezug auf die Wassernutzung vorgebeugt und der Betrieb auf die Dauer der Verleihung gegen jeden Anspruch auf Unterlassung der Ausübung oder auf Beseitigung der errichteten Anlagen geschützt. Denn bloß infolge besonderer Umstände, so wegen überwiegender Nachteile oder Gefahren für das öffentliche Wohl, kann die Verleihung, und zwar nur auf Antrag des Staates, eines Kommunalverbandes oder einer anderen öffentlich-rechtlichen Körperschaft oder der Wasserpolizeibehörde, unter entsprechender Entschädigung des Unternehmers, annulliert werden.

Die Bestimmungen über die Verleihung und Ausgleichung, die alles nach den wirtschaftlichen Interessen regelt, bedeuten entschieden einen großen gesetzgeberischen Fortschritt. Die volle Ausnutzung unserer Wasserkräfte, die volle Ausnutzung der Benutzungsmöglichkeit unserer Wasserläufe soll und kann auf diesem Wege erreicht werden. Freilich werden dabei, wie ich schon eingangs meiner Ausführungen erwähnte, die Rechtsgrundsätze des Eigentums beseitigt zugunsten des Prinzips, daß das öffentliche Interesse und nächst ihm der größere wasserwirtschaftliche Vorteil überall durchgesetzt werden soll, womit eine große Umwälzung in den bestehenden Rechtsverhältnissen, soweit sie vom Wassergesetz betroffen werden, herbeigeführt wird. Deshalb ist die Entscheidung, ob die Institution der Verleihung so funktioniert, wie es zum Nutzen der Wasserwirtschaft, besonders der wassernutzenden gewerblichen Unternehmungen, gefordert werden muß, ob ferner alle Rechtskautelen für gerechte und unbeeinflußte Handhabung der vom Gesetz betroffenen Bestimmungen gegeben sind, letzten Endes von der Organisation der Behörden abhängig, die für den Gang des Verleihungsverfahrens zuständig sind.

Wie Sie wissen, meine Herren, hat nun gerade die Frage der Behördenorganisation bei Beratung des Gesetzes eine besonders bedeutsame Rolle gespielt und bis zum letzten Augenblick den Gegenstand lebhafter Erörterungen abgegeben, wobei die Meinungen unter dem Feldgeschrei: hie Oberwaltungsgericht, hie Landeswasseramt, scharf aufeinandergestoßen sind. Durch die nunmehr getroffene Regelung, die meines Erachtens mit Recht, dem Landeswasseramt den Vorzug gegeben hat, ist in den ausschlaggebenden Gesichtspunkten: der größtmöglichsten Vereinfachung und Verbilligung des Instanzenzuges und Verfahrens, und der Gewährleistung der Entscheidungen durch unabhängige richterliche Instanzen in wünschenswerter Weise Rechnung getragen. Eingesetzt sind als erste Instanz der Bezirksausschuß, als zweite das Landeswasseramt, das aus auf Lebenszeit vom Könige berufenen Richtern im Hauptamt und aus in Wasserangelegenheiten erfahrenen Laien, die auf zwölf Jahre im Ehrenamt bestellt werden, besteht, so daß also das Landeswasseramt die Qualitäten des Oberverwaltungsgerichts aufweist. Hierdurch ist für den Rechtsmittelzug im Bezirksausschuß die Lokalinstanz, im Landeswasseramt die Zentralinstanz geschaffen, die sich beide rechtlich und tatsächlich mit der Materie zu befassen haben.

Der große Vorzug dieser Regelung, gegenüber der von konservativer Seite beantragten, besteht vor allem darin, daß das Landeswasseramt sowohl in tatsächlicher, wie in wirtschaftlicher und rechtlicher Beziehung die Grundsätze herausarbeiten und der nachgeordneten Instanz an die Hand geben wird, nach denen künftighin im Verleihungsverfahren bei den wasserwirtschaftlichen Fragen entschieden werden soll. Dadurch werden wir rasch zu einer einheitlichen Rechtsprechung, und zwar zu einer Rechtsprechung von höchster Stelle, kommen. Bei dieser handelt es sich, wie ich einschalten möchte, aber lediglich um die Feststellung, ob eine Verleihung, in welchem Umfange und unter welchen Bedingungen sie zu erteilen ist, d. h. ob das öffentliche Interesse überwiegt oder ob das privatwirtschaftliche Interesse, ob der Vorteil des Einzelnen den entgegenstehenden Nachteil des Anderen übersteigt. Es werden also in dem Verfahren gewissermaßen nur die Voraussetzungen für eine Art Enteignung festgestellt. In bezug auf die zu gewährenden Entschädigungen ist im Gesetz ausdrücklich der ordentliche Rechtsweg vorgesehen, so daß allen Beteiligten die nötige Rechtssicherung im weitesten Umfange gewährleistet ist.

Freilich darf nicht verhehlt werden, daß die Regelung des Behördenzuges in gewisser Hinsicht ein recht bedenkliches Loch besitzt, insofern der Ministerialinstanz, wenn auch in versteckter Form, bei der Verleihung an bestimmten Wasserläufen 1. Ordnung, die letzte Entscheidung vom Gesetz eingeräumt worden ist. Das ist insofern von Bedeutung, als dies Vetorecht gerade bei der Verleihung in bezug auf Anlegung von Häfen, Anlegestellen und Stichkanälen hinderlich werden kann. Wie aus der Aeußerung eines konservativen Abgeordneten in der zweiten Lesung des Gesetzes im Abgeordnetenhause ersichtlich wurde, haben selbst die Väter dieser Ausnahmebestimmungen deren Aufnahme in das Gesetz später lebhaft bedauert; denn sie beabsichtigten, als sie für das Vetorecht des Ministers eintraten, dies der Ministerialinstanz nur für die schiffbaren Ströme einzuräumen.

Von nationalliberaler Seite ist die Sache in der dritte Lesung im Plenum allerdings nicht als so bedenklich angesehen worden; vielmehr wurde von dieser ausdrücklich betont: „daß das Vetorecht des Ministers der öffentlichen Arbeiten und des Ministers für Handel und Gewerbe begründet, daß es sogar notwendig sei, daß diese Instanzen, die über die Entwickelung unserer Wasserstraßen, unserer öffentlichen und gewerblichen Interessen zu entscheiden und zu bestimmen haben, deren Mitwirkung wesentlich für diese Frage ist, bei all den Fragen der Verleihung, sofern es sich um Ströme von erheblicher Bedeutung, sei es für die Gegenwart, sei es für die Zukunft, handelt, nicht ausgeschaltet werden" dürfen.

Bemerkenswert ist noch, daß das gewerbepolizeiliche Genehmigungsverfahren mit dem Verleihungsverfahren verbunden werden soll; dies ist noch in letzter Stunde erreicht und damit eine große Vereinfachung des Geschäftsverfahrens erzielt worden.

Einen unbeabsichtigten, aber sehr begrüßenswerten Erfolg wird die Institution der Verleihung übrigens nebenher haben, indem sie den zurzeit recht fühlbaren Mangel, der heute hinsichtlich der Statistik der wassernutzenden Industrie in Preußen obwaltet, ausfüllen wird. Ohne mühselige Sondererhebungen war es bis jetzt nicht möglich, die Zahl, die Art, den Umfang der Wassernutzung, sowie den Wasserverbrauch aller an den Wasserläufen gelegenen gewerblichen Unternehmungen systematisch festzustellen, wodurch doch allein ein erschöpfendes Bild von dem Umfang und der Bedeutung unserer Wasserwirtschaft gewonnen werden könnte. Das wird in wenigen Jahren möglich sein, weil die Bezirksausschüsse ja binnen kurzem innerhalb ihrer Bezirke über die wassernutzenden Unternehmungen in jeder Richtung erschöpfende Angaben gewinnen werden. Die bei Inkrafttreten des Gesetzes auf Grund eines Rechts am Wasserlauf bereits bestehenden oder sonstwie bis zum 1. Januar 1912 errichteten Anlagen bedürfen zwar keiner Verleihung, aber da sie in das Wasserbuch eingetragen werden müssen, falls sie nicht erlöschen sollen, dürften sie ebenfalls statistisch erfaßt werden können.

Meine Herren! Der Kreis der Rechte, die durch die Verleihung erworben werden können, ist auf die von mir eingangs erwähnten Benutzungsarten, ferner auf die Errichtung von Häfen, Stichkanälen, Anlegestellen und Badestellen beschränkt. Darüber hinaus soll aber unter bestimmten Voraussetzungen auch zugunsten anderer wasserwirtschaftlicher Unternehmungen, ohne daß eine Enteignung eingeleitet zu werden braucht, das Recht zu einem Eingriff in den fremden Rechtsbereich durch das Institut der Zwangsrechte gegeben werden. Derartige Zwangsrechte sind nur zum Teil im geltenden Rechte enthalten und zwar bloß im Interesse der Bodenkultur und Schiffahrt. Das Gesetz dehnt die Verpflichtungen der Grundeigentümer zur Förderung wasserwirtschaftlicher Unternehmungen inhaltlich wesentlich aus, indem es ermöglicht, zugunsten industrieller und kommunaler Unternehmungen jemandem das Recht an seinem Grund und Boden abzuzwingen. Am bemerkenswertesten ist für die Industrie in dieser Hinsicht, daß jedes Unternehmen, das die Beseitigung von Abwässern oder die bessere Ausnutzung einer Trinkwasseranlage bezweckt, einen besseren Wasserabfluß in einen Wasserlauf von den Eigentümern des letzteren und von den beteiligten Grundstücksbesitzern erzwingen kann; daß ferner der Eigentümer von Anlagen zur Beseitigung von Abwässern jedem beliebigen anderen deren Mitbenutzung gestatten muß, wenn der letztere die Abwässer seines Betriebes anders nicht zweckmäßig oder nur mit erheblichen Mehrkosten beseitigen kann. Der Regierungsentwurf wollte außerdem noch ermöglichen, den Eigentümer eines Grundstückes zu zwingen, auf seinem Eigentum Gleise, Wege oder ähnliche Anlagen einrichten zu lassen, wenn dies zur Verbindung mit einem Wasserlaufe 1. Ordnung als Schiffahrtsstraße erforderlich gewesen, eine Bestimmung, welche großen Unternehmungen, besonders bei Anlegung von Häfen und Kanälen, gute Dienste geleistet haben würde. Leider hat die Kommission, zur Genugtuung der großen Kommunen, den Paragraphen gestrichen, weil er ihr zu tief in die Privatrechte eingriff.

Bei dem Kapitel Zwangsgenossenschaften möchte ich noch eines Punktes besonders gedenken, der bei der Beratung des Gesetzes lebhaft erörtert worden ist; er betrifft jene mit der Bezeichnung: „Kalikanal" charakterisierte Bestimmung, wonach der Zwangsgenossenschaft die Anlegung besonderer Kanäle sollte auferlegt werden können, wenn die vorhandenen Gewässer zur unschädlichen Abführung der Schmutzwässer nicht ausreichten. Das Plenum des Abgeordnetenhauses hat dieser Bestimmung in der zweiten Lesung den Giftzahn ausgezogen und dem Paragraphen eine Fassung gegeben, welche ihn nunmehr gänzlich unbedenklich macht.

Meine Herren! Ich habe versucht, Ihnen in knappen Umrissen ein Bild davon zu geben, wie sich die Wasserwirtschaft unter dem Wassergesetz bei solchen Unternehmungen entwickeln und gestalten wird, die erst nach seinem Inkrafttreten neu eingerichtet werden. Es ist aber auch von größter Wichtigkeit, zu wissen, wie es mit den bereits bestehenden Unternehmungen gehalten werden soll.

Diese Frage beantwortet der viel berufene § 349 des Gesetzes, dessen Inhalt ich schon gelegentlich gestreift habe, kurz dahin, daß sowohl alle auf besonderen Titeln beruhenden Rechte, sofern sie in das Wasserbuch eingetragen werden, wie auch alle Rechte zur Benutzung eines Wasserlaufs und anderer Gewässer, soweit zu ihrer Ausübung rechtmäßige, bis zum 1. Januar 1912 errichtete Anlagen vorhanden sind, erhalten bleiben. Es fragt sich nun, ob und inwieweit zu letzteren die auf Grund der gewerbepolizeilichen und der landespolizeilichen Genehmigung errichteten Anlagen rechnen; dabei ergibt sich eine sehr unterschiedliche Behandlung der eben bezeichneten beiden Kategorien. Sowohl in der Kommission wie im Plenum ist unter ausdrücklicher Zustimmung der Regierungsvertreter zweifelsfrei festgestellt worden, daß die Unternehmungen, welche auf Grund gewerbepolizeilicher Genehmigung eingerichtet worden sind, von den Bestimmungen des Wassergesetzes nicht berührt werden, soweit nicht die Abwässerfrage in Betracht kommt. Sehr fraglich liegt aber die Sache bei den landespolizeilich genehmigten Betrieben. Von einem Vertreter der Königlichen Staatsregierung ist in seiner Eigenschaft als Regierungskommissar gelegentlich der Verhandlungen über die Bestimmungen betreffend die Talsperren im Plenum wörtlich ausgeführt: „Die Genehmigung, die für eine Talsperre vom Regierungspräsidenten, der Landespolizeibehörde, erteilt wird, hat durchaus nicht den rechtlichen Charakter und die Rechtsnachfolgen, die eine gewerbepolizeiliche Konzession auf Grund des § 16 der Gewerbeordnung hat. Wenn die Landespolizeibehörde jetzt unter dem geltenden Rechte die Errichtung einer Talsperre landespolizeilich genehmigt, so bringt sie damit lediglich zum Ausdruck, daß gegen die Errichtung der Talsperre vom polizeilichen Gesichtspunkte nichts einzuwenden ist. Ganz anders ist es mit der gewerbepolizeilichen Genehmigung, die, wie aus den §§ 25 und 26 der Gewerbeordnung hervorgeht, weitgehende öffentlich-rechtliche und privat-rechtliche Konsequenzen hat."

Ebenso ist von einem Abgeordneten bei der zweiten Lesung im Plenum des Abgeordnetenhauses ausgeführt: „Was rechtmäßige Anlagen sind, besagt der Wortlaut des Gesetzes nicht, aber nach dem unwidersprochenen Ergebnis der Kommissionsverhandlungen gehören zu den rechtmäßigen Anlagen auch diejenigen, welche auf Grund einer rechtsgültigen gewerbepolizeilichen Konzession errichtet worden sind."

Dankbar ist es zu begrüßen, daß auch Anlagen, die zehn Jahre bestanden haben, die Vermutung der Rechtmäßigkeit für sich haben sollen. Nur die Wasserentziehungsanlagen werden, selbst wenn sie schon lange Zeit bestanden haben, bis zu einem gewissen, im allgemeinen Interesse wohl berechtigten Grade den Grundsätzen des neuen Rechts unterworfen.

Damit, meine Herren, bin ich am Schlusse meiner Ausführungen angelangt. Bei dem Umfang der Materie haben sich diese naturgemäß nur auf das wichtigste beschränken müssen.

Meine Herren! Erst nach mannigfacher, tiefgreifender Umgestaltung hat das Gesetz die Form erhalten, die ich Ihnen in kurzen Umrissen heute zeichnen durfte. Nicht ohne starken Druck der öffentlichen Meinung, allein infolge des einmütigen Zusammenstehens aller Beteiligten, das Herr Regierungsrat Schweighoffer vorher mit Recht als vorbildlich bezeichnet hat, hat sich diese Umwandlung etappenweise vollzogen. Wie alles, was Menschengeist schafft und erdenkt, hat auch trotz besten Bemühens dieses Gesetz seine Mängel und Schatten und läßt der Wünsche manche übrig. Aber, meine Herren, alles in allem kann meines Erachtens die deutsche Industrie der Staatsregierung für den trefflichen Entwurf Dank zollen und das Werk des Abgeordnetenhauses in seiner heutigen Gestalt annehmbar finden. Ich glaube deshalb, meine Herren, den in der Ihnen namens des Direktoriums vorgelegten Resolution zum Ausdruck gebrachten Wunsch aussprechen zu dürfen, daß das preußische Herrenhaus dem Gesetz, so wie es jetzt vorliegt, die Sanktion erteilen möge, und bitte Sie, meine Herren, dieser Resolution zuzustimmen. Nicht bessere Worte vermag ich dem Gesetz in kurzer Charakteristik zum Schlusse zu widmen, als der Geh. Oberbaurat Keller gelegentlich eines Berichts in der Wasserrechtskommission: „Möge das Wassergesetz als Grundlage dienen der Unternehmungen, die der Gesamtheit nützen und dem einzelnen nicht schaden sollen. Keine verletzende Waffe im Streite der Interessen, sondern ein wirksames Werkzeug zum Ausgleich der Gegensätze und zum Heile des Vaterlandes!"

Vorsitzender: Meine Herren, ich eröffne die Diskussion und gebe dem Herrn Kommerzienrat Dr. Kauffmann das Wort.

Kommerzienrat Dr. **Kauffmann:** Meine Herren, ich will auf das sehr umfangreiche Gesetz und das umfangreiche und lichtvolle Referat, das wir soeben gehört haben, im allgemeinen nicht eingehen, sondern mir nur erlauben, an einigen speziellen und nach meinem Dafürhalten für die Industrie ganz besonders im Vordergrund stehenden bedenklichen Bestimmungen des Gesetzes Kritik zu üben.

Ich erkenne ohne weiteres an, daß durch die Aenderungen, welche die Kommission des Abgeordnetenhauses an dem Gesetzentwurf vorgenommen hat, in manchen Beziehungen Verbesserungen für die industriellen Bedürfnisse eingetreten sind. Insbesondere gilt dies von dem § 54, von der Aufhebung des Wasserzinses auf den schiffbaren Strömen. Aber, meine Herren, die Zahl derjenigen Industriellen, welche Anlieger der schiffbaren Ströme sind und welche infolgedessen die Vorteile des errungenen Triumphes genießen, ist doch nur verhältnismäßig klein; viel größer ist zweifellos die Zahl derjenigen Industriellen, welche Interessenten an der Abwässerfrage im allgemeinen sind, und zwar auch als Adjazenten an Flüssen zweiter und dritter Ordnung. Für diese allgemeinen Abwässer-Interessen kann ich die

Regelung, die das Gesetz bringen soll, nicht als eine solche ansehen, daß ich ihr ebenso zustimmen könnte wie der Herr Referent es getan hat. Wir werden es ja allerdings, auch als Industrielle, in den Kauf nehmen müssen, daß die Verunreinigung der Flüsse, insoweit es sich um neu zu errichtende oder zu erweiternde Anlagen handelt, mehr erschwert wird, als es bisher der Fall war, denn der immer mehr um sich greifenden Flußverunreinigung einen Riegel vorzuschieben, ist ja schließlich der Zweck und das Ziel des Gesetzes. Der Herr Referent hat ja selbst anerkannt, und auch die Industrie wird es zugeben müssen, daß die Flußverunreinigung allzu große Dimensionen anzunehmen droht. Deshalb glaube ich, daß wir uns mit den sehr strengen Bestimmungen für Neuanlagen (Verleihung, und zwar Verleihung nur auf bestimmte Zeit usw. usw.) schließlich werden abfinden müssen. Aber nach meiner Ansicht würden doch wenigstens die vorhandenen alten Anlagen und das umfangreiche Kapital, das auf Grund der bisherigen Praxis jetzt in der Industrie investiert ist und das die Schmutzabwässer-Ableitung in die Flüsse nicht entbehren kann, einen kräftigeren Schutz verdient haben, als ihn die bestehenden Etablissements speziell in der Abwässerfrage in dem Gesetz gefunden haben.

Dieser Schutz wird gewährt durch den von dem Herrn Referenten besonders erwähnten § 349, und der Umfang des Schutzes, den die bestehenden Etablissements hinsichtlich ihrer Abwässer-Ableitung genießen sollen, wird begrenzt durch den erst in der Kommission in den Paragraphen hineingesetzten Zusatz: „Eine Verunreinigung des Wassers, die über das Gemeinübliche hinausgeht, ist unzulässig." Dies soll, wie der Herr Referent mit Recht hervorgehoben hat, auch für solche Etablissements gelten, die auf Grund der gewerberechtlichen Genehmigung die Abwässer bisher eingeleitet haben. Nun scheint mir aber der Ausdruck „gemeinüblich" recht dehnbar und kautschukartig zu sein. Ich will darauf hinweisen, daß in der Kommission des Abgeordnetenhauses, dem Kommissionsbericht zufolge, ein Mitglied der Kommission von der Auffassung ausgegangen ist, daß der Begriff des „Gemeinüblichen" im § 349 sich mit dem Begriff „Gemeingebrauch" des § 25 des Gesetzes decke. Das würde nichts anderes bedeuten, als daß die Industriellen künftig kein weiteres Recht haben sollen, als sich im Fluß zu baden oder ihre Pferde darin zu tränken, denn nur auf diese und ähnliche Dinge erstreckt sich der Begriff des Gemeingebrauches des § 25. Nun ist ja hierauf durch den Herrn Regierungsvertreter in der Kommission die Aufklärung gegeben worden, daß sich der Begriff „gemeinüblich" nicht mit dem „Gemeingebrauch" deckt, sondern etwas anderes bedeutet, und zwar etwas schon längs Bestehendes, daß schon Reichsgerichtsentscheidungen den Umfang dieses Begriffes bestimmen, und daß diese Entscheidungen dahin gehen, daß dieser Begriff keine feststehende Norm bedeuten soll, sondern von Fall zu Fall zu beurteilen sei, je nach der Lage des einzelnen Falles. Auch die „Begründung" des Gesetzentwurfes sagt in dieser Beziehung, allerdings wohl an einer anderen Stelle, daß die gemeinübliche oder künftig zulässige Wasser-Verunreinigung eine verschiedene sein müsse, je nach der Wassermenge, welche der Fluß führt, je nach dem Gefälle des Flusses und besonders nach der wirtschaftlichen Bedeutung des Flusses, je nach dem Umstande, ob derselbe in erster Linie industriellen oder in erster Linie landwirtschaftlichen Interessen dient.

Meine Herren, wenn eine solche Handhabung des Gesetzes völlig gesichert wäre, so würde das nach meinem Dafürhalten für die Industrie vielleicht ausreichend sein, denn es würde dies im wesentlichen die Aufrechterhaltung der bestehenden Prinzipien bedeuten, die ja in der Hauptsache darauf beruht haben, daß man mit verschiedenem Maße gemessen hat, daß in Industrieflüsse die Industrie mit größerer Freiheit Abwässer einleiten konnte, während bei mehr landwirtschaftlichen Flüssen die Abwässereinleitung auch bisher schon immer viel mehr eingeschränkt gewesen ist.

Aber, meine Herren, Reichsgerichtsentscheidungen sind nicht ein für allemal bindend. Soviel ich weiß, ist das Reichsgericht nicht verpflichtet, sich an frühere Entscheidungen aller seiner Senate in aller Zukunft zu binden, und auch die Erklärungen, die die Herren Regierungsvertreter bei Erlaß eines Gesetzes, sei es in der Kommission, sei es im Plenum, abgeben, sind doch wohl nur in begrenztem Umfange für alle Zeiten für die Regierung bindend. Wenigstens haben wir es in Schlesien erlebt, daß für den § 6 des Oderwasserstraßen-Gesetzes vom Jahre 1905 der Herr Minister der öffentlichen Arbeiten im Abgeordnetenhause kürzlich eine ganz andere Erläuterung gegeben hat, als es, zum mindesten nach der Auffassung unserer schlesischen Interessenten, nach den bei der Beratung des Gesetzes im Abgeordnetenhause von den damaligen Regierungsvertretern abgegebenen Erklärungen erwartet werden durfte. Es handelte sich da um die Kompensationen auf dem Gebiete der Eisenbahntarife für die Schädigungen, die dem niederschlesischen Kohlenrevier durch den Berlin-Stettiner Großschiffahrtsweg erwachsen.

Es ist weiter zu berücksichtigen, daß durch die neuen scharfen Vorschriften, welche das Gesetz für die Errichtung neuer Abwässeranlagen einführt (Verleihung, Verleihung nur auf Zeit, Verleihung selbst auf Zeit nur mit dem Vorbehalt fortwährender Verschärfungen der Vorschriften betreffend die Reinigungsanlagen), der Begriff der gemeinüblichen Wasserverschmutzung auch künftig im ganzen im Laufe der Jahre und Jahrzehnte eine wesentliche Einengung erfahren wird, und daß dann bei der gegenwärtigen Fassung des § 349 diese eingeengte Beurteilung des Begriffes „gemeinüblich" auch für die jetzt schon bestehenden Anlagen Platz greifen wird.

Die kleine Zusammenstellung, die der Centralverband Deutscher Industrieller uns kürzlich über den Entwurf des preußischen Wassergesetzes zugesandt hat, sagt ja in dieser Beziehung auf Seite 10: Eine Verunreinigung des Wassers, die über das Gemeinübliche hinausgeht, soll unzulässig sein. „Hiermit soll bezweckt werden, daß sich ein neuer erweiterter Begriff des Gemeinüblichen auch hinsichtlich der bereits bestehenden Rechte zur Abwässereinleitung nicht bilden kann."

Meine Herren, wenn es damit abgetan wäre, daß sich kein neuer erweiterter Begriff bilden kann, dann wäre alles gut. Es wird sich aber, wie ich glaube nachgewiesen zu haben, ein verengerter Begriff herausbilden, und dieser verengerte Begriff wird nach § 349 auch auf die Beurteilung der bestehenden Anlagen Anwendung finden.

Nach meiner Ansicht würde die Befürchtung, die ich hier ausgesprochen habe, nur dann beseitigt worden sein; wenn die vorhin erwähnte, für die Industrie ganz akzeptable Definition des Begriffes „gemeinüblich", die der Herr Regierungsvertreter in der Kommission gegeben hat und auf die auch in der „Begründung" des Entwurfes hingewiesen ist, im § 349 des Gesetzes selbst, als Erläuterung des Begriffes „gemeinüblich", aufgenommen worden wäre, und wenn ferner die einschränkende Bestimmung des § 349 nicht die Fassung erhalten hätte „eine Verunreinigung des Wassers, die über das Gemeinübliche hinausgeht, ist unzulässig", sondern die Fassung „eine Verunreinigung des Wassers, die über dasjenige hinausgeht, was beim Inkrafttreten dieses Gesetzes als gemeinüblich gegolten hat, ist unzulässig".

Die Handelskammer zu Schweidnitz, deren Vorsitzender ich bin, hat zwischen der zweiten und dritten Lesung der Kommission des Abgeordnetenhauses diese Abänderungswünsche im Verein mit anderen Wünschen der Abgeordnetenhaus-Kommission unterbreitet, unsere Wünsche sind aber nicht berücksichtigt worden. So wie der Gesetzentwurf gegenwärtig gefaßt ist, kann ich ernste Befürchtungen nicht unterdrücken und möchte die Herren, die auf Grund ersessener Rechte Gewässer verunreinigen — abgesehen natürlich von denen, deren diesbezügliche Rechte „auf besonderen Titeln" beruhen, dies aber wird wohl nur eine sehr kleine Minderzahl sein, denn Rechte der Abwässerung auf Grund besonderem Titel gibt es nur sehr wenige — sehr davor warnen, sich sicher darin zu fühlen, daß sie auf Grund des § 349 die Flüsse auch künftig werden so verunreinigen können, wie es bisher geschehen ist und wie es für die Existenz ihrer Unternehmungen in vielen Fällen unabänderlich notwendig sein wird.

Daß meine Befürchtungen bezüglich des § 349 nicht gegenstandslos sind, dafür kann ich Ihnen heute schon einen Belag anführen. Ich habe Gelegenheit gehabt, einen Vortrag über das Wassergesetz in seiner jetzigen Gestalt anzuhören, den der Landrat des Kreises Glogau in Schlesien, Herr Singelmann, in Breslau gehalten hat. Herr Singelmann ist ein anerkannter Spezialist und Sachverständiger auf dem Gebiet des Wasserrechts, und er hat auch bei der alljährlichen Landratskonferenz der schlesischen Landräte im letzten Herbst das Referat über das Wassergesetz gehabt. — Herr Landrat Singelmann hat in seinem Vortrage zunächst den Inhalt des § 349 in seiner jetzigen Fassung vorgetragen und hat daran folgende weitere Bemerkungen geknüpft:

„Was die bestehenden Abwässerungsanlagen betrifft, so sind hier bei § 349 zwei Gesichtspunkte zu erwähnen, einmal der Umstand, daß der größte Teil der bestehenden Abwässerungsanlagen jeder rechtlichen Grundlage entbehrt, und andererseits, daß die Abwässerungen und die damit verbundenen Verunreinigungen der Wasserläufe stellenweise einen Umfang angenommen haben, der zu den größten Uebelständen und Gefahren für das öffentliche Wohl geführt hat, beispielsweise bei der Emscher und der Rawa. Es ist unter diesen Umständen erklärlich und erfreulich, daß man diesen Mißständen jetzt energisch zu Leibe gehen will.“

Also auch Herr Landrat Singelmann ist weit entfernt von der Meinung, daß der § 349 wirklich die bestehenden Anlagen zur Abwässerreinigung in demjenigen Umfange sichert, wie es der Herr Referent zu meinen scheint.

Meine Herren, ich will durchaus nicht gegen die uns vorliegende Resolution sprechen, die sich ja auch nur in bedingter Weise für den Gesetzentwurf ausspricht. Aber ich muß aus den von mir vorgetragenen Gründen doch sagen, daß das Gesetz mein industrielles Herz mit des Lebens ungemischter Freude nicht gerade erfüllt hat. (Heiterkeit.) Ich möchte empfehlen, daß die Industrie nicht schon jetzt in Jubelhymnen über dieses Gesetz ausbrechen, sondern abwarten möchte, wie sich künftig unter der Geltung des neuen Gesetzes in der Praxis die Verhältnisse für sie gestalten werden.

Vorsitzender: Meine Herren, ich möchte, anknüpfend an die Ausführungen, die Herr Kommerzienrat Kauffmann eben gemacht hat, auch in Ergänzung dessen, was das Referat Ihnen geboten hat, auf die parlamentarische Lage aufmerksam machen. Ich glaube, daß das eigentlich der springende Punkt für unsere heutige Stellungnahme ist. Das Direktorium des Centralverbandes hat in Uebereinstimmung mit dem Ausschuß Ihnen hier einen Beschlußantrag vorgelegt, der dem Centralverband die Möglichkeit gibt, soweit es an ihm liegt, darauf hinzuwirken, daß das Gesetz' in dieser Session zur Verabschiedung kommt. Sie müssen berücksichtigen, meine Herren, daß das Abgeordnetenhaus mit Schluß dieser Session auch seine Legislaturperiode abschließt und neu gewählt wird. Was also in dieser Session nicht erledigt wird, das fällt eben unter den Tisch und muß von neuem verhandelt werden. Aus diesem Gesichtspunkte heraus haben wir uns auf den Standpunkt gestellt, daß wir abzuwägen haben, ob das, was das Gesetz Gutes bringt, nicht so ist, daß wir den Wunsch haben sollten, daß unsere parlamentarischen Körperschaften mit dieser Sache vor Schluß der Session des preußischen Abgeordnetenhauses zu Rande kommen. Wird jetzt noch an allen möglichen Stellen in der Richtung der Durchsetzung an sich durchaus berechtigter Wünsche der Industrie gearbeitet, so wird damit natürlich die Möglichkeit, vielleicht auch die Wahrscheinlichkeit vergrößert, daß die Vorlage, die jetzt das Herrenhaus beschäftigen soll, an das preußische Abgeordnetenhaus wieder zurückkommt, und wenn das geschieht, so scheint bei der starken Besetzung der Arbeitszeit des preußischen Abgeordnetenhauses die Gefahr vorhanden zu sein, daß dieses Gesetz überhaupt nicht verabschiedet wird. Diese Gefahr, meine ich, müssen wir ins Auge fassen, und es entsteht für uns, wie gesagt, die Frage, ob nun, vielleicht auf längere Zeit, die alten Zustände bestehen bleiben sollen oder ob das, was Gutes in diesem Entwurf auch für die Industrie unzweifelhaft vorhanden ist, mit der Verabschiedung des Gesetzes in der gegenwärtigen Form zu erzielen ist.

Wenn man diese beiden Fragen miteinander in Vergleich zieht, dann glaube ich, meine Herren, ist die Antwort nicht schwer, dann wird man sich wohl für die Beantwortung im letzten Sinne entscheiden müssen.

Daß wir nicht überall und immer bei Gesetzen des Lebens ungemischte Freude haben — um die Worte des Herrn Kommerzienrat Kauffmann wieder zu gebrauchen —, daran sind wir ja gewöhnt, und das bezieht sich auch auf manche Bestimmungen dieses Gesetzes. Aber das liegt einmal in den Verhältnissen der menschlichen Natur begründet, und — wir müssen uns damit abfinden.

Aus diesen Gesichtspunkten heraus möchte ich diejenigen Herren, welche Bedenken gegen das Gesetz haben, bitten, sie zurückzustellen und sich damit zu bescheiden, daß wir auch in der Resolution zum Ausdruck gebracht haben, daß doch manche Wünsche der Industrie unerfüllt geblieben sind. Ich bitte also auch von meiner Seite die Herren, daß sie den Beschlußantrag, wie er hier vorliegt, annehmen.

Kommerzienrat Dr. **Kauffmann:** Ich bin dankbar für diese von so authentischer Seite gegebenen Aufklärungen und bekenne, daß meine Befürchtungen dadurch eine wesentliche Abschwächung erfahren haben.

Justizrat **Bitta,** Mitglied des Abgeordnetenhauses: Meine Herren, gestatten Sie, daß ich als Mitberichterstatter der Wassergesetzkommission nur einige wenige Worte mir erlaube, um die Bedenken des Herrn Kommerzienrat Kauffmann zu zerstreuen.

Die Eingabe der Handelskammer Schweidnitz ist sehr eingehend von uns geprüft und auch beachtet worden. Die Bedenken, welche Herr Kommerzienrat Kauffmann hier geltend gemacht hat, halte ich aber nicht für begründet. Zunächst kann kein Zweifel darüber sein, was unter dem „Gemeinüblichen" des § 349 zu verstehen ist; das ist der Begriff, den das Reichsgericht in vieljähriger Rechtsprechung festgestellt hat, und auf dem unsere ganze bisherige Benutzung der Wasserläufe zur industriellen Abwässerung überhaupt beruht. Es gibt keine andere Grundlage für diese Benutzung als diese Rechtsprechung des Reichsgerichts, die sich vom 16. Bande bis in den 79. Band hinein erstreckt. Also darüber ist kein Zweifel.

Es kann aber auch nicht gesagt werden, daß das Reichsgericht in seiner Rechtsprechung wechseln könnte, denn nunmehr wird diese Rechtsprechung in § 349 festgelegt, sie wird also unabänderlich gemacht.

Wenn ich noch auf die von Herrn Kauffmann erwähnten Bemerkungen des Herrn Landrats Singelmann eingehen darf, so bin ich bei dem betreffenden Vortrage selbst zugegen gewesen, und kann die daraus hergeleiteten Bedenken nicht teilen. Es können doch aus einem so allgemeinen Vortrage, wo das Gesetz noch gar nicht vorlag, überhaupt nicht irgendwelche Schlüsse gezogen werden. Erst wenn das Gesetz vorliegt und die nötigen Kommentare dazu, dann wird sich die Rechtslage beurteilen lassen. Ich glaube, daß keine Veranlassung vorliegt, sich auf allgemeine persönliche Auffassungen hin zu beunruhigen.

Vorsitzender: Meine Herren, es hat sich niemand mehr zum Worte gemeldet. Ich schließe dann die Diskussion und frage den Herrn Berichterstatter, ob er das Schlußwort wünscht. (Wird verneint.)

Wir kommen nun zur Abstimmung über den Beschlußantrag. Verlesen zu werden braucht er wohl nicht.

Diejenigen Herren, welche gegen die Annahme dieses Beschlußantrages sind, bitte ich, sich zu erheben. — Meine Herren, der Antrag ist einstimmig angenommen. (Vergl. S. 119.)

Meine Herren, wir kommen nun zum letzten Punkte unserer Tagesordnung. Ich habe mitzuteilen, daß zu unserem lebhaften Bedauern Herr Dr. Guggenheimer, der gestern nachmittag noch an unseren Verhandlungen hier teilgenommen hat, ganz plötzlich hat nach Paris reisen müssen. In der Nacht ist ein Telegramm eingegangen, das ihn gezwungen hat, sofort abzureisen, weil er dort eine Konferenz hat. Er hat aber dieses Referat hier gelassen. Von verschiedenen Seiten ist der lebhafte Wunsch geäußert worden, daß dieses Referat hier noch zur Verlesung komme, und ich darf annehmen, daß die Herren damit einverstanden sind, wenn auch der Herr Berichterstatter selbst nicht anwesend ist.

Herr Regierungsrat Schweighoffer wird den Vortrag verlesen.

Geschäftsführer Regierungsrat a. D. Dr. **Schweighoffer:** Meine Herren! Ich darf vorausschicken, daß mir der Vortrag auch erst zusammen mit dem Telegramm gestern abend spät vorgelegt worden ist und ich mich also unbedingt an das Referat halten muß.

Werkvereine — ihre Entstehung und Bedeutung.

Von Direktor Dr. Guggenheimer-Augsburg.

In Ihrer letzten Delegiertenversammlung in München hatte ein Vertreter der nationalen Arbeitervereine deren Berücksichtigung durch den „Centralverband Deutscher Industrieller" in Anregung gebracht und ich hatte im Anschluß hieran mir erlaubt, die Förderung dieser Vereine Ihnen gleichfalls nahezulegen, mit betonend, daß meines Erachtens diese Bewegung noch lange nicht genügend Beachtung seitens der Industrie gefunden hätte. Zu meiner Genugtuung fand ich mit den wenigen diesem Zwecke gewidmeten Worten rege Zustimmung der Versammlung. Dies hat mir den Mut gegeben, auf Anfrage hin mich bereit zu erklären, ein Referat zu übernehmen, welches Ihnen kurz die meines Erachtens bedeutendsten Glieder der nationalen Arbeiterbewegung, die „Werkvereine", vor Augen führen soll.

Nicht, als ob ich hoffen könnte, Ihnen hiermit besonders neues zu verkünden! Denn von berufenerer Stelle aus sind in letzter Zeit vorzügliche Darstellungen in Wort und Schrift gegeben worden. Nicht auch, als ob ich selbst der Aufgabe zum ersten Male nahetreten würde; weiß ich doch, daß auch in Ihrer heutigen Versammlung sich eine Reihe von Herren befindet, die mich zu dieser Frage, wenn auch nicht in einem speziellen Referate, so doch bei Beratungen der verschiedensten Art, mehrfach zu hören gezwungen waren, und ich bin mir voll bewußt, daß ich von mancher Seite den Vorwurf der Wiederholung längst Gesagten begegnen werde. Entschuldigung findet diese Wiederholung des von mir bereits Vorgebrachten, des von anderer Seite in viel besserer Darstellung Gegebenen meines Erachtens aber in der unbedingt großen und, wie ich besonders hervorheben will, bis heute noch nicht in ihrer ganzen Tragweite erkannten, ja von vielen Seiten aus direkt mißverkannten Bedeutung der Frage.

Ich täusche mich keinen Augenblick darüber, daß der Richtigkeit meiner Anschauung ganz erhebliche Zweifel von vielen Seiten entgegengebracht werden, Bedenken gegenüberstehen, deren Berechtigung im einzelnen zu prüfen meine heutige Aufgabe mit sein soll. Ich weiß sogar, daß die Opportunität dieser Erörterung in Frage gezogen wurde.

Dem gegenüber erscheint es mir aber gerade unbedingt geboten, zu einer Klärung in der Frage beizutragen, indem man das Thema zum Gegenstand der Besprechung in berufenem Kreise macht, und ich werde meine Aufgabe hier als erfüllt betrachten, wenn es mir gelingen sollte, bezüglich der so viel geschmähten und merkwürdigerweise von der zu ihrer Unterstützung berufensten Seite vielfach im Stiche gelassenen Werkvereine eine kurze Darlegung der Entstehung und Entstehungsnotwendigkeit zu geben, sowie die Einwände gegen ihre Bedeutung wenigstens zur Erörterung zu bringen und, soweit es an mir liegt, zu widerlegen.

Eines vor allem ist mir aber klar! Eine Bewegung, die auf der einen Seite ein so wesentliches Interesse hervorruft, auf der anderen noch skeptisch betrachtet wird, darf nicht totgeschwiegen werden. Die Frage, welche Stellung die Industrie ihr gegenüber einnehmen soll, muß erörtert werden. Eine Klärung muß angebahnt und ein Resultat, aufgebaut auf gemachten Erfahrungen und deren Austausch unter den interessierten Kreisen, geschaffen werden. Die Stellungnahme der Arbeitgeberkreise dieser Bewegung gegenüber, von der ein Teil die Aufrichtung eines Bollwerkes gegenüber dem immer mehr geförderten Zwiespalt zwischen Arbeitgeber und Arbeitnehmer erhofft, welcher der andere Teil mehr als vorsichtig abwartend gegenübersteht, muß eine klare, muß vor allem eine einheitliche sein, wenn nicht wieder nicht zu Unrecht der Vorwurf der Uneinigkeit gegenüber der Industrie erhoben werden soll. Die Stellungnahme muß aber auch bald erfolgen, wenn nicht der ebenso häufig erhobene, gleichfalls nicht immer unberechtigte Vorwurf des Zuspätkommens gemacht werden und die Erkenntnis der versäumten Gelegenheit eine Wiederholung feiern soll.

Dies zur Rechtfertigung meines heutigen Referates! Und nun zur Sache selbst!

Was sind Werkvereine?

Unter Werkvereinen versteht man jene Vereinigungen für geistige, wirtschaftliche und soziale Hebung innerhalb der Arbeiterschaft, welche im Gegensatz zu den beruflichen Vereinigungen der Arbeiter des ganzen Landes lediglich die Arbeiter eines bestimmten Werkes umfassen, aber innerhalb desselben sämtliche Berufsarten. Zu ihrer Charakterisierung ist, abgesehen von dieser bezüglich der Zugehörigkeit zum Betriebe beschränkten, bezüglich der Arbeitstätigkeit aber erweiterten Grenze, nach dem Inhalt sämtlicher den Werkvereinen eigenen Satzungen als Merkmal zu bezeichnen der Grundsatz, den nationalen, staatserhaltenden Gedanken zu fördern — im Gegensatz zu den sozialdemokratischen Gewerkschaften —, weiter aber das Prinzip, die wirtschaftliche und soziale Hebung ihrer Mitglieder in friedlichem Zusammenwirken mit dem Arbeitgeber zu fördern. Mit diesen wenigen Sätzen ist bereits gekennzeichnet, was das Wesen dieser verhältnismäßig neuen Koalition unter den Arbeitern bildet, ist aber auch bereits gesagt, zu welch anderen Organisationen die Werkvereine gegensätzliche Tendenzen verfolgen und Stellung nehmen.

In erster Linie weisen die Werkvereine von sich die Bestrebung, auf dem Wege des Umsturzes der gesellschaftlichen und staatlichen Ordnung ihre Zwecke zu erreichen. Sie weisen hiermit zurück die Angehörigkeit zu einer politischen Partei, die diese Bestrebung als ihr Grundprinzip erkennt und verficht, sie stehen auf dem Boden unbedingter Anhänglichkeit zu ihrem Vaterlande, erstreben die Förderung deutscher Nation. Sie treten weiter entgegen der Auffassung, als würde die wirtschaftliche und soziale Hebung des Arbeiters nur erfolgen können im Kampfe mit dem Arbeitgeber. Sie erkennen an, daß nur im Zusammenwirken beider Teile wahrhaftes Gedeihen des Arbeiters zu erreichen ist und daß die Voraussetzung für eine wirtschaftlich gehobene Stellung des Arbeitnehmers die erfolgreiche Tätigkeit des Unternehmers selbst bildet. Sie verzichten in keiner Weise auf das Geltendmachen berechtigter Wünsche, hegen aber das Vertrauen zu dem Arbeitgeber, daß, soweit es der Erfolg des Unternehmens gestattet, er solchen Wünschen, wiederum im gemeinsamen Interesse, entgegenkommen werde, erkennen als ihre Aufgabe, die mit dem steten Anwachsen der Betriebe geschwundene persönliche Fühlungnahme zum Arbeitgeber zu fördern, die Zusammengehörigkeit der Arbeiter innerhalb eines Werkes und zur Leitung desselben nicht verloren gehen zu lassen, sondern wieder zu heben. Sie beschränken ihr Bestreben der Förderung der Interessen der Arbeiter auf die in dem einzelnen Betriebe sich stellenden Aufgaben, wohl erkennend, daß innerhalb dieser Grenze auch die Beurteilung des Erreichbaren, des berechtigten Wunsches weit eher ermöglicht ist, als bei genereller Forderung für ganze Berufsarten, wohl wissend auch, daß wenn in gleicher Weise überall vorgegangen wird, die Interessen des Gesamtarbeiterstandes die beste Förderung erfahren.

Die Werkvereine vermeiden es aber ihrem Wesen nach unbedingt, irgendwie agressiv den Arbeitern anderer Richtung, den Organisationen, selbst den Kampforganisationen, entgegenzutreten. Sie achten in dem Arbeiter anderer Meinung gerne den Kollegen und Standesgenossen und nehmen lediglich eine abwehrende Stellung den Angriffen der Kampforganisationen gegenüber ein, jede Provokation derselben grundsätzlich vermeidend, aber auch jeden Zwang seitens derselben zurückweisend.

An diese kurze Charakteristik der Werkvereine wird sich die Frage fügen müssen: Was hat diese Art von Vereinigungen ins Leben gerufen, welchem Umstande verdanken sie ihre doch erst in die jüngste Zeit fallende Entstehung, welches sind die Momente, die eine solch völlig neue Art von Vereinigungen hervorrief? Sind die Werkvereine Resultat einer künstlichen Kreierung, oder aber Erfolg eines den Arbeiterkreisen sich aufdrängenden Empfindens der Notwendigkeit solchen Zusammenschlusses? Man hat vielfach die Arbeitgeber als Gründer der Werkvereine bezeichnet! Nichts ist unwahrer als diese Behauptung! So natürlich die Förderung dieses nach meiner Ansicht kerngesunden Zusammenschlusses innerhalb der Arbeiterschaft ist, so wenig würde ich es im Interesse der Bewegung selbst begrüßen, wenn dieselbe eines Gründers bedurft, wenn sie ihn gehabt hätte. Entstanden sind die Werkvereine unter dem immensen Druck eines grenzenlosen Terrorismus der sozialdemokratischen Kampforganisationen. Hervorgerufen sind die Werkvereine durch das klare Empfinden des Arbeitnehmers, daß die immer mehr zunehmenden Streitigkeiten zwischen Arbeitgeber und Arbeitnehmer nicht den wahren Interessen des Arbeiters dienten, daß die vielleicht dann und wann im Streite erreichten Erfolge nicht aufwogen die eingetretenen Einbußen, vor allem aber die Zwistigkeiten, häufig ohne jeden inneren Anlaß, nicht der wirtschaftlichen Verbesserung der Lage des Arbeiters dienten und zu dienen bezweckten, sondern rein den politischen Bestrebungen einer Partei, deren Existenzbedingung stete Unzufriedenheit in den Reihen großer Kreise bildet. Was lag den Führern im Streite gegen die Arbeitgeber daran, wenn langandauernde Streiks den mit seiner Lage wohl zufriedenen Arbeiter seiner Stellung beraubten? Was lag ihnen daran, wenn er und seine Familie ihr Einkommen einbüßten? Wenn wochen- und monatelang an Stelle geordneten Wirtschaftslebens Entbehrung und Elend trat? Was lag ihnen daran — wenn nur am Ende der Arbeiterbewegung wieder Tausende neuer Unzufriedener in die Reihe der den Umsturz anstrebenden Partei getrieben worden waren!

Das Empfinden, daß gegen diese mächtigen, von einem Fremdzweck beherrschten Organisationen, sobald sie den Streik in einem Werke verkündeten und verlangten, von seiten des einzelnen Arbeiters nichts geschehen konnte, daß er, wollend oder nicht, mit fortgerissen wurde von der Bewegung, weil er seine Stimme als Einzelner hiergegen nicht erheben konnte und durfte, nicht wußte, wo er Anschluß an andere Gleichgesinnte zu finden in der Lage war — dieses Empfinden trieb mit einer eisernen Naturnotwendigkeit alle jene in Vereinigungen zusammen, welche nicht weiter Spielball von Agitatoren sein wollten, deren Lebensberuf, deren Lebensexistenz die Nährung des Unfriedens bildete.

Aber auch die Hebung des wirtschaftlichen Denkens förderte die Entstehung der Werkvereine. Der Arbeiter sah ein, daß der Betrieb, der ihn nährte, nur dann existieren konnte, wenn das in ihm verwendete Kapital nutzbringend angelegt war, daß Mittel zu einem Unternehmen, in dem er selbst Ernährung finden sollte, nur dann sich fanden, wenn fruchtbringende Anlage zu erwarten war; er sah aber auch ein, daß in dem Ringen der Konkurrenz im In- und mit dem Auslande, namentlich aber mit dem letzteren, das Unternehmen nur dann der vorgenannten Aufgabe gerecht werden konnte, wenn es nicht ungemessenen Forderungen der Arbeitnehmerschaft gegenüberstand, und er erkannte, daß innerhalb dieser Grenze sich haltende Wünsche und Forderungen des Arbeitnehmers bei der weitaus überwiegenden Mehrzahl der Arbeitgeber, die ja auch mit freiwilligen Leistungen bei gegebener Voraussetzung nie gekargt hatte, ein williges Ohr finden würden. Nicht entgehen konnte ihm, daß viel größere Wahrscheinlichkeit für die Erfüllung seiner Wünsche dann bestehen mußte, wenn der Arbeitgeber nicht von vornherein bei Erhebung des Wunsches seitens der ganz andere Zwecke verfolgenden Organisation das berechtigte Mißtrauen hegen durfte und mußte, es handle sich hier um nichts weniger, als um die Aeußerung eines Wunsches, als um die Verursachung eines Zwistes wegen Nichterfüllung desselben.

Und so wurden die Werkvereine! Langsam erst und allmählich, nach dem Entstehen des ersten größeren erfolgte dort, wo nicht schon, wie bei einzelnen Hüttenbetrieben, aus früheren Jahrzehnten die Grundlage gegeben war, die Bildung dieser Vereine. Alle Schmähung der Gegner, alle Skepsis und Zurückhaltung der Arbeitgeber, hat nicht aufzuhalten vermocht, daß von Jahr zu Jahr neue Vereine entstanden, die Mitgliederzahl ständig zunahm und ein Zusammenschluß der Werkvereine zu einem Bunde im Jahre 1910 erfolgte. Um bei bereits Bekanntem mich nicht aufzuhalten, registriere ich lediglich die Tatsache, daß heute etwa 287 Werkvereine mit etwa 180000 Mitgliedern bestehen, von denen etwa 134 Werkvereine mit etwa 95000 Mitgliedern dem „Bunde deutscher Werkvereine" angeschlossen sind. Die Bildung der Werkvereine erfolgte trotz des ihnen gemeinsamen Zweckes und trotz einer einheitlichen Grundlage, wie sie von mir eben geschildert wurde, ohne Einhaltung einer Schablone; sie traten auf als Unterstützungsvereine mit ganz bestimmten Zwecken, als Arbeitervereinigungen mit der allgemeinen Tendenz der wirtschaftlichen Förderung der Mitglieder und unter Errichtung spezieller Anstalten für die einzelnen Aufgaben, wie Pensionskassen, Krankenhilfskassen, Konsumvereine, Genesungsheime und dergleichen mehr. Ich übergehe diese Einzelheiten, die in den Berichten der Werkvereine sich finden.

Wahr ist, daß ihnen die Unterstützung der Arbeitgeber vielfach zuteil wurde, oft aber auch nicht oder doch spät nach der Gründung, teilweise auch in ganz geringem und untergeordnetem Maße, ohne daß hierdurch Entstehung und Ausbildung aufgehalten wurde. Man hat den Arbeitervereinen schon aus dieser Unterstützung einen Vorwurf gemacht, sie als abhängig, als eigennützig bezeichnet. Auf den den Arbeitervereinen selbst hieraus gemachten Vorwurf komme ich zurück. Hier möchte ich nur das eine konstatieren: Wäre es nicht geradezu verwunderlich, ja widersinnig, würde der Arbeitgeber derartigen Unternehmungen Förderung, ja Unterstützung nicht zuteil werden lassen, welche die stete Wiederkehr von Zwistigkeiten, von Arbeitseinstellungen und dadurch die schweren Schädigungen in seinem Werke vermeiden wollen, welche in sachlicher, ruhiger Erörterung und unter verständiger Entgegennahme etwaiger Gegengründe Wünsche der Arbeiterschaft vorzubringen bestrebt sind, würde es nicht wider die Natur sein, wenn die Bildung solcher Werkvereine der Arbeitgeber dadurch direkt hindern wollte, daß er nicht ähnliche Vorteile den Arbeitern dieser Vereine ermöglicht, wie sie das stete Lockmittel zum Eintritt in die sozialdemokratischen Organisationen bilden?

So wenig an sich der solchem Vereine nicht angehörige Arbeiter irgendwie beim Arbeitgeber eine geminderte Stellung einnimmt und einnehmen darf, so sehr die gleiche Würdigung seines Wertes und seiner Tätigkeit auch ihm unbedingt zu teil werden muß, so begreiflich auf der anderen Seite wird es sein, wenn der Arbeitgeber die von ihm freiwillig gewährteu Leistungen, die ohnedies von den Kampforganisationen als unwürdig zurückgewiesen werden, zunächst jenen zugute kommen läßt, von denen er annehmen darf, daß sie nicht bei nächster Gelegenheit, dem Winke eines außenstehenden Agitators folgend, ihm in schädlichster Weise gegenübertreten. Und muß nicht der Arbeitgeber geradezu veranlaßt sein, derartigen Vereinen seine eingehendste Aufmerksamkeit zuzuwenden, wenn selbst von Führern sozialdemokratischer Organisationen das direkte Bekenntnis abgelegt wurde, daß ihre Macht an Plätzen, wo diese Vereine an Bedeutung gewonnen haben, lahmgelegt sei, und sie von jedem Kampfe selbst aufs dringendste unter Hinweis auf diesen Grund abrieten?

Und gleichwohl werden eine ganze Reihe von Einwänden gegen diese Organisationen erhoben! Nicht zu verwundern ist es, wenn solches von den Kampforganisationen, deren Bestrebungen die Werkvereine vereiteln, geschieht, nicht wunder darf es nehmen, wenn in den Chor der Schmähungen einstimmt jene vielfach zum Zerrbilde der Wissenschaft gewordene Volkswirtschaftslehre unserer Hochschulen. Aus diesen Reihen stammen die Vorwürfe des Helotentums, der vollkommenen Abhängigkeit vom Arbeitgeber, die Bezeichnung der Angehörigen der Werkvereine als „Kriecher und Heuchler". Man behauptet, daß in keiner Weise die Angehörigen der Werkvereine ihre wahre Ueberzeugung vertreten, daß sie lediglich um der sich ihnen bietenden Vorteile halber der Vereinigung sich angeschlossen haben und in ihrer wahren Ueberzeugung nach wie vor auf seiten der Kampforganisationen und deren Führer stehen. Diese Behauptung wird sich immer und immer wiederholen und ich möchte es aufgeben, hierzu ein Wort zu verlieren, würde es sich für mich darum handeln, jene zu überzeugen, die den Vorwurf erheben. An dieser Stelle aber möchte ich doch nicht unterlassen, auf das Unberechtigte dieses Vorwurfes einzugehen. Schon die persönliche Fühlungnahme mit den Führern der Werkvereine würde die irrige Annahme, es handle sich um Heuchelei, schwächen. Sicher aber schwindet diese Meinung, wenn überlegt wird, wie schwer den Angehörigen der Werkvereine ihr Beitritt zu denselben geworden, mit welcher Unzahl von Schmähungen, von Verunglimpfungen seitens der anders denkenden Arbeiter sie ihre Zugehörigkeit zu dem Werkvereine bezahlten. Ungleich mehr Mut und Ueberzeugungstreue gehört denn doch zweifellos dazu, sich insbesondere während der anfänglichen Schwäche eines sich bildenden Werkvereins zu ihm zu bekennen, als sich der Angehörigkeit zu einer Kampforganisation zu rühmen.

Und wie verhält es sich denn mit den Vorteilen, welche aus der Angehörigkeit zum Werkvereine entsprangen und die allein zur Teilnahme verleitet haben sollen? Ist es nicht gerade einer der in ihrer Mitgliederzahl umfangreichsten Werkvereine, der verhältnismäßig sehr wenig materielle Unterstützung seitens des Arbeitgebers erhält? Und tatsächlich war auch bei den wenigsten Werkvereinen, insbesondere bei ihrer Gründung irgendwelche materielle Förderung seitens des Arbeitgebers vorhanden, bei sehr vielen überhaupt gar nicht in Aussicht gestellt. Dort, wo jene angeblichen Kriecher und Heuchler während Arbeiterbewegungen als Arbeitswillige auftraten, war es wirklich nicht Mangel an Mut, was sie die Teilnahme am Streik vermeiden und zur Seite stehen ließ, und ich kann die bereits einmal ausgesprochene Ueberzeugung wiederholt äußern, daß der Schöpfer der Bezeichnung „Kriecher und Heuchler“ kaum den Mut gehabt haben würde, mit diesen, von ihm als Kriecher und Heuchler bezeichneten gemeinsam als Arbeitswilliger die Reihen der von ihm so sehr in Schutz genommenen Streikposten zu passieren. Der in seiner Grazie ja unerreichbare Berliner Witz hat für Angehörige der Werkvereine das Wort „Blutapfelsinen“ geprägt deshalb, weil die äußere Schale gelb, der Inhalt aber doch rot sei! Nun will gewiß nicht bestritten werden, daß auch bei Mitgliedern von Werkvereinen, wie überall es vorkommen kann, daß das Innere der äußeren Hülle nicht entspricht, die wahre Ueberzeugung nicht der zur Schau getragenen — obwohl dann die Angriffe der Gegner ganz ohne Grund und Anlaß wären, wenn dies bei der großen Mehrzahl zutreffen würde. Aber, um im Bilde jenes Obstkundigen zu bleiben, möchte ich doch die Frage aufwerfen, ob ihm nichts bekannt ist von jenen gefälschten Blutapfelsinen, in deren Haut künstlich rote Farbe eingespritzt wird, und die sich beim Oeffnen als sehr schön gelb erweisen? Glaubt der Schöpfer dieses geistreichen Gleichnisses nicht, daß innerhalb der sozialdemokratischen Gewerkschaft sich eine ganze Unzahl von Elementen befinden, die nichts weniger als freiwillig die rote Hülle tragen, sich nichts weniger als Umstürzler und vaterlandslos fühlen, die aber zwangsweise und aus Angst vor den unglaublichen Verfolgungen, Verhöhnungen, Störungen bei der Arbeit usw. in die rote Gewandung gepreßt worden sind? Mit derartigen Witzen wird also ein billiger Lacherfolg erreicht, in der Sache aber nicht das geringste bewiesen! Ohne deshalb für jeden einzelnen die Behauptung aufstellen zu wollen, daß seine innere Ueberzeugung der formellen Angehörigkeit zum Werkverein entspricht, glaube ich doch behaupten zu können, daß dies zum mindesten ebenso häufig der Fall ist, wie bei den Kampforganisationen!

Weiter wurde behauptet, es sei von den Werkvereinen auf das Streikrecht verzichtet worden und damit auf das wertvollste Recht des Arbeiters! Schon dieser Verzicht sei genügend für deren Charakterisierung! Nun ist aber nichts unwahrer als dieses! Zunächst möchte ich gerne erfahren, wie überhaupt auf das Streikrecht verzichtet werden soll und in welcher Weise eine Bindung auf diesem Gebiete erfolgen könnte. Es wäre interessant zu hören, wie jene, welche die Behauptung hierzu aufstellen, diese Frage beantworten werden, besonders bei dem Umstande, daß die Werkvereine niemals eine Erklärung in dieser Richtung abgegeben haben. Ihnen steht, wie jedem Arbeiter, als äußerstes Mittel das Mittel des Streiks gesetzlich zur Verfügung, wohl aber wählen sie dieses Mittel nicht ohne äußersten Zwang. Sie versagen es sich, ihre Wünsche sofort mit der Drohung der Arbeitsniederlegung zu begleiten und versuchen es, wie schon erwähnt, ihre Anliegen in ihrer Berechtigung dem Arbeitgeber klarzulegen und sich darüber zu informieren, ob sie berechtigt und durchführbar sind.

Nicht anders verhält es sich mit dem Vorwurf der Abhängigkeit und der Unfreiheit der Werkvereine! Nicht ein Werkverein wird bezüglich seiner Entschließungen in irgendwelcher Weise gebunden sein. Vergeblich wird nach einer Maßregel in den Satzungen oder in sonstigen Abmachungen gesucht werden, die solches zur Folge hätte. Weiter wurde stets, insbesondere in der ersten Zeit des Entstehens der Werkvereine darauf hingewiesen, daß die Freizügigkeit den Mitgliedern derselben ermangele. Durch ihre Zugehörigkeit zu einem bestimmten Werkverein, durch Einbuße des einen oder des anderen Vorteils beim Wegziehen vom Orte der Arbeitstätigkeit, werde der Arbeiter mehr oder minder an ein bestimmtes Werk gefesselt. Ohne den Vorteil der Freizügigkeit und einer im Wechsel liegenden Kenntnis verschiedener Verhältnisse irgendwie verkennen zu wollen, möchte ich doch die Frage auch anregen, ob es nicht im Interesse des Arbeiters wie des Arbeitgebers — des ersteren besonders nach Erreichung eines bestimmten Alters — gelegen ist, wenn ein gewisser dem Werk angehöriger, mit ihm eng verbundener Arbeiterstamm sich bildet. Aber der Vorwurf der mangelnden Freizügigkeit ist auch in dem erhobenen Umfange nicht mehr berechtigt, weil tatsächlich durch die Gründung der „Zentral-Unterstützungskasse" die Möglichkeit jedem Angehörigen der Werkvereine gegeben ist, die Hauptleistung des Kranken- und Sterbegeldes sich auch beim Wegzuge vom Sitze des Werkvereins zu sichern. Hierzu tritt, daß bei der immer wachsenden Zahl der Werkvereine auch der Eintritt in einen solchen auf dem neugewählten Arbeitsplatze sich leicht ergibt.

Wichtiger als diese, gegen die Berechtigung der Werkvereine von seiten ihrer naturgemäßen Gegner erhobenen Einwände, sind selbstredend die Zweifel, die ihnen gegenüber von seiten der Unternehmer selbst geltend gemacht werden. An sich sollte man glauben, daß diese Bewegung von den Arbeitgebern mit außerordentlicher Genugtuung hätte begrüßt werden müssen. Das Umsichgreifen einer den Verhältnissen tatsächlich angepaßten Einsicht hätte als ein Unterpfand für Vermeidung der für die Industrie so schädlichen Arbeiterbewegungen gelten müssen. Dem ist aber nicht so und erstaunlicherweise kann die Bildung von Werkvereinen auf eine Förderung aus Arbeitgeberkreisen trotz der namentlich in großen Werken immer mehr zunehmenden Billigung der Gründung von Werkvereinen im allgemeinen nicht hinweisen. Ja, es ist ihnen sogar häufig nicht sehr freundlich entgegengetreten worden. Wenn man sich nach den Gründen hierfür fragt, so muß man bei der Nennung zunächst eines derselben, selbst auf die Gefahr hin anzustoßen, unbedingt wahr sein.

Als eine der wertvollsten Eigenschaften des deutschen Unternehmers ist jederzeit erachtet worden der berechtigte Stolz auf das von ihm selbst Geschaffene oder doch in seinem Werke Entstandene. Nachahmung anderer war ihm nicht eigen, lag ihm ferne! Und wenn nicht seinem Denken, seinem Schaffen eine Idee entsprungen war, wie Pallas Athene aus dem Haupte des Zeus, so war von vornherein sie nicht voll gewertet. Sollte nicht gerade diese an sich so lobenswerte Eigenschaft auch hier etwas mitgespielt haben? Denn ernstlich und bedeutend können die Einwände kaum erachtet werden, die aus den Arbeitgeberkreisen zu vernehmen sind. Es kann doch nicht als ernster Einwand gelten, wenn erklärt wird, man würde mit diesen Werkvereinen Unfrieden unter die Arbeiterschaft selbst bringen und ihn in einer dem Betriebe nachteiligen Weise verursachen. Eine gewisse Uneinigkeit unter der Arbeiterschaft auf dem Gebiete der Angehörigkeit oder Nichtangehörigkeit zur Kampforganisation wird überall da existieren, wo noch nicht die sozialdemokratische Gewerkschaft die alleinige Herrin des Gebietes ist, ein Zustand, der doch erfreulicherweise noch nicht in großem Umfange Platz gegriffen hat; denn auch dort, wo nur Kampforganisationen nebeneinanderstehen, wird der Unfriede im Kampfe eben unter diesen vorhanden sein. Daß naturgemäß eine vielleicht noch heftigere Befehdung eine dem Arbeitgeber nicht direkt feindlich gesinnte Vereinigung erfahren wird, läßt sich allerdings nicht bestreiten. Die gleiche Befeindung erfahren aber heute auch die nicht organisierten Arbeiter, verbunden mit einem steten Druck zum Eintritt in die sozialdemokratischen Gewerkschaften. Selbstverständlich muß im übrigen bei dem Bestehen eines Werkvereins auch für diesen, wie für andere Organisationen, aus der Werkstätte selbst jede Agitation ausgeschlossen bleiben. So wenig es einer Kampforganisation gestattet sein darf, ihre Agitation in die Werkstätten zu übertragen, so wenig wird dies — hierin darf kein Zweifel bestehen — auch dem Werkverein erlaubt sein. Die Behauptung, daß man um des Friedens willen die Gründung von Werkvereinen nicht begrüßen könne, ist eigentlich identisch mit der Erklärung, daß man es viel lieber sähe, wenn die Kampforganisationen durch ihren Terrorismus die gesamte Arbeiterschaft sich unterwerfen und geschlossen dem Arbeitgeber gegenüber auftreten können unter Erhaltung freilich des Friedens innerhalb der Arbeiterschaft zum Zwecke der Störung desselben gegenüber dem Arbeitgeber.

Ganz dasselbe gilt von dem Einwurfe, es könne der Werkverein selbst Terrorismus gegenüber den anderen Organisationen ausüben. Zunächst ist diese Gefahr selbst dort, wo der Prozentsatz der Angehörigen ein sehr hoher ist, nirgends bemerkt worden. — Im Gegenteil, die Minorität der anders Organisierten versucht mit Spott und Hohn gegen den Werkverein noch heute ihren Terrorismus fortzusetzen. Aber selbst bei Auftauchen dieser Gefahr wird eine zielbewußte Betriebsleitung diese sofort zu vermeiden in der Lage sein und mittels der Vertrauensleute einem solchen Unfug Einhalt tun können. Und wieder nicht anders steht es mit der befürchteten Geltendmachung unberechtigten Einflusses des Werkvereins im Betriebe. Dort, wo Werkvereine größeren Umfang angenommen haben, ist überall das Institut der Vertrauensleute geschaffen. Durch sie und eventl. einen Mittelsmann wird zunächst festgestellt werden können, inwieweit Wünsche der Arbeiterschaft, speziell aber allgemeiner Art, Berechtigung haben oder nicht. Nirgends ist die Erfahrung gemacht worden, daß etwa eine Lockerung der Disziplin oder eine unberechtigte Einwirkung auf den Betrieb versucht, geschweige denn erreicht wurde. Wenn, wie bei „Siemens-Schuckert" ein Prozentsatz von 80,5 der Belegschaft dem Werkverein angehört, würde eine derartige Einflußnahme gewiß bemerkt worden sein. Die Bestätigung des direkten Gegenteils liegt auch hier wie anderwärts vor!

So zerfließen die mir bekanntgewordenen Einwände gegen die Werkvereine in ein Nichts, sobald man ihnen ernstlich zu Leibe geht. Gerne aber bin ich bereit, von weiteren gleichen Bedenken noch Kenntnis zu nehmen und, soweit es mir möglich ist, Aufschluß über deren Berechtigung oder Nichtberechtigung zu geben.

Wenn ich es überhaupt unternommen habe, den etwas heißen Boden der Erörterung dieses Themas zu betreten, so war, wie bereits eingangs gesagt, bei mir die Ueberzeugung maßgebend, daß es unbedingt nötig sei, hier Klärung anzubahnen. Wenn schon an anderer Stelle die Bedeutung dieser Bewegung soweit erkannt wird, daß der bayerische Ministerpräsident, ganz im Gegensatz zu den — wollen wir sagen — recht recht vorsichtigen Aeußerungen seines Herrn Amtsvorgängers, den nicht hoch genug anzuschlagenden Freimut zu der Erklärung fand:

„es sei aus den sehr erfreulichen Ansätzen anderer Organisationen und Bildungen zu erhoffen, daß aus der besseren Einsicht der Arbeiterschaft selbst der Siegeslauf der Sozialdemokratie gehemmt werde“,

wenn sogar auf dem Hansatage Professor Hans Delbrück den gelben Gewerkschaften eine große Zukunft prophezeien durfte und für dieselben die Sympathien der Oeffentlichkeit voll in Anspruch nahm, so muß doch ein innerer wahrer Kern der Bewegung inne wohnen, und ich glaube für meine Person die Ueberzeugung aussprechen zu dürfen, daß der Werkverein als eines jener Bollwerke gelten darf, unter dessen Schutz die deutsche Industrie es wagen kann, aber auch wagen muß, der aus den Kampforganisationen immer mehr anschwellenden Gefahr entgegenzutreten.

Freilich wird auch dieses Mittel allein nicht genügen. Aber wie so oft, muß eben eine geschlossene Kette aller möglichen und aller greifbaren Mittel bei Abwehr eines so gewaltigen Ansturmes gegenüberstehen; es darf in ihr kein Glied fehlen, keine Handhabe der Abwehr Vernachlässigung erfahren. Was aber von anderen Maßnahmen gilt, und so oft gerade in diesem Kreise gesagt wurde, muß auch bezüglich der Werkvereine betont werden.

Es muß auch auf diesem Gebiete, wenn anders die Berechtigung der Bewegung anerkannt wird, mit Entschiedenheit Stellungnahme erfolgen, die Widersprüche innerhalb der Industrie müssen dann schwinden, die Unterstützung muß eine einheitliche sein. Dann darf aber auch nichts in der Verwertung dieser Waffe versäumt werden, im gemeinsamen Interesse sowohl des Arbeitgebers wie Arbeitnehmers — meines Erachtens zum Besten der deutschen Industrie!

Vorsitzender: Meine Herren! Ich eröffne die Diskussion.

Kommerzienrat Dr. **Goldschmidt:** Meine Herren! Gestatten Sie mir ein paar Worte. Dasselbe Thema, das heute hier behandelt wird, ist vor wenigen Wochen im Verein zur Wahrung der Interessen der chemischen Industrie behandelt worden. Ich war dort Referent und daher nehme ich mir die Freiheit, auch hier einige Worte zu sagen.

Ich bin zunächst dem Vorstand des Centralverbandes sehr dankbar dafür, daß er dieses Thema auf die Tagesordnung gesetzt hat, weil ich es wirklich für zeitgemäß erachte, das Thema zu behandeln. Ich bedaure nur außerordentlich, daß wir nicht von einem so gründlichen Kenner, wie Herrn Dr. Guggenheimer, den Vortrag haben hören können, der jedenfalls auch auf manche Anfrage hätte Auskunft geben können.

Ich möchte zunächst voranstellen, daß man immer noch in der öffentlichen Meinung ganz außerordentlich vielen Unklarheiten über die Werkvereine begegnet. Selbstverständlich tun die Gegner alles, um falsche Vorstellungen von den Werkvereinen zu verbreiten. Es sind nicht nur die Sozialdemokraten; in viel schlimmerer Weise werden die Werkvereine von den christlichen Gewerkschaften verleumdet. Das hat vielleicht seine innere Ursache darin, daß die Werkvereine für die christlichen Gewerkschaften sehr gefährliche Konkurrenten sind. Sie wenden sich, zum Teil wenigstens, an diejenigen Klassen, aus denen auch die christlichen Gewerkschaften ihre Mitglieder schöpfen, an die älteren und ruhigeren Arbeiter — ich sage: zum Teil. Das mag es wohl erklären.

Ferner findet man aber auch bei Leuten, die nicht beeinflußt sind, irrtümliche Ansichten über die Werkvereine.

Vor allem begegnet man sehr oft der Anschauung: Ja, meine Arbeiter sind ja ganz zufrieden; ich merke nichts von Unruhen der Arbeiterschaft und ich binde mir mit Werkvereinen vielleicht selbst eine Rute. Dem möchte ich doch entgegenhalten, daß Sie von Unruhen in der Arbeiterschaft im allgemeinen erst dann etwas merken, wenn es zu spät ist. (Sehr richtig!) Erst wenn die Sozialdemokratie oder eine andere Gewerkschaft die Arbeiter derart organisiert hat, daß sie sicher ist, mit einem Streik Erfolg zu erzielen, dann tritt sie mit ihren Forderungen hervor und organisiert einen solchen Streik. Sehr selten ist sie so leichtsinnig, es vorher zu tun.

Andererseits erachte ich die Furcht, daß man sich mit einem solchen Werkverein eine Rute aufbindet, für unbegründet, wenn man dem Werkverein mit Vertrauen entgegentritt. Die ganze Werkvereinsbewegung nennt sich ja die wirtschaftsfriedliche, sie beruht auf dem gegenseitigen Vertrauen. Wenn also der Arbeiter kommt und sagt: Ich habe zu dir Vertrauen, muß man ihm auch umgekehrt das Vertrauen entgegenbringen. (Sehr richtig!) Man muß sich um die Leute kümmern: man muß die berechtigten Forderungen natürlich erfüllen (sehr richtig!); dann wird man auch in der Lage sein, die unberechtigten Forderungen zurückzuweisen. In dieser ständigen Fühlungnahme liegt ja ein unendlicher Wert. Man schaltet den Arbeitersekretär, den Außenstehenden, aus, der gar kein Interesse hat an einem guten Verhältnis zwischen Arbeitnehmer und Arbeitgeber, der für die ganzen Verhältnisse im einzelnen Werk gar kein Verständnis hat.

Die Bewegung zur großen Organisation, die wir überall sehen, sehen wir auch bei unseren Gewerkschaften, die zu Mitgliederzahlen von vielen hunderttausend Köpfen anschwellen. Da ist der Oberleiter gar nicht mehr in der Lage, zu sehen, welches die Bedürfnisse des einzelnen Werkes und des einzelnen Arbeiters sind. Die Forderungen werden im großen ganzen vollkommen unabhängig von den Bedürfnissen des einzelnen Arbeitsverhältnisses aus gewerkschaftlichen, aus politischen Gründen aufgestellt. Im Werkverein hat man den außerordentlichen Vorteil, daß man mit seinen eigenen Leuten zu tun hat, die den naturgemäßen und berechtigten Wunsch haben, ihre Lage innerhalb unserer Wirtschaftsordnung zu verbessern, die von dem Klassenkampf nichts wissen wollen, die den Wunsch haben, daß, wenn die Lebensmittel teurer werden, auch ihr Lohn steigt, die den Wunsch haben, eine möglichst bequeme Arbeit zu haben, möglichst sichere Arbeit, möglichst kurze Arbeitszeit. Das sind Dinge, über die sich reden läßt, sobald sie sich ermöglichen lassen, und etwas Weiteres als das Mögliche erstreben diese Leute nicht, wenn man mit ihnen verhandelt und ihnen das gibt, was man geben kann. Das sind die Erfahrungen, die ich und die meisten Firmen mit Werkvereinen gemacht haben.

Es wird nun von den Gegnern so dargestellt, als ob ein Werkverein nichts sei als eine Gründung des Arbeitgebers, ohne daß dafür Beweise erbracht werden. Freilich, das Entgegenkommen des Arbeitgebers ist eine Notwendigkeit für den Werkverein; er kann auf die Dauer nicht existieren, wenn der Arbeitgeber sich nicht um ihn kümmert oder gar ihn nicht haben will. Der Werkverein wird aber im allgemeinen Forderungen nicht aufstellen — ich habe das wenigstens kennen gelernt —, die sich nicht erfüllen lassen, schon weil es die alten

Arbeiter sind, die die Fühlung haben mit den Vorgesetzten, mit dem Meister, mit dem Werkführer, die auch andererseits wieder die Fühlung gewinnen mit den neueintretenden, mit den jüngeren Leuten. Das ist wenigstens bei uns der Fall. Die jungen Arbeiter werden gleich, wenn sie eintreten, von den älteren Arbeitern, von den Vertrauensleuten beobachtet. Sind sie schon eingefleischte Sozialdemokraten, dann kümmert man sich nicht um sie; sind sie aber Leute, die noch dem Einfluß zugänglich sind, so werden sie herangezogen und allmählich in die Reihen des Werkvereins gebracht.

Nun hat das natürlich zunächst gar keinen politischen Zweck. Politik ist dabei ausgeschaltet. Aber nichtsdestoweniger, meine Herren, hat das natürlich doch eine politische Folge. Die Leute, die sich von den Gewerkschaften, die sich von der Sozialdemokratie abkehren, aus Gegensatz zur Sozialdemokratie, sind eben dieser Partei fremd. Damit werden sie mit einem Male der Beeinflussung der bürgerlichen Parteien zugänglich, sie schließen sich diesen Parteien an, sie schreiben ja großenteils auf ihre Fahnen nationale Gedanken: „Ans Vaterland, ans teure schließ' dich an", „Friede ernährt, Unfriede verzehrt" usw. Dadurch werden sie wieder politisch zugänglich. Das ist doch das schlimme bei der jetzigen Lage, daß im großen und ganzen unsere Arbeiter gar nicht von uns beeinflußbar sind. Die einzige Tatsache, daß ein Arbeitgeber ihnen gegenübersteht, ist ja schon genügend, um den Mann als schlimmsten Gegner anzusehen! Das wird beseitigt und das ist auch von ganz außerordentlichem Einfluß.

Daß das Beispiel mit den Blutapfelsinen falsch ist, kann ich Ihnen beweisen. Ich habe bei mir eine Pensionskasse. Die Wahl des Vorstandes der Pensionskasse findet geheim mit verdeckten Stimmzetteln statt. Es ist also eine Beeinflussung, eine Kontrolle gar nicht möglich. Bei der letzten Wahl des Vorstandes vor ungefähr Jahresfrist hatten die Sozialdemokraten trotz der geheimen Wahl nur fünf Stimmen aufgebracht. Meine Herren, ich muß freilich dabei erwähnen, daß bei mir in der Pensionskasse jeder, der in die Pensionskasse eintritt, erst einmal ein Jahr lang Beiträge zu bezahlen hat, bevor er Stimmrecht erhält. Damit sind aus der Kasse die jungen, unruhigen Elemente ausgeschaltet, die Leute, die an der Kasse selbst gar kein Interesse haben, die heute eintreten und morgen wieder gehen. Stimmberechtigt ist in der Kasse nur derjenige, der ein dauerndes Interesse an ihr hat.

Ich möchte damit nur zeigen, daß diese Leute, die ich einmal als die Dauerarbeiter bezeichnen will, der Sozialdemokratie den Rücken kehren. Ich glaube, einen besseren Beweis gegen die Richtigkeit dieses Ausdruckes „Blutapfelsinen" kann ich gar nicht erbringen. Und, meine Herren, es ist doch für uns von der allergrößten Bedeutung, daß es uns gelingt, einmal wieder zu den Arbeitern zu sprechen, daß wir nicht als Gegner, sondern als Freunde der Leute angesehen werden. Wenn wir das sind, werden wir sie auch politisch soweit beeinflussen können, daß sie sich von der Sozialdemokratie abkehren. (Beifall.)

Dr. **Bovenschen:** Meine Herren! Auch ich bedaure lebhaft, und ich glaube, Sie werden das alle tun, daß Herr Direktor Dr. Guggenheimer nicht selbst in der Lage gewesen ist, seinen Vortrag zu halten und dann vor allem in der Diskussion uns vielleicht noch einige Auskünfte zu geben, die uns für die Beurteilung des Themas, das jetzt zur Debatte steht, einen näheren Aufschluß gegeben hätten.

Herr Dr. Guggenheimer hat sich in seinem Referat darauf beschränkt, die Entstehungsgeschichte der Werkvereine zu schildern, darzulegen, was sie nach ihren Satzungen wollen, und dann außerdem die Einwürfe zu widerlegen, die gegen die Berechtigung der Werkvereine von den verschiedensten Gegnern ausgesprochen worden sind. Aber damit ist das Thema und diese Frage in keiner Weise erschöpft.

Ich freue mich, aus dem Munde von Herrn Kommerzienrat Goldschmidt gehört zu haben, daß man doch den Arbeiter-Werkvereinen eine politische Bedeutung beimißt, und auf diesen Punkt möchte ich mit einigen Worten zu sprechen kommen.

Meine Herren, die Werkvereine haben allerdings von Anfang an sich auf den Standpunkt gestellt, daß sie in erster Linie wirtschaftliche Vereinigungen seien, und daß sie sich um die Politik nicht kümmern wollen, wie es Herr Dr. Guggenheimer ausgedrückt hat, daß sie den sozialdemokratischen, also den politischen Kampforganisationen gegenüber eine mehr abwehrende Stellung einnehmen. Aber, meine Herren, trotz alledem ist die Frage der Werkvereine eine eminent politische. Ich muß hier natürlich einen kleinen Unterschied machen zwischen Werkvereinen und vaterländischen Vereinen. Die vaterländischen, auch nationalen Arbeitervereine haben, wie Ihnen ja bekannt sein wird, von vornherein mehr einen politischen Standpunkt vertreten. Sie haben sich in die politische Kampfstellung gegen die Sozialdemokratie begeben, während die Werkvereine mehr wirtschaftliche Interessen vertreten. Aber, meine Herren, die Werkvereine werden auf die Dauer mit dieser Politik der Zurückhaltung nicht auskommen, aus dem sehr einfachen Grunde nicht, weil sie schon in ihrem Gegensatz zu der Haltung der Sozialdemokratie von dem Verhalten der Sozialdemokratie und auch der anderen Gegner, der christlichen Gewerkschaften usw. abhängig sind. Mit anderen Worten, ihre Marschroute wird ihnen diktiert werden von der Sozialdemokratie, von ihren Gegnern in den christlichen Gewerkschaften und den Hirsch-Dunckerschen Gewerkvereinen. Also, meine Herren, es wird den Werkvereinen früher oder später gar nichts anderes übrig bleiben, als etwas mehr politisch zu werden, als das heute der Fall ist, und ich glaube, die Unternehmer, die auf ihren Werken Werkvereine haben, werden sich früher oder später zu der Anschauung bekehren müssen, daß sie auch ihrerseits dazu beitragen müssen, daß die Mitglieder der Werkvereine mehr als bisher von politischen Ideen durchdrungen werden.

Nun, meine Herren, vom rein privatwirtschaftlichen Standpunkt aus könnte man ja die Frage nach der politischen Betätigung der Werkvereine zunächst außer acht lassen. Aber auch der Unternehmer wird sich sagen müssen, daß die großen und wichtigen Fragen, die für ihn, für die Wirtschaftspolitik, für die Sozialpolitik entscheidende Bedeutung haben, doch nun einmal entschieden werden in politischen Organen, im Reichstag, in den Landtagen, daß also schließlich auch die Werkvereine politisch beeinflußt werden müssen, damit sie dereinst auch ein ausschlaggebender Faktor bei den politischen Wahlen werden, da ja durch die politischen Wahlen letzten Endes auch die wirtschaftlichen Interessen der Unternehmer bestimmt werden.

Herr Kommerzienrat Goldschmidt hat bereits darauf hingewiesen, daß durch das bloße Vorhandensein, durch die Tätigkeit der Werkvereine schon ein gewisses politisches Moment ausgelöst wird. Aber, meine Herren, ich habe in dem Vortrage des Herrn Dr. Guggenheimer einen Hinweis auf das vermißt, worauf ich eben zu sprechen kommen will, nämlich wie nun in der Praxis das Vorhandensein, die Tätigkeit der Werkvereine nach dieser Richtung hin gewirkt hat. Da, meine Herren, muß ich sagen, haben allerdings die letzten Wochen eine Reihe von sehr betrübenden und bedauerlichen Erfahrungen gebracht. (Sehr wahr!) Ich habe hier vor mir ein paar Ausschnitte aus sozialdemokratischen Zeitungen. Meine Herren, Sie werden wissen, daß man sozialdemokratischen Angaben gegenüber von vornherein sehr mißtrauisch sein muß, aber die Ziffern, die hier mitgeteilt werden, sind von anderen, von bürgerlichen Zeitungen bisher nicht widerlegt worden; man muß also annehmen, daß sie richtig sind.

Ich habe hier eine Notiz der „Leipziger Volkszeitung" aus Krimmitschau. Da wird über Vorgänge bei den dortigen Stadtverordnetenwahlen berichtet. Die Herren, die sich mehr mit solchen Dingen beschäftigen, werden wissen, daß vor einer Reihe von Jahren in Krimmitschau, nachdem dort der Krimmitschauer Streik gewesen war, gerade die Stadtverordnetenwahlen eine große Rolle gespielt haben. Es wurden im Anschluß an den Krimmitschauer Streik nationale Arbeiterorganisationen gegründet, die sehr energisch in den Kampf bei den Stadtverordnetenwahlen eingriffen und zwar mit dem Erfolge, daß die auf die bürgerlichen Kandidaten vereinigten Stimmen nur um ganz wenige Stimmen hinter den sozialdemokratischen zurückblieben, so daß die Hoffnung bestand, daß bei intensiver Arbeit es in Zukunft möglich sein würde, auch in dieser Abteilung — bei uns ist es die dritte, in Sachsen die erste; hier wählen in der ersten Abteilung die Wähler mit einem Einkommen bis zu 1400 M. — den Sozialdemokraten das Wasser abzugraben. Es wurden damals die Stadtverordnetenwahlen dieser Abteilung für ungültig erklärt, und eine Neuwahl fand statt; aber leider erfüllte sich die Hoffnung nicht, sondern die für die Sozialdemokraten abgegebenen Stimmen vermehrten sich bei der Neuwahl, und, meine Herren, bei der letzten Stadtverordnetenwahl, wo auch nationale Arbeiterkandidaten aufgestellt waren, siegten die Sozialdemokraten mit rund 1150 gegen diesmal nur 320 nichtsozialdemokratische Stimmen. Es hat also ein erheblicher Rückgang der nationalen Arbeiterstimmen in Krimmitschau stattgefunden.

Ich habe hier ferner eine Mitteilung aus der „Magdeburger Volksstimme" vor mir, wo über das Ergebnis der Stadtverordnetenwahl im Bezirk Sudenburg berichtet wird. Da waren im Jahre 1910 2150 Stimmen für den Sozialdemokraten abgegeben worden und annähernd 1000 Stimmen für den bürgerlichen Kandidaten. Diesmal war neben dem bürgerlichen Kandidaten noch ein sogenannter gelber Kandidat aufgestellt worden. Die Sozialdemokraten bekamen aber im Jahre 1912 in diesem Bezirke 2285 Stimmen; ihre Stimmenzahl hat sich also vermehrt, während die des bürgerlichen Kandidaten sich erheblich vermindert hat und außerdem für den gelben Kandidaten nur 136 Stimmen abgegeben wurden. Wenn Sie die Stimmenzahl der beiden bürgerlichen Kandidaten zusammenzählen, so kommt trotz der gelben Kandidatur immer noch ein Minus von 147 Stimmen heraus für die bürgerlichen Kandidaturen.

Aber, meine Herren, noch viel trauriger ist der Verlauf der Wahl der Arbeiterbeisitzer zu dem Gewerbegericht gerade in Augsburg. Augsburg ist ja eine der Geburtsstätten der Werkvereinsbewegung. Auch dort haben wir einen sogenannten gelben Werkverein, den „Arbeiterverein vom Werk Augsburg", der, soviel ich mich erinnere, nach dem letzten Jahresbericht 2389, also wir wollen einmal sagen rund 2500 Mitglieder zählt. Dort haben vor kurzem, erst Anfang Dezember, die Gewerbegerichtswahlen stattgefunden. Die sogenannten

Gelben hatten früher 7 Beisitzer; wieviel die Sozialdemokraten hatten, geht aus dem Bericht nicht hervor. Im Jahre 1907 — nun kommen interessante Zahlen — wurden für die sozialdemokratischen Kandidaten rund 4000 Stimmen abgegeben, diesmal aber, meine verehrten Herren, 6500, also 2500 Stimmen mehr, und die Gelben mußten von ihren 7 Sitzen 4 an die sozialdemokratischen Gewerkschaften abgeben. Die Hirsch-Dunckerschen Gewerkvereine erhielten 300 Stimmen mehr, die christlichen 150 Stimmen mehr. Aber, meine Herren, die Kandidaten der sogenannten Gelben, die noch im Jahre 1907 2297 Stimmen erhalten hatten, bekamen diesmal nur 1413, und es wird von der „Münchener Post" auf Grund einer vorgenommenen Statistik hier festgestellt, daß kaum 20 pCt. der Wähler der Maschinenfabrik Augsburg für die gelbe Liste, dagegen 65 pCt. für die Liste der freien Gewerkschaften gestimmt haben.

Meine Herren, die Mitteilungen, die ich hier gemacht habe, sind vom allgemein-nationalen und vom politischen Standpunkt aus sehr zu bedauern (sehr richtig!), und uns allen, die wir ein Interesse haben an der Förderung der nationalen und wirtschaftsfriedlichen Arbeiterbewegung, mag sie sich im einzelnen nennen, wie sie will, müssen diese Berichte und diese Vorgänge, die ich mir erlaubt habe Ihnen vorzutragen, wie ein scharfes, schrilles Warnungssignal in die Ohren gellen. Wir müssen uns fragen: wie ist es möglich, daß speziell in Augsburg, wo die nationale Arbeiterbewegung so hervorragend gewesen ist, eine vollkommene Katastrophe bei den Gewerbegerichtswahlen über die Gelben gekommen ist.

Da komme ich wieder auf den Punkt, der mir besonders am Herzen liegt. Ich habe allerdings immer den Standpunkt vertreten, daß die Gelben auf die Dauer nicht ohne politische Betätigung auskommen werden, und ich möchte diese bedauerlichen Vorgänge in Krimmitschau, Augsburg usw. darauf zurückführen, daß die Werkvereine nicht genügend politisch geschult waren. Wir alle, die wir in der nationalen Arbeiterbewegung arbeiten, und namentlich die Unternehmer müssen mit allen Kräften darauf hinarbeiten, daß die Mitglieder dieser Werkvereine auch mit politischem Verständnis und mit starkem nationalen Bewußtsein durchdrungen werden, damit sie auch bei den Wahlen ihre Schuldigkeit tun. Wenn uns das gelingt, meine Herren — und dafür möchte ich gerade die Unterstützung der Herren Unternehmer erbitten —, dann werden die Werkvereine nicht nur das sein, was sie jetzt sind, ein bedeutungsvoller Faktor für die Erhaltung des Friedens in der Wirtschaft, im Betriebe, sondern sie werden dann auch eine zuverlässige Kerntruppe werden für den politischen Kampf gegen die Sozialdemokratie.

Landtagsabgeordneter Dr. **Beumer:** Meine Herren, ich will Ihre Verhandlungen nicht lange mehr aufhalten. Aber ich halte mich für verpflichtet, ein kurzes Wort zu sagen auf Grund der Erfahrungen, die ich bei der Tagung der nationalen Arbeiterverbände und der Werkvereine in diesem Sommer in Essen gemacht habe. Sie, meine Herren, sind ja alle durch die Zeitungen über die großartige Kundgebung, die dort von diesen Vereinen ausging, unterrichtet, und ich muß sagen, ich habe aus den Verhandlungen, die auf den Tag der öffentlichen Versammlung am anderen Morgen folgten und zu denen unter anderen viele Vertreter der Industrie eingeladen waren, die allerbesten Eindrücke bekommen. Diese veranlassen mich heute, auf den einen Punkt aufmerksam zu machen, daß die Frage der Werkvereine und der nationalen Arbeiterverbände durchaus nicht bloß eine Frage ist, die die industriellen Werke interessiert, sondern die vor allen Dingen auch hineinreicht in die kleingewerblichen Kreise.

Meine Herren, unter den sehr tüchtigen Männern, die dort seitens der genannten Verbände gesprochen haben, waren, soviel ich mich erinnere, unter anderen Vertreter des Konditorgewerbes, des Bäckergewerbes und des Fleischergewerbes, und die haben uns von dem Terrorismus der Sozialdemokratie ein Bild entrollt, an das ich in diesem Umfange bisher wirklich nicht geglaubt habe, obwohl ich täglich den „Vorwärts" berufsmäßig lesen muß. Meine Herren, es ist uns dort unter anderem gesagt worden, daß der Terrorismus sozialdemokratischer Verbraucher so weit geht, daß sie hier in Berlin, in Dresden, in Leipzig usw. in den Konditor-, den Bäcker- und den Fleischerläden, bevor sie kaufen, den verkaufenden Gesellen fragen, ob er der sozialdemokratischen Gewerkschaft angehört und ob er sich durch die Vereinsmarke des sozialdemokratischen Gewerkvereins ausweisen kann. (Sehr richtig!) Kann das der betreffende verkaufende Geselle nicht, so geht der sozialdemokratische Verbraucher weg. Dafür bekommt dann natürlich der nichtsozialdemokratische Geselle von dem Meister den Rat, lieber die Stelle bei ihm zu verlassen oder in eine sozialdemokratische Gewerkschaft einzutreten, damit der Verkauf nicht leide.

Ja, meine Herren, das ist doch wirklich ein Bild des Terrorismus, unter dem der vaterländischgesinnte, der nationalgesinnte Arbeitnehmer leidet, und ein Bild, das zu gleicher Zeit beweist, wie die nationalgesinnten Arbeiter künstlich durch die terroristischen Mittel in die sozialdemokratischen Gewerkschaften hineingetrieben werden, sogar teilweise auf die Aufforderung ihres Meisters hin. (Sehr wahr!)

Ich muß sagen, ich war von den Ausführungen dieser drei Redner in Essen, die das in lebhafter Weise schilderten, aufs tiefste ergriffen, weil ich das Bedürfnis dieser Leute herausfühlte, national denken und das auch nach außen betätigen zu dürfen. Und, meine Herren, wenn Herr Kommerzienrat Dr. Goldschmidt hier mit Recht ausgeführt hat, daß wir wieder an die Arbeiter heran müssen, so glaube ich, daß dazu die nationalen Arbeitervereine und die Werkvereine eine Brücke bilden, die wir betreten sollten. (Zustimmung.) Mit dem Optimismus, der mich in meinem ganzen Leben, auch sogar im politischen Leben beseelt, glaube ich, daß wir alle Veranlassung haben, die hundert- und aberhunderttausend Arbeiter, die jetzt lediglich unter dem Joche des sozialdemokratischen Terrorismus seufzen, durch unsere Mitarbeit aus diesem Joche zu befreien. (Lebhafte Zustimmung.) Meine Herren, das ist eine Arbeit, die allerdings Schweiß erfordert, die aber, wie ich glaube, des Schweißes der Edlen wert ist. (Beifall.)

Heuer: Meine sehr geehrten Herren! Gestatten Sie mir, einem Vertreter des Hauptausschusses nationaler Arbeiterverbände, zu dem der Bund deutscher Werkvereine, der Bund vaterländischer Arbeitervereine, die nationalen Fleischer-, Bäcker- und andere Zunftvereine gehören, ein paar Worte auf die Ausführungen des Herrn Dr. Bovenschen.

Zunächst Augsburg. Es muß in Betracht gezogen werden, daß die Sozialdemokratie geradezu mit einem beispiellosen Terror bei diesen Wahlen vorgeht. Es wird direkt eine Falle, möchte ich sagen, gebildet. Mann an Mann stehen die Genossen mit ihren Wahlzetteln, und sobald irgendein Wähler kommt, von dem sie nicht ganz genau wissen, daß er zu ihnen gehört, wird dem Betreffenden der Zettel aus der Hand gerissen, und ein anderer Zettel hineingesteckt, bis zum Wahltisch hin — das lassen sich die Herren Wahlvorsteher um des lieben Friedens willen gefallen — wird der Wähler beobachtet, so daß er keinen anderen Zettel als den sozialdemokratischen abgeben kann.

Dann weiter in Krimmitschau. Hier bestanden und bestehen auch heute noch nationale Arbeiterunterstützungsvereine, die seinerzeit ganz Hand in Hand gingen mit dem Bund vaterländischer Arbeitervereine. Nun ist es im vorigen Jahre Herrn Pastor Richter mit Hilfe anderer Herren gelungeu, diese Vereine vom Bunde abzuwenden. Es wurde von diesen Herren gesagt: Der Arbeiter muß sich gewerkschaftlich organisieren, da wir die gewerkschaftliche Arbeit als eine fruchtbringende für die Arbeiter erkennen. So wurden diese Arbeitervereine von uns gewendet und in das gegnerische Lager hinübergeführt. Es ist aber hier zu beachten, daß trotz alledem von der großen Zahl, die damals in diesen Vereinen vorhanden war, immer noch eine ganze

Anzahl, und zwar mehrere Hundert, für die vaterländische Sache eingetreten sind, und daß, obwohl in Sachsen einmal die politischen Verhältnisse eigenartig liegen, zum anderen eine Reihe Pastoren, die Führer der evangelischen und katholischen Arbeitervereine, darauf drücken, daß die Arbeiter sich gewerkschaftlich organisieren und drittens, daß sogar auch ein Syndikus eines Arbeitgeber-Verbandes ungewollt, oder vielleicht aus politischen Gründen daran mitgearbeitet hat, die Arbeiter für die Gewerkschaften einzufangen (hört, hört!), trotzdem war es möglich, soviel gesundes Blut dort zu erhalten. Das ist ein Beweis für die Erziehungsarbeit, die bisher schon unsere Bewegung geleistet hat. (Sehr richtig!)

Nun zu Wurzen. In Wurzen besteht ein vaterländischer Arbeiterverein seit einem halben Jahre. Diesem Verein hatten sich ungefähr 180 Mann bisher angeschlossen. Jetzt nach der Stadtverordnetenwahl sind es mehr geworden — ungefähr 300 —. Von diesen waren 110 Mitglieder stimmberechtigt. Diese 110 Mitglieder haben alle gewählt und haben außerdem vermocht, 55 Mann, die weder der christlichen, noch der Hirsch-Dunckerschen, noch unserer Bewegung angehörten, für die Liste der sogenannten Gelben zu gewinnen; gewiß ein Zeichen, daß auch hier die Bewegung kräftig fortschreitet. Und vier Wochen darauf ist es mit Hilfe unseres Vereins dort in Wurzen gelungen, die Genossen aus dem Stadtparlament herauszubringen. Dasselbe war in Tangermünde der Fall, wo wir die Genossen hinausgeworfen haben; und ebenso auch in Waltershausen, wo ebenfalls ein Ortsverein von uns besteht.

Wir sind also kräftig dabei, politisch unsere Arbeitsbewegung dahin zu bringen, wohin sie muß. Aber was in 40 Jahren vom deutschen Volke versaut ist — verzeihen Sie den Ausdruck (sehr wahr!) —, läßt sich nicht in ein, zwei oder drei Monaten, oder in ein, zwei oder drei Jahren wieder gut machen. Der Klassenkampfgedanke ist so in das Hirn des deutschen Arbeiters hineingehämmert worden, daß er nur langsam wieder herauszutreiben ist.

Dann möchte ich darauf aufmerksam machen, daß wir noch eine gewisse Richtung innerhalb der Werkvereinsbewegung haben, die wir die Berliner Richtung nennen, die sich politisch weniger betätigt, als die Essener Richtung, der wir vom Bunde vaterländischer Arbeitervereine infolgedessen mehr zuneigen.

Von diesem Standpunkt sind alle Wahlresultate zu betrachten. Hinzu kommt, daß eine große Zahl von Arbeitern es einfach verschmäht, zur Wahl zu gehen, weil sie oft zur Farce wird. Es wird absolut nicht das Lokal reingehalten; es werden Posten gestellt, und nun muß sich der betreffende Wähler gefallen lassen, daß ihm vor wie im Wahllokal mit den gemeinsten Schimpfworten fortwährend um die Ohren gehauen wird. Daß das bei einem charaktervollen Menschen nicht dazu beiträgt, ihn ins Wahllokal zu bringen, ist selbstverständlich.

Wenn uns dann weiter vorgeworfen wird, daß unsere Bewegung keine Charaktere züchtet, weil nur der Kampf Charaktere züchtet, dann möchte ich fragen, welche Arbeiterorganisation wohl größere Kämpfe zu bestehen hat als gerade die nationale und wirtschaftsfriedliche Bewegung. Es gibt keine Bewegung, die größere und schwerere Kämpfe zu bestehen hat, und gerade in diesen Kämpfen werden wir — des bin ich sicher — den Sieg schon deswegen erringen, weil wir das Gute wollen, das Gute verfechten. Wenn wirklich die übrige Arbeiterbewegung so gut wäre, wie das von den Führern ausgeschrien wird, dann sollte man nicht diesen Terror anwenden, wie es geschieht. Ich muß wiederholen, was ich schon seit 1907 stets getan habe, daß hieran die Regierung mit schuld ist. Wir haben von Anfang an darauf aufmerksam gemacht, daß gerade durch das Streikpostenstehen die Arbeiterschaft direkt gezwungen wird, auch dann, wenn sie arbeiten will, ihre Arbeitskraft brach liegen zu lassen. Es ist nach meiner Ansicht nicht lediglich Aufgabe des Staates, dafür zu sorgen, daß, wenn sich irgendjemand gegen bestehende Gesetze vergangen hat, er zu möglichst hohen Strafen verknackt wird, sondern es ist seine Aufgabe, dafür zu sorgen, daß solche Dinge überhaupt in einem Kulturstaat nicht vorkommen können. Der Staat muß vorbeugend wirken und nicht hinterher kommen mit großen und schweren Strafen. Dadurch wird nicht etwa ein nationaler Arbeiterstand erzogen, sondern im Gegenteil, dadurch wird ohne Frage der großen Verhetzung, die wir seit vierzig Jahren in unserem Deutschen Reiche spüren, nur noch mehr die Wege geebnet.

Ich möchte deshalb die Herren, die hier versammelt sind, bitten: Arbeiten Sie mit uns mit allen Kräften daran, daß eine wirklich vaterländisch denkende Arbeiterschaft in immer größerem Umfange wieder im Deutschen Reiche Platz greift, unterstützen Sie die Werk- und die vaterländische Vereinsbewegung mit Rat und Tat, bringen Sie den Arbeitern, die dem Unternehmer mit Vertrauen entgegenkommen, dasselbe Vertrauen entgegen und wir werden wieder zu gesünderen Verhältnissen kommen, als sie heute sind.

Reichstags- und Landtagsabgeordneter Dr. **Arendt:** Meine Herren! Spät kommt Ihr, doch Ihr kommt, möchte ich zu der heutigen Debatte hier in dieser Vereinigung sagen. Es ist sehr spät, aber hoffentlich noch nicht zu spät. Es wäre, wie der Herr Vorredner sehr richtig hervorgehoben hat, in unserem Vaterlande vielleicht ganz anders gekommen, wenn die deutsche Industrie früher und rechtzeitig die Frage der Organisation der Arbeiter stärker und besser in die Hand genommen hätte.

Meine Herren, ich habe mich zum Worte gemeldet, weil ich Ihnen von der wirtschaftlichen Organisation in meinem Wahlkreise in Mansfeld berichten wollte. Es ist das eine der ältesten in Deutschland und eine der wichtigsten. Ich kann bestätigen, daß diese Organisation aus der Belegschaft heraus entstanden ist und nicht von der Leitung. Im Gegenteil; mein verstorbener Freund, der damalige Oberberg- und Hüttendirektor, Geheimrat Leuschner war im Anfang recht unangenehm überrascht, als gelegentlich eines Tumultes auf einem Schacht, der von jugendlichen Arbeitern begangen worden war, eine Anzahl älterer Bergleute zusammentrat und sagte: das kann so nicht weitergehen, wir müssen jetzt selbst Hand anlegen, damit unsere Arbeiterjugend nicht verroht. Ich habe ihn mit Mühe damals dahin gebracht, daß er diese Bewegung entstehen ließ, daß er nicht eingriff, und er war mir dafür nachher dankbar; denn sie hat sich in der Tat gut bewährt, und ich glaube, daß, wenn es gelang, den großen Mansfelder Streik siegreich zu bestehen, dies wesentlich auch durch die Haltung der reichstreuen Bergleute geschehen ist.

Es ist damals seitens der Gewerkschaft eine genaue Statistik aufgestellt, und da hat sich ergeben, daß von den nicht im reichstreuen Verband stehenden Bergleuten $^3/_4$ am Streik teilnahmen, von den reichstreuen dagegen $^2/_3$ arbeitswillig blieben. Und was das damals sagen wollte, davon wird sich jeder von Ihnen überzeugt halten, der sich der Beschreibung erinnert, wie diese Arbeitswilligen damals wie die Helden und Märtyrer ihrer Arbeit nachgingen, angesichts der Ausschreitungen der Streikenden.

Meine Herren, wenn man, wie Herr Kollege Beumer vorhin hervorhob, wahrnimmt, was jetzt seitens der Sozialdemokratie in unserem Staate geschehen darf, dann muß man wirklich zuweilen bezweifeln, ob wir noch in einem Rechtsstaate leben. (Sehr richtig!) Meine Herren, ich muß sagen, ich habe mich selten im Leben so geschämt, wie in einer Wählerversammlung, wo mir ein einfacher Handwerksmeister entgegentrat und sagte: Ja, was nützt uns denn die ganze Wählerei, wenn wir solche Gesetze haben, daß es erlaubt ist, in Zeitungen und Reden alles zu untergraben, worauf der Staat und worauf die Gesellschaft beruht! (Sehr wahr!) Wie ist es denn eigentlich möglich, daß unser König und daß unsere Parlamente nicht dagegen einschreiten! Ja, was sollte man diesem schlichten, einfachen Manne entgegnen, was sollte man ihm sagen über den Doktrinarismus, der in Deutschland herrscht und der leider auch in vielen Köpfen von großen und bedeutenden Industriellen noch nicht verschwunden ist, obgleich sie doch die Erfahrungen ausreichend hätten machen müssen. Meine Herren, mir ist es recht oft passiert, daß ich mit Arbeitgebern gesprochen habe, die auf dem Standpunkt stehen: sozialdemokratisch organisierte Arbeiter sind für uns die bequemsten; da verhandeln wir mit den Herren Sekretären, mit denen sich sehr gut verhandeln läßt, und dann sind wir mit der Sache fertig. Ja, meine Herren, das ist ein Standpunkt, der sich natürlich auf das allerbitterste rächen muß. Denn es handelt sich da nicht bloß um die Frage der Arbeitszeit und der Lohnfestsetzung, sondern, was für die Industrie viel wichtiger ist, das ist die ganze Handhabung der Gesetzgebung in den Parlamenten. Und, meine Herren, welchen Einfluß hat denn die Industrie noch nach dieser Richtung hin?

Man hat den Hansabund begründet, um eine bessere Vertretung von Handel, Gewerbe und Industrie herbeizuführen. Aber, meine Herren, woran liegt es denn, daß Handel, Gewerbe und Industrie schlecht vertreten sind? Das liegt doch daran, daß die Sitze, in welchen Handel, Industrie und Gewerbe den Haupteinfluß haben müßten, alle sozialdemokratisch vertreten werden (sehr richtig!), und daß diese sozialdemokratischen Vertreter Feinde von Handel, Gewerbe und Industrie sind, daß die Hansestädte uns Vertreter in den Reichstag senden, deren ganze Tätigkeit eine handelsfeindliche ist, und daß die großen Industriezentren von Leuten vertreten werden, die glauben, daß das Wohl der Arbeiter gefördert werden könnte, wenn man so feindlich wie möglich gegen die Unternehmer vorgeht und damit doch eigentlich den Ast absägt, auf dem die ganze Arbeit und die Arbeiter sitzen.

Meine Herren, das liegt doch bis zu einem gewissen Grade daran — das möchte ich hier ganz offen aussprechen als ein Freund und ein warmer Freund der Industrie, von der ich glaube, daß sie die große Entwickelung unseres Vaterlandes hauptsächlich mit ihrer Intelligenz und mit ihren großen Fortschritten zuwege gebracht hat —, daß die Industrie nach der Richtung hin etwas einseitig ist, daß sie sich immer zu sehr auf ihre eigene Tätigkeit beschränkt und zu wenig auf das große Ganze geblickt hat, von dem sie doch nur ein Teil ist. Die Industrie muß ihrer ganzen Bedeutung nach eine größere, eine bessere Vertretung haben, und das kann sie nur, wenn sie die hinter ihr stehenden Arbeitermassen wieder um sich versammelt.

Worauf beruht denn der große politische Einfluß der landwirtschaftlichen Unternehmer? Er beruht darauf, daß sie bisher noch einen größeren Einfluß auf ihre Wählerkreise haben, und dasselbe muß die Industrie erstreben in ihrem und in unserer aller Interesse Das kann sie aber nicht, so lange die Arbeitermassen sozialdemokratisch. sind, und deshalb ist diese Bewegung innerhalb der Arbeiterkreise, welche eine wirtschaftsfreundliche Organisation anstrebt, eine so außerordentlich wichtige, weit über den Rahmen der Industrie hinausreichende. (Sehr richtig!) Sie kann der Ausgangspunkt werden für die Gesundung unserer leider so schwer darniederliegenden öffentlichen Zustände.

Dazu aber ist erforderlich, meine Herren, daß man nicht vornehm die Nase rümpft, wenn von Politik und wenn von Parteien die Rede ist. Selbstverständlich sollen sie keine Parteipolitik im ganzen treiben; es ist die Sache jedes einzelnen, wie er sich dazu stellen will und wo er sich dazu stellen will. Aber Pflicht eines jeden ist es, daß er für sein Teil überhaupt eine Stellung in diesem notwendigen Parteikampf ergreift und nicht glaubt, daß er klug und weise handelt, wenn er sagt: ach, das geht ja doch alles auch ohne mich; ich lese höchstens meine Zeitung und schimpfe zu Hause. (Heiterkeit.) Nein, meine Herren, das ist nicht das Richtige. Es ist auch nicht das Richtige für die Arbeiterverbände. Die Arbeiterverbände sollen natürlich nicht Parteipolitik im engeren Sinne treiben, aber sie sollen auch politisch in den Kampf gegen die Sozialdemokratie eintreten. (Sehr wahr!) Das ist ihre Existenzgrundlage, und auf dieser Grundlage wird es dann vielleicht auch möglich sein, daß der hier angedeutete Gegensatz zu den christlichen nationalen Gewerkschaften sich doch in etwas mildert. Das würde ich sehr wünschen, meine Herren. (Sehr richtig! Zuruf: Ausgeschlossen!)

Es ist ja richtig, daß diese christlichen nationalen Gewerkschaften in den Gelben eine Konkurrenz sehen, daß sie sich vor ihnen fürchten. Aber wenn sie sehen, daß die Gelben nicht mehr aus der Welt zu schaffen sind, daß sie da sind, daß sie mächtig sind, dann werden sie auch erkennen, daß sie in ihnen unter Umständen wichtige Bundesgenossen haben können, und deshalb ist es sehr gut, wenn man diese Kämpfe in einer Form führt, bei der man sich doch klar ist, daß man unter Umständen auch zusammenzustehen hat, und das möchte ich auch den Arbeitgebern empfehlen.

Nach den letzten Erfahrungen ist doch ein Riß zwischen den christlichen Nationalen und den Sozialdemokraten eingetreten, der nicht mehr überbrückbar scheint, und das ist sehr wesentlich und nützlich. Ich glaube, wir sollten das Alte nach der Richtung vergessen und sollten für die Zukunft uns sagen: Es ist doch außerordentlich wichtig und geradezu entscheidend, daß wir noch diese Hunderttausende von christlichen und nationalen Arbeitern haben als Verstärkung in dem Kampf gegen die Sozialdemokratie, die sich als Arbeiterpartei aufspielt und in Wahrheit die arbeitsfeindlichste Partei ist, die es überhaupt gibt, und auch in den entscheidenden Kämpfen über die Gestaltung unserer inneren Politik.

Wenn man hier auf einzelne Vorgänge hingewiesen hat, meine Herren, so will ich nur ein kurzes Wort über Augsburg sagen. Ist es denn verwunderlich, daß da die nationalen Arbeiter ihre Pflicht gegenüber der Sozialdemokratie nicht tun, wenn dank der Großblockidee auch die Arbeitgeber für die Sozialdemokratie eingetreten sind? (Sehr wahr!) Meine Herren, solange das möglich ist, solange dürfen wir auch gegen nationalgesinnte Arbeiter keinen Vorwurf nach dieser Richtung hin erheben. (Zustimmung). Wir sollten erst einmal über die Kinderkrankheiten unseres Parteiwesens hinauskommen und sollten uns sagen, daß nicht Fraktionspolitik entscheidet, sondern vaterländische Politik, und daß vaterländische Politik unter allen Umständen den Gegensatz gegen die revolutionäre, umstürzende Sozialdemokratie fordert. (Lebhafter Beifall.)

Scheda: Meine Herren, in dem Referat des Herrn Dr. Guggenheimer ist darauf hingewiesen worden, daß Herr Professor Delbrück kürzlich auf dem Hansabundstage erklärt hat, es müsse doch ein guter Kern in dieser Arbeiterbewegung stecken, und deshalb habe sie noch eine große Zukunft. Ich möchte mir erlauben, kurz darauf hinzuweisen, worin dieser gesunde Kern besteht.

Unter den vielen Feinden unserer neuen Bewegung befinden sich auch die christlichen Gewerkschaften, und einer ihrer Vertreter, der Zentrumsabgeordnete Schiffer, hat vor kurzem die Tribüne des Deutschen Reichstages dazu mißbraucht, um die schwersten Beleidigungen und Angriffe gegen die Werkvereine loszulassen. Eine christliche Gewerkschaftszeitung in München-Gladbach hat diese Angriffe übernommen, und das gab den Werkvereinen die erwünschte Gelegenheit, durch einen Prozeß feststellen zu lassen, wie weit diese Beleidigungen und Anschuldigungen von seiten der christlichen Gewerkschaften begründet sind. In diesem Prozeß ist nun der Herr Abgeordnete Schiffer zeugeneidlich vernommen worden, und es stellte sich dabei heraus, daß dieser Mann, der von der Reichstagstribüne aus die Mitglieder der Werkvereine als „Hörige, als Heuchler, als Speichellecker" gebrandmarkt hat, auch nicht die Spur eines Beweises für seine schweren Beleidigungen besitzt. Er entschuldigte sich damit, er habe nicht darauf gerechnet, daß die Frage in der Gerichtsverhandlung aufgerollt werden würde, und deshalb könne er keinen Beweis führen. Die Werkvereine hatten aber durch Vernehmung mehrerer Werkvereinsführer Gegenbeweis angetreten, und da hat sich herausgestellt, daß z. B. der Werkverein Krupp mehrere Monate bestanden hat, bevor die Direktion der Firma Krupp überhaupt Kenntnis von dem Werkverein bekommen hat, daß der Werkverein bei Stumm in Neunkirchen gegen den Willen der Direktion entstanden ist, daß also die angebliche totale Abhängigkeit, die würdelose Hörigkeit der Werkvereine von ihren Arbeitgebern nicht besteht. In diesem Prozeß ist auch von seiten der christlichen Gewerkschaften ein Kathedersozialist als Sachverständiger vorgeführt worden. Es war der Privatdozent an der Berliner Hochschule und Redakteur der „Sozialen Praxis, Herr Dr. Zimmermann. Ich möchte Ihnen einige Worte aus seinem Gutachten vorlesen. Er führte folgendes an: „Die Wissenschaft lehne die gelben Werkvereine als schädlich für die Arbeiter ab. Zwischen Arbeitnehmern und Arbeitgebern herrsche ein erheblicher Interessengegensatz. Die Interessengemeinschaft zwischen beiden Teilen sei nur eine „produktions-technische, aber keine wirtschaftlich-soziale". Die Arbeiter könnten ihre Interessen nur durch einen starken Druck auf den Arbeitgeber wahren, und hierzu sei eine straffe Organisation erforderlich, gerade so wie zwei Staaten ihre Interessen gegeneinander nur dann mit Erfolg vertreten könnten, wenn sie entsprechende Machtmittel besäßen. Deshalb seien die Gewerkschaften die beste Organisation für die Arbeiter zur Ausfechtung der „naturnotwendigen Klassenkämpfe". —

Hier, meine Herren, haben Sie die Grundanschauung der Gewerkschaften und der Kathedersozialisten, daß die Klassenkämpfe eine „naturnotwendige" Erscheinung seien, und daß Arbeitgeber und Arbeiter sich gegenüberstehen müßten wie zwei feindliche Staaten, von Kopf bis zu Fuß schwer bewaffnet.

Im Gegensatz hierzu hat die wirtschaftsfriedliche Arbeiterbewegung auf ihrer Tagung im November 1911 folgende Entschließung gefaßt, die ihre Ansicht über das Verhältnis des Arbeiters zum Arbeitgeber zum Ausdruck bringt:

„Die bestehenden Gewerkschaften sind bei ihrem an sich berechtigten Bestreben, die Lage ihrer Mitglieder zu verbessern, in die falsche Bahn des Klassenkampfes gedrängt worden. Die notwendige, kulturelle und wirtschaftliche Hebung der deutschen Arbeiterschaft kann nur durch gemeinsame Arbeit aller Volksgenossen gefördert werden, während der Klassenkampf mit seinen bedrohlichen Begleiterscheinungen, wie Arbeitseinstellung, Aussperrung, Verrufserklärung, ein Verbrechen gegen die gesunde nationale Entwickelung ist."

„Klassenkampf" heißt also das Feldgeschrei der Gewerkschaften, während „Arbeitergemeinschaft" das Losungswort der „wirtschaftsfriedlichen" Arbeiterbewegung ist.

Meine Herren! Die Irrlehre vom Klassenkampf ist von Marx aufgestellt worden auf Grund elender englischer Arbeitsverhältnisse, die von den unsrigen himmelweit verschieden waren. Seitdem ist ein halbes Jahrhundert vergangen, und wenn die Nationalökonomie auch noch keine exakte Wissenschaft geworden ist, die auf alle Fragen des wirtschaftlichen Lebens eine zuverlässige Antwort erteilen kann, so wissen wir heute jedenfalls, daß diese Lehre falsch ist. Unsere Arbeiter sehen in dem Unternehmer nicht das „Kapital" als Gegensatz zur „Arbeit", sondern sie sehen in dem Unternehmer auch den Arbeiter, dessen Produktivkapital keineswegs arbeiterfeindlich ist. Ein moderner Nationalökonom hat den Unternehmer im Gegensatz zum „Lohnarbeiter" als „Ertragsarbeiter" treffend bezeichnet, und beide Arbeiter, Ertragsarbeiter und Lohnarbeiter zusammen, bilden erst unsere nationale Arbeit. Auf Grund unserer ganz anderen wissenschaftlichen Auffassung bildet sich auch ein ganz anderes Verhältnis zwischen Lohnarbeiter und Unternehmer: das Verhältnis des Vertrauens, von dem Herr Kommerzienrat Goldschmidt bereits gesprochen hat. Die nationalen Arbeiter wissen, daß ohne den Unternehmer und Organisator unserer Volkswirtschaft sie selbst auch keine Arbeit finden würden, und sie stimmen mit dem überein, was einmal Geheimrat Kirdorf gesagt hat: „Sucht die Arbeitsgelegenheiten möglichst zu vermehren, dann ist die soziale Frage gelöst!" Diese Aufgabe, die Arbeitsgelegenheiten zu schaffen und zu vermehren, ist die richtige Arbeit der Unternehmer.

Wenn nun von Angriffen auf die Werkvereine die Rede gewesen ist, so möchte ich erwähnen, daß das Wort von den „Blutapfelsinen", das von den Berliner Werkvereinen gesagt worden ist, bereits in einer Schrift der Berliner Werkvereine selbst auf das richtige Maß zurückgeführt worden ist. Dort heißt es nämlich: „Ein großer Teil der Berliner Gelben besteht aus ehemaligen Sozialdemokraten, und um aus Roten Gelbe zu machen, bedarf es einer langen Erziehungsarbeit. In der Uebergangszeit muß man mit Rückfällen in die rohe Barbarei rechnen."

Es ist auch hier hervorgehoben worden: was in langen Jahren gesündigt ist, kann man nicht in wenigen Monaten wieder gutmachen.

Wenn nun Herr Dr. Bovenschen herorgehoben hat, daß auch der politische Kampf notwendig sei, so ist das durchaus berechtigt. Aber die Durchführung dieser Forderung ist doch nur dann möglich, wenn der Staat auch die Arbeiter schützt. Wir haben von Herrn Heuer gehört, wie der Arbeiter, der zur Wahlurne geht, Spießruten laufen muß. Wenn der Staat ihn nicht schützt und auch dem Arbeitswilligen nicht Sicherheit gewährleistet, so kann man vom Arbeiter nicht verlangen, daß er seine Gesundheit, sein Leben bei den Wahlen zu Markte trägt. Die Regierung muß dafür sorgen, daß die persönliche Freiheit, die für den Arbeiter bei uns nicht mehr existiert, endlich wieder gewährleistet wird.

Ich kann mich nur den Wünschen anschließen, die bereits Herr Heuer ausgesprochen hat. Meine Herren, suchen Sie das Interesse und das Verständnis für die wirtschaftsfriedliche Arbeiterbewegung in Ihren Kreisen zu vermehren und zu erhöhen, und suchen Sie diese Bewegung zu unterstützen. (Bravo!)

Kommerzienrat Dr. **Goldschmidt:** Ich möchte noch ganz kurz auf die Frage eingehen: Wie weit sollen wir die Werkvereine zu politischen Zwecken benutzen? Meine Herren, zunächst ist doch der Werkverein ein Selbstzweck. Er sammelt die Arbeiter eines Werkes, damit diese Arbeiter in Gemeinschaft mit den Arbeitgebern im Frieden ihre Arbeit leisten, zum Besten der gesamten Unternehmung. Mit diesem Programm kehren ja bereits die Arbeiter in den Werkvereinen ihre Spitze gegen die Gewerkschaften und gegen die Sozialdemokratie, und dieser Gegensatz kommt überall zum Ausdruck. Ueberall sind die Werkvereine nationale Vereine und betonen das, vielleicht die einen mehr, die anderen etwas weniger. Das muß uns vorläufig genügen. Damit machen wir zunächst einmal die Mitglieder der Werkvereine in nationalem Sinne, in politischem Sinne — ich möchte einen chemischen Ausdruck gebrauchen — reaktionsfähig; es können die bürgerlichen Parteien an sie herantreten. In dem heutigen Stadium unserer Parteiverhältnisse, bei der ungeheuren Zerrissenheit und der Vielheit der Parteiverhältnisse würde ich es für bedauerlich halten, einen Werkverein auf irgendeine politische Partei festzulegen. (Sehr richtig!) Ueberlassen Sie es den nationalen Parteien, die Mitglieder der Werkvereine zu beeinflussen. Das wird ihnen auch gelingen, meine Herren. (Sehr wahr!) Sie werden nicht mehr, wie bisher, blind der Sozialdemokratie nachlaufen und in jedem Arbeitgeber und in jedem Vertreter des Staates und der nationalen Parteien einen Gegner sehen. Damit müssen wir uns vorläufig genügen lassen. Was die Entwickelung weiter bringen wird, können wir heute nicht übersehen.

Ich möchte auch das wünschen, daß die christlichen Gewerkvereine erkennen, daß ihrem Programm nach die Werkvereine ihnen am nächsten stehen. Zurzeit ist das Verhältnis leider ein derartiges, daß die Werkvereine ein außerordentliches Maß von Selbstbeherrschung üben müssen, um die Angriffe, die gerade von der christlichen Seite auf sie ausgehen, in einer Art und Weise zu beantworten, daß für später ein gemeinsames Arbeiten möglich bleibt. (Beifall.)

Kommerzienrat Dr. **Kauffmann:** Meine Herren, die Ausführungen der letzten Herren Redner waren hochinteressant. Sie gipfeln aber alle übereinstimmend in der Aufforderung an die Industrie, die wirtschaftsfriedlichen Arbeitervereine im allgemeinen — das sind sowohl die Werkvereine, wie auch die auf weiterer Grundlage errichteten nationalen Arbeitervereine — zu unterstützen, zu begünstigen und zu fördern als Gegengewichte gegen die sozialdemokratischen Gewerkschaften einerseits und auch als Gegengewichte gegen die christlichen Gewerkschaften, mit denen wir ja aus bestimmten Gründen ebenfalls nicht in vollem Umfange sympathisieren können.

Ich habe aber in den Ausführungen der letzten Herren Redner ein Eingehen auf den Gesichtspunkt vermißt, den Herr Dr. Bovenschen in den Vordergrund seiner Ausführungen gestellt hat, nämlich auf das Verhältnis der Werkvereine und der nationalen Arbeitervereine zueinander, wobei der Kardinalunterschied zwischen diesen beiden darin liegt, daß der Werkverein nur Angehörige eines bestimmten Werkes umfaßt, der allgemeine nationale Arbeiterverein aber Angehörige der verschiedensten Werke zusammen umfaßt. In dieser Beziehung kann ich mich nur den Ausführungen anschließen, die Herr Dr. Bovenschen gemacht hat, und gerade weil es allgemein anerkannt worden ist, daß eine politische Betätigung der nationalen Arbeitervereine bis zu einem gewissen Grade — zwar nicht ihr Eintreten für eine bestimmte politische Partei, aber doch im allgemeinen ihre Betätigung in nationalem Sinne — wünschenswert ist, gerade aus diesem Grunde möchte ich mich zu der Meinung bekennen, daß, wo immer man zu wählen haben wird zwischen einem Werkverein und einem allgemeinen nationalen Arbeiterverein, man den letzteren zu bevorzugen haben wird, da er, von den engeren und speziellen Arbeitsverhältnissen des einzelnen Werkes losgelöst, in viel höherem Grade als ein Werkverein seine Aufgabe darin suchen muß, sich allgemeinen wirtschaftlichen und politischen Fragen zuzuwenden und seine staatserhaltenden und wirtschaftsfriedlichen Gesinnungen öffentlich und politisch zu betätigen.

Ich darf erwähnen, daß in meiner Heimat — ich stamme auch aus einem Bergrevier, nämlich aus dem Waldenburger Revier — speziell Bergarbeitervereine auf vollständig der gleichen Grundlage bestehen, wie es uns Herr Reichstagsabgeordneter Dr. Arendt von Mansfeldt, mitgeteilt hat. Sie führen sogar denselben Titel: „Reichstreue Bergarbeitervereine". Diese Vereine umfassen Angehörige der verschiedensten bergbaulichen Werke und betätigen sich in weitgehendem Maße politisch, nicht als Förderer einer bestimmten Partei, sondern der nationalen Parteien gegen die Sozialdemokratie. Es werden in diesen Vereinen auch politische Fortbildungskurse und Vorträge für die Arbeiter veranstaltet. Leider ist unser Wahlkreis seit 15 Jahren sozialdemokratisch im Reichstag vertreten. Wenn wir uns aber jemals Aussicht darauf machen wollen, daß unser Wahlkreis einmal in andere Hände übergehen möchte, so können wir diese Aussicht höchstens auf die reichstreuen Bergarbeitervereine gründen.

Ich erwähne, daß auch in der Textilindustrie, wenigstens in der Lausitz, nationale Arbeitervereine bestehen, die auf der sächsischen, vorhin erwähnten Krimmitschauer Grundlage, mit guten Erfolgen begründet worden sind und die, wie ich glaube, ebenso wie unsere niederschlesischen reichstreuen Bergarbeitervereine dem allgemeinen deutschen Bunde vaterländischer Arbeitervereine angeschlossen sind, der seinen Sitz in Braunschweig hat. Ich würde es sehr bedauern, wenn bei uns, wo diese Vereine bestehen und sich als segenbringend erwiesen haben, ihnen eine Konkurrenz dadurch gemacht würde, daß außerdem noch nationale Werkvereine, d. h. Vereine, die sich auf ein bestimmtes Werk beschränken, gegründet würden. Die Vereine rekrutieren sich doch aus den gleichen Kreisen, und es würde dann ein gegenseitiges Sich-Konkurrenzmachen entstehen, ich glaube aber, daß aus den angegebenen Gründen die allgemeinen nationalen oder vaterländischen Arbeitervereine, deren Angehörige sich nicht auf ein bestimmtes Werk beschränken, meistens in erster Linie Förderung finden sollten. Das schließt nicht aus, daß dort, wo die nationalen Arbeitervereine noch nicht Boden gefaßt haben oder aber aus irgendwelchen Gründen nicht lebensfähig erscheinen, oder wo es sich um ein sehr bedeutendes detachiertes Werk an einem Ort außerhalb eines größeren Industriezentrums handelt, auch Werkvereine begründet und gefördert werden. Aber in erster Linie würde ich doch glauben, daß den allgemeinen, nicht auf ein bestimmtes Werk sich beschränkenden nationalen oder vaterländischen Arbeitervereinen auch selbst gegenüber den Werkvereinen der Vorzug gegeben werden muß. (Beifall.)

Vorsitzender: Meine Herren, es hat sich niemand mehr zum Wort gemeldet. Ich schließe dann die Diskussion und frage den Herrn Referenten, ob er das Schlußwort wünscht.

Geschäftsführer Regierungsrat a. D. Dr. jur. **Schweighoffer:** Meine Herren! Ich darf in Vertretung des Herrn Dr. Guggenheimer wohl der Genugtuung Ausdruck geben, daß sein von mir verlesener Vortrag hier so anregend gewirkt hat, und wenn Herr Dr. Guggenheimer sich in seinen Schlußäußerungen erbot, noch erläuternd und erklärend zur Diskussion beitragen zu wollen, so glaube ich, daß dieses nachgeholt worden ist durch die Erörterungen, die sich eben an den Vortrag angeschlossen haben.

Ich bitte, meine Herren, mich zu bevollmächtigen, Herrn Dr. Guggenheimer von dem Verlaufe der Verhandlungen, von dem Interesse, das sein Vortrag erregt hat, benachrichtigen zu dürfen.

Vorsitzender: Ich will darauf aufmerksam machen, daß den Herren, die in der Diskussion gesprochen haben, das Stenogramm zugeht, und mit Rücksicht darauf, daß es sich hier doch um eine sehr wichtige Sache handelt, und daß die Diskussion, wie ja überhaupt alle die Diskussionen, die in den Delegiertenversammlungen des Centralverbandes stattfinden, einschließlich der Referate, an die sie sich anschlossen, in unseren Mitteilungen veröffentlicht werden, möchte ich die Herren bitten, bei der Durchsicht der Stenogramme recht sorgfältig verfahren zu wollen.

Meine Herren, bevor ich die Sitzung schließe, habe ich Ihnen noch mitzuteilen, daß mir soeben folgendes Telegramm des Herrn Bueck zugegangen ist:

„Durch heutigen Machtspruch des Arztes ans Zimmer gefesselt, bitte ich, den Herren Delegierten wärmsten Dank auszusprechen für ihre Glückwünsche, die ich als erneuten, mich ungemein erfreuenden Beweis unveränderter freundlicher und wohlwollender Gesinnung betrachte. (gez.) Bueck."

Meine Herren, ich frage, ob aus dem Kreise der Delegierten noch etwas vorzubringen ist. Das scheint nicht der Fall zu sein. Dann schließe ich mit verbindlichem Dank an die Herren, die hier noch solange ausgehalten haben, insbesondere an den Herrn Vertreter der Reichsregierung, die Versammlung.

Schluß gegen 3¾ Uhr.

Beschlüsse.

Die von der Versammlung der Delegierten am 12. Dezember 1912 angenommenen Beschlüsse lauten:

I.

Angesichts der auf eine Vereinheitlichung des Angestelltenrechtes abzielenden Bestrebungen, insbesondere mit Rücksicht auf die Verhandlungen der beiden letzten deutschen Juristentage zu Danzig im Jahre 1910 und zu Wien im Jahre 1912 erachtet es der Centralverband Deutscher Industrieller für seine Pflicht, nachdrücklichst darauf hinzuweisen, daß diese Bestrebungen nicht dazu führen dürfen, die Angestellten (Kopfarbeiter) mit den Lohnarbeitern (Handarbeiter) sozial und rechtlich auf eine gleiche Stufe zu stellen. Der Centralverband hält an seiner bereits früher verschiedentlich dargelegten Auffassung fest, daß die Angestellten ihrer Bildung und wirtschaftlich-technischen Funktion nach ein Zwischenglied zwischen Unternehmern und Lohnarbeitern bilden **und daher eine vermittelnde und in sozialem Sinne ausgleichende Stellung einnehmen.** Daraus ergibt sich, daß die Rechtsverhältnisse zwischen Angestellten und Unternehmern auf anderen gesetzlichen Grundlagen aufgebaut werden müssen als die Rechtsverhältnisse zwischen Lohnarbeitern und Unternehmern. Das Angestelltenrecht muß sich neben dem Arbeiterrecht selbständig entwickeln.

Mit Rücksicht auf die große Bedeutung, welche der Schaffung eines selbständigen Angestelltenrechtes für die gesamte deutsche Industrie zukommt, soll ein besonderer Ausschuß mit der Aufgabe betraut werden, in eine eingehende Beratung darüber einzutreten, ob das bestehende Angestelltenrecht einer größeren Vereinheitlichung und ob und inwieweit es einer Abänderung bedarf. Ueber das Ergebnis dieser Beratungen, bei denen auch die Angestelltenkreise zur Mitwirkung zu berufen sind, ist der Versammlung der Delegierten des Centralverbandes tunlichst bald Bericht zu erstatten.

II.

Der Centralverband Deutscher Industrieller hält es mit Rücksicht auf die geplante Einführung eines staatlichen **Petroleummonopols** für geboten, auf die schweren und vielseitigen Bedenken hinzuweisen, die sowohl aus allgemeinen volkswirtschaftlichen Gründen als auch vor allem im Interesse des gesamten deutschen Verbrauchs unter den gegenwärtigen Verhältnissen gegen eine Verstaatlichung der Leuchtölversorgung zu erheben sind.

Er gibt der Ansicht Ausdruck, daß das Reichspetroleummonopol neben einer vollständigen Umwälzung der wirtschaftlichen Lage des deutschen Petroleumhandels eine starke Belastung des deutschen Kapitalmarkts zur Folge haben wird und daß ferner ohne die bestimmte Sicherung einer nach Menge und Beschaffenheit ausreichenden Leuchtölversorgung mit einer erheblichen Preiserhöhung für die Verbraucher gerechnet werden muß.

Der Centralverband Deutscher Industrieller erblickt daher in der Vorlage kein zur Verbilligung des Leuchtöls geeignetes Mittel und muß deshalb gegen die Vorschläge der verbündeten Regierungen solange Verwahrung einlegen, bis die Frage der **Notwendigkeit** eines staatlichen Einschreitens sowie der **Durchführbarkeit** des gesetzgeberischen Problems einwandfrei gelöst ist.

III.

In Anbetracht der Tatsache, daß das vom Preußischen Abgeordnetenhause verabschiedete Wassergesetz in der vorliegenden Fassung eine zweckmäßige Grundlage für die gesunde Entwickelung der Wasserwirtschaft, vor allem der auf Wassernutzung angewiesenen gewerblichen Unternehmungen abzugeben verspricht, Aenderungen von grundsätzlicher Bedeutung aber eine Gefährdung für das Zustandekommen des Gesetzes bedeuten, sieht der Centralverband von der Geltendmachung unerfüllt gebliebener Wünsche der Industrie ab und gibt sich der Erwartung hin, daß das Preußische Herrenhaus die Gesetzesvorlage in der ihr vom Abgeordnetenhause gegebenen Gestalt genehmigt.

Festmahl.

Abends 7 Uhr begann im Hotel Adlon das Festmahl, ebenfalls unter sehr reger Beteiligung. Der Herr Minister für Handel und Gewerbe, welcher sein Erscheinen zugesagt hatte, war in letzter Stunde dringlich verhindert Der Vorsitzende, Herr Landrat Rötger, bemerkte in der Begrüßungsrede, der Gedankenaustausch am grünen Tisch sei vielleicht nicht soviel wert, wie an gedeckten Tafeln. Die wünschenswerten Beziehungen mit Herren von der Regierung, Parlamentariern und last not least mit der Presse, seien reger geworden, wenn schon seitens der letzteren dem älteren Centralverband Deutscher Industrieller vielleicht weniger Aufmerksamkeit geschenkt werde als jüngeren Erscheinungen. Der kürzlich seitens eines Ministers getanen Aeußerung, es möchte sich ein Vertrauensverhältnis zwischen Regierung und Industrie herausbilden, stimmte Reder gern zu; nur müßte der Centralverband als erwachsenes Kind behandelt werden und seine eigene Meinung haben dürfen. Redner gedachte schließlich der Wolken am politischen Horizont. Wenn wir trotzdem in Ruhe unserem Beruf nachgehen können, so beruhe das mit auf unserer Kultur und gesunden Kraft. Dabei sei des Kaisers zu gedenken, der in schwerer Stunde stets bisher die nationale Ehre gewahrt habe. Die Rede gipfelte in dreifachem Hurra auf Seine Majestät den Kaiser, in welches die Versammlung stehend lebhaft einstimmte. Namens der Gäste dankte Abg. Freiherr von Zedlitz. Alte Leute, wie er, blickten gern in die Vergangenheit zurück. Vor 50 Jahren wurde Bismarck als Vertrauensmann des Königs berufen. Welcher Wechsel seit damals, wo Deutschland wirtschaftlich und politisch kaum mehr als ein geographischer Begriff war. Unter unserer nationalen Wirtschaftspolitik, für welche der Centralverband von Anfang an gewirkt, haben wir uns so emporgearbeitet, daß wir auf dem Kontinente weitaus in erster Linie stehen und wirtschaftlich England nahekommen. Die deutsche Industrie, deutsche Unternehmung, deutsche Intelligenz werden in der ganzen Welt bewundert. Redner toastete auf die deutsche Industrie und den

Centralverband Deutscher Industrieller. Schließlich feierte Abg. Dr. Beumer mit Hinweis auf den heutigen Geburtstag Buecks seinen alten Freund und Kollegen in Verbindung mit dem derzeitigen Geschäftsführer Dr. Schweighoffer. Er wies hin auf das Leben harter Arbeit, das Bueck 82 Jahre lang gehabt, und auf den Segen der Arbeit überhaupt, welche durch unsere neue Sozialpolitik möglichst herabgedrückt werde. Mit der Entwickelung, dem Leben deutscher Arbeit, werde Buecks Name dauernd verknüpft bleiben. Dr. Beumer sprach dem Vorsitzenden und dem Direktorium den Dank aus und berichtete, wie Herr Bueck seine große Freude darüber kundgegeben, daß er gesehen habe, wie sein Amt als Geschäftsführer des Centralverbandes in würdige Hände übergegangen, wie Dr. Schweighoffer es weiter versehe in alter, bewährter Tradition. Schließlich ergriff Herr Dr. Schweighoffer das Wort und dankte in wärmster Weise für die äußerst wohlwollenden Worte, die er aus dem Munde eines so hervorragenden Vorkämpfers der deutschen Industrie gehört; er glaube daraus entnehmen zu dürfen, daß die von ihm vertretenen Ideen auch die der Mitglieder des Centralverbandes seien. Nach längerer Tätigkeit in der Staatsverwaltung habe Redner, als er von der Theorie zur Praxis kam, das Glück gehabt, unter einem Manne arbeiten zu können, dessen ganze Wucht und Energie seiner Persönlichkeit ihn ohne weiteres in den Bann seiner Gedanken zwang und von dem er gelernt habe, das Große stets vor das Geringere zu stellen. Die Versammlung dürfe überzeugt sein, daß er in diesem Sinne weiterarbeiten werde. Dazu ermutige und befähige ihn die Erkenntnis, daß der Centralverband die beste Stütze finde in den ihm angeschlossenen Verbänden und ihren Leitern und Geschäftsführern. Dort finde sich eine unerschöpfliche Summe von Intelligenz, die unsere Arbeit fördere und sich ihr aufpräge. Redner bat die angeschlossenen Verbände um solche weitere getreuliche Unterstützung und schloß mit einem Hoch auf die Leiter dieser Verbände.

Nach dem Mahle blieb man noch bis zu später Nachtstunde in angeregter Unterhaltung beisammen.

Liste der Anwesenden
in der
Ausschußsitzung am 11. Dezember 1912 in Berlin.

Mitglieder des Direktoriums:

Herr **Rötger**, Landrat a. D., Vorsitzender, Berlin.

„ **Koenig**, G., Geh. Regierungsrat, Vorsitzender des Direktoriums des Vereins der Deutschen Zucker-Industrie, Zweiter stellvertretender Vorsitzender, Berlin W, Kleiststr. 32.

„ **Brückner**, Richard, Fabrikbesitzer, Calbe a. S.

„ **Ehrhardt**, Max, Baurat, Weimar.

„ **Hilger**, Geh. Bergrat, Generaldirektor der Vereinigten Königs- und Laurahütte, Vorsitzender der Oestlichen Gruppe des Vereins Deutscher Eisen- und Stahl-Industrieller, Berlin NW, Dorotheenstr. 50.

„ **Hugenberg**, Geh. Finanzrat, Vorsitzender im Direktorium der Fried. Krupp A.-G., Essen (Ruhr).

„ **Kirdorf**, E., Geh. Kommerzienrat, Generaldirektor der Gelsenkirchener Bergwerks-Akt.-Ges., Rheinelbe bei Gelsenkirchen.

„ **von Rieppel**, A., Dr.-Ing. h. c. und Dr. phil., Kgl. Geh. Baurat, Vorsitzender des Bayerischen Industriellen-Verbandes, Erster stellvertretender Vorsitzender, Nürnberg, Aeußere Cramer-Klettstr. 12.

„ **Schlumberger**, Th., Geh. Kommerzienrat, Vorsitzender des Elsässischen Industriellen-Syndikats, Mülhausen i. Els.

„ **Semlinger**, H., Geh. Kommerzienrat, Vorsitzender des Vereins Süddeutscher Baumwollindustrieller, Bamberg.

Herr Vogel, Geh. Kommerzienrat, Vorsitzender des Verbandes der Textilindustriellen Chemnitz, Chemnitz.

„ Vorster, Jul., Geh. Kommerzienrat, Mitglied des Hauses der Abgeordneten, Vorsitzender des Vereins der Industriellen des Reg.-Bez. Köln, Köln.

„ Werminghoff, Generaldirektor, Weißer Hirsch bei Dresden

Mitglieder der Geschäftsführung:

Herr Schweighoffer, Dr., Regierungsrat a. D., Geschäftsführer, Berlin.

„ von Stojentin, Dr., stellvertretender Geschäftsführer, Berlin.

„ Ballerstedt, Dr., Berlin.

„ Ebner, Dr., Berlin.

„ Hoff, Dr., Berlin.

„ Krause, Dr., Berlin.

„ Zakrzewski, Dr., Berlin.

Mitglieder:

Herr Beukenberg, Baurat, Dortmund.

„ Beumer, Dr., Generalsekretär, Düsseldorf.

„ Bock, Heinrich, Kommerzienrat, Würzburg.

„ Frölich, Geschäftsführer, Düsseldorf.

„ Fromm, E., Geh. Kommerzienrat, München.

„ Goldberger, Geh. Kommerzienrat, Berlin W.

„ Goldschmidt, Karl, Dr., Kommerzienrat, Essen (Ruhr).

„ Gottstein, L., Dr., Kommerzienrat, Breslau I.

„ Großberger, Generaldirektor, Kneuttingen.

„ Guggenheimer, Dr., Augsburg.

„ Haas, Karl, Dr., Geh. Kommerzienrat, Waldhof b. Mannheim.

„ Haumann, Oberbürgermeister, Generaldirektor der Vereinigten Stahlwerke van der Zypen und Wissener Eisenhütten, Köln a. Rh.

„ Hirsch, Syndikus, Essen (Ruhr).

„ Hummel, Friedrich, Generaldirektor, Ettlingen.

„ Kamp, Kommerzienrat, Berlin-Grunewald.

„ Kauffmann, Georg, Dr., Kommerzienrat, Hermsdorf a. d. Katzbach, Kreis Goldberg in Schlesien.

Herr Kiener, André, Handelskammer-Präsident, Colmar i. Els.
„ Knochenhauer, Bergrat, Kattowitz (O.-S.).
„ Körting, Berth., Geh. Kommerzienrat, Hannover.
„ Kramer, i. Fa. Raab, Karcher & Co., Duisburg.
„ Kraushaar, Dr., Generaldirektor, Hannover.
„ Krüger, Generalleutnant, Exzellenz, Berlin-Westend.
„ Kuhlo, Dr., Syndikus, München.
„ Langen, C. O., Kommerzienrat, M.-Gladbach.
„ Meesmann, Geschäftsführer, Mainz.
„ Müllensiefen, Th., Kommerzienrat, Crengeldanz.
„ Müller, Waldemar, Geh. Ober-Finanzrat, Berlin.
„ Neubarth, Eugen, Kommerzienrat, Forst i. L.
„ Reusch, Kommerzienrat, Gutehoffnungshütte-Oberhausen II, Rheinland.
„ Röchling, Louis, Kommerzienrat, Völklingen a. Saar.
„ Rocke, Dr., Geschäftsführer, Hannover.
„ Schaafhausen, Direktor, Neuwelzow (N.-L.).
„ Schott, F., Geh. Kommerzienrat, Heidelberg.
„ Schrödter, E., Dr.-Ing., Düsseldorf.
„ von Schubert, Generalleutnant, Exzellenz, Berlin.
„ Siemens, Bergrat, Halle a. S.
„ Springorum, Kommerzienrat, Dr.-Ing., Dortmund.
„ Steller, Paul, Generalsekretär, Köln a. Rh.
„ Stumpf, F., Generalsekretär, Osnabrück.
„ Tille, Dr., Generalsekretär, Saarbrücken 3.
„ Voltz, Dr., Generalsekretär, Kattowitz (O.-Schl.)
„ von Vopelius, Max, Dr., Hüttenbesitzer, Sulzbach a. d. Saar.
„ Wandel, Justizrat, Essen (Ruhr).
„ Wiebe, Dr., Handelskammer-Syndikus, Bochum.
„ Zanders, Hans, Kommerzienrat, Bergisch-Gladbach.

Ferner waren anwesend:

Herr Fleitmann, Iserlohn.
„ Karcher, Kommerzienrat, Dillingen (Saar).
„ Krueger, Düsseldorf.
„ Schöler, Vertreter des Verbandes Deutscher Tonindustrieller, Charlottenburg.
„ Turk, i. Fa. Gebr. Stumm, G. m. b. H., Neunkirchen.
„ Vielhaber, Prokurist, Vertreter der Firma Fried. Krupp, Essen (Ruhr).

Entschuldigt hatten sich:

Vom Direktorium:

Herr Abt, Kommerzienrat, Saarbrücken.
„ Bueck, H. A., Generalsekretär, Berlin.
„ Flohr, Geh. Baurat, Hamburg.
„ von Siemens, Wilhelm, Dr.-Ing., Geh. Regierungsrat, Berlin.
„ Schrey, Regierungs- und Geh. Baurat, Berlin.

Von Mitgliedern:

Herr Baur, Baurat, Kiel (Germaniawerft).
„ Böcking, Rud., Geh. Kommerzienrat, Brebach.
„ Eichler, Generaldirektor, Berlin.
„ von Langen, Gottlieb, Köln a. Rh.
„ Laurenz, Anton, Kommerzienrat, Ochtrup i. W.
„ Lueg, H., Geh. Kommerzienrat, Dr.-Ing., Düsseldorf.
„ Meyer, Paul, Dr., Berlin.
„ Mittelstaedt, Wilhelm, Oberlangenbielau.
„ Oswald, W., Kommerzienrat, Koblenz.
„ Rennen, Kommerzienrat, Oberhomburg.
„ Röll, Wilh., Kommerzienrat, Aue i. Erzgebirge (Sachsen).
„ Schmid, Th. W., Direktor, Hof i. Bayern.
„ von Skene, Karl, Geh. Kommerzienrat, Klettendorf b. Breslau.
„ Ugé, Kommerzienrat, Kaiserslautern (Pfalz).
„ Vischer, Generaldirektor, Untertürkheim.
„ Walter, W., Direktor, Hannover-Linden.
„ Websky, Ernst, Fabrikbesitzer, Tannhausen (Schlesien).
„ Williger, Bergrat, Kattowitz.
„ Winkler, Paul, Geh. Kommerzienrat, Fürth i. Bayern.

Liste der Anwesenden
in der
Delegiertenversammlung am 12. Dezember 1912 in Berlin.

Vertreter der Reichs- und Preußischen Staatsbehörden:

Vertreter des Reichsamts des Innern:

Herr Geh. Regierungsrat Siefart, Berlin.

Vertreter des Ministeriums für Landwirtschaft, Domänen und Forsten:

Herr Regierungsrat Kreutz, Berlin.
„ Geh. Oberregierungsrat Dr. Engelhard, Berlin.

Vertreter des Reichstags:

Herr Karl Lützel, Pirmasens.
„ Dr. Hugo Böttger.
„ Dr. List, Eßlingen.
„ Dr. Quarck, Coburg.
„ Dr. Arendt.

Vertreter des Abgeordnetenhauses:

Herr Weingutsbesitzer Veltin, Berncastle.
„ Justizrat Bitta, Breslau.
„ Geh. Regierungsrat Brütt, Rendsburg.
„ Landrat Schulze-Pelkum, Hamm.
„ Dr. von Kries, Filehne.
„ Kommerzienrat Krawinkel, Vollmerhausen (Köln).

Ferner nahmen als **Vertreter von befreundeten industriellen Organisationen** teil:

Des Vereins zur Wahrung der Interessen der chemischen Industrie Deutschlands:

Herr Kraemer, G., Professor Dr., Berlin.
„ Horney, Dr., Berlin.

Der Ständigen Ausstellungskommission für die deutsche Industrie:

Herr Berliner, Alfred, Dr., Berlin.
„ Goldberger, Geh. Kommerzienrat, Vorsitzender, Berlin.
„ Heimann, Dr., Berlin.

Mitglieder des Direktoriums:

Herr Rötger, Landrat a. D., Berlin, Vorsitzender.
„ Koenig, G., Geh. Regierungsrat, Vorsitzender des Direktoriums des Vereins der Deutschen Zucker-Industrie, Zweiter stellvertretender Vorsitzender, Berlin W, Kleiststr. 32.
„ Abt, Kommerzienrat, Saarbrücken.
„ Brückner, Richard, Fabrikbesitzer, Calbe a. S.
„ Ehrhardt, Max, Baurat, Weimar.
„ Hilger, Geh. Bergrat, Generaldirektor der Vereinigten Königs- und Laurahütte, Vorsitzender der Oestlichen Gruppe des Vereins Deutscher Eisen- und Stahl-Industrieller, Berlin NW, Dorotheenstr. 50.
„ Hugenberg, Geh. Finanzrat, Vorsitzender im Direktorium der Fried. Krupp A.-G., Essen (Ruhr).
„ von Rieppel, A., Dr.-Ing. h. c. und Dr. phil., Kgl. Geh. Baurat, Vorsitzender des Bayerischen Industriellen-Verbandes, Erster stellvertretender Vorsitzender, Nürnberg, Aeußere Cramer-Klettstr. 12.
„ Schlumberger, Th., Geh. Kommerzienrat, Vorsitzender des Elsässischen Industriellen-Syndikats, Mülhausen im Elsaß.
„ Schrey, Regierungs- und Geh. Baurat, Berlin.
„ Semlinger, H., Geh. Kommerzienrat, Vorsitzender des Vereins Süddeutscher Baumwoll-Industrieller, Bamberg.

Herr von Siemens, Wilhelm, Dr.-Ing., Geh. Regierungsrat, Vorsitzender des Aufsichtsrats der Siemens-Schuckertwerke, Berlin SW, Askanischer Platz 3.
„ Vorster, Jul., Geh. Kommerzienrat, Mitglied des Hauses der Abgeordneten, Vorsitzender des Vereins der Industriellen des Regierungsbezirks Köln, Köln.
„ Werminghoff, Generaldirektor, Weißer Hirsch bei Dresden.

Mitglieder der Geschäftsführung:

Herr Schweighoffer, Dr., Regierungsrat a. D., Geschäftsführer, Berlin.
„ von Stojentin, Dr., stellvertretender Geschäftsführer, Berlin.
„ Ballerstedt, Dr., Berlin.
„ Ebner, Dr., Berlin.
„ Hoff, Dr., Berlin.
„ Krause, Dr., Berlin.
„ Lohan, Dr., Berlin.
„ Zakrzewski, Dr., Berlin.

Mitglieder:

Herr Batscheck, Generaldirektor des Deutschen Braunkohlen-Industrie-Vereins, Halle a. S.
„ Beisert, Geschäftsführer des Deutschen Braunkohlen-Industrie-Vereins, Halle a. S.
„ Beukenberg, Baurat, Generaldirektor, Vertreter der Akt.-Ges. Phoenix, Hörde i. W.
„ Beumer, W., Dr., Mitglied des Hauses der Abgeordneten, Generalsekretär des Vereins zur Wahrung der gemeinsamen wirtschaftlichen Interessen in Rheinland und Westfalen und der Nordwestlichen Gruppe des Vereins Deutscher Eisen- und Stahl-Industrieller, Düsseldorf.
„ Bock, Heinrich, Kommerzienrat, Würzburg.
„ Boelcke, Dr., Vertreter des Gesamtverbandes Deutscher Metallindustrieller, Berlin.
„ von Borsig, E., Kommerzienrat, Berlin-Tegel.
„ Bothe, Fr., stellvertr. Syndikus der Handelskammer Essen, Essen.
„ Graf Brockdorff, Dr., General-Bevollmächtigter Sr. Durchlaucht des Fürsten von Donnersmarck, Charlottenburg.
„ Brockhaus, Prokurist der Firma Berliner Kalk-Sandsteinwerke Rob. Guthmann, G. m. b. H., Berlin.

Herr Buschmann, B., Vertreter der Ziegelei-Berufsgenossenschaft, Charlottenburg.
" Butz, Dr., Vertreter des Vereins für die bergbaulichen Interessen im Oberbergamtsbezirk Dortmund, Essen (Ruhr).
" Coste, D., Kommerzienrat, Biere.
" van Delden, Kommerzienrat, Gronau i. Westf.
" Dierig, Günther, Dr., Vertreter der Firma Christian Dierig, G. m. b. H., Oberlangenbielau.
" Dietrich, Dr., Syndikus der Handelskammer Plauen.
" Eckert, Vertreter des Vereins für die bergbaulichen Interessen Niederschlesiens, Neu-Weißstein.
" von Erckelenz, Vertreter der Gasmotorenfabrik Deutz, Berlin.
" Faelligen, Dr., Syndikus des Oberschlesischen Grubenholz-Syndikats, Beuthen.
" Fasolt, Dr., Vertreter des Vereins für die wirtschaftlichen Interessen der deutschen Elektrotechnik, Berlin.
" Fellinger, Rich., Dr., Vertreter des Siemens-Concern, Berlin.
" Fleitmann, Iserlohn.
" Frölich, Fr., Dipl.-Ingenieur, Geschäftsführer des Vereins Deutscher Maschinenbau-Anstalten, Düsseldorf.
" Fromm, Generaldirektor der Maxhütte, München.
" Funcke, Bergrat, Bergwerksdirektor, Vorstandsmitglied der Gelsenkirchener Bergwerksaktiengesellschaft, Kamen i. Westf.
" Goldschmidt, Karl, Dr., Kommerzienrat, Essen (Ruhr).
" Gottstein, Dr., Kommerzienrat, Breslau.
" Grabenstedt, Dr., Generalsekretär des Gesamtverbandes Deutscher Metallindustrieller, Berlin.
" Großberger, Generaldirektor, Kneuttingen.
" Guggenheimer, Dr., Direktor, Augsburg.
" Haas, Karl, Dr., Geh. Kommerzienrat, Waldhof bei Mannheim.
" Hallbauer, Kommerzienrat, Lauchhammer.
" Hampke, Dr., Geschäftsführer der Gewerbekammer Hamburg, Hamburg.
" Hartleben, Vertreter der Firma Friedr. Krupp, Berlin.
" Hasse, Regierungsrat, Vertreter der Handelskammer Oppeln, Oppeln.
" Hasse, Hans, Vertreter des Vereins Deutscher Werkzeugmaschinenfabriken Berlin, Berlin.
" Haßlacher, Dr., Vertreter der Rheinischen Stahlwerke, Duisburg-Meiderich.

Herr Haumann, Oberbürgermeister, Generaldirektor der Vereinigten Stahlwerke van der Zypen und Wissener Eisenhütten, Köln a. Rh.
„ Heermann, Ad., Vertreter des Allgemeinen Industrieverbandes Hamburg, Hamburg.
„ Hellenberg, Marienhütte.
„ Heubner, Dr., Syndikus der Handelskammer Schweidnitz.
„ Heymann, Hermann, Kommerzienrat, Berlin.
„ Hippenstiel, Geh. Regierungsrat, Vertreter der Zucker-Berufsgenossenschaft, Berlin.
„ Hirsch, Mitglied des Hauses der Abgeordneten, Syndikus der Handelskammer für die Kreise Essen, Mülheim (Ruhr) und Oberhausen, Essen (Ruhr).
„ Holstein, Vertreter des Arbeitgeberverbandes der rheinischen Seidenindustrie, Crefeld.
„ Höring, Vertreter der Firma Siemens & Halske, Berlin.
„ Hummer, Friedrich, Generaldirektor, Ettlingen.
„ Illgner, Oppeln.
„ Janssen, Vertreter der Bergwerksgesellschaft Trier zu Hamm, Cappenberg.
„ John, W., Dr., Syndikus des Verbandes Ostdeutscher Industrieller, Danzig.
„ Joly, Kommerzienrat, Wittenberg.
„ Jüngst, Geh. Bergrat, Berlin W, Kurfürstendamm 214.
„ Junk, Direktor, Chemnitz.
„ Kamp, Kommerzienrat, Berlin-Grunewald.
„ Karcher, Kommerzienrat, Dillingen (Saar).
„ Kauffmann, Georg, Dr., Kommerzienrat, Hermsdorf a. d. Katzbach.
„ Kiener, André, Handelskammer-Präsident, Colmar i. Els.
„ Kind, Dr., Düsseldorf.
„ Kirdorf, A., Geh. Kommerzienrat, Mülheim (Ruhr).
„ Knochenhauer, Bergrat, Vertreter des Oberschlesischen Berg- und Hüttenmännischen Vereins, Kattowitz.
„ Kobrow, Paul, Vertreter der Gewerbekammer Hamburg, Hamburg.
„ Körting, B., Geh. Kommerzienrat, Hannover.
„ Kramer, i. Fa. Raab, Karcher & Co., Duisburg.
„ Kratz, Vertreter des Vereins für die bergbaulichen Interessen im Oberbergamtsbezirk Dortmund, Essen (Ruhr).
„ Krause, Max, Kgl. Baurat, Direktor von A. Borsig, Berlin.
„ Kraushaar, Dr., Generaldirektor, Hannover.

Herr Krieger, B., Dr., Vertreter des Verbandes Deutscher Tonindustrieller und des Vereins der Kalksandsteinfabriken.

„ Krüger, Generalleutnant z. D., Exzellenz, Geschäftsführer des Vereins der Fabrikanten landwirtschaftlicher Maschinen und Geräte sowie des Verbandes Deutscher Maschinenfabrikanten für Brauereiindustrie, Berlin.

„ Kubatz, Dr., Geschäftsführer des Vereins zur Wahrung der Interessen der Asphaltindustrie in Deutschland, Berlin.

„ Kuhlo, Dr., Syndikus des Bayerischen Industriellen-Verbandes, München.

„ Langen, C. O., Kommerzienrat, M.-Gladbach.

„ Linde, Gustav, Regierungsbaumeister a. D., Direktor des Vereins Deutscher Ingenieure, Berlin.

„ Lindner, Vertreter der Bergwerksgesellschaft Hibernia, Herne, Herne.

„ Lohmann, H., Oberbergrat a. D., Vertreter der v. Kulmizschen Zentralverwaltung, Saarau (Schl.), Breslau.

„ Ludwig, Vertreter der Mansfeldschen Gewerkschaft, Eisleben.

„ Lübbers, Dr., Syndikus der Handelskammer Altona.

„ Maennicke, Bergassessor, Vertreter des Vereins der Kaliinteressenten, Magdeburg.

„ Mathies, Regierungsrat, Berlin.

„ Meesmann, Direktor, Geschäftsführer des Mittelrheinischen Fabrikantenvereins, Mainz.

„ Meidel, Vertreter des Vereins Deutscher Brücken- und Eisenbau-Fabriken, Berlin.

„ Mirus, Dr., Syndikus, Vertreter des Vereins Deutscher Zellstofffabrikanten, Berlin.

„ Mollat, Dr., Syndikus der Handelskammer Siegen und Geschäftsführer des Berg- und hüttenmännischen Vereins, Siegen.

„ Müllensiefen, Kommerzienrat, Vertreter des Vereins deutscher Tafelglashütten, Kassel, Crengeldanz.

„ Müller, Geh. Ober-Finanzrat a. D., Berlin.

„ Müller, Brebach, Halbergerhütte.

„ Mundt, Artur, Vertreter des Deutschen Gypsvereins, Berlin.

„ Neubarth, Eugen, Kommerzienrat, Vorsitzender des Forster Fabrikantenvereins, Forst i. Lausitz.

„ Nienaber, Assessor, Vertreter des Verbandes der Glasindustriellen Deutschlands und der Glasberufsgenossenschaft Berlin, Berlin.

Herr Nitzsche, Dr., Vertreter des Verbandes der Eisenindustrie Hamburgs, Hamburg.
„ Rothmann, Vertreter der Oberschlesischen Stahlwerksgesellschaft, Berlin.
„ Peltzer, Adolf Fr., Fabrikbesitzer, Vertreter des Vereins der Textilindustriellen von M.-Gladbach und Umgegend, M.-Gladbach,
„ Pfeil, Vertreter der Firma Siemens & Halske, Berlin.
„ Pohl, Dr., Vertreter des Arbeitgeberverbandes für die Provinz Sachsen und der Vereinigung Deutscher Baumwollstrickgarnfabrikanten, Magdeburg.
„ von Reiswitz, Freiherr, Vertreter des Arbeitgeberverbandes Hamburg-Altona und des Allgemeinen Industrieverbandes Hamburg, Hamburg.
„ Reusch, Kommerzienrat, Generaldirektor der Gutehoffnungshütte, Oberhausen (Rheinland).
„ Rhazen, Regierungsrat a. D., Generaldirektor der Gasmotorenfabrik Deutz, Köln.
„ Rocke, Dr., Syndikus, Hannover.
„ Röchling, Louis, Kommerzienrat, Völklingen a. Saar.
„ Rohrlich, Direktor des Magdeburger Braunkohlen-Bergbau-Vereins, Oschersleben.
„ Runge, Vertreter des Vereins Berliner Kaufleute, Berlin.
„ Schaafhausen, Direktor, Neu-Welzow (N.-L.).
„ Schaltenbrand, Direktor, Vorsitzender des Direktoriums des Stahlwerksverbandes, Düsseldorf.
„ Schieß, Dr., Vertreter des Rheinisch-Westfälischen Kohlen-Syndikats, Essen (Ruhr).
„ Schlüter, Vertreter des Verbandes Deutscher Müller, Berlin, Berlin.
„ Schniewindt, Vertreter der Handelskammer Altena, Altena.
„ Schöler, Vertreter des Verbandes Deutscher Tonindustrieller, Charlottenburg.
„ Schott, F., Geh. Kommerzienrat, Heidelberg.
„ Schröcker, Vertreter der A. Riebeckschen Montanwerke, A.-G., Halle a. S., Halle a. S.
„ Schrödter, E., Dr.-Ing., Ingenieur, Geschäftsführer des Vereins Deutscher Eisenhüttenleute, Düsseldorf.
„ von Schubert, Generalleutnant z. D., Mitglied des Reichstags, Exzellenz, Berlin.
„ Schulze, Vertreter der A. Riebeckschen Montanwerke, A.-G., Halle a. S., Halle a. S.

Herr Schürholz, H., Vorsitzender des Verbandes Deutscher Cocos-industrieller, Hervest-Dorsten.
„ Siemens, Bergrat, Halle a. S.
„ von Skene, Philipp, Vertreter der Firma vom Rath, Schöller & Skene, Breslau.
„ Springorum, Kommerzienrat, Generaldirektor, Vorsitzender des Vereins Deutscher Eisenhüttenleute, Dortmund.
„ Stein, C., Vertreter der Gasmotorenfabrik Deutz, Berlin.
„ Steller, Paul, Generalsekretär des Vereins der Industriellen des Regierungsbezirks Köln und des Vereins Deutscher Werkzeugmaschinenfabriken, Köln.
„ Stumpf, F., Generalsekretär des Georgs-Marien-Bergwerks- und Hütten-Vereins, Syndikus der Handelskammer zu Osnabrück.
„ Supf, Carl, Vorsitzender des Kolonialwirtschaftlichen Komitees, Berlin.
„ Tille, Dr., Generalsekretär, Saarbrücken 3.
„ Thurm, Neusalz a. O., Vertreter der Gruschwitz-Textilwerke A.-G., Neusalz a. O.
„ Töwe, Dr., Vertreter des Gesamtverbandes deutscher Metallindustrieller, Halle a. S.
„ Treutler, Bergwerksdirektor, Saarau i. Schlesien.
„ Tschierschky, Dr., Geschäftsführer des Vereins der Deutschen Textilveredlungsindustrie, Düsseldorf.
„ Turk, i. Fa. Gebr. Stumm, G. m. b. H., Neunkirchen.
„ Urbach, Vertreter des Cementwarenfabrikantenvereins Deutschlands, Berlin.
„ Vielhaber, Prokurist, Vertreter der Firma Fried. Krupp, Essen (Ruhr).
„ Voltz, Dr., Generalsekretär, Kattowitz.
„ von Vopelius, Max, Dr., Hüttenbesitzer, Sulzbach a. d. Saar.
„ Voye, Dr., Geschäftsführer der Handelskammer Hagen und des Vereins der Märkischen Kleineisenindustrie, Hagen.
„ Wächter, C., Vertreter der Handelskammer Plauen, Zwickau (Sa.).
„ Wandel, Justizrat, Vertreter der Firma Fried. Krupp, A.-G., Essen (Ruhr).
„ Weinlig, Generaldirektor, Burg Lede b. Beuel a. Rh.
„ Wenzel, Kommerzienrat, Leipzig.
„ Wiebe, Dr., Syndikus der Handelskammer Bochum, Bochum.
„ Wiegand, Generaldirektor, Vertreter des Vereins deutscher Fabriken feuerfester Produkte, Köln.

Herr Woltmann, Vertreter der Gutehoffnungshütte, Oberhausen (Rhld.)
„ Zanders, Hans, Kommerzienrat, Bergisch Gladbach.
„ Zörner, Bergrat, Generaldirektor, Kalk bei Köln.

Als Gäste waren anwesend:

Herr Bovenschen, Dr., Geschäftsführer des Reichsverbandes gegen die Sozialdemokratie.
„ Bührig, Dr., Vertreter des Wasserwirtschaftlichen Verbandes, Berlin.
„ Eberle, Dr., Bürgermeister, Vorsitzender des Reichsdeutschen Mittelstandsverbandes, Nossen (Sa.).
„ Ernst, Richard, i. Fa. Gebr. Sulzer, Mannheim.
„ Fahrenbach, L., Geschäftsführer des Reichsdeutschen Mittelstandsverbandes, Leipzig, Senefelderstr. 13/17.
„ Flamm, Geh. Regierungsrat, Professor, Vorsitzender des Zentralvereins für deutsche Binnenschiffahrt, Nicolassee.
„ Flathmann, Geschäftsführer, Charlottenburg.
„ Glaser, Ingenieur, Berlin.
„ Grotewold, Dr., Vertreter des Zentralvereins für deutsche Binnenschiffahrt Berlin, Berlin.
„ Harland, Vertreter des Vereins der Industriellen Pommerns, Stettin.
„ C. Heuer, Geschäftsführer des Bundes vaterländischer Arbeitervereine, Berlin.
„ Krupp, Dr., Bergassessor, Bergheim.
„ Mehner, Oberhausen.
„ Oeking, Vertreter des Stahlwerks Oeking, Düsseldorf.
„ Pattberg, Direktor, Hamburg.
„ Paxmann, Berlin.
„ Pieper, Bochum.
„ Reincke, Stolp (Pom.).
„ Scheda, Vertreter des Förderungsausschusses für vaterländische Arbeitervereine, Berlin.
„ Schrader, Regierungsrat, Leipzig.
„ Späth, Direktor, Düsseldorf.
„ Stahmer, Kommerzienrat, Osnabrück.
„ Tänzler, Dr., Syndikus, Berlin.
„ Tübben, Dr., Nikolassee (Bergakademie).
„ Weber, Berlin.
„ Ziegler, Dr., Geschäftsführer der Vereinigung der in Deutschland arbeitenden Feuerversicherungsgesellschaften, Berlin.

Als Vertreter der Presse waren anwesend:

Herr Elsner, Otto, Redakteur, Berlin.
„ Gessel, Redakteur der Deutschen Journalpost Schweder & Hertzsch, Berlin.
„ Herzberg, Vertreter des Korrespondenz-Bureaus, Berlin.
„ Joel, „Voss. Ztg.“, Berlin.
„ Krause, Redakteur, „Berliner Politische Nachrichten“, Berlin.
„ Neumann, „Rheinisch-Westf. Zeitung“, Berlin.
„ Pietsch, Th., Dr., Vertreter der „Schlesischen Zeitung“, Berlin.
„ Pohl, Dr., Chefredakteur, „Die Post“, Berlin.
„ Schweinburg, Chefredakteur der „Berliner Pol. Nachrichten“, Berlin.
„ Steinmann-Bucher, Herausgeber der „Deutschen Industrie-Zeitung“, Berlin.

Entschuldigt hatten sich:

Vom Direktorium:

Herr Bueck, H. A., Generalsekretär, Berlin.
„ Flohr, Geh. Baurat, Hamburg.
„ Kirdorf, E., Geh. Kommerzienrat, Generaldirektor der Gelsenkirchener Bergwerks-Akt.-Ges., Rheinelbe bei Gelsenkirchen.
„ Vogel, Geh. Kommerzienrat, Vorsitzender des Verbandes der Textilindustriellen, Chemnitz.

Von Mitgliedern:

Herr Baur, Direktor, Vertreter der Spinnerei und Weberei, Offenburg.
„ Böcking, Geh. Kommerzienrat, Halbergerhütte, Post Brebach.
„ Eichler, Generaldirektor des Kalisyndikats, Staßfurt.
„ Koechlin, Alb. G., Steinen (Baden).
„ von Langen, Gottlieb, Köln.
„ Laurenz, Kommerzienrat, Ochtrup i. W.
„ Lueg, H., Geh. Kommerzienrat, Dr.-Ing., Düsseldorf.
„ Mayer, Paul, Dr., Vertreter des Vereins zur Wahrung gemeinsamer Wirtschaftsinteressen der Deutschen Elektrotechnik, Berlin.
„ Mittelstaedt, Vertreter der Firma Christian Dierig, G. m. b. H., Oberlangenbielau.
„ Moldenhauer, Professor Dr., Vertreter des Allgemeinen Versicherungsschutzverbandes, Köln.

Herr **Riedt**, Dr.-Ing., Generaldirektor, Gleiwitz.
" **Oswald**, W., Kommerzienrat, Koblenz.
" **Rennen**, Kommerzienrat, Oberhomburg.
" **Röll**, W., Kommerzienrat, i. Fa. Erdmann Kircheis, Aue i. E.
" **von Skene**, Karl, Geh. Kommerzienrat, Klettendorf b. Breslau.
" **Schmid**, Th. W., Direktor, Hof i. B.
" **Ugé**, Kommerzienrat, Kaiserslautern (Pfalz).
Verkaufsstelle des deutschen Kupferdrahtverbandes, Köln.
Herr **Vischer**, Generaldirektor, Untertürkheim.
" **Walter**, Fabrikdirektor, Hannover-Linden.
" **Websky**, Ernst, Fabrikbesitzer, Tannhausen.
" **Williger**, Bergrat, Kattowitz.
" **Winkler**, Paul, Geh. Kommerzienrat, Fürth i. Bayern.

Geschäftsbericht

für die Zeit vom 9. Dezember 1910 bis zum 12. Dezember 1912.

Der letzte Bericht über die geschäftliche Tätigkeit des Centralverbandes ist im Anschluß an die Versammlung der Delegierten am 10. Dezember 1910 in Nr. 120 der „Verhandlungen, Mitteilungen und Berichte des Centralverbandes Deutscher Industrieller" vom Januar 1911 veröffentlicht worden. Seit dieser Zeit haben vier Delegiertenversammlungen stattgefunden: am 28. April und 7. November 1911 in Berlin, am 21. Mai 1912 in München und am 12. Dezember 1912 in Berlin. Es wurden vier Ausschußsitzungen abgehalten, und zwar am 27. April und 6. November 1911 in Berlin, am 21. Mai 1912 in München und am 11. Dezember 1912 in Berlin. Das Direktorium des Centralverbandes ist zu neun Sitzungen zusammengetreten, und zwar am 21. März, 27. April und 21. Juni 1911 in Berlin, am 6. September 1911 in Baden-Baden, am 6. November 1911, am 15. Februar 1912 in Berlin, am 20. Mai 1912 in München, am 23. Oktober und am 11. Dezember 1912 in Berlin.

Im **Bestande der Mitglieder des Centralverbandes** trat folgender Wechsel ein:

Neu beigetreten sind 18 Verbände und Korporationen sowie 30 Einzelmitglieder und Einzelfirmen. Ausgeschieden sind 15 Verbände, davon 5 infolge Auflösung, und 23 Einzelmitglieder, so daß der Centralverband auch in der Berichtsperiode einen weiteren Zuwachs an Mitgliedern aufzuweisen hat.

Im einzelnen stellt sich Zu- und Abgang der Mitglieder folgendermaßen dar:

Neu aufgenommen sind:

Handelskammer Osnabrück.
Verein deutscher Seidenwebereien, Düsseldorf.
Verband deutscher Kaltwalzwerke, Hagen i. W.
Zentrale für Gasverwertung, Berlin.
Südwestliche Gruppe des Vereins deutscher Eisen- und Stahlindustrieller, Saarbrücken.

Verein zur Wahrung der Interessen der Asphaltindustrie Deutschlands, Berlin.
Rheinisch-westfälischer Bezirksverband deutscher Färbereien und chemischen Waschanstalten, Mülheim-Ruhr.
Verkaufsvereinigung für Stickstoffdünger G. m. b. H., Berlin.
Verein deutscher Pappenfabrikanten E. V., Berlin.
Verband der Terraininteressenten Deutschlands (Grundstückskammer), Berlin.
Zentralstelle zur Förderung der deutschen Portland-Zementindustrie, Charlottenburg.
Roheisenverband G. m. b. H., Essen-Ruhr.
Städtereinigung und Ingenieurbau Aktiengesellschaft, Berlin.
Verband deutscher Buntwebereien und verwandter Betriebe, Düsseldorf.
Verein zur Förderung des Großschiffahrtsweges vom Rhein zur deutschen Nordsee.
Verein Ottensener Industrieller, Altona.
Verein deutscher Nietenfabrikanten, Düsseldorf-Gerresheim.
Allgemeiner Industrieverband, Hamburg.
Pokorny & Wittekind, Frankfurt a. M.
Bergwerksgesellschaft Georg von Giesches Erben, Zalenze.
Siemens-Schuckert-Werke G. m. b. H., Berlin.
Dittersdorfer Filz- und Kratzentuchfabrik, Dittersdorf.
F. Soennecken, Bonn.
Dr. Graf von Brockdorff, Generalbevollmächtigter Sr. Durchlaucht des Fürsten von Donnersmarck, Neudeck.
Oskar Buchholz, Wilmersdorf.
Gebr. Dietrich, Papier- und Zellulosefabrik, Merseburg.
Corona Fahrradfabrik, Brandenburg.
Freiherr von Strombeck, Eisenhütte Ortrand.
Silesia, Neue Oppelner Portland-Zementfabrik, Oppeln.
Ludwig Rocholl, Stockfabrik, Kassel.
Dr. Kurt von Eichborn, Breslau.
Aktiengesellschaft vorm. Seidel & Naumann, Dresden.
Karl Moschel, Metallschraubenfabrik und Schraubendreherei, Offenbach a. M.
Dr.-Ing. Emil Schrödter, Düsseldorf.
Ludwig Becker, Fabrik für Maschinen und Dampfkessel-Armaturen, Offenbach a. M.
Fabrikbesitzer Fritz Carl Reincke, Stolp.
Schmirgelwerk Dr. Rudolf Schönherr, Fürth b. Chemnitz.
Kommerzienrat von Hoesch, Königstein i. Sa.

Westdeutsche Kalkwerke Aktiengesellschaft, Cöln.
Eisenwerk Nürnberg Aktiengesellschaft vorm. J. Tafel & Co., Nürnberg.
F. M. Weber, Papier- und Pappenfabrik, Leipzig.
Wilh. Freiherr von Pechmann, München.
Jos. C. Huber, Graphische Kunstanstalt, Dießen vor München.
H. E. Schniewind, Elberfeld.
Otto Elsner, Buchdruckerei und Verlagsanstalt A.-G., Berlin.
Elsässische Maschinenbau-Gesellschaft, Mülhausen i. Els.
Grafenberger Walzwerk G. m. b. H., Düsseldorf-Grafenberg.
Mansfeldsche Kupferschiefer bauende Gewerkschaft.

Ausgeschieden sind:

Handelskammer Lennep.
Verein deutscher Fahrradfabrikanten, Frankfurt a. M.
Verkaufsstelle des deutschen Kupferrohrverbandes G. m. b. H., Cöln (infolge Auflösung).
Deutsches Zündholz-Syndikat G. m. b. H., Dresden (infolge Auflösung).
Rheinisch-westfälisches Ziegelsyndikat-Dortmund (infolge Auflösung).
Braunkohlen-Brikett-Syndikat, Helmstedt (infolge Auflösung).
Stabeisen-Konvention (infolge Auflösung).
Wollwarenfabrikanten-Verein, Görlitz.
Bergischer Fabrikanten-Verein, Remscheid.
Verband deutscher Baumwollgarnverbraucher, Dresden.
Verband deutscher Färbereien und chemischen Waschanstalten, Hamburg.
Verband ostdeutscher Industrieller, Danzig.
Technischer Verein, Augsburg.
Vereinigte Siegerländer Hütten G.m.b.H., Siegen (infolge Liquidation).
Verband deutscher Lackfabrikanten, Berlin.
Karl Feuerlein, Feuerbach-Stuttgart.
Tüllfabrik Lindau, Kintzinger & Schmückle, Lindau i. B.
Direktor Gustav Gradner, Stuttgart.
Direktor Manger, Cleve/Rheinld.
Bernburger Portland-Zementfabrik.
S. Fränkel, Neustadt i. Schl.
Farbholz-Extraktfabrik Gebr. Müller, Benrath.
Voigt & Haeffner, Frankfurt a. M.
Robert Berger, Pößneck.
Württembergische Gardinenweberei, Uerdingen.
Mannesmannröhrenwerke Düsseldorf.
Baumwollspinnerei Unterhausen.
Maschinenfabrik Hasenclever, Düsseldorf.

Vereinigte chemische Werke Charlottenburg.
Chemische Fabrik Einergraben, Barmen.
Johann Wilh. Scheidt, Kettwig.
C. G. Haubold jr., Chemnitz.
Industriebörse Mannheim, E. V.
C. A. Schlechtendahl, Barmen.
E. Albers & von Drathen, Meldorf.
Friedrich Curtius, Chemische Fabrik Duisburg (infolge Auflösung).
Maschinenfabriken vorm. Gebr. Guttsmann A.-G., Breslau.

Ferner ist durch den Tod

C. W. Schütz, Hamburg, ausgeschieden.

Der Centralverband selbst trat als Mitglied dem neugegründeten Verein gegen das Bestechungsunwesen bei.

Schon der Geschäftsbericht vom Jahre 1902 (vgl. Heft 94 der Berichte S. 107) konnte bei einer weit geringeren Mitgliederzahl — es gehörten damals dem Centralverbande 80 körperschaftliche Mitglieder weniger an — feststellen, daß von den nach der letzten Berufsstatistik in der Industrie des Deutschen Reiches Erwerbstätigen 7/10 im Centralverbande durch ihre Organisationen vertreten waren, ein Verhältnis, das sich bei der außerordentlichen, selbst das starke Wachstum der deutschen Industrie prozentual überragenden Ausdehnung des Centralverbandes sicherlich nicht zu seinen Ungunsten verschoben hat. Ein ziffernmäßiger Nachweis hierfür wird sich voraussichtlich im nächsten Geschäftsbericht auf Grund einer in Arbeit befindlichen Kartothek erbringen lassen.

Diese Tatsache sollte allein schon genügen, die Ansicht, der Centralverband sei in der Hauptsache eine Vertretung der „Schwer"- (nach herrschendem Sprachgebrauch wohl Montan-)Industrie, als irrig zu erweisen, denn die Montanindustrie stellt nach der Reichsstatistik nicht einmal ein Zehntel der in der Gesamtindustrie Erwerbstätigen dar.

Außerdem zeigt aber auch ein kurzer Blick in die Liste der Mitglieder, daß diese zum weit überwiegenden Teil zur sogenannten Fertigindustrie gehören, eine Tatsache, die wiederum besonders für die Berichtsperiode durch vorstehenden Einzelnachweis über Zugang und Abgang der Mitglieder des Centralverbandes erhärtet wird.

In der **Organisation des Centralverbandes** traten folgende Aenderungen ein:

Die Mitgliederzahl des Direktoriums wurde durch Beschluß der Delegiertenversammlung vom 28. April 1911 von 12 auf 18 erhöht, und die Geschäftsführung der Hauptstelle deutscher

Arbeitgeberverbände durch Aenderung des § 16 der Satzungen der Hauptstelle in der Delegiertenversammlung vom 6. November 1911 von der Geschäftsführung des Centralverbandes, mit der sie bis dahin verbunden, abgezweigt. Doch bleibt der Geschäftsführer des Centralverbandes berechtigt, an allen Sitzungen und Versammlungen der Organe der Hauptstelle mit beratender Stimme teilzunehmen, und der Syndikus der Hauptstelle ist nach Maßgabe der vom Vorstande aufgestellten Geschäftsordnung verpflichtet, dem Geschäftsführer des Centralverbandes von allen wichtigen Vorgängen in der Hauptstelle Mitteilung zu machen.

Die satzungsgemäße Neuwahl des gesamten Direktoriums auf die Dauer von drei Jahren hatte statt in der Delegiertenversammlung vom 21. Mai 1912. Danach sind Mitglieder des Direktoriums die Herren: Landrat a. D. Rötger, Berlin, Vorsitzender; Geh. Baurat Dr.-Ing. A. von Rieppel, Nürnberg, Vorsitzender des Bayerischen Industriellen-Verbandes, erster stellvertretender Vorsitzender; Geh. Regierungsrat Koenig, Berlin, Vorsitzender des Direktoriums des Vereins der deutschen Zuckerindustrie, zweiter stellvertretender Vorsitzender; Kommerzienrat Abt, Saarbrücken, Mitglied des Vorstandes der Firma Gebr. Abt in Ensheim und Forbach; Kommerzienrat Brückner, Calbe a. d. S., Vorsitzender des Vereins deutscher Papierfabrikanten; Generalsekretär a. D. H. A. Bueck, Berlin; Baurat Ehrhardt, Weimar, Vorsitzender des Verbandes deutscher Tonindustrieller; Geh. Baurat Flohr, Hamburg; Geh. Bergrat Hilger, Berlin, Vorsitzender der östlichen Gruppe des Vereins deutscher Eisen- und Stahlindustrieller; Geh. Finanzrat Hugenberg, Essen, Vorsitzender des Direktoriums der Firma Fried. Krupp; Geh. Kommerzienrat Kirdorf, Rheinelbe b. Gelsenkirchen, Generaldirektor der Gelsenkirchener Bergwerks-Aktiengesellschaft; Geh. Kommerzienrat Schlumberger, Mülhausen i. Els., Vorsitzender des Elsässischen Industriellen-Syndikats; Regierungs- und Geh. Baurat Schrey, Charlottenburg, Vorsitzender des Verbandes ostdeutscher Industrieller; Geh. Kommerzienrat Semlinger, Bamberg, Vorsitzender des Vereins süddeutscher Baumwollindustrieller; Geh. Regierungsrat Dr.-Ing. von Siemens, Berlin, Vorsitzender des Aufsichtsrates der Siemens-Schuckert-Werke; Geh. Kommerzienrat Vogel, Chemnitz, Vorsitzender des Verbandes der Textilindustriellen Chemnitz; Geh. Kommerzienrat Vorster, M. d. A., Vorsitzender des Vereins der Industriellen des Regierungsbezirkes Cöln; Generaldirektor Werminghoff, Weißer Hirsch b. Dresden.

In den Vorstand der Hauptstelle deutscher Arbeitgeberverbände ist an Stelle des Herrn Geh. Kommerzienrates E. Kirdorf, der sein Amt niedergelegt hatte, Herr Kommerzienrat Wiedemann in Augsburg vom Direktorium gewählt worden.

Am 31. Dezember 1910 hat sich Herr Generalsekretär H. A. Bueck, welcher seit dem 1. April 1887 die Geschäfte des Centralverbandes geleitet hatte, kurz nach Vollendung seines 80. Lebensjahres von der Geschäftsführung zurückgezogen und ist in den Ruhestand getreten. In Anerkennung seiner außerordentlichen Verdienste um das deutsche Wirtschaftsleben wurde ihm Allerhöchst der Rote Adlerorden II. Klasse mit Eichenlaub verliehen, und es wurde aus weiten Kreisen der deutschen Industrie zum dauernden Andenken an den scheidenden Generalsekretär des Centralverbandes mit erheblichen Mitteln ein „Bueck-Fonds“ gestiftet, der bestimmt ist, dauernden Zwecken des Centralverbandes dienstbar zu sein. Außerdem wurde eine Marmorbüste Buecks von einem namhaften Künstler angefertigt und im Sitzungssaale des Centralverbandes aufgestellt.

Die Leitung der Geschäfte des Centralverbandes ging am 1. Januar 1912 in die Hände des Regierungsrates a. D. Dr. jur. Ferdinand Schweighoffer über, der in Uebereinstimmung mit dem Ausschuß vom Direktorium in seiner Sitzung am 8. Dezember 1910 zum Geschäftsführer gewählt worden war. Dr. Schweighoffer war unmittelbar nach seinem Ausscheiden aus dem Staatsdienste, bereits vom 1. April 1910 an, als stellvertretender Geschäftsführer im Centralverbande tätig gewesen.

Am 16. August 1911 ist Herr Hüttenbesitzer R. von Vopelius, M. d. H., der seit einer Reihe von Jahren Vorsitzender des Centralverbandes Deutscher Industrieller gewesen war, nach langem schweren Leiden gestorben. An seine Stelle wurde in den Wirtschaftlichen Ausschuß zur Vorbereitung und Begutachtung handelspolitischer Maßnahmen Herr Kommerzienrat Wenzel, Leipzig, Vorsitzender des Vereins deutscher Wollkämmer- und Kammgarnspinner, auf Grund eines Vorschlages des Direktoriums des Centralverbandes von dem Herrn Reichskanzler berufen.

Herr Kommerzienrat C. O. Langen, M.-Gladbach, wurde, gleichfalls auf Vorschlag des Direktoriums, als Vertreter des Centralverbandes Deutscher Industrieller von dem Herrn Staatssekretär des Innern zum Mitglied der Wirtschaftlichen Kommission der Reichskolonialverwaltung ernannt.

Herr Geh. Baurat Schrey wurde als weiterer Vertreter des Centralverbandes in die von der Interessengemeinschaft vor mehreren Jahren begründete Ständige Ausstellungskommission entsandt.

Das **Direktorium des Centralverbandes** hat auf dem Gebiete der **Handelspolitik** nachstehendes veranlaßt:

Infolge der Erschwernisse, die der Einfuhr deutscher Waren nach Frankreich besonders seit dem Inkrafttreten der letzten Zolltarifnovelle in steigendem Maße bereitet worden sind, hatte sich die unzureichende amtliche Vertretung der deutschen Wirtschaftsinteressen — es bestehen in Frankreich nur 6 Konsulate und 9 Vizekonsulate — besonders stark fühlbar gemacht. Das Direktorium des Centralverbandes hatte deshalb die Errichtung eines besonderen deutschen Generalkonsulats bei dem Herrn Reichskanzler befürwortet. Diesem Wunsche ist bei der Aufstellung des Reichshaushaltsetats für 1913 dadurch Rechnung getragen worden, daß die für die Einrichtung eines solchen Generalkonsulats erforderlichen Mittel in Ansatz gebracht worden sind.

Während der Unterhandlungen über den Abschluß des deutsch-schwedischen Handelsvertrages wurden auf Ersuchen der zuständigen amtlichen Stellen mehrere Sachverständigen-Gutachten nach Benehmen mit den hierfür in Betracht kommenden industriellen Kreisen abgegeben und dem Herrn Minister für Handel und Gewerbe in 3 Eingaben überreicht.

Ferner wurde das Direktorium des Centralverbandes erneut in einer Eingabe dahin vorstellig, die seinerzeit in Aussicht genommene endgültige vertragliche Regelung der deutsch-kanadischen Handelsbeziehungen nunmehr mit tunlichster Beschleunigung und mit Nachdruck zu betreiben. Gleichzeitig wurden Anträge zu den kanadischen Zollsätzen, geordnet nach den Tarifnummern des kanadischen Zolltarifs, der Eingabe in einer Anlage beigefügt.

Weiter hat das Direktorium die ihm aus dem Kreise der Mitglieder des Centralverbandes bezüglich des holländischen Zolltarifentwurfs zugegangenen Wünsche mit einer allgemeinen Begründung schon unter dem 26. Juli 1911 in einer Eingabe dem Herrn Reichskanzler unterbreitet und später noch weitere Schritte in dieser Richtung unternommen. Die Eingabe wies u. a. darauf hin, daß es sich vielfach um hochwertige Fabrikate handele, für deren Bezug der holländische Verbraucher bisher in der Hauptsache auf den deutschen Export angewiesen sei, und deren beträchtlich erhöhte Verzollung weder im Interesse der holländischen Verbraucher, noch der holländischen Industrie selbst liege. Die Eingabe ersucht die Reichsregierung, auf eine Abschwächung der von der holländischen Regierung zu Ungunsten Deutschlands beabsichtigten Zollerhöhungen hinzuwirken oder den baldigen Abschluß eines Handelsvertrages mit den Niederlanden in Erwägung zu ziehen.

Mehrfache Bemühungen deutscher Firmen, Kalkstickstoff (Calcium-Cyanamid) nach Uruguay einzuführen, waren bisher erfolglos gewesen, da von den dortigen Zollbehörden dieser Artikel als „Drogen" mit einem Wertzoll von 48 pCt. belegt wurde. Es stellte sich dadurch der Preis so hoch, daß ein Absatz dieses Düngemittels ausgeschlossen war. Infolge der vom Centralverbande erhobenen Vorstellungen bei den Reichsbehörden ist durch Vermittlung der Kaiserlich Deutschen Ministerresidentur in Montevideo inzwischen in Uruguay durch Artikel 12 eines am 26. Oktober v. J. veröffentlichten Gesetzes die Zollfreiheit für Kalkstickstoff als Düngemittel festgesetzt worden.

Dem Centralverbande wurde eine Reihe von Zollbeschwerden von seinen Mitgliedern, die sich auf die Zolltarife der Vertragsstaaten und Meistbegünstigungsländer bezogen, übermittelt. Auf Grund der vom Centralverbande an maßgebenden amtlichen Stellen erhobenen Vorstellungen ist es in zahlreichen Fällen gelungen, eine Abstellung der diesen Beschwerden in den einzelnen Staaten zu Grunde liegenden Mißstände zu erwirken.

Sehr eingehende Gutachten hat der Centralverband unter Berücksichtigung der allgemeinen wirtschaftlichen Lage und unter Abwägung der einzelnen Wünsche der hier in Betracht kommenden Interessenten erstattet in Bezug auf den zollfreien Veredelungsverkehr: Sie betrafen

den Veredelungsverkehr mit ausländischen Muffen aus nicht schmiedbarem, bearbeitetem Eisenguß in Verbindung mit einem Dichtungsring aus Kautschuk (Tarifnummer 783); den Veredelungsverkehr mit Formgußstücken aus Aluminium (Teilen von Teigknetern) in unbearbeitetem Zustande (Tarifnummer 845);

den Veredelungsverkehr mit ausländischen schmiedeeisernen bearbeiteten Naben für Automobilräder (Tarifnummer 799), die mit eisernen Speichen und Felgen versehen werden sollen;

den Veredelungsverkehr mit in Form von Ringen aufgewundenem, gewalztem, rohem Eisendraht von 5 bis 5,5 mm Stärke der Tarifnummer 791 — Zollsatz 2,50 M. für 1 dz;

den Veredelungsverkehr mit ausländischem, rohem, gewalztem Eisendraht in Ringen von mehr als 1,5 mm Stärke, Tarifnummer 791 — Zollsatz 2,50 Mk.;

den Veredelungsverkehr mit ausländischen Drahtseilen, die durch Einspleißen von inländischen Kauschen und Eisenringen zu Tressen verarbeitet werden sollen;

den Veredelungsverkehr mit belgischen rohen Röhren und Röhrenformstücken aus nicht schmiedbarem Eisenguß der Tarifnummern 778 und 779 sowie mit rohen gewalzten oder gezogenen Röhren aus schmiedbarem Eisen mit einer Wandstärke von 2 mm oder darüber und von weniger als 2 mm — Tarifnummer 794;

den Veredelungsverkehr mit rohem Eisenblech (Schwarzblech) in rechtwinkligen Tafeln von 0,4 mm Stärke (Tarifnummer 786, Zollsatz 4,50 M. für 1 dz);

den Veredelungsverkehr mit Schwarzblechen (im wesentlichen von 0,22, 0,20 und 0,16 mm Stärke) zu Zwecken der Lampenfabrikation;

den Veredelungsverkehr mit Verzierungen aus Messingblech und gegossenem Messing (Tarifnummer 878, Zollsatz 30 M. für 1 dz) für Moskitobettstellen.

Auf Grund der Bestimmungen des § 113 des Vereinszollgesetzes vom 1. Juli 1869 pflegt der Bundesrat aus Billigkeitsrücksichten die zollfreie Wiedereinlassung inländischer Waren zu gestatten, wenn die Ware im Auslande nicht ihren Eigentümer gewechselt hat, und wenn die Wiedereinfuhr speziell durch den Hersteller der Ware, nicht aber durch einen dritten Inländer erfolgt. Das Reichsschatzamt hatte den Centralverband um eine Aeußerung ersucht, ob die Ausdehnung dieses Zollerlasses auf alle Fälle der Wiedereinfuhr durch jeden Inländer zu erstreben sei. Auf diese Anfrage hat das Direktorium sich gutachtlich dahin geäußert, daß nach den §§ 113 und 118 des Vereinszollgesetzes der Bundesrat nur Vorschriften für die Gewährung des Zollerlasses aus Billigkeitsrücksichten erlassen dürfe, bei deren Anwendung ohne jeden Zweifel festgestellt werden kann, daß die zollfrei wieder eingeführte Ware identisch ist mit der betreffenden, vorher ausgeführten deutschen Ware. Der Beweis der Identität wird aber der Zollbehörde in vielen Fällen nur dann erbracht werden können, wenn die betreffende Ware von dem den Zollerlaß beantragenden Fabrikanten selbst hergestellt ist. Aehnlich dürften auch die Verhältnisse hinsichtlich der Entscheidung der Frage liegen, ob überhaupt Billigkeitsrücksichten anzuerkennen sind. Einen Anspruch hierauf hat nur der Hersteller der Ware, der sie ins Ausland gesandt und sie, weil sie vom Empfänger zurückgewiesen oder aber bei Bestellung z. B. einer Ersatzmaschine in Zahlung gegeben wird, wieder einführen muß. In diesen, wie in den Fällen, in denen der Besteller inzwischen in Konkurs geraten oder nicht zu erreichen ist, muß der deutsche Hersteller die Fracht und außerdem den ausländischen Zoll usw. tragen, und er wird daher aus Billigkeitsrücksichten verlangen können, daß ihm der deutsche Zoll erlassen wird. Jeder andere Inländer, der die Ware nicht selbst hergestellt hat, kann Billigkeitsrücksichten kaum geltend machen, da er irgend welchen Nachteil nicht erlitten hat. Eine Aenderenng der bestehenden Bestimmungen durch den Bundesrat, die dahin gehen würde, daß jeder Inländer die deutsche Ware, selbst wenn sie den Eigentümer im Auslande gewechselt hat, aus Billigkeitsrücksichten zollfrei wieder einführen darf, würde sonach mit den Vorschriften des Vereinszollgesetzes vom 1. Juli 1869 in Widerspruch stehen und kann daher als zulässig nicht erachtet werden. Eine Abänderung der bestehenden Bestimmungen des Vereinszollgesetzes durch ein neues Gesetz wird aber auch nicht als wünschenswert bezeichnet werden können. Würde z. B. durch ein neues Gesetz jedem Inländer gestattet werden, die früher deutsche Ware zollfrei wieder einzuführen, so würde die Gefahr bestehen, daß auch Waren nichtdeutschen Ursprunges als angeblich deutsche zollfrei nach Deutschland eingeführt werden, wodurch eine Schädigung sowohl des Reichsfiskus als der einheimischen Industrie herbeigeführt werden würde.

Bezüglich unserer Handelsstatistik hat der Bundesrat durch Beschluß vom 2. Februar 1911 die Ausdehnung der Verpflichtung zur Wertanmeldung auf die sämtlichen Waren der Ausfuhr und auf die Einfuhr von Tabakblättern und Tabakerzeugnissen, Fellen zur Pelzwerkbereitung, Leder und Lederwaren, Maschinen, Feuerwaffen, Uhren usw. angeordnet. Das Nebeneinanderbestehen zweier Systeme, der Wertanmeldung für die Ausfuhr und für 3 v. H. der Einfuhr und der Wertabschätzung durch Sachverständige für die übrigen 97 v. H. der Einfuhrwaren, bereiteten, wie der Präsident des Kaiserlich Statistischen Amts dem Centralverband mitgeteilt hatte, betriebstechnische Schwierigkeiten. Außerdem führe es zu einer dauernden Ueberschätzung der Einfuhr und zu unrichtigen Schlußfolgerungen über die Bedeutung des deutschen Außenhandels. Der Centralverband wurde daher um gutachtliche Aeußerung ersucht, ob die Wertanmeldung auf die gesamte Einfuhr auszudehnen sei. Nach Benehmen mit den Interessenten hat sich der Centralverband für die Einführung der obligatorischen Wertanmeldung für sämtliche nach Deutschland zur Einfuhr, sowie aus dem deutschen Zollgebiet zur Ausfuhr gelangenden Waren ausgesprochen. Es wurde zwar nicht verkannt, daß die Einführung dieser Verpflichtung eine gewisse Belästigung für die Importeure, Spediteure usw. und auch für die direkt importierende deutsche Industrie mit sich bringt. Dagegen bleibt aber zu berücksichtigen, daß sowohl der deutsche Importhandel, als auch die deutsche Industrie ein sehr großes Interesse an einer wirklich korrekten Handelsstatistik haben. Sie soll die Hauptgrundlage für unsere ganze Handelspolitik, insbesondere für die Behandlung der einzelnen Positionen des Zolltarifs bei Handelsverträgen usw. bilden. Das bisher bestehende System der Wertabschätzung erscheint als eine ungenügende Methode, da sie nur auf Einzelangaben der befragten Interessenten beruht, denen selbst nur einige Geschäftsabschlüsse zur Verfügung stehen oder bekannt geworden sind.

Auf dem Gebiete der Handelspolitik haben sich die zur Interessengemeinschaft gehörenden Verbände: die Centralstelle für Vorbereitung von Handelsverträgen, der Verein zur Wahrung der Interessen der chemischen Industrie Deutschlands und der Centralverband Deutscher Industrieller in der Berichtsperiode in 5 Sitzungen betätigt. Sie haben sich planmäßig mit den vorbereitenden Arbeiten für den Abschluß künftiger Handelsverträge beschäftigt. Das Ergebnis der Verhandlungen in den Sitzungen vom 21. Dezember 1910 und 24. Mai 1911 war die Feststellung der vertraulichen Denkschrift: „Deutschlands zollpolitische Stellung gegenüber dem Auslande". Diese Denkschrift ist von den Vertretern der Interessengemeinschaft dem Herrn Staatssekretär des Innern in einer Konferenz am 9. Juni 1911 überreicht worden. In den weiteren Sitzungen der Interessengemeinschaft vom 21. November und 1. Dezember 1911 sowie vom 20. März 1912 wurde eine neue vertrauliche Denkschrift beraten und in einer Abschlußkonferenz am 4. Mai 1912 endgültig festgestellt. Sie ist unter dem Titel: „Die Meistbegünstigungsfrage und ihre Behandlung bei der bevorstehenden Erneuerung der Handelsverträge" gedruckt und dem Herrn Staatssekretär des Innern unter dem 13. Mai 1912 in 20 Exemplaren überreicht worden. Ferner wurde von der Interessengemeinschaft beschlossen, noch 2 weitere Denkschriften und zwar über den Zolltarif und über die Tarifverträge anzufertigen.

Auf Anregung des Kolonialwirtschaftlichen Komitees wurde am 24. November 1911 eine Besprechung mit zahlreichen Vertretern der Metall-, Eisen- und Maschinenindustrie und des Kolonialwirtschaftlichen Komitees über den Zusammenschluß der Metall-, Eisen- und Maschinenindustrie mit der Technischen Kommission des Kolonialwirtschaftlichen Komitees zum Zwecke der Förderung des Absatzes von Maschinen und anderen industriellen Erzeugnissen nach unseren Kolonien abgehalten. In dieser Besprechung gelangte allgemein die Ueberzeugung zum Ausdruck, daß die Bestrebungen des Kolonialwirtschaftlichen Komitees und die Interessen der Metall-, Eisen- und Maschinenindustrie in den mannigfachsten Beziehungen sich eng berühren. Auf Grund einer weiteren kommissarischen Beratung am 8. Dezember 1911 wurde vom Centralverbande an 34 Vereine der Metall-, Eisen- und Maschinenindustrie das Ersuchen gerichtet, in geeigneter Weise diejenigen ihrer Vereinsmitglieder, die ein Interesse für die Bestrebungen des Kolonialwirtschaftlichen Komitees hätten, zur Bewilligung eines festen Beitrages für die Jahre 1912 bis 1916 zu veranlassen. Diesem Ersuchen ist vielfach entsprochen worden.

Weiterhin hatsich der Centralverband durch Vermittelung einer größeren Anzahl industrieller Werke die Förderung eines Unternehmens angelegen sein lassen, das geeignet erscheint, dem deutschen Namen im fernen Osten größere Geltung zu verschaffen. Es handelte sich um den Ausbau eines mit der deutschen Schule für Chinesen in Tsinanfu verbundenen Museums zu einem allgemeinen deutschen Kultur-, Handels- und Industriemuseum, durch dessen Sammlungen dem über Deutschlands Handel und Industrie noch schlecht unterrichteten chinesischen Volke Gelegenheit geboten werden soll, sich von dem Hochstand deutscher Kultur und der Leistungsfähigkeit deutscher Industrie ein Bild zu machen. Eine reichhaltige Auswahl von den verschiedensten Fabrikatproben, Katalogen, Abbildungen und dergleichen ist an den Schulleiter, Dr. Paul Lucht, nach Ostasien abgegangen. Die Wahl von Tsinanfu als Standort für das Museum erscheint besonders glücklich, da es als Handels- und Verkehrsmittelpunkt der Provinz Schantung und Knotenpunkt wichtiger Eisenbahnlinien hervorragende Bedeutung besitzt.

Bezüglich des Panamakanals, dessen offizielle Eröffnung für das Jahr 1915 geplant ist, der indessen in bestimmtem Umfange dem Verkehr bereits im August d. J. übergeben werden soll, richtete das Direktorium des Centralverbandes an den Herrn Reichskanzler unter eingehender Begründung die Bitte, bei der Bundesregierung der Vereinigten Staaten von Amerika dahin vorstellig zu werden, daß die in Aussicht genommene Abgabenfreiheit für die amerikanische Küstenschiffahrt in dem inredestehenden Gesetz beseitigt, und hinsichtlich der Schiffsvermessungsart nachträglich eine Bestimmung in das Gesetz eingefügt werde, auf Grund deren das Moorsomsche Nettoregisterverfahren ausnahmslos zur Anwendung gelange. Gegebenenfalls dürfte eine internationale Verständigung der hauptsächlich am Panamakanalverkehr beteiligten Staaten anzustreben sein.

Auf dem Gebiete des **Gewerbewesens, der Gewerbe- und Sozialpolitik** hat sich das Direktorium des Centralverbandes wiederholt mit der wichtigen Frage des Schutzes der Arbeitswilligen und einem Verbot des Streikpostenstehens beschäftigt und eine Eingabe an den Herrn Reichskanzler gerichtet, die im Heft 123 der Berichte (S.7ff.) abgedruckt ist. Sie war gestützt auf ein reiches Tatsachenmaterial, dessen spätere wesentliche Vervollständigung die Grundlage einer weiteren, die erste ergänzenden Eingabe bildete. Das gesamte Material wurde seines vertraulichen Charakters wegen nur den Behörden übermittelt. Das große Interesse sowohl der Industrie wie des gesamten heimischen Gewerbes an der Einführung gesetzlicher Maßnahmen zum Schutze einer wirklichen Freiheit der Arbeit kam auch in zwei Resolutionen der Versammlung der Delegierten zum Ausdruck. Insbesondere wies der auf dem Delegiertentage des Centralverbandes vom 21. Mai 1912 angenommene Beschlußantrag darauf hin, daß angesichts des letzten Streiks der Bergarbeiter im Ruhrrevier die wachsende Vergewaltigung Arbeitswilliger und die Unzulänglichkeit der bestehenden gesetzlichen Abwehrmittel in Erscheinung getreten seien, und daß aufs dringendste eine Neuregelung der einschlägigen Bestimmungen, vor allem ein gesetzliches Streikpostenverbot zu fordern seien: im Interesse der staatlichen Ordnung, der Freiheit des Erwerbslebens und der gedeihlichen Entwickelung des allgemeinen Wirtschaftslebens.

Die im Jahre 1902 vom Bundesrat erlassenen Ausnahmebestimmungen über die Beschäftigung von Arbeiterinnen und jugendlichen Arbeitern in Glashütten, Glasschleifereien und Glasbeizereien sowie Sandbläsereien hatten eine Gültigkeitsdauer von 10 Jahren. Sie liefen somit am 31. März 1912 ab. Das Direktorium des Centralverbandes hat in einer am 1. April 1911 an den Bundesrat gerichteten, sehr eingehend begründeten Eingabe aus betriebstechnischen Gründen und im Interesse der unbedingt erforderlichen Ausbildung jugendlicher Arbeiter gebeten, die bisherigen Bestimmungen mit einigen Abänderungen gemäß § 139a Absatz 5 der Reichsgewerbeordnung für die Dauer von 10 Jahren zu verlängern. Der Bundesrat hat indessen diese Verordnung bedauerlicherweise nur auf ein Jahr, bis zum 31. März 1913 in Kraft belassen.

Zur Frage der Sonntagsruhe im Handelsgewerbe beschloß das Direktorium des Centralverbandes, in einer Eingabe dafür einzutreten, daß in den Kontoren und den nicht mit offenen Verkaufsstellen verbundenen Betrieben des Handelsgewerbes an Sonn- und Festtagen, entgegen dem Vorschlage der Regierung, die hier eine Sonntagsarbeit überhaupt nur als Ausnahme gestatten will, eine zweistündige Beschäftigung als Regel gesetzlich normiert werde, und daß den höheren Verwaltungsbehörden und Gemeinden überlassen bleibe, gewisse Ausnahmen im Sinne des Gesetzes zu gestatten.

Zu dem preußischen Gesetzentwurf betreffend die Errichtung und den Besuch von Pflichtfortbildungsschulen ist sämtlichen Mitgliedern der bürgerlichen Parteien des preußischen Landtages eine Eingabe übermittelt worden, in der gebeten wurde, den näher dargelegten berechtigten Wünschen der industriellen Bevölkerung Rechnung zu tragen.

Nach Veröffentlichung des ersten Entwurfs eines Versicherungsgesetzes für Angestellte hatte der Centralverband bereits am 4. März 1911 eine besondere Kommission zwecks Beratung zu einer Sitzung zusammenberufen, an welcher auch zwei Vertreter des Reichsamts des Innern teilnahmen. Ueber die sehr sachverständigen und gründlichen Verhandlungen dieser Kommission ist ein ausführliches Protokoll in dem Heft 121 der Berichte veröffentlicht worden. Ihren Niederschlag fanden sie in einer dem Bundesrat unter dem 14. März 1911 überreichten Eingabe. In ihr wird einleitend hervorgehoben, daß bei der Beratung des Entwurfes nicht ausschließlich die Vertretung der Arbeitnehmer gehört werden dürfe, wie dies bisher geschehen sei. Es wird weiterhin die Warnung ausgesprochen, etwa aus politischen Gründen die Verabschiedung der Vorlage zu übereilen. Nach eingehender Erörterung der Bedenken gegen die geplanten Maßnahmen wird dann der Gedanke des Ausbaues der Invalidenversicherung einer Prüfung unterzogen und die Beschaffung von Unterlagen gefordert, um die Zulänglichkeit und Durchführbarkeit eines solchen Ausbaues zu ermitteln. Ferner wird eine zweifelsfreie Umgrenzung der Versicherungspflicht, Vereinfachung des Verwaltungsapparates und Beteiligung der Versicherten an der Verwaltung, sowie eine gründliche Nachprüfung der rechnerischen und finanziellen Grundlagen der Versicherung verlangt. Insbesondere aber wird die Forderung erhoben, an Stelle der unannehmbaren Vorschläge des Entwurfs, bestehende Pensionskassen und private Versicherungsverträge unbedingt als Ersatzinstitute zuzulassen. In Ergänzung und Fortführung dieser dem Bundesrat gemachten Vorstellungen wurden weiterhin in Gemeinschaft mit dem Deutschen Handelstage, dem Bayerischen Industriellenverbande und einigen anderen industriellen Vertretungskörperschaften zwei Denkschriften ausgearbeitet, in denen der Nachweis erbracht wurde, daß es Wege gäbe, auf denen die Frage der Angestelltenversicherung technisch vollkommener, sozialpolitisch gerechter und für die Beteiligten — Angestellte wie Arbeitgeber — befriedigender würde gelöst werden können, als durch die von der Regierung in Vorschlag gebrachte Sonderversicherung, ohne daß die Belastung sich höher gestellt haben würde.

Der Geschäftsführung des Centralverbandes waren wiederholt aus den Kreisen der Mitglieder Klagen darüber zugegangen, daß auswärtige Firmen bei Begleichung der Fakturenbeträge sich den Abzug eines gewissen Prozentsatzes der rechnungsmäßigen Forderung zwecks Stärkung ihres Angestellten-Hilfsfonds vorbehalten hatten. Diese Unsitte, eigene sozialpolititche Lasten auf fremde Schultern abzuwälzen, hat sich in Belgien, Frankreich und Rußland, wie vor allem in den Ländern der habsburgischen Monarchie immer unangenehmer fühlbar gemacht. Der Centralverband hat es daher für zweckmäßig erachtet, gegen die Ausdehnung dieses Mißbrauches rechtzeitig Abwehrmaßregeln einzuleiten und hat bereits im Sommer v. J. durch eine Rundfrage in den Kreisen seiner Mitglieder eingehende Erhebungen in der Sache angestellt. Sein Vorgehen erbrachte den Beweis, daß den auf diesem Gebiet zutage getretenen Mißständen nur dann wirksam begegnet werden kann, wenn eine geschlossene Aktion seitens der deutschen Exportkreise erfolgt. Demgemäß hat der Centralverband sich die Aufgabe gestellt, im allgemeinen Interesse auf eine Bekämpfung solcher Rechnungskürzungen mit Nachdruck hinzuwirken und ist zu diesem Zwecke mit maßgebenden Kreisen in Unterhandlung getreten.

Einem Antrage des Vereins der Industriellen des Regierungsbezirks Cöln, die gesetzliche Festlegung des Osterfestes auf den zweiten Sonntag im April beim Bundesrat zu befürworten, konnte das Direktorium des Centralverbandes nicht nähertreten, nachdem der Herr Staatssekretär des Innern dem Deutschen Handelstage mitgeteilt hatte, daß amtlichen Berichten zufolge weder bei der römischen Kurie noch bei der für die griechisch-katholische Kirche maßgebenden Stelle Geneigtheit für diesen Vorschlag bestehe, so daß keine Möglichkeit gegeben sei, die Angelegenheit mit Aussicht auf Erfolg amtlich zu betreiben.

Auf dem Gebiete des **Verkehrswesens** hat kaum jemals eine frühere Zeit die Forderung, daß die Ueberschüsse der Staatseisenbahnverwaltung nicht lediglich zu fiskalischen Zwecken, sondern in erster Linie zu Verkehrsverbesserungen und -erleichterungen verwandt werden sollen, derart berechtigt erscheinen lassen, wie das Jahr 1912. Der Spätherbst und Winter brachten bei allerdings stark gesteigertem Verkehr einen solch empfindlichen Wagenmangel und derartige Verkehrsstockungen, daß von einem wirklichen Versagen des Eisenbahnbetriebes gesprochen werden konnte, und enorme Verluste nicht bloß für die Kohlenerzeugung und andere Rohstoffindustrien, sondern auch für weiterverarbeitende Industriezweige und insbesondere für die Arbeiter durch Verlust von Arbeitsgelegenheit eintraten.

Der Centralverband Deutscher Industrieller hat in seiner seit mehr als sechs Jahren konsequent durchgeführten Aktion immer von neuem darauf hingewiesen, daß in Gemäßheit des bei der Verstaatlichung der Eisenbahnen in Preußen von Regierung und Volksvertretung aufgestellten Grundsatzes die Staatsbahnen nicht nur als staatliche Einnahmequelle zu dienen haben. Gestützt auf frühere Eingaben vom Jahre 1906 und vom Jahre 1909 wurden im Jahre 1911 nochmals eingehende Erhebungen veranstaltet, verschiedene Beratungen in kleineren Sachverständigen- und Interessentenkreisen abgehalten und dann im Oktober 1911 in einer größeren, aus den verschiedensten Teilen Deutschlands und den verschiedensten Industriezweigen sowie von Vertretern der Landwirtschaft, des Deutschen Handelstages usw. besuchten Konferenz eine neue, von der Geschäftsführung des Centralverbandes ausgearbeitete Denkschrift an den preußischen Landtag beraten und festgestellt. In dieser am 15. Dezember 1911 dem Herrenhause und dem Abgeordnetenhause überreichten und den einzelnen Mitgliedern persönlich zugesandten Eingabe war u. a. dargelegt, daß zurzeit nicht nur gemäß einer zum Etat für 1910 beschlossenen Bestimmung jährlich etwa 230 Millionen Mark aus den Eisenbahnüberschüssen für andere Staatszwecke bereitgestellt werden müssen, sondern auch noch nach starker Dotierung des Extraordinariums sehr hohe Rücklagen zu fiskalischen Zwecken gemacht werden. An den „Ausgleichsfonds", der dazu dienen soll, eine entsprechende Ergänzung der Ablieferung von Eisenbahnüberschüssen an die Staatskasse in schlechten Jahren zu ermöglichen — wenn die Ueberschüsse den bestimmten Betrag von jetzt etwa 230 Millionen nicht erreichen — wurden für 1910 71 Millionen, für 1911 162 Millionen und für 1912 150 Millionen abgeführt. Für 1913 sind 93 Millionen vorgesehen, so daß in nur 4 Jahren diese Rücklage vielleicht 1/2 Milliarde Mark erreichen würde, wenn nicht nachträglich bedeutende Summen für Verkehrsverbesserungen daraus entnommen werden müßten, welche besser von vornherein dafür bestimmt worden wären.

Der Centralverband hat in Berücksichtigung des Umstandes, daß die Güterfracht, welche einen sehr wesentlichen Teil der Herstellungskosten für die heimische Produktion darstellt und in früherer Zeit fortwährend zum Nutzen des heimischen Erwerbslebens sank, seit länger als einem Jahrzehnt auf den preußisch-hessischen Staatsbahnen mit etwa 3,55 Pfg. im Durchschnitt für den Tonnenkilometer stabil geblieben und 1910 sogar auf 3,58 Pfg. gestiegen ist, seine Bemühungen zunächst auf eine Ermäßigung der Abfertigungsgebühren gerichtet. Er ist hierbei von der Ansicht ausgegangen, daß eine Erleichterung in dieser Hinsicht allen Verkehrsinteressenten in Industrie und Landwirtschaft, welche Wagenladungen verfrachten oder beziehen, gleichmäßig zugute komme, und daß die Eisenbahnverwaltung bei der derzeitigen für sie günstigeren Verwendung größerer Wagen von durchschnittlich 15 Tonnen tatsächlich mehr an Abfertigungsgebühr erhält, als sie ursprünglich selbst für angebracht erachtete und bestimmte. Bevor die erwähnten Eingaben im März und April 1912 im Budget-Ausschuß und im Plenum des Abgeordnetenhauses zur Verhandlung kamen und weiterhin im Juni den Landeseisenbahnrat beschäftigten, wurden in steter Fühlungnahme mit den meistbeteiligten, dem Centralverbande angeschlossenen großen Verbänden entsprechende Ergänzungseingaben verfaßt. In der Budgetkommission erklärte alsdann der Herr Minister, daß den Wünschen bis zu einem gewissen Grade Rechnung getragen und eine Ermäßigung der Abfertigungsgebühr von 3 M. bei 15-Tonnen- und von 4 M. bei 20-Tonnenwagen eintreten solle, und diese Ermäßigung ist am 1. Oktober 1912 tatsächlich in Kraft getreten. Zufolge eines Beschlusses des Abgeordnetenhauses sind ferner die vorerwähnten Ergänzungseingaben des Centralverbandes der Regierung als Material überwiesen worden, so daß der Centralverband wohl behaupten darf, daß er mit der zähen Verfolgung der Angelegenheit an der Herbeiführung dieser allgemeinen Verkehrserleichterung in erster Linie mitgewirkt hat. Es darf auch darauf hingewiesen werden, daß die Eisenbahnverwaltung nach den letzten Erfahrungen nunmehr 60 Millionen Mark nachträglich für Wagenbeschaffung, Ausbau von Bahnhofsgeleisen usw. bereitgestellt hat, und daß für 1913 im Etat bedeutend höhere Summen zu diesem Zwecke vorgesehen sind.

Im einzelnen wurde bezüglich der Eisenbahntarife eine größere Reihe von Eingaben auf Anregung und im Interesse der Mitglieder, und von Gutachten, die auch seitens der Eisenbahnverwaltung erbeten wurden, angefertigt. Eine Eingabe richtete sich gegen die Frachtverteuerungen, welche durch längere Entfernungsberechnung bei den für große Städte hergestellten sog. Umgehungsbahnen entstehen. Mit Erfolg wurde außerdem für die Versetzung von Margarine in den Eilguttarif eingetreten; im Interesse der an der Meeresküste gelegenen Eisenbauanstalten wurden Abänderungsvorschläge zu den bezüglichen Seehäfen-Ausnahmetarifen gemacht; ebenso in einer Eingabe die Detarifierung von Gipssteinen und Gipsabfällen für die Zementindustrie nachgesucht. Weitere Betätigung bei den zuständigen Eisenbahnbehörden betraf die Ausnahmetarife für Getreide nach Rußland, den Bezug von Schleifsteinen aus Belgien, die Tarife für Tafelglas usw.

Im Postwesen war für das Jahr 1912 die — zurzeit noch beim Reichstag schwebende — gesetzliche Regelung der Vorschriften über den Postscheckverkehr in Aussicht genommen. Der Centralverband brachte auf der vor Ausarbeitung des betreffenden Gesetzentwurfs seitens der Regierung einberufenen Konferenz der am meisten beteiligten Berufszweige die Wünsche der im Verbande vereinigten Industrie zur Geltung. In mehreren Eingaben zuletzt unter dem 20. Dezember 1912 ist auch der Ausbau der neu eingeführten Brieftelegramme gefordert worden.

Mit Rücksicht auf die große Bedeutung des von der preußischen Regierung dem Landtage vorgelegten Entwurfes eines Wassergesetzes für die Industrie hatte der Centralverband „Grundzüge" dieses Entwurfes herausgegeben, in denen die wesentlichsten Bestimmungen desselben kurz und übersichtlich zusammengestellt waren, wobei die für die industriellen Unternehmungen bedeutungsvollen Neuerungen besonders hervorgehoben wurden. Diese Grundzüge sind den Mitgliedern sowie auch anderen Interessenten übermittelt worden. Des weiteren ist auch über den Verlauf der ersten und zweiten Lesung des Gesetzes den Mitgliedern Bericht erstattet worden. Ferner hat der Centralverband vor Beginn der zweiten Lesung des Wassergesetzentwurfes in der Kommission des Abgeordnetenhauses im Verein mit dem Deutschen Handelstag, dem Verein zur Wahrung der Interessen der chemischen Industrie Deutschlands und dem Wasserwirtschaftlichen Verband eine gemeinsame Versammlung am 9. Sepember v. J. im Architektenhause zu Berlin abgehalten. Zu dieser Versammlung waren die Vertreter der Kommission des Abgeordnetenhauses sowie Vertreter der preußischen Regierung eingeladen worden. Die Verhandlungen und die Beschlüsse dieser Versammlung haben einen nicht unwesentlichen Einfluß auf die endgültige Gestaltung des Gesetzes im Interesse der Industrie ausgeübt.

Eine ausführliche Denkschrift über das Schleppmonopol auf dem Rhein-Weserkanal ist den Behörden und parlamentarischen Körperschaften Ende Oktober 1912 zugestellt worden. In dieser Denkschrift war der Ansicht Ausdruck gegeben, daß der seitens der Mehrheit der Parteien des preußischen Abgeordnetenhauses vom Schleppmonopol erhoffte „eisenbahnmäßige Betrieb" auf der neu zu bauenden Wasserstraße sich unter den gegebenen Verhältnissen niemals werde erreichen lassen, daß vielmehr die Einführung des staatlichen Schleppmonopols gegenwärtig als ein schwerer verkehrspolitischer Fehler angesehen werden müsse, ganz abgesehen davon, daß die in Aussicht genommenen Schlepplohntarife dem Gesichtspunkt einer genügenden Entlastung der Eisenbahnen auch nicht annähernd Rechnung trügen. Es war daher gefordert worden, daß, falls man nicht die Entwickelung des Verkehrs der freien Initiative privater Unternehmungen überhaupt überlassen wolle, von der Einführung des staatlichen Schleppmonopols auf dem Kanal im Interesse der Entwickelung des Verkehrs wie der Förderung unserer gesamten Volkswirtschaft doch wenigstens bis auf weiteres abgesehen werde, und daß vor allem der Dortmund-Ems-Kanal, insbesondere der Verkehr von und zu den Emshäfen unter allen Umständen dem Monopolbereich entzogen bleibe.

Neben seiner Betätigung auf den großen allgemeinen Gebieten unserer Wirtschaftspolitik, äußeren Handelspolitik, Sozialpolitik, Gewerbepolitik und Verkehrspolitik, hat der Centralverband im Laufe der verflossenen Berichtsperiode auf Grund eingehender Beratungen noch verschiedentlich Stellung zu wichtigen **wirtschaftspolitischen Sondermaterien** nehmen müssen.

In der Sitzung des preußischen Abgeordnetenhauses vom 18. Januar 1911 wurde von einigen Abgeordneten bei Erörterung der Mittel zur **Hebung des Kurses der Staatsanleihen** angeregt, die Aktiengesellschaften anzuhalten, einen großen Teil ihrer Bestände in Staatsanleihen festzulegen. Diese Anregung hatte in den Kreisen der Mitglieder des Centralverbandes erhebliche Beunruhigung hervorgerufen, zumal man annehmen mußte, daß unter „Beständen" nicht nur die Reservefonds der Aktiengesellschaften zu verstehen seien. Das Direktorium des Centralverbandes hat in einer Eingabe an den Herrn Finanzminister gegen eine eventuelle gesetzgeberische Verwirklichung derartiger Vorschläge auf das entschiedenste Protest erhoben.

Hinsichtlich des **Patentwesens** wurde zum 9. Januar 1911 anläßlich einer von dem Herrn Staatssekretär des Innern angesagten Konferenz über die Abänderung des Pariser Unionsvertrages eine Vorbesprechung der hierfür beabsichtigten Vorschläge anberaumt, bei der gleichzeitig auch zu der in Aussicht stehenden Patentreform sowie zu dem Entwurf eines Gesetzes betr. den Patentausführungszwang Stellung genommen wurde. Auf Grund des Ergebnisses dieser Besprechung wurden dem Reichsamt des Innern die Wünsche der beteiligten Industriezweige zu einer Reform des Patentgesetzes dargelegt. Am 19. Januar 1912 fand alsdann eine abermalige Sitzung des Patentausschusses des Centralverbandes statt, in der beschlossen wurde, zur Beteiligung an den Vorarbeiten für die Reform des Patentrechtes an die gesamte Industrie heranzutreten und sie aufzufordern, sich an der Bildung eines großen neutralen Patentausschusses und an der Sammlung und Bearbeitung der Unterlagen zu beteiligen. Von seiten der Mitglieder des bisherigen Patentausschusses wurden der Geschäftsführung Vorschläge hinsichtlich der Zusammensetzung des neu zu bildenden Gremiums gemacht, auf Grund deren den benannten Vereinen, Firmen und Einzelpersonen besondere Einladungsschreiben zugingen, die in kurzer Darstellung den allgemeinen Sachverhalt und die Ziele des beabsichtigten Vorgehens erläuterten. Nach Maßgabe der durchweg zustimmenden Beantwortung erfolgte die Konstituierung des großen Patentausschusses.

Am 12. Juli 1912 übersandte der Herr Reichskanzler dem Centralverband Entwurf und Begründung des Ausführungsgesetzes zur revidierten Pariser Uebereinkunft zum Schutze des gewerblichen Eigentums zur Kenntnisnahme und zwecks Mitteilung etwaiger Wünsche hinsichtlich der neuen Vorschriften. Die Geschäftsführung richtete an sämtliche Mitglieder eine dementsprechende Rundfrage, der das Ausführungsgesetz im Entwurf sowie eine erläuternde Sachdarstellung beigefügt waren. Das Ergebnis dieser Rundfrage wurde dem Reichsamt des Innern in zwei Eingaben vom 13. und 24. September 1912 übermittelt, in welchen die Abänderung einiger Vorschriften angeregt wurde. Diese Vorschläge betrafen im wesentlichen folgende Punkte:

1. Nachfrist für die Einreichung der Prioritätsbelege,
2. fakultative Vorlage der Prioritätsbelege,
3. Bestimmungen über die Befristung der Prioritätserklärung im Rahmen des Ausführungsgesetzes,
4. Ermäßigung der Gebühren für die Anmeldung von Verbandszeichen,
5. Uebertragbarkeit der Verbandszeichen,
6. Gebühr für die Umschreibung von Einzelzeichen,
7. Recht auf Führung des Verbandszeichens,
8. Vorschriften der im Entwurf vorgesehenen Zeichensatzung zur Bekämpfung des Mißbrauchs von Verbandszeichen.

Nach einem Erlaß des Herrn Reichskanzlers, der durch Rundschreiben zur Kenntnis der Mitglieder des Ausschusses des Centralverbandes gebracht wurde, ist vielfach die Beobachtung gemacht worden, daß von seiten einzelner kaufmännischer und industrieller Firmen dienst- und übungspflichtigen Personen des Beurlaubtenstandes die Erfüllung ihrer staatsbürgerlichen militärischen Pflichten durch Androhung der Entlassung oder durch anderweitige Bedingungen erschwert worden ist. Unter Hinweis darauf, daß es im Interesse des Staatswohles unerläßlich sei, auch die aus ihrem Dienst- und Arbeitsverhältnis bei Privatfirmen schwer abkömmlichen militärpflichtigen Personen möglichst häufig zu Uebungen bei der Waffe heranzuziehen, ist vom Herrn Reichskanzler das Ersuchen ausgesprochen worden, dieser wichtigen Frage die gebotene Rücksichtnahme angedeihen zu lassen. Auf das ergangene Rundschreiben ist dem Centralverband eine große Reihe von Zuschriften übermittelt worden, in denen allgemein anerkannt wurde, daß selbstverständlich auf die militärische Pflicht der Angestellten die gebührende Rücksicht genommen werden müsse. Dabei wurde aber andererseits auch dem Wunsche Ausdruck gegeben, daß die militärischen Behörden auf die besonderen Verhältnisse der industriellen Unternehmungen etwas mehr Rücksicht nehmen möchten, als es vielfach geschehe. Diese und andere Wünsche sind dem Herrn Reichskanzler (Reichsamt des Innern) in einer besonderen Eingabe unterbreitet worden.

Mit der Frage der Gegengeschäfte hat sich das Direktorium des Centralverbandes bereits seit längerem eingehend beschäftigt und hat hierzu in der Sitzung vom 23. Oktober 1912 erneut Stellung genommen. Zufolge eines in dieser Sitzung gefaßten Beschlusses ist von seiten der Geschäftsführung das auf Seite 208 dieses Heftes zum Abdruck gebrachte Rundschreiben an die Mitglieder des Centralverbandes versandt worden, das in weiten Kreisen der Industrie durchaus zustimmende Beurteilung gefunden hat. In einigen besonders als Mißstand gekennzeichneten Fällen hat es sich der Vorsitzende des Centralverbandes angelegen sein lassen, vermittelnd einzugreifen.

Bereits im Jahre 1903 hatte das Reichsamt des Innern ein Verzeichnis der im Deutschen Reiche bestehenden Vereine gewerblicher Unternehmer zur Wahrung wirtschaftlicher Interessen veröffentlicht, das in industriellen Kreisen mit besonderem Danke begrüßt worden war. Bei der raschen Entwickelung des Organisationsgedankens im ganzen wirtschaftlichen Leben Deutschlands ist dieses Nachschlagebuch aber längst von der Zeit überholt und leidet vor allem auch unter dem Mangel, daß die jetzt streng durchgeführte Scheidung zwischen Arbeitgeberverbänden und wirtschaftlichen Vereinen in ihm noch nicht zur Richtschnur genommen ist. Mit Rücksicht darauf, daß vom Herrn Reichskanzler bereits eine Erhebung über das Kartell- und Syndikatswesen eingeleitet worden ist, hat sich der Centralverband veranlaßt gesehen, den Herrn Staatssekretär des Innern in einer Eingabe vom 3. Oktober 1912 um eine amtliche Neubearbeitung des im Jahre 1903 herausgegebenen Verzeichnisses zu bitten. Auf diese Eingabe hat der Herr Staatssekretär dem Centralverbande mitgeteilt, daß die erneute Zusammenstellung des veralteten „Verzeichnisses der im Deutschen Reiche bestehenden Vereine gewerblicher Unternehmer", welche einem vielfach auch im Dienstbetriebe der Behörden empfundenen Bedürfnisse zu entsprechen scheine, seit längerem erwogen werde. Da jedoch die Frage der Ausgestaltung der Erhebungen noch näherer Erörterung gegebenenfalls in mündlicher Besprechung in weiteren Interessentenkreisen bedürfe, so sei die Entschließung über Beginn und Umfang der Erhebungen noch vorbehalten.

Die Bedeutung der Reichstagswahlen für die **allgemeinen Interessen der Industrie** und für die Fortentwicklung unseres ganzen nationalen wirtschaftlichen Lebens ist in einem Rundschreiben vom 16. September 1911 eingehend gewürdigt worden. Es war hier davor gewarnt worden, daß die Industrie wegen ihrer schwierigen Lage auf dem Auslandsmarkt und gegenüber dem allzu großen Drucke des allgemeinen direkten Wahlrechts auf die einzelnen Fraktionen ihre Interessen lediglich den Führern einer Partei anvertraue. Mit der Begründung des industriellen Wahlfonds habe der Centralverband die Absicht betätigt, auf die Wahl von Industriellen und industriefreundlichen Männern möglichst in allen bürgerlichen Parteien hinzuwirken. Nur wenn in allen bedeutenderen bürgerlichen Fraktionen des Reichstags künftig mehr Männer aus der Industrie selbst und aus der Industrie nahestehenden Kreisen mitwirkten, die durch ihre persönliche Eigenschaft und Erfahrung Gewähr dafür böten, daß die Fraktion über ihre Darlegungen nicht achtlos hinweggehen könne, würde es zu erreichen sein, daß das Interesse der Industrie im Parlamente eine stärkere Berücksichtigung fände, als es bisher vielfach der Fall war. Nach diesen Grundsätzen hat die vom Ausschuß des Centralverbandes eingesetzte Kommission für die Verwaltung und Verwendung des industriellen Wahlfonds in kollegialen Beratungen positive Arbeit für die Wahrung der industriellen Interessen innerhalb der bürgerlichen Parteien geleistet. Auch in dieser Beziehung ist der Centralverband wie überall bei der Erfüllung seiner satzungsgemäßen Aufgaben nicht parteipolitisch tätig geworden, sondern völlig neutral geblieben. Durch die Tätigkeit der Wahlfondskommission ist bei den Reichstagswahlen trotz der ungewöhnlich ungünstigen Verhältnisse, die infolge der derzeitigen

Parteikonstellation der vollen Wirksamkeit des Wahlfonds entgegenstanden, dennoch ein erfreulicher Erfolg erzielt worden. Von den 120 Kandidaten, deren Wahl durch Zuwendungen aus dem industriellen Wahlfonds an die betreffenden Wahlkomitees unterstützt worden war, sind 41 Abgeordnete, d. h. 34 pCt. gewählt worden, und es ist hiermit der Beweis erbracht, daß die Industrie sehr wohl in der Lage ist, bei den Wahlen selbständig ihre Interessen zu vertreten.

Aufs eingehendste hat sich das Direktorium des Centralverbandes schon im Dezember 1910 mit der Frage der Fleischteuerung und den Maßnahmen zu ihrer Linderung beschäftigt und hat hierzu in der Erkenntnis der außerordentlichen und weittragenden Bedeutung dieser Frage für unsere gesamte Volkswirtschaft und insbesondere für Deutschlands Industrie in den Sitzungen vom 23. Oktober und 11. Dezember 1912 auf Grund eines eingehenden und umfassenden Gutachtens der Geschäftsführung erneut Stellung genommen. Die der Versammlung der Delegierten am 12. Dezember 1912 bekannt gegebene Entschließung des Direktoriums (vgl. Geschäftsbericht S. 37) gründet sich auf die Erwägung, daß die Unterlagen, insbesondere die statistischen, zu objektiv exakter Beurteilung der schwierigen Materie zurzeit als nicht ausreichend angesehen werden können, und daß zu einem endgültigen Urteil das Ergebnis der Untersuchungen der vom Reichstage eingesetzten Kommission abzuwarten ist.

Von der **Hauptstelle für Syndikatswesen** des Centralverbandes waren die dem Centralverbande angeschlossenen Kartelle und Syndikate zu einer Versammlung auf den 10. Dezember 1910 eingeladen worden. Auf der Tagesordnung standen Vorträge über die Rechtsprechung im Kartellwesen und über die deutschen Ziegeleiverkaufsvereinigungen. Die Aussprache hatte eine Reihe von Anträgen auf Erstattung von Gutachten und Schiedssprüchen zur Folge, welche sämtlich von der Geschäftsführung erledigt wurden. Zwecks Förderung der Vereinigung der deutschen Ziegeleiverbände, die aus beteiligten führenden Kreisen schon seit mehreren Jahren angestrebt ist, wurde von einem Mitgliede der Geschäftsführung des Centralverbandes auf Veranlassung des Verbandes deutscher Tonindustrieller im Juni 1911 zu Dresden in der Versammlung der deutschen Ziegeleiverbände ein Referat erstattet, dem sich weitere Vorträge über das Kartellwesen anschlossen, so z. B. bei dem dritten wirtschaftswissenschaftlichen Hochschulkurse in der Königl. Technischen Hochschule zu Danzig. Infolge einer aus der Kartellversammlung vom 10. Dezember 1910 ergangenen Anregung wurden am 18. Februar 1911 in einem engeren Kreise von Sachverständigen verschiedene für Kartelle und Syndikate wichtige Rechtsfragen behandelt und zu weiterer Prüfung bestimmt. Sie betrafen vornehmlich Vereinbarungen bei Submissionen, Vertragskonstruktionen und Schiedsgerichte, zu deren eingehender Erörterung eine besondere Kommission gebildet und eine Umfrage bei den interessierten Mitgliedern des Centralverbandes veranstaltet wurde. In sehr dankenswerter Weise übernahmen die verschiedenen Vorstände und Geschäftsführer bedeutender Verbände die Mitarbeit. Mit entsprechender Tagesordnung wurde sodann am 10. Februar 1912 eine weitere Kartellversammlung abgehalten, die zahlreich besucht war, und in der fünf Redner zu den vorgenannten Gegenständen referierten. Die Veröffentlichung der Referate sowie der sich daran anschließenden Diskussion ist im Heft 3 des Jahrgangs 1912 der zu Düsseldorf erscheinenden „Kartellrundschau“ und in Heft 125 der Berichte des Centralverbandes erfolgt. Auf Grund der in dieser Versammlung ergangenen Anregungen wurde zur Ausarbeitung einer Schiedsgerichtsordnung geschritten und eine Eingabe an den preußischen Justizminister mit dem Antrage auf Aufhebung des § 270 des alten preußischen Strafgesetzbuchs gefertigt. Diese Eingabe befindet sich im Abdruck auf S. 199 dieses Heftes.

Auch sonst ist die Geschäftsführung des Centralverbandes in der Berichtsperiode bemüht gewesen, öffentlich aufklärend auf dem Gebiet des Verbandswesens zu wirken, sowie durch Ratschläge und Ueberlassung von Material zur Gründung und Stärkung von Kartellen und Syndikaten behülflich zu sein. Besonders wurde die Materialsammlung bezüglich der Rechtsprechung durch eine größere Anzahl von wichtigen Urteilen bereichert, wobei die seitens des Reichsamts des Innern dem Centralverbande freundlichst gewährte Unterstützung mit Dank hervorzuheben ist.

Ueber die Tätigkeit des **Instituts für ausländisches Recht** verweisen wir auf die Mitteilungen in Heft 123 der Berichte S. 70 und Heft 125 der Berichte S. 161. Die Geschäftsführung des Instituts, das dem Centralverbande als besondere Abteilung angegliedert ist, liegt in den Händen des Geschäftsführers des Centralverbandes. Alle Anfragen sind an die Geschäftsführung des Centralverbandes zu richten. Das Institut erteilt Auskünfte und erstattet Gutachten in allen ausländischen Rechtsfragen des öffentlichen und privaten Rechts, insbesondere gibt es auch im einzelnen Ratschläge darüber, ob sich eine Angelegenheit zur Rechtsverfolgung im Auslande eignet, und an welcher Stelle sie gegebenenfalls dort anhängig zu machen ist. Die in der Berichtsperiode erteilten Auskünfte erstrecken sich insbesondere auf folgende Länder: Belgien, Bulgarien, England, Frankreich, Griechenland, Italien, Norwegen, Oesterreich-Ungarn, Rumänien, Rußland, Serbien, Spanien, Türkei, Argentinien, Vereinigte Staaten von Amerika. Ferner werden von dem Institut für ausländisches Recht zuverlässige auswärtige Rechtsanwälte empfohlen und auch Honorare mit diesen vereinbart. Um möglichst weiten Kreisen die Vorteile des Instituts zugängig machen zu können, ist ein Abonnement eingeführt worden, das mit 100 M. beginnt. Hierfür werden 5 Auskünfte oder Gutachten erteilt. Abonnent kann jedes Einzelmitglied des Centralverbandes, auch jedes Mitglied einer ihm angeschlossenen Vereinigung werden. Wir machen auch an dieser Stelle alle Mitglieder des Centralverbandes auf die Vorteile aufmerksam, die dieses Institut, insbesondere durch sein Abonnement bietet.

Die **Zollauskunftsstelle** des Centralverbandes ist in der abgelaufenen Berichtsperiode in sehr umfangreicher Weise von den Mitgliedern in Anspruch genommen worden. Es wurden schriftlich wie auch mündlich Auskünfte erteilt über die bestehenden Handelsverträge, die Zollverhältnisse und Zollsätze der nachstehenden Länder: Belgien, Bulgarien, Finnland, Frankreich, Griechenland, Großbritannien, Italien, Niederlande, Norwegen, Oesterreich-Ungarn, Portugal, Rumänien, Rußland, Schweden, Schweiz, Serbien, Spanien, Türkei. Von den außereuropäischen Ländern kamen bei den Anfragen insbesondere folgende Staaten in Betracht: Argentinien, Cuba, Peru, Vereinigte Staaten von Amerika, Syrien, Japan, Tunis, Australischer Bund.

Die **Geschäftsführung** des Centralverbandes hatte wiederholt Gelegenheit, in der innerhalb der Berichtsperiode besonders brennend gewordenen Frage „Fabrik und Handwerk" die Interessen der Industrie zu vertreten. Die im Reichsamt des Innern am 7. April 1911 abgehaltene Handwerkerkonferenz, an der der stellvertretende Geschäftsführer des Centralverbandes teilnahm, verlief leider ergebnislos. Dagegen hatte eine weitere, am 3. Juni 1912 im Reichsamt des Innern veranstaltete Besprechung über die Abgrenzung von Fabrik und Handwerk, bei der der Centralverband wiederum durch seinen stellvertretenden Geschäftsführer vertreten war, im Sinne erfolgreicher Geltendmachung der industriellen Interessen einen befriedigenden Verlauf. Der Geschäftsführer des Centralverbandes nahm hieraus Veranlassung, sowohl die grundsätzliche Stellung der Industrie wie ihre besonderen Interessen an der in Rede stehenden Frage in einer Schrift, betitelt „Förderung des Handwerks auf Kosten der Industrie" darzulegen.

Ein bemerkenswerter Schriftwechsel erwuchs der Geschäftsführung durch verschiedene buchhändlerische Unternehmungen, für welche in den Kreisen der Mitglieder des Centralverbandes um Beitritt und Beteiligung geworben wurde. Nach den angestellten Ermittelungen hatten jedoch fast alle diese Unternehmen die angeblich groß angelegte Schilderungen aus Deutschlands Industrie besonders ihrer sozialen Einrichtungen geben wollten, mehr oder weniger rein geschäftsmäßigen Charakter, und der Centralverband hat daher auf Grund dieser Tatsache eine Beteiligung hieran seinen Mitgliedern nur in den seltensten Fällen empfehlen können.

Hinsichtlich der laufenden täglichen Arbeiten der Geschäftsführung sei hier besonders hingewiesen auf den in der Berichtsperiode sehr lebhaften Verkehr des Centralverbandes mit den Behörden. Die dem Centralverbande zugegangenen Mitteilungen seitens des Herrn Reichskanzlers, des Auswärtigen Amts, des Reichsamts des Innern, des Reichskolonialamts, des Kaiserlich Statistischen Amts, des Ministeriums für Handel und Gewerbe usw., sind, wo es angezeigt erschien, durch besondere Rundschreiben verbreitet oder auch im Organ des Centralverbands der „Deutschen Industrie-Zeitung" bekanntgegeben worden. Wo der vertrauliche Charakter eine solche Verbreitung nicht zuließ, ist den Interessenten in anderer Weise von den behördlichen Erlassen Kenntnis gegeben worden. Es sind ferner in sehr zahlreichen Fällen behördlicherseits Gutachten vom Centralverbande eingefordert worden, die in entsprechender Weise erstattet wurden.

Zur Förderung des deutschen Exports konnte der Centralverband auch in der Berichtsperiode dadurch erheblich beitragen, daß von seiner Geschäftsführung eine außerordentlich große Zahl englischer Anfragen — mehr als 350 —, welche in der Hauptsache auf amtlichem Wege übermittelt worden sind, durch Angabe deutscher Bezugsquellen beantwortet wurde und hierdurch deutsche Firmen mit ausländischen, vor allem englischen, in Verbindung gebracht wurden. Auch den maßgebenden Behörden in Oesterreich-Ungarn, in der Schweiz, in Spanien usw. hat der Centralverband im Interesse der Förderung des deutschen Exports deutsche Bezugsquellen von Industrieerzeugnissen wiederholt namhaft gemacht.

Auf dem Gebiet der Gewerbeordnung, der Arbeiterschutzgesetzgebung, des Gewerbegerichtsgesetzes, des Arbeiterversicherungsgesetzes, der Angestelltenversicherung usw. hat der Centralverband seinen Mitgliedern durch die Geschäftsführung fortlaufend Auskunft erteilt und ist ihnen mit Rat und Tat in wichtigen Fragen zur Seite gestanden.

Gleichfalls wurden in einer großen Reihe von Fällen auf Anfrage von Mitgliedern Gutachten über Tarif- und sonstige Eisenbahnangelegenheiten seitens der Geschäftsführung des Centralverbandes erstattet.

Im übrigen wurden nach eingehenden Erhebungen in den Kreisen der Mitglieder außer den schon in Vorstehendem erwähnten Eingaben noch solche über folgende Materien ausgearbeitet und an die zuständigen Stellen geleitet: Ueber den Handelsvertrag mit Japan; die zollfreie Einfuhr von Kalkstickstoff nach Rußland; den Ausschluß deutscher Fabrikate bei staatlichen wie kommunalen Lieferungen des Auslandes; über die Konkurrenzklausel; über das Hefemischverbot. Zu diesen Eingaben wurden fast in allen Fällen aufklärende Rundschreiben an die Mitglieder versandt. Hingewiesen sei endlich noch auf die den Mitgliedern zugegangenen Broschüren: die schon erwähnte Abhandlung des Geschäftsführers „Förderung des Handwerks auf Kosten der Industrie", die ebenfalls von dem Geschäftsführer verfaßten Schriften „Centralverband und Fertigindustrie" und „Eine Zusammenstellung der Initiativanträge der einzelnen Fraktionen des Reichstags"; die Arbeit des stellvertretenden Geschäftsführers über „Die Lage der deutschen Tuchindustrie und der deutsche Wettbewerb".

Die Vorträge, die der Geschäftsführer im Laufe der Berichtsperiode auf den Tagungen der dem Centralverbande angeschlossenen Verbände oder in wissenschaftlichen Vereinigungen über wirtschafts- und sozialpolitische Fragen gehalten hat, sind gleichfalls zumeist von den Verbänden in Druck gegeben und stehen, wie die Vorträge über „Die Reichsversicherungsordnung", „Die Sozialpolitik des Jahres 1910", „Industrielle Zolltarifpolitik und Handelsverträge", „Die Aufgaben und Ziele des Centralverbandes Deutscher Industrieller", soweit noch vorrätig, den Mitgliedern des Centralverbandes zur Verfügung.

Der Deutsche Baumwollgarnkontrakt.

Von Dr. Erhard Büttner,
Geschäftsführer des Vereins Süddeutscher Baumwoll-Industrieller in Augsburg.

Die deutsche Baumwollspinnerei ist im wesentlichen auf vier Industriebezirke verteilt, von denen jeder eine von den übrigen Gebieten ziemlich unabhängige Entwickelung genommen hat: Sachsen, Süddeutschland (umfassend Bayern, Württemberg und Baden), Elsaß, Rheinland-Westfalen. Der verschiedenartige Gang der Entwickelung drückt sich zu einem Teil schon in der Betriebsform aus. Während in Rheinland und Sachsen der ausschließlich oder doch nur mit Zwirnerei verbundene Spinnereibetrieb vorwiegt, findet sich in Süddeutschland und Elsaß neben dem ausschließlichen Spinnereibetrieb vielfach und zwar gerade bei den großen Unternehmen die Betriebsform der Spinnweberei, welche entweder ihr ganzes oder doch den Großteil ihrer eigenen Produktion selbst verarbeitet.

Auch in fabrikatorischer Hinsicht bestehen erhebliche Unterschiede. In Süddeutschland und Elsaß werden in der Hauptsache Copsgarne hergestellt. Die Industrie ist dort in einem großen Umfang auf die Fabrikation der sog. mittelfeinen Garne in der Nummernlage 28—50 engl. übergegangen. Die rheinisch-westfälische Spinnerei hat ihr Schwergewicht in der Herstellung der sog. Grobgarne. Die Fabrikation von Bündelgarnen, ferner gezwirnter Garne spielt bei ihr eine besonders wichtige Rolle. Die vielseitige sächsische Spinnereiindustrie weist alle möglichen Fabrikationsarten auf. Sachsen besitzt gleich dem Elsaß endlich diverse Spinnereien, welche Garne der höchsten Nummernklassen, die eigentlichen Feingarne (Nr. 60 engl. und darüber), herstellen.

Diese Unterschiede in der industriellen Entwickelung haben bislang auch eine zentrale Organisation der deutschen Baumwollspinnerei verhindert. Wie es vier getrennte Gebiete dieser Industrie gibt, so bestehen auch vier besondere Verbände; in Bayern, Württemberg und Baden der Verein Süddeutscher Baumwoll-Industrieller in

Augsburg, gegründet im Jahre 1870, also zu einer Zeit, als das Elsaß noch außerhalb des Reichsverbandes stand, woraus sich erklärt, daß der Verein die „süddeutschen" Baumwoll-Industriellen ohne das Elsaß umfaßt, das Elsaß-Lothringische Industrielle Syndikat in Mülhausen mit der ihm organisch angegliederten Vereinigung Elsässischer Baumwollspinnereibesitzer, der Verband Rheinisch-Westfälischer Baumwollspinner in M.-Gladbach und die Vereinigung Sächsischer Spinnereibesitzer in Chemnitz.

Der süddeutsche und der elsässische Verein sind nicht bloß Organisationen der Spinnereiindustrie. Sie umschließen auch einen erheblichen Teil der deutschen Weberei. So gehören dem Verein Süddeutscher Baumwoll-Industrieller nicht nur 3½ Millionen Spindeln, sondern auch 58 400 Webstühle an, wovon 41 300 in mit Spinnerei kombinierten Betrieben, 17 100 in Unternehmungen, welche ausschließlich Weberei betreiben, laufen. Der süddeutsche und der elsässische Verein sind daher — auf das Verhältnis zwischen Garnerzeuger und Garnverbraucher hingesehen — als paritätische Organisationen anzusprechen. Ein großer Teil der in ihnen zusammengefaßten Unternehmungen steht, weil sie nicht nur Spinnerei, sondern gleichzeitig Weberei betreiben, mit den Nur-Webern des betreffenden Bezirks in den zahlreichen Fragen, welche den Absatz der Webereierzeugnisse und die Wahrnehmung der Interessen des Tücherverkäufers gegenüber dem Tücherkäufer betreffen, in einer natürlichen, überdies durch den gemeinschaftlichen Verband repräsentierten Interessengemeinschaft.

Alle diese Verhältnisse sind nicht ohne Einfluß auf die Regelung der Bedingungen für den Absatz und den Handel mit Baumwollgarnen geblieben. Die Unterschiede in der Fabrikationsweise, das Bestehen von vier besonderen Verbänden und die enge Verbindung, die in Süddeutschland und Elsaß zwischen den Garnerzeugern und Garnverbrauchern obwaltet, haben dazu geführt, daß in den vier Spinnereigebieten Deutschlands sich bis heute einheitliche Konditionen für den Handel mit rohen Baumwollgarnen nicht herausgebildet hatten, daß vielmehr in den einzelnen Gebieten abweichende Funktationen in Anwendung waren. Einer nahezu ausnahmslosen Anwendung und Anerkennung seitens der süddeutschen Industrie erfreuen sich die Bedingungen, welche der Verein Süddeutscher Baumwoll-Industrieller schon vor langen Jahren aufgestellt und im Jahre 1906 nach einer zeitgemäßen Revision gemeinschaftlich mit einheitlichen Konditionen für den Handel mit rohen Baumwollgeweben herausgegeben hatte. Beide Gruppen der „süddeutschen Bedingungen", welche als Anlage I und II hier mit abgedruckt sind, beschränken sich auf die Regelung der kommerziellen Seite des Garn- bzw. Tüchergeschäftes, während sie von einer Ordnung der einschlägigen technischen und Qualitäts-Fragen absehen. Sie enthalten die obligatorische Verweisung aller aus den Kontrakten entstehenden Streitigkeiten an ein Schiedsgericht, für welches eine besondere Ordnung erlassen und im Reichsanzeiger vom 7. Oktober 1909 bekanntgegeben wurde (vgl. Anlage III).

Die Wünsche der süddeutschen Baumwoll-Industriellen sind nun stets dahin gegangen, hinsichtlich der Lieferungs- und Zahlungsbedingungen des Garngeschäftes eine Einheitlichkeit über ganz Deutschland herzustellen. Parallel mit diesem Bestreben zeigte sich seit längerer Zeit bei den Garnverbrauchern, besonders in Sachsen und in den Rheinlanden der lebhafte Wunsch, zu einer einheitlichen Ordnung der technischen Grundlagen des Garngeschäftes, also zu Normen für die zulässige Gewichts- und Nummernabweichung, für den zulässigen Feuchtigkeitsgehalt usw. und für die Geltendmachung der Ansprüche aus Verstößen gegen diese Regeln, zu gelangen.

Im Jahre 1909 gab der Plan, bei der höheren preußischen Fachschule für Textil-Industrie in M.-Gladbach eine Konditionieranstalt einzurichten, der dortigen Handelskammer, die mit Recht der Meinung war, daß der Errichtung einer solchen Anstalt die Feststellung einheitlicher Grundlagen für den Baumwollgarnhandel vorauszugehen habe, Anlaß, solche Grundlagen auszuarbeiten. Ein im Sommer 1909 bekannt gewordener Entwurf wurde in der Sitzung der Handelskammer M.-Gladbach vom 2. Juni 1910 zum Beschluß erhoben und publiziert.

Durch einen Fall aus der Praxis sah sich ferner die Handelskammer Sorau Ende Dezember 1909 zu einer Umfrage bei den maßgebenden Verbänden und Handelskammern veranlaßt, ob im Verkehr mit rohen Baumwollgarnen anerkannte Handelsgebräuche über Nummernabweichung bestehen. Diese Umfrage ergab, daß dies nicht der Fall ist, daß aber bei den Garnverbrauchern der Wunsch bestand, die Frage einheitlich geregelt zu sehen. Die Handelskammer Sorau arbeitete dann selbst einen Vorschlag für eine solche Regelung aus. Dieser löste jedoch erhebliche Meinungsverschiedenheiten aus, so daß die Kammer eine Konferenz betreffend Handelsgebräuche im Verkehr mit rohen Baumwollgarnen auf den 7. Dezember 1910 nach Berlin einberief.

Im Interesse der historischen Wahrheit sei bei dieser Gelegenheit konstatiert, daß der Centralverband Deutscher Industrieller bereits durch ein an die Spinnerverbände gerichtetes Schreiben des Herrn H. A. Bueck vom 7. März 1910 die Anregung gegeben hatte, es möchten die interessierten Verbände zu einer gemeinsamen Aussprache über die Feststellung allgemeiner Bedingungen für den Handel mit rohen Baumwollgarnen im Centralverband zusammentreten, daß aber damals die Spinnerverbände dieser Anregung eine Folge nicht zu geben vermocht hatten.

Auch an der Konferenz vom 7. Dezember 1910 nahmen sie nicht teil, nachdem eine tags zuvor abgehaltene Vorbesprechung ergeben hatte, daß unter den Spinnerverbänden die Auffassungen über die Art und den Inhalt einer Regelung der für den Garnhandel maßgebenden Bedingungen ganz erheblich auseinandergingen.

Es wurde jedoch der Konferenz die schriftliche Erklärung der Spinnerverbände behändigt, daß sie bereit seien, an einer Verständigung mit den Verbrauchern unter dem Gesichtspunkte möglichster Ausgleichung der beiderseitigen Interessen mitzuarbeiten, daß es hierzu jedoch eingehender Vorarbeiten bedürfe, daß insbesondere eine vorherige Verständigung unter den Spinnerverbänden herbeizuführen sei und daß nur auf diesem Wege ein ersprießliches Verhandeln ermöglicht werden könne. Gleichzeitig erklärten sich die Spinnerverbände bereit, einen Entwurf auszuarbeiten und über ihn in gemeinschaftliche Verhandlungen mit den Verbraucherverbänden einzutreten.

Der weitere Gang der Dinge hat nicht nur die Ernstlichkeit der Absichten der Spinnerverbände — entgegen mancher damals von der anderen Seite gefallenen agitatorischen Aeußerung — sondern auch die Zweckmäßigkeit des von ihnen beabsichtigten Vorgehens erwiesen. Die Konferenz vom 7. Dezember 1910 hatte im wesentlichen auch nichts anderes zu tun vermocht, als eine Kommission der Verbraucherverbände zur Ausarbeitung eines Entwurfes der Bedingungen einzusetzen. Der Wert der von Spinnerseite in der Konferenz abgegebenen Erklärung ist übrigens schon bei der Berliner Konferenz von deren Vorsitzenden, Herrn Dr. James Simon, richtig gewürdigt worden. Er äußerte sich nach Bekanntgabe der Spinnererklärung: Er glaube, daß die Baumwoll-Industriellen allen Grund hätten, die Erklärung der Spinner zu begrüßen, denn in derselben sei klar und deutlich zum Ausdruck gebracht, das Möglichste zur Lösung der angeschnittenen Frage beizutragen.

Im Auguste 1911 übermittelte die Handelskammer Sorau dem mit der Führung der Geschäfte der Spinnerverbände betrauten Verein Süddeutscher Baumwoll-Industrieller den Entwurf der Verbraucher, worauf Delegiertenversammlungen der Spinnerverbände am 5. und 6. November in Berlin, am 18. Dezember 1911 in Wiesbaden, am

22. März 1912 in Bremen sich mit der Ausarbeitung eines Gegenentwurfes befaßten, der im Mai 1912 den Verbrauchern behändigt wurde.

Daraufhin traten erstmals am 28. Juni 1912 die Delegierten der Spinner- und Verbraucherverbände in Wiesbaden und ein weiteres Mal am 22. und 23. November 1912 in Berlin zu einer Konferenz zusammen. Vertreten waren von Spinnerseite: der Verband Rheinisch-Westfälischer Baumwollspinner, die Vereinigung Sächsischer Spinnereibesitzer, das Elsaß-Lothringische Industrielle Syndikat und der Verein Süddeutscher Baumwoll-Industrieller; von Verbraucherseite: der Bergische Fabrikantenverband, der Verband Bergischer Eisengarnfabrikanten, beide in Barmen, der Verband Deutscher Baumwollgarnverbaucher in Dresden, der Verband Deutscher Buntwebereien und verwandter Betriebe in Düsseldorf, der Verband Schlesischer Textil-Industrieller in Breslau, der Verband Süddeutscher Baumwollgarnverbraucher in Stuttgart, der Verein Deutscher Seidenwebereien in Düsseldorf und die Zanella-Konvention in Elberfeld. Der gemeinschaftlichen Beratung wurde der Entwurf der Spinnerverbände zugrunde gelegt. Um die Leitung der Verhandlungen als unparteiischer Vorsitzender war in allgemeiner Uebereinstimmung Herr Landrat Rötger, Vorsitzender des Centralverbandes Deutscher Industrieller, ersucht worden. Bei der wirtschaftlichen Wichtigkeit der zur Beratung stehenden Fragen gestalteten sich die Verhandlungen naturgemäß nicht nur sehr ausgedehnt, sondern teilweise auch recht lebhaft.

Wie von den Beteiligten beider Lager einstimmig anerkannt wird, ist es vorzugsweise der umsichtigen, vornehmen und streng sachlichen Leitung der Verhandlungen durch Herrn Landrat Rötger zu danken, daß es gelang, schließlich zum Ziel zu kommen.

Heute steht die Baumwollgarn erzeugende und verbrauchende Industrie vor der erfreulichen Tatsache, daß nicht nur die kommerziellen Bedingungen für den Garnhandel, sondern auch die Feststellung der technischen Grundlagen für das Garngeschäft einheitlich geordnet sind. Damit ist für eine außerordentlich umfangreiche und wichtige Industrie eine einheitliche Grundlage des Geschäftes durch freiwillige Verständigung der an ihm Beteiligten geschaffen worden. Es ist das ein Vorgang, der sowohl nach dem Umfang und der wirtschaftlichen Bedeutung der von ihm erfaßten Industriezweige als auch nach seinem Charakter als einer freundschaftlichen und vertraglichen Regelung zwischen Lieferanten und Abnehmer im deutschen Industrieleben vereinzelt dastehen dürfte.

Sache der beteiligten Verbände wird es nun sein, ihre Mitglieder zur praktischen Anwendung des Kontraktes zu veranlassen. Wenn dieser seinen Zweck erfüllen soll, so muß darauf hingearbeitet werden, daß seine Anwendung eine möglichst ausgedehnte, eine tunlichst ausnahmslose wird. Hierzu wird es ja wohl noch einer gewissen Arbeit bedürfen. Bei dem Einfluß, den die an der Feststellung des Kontraktes beteiligten Verbände auf die einzelnen Garnerzeuger und -Verbraucher besitzen, darf aber erwartet werden, daß die neugeschaffene Form auch Leben und Wirksamkeit erhält.

Der Kontrakt zerfällt in zwei Teile. Teil A regelt die geschäftlichen, Teil B die technischen Bedingungen des einzelnen Garnlieferungsgeschäftes. Schon ein flüchtiger Blick zeigt, daß der erste Teil den bisher in Süddeutschland üblich gewesenen Konditionen nachgebildet ist. Ihnen sind die Bestimmungen über das Ziel von 30 Tagen mit 2 pCt. Kassenskonto, über die obligatorische „Lieferung ab Fabrik", ferner die volle Gegenseitigkeit verbürgende Streik- und Betriebsstörungsklausel, endlich die Schiedsvereinbarung für Streitfälle entlehnt. Aus den am 26. April 1911 ausgearbeiteten Vorschlägen der Verbraucher sind zweckmäßige Vorschriften über die Lieferungs- und Abnahmepflicht übernommen.

Der Teil B — Technische Grundlagen — bot für ein Uebereinkommen die denkbar größten Schwierigkeiten. Die darin behandelten Fragen sind teilweise selbst in dem alten Spinnerlande Lancashire noch nicht endgiltig geregelt. Für verschiedene Bestimmungen sind dagegen die an der Wiener Börse festgelegten Usancen mit Erfolg herangezogen worden. Der Inhalt dieses Teiles stellt selbstverständlich ein Kompromiß sehr weit auseinandergehender, schwer vereinbarer Interessen dar. Kein Wunder, wenn er alle Vorteile, aber auch alle Nachteile besitzt, die einem Kompromiß eigen zu sein pflegen. Die Nachteile wird man darin erblicken dürfen, daß manche Bestimmungen allzu verklausuliert ausfallen, daß allzuviele Ausnahmen zugelassen und manchmal auf eine großzügige Regelung verzichtet werden mußte, Dagegen ist nicht der Vorteil zu verkennen, daß trotz allem Wider nunmehr eine Basis geschaffen ist, auf welcher sich Garnerzeuger und Garnverbraucher ohne empfindliche Beeinträchtigung ihrer wirklichen und vermeintlichen Interessen zu treffen vermögen. Zudem ist die Hoffnung berechtigt, daß in Zukunft noch manche Veinfachung wird durchgeführt werden können.

Neben der begrifflichen Festlegung der Garnnummerierung enthält Teil B Vorschriften über Gewicht der Bündelgarne (§§ 2 und 3),

Bestimmungen über die außerordentlich strittige Frage der Hülsenvergütung (§ 4), über Warpcops (§ 5), sodann die unzweideutige Festlegung des Feuchtigkeitsgehaltes der Baumwollgarne auf 8½ pCt., Vorschriften über die Bemusterung und Konditionierung von Baumwollgarnen (§§ 7, 8, 9, 10, 13), Festsetzung der zulässigen Nummernabweichung (§§ 11 und 12), Regeln über die Bemängelung der Qualität und über die Fristen für Bemängelungen.

Den beiden materiellen Teilen des Kontraktes schließt sich als Ergänzung des Teils A die Schiedsgerichtsordnung der deutschen Spinner- und Verbraucher-Verbände an, welche der in der Praxis bereits bewährten süddeutschen Schiedsgerichtsordnung nachgebildet ist.

Der ganze Vertrag tritt am 1. April 1913 in Kraft. Als Zentrale der Organisation ist bis auf weiteres die Geschäftsführung des Vereins Süddeutscher Baumwoll-Industrieller bestimmt worden.

Neben ihrem unmittelbaren praktischen Ergebnis haben die langwierigen und schwierigen Verhandlungen über den deutschen Baumwollgarnkontrakt noch einen anderen, ideellen Erfolg gezeitigt. Jede der beiden Interessentengruppen hat aus den Erörterungen den Standpunkt des Gegners würdigen und achten gelernt. Sie sind sich sachlich und persönlich näher gekommen. Man wird hiervon für die Zukunft noch weitere Früchte erhoffen dürfen. Es wäre lebhaft zu begrüßen, sollten sich die beiden Interessentengruppen, die sich auf einem wichtigen Gebiet praktischer Geschäftsabmachungen begegnet sind, auch weiterhin zu freundschaftlichen Auseinandersetzungen zusammenfinden, wenn es gilt, auf anderen Gebieten eine billige Ausgleichung der gegenseitigen Interessen vorzunehmen. Wenn sich bei den bevorstehenden Arbeiten zu Vorbereitung eines neuen Zolltarifs und neuer Handelsverträge Garnerzeuger und Garnverbraucher über das Maß ihrer gegenseitigen Ansprüche einigen könnten, so möchte das beiden Teilen reichen Nutzen bringen und würde wohl auch manche zwecklose, häßliche und oft der eigenen Sache schädliche Auseinandersetzung in der Oeffentlichkeit vermeiden helfen.

Deutscher Baumwollgarnkontrakt.

Vereinbart zwischen den Deutschen Spinner= und den Deutschen Baumwollgarn=Verbraucher=Verbänden am 22. und 23. November 1912.

Bedingungen für den Handel mit rohen Baumwollgarnen.

A. Lieferungs- und Zahlungsbedingungen.

Preis: Die Preise verstehen sich für Copsgarne per Kilogramm, für Bündelgarne und Rohwarps (ungeschlichtet) per engl. Pfund bzw. für Bündelgarne bei metrischer Numerierung per Kilogramm. Für Kreuzspulen ist jeweils Vereinbarung zu treffen.

Ziel und Skonto: Das Ziel sind 30 Tage vom Tage der Faktura an gerechnet mit 2 pCt. Kassaskonto oder mit Genehmigung des Verkäufers 3 Monate netto.

Bei Zahlung vor dem 30. Tage wird außerdem bis zum 30. Tage der jeweilige Reichsbankdiskont, mindestens aber 5 pCt. p. a. gewährt.

Nach dem 30. Tage wird kein Skonto, dagegen bei Gewährung eines 3monatlichen Zieles bei Zahlung vor Ablauf desselben 5 pCt. Zins p. a. gewährt.

Bei Lieferung westdeutscher Spinner nach Rheinland=Westfalen und Hannover darf wahlweise mit vorstehender Bestimmung als Ziel und Skonto auch 1½ pCt. bei Barzahlung innerhalb 10 Tagen nach Lieferung oder 90 Tage Ziel vereinbart werden.

Zahlung: Die Zahlung hat zu erfolgen in barem Gelde, Schecks, Bank=, Giro= oder Postscheckübeweisungen. Coupons und Wechsel auf Nebenplätze werden nicht in Zahlung genommen. Bankfähige Wechsel, nicht aber eigene Akzepte, können unter Vergütung des jeweiligen Reichsbankdiskontos, fremde Devisen zum Berliner Tageskurs gutgeschrieben werden.

Werden mehrere Lieferungen gleichzeitig berechnet, so ist deren Durchschnittsvaluta maßgebend.

Packung: Ballenpackung ist frei, Säcke= und Kistenpackung unterliegt besonderer Vereinbarung.

Erfüllungsort: Der Erfüllungsort für Lieferung ist die Verladestation, für Zahlung der Sitz der Firma des Verkäufers.

Versand: Den Versand besorgt der Verkäufer ab Verladestation auf Rechnung und Gefahr des Käufers. Frankolieferung ist nur gestattet bei Versendung mit Achse ab Spinnerei.

Lieferungs= und Abnahmepflicht: Ist eine Lieferungsfrist bei Abschluß eines Geschäftes nicht bedungen worden, so gilt die Ware als prompt lieferbar, d. h. die Erfüllung kann innerhalb einer angemessenen, zur Herstellung des Garnes erforderlichen Lieferfrist verlangt sowie jederzeit geleistet werden.

Ist Lieferung in Teilmengen innerhalb einer bestimmten Frist bedungen, so hat die Lieferung und Abnahme in annähernd gleichen Monatsmengen zu erfolgen. Wurde Lieferung in Teilmengen ohne Angabe des Endtermins vereinbart, so hat die Lieferung und Abnahme innerhalb 6 Monaten vom Tage des Abschlusses gerechnet, in annähernd gleichen Monatsmengen zu erfolgen. Das Gleiche gilt bei Kauf auf Abruf.

Ist ein Abschluß mit offener Liste getätigt, so ist dieser Schluß in annähernd gleichen Mengen, Nummern und Aufmachungen wie der unmittelbar vorausgegangene zu liefern, bzw. abzunehmen, falls nicht bei Abschluß des neuen Auftrags entsprechende Vorbehalte gemacht werden.

Die Lieferungsverpflichtung des Verkäufers gilt für erfüllt, wenn er das Garn spätestens am letzten Tage der Lieferfrist ab Spinnerei bzw. ab Lager zur Verfügung des Käufers stellt.

Im Falle zwei oder mehrere Abschlüsse bestehen, ist der Verkäufer berechtigt, den ältesten zuerst voll auszuliefern.

Ist der Verkäufer seinen Lieferungsverpflichtungen oder der Käufer seiner Abnahmepflicht nicht nachgekommen, so ist zunächst eine Nachfrist von 3 Wochen zu gewähren. Nach fruchtlosem Ablauf derselben gelten hinsichtlich der Rechtsfolgen die Bestimmungen des bürgerlichen und des Handelsrechtes.

Spinneinteilung: Bei Kontrakten mit offener Nummern- und Sortenaufgabe ist der Käufer verpflichtet, 6 Wochen vor Beginn des Liefermonats die Spinn-Einteilung zu geben. Bei späterer Aufgabe übernimmt der Verkäufer keine Verbindlichkeit bezüglich der Lieferzeit.

Bleibt der Käufer auf zweimalige Aufforderung mit der Spinn-Einteilung über die vorgeschriebene Zeit im Rückstand und läßt er auch eine ihm vom Verkäufer gestellte Nachfrist von 3 Wochen unbeachtet, so ist der Verkäufer berechtigt, die betreffende Lieferung nach billigem Ermessen vorzunehmen und zu berechnen.

Streik und Betriebsstörung: Durch höhere Gewalt verursachte Betriebsstörungen sowie Streik und Aussperrung berechtigen den davon betroffenen Vertragsteil, die Lieferung bzw. die Abnahme desjenigen Quantums, dessen Lieferung oder Abnahme durch die Störung unmöglich gemacht wird, um die Zeit der Störung hinauszuschieben. Bei laufenden Verträgen wird die Zeit für die Lieferung oder Abnahme jeder einzelnen folgenden Rate entsprechend verschoben.

Dauert die Verzögerung in der Lieferung oder Abnahme länger als 3 Wochen, so hat der von der Störung nicht betroffene Vertragsteil das Recht, innerhalb dreier Geschäftstage nach dieser Frist hinsichtlich der Lieferung bzw. Abnahme des durch die Störung ausgefallenen Quantums vom Vertrage zurückzutreten. Er ist jedoch verpflichtet, für das ausfallende Quantum dem anderen Vertragsteile eine zu dessen Ungunsten am ersten Werktag nach Eingang der Regulierungserklärung bestehende Differenz zwischen dem Abschlußpreis und dem Marktpreis des Fabrikats zu vergüten.

Schadenersatzansprüche wegen Nichterfüllung oder nicht rechtzeitiger Erfüllung finden hierbei nicht statt.

Erklärungen der Parteien auf Grund dieser Streikklausel haben eingeschrieben zu erfolgen.

Streitigkeiten: Alle aus diesem Vertrage etwa entstehenden Streitigkeiten sind mit Ausschluß der ordentlichen Gerichte durch ein Schiedsgericht zu entscheiden, für welches die im Reichsanzeiger Nr. .... vom 7. Oktober 1909 veröffentlichte, einen Bestandteil des Kontrakts bildende Schiedsgerichtsordnung der deutschen Spinner- und Verbraucherverbände maßgebend ist.

B. Technische Grundlagen.

Auf Zweizylinder- und Imitatgarne, ebenso auf im Vorgespinnst gebleichte Garne unter Nr. 14 englisch, sowie auf nach dem Spinnen gebleichte und gefärbte, endlich auf gasierte und mercerisierte Garne finden die nachstehenden Bestimmungen keine Anwendung.

§ 1.

Allgemeine Bestimmungen.

Für rohe und in der Flocke gebleichte, einfache Baumwollgarne sowie für zweifache Zwirne mittlerer Drehung ist die englische bzw. metrische Numerierung maßgebend. Die Anzahl Stränge von 840 Yards, welche bei normalem Feuchtigkeitsgehalt (§ 6) auf ein Pfund engl., bzw. von 1000 Metern, bis auf ½ kg gehen, geben die Nummer des Garnes an.

Unter 2fachen Zwirnen mittlerer Drehung sollen auch verstanden werden die sog. sewings mit 18—21 Drehungen für Nr. 20 Water auf den englischen Zoll.

§ 2.

Bündelgarne.

Das gepreßte Bündel von 10 Pfund engl. rohen Baumwollgarnes darf bei normalem Feuchtigkeitsgehalt, (§ 6) ohne Schnüre, Deckel und Papier nicht weniger als 9⅞ Pfund engl. (4,480 Kilogramm) oder bei metrischer Numerierung 4,938 kg netto an Garn wiegen. Abweichungen im Gewicht der einzelnen Bündel untereinander bis zu 3 pCt. nach unten und nach oben sind gestattet, doch muß die ganze Sendung zusammengewogen volles Gewicht haben.

§ 3.

Gewicht.

Wenn Bündelgarne das in § 2 vorgesehene Gewicht nicht erreichen und das Mindergewicht nicht mehr als 3 pCt. beträgt, so ist der Käufer verpflichtet, die Garne gegen Vergütung des Mindergewichtes zu übernehmen. Uebersteigt jedoch das Mindergewicht 3 pCt., so kann der Käufer, wenn der Verkäufer sich nicht innerhalb drei Tagen nach empfangener Aufforderung bereit erklärt, bei Garnen bis Nr. 50 engl. und Mengen bis zu 1000 Pfund engl. innerhalb zwei Wochen, bei größeren Mengen innerhalb spätestens vier Wochen im Sinne dieses Paragraphen vollwichtiges Garn zu liefern, nach seiner Wahl auf Vergütung des Abganges bestehen oder die Garne gegen Ersatz aller Spesen zurückgeben. Bei Garnen über Nr. 50 engl. wird die 1½fache, bei Garnen über Nr. 100 die doppelte Zeit gewährt. Die Ersatzleistung ist nur einmal zuläßig.

§ 4.

Garne auf Cops und Kreuzspulen.

Bei Hülsengarnen gelten die nachstehenden Bestimmungen über Hülsentara:

Das Gewicht der Papierhülsen darf bei Warpcops und Mulecops auf kurzen Hülsen 1½ pCt., bei Pincops von normaler Größe und darüber, ferner bei Trosselcops auf leichten Hülsen und bei Kreuzspulen $2^1/_2$ pCt. des berechneten Copsgewichtes (Gewicht von Garn und Hülse) nicht übersteigen.

Als Pincopse von normaler Größe gelten Copse, bei denen die Hülsenlänge 140 mm, der Durchmesser des Copses 24 mm (Mindestgewicht 16 Gramm) beträgt.

Ueberschreitet das Hülsengewicht die in Abs. 1 festgesetzten Grenzen, so ist die Differenz zwischen dem erlaubten und dem tatsächlichen Hülsengewicht zum vollen Garnpreis zu vergüten.

Für Warpcops und Mulecops auf durchgehenden Hülsen, ferner für Pincops auf durchgehenden Hülsen von Nr. 10 abwärts, für Garne auf Hülsen besonderer Art einschließlich der durchlochten und für Garne außergewöhnlicher Aufmachungen haben die vorstehenden Bestimmungen keine Geltung.

Trosselgarne und Zwirne auf schweren Hülsen werden brutto für netto, die Hülsen also zum Garnpreis berechnet. Wenn $^3/_4$ der Hülsen einer Garnsendung spätestens binnen 3, der Rest spätestens binnen 6 Monaten nach Empfang in brauchbarem Zustande franko zurückkommt, werden die Hülsen dem Käufer zum Garnpreise netto ohne Zinsvergütung mit der Maßgabe gutgeschrieben, daß für die zurückgelieferten Hülsen 4 Wochen Vordatierung, jedoch nicht über das Datum der Faktura hinaus gewährt wird. Nach Ablauf dieser Frist ist der Verkäufer zur Rücknahme der Hülsen nicht mehr verpflichtet.

Sämtliche Bestimmungen über Hülsentara gelten nur, wenn nicht besondere Vereinbarungen bestehen oder getroffen werden.

§ 5.

Rohwarps (ungeschlichtet).

Rohwarps, einfach und gezwirnt, werden nach dem Kalkulationsgewicht verkauft und berechnet, doch muß der Verkäufer dem Käufer ein etwaiges Mindergewicht, soweit es $2^1/_2$ pCt. übersteigt, vergüten.

§ 6.

Feuchtigkeitsgehalt.

Als handelsüblicher Feuchtigkeitsgehalt bei den in § 1 genannten Baumwollgarnen und -Zwirnen gilt bis auf weiteres der Satz von $8^1/_2$ pCt. als Durchschnitt einer Serie. Das rechtmäßige Handelsgewicht ergibt sich also, indem auf das bei 105—110° C. ausgetrocknete Gewicht $8^1/_2$ pCt. zugeschlagen werden.

Auf Vereinbarung naßgezwirnte Garne fallen nicht unter diese Bestimmung.

Für die Ermittlung des Feuchtigkeitsgehaltes sind die öffentlichen, unter staatlicher Aufsicht stehenden Konditionieranstalten maßgebend.

Als unter staatlicher Aufsicht stehend werden auch die der Aufsicht einer Handelskammer unterstehenden Konditionieranstalten angesehen.

§ 7.*)

Bemusterung.

Im Falle der Beanstandung einer Sendung haben Käufer und Verkäufer oder deren Vertreter zunächst gemeinschaftlich das Bruttogewicht und sodann die Tara derjenigen vorher nicht geöffneten Packungen (Ballen, Kisten, Säcke) festzustellen, aus denen die Muster entnommen werden sollen. Bereits in Angriff genommene Packungen können nicht mehr Gegenstand einer Bemusterung sein, soferne sie nicht etwa den ganzen Gegenstand einer

*) Siehe Anmerkung auf Seite 175.

Sendung ausmachen. Sodann sind ebenfalls gemeinschaftlich vom Käufer und Verkäufer bzw. deren Vertretern — sofern sich die Parteien nicht vorher über ein anderes Quantum verständigt haben — aus 20 Bündeln von möglichst normalem Gewicht je eine Docke, aus jeder Kiste aus verschiedenen Lagen derselben je 2—5 Stück Cops oder Spulen als Muster zu ziehen. Die Mustercops oder Spulen müssen zusammen mindestens 500 Gramm wiegen.

Die Musterentnahme hat innerhalb 3 Werktagen, vom Tage der Beanstandung an gerechnet, zu erfolgen.

Im Falle der Verkäufer bezüglich der Musterentnahme das Nötige nicht veranlaßt, ist der Käufer berechtigt, innerhalb der nächstfolgenden drei Werktage im Sinne dieser Bestimmungen die Muster unter Zuziehung eines Unbeteiligten zu ziehen oder durch einen Beamten einer etwa im Kaufvertrag bezeichneten Konditionieranstalt ziehen zu lassen. Die dadurch etwa entstehenden Kosten gehen zu Lasten des Verkäufers.

Macht der Käufer bei einer Sendung ein Fehlgewicht geltend, so hat der Verkäufer das Recht, die Konditionierung zu verlangen.

§ 8.*)

Konditionierung.

Für die Feststellung des Feuchtigkeitsgehaltes und die Nummerbestimmung, welche sowohl vom Käufer als auch vom Verkäufer veranlaßt werden können, gelten folgende Vorschriften:

Jede Qualität und Garnnummer hat eine Serie zu bilden.

1. Für die Bemusterung zum Zwecke der Konditionierung und Nummerbestimmung gelten, wenn nicht die ganze Serie angefahren wird, folgende Bestimmungen:

Die Bemusterung und die Feststellung des Bruttogewichts und der Tara hat gemäß § 7 zu erfolgen.

Bei im verpackten Zustande versandten Garnen werden bei Serien bis zu 5 Kisten (Fässer) 3 Kisten, bei größeren Serien von je 5 Kisten 2 Kisten bemustert, wobei von dem durch 5 nicht teilbaren Reste der Kistenzahl ebenfalls eine Kiste zu bemustern ist. Die Muster im Gewicht von ungefähr 1000 Gramm für jede zur Bemusterung herangezogene Kiste sind verschiedenen Lagen zu entnehmen.

Bei verpackt oder unverpackt gelieferten Bündeln sind von höchstens 40 Bündeln à 10 Pfund engl. bzw. bei metrischer Numerierung à 5 kg aus 40 verschiedenen Bündeln je nach der Garnnummer je 1—3 Stränge für die Bemusterung zu entnehmen.

In allen Fällen sind die Muster in luftdicht schließenden Blechbehältern der Konditionieranstalt einzusenden.

An jedem Muster ist ersichtlich zu machen:

a) Zeichen und Nummer des Ballens oder der Kiste oder des Fasses.

---

*) Die endgiltige redaktionelle Fassung des § 8 ist einer besonderen Kommission übertragen worden, welcher technische Sachverständige beigegeben sind. § 8 wurde in den Grundzügen des obigen Wortlauts genehmigt, doch soll statt der Bezeichnung der Mengen durch „Kisten" eine andere Mengeneinheit (300 kg) gewählt werden. Die Kommission ist ermächtigt, auch an den §§ 7 bis mit 11 solche Aenderungen vorzunehmen, welche sich durch die systematische Neufassung des § 8 als nötig erweisen.

b) Höhe des vom Verkäufer berechneten und des von den Parteien oder ihren Vertretern festgestellten Nettogewichtes.

Auf Wunsch des Käufers oder Verkäufers müssen doppelte Muster gezogen und sorgfältig in luftdicht schließenden Behältern verwahrt werden; diese dienen eventuell zu einer zweiten Konditionierung, welche von jeder Partei verlangt werden kann.

Im Falle eine zweite Konditionierung stattfindet, ist das Durchschnittsergebnis beider Konditionierungen maßgebend.

2. Im Uebrigen ist das Verfahren folgendes:

Feststellung der Länge: Soll die Länge einer Partie baumwollener Bündelgarne festgestellt werden, so müssen, falls nicht die ganze Partie angefahren wird, der Konditionieranstalt 10 Bündel übergeben werden, deren Gewicht im richtigen Verhältnis zum Gewicht der ganzen Partie steht. Auf einer Wage, die bei einer Belastung von 100 kg eine Genauigkeit von 10 g hat, werden die Bündel gewogen und durch Entfernen der Tara das Nettogewicht festgestellt. Jedem dieser Bündel werden 4 Stränge entnommen und auf einer bis auf ein Zentigramm genauen Wage sofort gewogen, damit der Feuchtigkeitsgehalt der Bündel und der Stränge ein möglichst gleicher ist. Diese Stränge werden gemessen und nach Feststellung der Länge der Stränge die Länge der ganzen Partie berechnet.

Die gefundene Länge der Stränge, das Gewicht derselben und das Nettogewicht der 10 Bündel wird der Berechnung zu Grunde gelegt.

Garne auf Cops oder Kreuzspulen werden in der Weise behandelt, daß der Partie an den verschiedenen Stellen Proben im Gewicht von etwa 1000 g entnommen werden. Zur Feststellung des Nettogewichts werden die Hülsen der abgehaspelten Cops oder Kreuzspulen genau gewogen und dadurch die Tara berechnet. Im Uebrigen geschieht die Feststellung der Länge wie bei Bündelgarnen.

Spannung des Fadens. Je nach der Nummer des Garnes läuft der Faden über 1—4 Glasstangen. Die Schnelligkeit des Ablaufes muß so bemessen sein, daß 840 Yards in etwa 200 Sekunden ablaufen. Der Haspel muß mechanisch getrieben werden.

Feststellung der Nummer. Zur Feststellung der Nummer müssen der Partie Proben im Gewicht von etwa 1000 g an den verschiedenen Stellen entnommen werden, deren Fadenlänge festgestellt wird. Alsdann werden die Proben bei einer Temperatur von 105—110° C vollständig getrocknet. Dem ermittelten Trockengewicht ist der festgestellte Feuchtigkeitsgehalt, oder falls dersebe mehr als $8^1/_2$ pCt. ausmacht, der zulässige Feuchtigkeitsgehalt ($8^1/_2$ pCt.) zuzurechnen, wonach dann die Nummerberechnung erfolgt.

Feststellung des Handelsgewichts. Die zur Feststellung des Handelsgewichts übergebenen Bündelgarne, Cops oder Kreuzspulen werden zunächst brutto gewogen, die Tara bestimmt und das Nettogewicht festgestellt. Bei Bündelgarnen wird die Tara von drei Bündeln entfernt, gewogen und danach, sowie nach der Anzahl der Bündel das Gewicht der ganzen inneren Verpackung berechnet. Bei Garnen auf Cops oder Kreuzspulen werden die Proben abgehaspelt, das Gewicht der Hülsen festgestellt und danach das Gewicht der Hülsen der ganzen Partie berechnet. Das Gewicht der so ermittelten inneren Tara ist auf den Bescheinigungen gesondert anzugeben. Bei der Entnahme der Proben ist nicht allein darauf zu achten, daß sie aus allen

Teilen der Partie entnommen werden, sondern auch, daß die aus den verschiedenen Teilen der Partie entnommenen Proben möglichst gleichmäßig in drei Lose verteilt werden. Das Gewicht der Probe muß 1000 g betragen. Die drei Lose werden unmittelbar nach der Auswahl auf einer Wage gewogen, die bei einer Belastung von 750 g bis auf ein Zentigramm genau ist.

Zwei der vorhandenen drei Lose werden in zwei Apparaten bei 105 bis 110° C der Austrocknung unterworfen. Der höchste zulässige Unterschied zwischen den beiden ersten Austrocknungen wird für Garn auf 1/2 pCt. festgesetzt.

Findet sich, daß der Gewichtsverlust der beiden Lose bis auf ein 1/2 pCt. übereinstimmt, so wird die Austrocknung als genügend angesehen. Dem so gefundenen Trockengewicht wird der zulässige Feuchtigkeitsprozentsatz von 8 1/2 pCt. zugerechnet und danach das Handelsgewicht der ganzen Partie bestimmt.

Ist der Unterschied zwischen den Gewichtsverlusten der beiden Lose mehr als 1/2 pCt., aber weniger als 1 pCt., so wird auch das dritte Los getrocknet. Ueberschreitet alsdann der größte Unterschied der drei Austrocknungen nicht 1 pCt., so wird das Mittel derselben der Berechnung des Handelsgewichts zu Grunde gelegt.

Alle Berechnungen werden doppelt, und zwar nach verschiedenen Verfahren ausgeführt. Alle Gewichts- und Meßbestimmungen werden doppelt abgelesen.

Die jedem Ballen, Faß oder jeder Kiste entnommene Probe wird bei 105—110° C zur absoluten Trockenheit gebracht und aus dem Trockengewicht das Handelsgewicht durch Hinzurechnung des zulässigen Feuchtigkeitsgehaltes berechnet.

§ 9.*)

Die Partei, welche die Konditionierung veranlaßt, hat der anderen Partei den Antrag auf Konditionierung anzuzeigen. Die Konditionieranstalt hat von dem Ergebnis der Untersuchung beiden Parteien sofort Kenntnis zu geben. Die andere Partei hat das Recht, telegraphisch eine Nachkontrolle durch dieselbe Anstalt oder auch durch eine andere Konditionieranstalt anzuordnen. Macht sie hievon innerhalb zweier voller Werktage nach Empfang des Konditionierscheines keinen Gebrauch, so gilt die Konditionierung als abgeschlossen.

§ 10.*)

Ueberschreitet bei einer Beanstandung des Feuchtigkeitsgehaltes durch den Käufer im Wege der Konditionierung die bei der Konditionierung gefundene Feuchtigkeit im Durchschnitt der ganzen Serie 8 1/2 pCt., so hat der Verkäufer dem Käufer, bleibt sie unter 8 1/2 pCt., so hat der Käufer dem Verkäufer die Differenz zum Garnpreis zu vergüten.

Ausgenommen von der Einbeziehung in diese Durchschnittsberechnung sind die Ergebnisse jener Ballen oder Kisten bzw. Fässer, deren Inhalt einen höheren Feuchtigkeitsgehalt als 11 pCt. aufweist. Der Käufer ist befugt, solche Ballen bzw. Kisten und Fässer gegen Ersatz der darauf entfallenden Spesen zur Verfügung zu stellen. Dem Verkäufer steht das Recht einer Ersatzlieferung in der in § 3 erwähnten Frist zu. Diese Ersatzleistung ist nur einmal zulässig.

Bei Feuchtigkeit von mehr als 11 pCt. ist die Ware als nicht lieferbar zu betrachten.

*) Siehe Anmerkung auf Seite 175.

§ 11.*)

Im Falle der Bemängelung der Nummer ist diese in der Weise zu ermitteln, daß bei Bündelgarnen mindestens 20 Stränge à 840 Yards oder 10 Doppelstränge à 1680 Yards abgemessen und gewogen werden und daraus die Nummer berechnet wird. Bei Cops und Spulen sind von mindestens 20 Cops oder Spulen

bei Garnen unter Nr. 8	10 Stränge	zu 840 Yards
„ „ über Nr. 8 bis einschl. Nr. 11	15 „	
„ „ über Nr. 11	20 „	

abzuhaspeln, abzuwiegen und daraus die Nummer zu berechnen.

Der Durchschnitt der auf diese Weise von der Konditionieranstalt vorgenommenen Numerierung gilt als Nummer für den betreffenden Ballen (Bündel) oder die betreffende Kiste (Faß).

Alle vorhandenen Kolli müssen den Bestimmungen der §§ 7 und 8 entsprechend der Numerierung unterzogen werden, und gilt sodann das Ergebnis als Durchschnitt der Numerierung für die ganze der Musterziehung unterzogene Menge der angefochtenen Garnsendung.

Ausgenommen von der Einbeziehung in diese Durchschnittsberechnung sind jedoch die Ergebnisse jener Ballen oder Kisten bzw. Fässer, deren Inhalt bei Garnen:

bis einschließlich Nr. 5 mehr als 10 pCt.,
über Nr. 5 bis einschließlich Nr. 10 mehr als 8 pCt.,
„ „ 10 „ „ „ 14 „ „ 7 „
„ „ 14 „ „ „ 22 „ „ 6 „
„ „ 22 „ „ „ 30 „ „ 5 „
„ „ 30 . . . . „ „ 4½ pCt.

nach oben oder unten von der zu liefernden Nummer abweicht. Der Käufer ist befugt, diese auszuscheidenden Ballen oder Kisten bzw. Fässer dem Verkäufer gegen Ersatz der darauf entfallenden Spesen zur Verfügung zu stellen. Dem Verkäufer steht das Recht einer Ersatzlieferung in den in § 3 erwähnten Fristen zu. Diese Ersatzleistung ist nur einmal zulässig.

§ 12.

Bei feiner gelieferten Garnen findet eine Vergütung nicht statt.

Die Grenze, innerhalb welcher in bezug auf zu grobe Numerierung eine Vergütung nicht stattfindet, wird mit 3 pCt. bestimmt. Beträgt der Nummernunterschied im Durchschnitt mehr als 3 pCt., so ist das Plus über 2 pCt., nach Maßgabe des Mehrverbrauchs bei Verarbeitung der Garne zu vergüten, doch braucht der Verkäufer eine Vergütung nicht zu leisten, wenn er die bemängelten Mengen innerhalb der im § 3 bedungenen Fristen spesenfrei gegen, im Sinne dieses Paragraphen, richtig numerierende Garne umtauscht.

§ 13.

Die Kosten der Konditionierung hat der unterliegende Teil zu tragen.

§ 14.

Bemängelung der Qualität.

Kommt im Falle der Bemängelung der Qualität des gelieferten Garnes eine gütliche Vereinbarung nicht zustande, so obliegt die Entscheidung dem im Teil A der Bedingungen vereinbarten Schiedsgericht.

---

*) Siehe Anmerkung auf S. 175.

Für Qualitätsunterschiede bei Baumwollgarnen, welche nicht nach Mustern sondern nach den Benennungen bestimmter, vor Abschluß besonders namhaft gemachter Spinner verkauft werden, haftet der Verkäufer dem Käufer nur insofern, als letzterer nachweisen kann, daß das gelieferte Garn wesentlich abweicht von der Qualität, welche die betreffende Spinnerei unter der betreffenden Marke während der letzten zwölf, dem Geschäftsabschluß vorangegangenen Monate geliefert hat.

Wenn Garne nach Mustern verkauft werden, so muß das Kaufmuster, auf Grund dessen eine Bemängelung angebracht werden soll, in einer jede Verwechselung ausschließenden Weise erkennbar gemacht sein und mindestens drei Monate nach der ersten Lieferung aufgehoben werden.

§ 15.

Bemängelungen, welche das Bruttogewicht betreffen, müssen innerhalb 8 Tagen, solche anderer Art spätestens innerhalb 3 Wochen, Bemängelungen von Kettgarnen innerhalb 6 Wochen nach Empfang der Ware angezeigt werden, es sei denn, daß es sich um heimliche Fehler handelt, für welche, unbeschadet der Verpflichtung zur sofortigen Anzeige bei Entdeckung des Fehlers, eine Ausschlußfrist von 6 Monaten gewährt wird.

Bemängelungen sind, von heimlichen Fehlern abgesehen, nicht zulässig, soweit sich die Garne nicht mehr im gelieferten Zustand befinden, sondern bereits einer Bearbeitung oder Verarbeitung zugeführt worden sind, sofern nicht der Beweis erbracht wird, daß dieselben auf eine bestimmte Sendung zurückgeführt werden können.

Schiedsgerichtsordnung für den Deutschen Baumwollgarn-Kontrakt.

1.

Alle aus Lieferungsgeschäften, die auf der Grundlage des Deutschen Baumwollgarn-Kontraktes abgeschlossen sind, entstehenden Streitigkeiten sind mit Ausschluß der ordentlichen Gerichte durch ein Schiedsgericht zu entscheiden.

2.

Beide Parteien haben zu dem Schiedsgericht je einen im praktischen Geschäftsleben stehenden oder im Ruhestand lebenden Kaufmann oder Industriellen der Baumwollbranche als Schiedsrichter zu ernennen

Die betreibende Partei hat den von ihr bestellten Schiedsrichter der Gegenpartei schriftlich mit der Aufforderung zu bezeichnen, ihr innerhalb dreier Geschäftstage nach dem Tage des Empfangs des Schreibens den von ihr bestellten Schiedsrichter zu benennen. Leistet die Gegenpartei dieser Aufforderung nicht rechtzeitig Folge, so hat der Präsident der Handelskammer des Bezirks, zu welchem die betreffende Firma gehört, oder wenn sie zu keiner Handelskammer gehört, die ihrem Sitz am nächsten liegt, den betreffenden Schiedsrichter zu ernennen.

3.

Die von den beiden Parteien aufgestellten Schiedsrichter haben unverzüglich einen Obmann zu erwählen.

Können sie sich über einen solchen nicht einigen, so hat ihn der Präsident der Handelskammer des Bezirks der betreibenden Partei zu ernennen.

4.

Falls ein Schiedsrichter sein Amt niederlegt, so hat er dies beiden Parteien schriftlich anzuzeigen. Die Partei, welche den Schiedsrichter ernannt hatte, hat innerhalb dreier Geschäftstage nach dem Empfang der Anzeige einen andern Schiedsrichter zu ernennen und der Gegenpartei zu bezeichnen.

5.

Das Verfahren vor dem Schiedsgericht ist folgendes:

Jede der Parteien übermittelt dem von ihr ernannten Schiedsrichter unter Schilderung des Sachverhaltes den Vertrag, sowie Abschriften des Schriftwechsels, welcher zwischen den Parteien in der strittigen Angelegenheit geführt wurde, samt ihren Anträgen.

Beide Schiedsrichter übersenden ihre Schriftstücke dem Obmann und bestimmen gemeinsam mit diesem zur eventuellen Vornahme von Besichtigungen oder zu gemeinsamer Beratung einen Tag, welcher innerhalb zwei Wochen vom Tage der Ernennung des Obmannes liegen muß.

Die Schiedsrichter haben ihre Entscheidung mit tunlichster Beschleunigung unparteiisch und nach bestem Wissen und Gewissen zu fällen und dürfen sich nicht als Vertreter einer Partei ansehen. Sie haben ihrer Entscheidung zunächst die vertraglichen Abmachungen der Parteien, sodann die allgemein anerkannten Gebräuche des Handels und im übrigen das geltende bürgerliche und Handelsrecht zugrunde zu legen.

Der Austausch der vorgenannten Schriftstücke kann unterbleiben, wenn beide Parteien damit einverstanden sind.

6.

Die Entscheidung im Schiedsgericht erfolgt nach Stimmenmehrheit. Sind drei abweichende Meinungen vertreten, so entscheidet innerhalb der Anträge der Schiedsrichter die Ansicht des Obmannes.

7.

Der Schiedsspruch ist von den Schiedsrichtern schriftlich abzugeben. Derselbe soll enthalten:

1. die genaue Bezeichnung der Parteien nach Namen, Stand, Wohnort und Parteistellung;
2. die Namen der Schiedsrichter;
3. eine gedrängte Darstellung des Tatbestandes unter Hervorhebung der Anträge der Parteien;
4. die Entscheidungsgründe;
5. die von der Darstellung des Tatbestandes und den Entscheidungsgründen äußerlich zu sondernde Entscheidungsformel.

Der Schiedsspruch muß von sämtlichen Schiedsrichtern unter Angabe des Tages der Abfassung unterschrieben werden.

8.

Der Schiedsspruch ist durch den Obmann den Parteien in einer von den Schiedsrichtern unterschriebenen Ausfertigung zuzustellen und unter Beifügung der Beurkundung der Zustellung auf der Gerichtsschreiberei des zuständigen Gerichts niederzulegen.

Als zuständiges Gericht im Sinne der Vorschriften der Zivilprozeßordnung über das Schiedsgerichtsverfahren gilt das Amtsgericht Berlin-Mitte.

9.

Auf Bestellung eines Obmannes kann seitens der Parteien verzichtet werden. Ebenso sind die beiden Schiedsrichter berechtigt, von der Wahl eines Obmannes abzusehen, falls sie über die Entscheidung des Streitfalles einig sind. Die vorstehenden Vorschriften über das Verfahren finden auch in diesen Fällen sinngemäße Anwendung.

10.

Der Schiedsspruch hat unter den Parteien die Wirkungen eines rechtskräftigen gerichtlichen Urteils.

11.

Die Kosten sind von den Schiedsrichtern in der Entscheidungsformel festzusetzen und der Partei aufzuerlegen, gegen welche die Entscheidung ausfällt. Wird ein geltend gemachter Anspruch vom Schiedsgerichte nur teilweise anerkannt, so sind die Kosten auf beide Parteien entsprechend zu verteilen.

12.

Die in der vorstehenden Schiedsgerichtsordnung vorgesehenen Parteierklärungen haben sämtlich mit eingeschriebenem Brief zu erfolgen.

Schlußbestimmung.

Die beteiligten Verbände bzw. ihre Konferenzvertreter verpflichten sich, die Annahme des Deutschen Baumwollgarnkontraktes in der vorliegenden Fassung in ihren Bezirken durchzusetzen.

Der Vertrag tritt am 1. April 1913 in Kraft. Nach Ablauf von 2 Jahren wird auf Antrag eine Revision dieses Kontraktes vorgenommen. Als Zentrale der Organisation gilt bis auf weiteres die Geschäftsführung des Vereins Süddeutscher Baumwoll-Industrieller.

Anlage I.

Bedingungen
des
Vereins Süddeutscher Baumwoll-Industrieller
für den
Handel mit rohen Baumwollgarnen.

Preis: Die Preise verstehen sich per Kilogramm für Copsgarne, per Englisch Pfund für Bündelgarne.

Ziel und Skonto: Das Ziel sind 30 Tage vom Tage der Faktura an gerechnet mit 2 pCt. Kassaskonto oder mit Genehmigung des Verkäufers 3 Monate netto. Bei Zahlungen vor Verfall werden 5 pCt. p. a. Zins vergütet. Bei Zahlung nach dem 30. Tage wird kein Skonto gewährt.

Zahlung: Die Zahlung hat in verlustfreier Anschaffung zu erfolgen. Koupons und Wechsel auf Nebenplätze werden überhaupt nicht in Zahlung genommen.

Sortenaufgabe: Die Sortenaufgabe hat 6 Wochen vor Beginn des Lieferungsmonats zu geschehen. Bei späterer Aufgabe übernimmt der Verkäufer keinerlei Verbindlichkeit bezüglich der Lieferzeit.

Packung: unterliegt besonderen Vereinbarungen.

Hülsenvergütung: Das tatsächliche Hülsengewicht darf das vergütete nicht um mehr als 2½ pCt. des berechneten Garngewichts überschreiten.

Erfüllungsort: Der Erfüllungsort für Lieferung ist die Fabrik, für Zahlung der Sitz der Firma des Verkäufers.

Versand: Den Versand besorgt der Verkäufer auf Rechnung und Gefahr des Käufers.

Streik und Betriebsstörung: Durch höhere Gewalt verursachte Betriebsstörungen sowie Streik und Aussperrung berechtigen den davon betroffenen Vortragsteil, die Lieferung bzw. die Abnahme desjenigen Quantums, dessen Lieferung oder Abnahme durch die Störung unmöglich gemacht wird, um die Zeit der Störung hinauszuschieben. Bei laufenden Verträgen wird die Zeit für die Lieferung oder Abnahme jeder einzelnen folgenden Rate entsprechend verschoben.

Dauert die Verzögerung in der Lieferung oder Abnahme länger als 3 Wochen, so hat der von der Störung nicht betroffene Vertragsteil das Recht, innerhalb dreier Geschäftstage nach dieser Frist hinsichtlich der

Lieferung bzw. Abnahme des durch die Störung ausgefallenen Quantums vom Vertrage zurückzutreten. Er ist jedoch verpflichtet, für das ausfallende Quantum dem anderen Vertragsteile eine zu dessen Ungunsten am ersten Werktag nach Eingang der Regulierungserklärung bestehende Differenz zwischen dem Abschlußpreis und dem Marktpreis des Fabrikats zu vergüten.

Schadensersatzansprüche wegen Nichterfüllung oder nicht rechtzeitiger Erfüllung finden nicht statt.

Erklärungen der Parteien auf Grund dieser Streikklausel haben eingeschrieben zu erfolgen.

Streitigkeiten. Alle aus diesem Vertrage etwa entstehenden Streitigkeiten sind mit Ausschluß der ordentlichen Gerichte durch ein Schiedsgericht zu entscheiden, für welches die im Reichsanzeiger Nr. 237 vom 7. Oktober 1909 veröffentlichte Schiedsgerichtsordnung des Vereins Süddeutscher Baumwoll-Industrieller maßgebend ist.

Anlage II.

Bedingungen
des
Vereins Süddeutscher Baumwoll-Industrieller
für den
Handel mit rohen Baumwollgeweben.

Preis und Skonto. Die Preise verstehen sich per Meter. Der Kassa-Skonto ist 2 Prozent.

Ziel. Das Ziel sind 30 Tage vom Tage der Faktura an gerechnet. Zahlt der Käufer vor Verfall oder mit Genehmigung des Verkäufers erst nach Verfall, so werden vom Verfalltage ab 5 pCt. Zinsen verrechnet.

Zahlung. Die Zahlung hat in verlustfreier Anschaffung zu erfolgen. Rimessen auf Nebenplätze werden nur gegen Vergütung der Inkassospesen und ohne alle Verbindlichkeit, fremde Geldsorten und Devisen nur zum hiesigen Geldkurse, Kupons überhaupt nicht in Zahlung genommen.

Sortenaufgabe. Die Sortenaufgabe hat spätestens 6 Wochen vor Beginn des Lieferungsmonats zu geschehen. Bei späterer Aufgabe übernimmt der Verkäufer keinerlei Verbindlichkeit bezüglich der Lieferzeit.

Erfüllungsort. Der Erfüllungsort ist der Wohnort bzw. die Fabrik des Verkäufers.

Lieferung. Die Lieferung wird dadurch erfüllt, daß die Ware am bedungenen Termin (Tag) dem Käufer zur Verfügung gestellt wird.

Versand. Den Versand besorgt der Verkäufer auf Rechnung und Gefahr des Käufers.

Streik- und Betriebsstörung. Durch höhere Gewalt verursachte Betriebsstörungen, sowie Streik und Aussperrung berechtigen den Verkäufer zur verhältnismäßigen Hinausschiebung der Lieferungen. Dauert deren Verzögerung länger als 3 Wochen, so hat der Käufer sich innerhalb dreier Tage nach dieser Frist zu erklären, ob er eine weitere Lieferfrist zugesteht, oder ob er den nicht rechtzeitig gelieferten Teil des Kontraktes annulliert. Schadensersatzansprüche wegen Nichterfüllung oder nicht rechtzeitiger Erfüllung finden nicht statt.

Vom Eintritt solcher Umstände, die den Verkäufer zur Hinausschiebung der Lieferungen berechtigen, ist dem Käufer umgehend Mitteilung zu machen.

Streitigkeiten. Alle aus diesem Vertrage etwa entstehenden Streitigkeiten sind mit Ausschluß der ordentlichen Gerichte durch ein Schiedsgericht zu entscheiden, für welches die im Reichsanzeiger Nr. 237 vom 7. Oktober 1909 veröffentlichte Schiedsgerichtsordnung des Vereins Süddeutscher Baumwoll-Industrieller maßgebend ist.

Schlußschein.

(Firma) ....

verkauft durch ....

an ....

....

zum Preise von ....

und zu den umstehenden Bedingungen des Vereins Süddeutscher Baumwoll-Industrieller.

Lieferung ....

....

Versandvorschriften sind noch zu geben.

....

Stücklänge: Die Länge der Stücke ist .... Meter
" " " Doppelstücke .... "
" " " Weben .... "
" " " Doppelweben .... "

(Datum) .... den 19

Anlage III.

Schiedsgerichtsordnung
des
Vereins Süddeutscher Baumwoll-Industrieller.

Veröffentlicht im Reichsanzeiger Nr. 237 vom 7. Oktober 1909.

1.

Alle aus Lieferungskontrakten, die zu den Bedingungen des Vereins Süddeutscher Baumwoll-Industrieller abgeschlossen sind, entstehenden Streitigkeiten sind mit Ausschluß der ordentlichen Gerichte durch ein Schiedsgericht zu entscheiden.

2.

Beide Parteien haben zu dem Schiedsgericht je einen im praktischen Geschäftsleben stehenden Kaufmann oder Industriellen der Baumwollbranche als Schiedsrichter zu ernennen.

Die betreibende Partei hat den von ihr bestellten Schiedsrichter der Gegenpartei schriftlich mit der Aufforderung zu bezeichnen, ihr innerhalb dreier Geschäftstage nach dem Tage des Empfangs des Schreibens den von ihr bestellten Schiedsrichter zu benennen.

3.

Die von den beiden Parteien aufgestellten Schiedsrichter haben unverzüglich einen Obmann zu erwählen.

Können sie sich über einen solchen nicht einigen, so hat ihn der Präsident der Handelskammer des Bezirks der betreibenden Partei zu ernennen.

4.

Falls ein Schiedsrichter sein Amt niederlegt, so hat er dies beiden Parteien schriftlich anzuzeigen. Die Partei, welche den Schiedsrichter ernannt hatte, hat innerhalb dreier Geschäftstage nach dem Empfang der Anzeige einen andern Schiedsrichter zu ernennen und der Gegenpartei zu bezeichnen.

5.

Das Verfahren vor dem Schiedsgericht ist folgendes:

Jede der Parteien übermittelt dem von ihr ernannten Schiedsrichter unter Schilderung des Sachverhaltes den Vertrag, sowie Abschriften des Schriftwechsels, welcher zwischen den Parteien in der strittigen Angelegenheit geführt wurde, samt ihren Anträgen.

Beide Schiedsrichter übersenden ihre Schriftstücke dem Obmann und bestimmen gemeinsam mit dem Obmann zur eventuellen Vornahme von Besichtigungen oder zu gemeinsamer Beratung einen Tag, welcher innerhalb zwei Wochen vom Tage der Ernennung des Obmannes liegen muß.

Die Schiedsrichter haben ihre Entscheidung mit tunlichster Beschleunigung unparteiisch und nach bestem Wissen und Gewissen zu fällen und dürfen sich nicht als Vertreter einer Partei ansehen.

6.

Die Entscheidung im Schiedsgericht erfolgt nach Stimmenmehrheit. Sind drei abweichende Meinungen vertreten, so entscheidet innerhalb der Anträge der Schiedsrichter die Ansicht des Obmannes.

7.

Der Schiedsspruch ist von den Schiedsrichtern schriftlich abzugeben. Derselbe soll enthalten:

1. die genaue Bezeichnung der Parteien nach Namen, Stand, Wohnort und Parteistellung;
2. die Namen der Schiedsrichter;
3. eine gedrängte Darstellung des Tatbestandes unter Hervorhebung der Anträge der Parteien;
4. die Entscheidungsgründe;
5. die von der Darstellung des Tatbestandes und den Entscheidungsgründen äußerlich zu sondernde Entscheidungsformel.

Der Schiedsspruch muß von sämtlichen Schiedsrichtern unter Angabe des Tages der Abfassung unterschrieben werden.

8.

Der Schiedsspruch ist durch den Obmann den Parteien in einer von den Schiedsrichtern unterschriebenen Ausfertigung zuzustellen und unter Beifügung der Beurkundung der Zustellung auf der Gerichtsschreiberei des zuständigen Gerichts niederzulegen.

Als zuständiges Gericht im Sinne der Vorschriften der Zivilprozeßordnung über das Schiedsverfahren gilt das Amtsgericht Augsburg.

9.

Auf Bestellung eines Obmannes kann seitens der Parteien verzichtet werden. Ebenso sind die beiden Schiedsrichter berechtigt, von der Wahl eines Obmannes abzusehen, falls sie über die Entscheidung des Streitfalles einig sind. Die vorstehenden Vorschriften über das Verfahren finden auch in diesen Fällen sinngemäße Anwendung.

10.

Der Schiedsspruch hat unter den Parteien die Wirkungen eines rechtskräftigen gerichtlichen Urteils.

11.

Die Kosten sind von den Schiedsrichtern in der Entscheidungsformel festzusetzen und der Partei aufzuerlegen, gegen welche die Entscheidung ausfällt. Wird ein geltend gemachter Anspruch vom Schiedsgerichte nur teilweise anerkannt, so sind die Kosten auf beide Parteien entsprechend zu verteilen.

12.

Den Schiedsrichtern sind die wirklichen Auslagen einschließlich der Reisekosten zu ersetzen. Außerdem fällt für jeden Schiedsspruch eine Gebühr von 20 M. an, welche in die Kasse des Vereins Süddeutscher Baumwoll-Industrieller abzuführen ist.

13.

Die in der vorstehenden Schiedsgerichtsordnung vorgesehenen Parteierklärungen haben sämtlich mit eingeschriebenem Brief zu erfolgen.

Eingaben.

1.
Zur Ausführung der revidierten Pariser Uebereinkunft vom 2. Juni 1911.

I.

An den Herrn **Reichskanzler.**

Berlin, 13. September 1912.

Eurer Exzellenz beehrt sich das unterzeichnete Direktorium des Centralverbandes Deutscher Industrieller unter Bezugnahme auf den Erlaß vom 12. Juli d. J. die nachstehenden Mitteilungen sehr ergebenst zu unterbreiten.

Eine den Kreisen unseres Verbandes vorgelegte Rundfrage wurde zum größten Teil dahin beantwortet, daß gegen den „Entwurf eines Gesetzes zur Ausführung der revidierten Pariser Uebereinkunft vom 2. Juni 1911 zum Schutze des gewerblichen Eigentums" Einwendungen nicht zu erheben seien.

Der Geschäftsführung sind indessen auch Wünsche und Anregungen hinsichtlich der Modifikation einiger Vorschriften zugegangen. Diese betreffen in der Hauptsache folgende Punkte:

1. Zu Artikel II des Entwurfes

wird darauf hingewiesen, daß es oft mit Schwierigkeiten verbunden sein wird, die Prioritätsbelege gleichzeitig mit Abgabe der Prioritätserklärung beizubringen, namentlich, wenn der Anmeldende seinen Wohnsitz in einem Staate hat, der das Institut der Vorprüfung nicht kennt. Auch im Hinblick auf inländische Verhältnisse wird behauptet, die durch den Unionsvertrag gewährleistete zwölfmonatige Prioritätsfrist könne nicht ausgenutzt werden, wenn der Anmeldende die Prioritätsbelege sofort vorzulegen hätte, da die betreffenden Urkunden häufig erst nach Ablauf mehrerer Wochen vom Patentamt ausgeliefert würden. Um nun eine entsprechende Kürzung der Prioritätsfrist zu vermeiden, solle für die Einreichung der Prioritätsbelege eine kurze Nachfrist von etwa 1—3 Monaten gewährt werden. Eine dahingehende Bestimmung würde einerseits dem Anmeldenden eine wünschenswerte Erleichterung bringen, andererseits aber auf das Verfahren der Neuheitsprüfung keinerlei nachteilige Einwirkungen ausüben, da im Geschäftsgange des Patentamtes eine Anmeldung erfahrungsgemäß erst nach längerer Zeit in die Hände des Vorprüfers gelangt.

Aus gleichen Erwägungen wird auch angeregt, lediglich für die Abgabe der Erklärung, daß die Priorität beansprucht wird, eine Frist festzulegen, nicht aber für die Beibringung der Prioritätsbelege. Die Einreichung dieser Urkunden solle erst dann gefordert werden dürfen, wenn sich die Vorlage derselben für den Prioritätsbeweis als notwendig herausstellt. Dies entspreche der bisherigen Uebung des Patentamtes, die sich in der Praxis als durchaus zweckmäßig erwiesen habe. Daher genüge die fakultative Vorlage der Prioritätsbelege. Diese Bestimmung müsse im Gesetz ausdrücklich festgelegt werden.

2. Zu Artikel III, § 24b, Abs. 2

wird nahezu übereinstimmend erklärt, daß die Höhe der Gebühren für die Anmeldung eines Verbandszeichens nicht gerechtfertigt erscheine. Da die Gebühr für Einzelzeichen nur 30 M. betrage, Prüfung und Eintragung von Verbandszeichen jedoch keine erhebliche Mehrarbeit fordere, so wäre die doppelte Einzelzeichengebühr, also 60 M., für ausreichend zu erachten. Der Einwand, Verbandszeichen könnten, da sie für einen größeren Kreis von Einzelbetrieben bestimmt seien, mit Recht höher bewertet werden, treffe nicht zu: das Verbandszeichen sei nicht einem besonderen Zeichen für jedes Mitglied gleich zu erkennen, da die Jahresbeiträge der Verbandsangehörigen häufig sehr gering seien und somit die volle Jahreseinnahme in vielen Fällen allein schon für die Anmeldung des Verbandszeichens aufgehen würde. Andererseits müßten solche Mitglieder, die ihre Spezialartikel kennzeichnen wollen, aus besonderen Geschäftsrücksichten oft noch ein Einzelzeichen benutzen.

Trotzdem das Patentamt im Jahre 1911 einen Ueberschuß von mehr als 5,5 Millionen erzielt habe, seien die Gebühren nicht ermäßigt worden. Wenn es nicht möglich wäre, die geltenden Gebührenvorschriften zu ändern, so sollten wenigstens neuzuschaffende Sätze von vornherein niedriger bemessen werden.

3. Zu Artikel III, § 24d

wird bemerkt, daß die ausnahmslose Unübertragbarkeit des Rechtes aus dem Verbandszeichen eine zu starke Einengung für die in Betracht kommenden gewerblichen Verbände herbeiführen müsse, weil sie häufig gewissen Wandlungen und Neubildungen unterworfen seien. Es wäre daher zweckmäßig und auch unbedenklich, die Uebertragung von Verbandszeichen soweit zuzulassen, als dadurch nicht eine Täuschung ermöglicht wird.

4. Zu Artikel III, § 24g

wird bemerkt, daß es einer ausdrücklichen Erklärung darüber bedürfe, ob die Umschreibung gebührenfrei erfolgen solle oder ob die vollen Gebühren einer Neuanmeldung zu zahlen seien und ob in letzterem Falle die früher entrichtete Gebühr für die Anmeldung des Einzelzeichens in Abzug gebracht werde.

Endlich wird angeregt, im Gesetz möge ausdrücklich bestimmt werden, daß ein nicht als „Verbandszeichen" eingetragenes Zeichen nur von dem betreffenden Verein, nicht aber von jedem Mitglied verwendet werden darf, da die Verbände sonst in der Lage seien, das Einzelzeichen als Verbandszeichen auszunutzen, indem sie ihren Mitgliedern die Verwendung gestatten.

II.

An den Herrn **Reichskanzler.**

Berlin, 24. September 1912.

Eurer Exzellenz

beehrt sich das Direktorium des Centralverbandes Deutscher Industrieller sehr ergebenst mitzuteilen, daß der Geschäftsführung des Centralverbandes nachträglich noch eine Anzahl von Aeußerungen zugegangen ist, deren Inhalt sich folgendermaßen darstellt:

1. Zu Artikel II des Entwurfes

wird bemerkt, es erscheine im Interesse einer übersichtlichen Darstellung der Materie durch den Gesetzestext ratsam, die Vorschriften über die zeitliche Begrenzung der Prioritätserklärung in das Gesetz aufzunehmen, dieselben mithin nicht zum Gegenstand besonderer Verordnungen zu machen. Da gemäß Artikel 4 Abs. d des Unionsvertrages der Prioritätsvermerk in alle Veröffentlichungen der zuständigen Behörde aufzunehmen sei, so werde folgerichtig die Bekanntmachung der Anmeldung als der letzte für die Abgabe der Prioritätserklärung zulässige Zeitpunkt angesehen werden müssen. Deshalb sei eine diesbezügliche Einzelverordnung außerhalb des geplanten Ausführungsgesetzes nicht erforderlich; es möge vielmehr die Bestimmung über die Frist zur Abgabe der Prioritätserklärung bereits im Gesetze selbst festgelegt werden.

2. Zu Artikel III, § 24 b des Entwurfes

wird der Wunsch ausgesprochen, daß gegen einen Mißbrauch der Verbandszeichen noch wirksamere Vorkehrungen getroffen werden mögen. Da die Zeichensatzungen den Gebrauch des Verbandszeichens voraussichtlich häufig an Bedingungen knüpfen werden, die das Zeichen als eine Garantie für die Güte oder die Herkunft der Ware erscheinen lassen, so müssen die Verbände auch einem satzungswidrigen, die Kundschaft täuschenden Gebrauch des Zeichens entgegentreten. Deshalb sei es notwendig, zu verordnen, das die Zeichensatzung auch ausreichende Bestimmungen darüber enthält, wie der Verband einem Mißbrauch des Zeichens durch seine Mitglieder entgegenzutreten gedenkt. Falls nach den Verhältnissen des Verbandes nicht zu erwarten sei, daß er einem Mißbrauch wirksam werde steuern können, so solle das Patentamt die Eintragung verweigern dürfen.

2.

Verkehr durch den Panamakanal.

Eingabe an den Herrn **Reichskanzler.**

Berlin, 14. Oktober 1912.

Der Schiffsverkehr durch den Panamakanal soll Aeußerungen der zuständigen Bauleitung zufolge bereits vor der für 1915 geplanten offiziellen Eröffnung in bestimmtem Umfange freigegeben werden, und zwar wird mit dieser Freigabe für den Monat August des kommenden Jahres gerechnet. Die Baukosten des Kanals schätzt man gegenwärtig schon auf 2 Milliarden Mark, d. h. ungefähr das Dreifache des ursprünglichen Anschlages, sie werden im Laufe der Zeit wohl noch eine weitere Steigerung erfahren, da die Wasserstraße nach sachkundigem Urteil wahrscheinlich erst in 10 Jahren den Anforderungen des Weltverkehrs vollkommen entsprechen wird. Es ist daher anzunehmen, daß, je teurer sich die Ausgaben für die Anlage stellen werden, desto höher auch die Gebühren für die Benutzung des Kanals werden bemessen werden und eine von den gesetzgebenden Körperschaften der Union kürzlich erlassene Bestimmung, welche die inländische Küstenschiffahrt von den Durchfahrtsabgaben befreit, erfordert umso ernstere Beachtung. Diese Bestimmung sowie der Umstand, daß der Verkehr zwischen den amerikanischen Hafenplätzen kraft Gesetzes der heimischen Flagge vorbehalten ist, lassen jedenfalls eine Benachteiligung europäischer Wirtschaftsinteressen befürchten, die auch für Deutschlands Handel und Industrie schwerwiegende Folgerungen nach sich ziehen muß.

Abgesehen davon, daß die einseitige Begünstigung der amerikanischen Reedereien aller Voraussicht nach ein intensives Anwachsen ihrer Flotte und damit eine Beeinträchtigung der deutschen Schiffahrtsinteressen herbeiführen wird, entstehen auch ernste wirtschaftliche Gefahren für unsere heimische Industrie. So wird der Salpetertransport von der Küste des Stillen Ozeans nach den atlantischen Häfen der Union und nach Europa voraussichtlich fast ausschließlich durch den Panamakanal geleitet werden und sich für die europäischen Importeure im Vergleich zu den Aufwendungen der amerikanischen Unternehmen so unverhältnismäßig teuer gestalten, daß von einem Wettbewerb mit der überseeischen Konkurrenz fortan kaum noch ein nachhaltiger Erfolg zu erwarten ist.

In besonderem Maße aber wird die Stellung der deutschen Montanindustrie auf dem Weltmarkt, vornehmlich die unserer gesamten Eisenindustrie, durch die Begünstigung der amerikanischen Schiffahrt geschädigt werden. Die bisher an der pacifischen Küste Amerikas veranstalteten Forschungen nach Erzvorkommen haben trotz ihrer durch äußere Umstände gebotenen Lückenhaftigkeit erwiesen, daß in dem Landstrich zwischen der Insel Vancouver im Norden und Valdivia im Süden Erzlager vorhanden sind, die ein vorzügliches Material für die Gewinnung von Roheisen enthalten. In den Veröffentlichungen des Internationalen Geologischen Kongresses zu Stockholm (The Iron Ore Resources of the World) finden sich hierüber nähere Angaben. Für die hervorragende Qualität dieser westamerikanischen Bodenschätze spricht auch die Tatsache, daß seit längerer Zeit — ungeachtet der hohen Transportkosten — chilenische Eisenerze auf dem Wege um das Kap Horn nach Deutschland eingeführt werden.

Es besteht sonach für unsere heimische Eisenindustrie das lebhafteste Interesse, an der Erschließung dieser Gebiete beteiligt zu werden und in den Mitgenuß der durch die Verkürzung des Transportweges zu erwartenden Verbilligung der Produktion zu treten. Diese wirtschaftlichen Vorteile werden indessen in Zukunft fast ausschließlich der amerikanischen Konkurrenz zugute kommen, falls sie, neben dem Vorzuge, durch Zeit, Kosten und Risiko der Materialbeförderung über den Atlantischen Ozean nicht betroffen zu werden, außerdem noch in den Genuß der eingangs erwähnten Vergünstigung gegenüber dem europäischen Wettbewerb treten wird.

Diese Vergünstigung wird, da die Abgaben für die Durchfahrt durch den Panamakanal auf 5,25 M. (1 ¼ Dollar) für die beladene Registertonne und auf 3,15 M. (= 60 pCt.) für die Tonne Ballastfahrt angesetzt worden sind, nicht weniger als 8,40 M. für die Registertonne betragen. Durch eine solche Verringerung der Gestehungskosten für die amerikanischen Hüttenwerke wird naturgemäß die Wettbewerbsfähigkeit der deutschen Eisenindustrie aufs schwerste getroffen, und es wird diese Wettbewerbsfähigkeit auch noch durch einen weiteren Umstand voraussichtlich stark erschwert werden.

Es ist eine durch das Vorgehen der Suezkanalkommission bewiesene Tatsache, daß die Kanalbehörden für die Berechnung der Kanalabgaben eine von den sonstigen Schiffsvermessungsarten abweichende Spezialmethode zu schaffen pflegen. Die Suezkanalkommission hat in dieser Hinsicht durch Anwendung eines eigenen Vermessungsverfahrens einen Nettoregisterinhalt bestimmt, der um 25 pCt. höher ist, als er sich nach dem von allen Staaten für die Vermessung von Handelsschiffen angenommenen Moorsomschen Nettoregisterverfahren ergeben würde. Es ist zu befürchten, daß die Panamakanalbehörde in gleicher Weise die Sonderstellung ihres Verkehrsweges ausnutzen wird, zumal in dem Panamakanalgesetz die Schiffsvermessungsart nicht festgelegt worden ist. Es würden sich in diesem Falle die Kanalgebühren auf 10 M. bis 10,50 M. für die Registertonne oder auf 4 M. für die Tonne transportierten Erzes stellen und neben der Abgabenfreiheit der amerikanischen Schiffahrt würde es vor allem das Spezialverfahren für die Schiffsvermessung sein, durch welche die Position der deutschen Hüttenwerke empfindlich benachteiligt werden würde. Die amerikanischen Produzenten, welche neben diesen beiden Vorteilen auch noch den Vorzug des billigeren Transports vom Erzlager zum Hochofen genießen würden, wären somit in der Lage, die Tonne Roheisen um etwa 8 M., die Tonne Stahl um etwa 10 M. billiger herzustellen, als unsere einheimischen Unternehmer, und hiermit würde der Wettbewerb der deutschen

Erzeugnisse auf dem Weltmarkt gegenüber den amerikanischen Erzeugnissen zur Unmöglichkeit gemacht.

Schon jetzt hat die Statistik des amerikanischen Außenhandels für das Exportgeschäft ganz besonders günstige Ziffern aufzuweisen: der Ausfuhrüberschuß betrug 253 Millionen im Jahre 1909, stieg 1910 auf 303 Millionen und erreichte im vergangenen Jahre nahezu die Höhe von 560 Millionen. Hierbei hat die industrielle Ausfuhr bereits seit mehreren Jahren die Oberhand über den landwirtschaftlichen Export gewonnen und der Wert der Ausfuhr nach Europa allein betrug im Jahre 1911 1293 Millionen Dollar, während er sich hinsichtlich der Ausfuhr nach den nichteuropäischen Ländern nur auf 800 Millionen Dollar stellte.

Diese starke Aktivität der amerikanischen Handelsbilanz trifft in ihren nachteiligen Wirkungen auf die europäische Wirtschaft in erster Linie das aufstrebende deutsche Erwerbsleben und hier wohl zunächst die deutsche Industrie, die zu gewärtigen hat, daß mit der Eröffnung des Panamakanals insbesondere durch das Verhalten des Gesetzgebers bei der Regelung des Kanalverkehrs die Export- und Konkurrenzkraft der amerikanischen Industrie aufs neue gesteigert werden wird. Wohl hat sich bereits in maßgebenden Kreisen der Vereinigten Staaten die Ansicht geltend gemacht, daß die einseitige Begünstigung des Inlandes zu folgenschweren handelspolitischen Spannungen führen kann und es verlautet, daß der Kongreß bei der Wiederaufnahme seiner Sitzungen im Dezember d. J. das Gesetz einer Durchsicht unterziehen wird. Es ist indessen nicht vorauszusehen, ob eine solche Revision zu befriedigenden Ergebnissen gelangen wird, und es dürfte daher der Anlaß gegeben sein, daß auch von seiten des Deutschen Reichs auf eine Regelung der Verkehrsverhältnisse hingewirkt wird, die den Grundsätzen der allgemeinen Billigkeit in zureichenderem Maße entspricht.

Das unterzeichnete Direktorium des Centralverbandes Deutscher Industrieller richtet demgemäß an Eure Exzellenz die ergebenste Bitte, bei der Bundesregierung der Vereinigten Staaten von Amerika dahin vorstellig zu werden, daß die Abgabenfreiheit für die amerikanische Küstenschiffahrt in dem in Rede stehenden Gesetz wieder beseitigt und hinsichtlich der Schiffsvermessungsart nachträglich eine Bestimmung in das Gesetz eingefügt wird, auf Grund deren das Moorsomsche Nettoregisterverfahren ausnahmslos zur Anwendung gelangt.

3.

Pensionsberechtigung der Handelssachverständigen.

An den Herrn **Staatssekretär des Auswärtigen Amts.**

Berlin, 16. November 1912.

Die wirtschaftliche Lage der zu den deutschen Konsularämtern entsandten Handelssachverständigen gilt seit Jahren als ungünstig, sowohl im Hinblick auf die mangelnde Sicherheit des Anstellungsverhältnisses als auch wegen der in vielen Fällen unzureichenden Dienstentschädigung. Es hat sich daher mit Rücksicht darauf, daß die Tätigkeit der Handelssachverständigen besonders geeignet ist, die heimische Ausfuhr in erheblichem Umfange zu befestigen und zu fördern, in den Kreisen der am Export beteiligten Industrie der Wunsch nach einer Besserung der Verhältnisse immer stärker geltend gemacht.

Aus diesem Anlaß richtete der Centralverband Deutscher Industrieller bereits am 1. März 1909 an den Reichstag die Bitte, einem Beschlusse der Budgetkommission, den zur Besoldung von Handelssachverständigen ausgeworfenen Betrag um 100 000 M. zu kürzen, die Zustimmung zu versagen, und es wurde in den Kreisen der Industrie mit Genugtuung begrüßt, daß bei der zweiten Beratung des Reichshaushaltsetats das Plenum unter Ablehnung des Kommissionsantrages seinerzeit die Regierungsvorlage wieder herstellte.

Gleichzeitig wurde damals durch Annahme einer von dem Abgeordneten von Hertling eingebrachten Resolution der Herr Reichskanzler ersucht, „alsbald die erforderlichen Anordnungen für eine Umgestaltung der Einrichtung der Sachverständigen für Landwirtschaft und Handelsangelegenheiten bei den konsularischen Behörden zu treffen“. Auf Grund dieser Resolution unterbreitete das Direktorium des Centralverbandes Deutscher Industrieller dem Herrn Staatssekretär des Auswärtigen Amts in der Eingabe vom 25. Oktober 1909 eine Reihe von Anregungen, welche die bessere Ausgestaltung des Institutes der Handelssachverständigen durch Festlegung der Anstellungsverhältnisse betrafen.

Unter erneutem Hinweis auf diese Darlegungen bittet der Centralverband Deutscher Industrieller Eure Exzellenz, die Frage einer erhöhten wirtschaftlichen Sicherung der konsularischen Sachverständigen in wohlwollende Erwägung zu ziehen.

Nach gegenwärtigem Brauch werden die Sachverständigen vom Reiche für die Dauer einer Reihe von Jahren angestellt. Sie haben während dieser Zeit ihre Arbeitskraft unter Hintansetzung aller persönlichen Geschäftsinteressen der Erforschung der Wirtschaftsverhältnisse ihres Bezirkes sowie dem verantwortlichen Nachrichtendienst in vollem Umfange zu widmen. Nach Ablauf des Anstellungsvertrages scheiden sie aus dem Reichsdienst wieder aus, ohne daß ihr ferneres Fortkommen in irgendeiner Weise von Amts wegen gesichert ist. Die Vergütung für ihre Tätigkeit — in der Regel ein Pauschalbetrag, von dem auch sämtliche dienstlichen Aufwendungen zu bestreiten sind — ermöglicht den Sachverständigen keinerlei Rücklage für die Zeit nach ihrem Ausscheiden und reicht häufig nicht einmal zur Lebensführung während der Anstellungsperiode aus. Seit längerem hat man daher in den Kreisen der Handelssachverständigen eine Gehaltserhöhung angestrebt und hierbei auf die Besoldungsverhältnisse im amtlichen Konsulardienst verwiesen. So sehr nun auch ein Erfolg dieser Bemühungen, im Interesse der Sachverständigen selber wie mit Rücksicht auf die tatkräftige Förderung unserer kommerziellen Interessenvertretung, zu wünschen sein würde, so kann andererseits doch nicht verkannt werden, daß hierin der Verfügungsfreiheit des Auswärtigen Amtes durch den Etat gewisse Beschränkungen auferlegt sind, die der Bereitwilligkeit, Verbesserungen einzuführen, hindernd entgegenstehen mögen.

Für die Hebung der wirtschaftlichen Lage der Konsularsachverständigen würde es indessen schon von besonderer Bedeutung sein, wenn ihnen nach Ablauf einer bestimmten Frist die Berechtigung zum Pensionsbezuge gewährt werden würde. Durch eine solche Maßnahme würden u. E. in weit größerem Umfange als dies zurzeit der Fall ist, für den Sachverständigendienst bei den deutschen Konsulaten geeignete Kräfte gewonnen werden, die sich gegenwärtig von dieser Laufbahn im Hinblick auf die ungünstigen Anstellungsbedingungen zurückhalten müssen.

Da es wohl ohne Zweifel ist, daß das konsularbehördliche Sachverständigenwesen seinem Zwecke desto besser entsprechen wird, je erfahrener und tüchtiger die Persönlichkeiten sind, die sich dieser Betätigung widmen, so glauben wir im allgemeinen Interesse der deutschen Volkswirtschaft zu handeln, wenn wir Eure Exzellenz bitten, geneigtest dahin wirken zu wollen, daß die bei den deutschen Konsularbehörden angestellten Handelssachverständigen in analoger Anwendung der geltenden Bestimmungen über das Ruhegehalt für Reichsbeamte die Anwartschaft auf den Bezug einer Pension erhalten.

4.

Sonntagsruhe im Handelsgewerbe.

An den Herrn **Staatssekretär des Innern.**

Berlin, 18. November 1912.

Der Centralverband Deutscher Industrieller hat bereits im Jahre 1907, als der Beirat für Arbeiterstatistik bei dem Kaiserlichen Statistischen Amt mit Vorschlägen zur Arbeitsregelung in Kontoren und sonstigen kaufmännischen Betrieben ohne offene Verkaufsstellen hervortrat, in einer Eingabe vom 8. November zu der Frage der Sonntagsruhe im Handelsgewerbe Stellung genommen. Es war damals nach eingehenden Erhebungen von seiten der Reichsregierung erklärt worden, daß ein gesetzliches Einschreiten nach den im allgemeinen vorliegenden Verhältnissen nicht geboten sei, wenn auch in einzelnen Betrieben die Arbeitskraft der Angestellten über Gebühr stark in Anspruch genommen werde. Da es hiernach berechtigten Zweifeln unterliegen mußte, ob wegen dieser doch immerhin nur geringen Ausnahmefälle für den Erlaß eines neuen Gesetzes ein genügender Grund vorlag, sprachen wir uns in der erwähnten Eingabe grundsätzlich gegen eine Aenderung der bestehenden gesetzlichen Bestimmungen aus, und glaubten nur, als dennoch eine weitere Beschränkung der an Sonn- und Feiertagen zulässigen Arbeitszeit in Kontoren usw. in Aussicht genommen werden sollte, eine gesetzliche Regelung dahin empfehlen zu sollen, daß allgemein eine zweistündige ununterbrochene Arbeitszeit in Kontoren usw. gestattet werde.

Der im Frühjahr d. J. herausgegebene Entwurf eines Gesetzes über die Sonntagsruhe im Handelsgewerbe erklärt nun — abgesehen von Ausnahmen — an Sonn- und Festtagen in den offenen Verkaufsstellen eine Beschäftigung noch bis zu drei Stunden zulässig, will aber eine gesetzliche Sonntagsarbeit in Kontoren und den nicht mit offenen Verkaufsstellen verbundenen Betrieben ganz abschaffen und gibt lediglich den höheren Verwaltungsbehörden sowie auf Grund statutarischer Bestimmungen den Gemeinden oder weiteren Kommunalverbänden die Befugnis, eine Beschäftigung bis zur Dauer von zwei Stunden zuzulassen.

Auf die Regelung der Sonntagsruhe in offenen Verkaufsstellen versagen wir uns weiter einzugehen. Die Industrie ist in dieser Beziehung weniger beteiligt als bei der Kontorarbeit. Auch kann man sich unseres Erachtens mit einer allgemein gesetzlich zulässigen

Sonntagsarbeit von drei Stunden in offenen Verkaufsstellen abfinden, wenn Ausnahmen entsprechend zugelassen und gehandhabt werden.

Wir müssen es indessen nach den mehr als zwei Jahrzehnte hindurch bestehenden rechtlichen und tatsächlichen Verhältnissen als unbillig ansehen, wenn in Zukunft offene Verkaufsstellen und Kontore, für die bisher gleichmäßig vom Gesetz eine fünfstündige Sonntagsarbeit zugelassen war, nach den Vorschlägen des neuen Gesetzentwurfs so sehr verschieden behandelt werden sollen. Es wird durchaus anerkannt, daß, wenn dem sozialen Zuge der Zeit folgend, unsere Gesetzgebung auch nach dieser Richtung hin einzugreifen wiederum einmal Anlaß nimmt, weite Teile der deutschen Industrie von einer gesetzlichen Herabsetzung der in den Kontoren bisher zulässigen Sonntagsarbeit nicht sehr stark werden betroffen werden, da manche industrielle Betriebe, selbst besorgt für das Wohl ihrer Angestellten, die Sonntagsarbeit auf das äußerste bereits eingeschränkt haben. Aber auch aus diesen Kreisen wird darauf hingewiesen, daß ein völliges Verbot der Sonntagsarbeit in den Kontoren, namentlich der mittleren und kleineren Unternehmungen, schwer durchführbar sein wird, und daß selbst für bedeutendere Industriezweige, namentlich im Saisongewerbe, in Gewerben, die wesentlich am Schiffsverkehr interessiert sind, bei der Lebensmittelherstellung usw. für Sonntagsarbeit eine gewisse Notwendigkeit besteht. Wenn daher diese Tatsache in dem neuen Entwurf grundsätzlich bezüglich der offenen Verkaufsstellen anerkannt und für diese eine Sonntagsarbeit bis zu drei Stunden gesetzlich zugelassen wird, so dürften die gleichen Erwägungen auch hinsichtlich der Kontore im allgemeinen maßgebend und auch für diese eine gleiche oder mindestens eine zweistündige Sonntagsarbeit gesetzlich zu gestatten sein.

Es kann einem Zweifel kaum unterliegen, daß es von wesentlicher Bedeutung ist, ob das Gesetz die Sonntagsarbeit als Regel gewährt, wie bei den offenen Verkaufsstellen, oder nur als Ausnahme, wie es bei den Kontoren vorgesehen ist. Ganz abgesehen davon, daß in letzterem Falle die Bestrebungen auf gänzliche Abschaffung der Sonntagsarbeit immer mehr erstarken werden und das gesetzliche Verbot derselben auch zugunsten der Angestellten in den offenen Läden über kurz oder lang wird gefordert werden, kann es auch nicht zugegeben werden, daß die Verwaltungsbehörden und Gemeinden, selbst wenn sie bemüht sind, nach bestem Wissen und Gewissen ihre Entscheidungen zu treffen, überall derart mit den Verhältnissen und Bedürfnissen der Industrie vertraut sind, daß es sich empfiehlt, die Regelung so wichtiger Fragen lediglich in ihre Hände zu geben. Unbillig wirkende Verschiedenheiten in den einzelnen Betrieben werden zu befürchten sein, zu deren Vermeidung, wie auch im Interesse der wünschenswerten Rechtseinheit die Gestattung einer gewissen Sonntagsarbeit in Kontoren durch das Gesetz selbst dringend wünschenswert ist.

Gegen die Gewährung von Ausnahmen von seiten der Verwaltungsbehörden und Gemeinden sind Bedenken nicht zu erheben. Wenn das Gesetz indessen diesen Behörden Vollmacht erteilt, die Sonntagsarbeit über die gesetzlichen Einschränkungen hinaus noch weiter zu untersagen, so wird, um den in entgegengesetzten Richtungen bestehenden Ausnahmebedürfnissen des praktischen Lebens Genüge zu tun, nur billig erscheinen, wenn auch eine Erweiterung der Sonntagsarbeit zugelassen wird. Der Entwurf erkennt die Notwendigkeit für offene Verkaufsstellen auch an, indem er bestimmt, daß die höhere Verwaltungsbehörde für Orte, in denen die Bevölkerung aus der weiteren Umgegend an Sonn- und Festtagen die offenen Verkaufsstellen aufzusuchen genötigt ist, eine Beschäftigung bis zur Dauer von vier Stunden, und daß ferner die Polizeibehörde für jährlich höchstens sechs Sonn- und Festtage in offenen Verkaufsstellen eine Beschäftigung bis zu zehn Stunden zulassen kann. Eine ähnliche Ermächtigung dürfte auch für die Beschäftigung in den Kontoren angebracht sein.

Wir beantragen daher, den Entwurf eines Gesetzes betreffend Sonntagsruhe im Handelsgewerbe geneigtest dahin abändern zu wollen, daß in den Kontoren und nicht mit offenen Verkaufsstellen verbundenen Betrieben des Handelsgewerbes an Sonn- und Festtagen durch das Gesetz als Regel eine zweistündige Beschäftigung gestattet wird und daß den höheren Verwaltungsbehörden und Gemeinden überlassen bleibt, gewisse Ausnahmen im Sinne des Gesetzes festzusetzen.

5.

Aufhebung des § 270 des preußischen Strafgesetzbuches — Verbot von Verabredungen bei Submissionen. —

An den
Königlich preußischen Justizminister Herrn Dr. Beseler, Exzellenz.

Berlin, 23. Dezember 1912.

Die aus den Kreisen des praktischen Erwerbslebens wiederholt gemachten Anstrengungen zwecks Beseitigung des § 270 des preußischen Strafgesetzbuches von 1851, welcher das Abhalten vom Mitbieten bei von öffentlichen Behörden oder Beamten vorgenommenen Versteigerungen unter Strafe stellt, verdienen u. E. nach Lage der Dinge einen baldigen Erfolg. Euer Exzellenz haben schon in der Sitzung des Abgeordnetenhauses vom 20. Februar 1906 die Berechtigung solcher Bestrebungen anerkannt und ihnen Unterstützung angedeihen lassen mit der Erklärung: „Jene Gesetzesvorschrift sei Euer Exzellenz selbst in Ihrer Praxis häufiger als eine Unbequemlichkeit begegnet; denn man wäre sich im Unklaren darüber, welche Bedeutung sie noch habe, nachdem das neue Recht in Kraft getreten war; die Anregung, diese preußische alte Bestimmung im Wege der Gesetzgebung zu beiseitigen, sei dankenswert." Was die auf diesem Gebiet besonders wichtige Rechtsprechung anlangt, so hat zwar das Reichsgericht vom juristischen Standpunkt, da das Reichsstrafgesetzbuch diese Materie nicht geregelt habe, sich für die Weitergeltung des § 270 in seiner landesrechtlichen Wirksamkeit entschieden (vgl. Entscheidung des ersten Strafsenats des Reichsgerichts in Strafsachen Band 10 S. 221 ff. des 3. Zivilsenats des Reichsgerichts Band 18 S. 219 u. a.), in der Praxis aber den Verhältnissen und Bedürfnissen des modernen Geschäftswesens in anerkennenswerter Weise Rechnung getragen, indem es den § 270 nicht streng ausgelegt und nicht oft angewendet hat. Nach wie vor jedoch veranlaßt die Vorschrift Rechtsunsicherheit, Verwirrung und Unbilligkeiten. Auch entspricht das Verbot von Abreden bei Submissionen nicht dem in unserem modernen Wirtschaftsleben immer mehr durchgeführten und anerkannten Grundsatz, wonach, insbesondere zum Schutz der schwächeren Elemente, ein regelloser, unwirtschaftlicher Geschäftsbetrieb der Einzelnen nach Erfordernis und Tunlichkeit durch Vereinbarungen und gemeinsames Vorgehen zu bessern oder zu ersetzen ist. Deshalb wurde in einer vom Centralverband Deutscher Industrieller abgehaltenen Versammlung der ihm angeschlossenen Kartelle und Syndikate einmütig der Anregung Folge gegeben, von neuem Schritte zur Aufhebung des § 270 zu unternehmen. Wenn hierbei auch wohl die Möglichkeit einer Regelung dieser Frage durch das im Werk befindliche neue Reichsstrafgesetzbuch in Betracht zu ziehen ist, so erscheint ein so langes Zuwarten dennoch untunlich, da bis zum Inkrafttreten des neuen Gesetzbuches voraussichtlich noch Jahre vergehen werden. Es bleibt demnach, um dieser Anregung zu entsprechen, nur ein Vorgehen der Landesgesetzgebung gegen die schon reichlich veraltete Strafvorschrift zu erhoffen.

Der § 270 des preußischen Strafgesetzbuchs beruht auf einer preußischen Verordnung vom Jahre 1797. Bei der Schaffung des Reichsstrafgesetzbuchs wurde regierungsseitig die Aufnahme einer ähnlichen Bestimmung angestrebt. Der Reichstag (Sitzung vom 7. April 1870) erklärte sich indessen mit großer Mehrheit dagegen. Es wurde hierbei geltend gemacht, daß es außerordentlich bedenklich sei, eine Kriminalstrafe eintreten zu lassen für solche Handlungen, die zu begehen auch ein ganz rechtlich denkender Mann in die Lage kommen könne. Der Paragraph stehe mit den Rechtsanschauungen der Bevölkerung im Widerspruch; bei seiner Entstehung hätten die wirtschaftlichen Verhältnisse, der Wettbewerb usw. ganz anders gelegen. Namens der Bundesregierungen gab damals Bundeskommissar Dr. Friedberg zu, daß der Paragraph im Reichsstrafgesetzbuch vielleicht entbehrt werden könne. Mit der Strafgesetznovelle von 1876 wurde alsdann ein neuer Versuch gemacht, der aber wiederum vom Reichstage abgelehnt wurde. Das Reichsstrafgesetzbuch enthält also keine dem § 270 des preußischen Strafgesetzbuchs ähnliche Bestimmung; es hat der Reichstag vielmehr mehrfach ausdrücklich seinen Willen dahin kundgegeben, sie abzuschaffen, und die verbündeten Regierungen haben diese Stellungnahme des Reichstags mit ihrer Zustimmung zum Reichsstrafgesetzbuch sanktioniert. Infolgedessen hat die damalige höchste Gerichtsinstanz, das preußische Obertribunal, den § 270 nicht mehr als geltendes Recht angesehen. (Vgl. Stenographischen Bericht des Hauses der Abgeordneten, 20. Legislaturperiode, 2. Bd. Spalte 1888; Entscheidungen des Reichsgerichts in Strafsachen Bd. 10 Seite 228.)

Diese Anschauung ist auch noch viele Jahre später, trotz entgegenstehender Reichsgerichtsentscheidungen, gelegentlich selbst von Regierungsvertretern geteilt worden. Als nämlich im Abgeordnetenhause (Sitzung vom 12. Februar 1898) der Abgeordnete Dr. Beumer die bei staatlichen Holzverkäufen aus dem § 270 für die Interessenten erwachsenden Mißstände zur Sprache brachte, erklärte der Oberlandforstmeister Donner: „Der § 270 sei in das neue Strafgesetzbuch nicht aufgenommen; außerdem sei es doch auch immer mißlich, den Strafrichter anzurufen, wenn es sich um den Verkehr mit Holzkäufern handle, mit denen das Geschäft in kulanter Weise abzuwickeln, durchaus wünschenswert sei. Wenn sich in dieser Beziehung Uebelstände bemerkbar gemacht hätten, so müsse er sagen, daß sie zur Kenntnis der Zentralbehörde nicht gelangt seien.“ Hier erachtete also noch im Jahre 1898 ein Regierungskommissar den § 270 als nicht mehr rechtsgültig und seine Tendenz als mißlich. Daß nicht bloß bei staatlichen Holzverkäufen, sondern für alle Geschäfte eine kulante Abwickelung ohne Strafrichter anzustreben ist, bedarf keiner besonderen Darlegung. Eine Reihe von Jahren später (Sitzung vom 20. Februar 1906) begründete der Abgeordnete Eckels im Abgeordnetenhause eingehend den dringenden Wunsch der Beseitigung des § 270 mit den Worten, daß diese Bestimmung „in das Reichsstrafrecht nicht übernommen worden sei, lange Jahre in Vergessenheit geraten, wenigstens nicht mehr angewandt worden sei und dann merkwürdigerweise erst in neuester Zeit durch die Rechtsprechung des Reichsgerichts wieder aufgalvanisiert wurde“. Die in jener Sitzung vorgebrachte Bitte, die Angelegenheit nochmals in Erwägung zu ziehen, fand, wie schon eingangs bemerkt, Euer Exzellenz geneigtes Entgegenkommen, blieb aber ebenso wie andere Schritte, namentlich Petitionen der Vereinigung Hannoverscher Handelskammern und der Handelskammer Düsseldorf, bisher ohne praktischen Erfolg, wenigstens was das erforderliche gesetzliche Einschreiten anlangt.

Auf dem Verwaltungswege dagegen hat die Königliche Staatsregierung wiederholt das sehr dankenswerte Bestreben gezeigt, sich aus dem § 270 ergebende Härten abzumildern und von dem höheren Gesichtspunkte einer gesunden Mittelstandspolitik aus, gerade den kleineren und mittleren Unternehmern, welche zumeist durch jene Strafvorschrift bedroht werden, besonders dem Handwerk, zu helfen. Hier ist vor allem der Erlaß des Herrn Ministers der öffentlichen Arbeiten vom 6. September d. J. über das Verdingungswesen von besonderer Bedeutung. Der Erlaß, wie schon ein früherer vom Jahre 1905, geht von dem betreffenden und wohlwollenden Gedanken aus, daß der Staat und öffentliche Verwaltungen bei ihren Geschäften nicht nur geschäftsmäßig eigennützige, sondern auch öffentliche Interessen des Erwerbslebens zu berücksichtigen haben. Er stellt den hochwichtigen Grundsatz auf, daß für den Zuschlag keineswegs die niedrigste Forderung maßgebend sein soll; er weist ferner die Provinzialbehörden an, der Heranziehung von Handwerkervereinigungen und von für den einzelnen Fall gebildeten Lieferungsverbänden zur Ausführung und Lieferung ihre besondere Aufmerksamkeit zu widmen. Hier wird also den Behörden geradezu zur Pflicht gemacht, Vereinbarungen unter Bewerbern bei Submissionen zu fördern — obwohl sie möglicherweise nach § 270 einer harten Bestrafung verfallen können! Wenigstens stimmt der Geist dieser Ministerialerlasse, die außer dem Ministerium der öffentlichen Arbeiten auch in anderen Ressorts Gültigkeit erlangt haben, nicht mit dem Geist des § 270 überein. Auf eine gesetzliche Abschaffung des § 270 weisen daher nicht nur die von der Regierung, aus dem gewerblichen Leben und den Parlamenten im Laufe der Zeit zahlreich ergangenent Kundgebungen hin, sondern auch die Rechtsprechung selbst spricht dafür, insoweit sie bezüglich der Verabredungen bei Submissionen mangels eines dauernd gleichmäßigen und sicheren gesetzlichen Bodens maßgebend geworden ist.

Für das Reichsgericht gestaltete es sich zu einer schweren Aufgabe, nachdem es grundsätzlich den § 270 als in Preußen noch geltendes Landesrecht anerkannt und das Abhalten von Mitbieten bei Submissionen für strafbar erklärt hatte, doch den wirklichen Verhältnissen und Bedürfnissen des Erwerbslebens gerecht zu werden. Dieses Streben und sein Erfolg ist mit Dank anzuerkennen. Das Reichsgericht und mit ihm die deutsche Rechtsprechung haben demzufolge immer mehr den Standpunkt eingenommen, daß solche Verabredungen an sich erlaubt, ja unter Umständen geradezu wirtschaftlich geboten sind, daß also nur Mißbräuchen gebührend entgegenzutreten ist. So hat das Reichsgericht (Urteil des 6. Zivilsenats vom 11. Juli 1904; Entscheidungen Band 58 S. 393 ff.) unter ausdrücklichem Hinweis auf § 270 des preußischen Strafgesetzbuches erklärt: „es sei in der Literatur und Judikatur und insbesondere auch vom Reichsgericht ausgeführt worden, daß sogenannte pacta de non licitando nicht immer und nicht prinzipiell als sittlich verwerflich zu erachten seien, daß dieses vielmehr nur anzunehmen sei, wenn die besondere Beschaffenheit des Falles den Vertrag zu einem unsittlichen stemple". Das Reichsgericht hat weiter in verschiedenen Urteilen (Entscheidung des 3. Zivilsenats vom 24. November 1903, vom 11. Juli 1904, siehe Entscheidungen Bd. 58 S. 393 ff.; vom 7. März 1908, siehe Seufferts Archiv Bd. 63 S. 350, Entscheidungen Bd. 18 S. 222 u. a.) den praktischen Wirtschaftserfordernissen entsprechende Grundsätze dahin aufgestellt: Die Ausschreibung einer Konkurrenz drängt diejenigen Bewerber, welche veranlaßt werden, ihre Preise so niedrig zu stellen, daß sie nicht unterboten werden können, in eine wirtschaftlich schwächere Stellung. Wenn zwecks Ausgleichung dieser Lage die Bewerber zusammentreten und sich über die zu fordernden Preise einigen, damit sie noch einen angemessenen Verdienst erzielen, so ist eine solche durch die wirtschaftliche Notwehr gebotene Abmachung an sich durchaus erlaubt und verstößt nicht gegen die guten Sitten. Seitdem es in Staat und Gemeinde üblich geworden, Arbeiten usw. auf Grund von Ausschreibungen an den Mindestfordernden zu vergeben, bildet die dadurch entfesselte schrankenlose Konkurrenz durch unreelle Unterbietungen eine schwere Gefahr namentlich für den Handwerkerstand. Verständigungen der Bewerber wegen der Preisforderungen verstoßen deshalb nicht nur nicht gegen die guten Sitten, sondern verdienen im Gegenteil vom Standpunkt einer gesunden Wirtschaftspolitik Billigung.

Auch die Geheimhaltung solcher Vereinbarungen ist selbstverständlich, durch sie werden keine berechtigten Interessen verletzt. Behörden und sonstige Veranstalter eines Wettbewerbs haben keinen Anspruch darauf, Geschäftsgeheimnisse der Unternehmer mit den für die Stellung der Angebote bestimmenden Umständen zu erfahren. Nur wirkliche Täuschungen sollen nicht erlaubt sein; im Einzelfall ist zu prüfen, ob eine solche vorliegt.

In dieser Beziehung lauten allerdings auch die Urteile des Reichsgerichts nicht ganz einheitlich, stellenweise strenger, stellenweise weniger streng. Das ist hier ohne wesentlichen Belang. Die Hauptsache ist, daß grundsätzlich das Reichsgericht Vereinbarungen bei Submissionen, auch das vom § 270 des alten preußischen Strafgesetzbuches unter Strafe gestellte Abhalten vom Mitbieten, als berechtigt anerkennt. In dieser Tatsache kann, selbst wenn eine geschickte Interpretation die praktische Rechtsprechung des Reichsgerichts mit den juristischen Hemmnissen des § 270 im Einklang zu bringen sucht, die öffentliche Meinung nicht umhin, einen allgemeinen Widerspruch zwischen der herrschenden Rechtsanschauung und dem bestehenden Recht zu sehen, der noch verschärft wird durch die in einem wesentlichen Punkte strengere Rechtsprechung des Kammergerichts.

Im einzelnen ergibt sich aus dem § 270 des preußischen Strafgesetzbuches Rechtsungleichheit und Verwirrung besonders in der Richtung, daß gemäß seiner Fassung öffentliche Verdingungen vor privaten bevorzugt werden, die Strafe zu einseitig verhängt wird, und daß ein und dieselbe Handlung strafrechtlich verboten und zivilrechtlich gültig erscheint.

Das Abhalten vom Mitbieten usw. soll nur bestraft werden bei Versteigerungen, die von öffentlichen Behörden oder Beamten vorgenommen werden. Ein praktisches Beispiel mag die sich daraus ergebenden Unzuträglichkeiten erhärten. Heute hält ein Privatforsteigentümer eine Holzauktion durch seinen Privatförster ab, morgen ist Auktion im benachbarten fiskalischen Forst, die der Königliche Oberförster vornimmt. Am dritten Tage setzt der Privateigentümer seine Auktion fort, bedient sich aber statt seines inzwischen krank gewordenen Försters eines Gerichtsvollziehers, also eines öffentlichen Beamten. Die Holzinteressenten haben für diese drei Auktionen Vereinbarungen getroffen, um sich nicht gegenseitig die Holzpreise hinaufzutreiben. Diese Vereinbarungen sind nach § 270 am ersten Tage straffrei, an den beiden anderen Tagen strafbar. Solche Unterschiede wird der Laie nicht verstehen und eine auf diese Weise erlittene Strafe als Unrecht empfinden. Es ist deshalb öffentlich der Vorwurf erhoben worden, daß der § 270 einseitig dem fiskalischen Interesse diene. Das ist sicherlich nicht beabsichtigt, aber selbst ein solcher Schein sollte vermieden werden. Tatsächlich vermögen die Behörden sich vor etwaigen, durch Verabredungen der Wettbewerber ihnen drohenden Benachteiligungen auf die einfachste Weise zu schützen, indem sie die Gebote ablehnen.

Zu einseitig wirkt der § 270 insofern, als das Reichsgericht (Urteil des 3. Zivilsenats vom 17. Mai 1887, siehe Entscheidungen Band 18 S. 219 ff.) auch in dieser Beziehung, wohl geleitet von dem Bestreben, eine für die modernen Verhältnisse wenig passende Strafvorschrift in möglichst beschränktem Maße anzuwenden, gemäß dem Wortlaut des Paragraphen nur denjenigen für strafbar erklärt, welcher andere vom Mitbieten abhält. Das Reichsgericht betont, daß die Einseitigkeit der Verbotsübertretung zum Tatbestand der Strafbestimmung gehöre, und im Sinne dieser Bestimmung eine „wechselseitige Abhaltung" von einer Versteigerung nicht denkbar sei. Das Kammergericht als höchster Gerichtshof für landesrechtliche preußische Strafsachen hat jedoch seit 1906 dem entgegen die Ansicht vertreten, daß alle Abmachungen der Unternehmer bei öffentlichen Lieferungen über die Innehaltung bestimmter Minimalpreise strafbar seien, und gelangt daher zu verurteilenden Erkenntnissen, gleichviel ob nur ein Beteiligter den übrigen oder alle gemeinschaftlich sich Vorteile zugesichert und gleichviel in welcher Weise die Beteiligten den gegenseitigen Wettbewerb ausgeschlossen haben. (Siehe Kartellrundschau, Jahrgang 1909, 7. Heft S. 595 ff.)

In Wirklichkeit vollziehen sich heutzutage die Dinge meistens so, daß angesichts von Submissionen mehrere Interessenten in Verbindung treten und gemeinsame Verabredungen treffen derart, daß nicht ein einzelner die anderen abhält, sondern eine „wechselseitige Abhaltung" stattfindet. Jedenfalls wird nicht selten die Unterscheidung schwierig sein, ob ein einzelner verantwortlich zu macheu ist oder die Gesamtzahl der Beteiligten; sonach kann die Bestrafung eines einzelnen gegenüber der tatsächlichen „Mitschuld" der anderen ungerecht wirken. Die Rechtsprechung des Kammergerichts ist zwar weniger einseitig, aber noch weniger den Bedürfnissen des praktischen Lebens entsprechend, da sie alle Beteiligten und alle Abmachungen gleichmäßig bestraft. Das Reichsgericht zog in dem Urteil vom 17. Mai 1887 die Konsequenz seines Standpunktes dahin: „Weil derjenige, welcher sich vom Mitbieten abhalten läßt, sich nicht strafbar macht, und es ihm nicht verboten ist, den bezüglichen Vertrag einzugehen, so könne einer Klage ans diesem Vertrage auch nicht entgegengehalten werden, daß sie auf ein gesetzlich verbotenes, zivilrechtlich unwirksames Geschäft sich stütze." Später ergingen allerdings Entscheidungen in entgegengesetztem Sinne. U. a. erklärte der 6. Zivilsenat des Reichsgerichts durch Urteil vom 2. Juni 1902 (Entscheidungen Bd. 51 S. 401) unter Berufung auf § 134 des BGB., wonach ein Rechtsgeschäft, welches gegen ein gesetzliches Verbot verstößt, nichtig ist, und unter Berufung auf § 270 des preußischen Strafgesetzbuches einen Vertrag betr. Nichtmitbieten bei einer öffentlichen Versteigerung für nichtig. Infolge solcher Unstimmigkeiten erfolgte schließlich eine Entscheidung der Vereinigten Zivilsenate unter dem 12. März 1905 (Entscheidungen Bd. 60 S. 273 ff.), welche sich dahin aussprach, daß wegen des § 270 des preußischen Strafgesetzbuchs allein ein Vertrag in Gemäßheit des § 134 BGB. nicht nichtig sei. Es zeigt sich also hier der bedenkliche Zustand, daß ein unter Strafe gestelltes Geschäft zivilrechtlich gültig ist, und aus alledem erhellt, welche Schwierigkeiten und Widersprüche aus dem § 270 auch der Rechtsprechung erwachsen sind und noch erwachsen.

Aus dem allgemeinen Grundsatz des gleichen Rechts ergibt sich noch ein besonderer Grund, weshalb Vereinbarungen bei Submissionen von der Strafdrohung des § 270 befreit werden sollten. Sie beruhen auf demselben Boden, entspringen denselben Bedürfnissen, wie unser modernes Kartellwesen, ja sie sind als ein wesentlicher Teil dieser weiten Vereinbarungen zur Regelung des Marktes, zur Zügelung des unmäßigen Wettbewerbs und zur Erzielung angemessener Preise anzusehen. Die Kartelle im allgemeinen sind gesetzlich in keiner Weise behindert, sie haben keinen § 270 zu fürchten, Regierung und Rechtsprechung haben — abgesehen von Uebertreibungen und Mißbräuchen — ihre Nützlichkeit und Notwendigkeit anerkannt. Die öffentlichen Verwaltungen haben nicht selten direkt mit Kartellen und ähnlichen Vereinigungen und Vereinbarungen zu tun und machen mit ihnen Geschäfte, ohne daran zu denken, daß bei einer konsequenten Ausdehnung des § 270 auch hier Bestrafungen vorgenommen werden müßten. Was aber den Kartellen recht ist, muß als billig für die Vereinbarungen bei Submissionen erachtet werden. Solche Gleichheit vor dem Gesetz besteht jedenfalls in Frankreich, auf dessen Beispiel man sich wiederholt auch regierungsseitig, zugunsten der Beibehaltung des § 270 berufen hat, weil der Artikel 412 des französischen Strafgesetzbuchs eine ähnliche Bestimmung betreffs Versteigerungen enthält. Aber der schon über hundert Jahre alte Code pénal bringt in den Artikeln 419 und 420 auch ganz veraltete Verbote und Strafbestimmungen gegen Verabredungen und Vereinigungen zur Erhöhung des Preises von Waren, gegen Kartelle überhaupt. In dem eingehendsten und besten Kommentar über dieses sogenannte „accaparement“ von Francis Laur wird (S. 14) gesagt, daß die Art. 419 und 420 die „Spekulation und die Koalition in der dunkelsten und ungeschicktesten Weise zu regeln suchen“ (de façon la plus obscure et la plus gauche). In Frankreich paßt wenigstens der Art. 412 bezüglich Versteigerungen zu den Art. 419 und 420 betreffs Kartelle. Im Deutschen Reiche aber sind die Kartelle erlaubt, nicht wie in Frankreich verboten und deshalb sollte bei uns auch nicht eine einzelne Art von Kartellabreden unter Strafe stehen, zumal nicht in dem für das Erwerbsleben so überaus wichtigen Submissionswesen.

Jener Art. 412 des Code pénal gilt heute noch für die deutschen Reichslande. Sonst besteht nur noch für das Großherzogtum Hessen eine ähnliche Strafbestimmung, in anderen deutschen Staaten aber nicht und es ist wohl anzunehmen, daß, wenn Preußen mit der Aufhebung vorangeht, alsdann auch Hessen und Elsaß-Lothringen nachfolgen werden. Eine Notwendigkeit für die Aufrechterhaltung einer solchen Strafbestimmung besteht für das Deutsche Reich aber um so weniger, als die früheren gesetzlichen Mittel zu der nötigen Unterdrückung von Mißbräuchen, der Betrugsparagraph des Reichsstrafgesetzbuchs u. a., eine wesentliche Ergänzung und Verstärkung durch die neue Fassung des Gesetzes gegen den unlauteren Wettbewerb vom 7. Juni 1909 erhalten haben.

Wir fassen zusammen: Der § 270 des alten preußischen Strafgesetzbuches hat gegen den Willen der zuständigen Gesetzgebung des Reichs durch die Rechtsprechung des Reichsgerichts neue Geltung erlangt; diese Rechtsprechung selbst aber empfindet das Bedürfnis, jene veraltete Strafbestimmung dem modernen Erwerbsleben zu akkomodieren, was zu Schwierigkeiten und Widersprüchen führt; § 270 bedroht Handlungen mit Strafe, welche im Geschäftsleben üblich, anerkannt und notwendig sind; er trifft einseitig denjenigen, der die Initiative zu Vereinbarungen ergriffen hat und läßt die anderen Teilnehmer, welche zu deren Zustandekommen ebenso oder mehr gewirkt haben können, frei; er bevorzugt die öffentlichen vor den privaten Verdingungen; er ist, weil nur für Preußen gültig, der deutschen Rechtseinheit abträglich; er bringt Verwirrung und Rechtsunsicherheit auf dem so wichtigen Gebiet des Submissionswesens, dessen bessere Klärung und Regelung gerade jetzt allgemein angestrebt wird; er ist unnötig und tatsächlich selten angewendet worden, weil genug andere Gesetzesbestimmungen zur Abhilfe bestehender Mißstände vorhanden sind; er steht nicht im Einklang mit den in Deutschland für das

Kartellwesen geltenden Regeln; die Berufung auf eine ähnliche französische Strafvorschrift ist nicht beweiskräftig. Es ist aus diesen Gründen die Beseitigung der in Rede stehenden strafrechtlichen Bestimmung auf das lebhafteste zu wünschen. Dabei scheint ein Zuwarten bis zur Neuregelung des Reichsstrafrechts in Anbetracht der Größe der vorhandenen Mißstände und der Dringlichkeit des Abhilfebedürfnisses untunlich.

Wir bitten daher Euer Exzellenz ganz ergebenst, auf eine möglichst bald zu tätigende Aufhebung des § 270 des preußischen Strafgesetzbuches von 1851 geneigtest hinwirken zu wollen.

Rundschreiben.

Gegengeschäfte.

An die sämtlichen Mitglieder des

Centralverbandes Deutscher Industrieller.

Berlin, 14. November 1912.

Die stetig wachsende Intensität des gewerblichen Wirtschaftslebens hat im Verein mit der gleichzeitig fortschreitenden Entwickelung des technischen Produktionsprozesses den industriellen Wettbewerb auf das äußerste verschärft und dabei in bedauerlichem Umfange Vorgänge gezeitigt, welche dem Geschäftsgebaren einzelner Industriebranchen eine unerfreuliche und keineswegs gesunde Richtung gegeben haben. Es zeigt sich dies insbesondere in der systematischen Ausbildung der sogenannten „Gegengeschäfte“.

Von jeher ist es im allgemeinen Erwerbsleben Gebrauch gewesen, daß Firmen, welche Aufträge erteilen, vom Lieferanten im Bedarfsfalle auch Gegenbestellungen erwarten und eine dementsprechende Abrede treffen; solche Vereinbarungen sind durchaus berechtigt und natürlich und tragen dem normalen Geschäftsverkehr Rechnung, solange sie den beiderseitigen Interessen, nicht aber nur den Interessen der einen Partei dienen. Als ein schwerwiegender Mißstand muß es indessen erachtet werden, wenn der Abschluß des Gegengeschäfts ohne Rücksicht auf die Kaufkraft und das Kaufbedürfnis des Verpflichteten einseitig zu dem Zwecke gefordert wird, um die eigenen Erzeugnisse möglichst gewinnbringend und mühelos abzusetzen. Dieser Mißstand wird noch erheblich dadurch verschlimmert, daß, wie es leider vorkommt, der Lieferant vom Besteller gezwungen wird, im Gegengeschäft Waren anzunehmen, die er in seinem Betriebe, sei es der Art oder der Masse nach, gar nicht verwerten kann und daß der Zwang in der Hauptsache von größeren Unternehmern ausgeht, die ihre wirtschaftliche Macht zuungunsten der kleinen und mittleren, weniger widerstandsfähigen Firmen vielfach in bedenklicher Weise ausnutzen. Es liegt auf der Hand, daß ein solches Vorgehen Verbitterung und Mißstimmung erzeugt und neben sachlicher Unwirtschaftlichkeit ein unerwünschtes persönliches Abhängigkeitsgefühl entstehen läßt.

So wird uns z. B. aus den Kreisen unserer Mitglieder mitgeteilt, daß ein großes deutsches Unternehmen von einer kleineren Firma, die von ihm einen Auftrag erhalten soll, verlangt, daß sie sich im Falle einer Auftragsbestätigung zu Gegenbezügen in bestimmten Artikeln in halber Höhe des Rechnungsbetrages innerhalb zweier Jahre verpflichtet. Dabei ist die Fabrik, von der der Bezug erfolgen soll, zurzeit überhaupt noch nicht in Betrieb, so daß das angebotene Fabrikat in seiner Qualität noch völlig unbekannt ist, und der betroffene Abnehmer hat ferner für das angebotene Material gar keine Verwertung, da er dasselbe in seinem Geschäfte nicht führt.

Es ist unter solchen Umständen nicht zu verwundern, daß die Klagen über ein derartiges Verfahren immer nachdrücklicher werden, die breite Oeffentlichkeit immer mehr beschäftigen und sogar den Ruf nach Staatshilfe und behördlichem Eingreifen ausgelöst haben, zumal es sich hierbei um eine Frage von allgemeiner Bedeutung für das gesamte deutsche Erwerbsleben handelt, dessen guter Ruf durch den beklagten Uebelstand leicht geschädigt würde. Einem solchen Verlangen nach gesetzgeberischen Maßnahmen kann aber das Wort nicht geredet werden, da der beregte Uebelstand nicht für die gesamte Industrie, sondern nur für bestimmte Branchen zutrifft und da eine Reglementierung dem gewerblichen Wirtschaftsleben mehr schaden wie nützen würde.

Der geeignete Weg zur Besserung der herrschenden Verhältnisse dürfte lediglich in der Selbsthilfe zu erblicken sein. Hierauf ist von den berufenen Vertretungen der vornehmlich unter der derzeitigen Sachlage leidenden Industriezweige bereits mehrfach hingewiesen und zu dem Zwecke ein engerer Zusammenschluß und ein solidarisches

Handeln der betroffenen Betriebe empfohlen worden: Nur auf diese Weise kann auch u. E. einem ungesunden Wettbewerb und dem Zwange, Geschäfte zu ungünstigen und unreellen Bedingungen anzunehmen, abgeholfen und die Durchführung gesunder Geschäftsgrundsätze aufrechterhalten werden.

Den Einzelfirmen und Interessenverbänden erwächst somit die gemeinsame Aufgabe, im Interesse der Allgemeinheit den Auswüchsen auf diesem Gebiete entgegenzuarbeiten, indem sie alle Zwangsabmachungen über Gegenaufträge, als unvereinbar mit einer gesunden wirtschaftlichen Moral, geschlossen zurückweisen.

Der Centralverband Deutscher Industrieller, der dieser Angelegenheit seit Jahren seine Aufmerksamkeit zuwendet, erachtet sich für verpflichtet, die geehrten Mitglieder erneut hierauf hinzuweisen und sie zu bitten, den vorgetragenen Gesichtspunkten die gebührende Aufmerksamkeit widmen zu wollen und zu ihrem Teile auf eine Beseitigung der Mißstände hinzuwirken, damit sich die deutsche Industrie durch möglichst einheitliches Vorgehen die Bedingungen verschafft, welche für ihre ersprießliche Weiterentwickelung unerläßlich sind.

Druck: Deutscher Verlag (G. m. b. H.), Berlin SW 48.

Verhandlungen, Mitteilungen

und

Berichte

des

Centralverbandes Deutscher Industrieller.

№ 127.

Herausgegeben

von

Dr. jur. Schweighoffer,

Generalsekretär des Centralverbandes Deutscher Industrieller,

Berlin W9, Linkstr. 25 (Fuggerhaus).

Telephon: Amt Lützow, Nr. 2527.

Juli 1913.

Berlin 1913.

J. Guttentag, Verlagsbuchhandlung,

G. m. b. H.

Inhaltsverzeichnis.

Centralverband Deutscher Industrieller.

Sitzung des Ausschusses
am 11. Juni 1913, abends 6 Uhr, zu Berlin im Hotel Adlon.

Vorsitzender Landrat **Roetger**-Berlin: Meine Herren! Bei Eröffnung der heutigen Ausschußsitzung wird es uns allen Bedürfnis sein, des nahe bevorstehenden Regierungsjubiläums unseres Kaisers zu gedenken, in schlichter Weise, wie es sich für Männer der praktischen Arbeit gebührt, die zu ernster Beratung über wichtige, unser Wirtschaftsleben in seinen Tiefen berührende Fragen der Gesetzgebung zusammengetreten sind.

Wenn wir uns auf den Boden der realen Tatsachen stellen, so müssen wir freudig bekennen, daß in den verflossenen 25 Jahren der Regierung Kaiser Wilhelms II. unsere gesamte Wirtschaft in allen ihren Teilen einen ungeheuren Aufschwung genommen hat, daß die Lebenshaltung aller Kreise der Bevölkerung, insonderheit der breitesten Schicht derselben, unserer industriellen Arbeiterbevölkerung, sich in ungeahnter Weise gehoben hat, daß dank den Fortschritten von Wissenschaft und Technik die allgemeinen Lebensbedingungen, insonderheit die Volkshygiene im Deutschen Reiche ein gewaltiges Stück vorangekommen sind. Aus der Fülle der Tatsachen greife ich diese heraus, weil gerade ihre Bedeutung, in industriellen Kreisen wenigstens, auf seiten der Arbeitgeber überall voll gewürdigt wird und weil in diesen Kreisen volles Verständnis dafür vorausgesetzt werden kann, wieviel wir in bezug auf die glückliche Entwickelung dieses Teiles der Grundlagen unserer Volkswohlfahrt dem Kaiser selbst zu danken haben.

Unseres Kaisers vollstes Interesse gehört der Industrie, das wissen wir, nicht nur als eines Bewunderers jedes technischen Fortschritts, sondern vor allem, weil er durchdrungen ist von der Bedeutung unserer nationalen Industrie für unsere nationale Wirtschaft und für unsere Weltgeltung. Und dieses Interesse für die deutsche industrielle Arbeit ist wohl auch der Ausgangspunkt gewesen für die weltgeschichtliche Großtat unseres Kaisers in den ersten 25 Regierungsjahren, die Schaffung der deutschen Flotte zum Schutze deutscher Arbeit auf den Weltmeeren und jenseits derselben. Möge unserem kaiserlichen Herrn auch weiterhin eine lange, reichgesegnete Regierung beschieden sein. Ich bitte Sie, meine Herren, einzustimmen in den Ruf: Seine Majestät der Deutsche Kaiser, König von Preußen, hurra, hurra, hurra!

Ich darf annehmen, meine Herren vom Ausschuß, daß Sie damit einverstanden sind, wenn wir aus Anlaß unserer heutigen Sitzung, eben im Zusammenhange mit dem bevorstehenden Jubiläum, eine Depesche an Seine Majestät den Kaiser ergehen lassen folgenden Wortlautes:

„Eurer Majestät, als dem Schirmherrn deutscher Arbeit, entbieten anläßlich des nahe bevorstehenden Regierungsjubiläums die aus allen Teilen des Deutschen Reiches und der Reichshauptstadt versammelten Mitglieder des Ausschusses des Centralverbandes Deutscher Industrieller zum Schutze und zur Förderung der nationalen Arbeit ehrfurchtsvolle Glückwünsche und erneuern das Gelübde der Treue zu Kaiser und Reich."

Ich darf annehmen, daß die Herren mit dieser Depesche einverstanden sind. (Einmütige Zustimmung.) Ich werde sie sofort abgehen lassen.

Nun, meine Herren, bevor ich zu Punkt 1 unserer Tagesordnung übergehe, habe ich die Ehre, im Namen des Ausschusses hier willkommen zu heißen den Herrn Vertreter des Reichsamts des Innern und die Herren Mitglieder des Reichstages, insonderheit der Budgetkommission des Reichstages, die unserer Einladung Folge gegeben haben. Ich hoffe, daß die Vorträge, die heute hier gehalten werden, im Zusammenhange mit den Diskussionen, die sich an dieselben anschließen werden, auch bei den Herren Mitgliedern des Reichstages ein ungeteiltes Interesse erwecken werden, und daß die Herren aus unserer Diskussion insbesondere Winke mitnehmen werden, die für die endgültige Verabschiedung der wichtigen Vorlagen, die uns heute beschäftigen sollen, von Wert sein dürften.

Bevor wir zu den Gesetzesvorlagen übergehen, die uns beschäftigen, ist noch unter Punkt 1 der Tagesordnung die

Zuwahl neuer Mitglieder in den Ausschuß

zu erledigen. Es werden den Herren des Ausschusses vom Direktorium vorgeschlagen die Herren Geh. Regierungsrat Dr. von Böttinger, M. d. H., Elberfeld; Direktor Blume-Stettin; Graf von Brockdorff-Berlin, Generalbevollmächtigter Sr. Durchlaucht des Fürsten Henckel von Donnersmarck; Dr. Flechtner, Generalsekretär des Vereins der Industriellen Pommerns und der benachbarten Gebiete, Stettin; Geh. Baurat Dr.-Ing. von Gontard, M. d. H., Generaldirektor der Deutschen Waffen- und Munitionsfabriken, Berlin; Generaldirektor Grau-Kratzwieck bei Stettin; Dr. Haßlacher, Generaldirektor der Meidericher Stahlwerke, Duisburg-Meiderich; Professor Dr. Moldenhauer, Geschäftsführer des Allgemeinen Versicherungsschutzverbandes, Cöln; Regierungsassessor a. D. Pastor, Vorsitzender des Vereins Deutscher Tuch- und Wollwarenfabrikanten Berlin-Aachen, Aachen; Dr. Reichert, Geschäftsführer des Vereins Deutscher Eisen- und Stahlindustrieller, Berlin; Syndikus Roitzsch, Geschäftsführer der Vereinigung sächsischer Spinnereibesitzer, Chemnitz; Dr. Toepffer-Stettin; Geh. Kommerzienrat Weber, Vorsitzender der Handelskammer Gera; Dr.-Ing. Werner, Vorsitzender des Vereins Deutscher Eisengießereien, Düsseldorf.

Ich eröffne die Diskussion über diesen Vorschlag des Direktoriums. Es meldet sich niemand zum Wort. Ich schließe die Diskussion und konstatiere, daß die Herren, die ich verlesen habe, gewählt worden sind.

Wir kommen nun zu Punkt 2 der Tagesordnung:

Grundsätzliche Gesichtspunkte für die Deckungsfrage.

Berichterstatter ist Herr Regierungsrat a. D. Schweighoffer.

Geschäftsführer Regierungsrat a. D. Dr. jur. **Schweighoffer**-Berlin: Meine sehr geehrten Herren! Die politischen Vorgänge, die seit Beginn des Balkankrieges die ganze Welt in Spannung hielten, haben wieder einmal mit aller Deutlichkeit erkennen lassen, in welcher schwierigen Lage sich Deutschland den übrigen europäischen Staaten gegenüber befindet. Diese, in der Geschichte und den geographischen Verhältnissen Deutschlands begründete Schwierigkeit ist bereits vor mehr als Jahresfrist, am 12. Februar 1912, von dem Herrn Reichskanzler bei Gelegenheit des Festmahls des Deutschen Landwirtschaftsrates, mit eindringlichen Worten gekennzeichnet worden, und aus dieser Tatsache heraus hat sich auch die Notwendigkeit der gegenwärtig im Reichstage zur Entscheidung stehenden Heeresvermehrung ergeben, eine Vermehrung, wie sie seit der Reorganisation der preußischen Armee im Jahre 1861 in solchem Umfange nicht mehr angefordert worden ist

Es ist nicht Gepflogenheit des Centralverbandes Deutscher Industrieller, sich mit rein politischen oder gar militärischen Dingen zu befassen, und deshalb erübrigt es sich auch, heute auf die Heeresvorlage selbst sowie diejenigen Deckungsfragen im einzelnen einzugehen, die außerhalb der eigentlichen Interessensphäre von Handel, Gewerbe und Industrie liegen. Um so dringender aber erscheint es geboten, zu denjenigen Fragen Stellung zu nehmen, durch welche die deutsche Industrie unmittelbar berührt wird und deren Lösung sie in erster Linie in Mitleidenschaft zieht. Soweit dies hinsichtlich des einmaligen außerordentlichen Wehrbeitrages und hinsichtlich der Aenderung der Reichsstempelgesetzgebung der Fall ist, wird es Sache meiner verehrten Herren Mitberichterstatter sein, die Forderungen und Wünsche der Industrie auf diesem Gebiete zum Ausdruck zu bringen; meine Aufgabe ist es lediglich, in Kürze die grundsätzlichen Gesichtspunkte in bezug auf den allgemeinen Charakter und die Tendenz der neuen Steuern hervorzuheben, da beide für die weitere Entwickelung der Steuerpolitik im Reiche von weittragender und — ich möchte das gleich von vornherein betonen — verhängnisvoller Bedeutung zu sein scheinen.

Meine Herren! Wir alle sind davon überzeugt und wissen, daß Opfer zu bringen sind, und Deutschlands Handel und Industrie haben sich daher in ihren maßgebenden Vertretungskörperschaften auch durchweg bereit erklärt, diese Opfer zu bringen. Aber wir glauben, verlangen zu dürfen, daß die Verteilung der Lasten in gerechter Weise erfolgt, daß alle Volksgenossen in gleichem Maße nach ihrer Leistungsfähigkeit zu den Abgaben herangezogen werden und daß insbesondere vermieden wird, durch eine übermäßige Belastung der Einzelwirtschaften die weitere Entwickelung unserer ganzen Volkswirtschaft zu hemmen, die nun einmal auf dem Gedeihen dieser Einzelwirtschaften beruht. Es ist lediglich die Folge der staatsbürgerlichen Gleichheit vor dem Gesetz, wenn auch auf dem Gebiete des Steuerwesens das Verlangen nach einer materiell gleichmäßigen Behandlung erhoben wird, und dieses Verlangen möglichst zu befriedigen, ist nicht allein ein Gebot politischer Klugheit, sondern auch der politischen Moral, wie es sich aus dem Wesen des modernen Staates ergibt: justitia fundamentum regnorum! (Sehr richtig!)

Aus dieser Erwägung heraus konnte es daher nicht wundernehmen, wenn nach Bekanntwerden der Vorschläge der Verbündeten Regierungen für die Deckung der Kosten der Heeresvermehrung eine zum Teil sehr scharfe Kritik einsetzte. Denn diese Vorschläge, durch welche nicht nur hinsichtlich des Aufbringens des einmaligen Wehrbeitrages, sondern auch hinsichtlich der Belastung mit den dauernden Abgaben lediglich der sog. „Besitz“, also nur bestimmte Klassen der

Volksgemeinschaft, getroffen werden sollten, trugen ohne Zweifel einen mehr oder weniger konfiskatorischen Charakter, und dieser Charakter ist noch wesentlich verschärft worden durch die Umgestaltung, die das Hauptstück der gesetzgeberischen Vorlagen, der Gesetzentwurf über den einmaligen außerordentlichen Wehrbeitrag, durch die Beschlüsse der Budgetkommission des Reichstages erfahren hat.

Es ist daher wohl nicht ganz unberechtigt, wenn in den letzten Tagen in hochangesehenen Tagesblättern wiederholt die Frage aufgeworfen worden ist, ob bei den neuen Vorschlägen der Kommission „nicht der Begriff der Steuer aufhöre und der der Enteignung beginne", und wenn vor allem darauf hingewiesen worden ist, daß der Wehrbeitrag in der jetzigen Form in erster Linie dazu diene, die Ideale derjenigen politischen Partei zu verwirklichen, zu deren programmatischer Forderung seit Jahren die „unmittelbare Vermögenskonfiskation" gehört. (Sehr wahr!)

Meine Herren! Es ist das erstemal seit Begründung des Deutschen Reiches, daß grundsätzlich mit dem Prinzip gebrochen wird, die Verteilung der Steuern zwischen dem Reiche und den Bundesstaaten in scharfer Abgrenzung zu halten und dem Reiche die indirekten, den Bundesstaaten die direkten Steuern als die ihrer alleinigen Verfügung unterliegende Steuerquelle zu überlassen.

Es ist daher denn auch überaus bezeichnend, daß, worauf gerade ein Mitglied der Budgetkommission, der Herr Abgeordnete Erzberger, in seiner bemerkenswerten Abhandlung: „Der Wehrbeitrag 1913", hingewiesen hat, in der Begründung der Regierungsvorlage über den einmaligen Wehrbeitrag die ganze verfassungsrechtliche Seite der Frage überhaupt nicht berührt worden ist und daß man in den Motiven vergeblich danach sucht, in welchen Artikel der Reichsverfassung der neue Vorschlag der verbündeten Regierungen eigentlich einzugliedern ist. (Hört, hört!)

Noch bei der letzten großen Reichsfinanzreform im Jahre 1909 erschien es der Regierung als etwas ganz Selbstverständliches, daß der Fehlbetrag zur weitaus größeren Hälfte durch den Ausbau der indirekten Steuern beschafft werden müsse, als dem naturgemäßen Wege, auf den Reichsverfassung und geschichtliche Entwickelung die Reichsfinanzverwaltung verweisen. Die Begründung für die damalige Forderung, den ursprünglich auf $^1/_2$ Milliarde Mark geschätzten Fehlbetrag zu $^5/_7$ durch Mehrbelastung des Massenverbrauchs zu decken, begnügte sich mit dem Hinweise auf die Notwendigkeit, daß die Reform auf dem Grundsatze der Allgemeinheit aufzubauen sei und daß daher alle Bevölkerungsschichten herangezogen werden müßten. Und es wurde hierbei ausdrücklich betont, daß das Reich um so mehr verpflichtet sei, zunächst an den Ausbau der Steuern auf allgemeine Genußmittel heranzutreten, als es diese Gegenstände dem Besteuerungsrechte der Bundesstaaten durch die Verfassung entzogen habe.

Dieser Grundsatz entsprach durchaus der bisher stets und namentlich vom Altreichskanzler, dem Fürsten Bismarck, verfolgten Finanzpolitik des Reiches, und es war gerade der Schöpfer des Reiches, Fürst Bismarck selbst, der sich wiederholt auf das schärfste gegen direkte Reichssteuern ausgesprochen und die Vermehrung der Zölle und indirekten Abgaben als unerläßlich bezeichnet hat, um die Lasten der einzelstaatlichen direkten Steuern zu erleichtern. In seiner Reichstagsrede vom 22. November 1875 äußerte sich Fürst Bismarck in dieser Beziehung: „Das Ideal, nach dem ich strebe, ist, möglichst ausschließlich durch indirekte Steuern den Staatsbedarf aufzubringen", und am 15. Februar 1876, als der Fürst die Grundgedanken der in Aussicht genommenen Wirtschaftsreform darlegte, erklärte er: „In erster Linie steht für mich das Interesse der finanziellen Reform: Verminderung der direkten Steuerlast durch Vermehrung der auf indirekten Abgaben beruhenden Einnahmen des Reiches." Diese Auffassung hat der Altreichskanzler bis zu seinem Tode in Wort und Schrift vertreten und noch zuletzt in seinen „Gedanken und Erinnerungen" darauf hingewiesen, daß die auf indirekten Steuern sich gründenden Finanzen des Reiches zu den „nationalen Bindemitteln" gehörten. (Bravo!)

Derselbe Widerstand aber, der schon dem Fürsten Bismarck während seiner Amtsführung gegen die Durchführung dieser Ideen von einzelnen politischen Parteien entgegengesetzt wurde, tritt auch heute noch bei den gleichen Parteien zutage, und es werden auch heute noch von diesen das Parteidogma und die von alters her als feststehend angesehenen Schulmeinungen als allein ausschlaggebend erachtet für die Entscheidung von Fragen, deren Beurteilung lediglich unter dem Gesichtspunkte wirtschaftlicher Zweckmäßigkeit erfolgen sollte.

Dazu kommt des weiteren die gegenwärtig so machtvoll gewordene sozialistische Richtung und vor allem der große Einfluß, den die Massen der Wähler durch die Eigentümlichkeiten unseres Wahlrechts im Reiche auf die Abgeordneten erlangt haben. (Sehr richtig!)

Es kommt gerade in letzterem der Gedanke zur Geltung, dem mit so herzerfrischender Offenheit vor wenigen Jahren ein fortschrittlicher Abgeordneter im Parlamente mit den Worten Ausdruck verliehen hat: „Wir wollen ja alle wiedergewählt werden", und ich darf es getrost Ihrer Beurteilung überlassen, inwieweit solche Empfindungen den Gang und das Ergebnis der parlamentarischen Beratungen der wichtigsten Gesetzesvorlagen in der letzten Zeit günstig oder ungünstig beeinflußt haben. (Sehr gut!)

Meine Herren! Sie werden sich alle der gewaltigen Erregung erinnern, die die letzte Reichsfinanzreform im Jahre 1909 auslöste, und der Voraussagen, die namentlich von sozialdemokratischer und fortschrittlicher Seite hinsichtlich der verderblichen Wirkung der Erhöhung der indirekten Steuern damals gemacht wurden. Nun, meine Herren, die tatsächliche Entwickelung der Verhältnisse hat zur Genüge erwiesen, wie sehr sich diese Parteien in ihrer Voraussage geirrt haben und daß die Einseitigkeit des Parteisinns nicht gerade immer eine gute Lösung finanzpolitischer Probleme gewährleistet.

Um nur kurz auf einige Beispiele einzugehen, so darf ich erwähnen, daß sich die Zigarettenindustrie, von der man behauptete, sie würde infolge der erhöhten Abgaben unbedingt zugrunde gehen und die in ihr beschäftigten Arbeiter und Arbeiterinnen würden brotlos werden, derartig entwickelt hat, daß, während im Jahre 1906 die Zahl der Betriebe 1241 betrug, sie im Jahre 1910 auf über 1400 gestiegen war, daß, während im Jahre 1907 5694 Millionen Stück Zigaretten hergestellt wurden, im Jahre 1910 8361 Millionen Stück verfertigt worden sind und daß die Einnahmen aus der Zigarettensteuer im Etatsjahre 1906/07 11 Millionen Mark, im Jahre 1911/12 dagegen mehr als 34½ Millionen Mark betragen haben.

Aehnlich ist auch die Entwickelung der Verbrauchssteuern beim Tabak, Schaumwein, Spiritus und anderen Konsumartikeln gewesen. Beim Tabak ist die Gesamtbelastung durch Steuern und Zölle seit dem Jahre 1909 zwar von 12 pCt. des Wertes auf 17,5 pCt. gestiegen. Trotzdem aber bleibt hiermit Deutschland noch immer an der letzten Stelle, denn in Frankreich beträgt die Belastung des Tabaks 82 pCt., in Italien 79 pCt., in Oesterreich 65 pCt., in Rußland 35 pCt. und in den Vereinigten Staaten von Amerika 22 pCt. des Wertes, und obgleich sich die Steuer- und Zolleinnahmen für Tabak bei uns in der Zeit von 1906 bis 1911 fast verdoppelt haben, indem sie von 69 869 392 M. auf 129 708 523 M. gestiegen sind, so hat sich der Verbrauch des fabrikationsreifen Rohtabaks innerhalb des Zollgebietes in der gleichen Zeit doch noch um 103 107 dz vermehrt. Noch günstiger liegt z. B. die Entwickelung beim Kaffeekonsum. Auch hier hat eine Steigerung des Gesamtzolles von rund 75 Millionen Mark im Jahre 1907 auf etwas über 109 Millionen Mark im Jahre 1911 Platz gegriffen, wobei der Wert des Konsums um rund 88 Millionen Mark zugenommen hat.

Es läßt sich also hiernach die Behauptung wohl kaum aufrecht erhalten, daß wir im Deutschen Reiche hinsichtlich der Ausdehnung der

Verbrauchsbesteuerung im Falle des weiteren Bedarfs an Steuern an der Grenze der zulässigen Belastung angekommen seien, und wenn man mit Bezug auf die bestehenden indirekten Steuern so oft den Vorwurf hört, daß sie die ärmeren Volksklassen in erster Linie und verhältnismäßig stark belasteten, so wird hierbei nicht nur übersehen, daß ein wesentlicher Teil der Verbrauchsabgaben, wie z. B. die Schaumweinsteuer, die hohen Wertzölle auf importierten Tabak und Zigarren gerade die entgegengesetzte Tendenz haben, sondern es wird vor allem vergessen, daß aus den durch die indirekten Steuern aufgebrachten Reichsmitteln die Summen fließen, die das Reich für die reichsgesetzliche Arbeiterfürsorge aufzubringen hat, und daß daher die sozialpolitische Gesetzgebung doch einen recht beachtenswerten Ausgleich für eine etwaige Mehrbelastung der Aermeren durch die indirekten Steuern darstellt. (Sehr richtig!)

Sehr bemerkenswert sind in dieser Beziehung die Darlegungen des verstorbenen Dr. Alexander Tille in seiner Schrift: „Die Steuerbelastung der Industrie im Reich, Bundesstaat und Gemeinde", in welcher der Nachweis geliefert wird, daß unter der bestehenden Klassenversicherung die Lohnarbeiterbevölkerung schon im Jahre 1909 vom Reiche und auf Grund der Reichsgesetze ebensoviel Barzuwendungen erhalten hat wie sie überhaupt Aufwandsteuern für das Reich zahlte, daß also der Lohnarbeiter seit geraumer Zeit, obgleich er das gleiche Reichstagswahlrecht besitzt wie der Unternehmer, bereits völlig von Steuerlasten für das Reich befreit ist und mehr vom Reiche erhält, als er ihm leistet. (Hört, hört!)

Meine Herren! Wenn man sich einmal vergegenwärtigen will, wie sich in den anderen Kulturstaaten, namentlich in denjenigen, die uns immer wegen ihrer außerordentlich ausgebildeten freiheitlichen Einrichtungen als Muster vorgeführt werden, das Verhältnis der direkten Steuerlast zur indirekten in den letzten Jahren entwickelt hat, so kommt man an der Hand der vor wenigen Tagen der Budgetkommission des Reichstages von dem Herrn Reichsschatzsekretär vorgelegten Denkschrift zu sehr interessanten Feststellungen. Während im Deutschen Reiche gegenwärtig die direkten Steuern einen Betrag von 2008 Millionen Mark, die indirekten einen solchen von 2071 Millionen Mark ausmachen, betragen die direkten Steuern in Frankreich 1062 Millionen Mark, die indirekten 2713 Millionen Mark. In England stellt sich das Verhältnis der direkten zu den indirekten Steuern auf 2638 zu 2082 Millionen Mark, und in Oesterreich, um auch dieses in den Vergleich hineinzuziehen, auf 315 zu 884 Millionen Mark. Wir finden somit neben Oesterreich vor allem in der Republik Frankreich ein ganz außerordentliches Ueberwiegen der indirekten Steuern, wobei noch zu bemerken bleibt, daß sich in Frankreich nach der Denkschrift des Reichsschatzamtes auch die absolute Höhe der Verbrauchssteuerbelastung auf den Kopf der Bevölkerung bei weitem am höchsten stellt, indem sie hier 69,04 M. beträgt, während sie sich in England auf 46,80, in Deutschland auf 31,86 und in Oesterreich auf eine beinahe gleiche Summe, nämlich 30,95 M. beläuft. Die Belastung der breiten Massen der Bevölkerung mit indirekten Abgaben ist somit in England um 47 pCt. und in Frankreich sogar um 117 pCt. größer als bei uns, und trotzdem erleben wir es gerade jetzt, daß sich Frankreich anschickt, auf den Alkohol, Absinth und andere Konsumartikel ganz enorme Steuererhöhungen zu legen, um daraus einen Teil der Mittel für die dortige Heeresvermehrung aufzubringen.

Unter diesen Umständen darf man wohl sagen, daß der von der Reichsfinanzverwaltung eingenommene Standpunkt der ausschließlichen Belastung des Besitzes durch die neu angeforderten Steuern weder in der bisherigen Steuerverteilung an sich noch im Vergleich zu anderen Ländern eine Begründung findet, und man wird auch mit Recht die Frage aufwerfen können, ob auf die Dauer im Deutschen Reiche der Grundsatz überhaupt durchführbar sein wird, daß die Schultern, die für eine Neubelastung durch Steuern in Betracht kommen sollen, lediglich die sogenannten starken sein dürfen und daß die Verbrauchsartikel der Massen nicht mit weiteren Abgaben zu belasten sind.

Meine Herren! Wenn dieser Grundsatz, der bisher nur zu den Glaubenssätzen der Wahl- und Parteitaktik bestimmter politischer Parteien gehörte, nunmehr auch von den verbündeten Regierungen angenommen und konsequent durchgeführt werden sollte, dann werden diese und überhaupt jedes Staatswesen, das in die gleiche Lage versetzt würde, wohl dazu übergehen müssen, einen immer größeren Teil des Einkommens und des Vermögens dieser sogenannten starken Schultern im Wege der Enteignung zu konfiszieren. Denn diese Klasse der starken Schultern ist nicht nur in Deutschland, sie ist auch in dem als sehr reich bekannten England im Verhältnis zu der ganzen Bevölkerung überaus gering.

Wenn man z. B. an der Hand der preußischen Einkommensteuer — und ich glaube, daß die Verhältnisse in dieser Beziehung in ganz Deutschland denen des preußischen Staates ziemlich ähnlich sein werden — alle diejenigen, die ein Einkommen von 3000 M. und mehr haben, mit zu den starken Schultern rechnen will, dann beträgt die Zahl dieser Zensiten nur 11,35 pCt. aller Steuerpflichtigen, während 88,65 pCt. weniger als 3000 M. Einkommen haben, und es ist in diesem Zusammenhange doch der besonderen Beachtung wert, daß, während das Deutsche Reich eine Gesamtbevölkerung von 66 ½ Millionen Seelen hat, die ganze gewaltige Milliardenlast des Wehrbeitrages nach den Berechnungen des Reichsschatzamtes nur von etwa 480 000 Steuerträgern aufgebracht werden soll, ein Vorgang, wie er in der Steuergeschichte der neueren Zeit wohl ohne Beispiel ist. (Sehr wahr!)

Meine Herren! Es ist nicht meine Aufgabe, hier in eine Untersuchung darüber einzutreten, inwieweit bei dieser Lage der Sache das in der Beitragsleistung zum einmaligen außerordentlichen Wehrbeitrag liegende Opfer von den einzelnen Steuerpflichtigen noch als erträglich empfunden werden wird und wo daher die zulässige Grenze der Belastung zu suchen sein wird. Ich möchte aber doch im Zusammenhange mit meinen Darlegungen darauf hinweisen, daß, wenn das deutsche Volk in der Lage ist, jährlich rund 3 ½ Milliarden Mark für alkoholische Getränke und über 400 Millionen Mark für Tabak, Zigarren und Zigaretten auszugeben, wenn der deutsche Arbeiter imstande ist, freiwillig an seine sozialdemokratischen Organisationen rund 32 M. jährlich und mehr zu entrichten, so daß im Jahre 1911 diese Organisationen von der Arbeiterschaft 72 Millionen Mark an Beiträgen erhielten (hört, hört!) —, daß es alsdann auch wohl weiteren Kreisen der Nation möglich sein wird, zu ihrem Teile sich an der Deckung der Kosten unserer Heeresmacht zu beteiligen, die stark und mächtig zu erhalten doch nicht nur im Interesse der kleinen Minderheit der Besitzenden, sondern in allererster Linie im Interesse der Gesamtheit des deutschen Volkes und damit auch der ganzen deutschen Arbeiterschaft liegt. (Sehr wahr!)

Es soll hier doch einmal offen ausgesprochen werden, daß die Gesamtheit des Volkes als solche Träger der nationalen Pflichten ist, und daß es daher das staatsbürgerliche Pflichtbewußtsein stark mindern würde, wenn fortan nicht mehr alle Klassen der steuerpflichtigen Bevölkerung ohne Ausnahme und ohne Unterschied zu den notwendigen Ausgaben für das Heer beizutragen haben würden, sondern wenn die Mehrausgaben lediglich noch von den sogenannten besitzenden Kreisen allein getragen werden sollten. (Bravo!)

Ich bin mir wohl bewußt, daß ich mir mit diesen Ausführungen von seiten der Sozialdemokratie und der ihnen nahestehenden Linksliberalen wieder einmal den Vorwurf der „Scharfmacherei" zuziehen werde, und daß meine Darlegungen von dieser Seite als ein Versuch werden gedeutet werden, die Erwerbskreise und das Unternehmertum möglichst vor Lasten zu schützen; ich bin mir aber ferner auch nicht im unklaren darüber, daß es im gegenwärtigen Stadium der Beratungen der Deckungsvorlagen leider ausgeschlossen ist, daß unsere Kritik eine praktische Wirkung zeitigen wird. Ich habe mich aber zu diesen Ausführungen vom Standpunkte der Industrie und der deutschen Unternehmer aus deshalb für verpflichtet erachtet, weil es angebracht erscheinen muß, schon jetzt warnend darauf hinzuweisen, daß die Regierung mit ihren Deckungsvorschlägen einen Weg beschritten hat, der in vollständiger Abweichung von dem bisher verfolgten bei weiterer Ausdehnung unter Umständen für unsere ganze Volkswirtschaft zu einem außerordentlich gefährlichen werden kann.

In welcher Weise jedenfalls die linksstehenden Parteien die Vorschläge der verbündeten Regierungen ihren parteipolitischen Zwecken nutzbar zu machen bemüht sind, das läßt sich wohl zur Genüge tagtäglich aus den Auslassungen der liberalen Tagespresse ersehen, in denen aus Anlaß des einmaligen Wehrbeitrages „die Reichsvermögenssteuer als der feste Kern der Aufwendungen für die dauernden Ausgaben der Heeresverwaltung und vor allem als ein Programm, das besonders entwickelungsfähig ist", bezeichnet wird. Meine Herren! Eingehender und zutreffender können wohl die schweren Bedenken, die aus finanzpolitischen und staatsrechtlichen Gründen gegen die Forderung einer direkten Reichsvermögenssteuer zu erheben sind, nicht gut gerechtfertigt werden, als dieses letzthin durch den Senatspräsidenten des preußischen Oberverwaltungsgerichts, Herrn Geheimrat Dr. Strutz, in dem ersten Hefte der „Finanzwirtschaftlichen Zeitfragen" des Jahrganges 1913 geschehen ist. Dabei glaube ich allerdings darauf hinweisen zu sollen, daß man andererseits aber auch den Darlegungen dieser Autorität, insoweit sie sich auf die von mancher, namentlich industrieller Seite befürwortete Reichserbschaftssteuer erstrecken, doch einige Beachtung schenken sollte. Denn das Gewicht der Gründe, mit denen Strutz die gegen die Einführung einer Reichserbschaftssteuer erhobenen Einwände wiederlegt, dürfte in bezug auf die objektive Beurteilung einer solchen Steuer kaum zu unterschätzen sein. Es sind gerade die in dieser Hinsicht gemachten Ausführungen um so bemerkenswerter, als Strutz, wenn er auch die als indirekte Steuer anzusprechende Erbschaftssteuer im Notfall als einen gangbaren Ausweg aus der Reichsfinanzmisere anerkennt, doch mit eindringlichen Worten vor der Einführung einer direkten Reichsvermögenssteuer warnt, und ich möchte in diesem Zusammenhange auch nicht unerwähnt lassen, daß selbst ein so sachkundiges Mitglied der Budgetkommission des Reichstages, wie es der Herr Abgeordnete Erzberger ist, in seiner von mir bereits erwähnten Abhandlung das Bedenkliche und sogar „Brutale" der Besitzsteuern im Reiche treffend hervorgehoben hat. (Hört, hört!)

Mit vollem Recht ist daher denn auch von den Vertretern der verbündeten Regierungen so und so oft in geradezu feierlicher Form als ihre einmütige Ansicht verkündet worden, daß eine Reichsvermögenssteuer der Anfang vom Ende der finanziellen und politischen Selbständigkeit der Einzelstaaten bedeuten würde, und wenn gegenwärtig von der Reichsfinanzverwaltung eine Besteuerung des „Besitzes“ in der Gestalt eines außerordentlichen Wehrbeitrages in Vorschlag gebracht worden ist, so kann die einzige Rechtfertigung hierfür nur in der Einmaligkeit der Erhebung dieser Abgabe erblickt werden, infolge deren sie die einzelstaatlichen Steuersysteme dauernd zu beeinflussen nicht in der Lage sein wird. (Sehr richtig!)

Von dieser Voraussetzung der Einmaligkeit der Abgabe sind alle Erwerbsstände, Industrie, Handel und auch das Handwerk, gleichermaßen ausgegangen, wenn sie sich durch ihre Vertretungskörperschaften aus vaterländischen Rücksichten in diesem Falle so einmütig zur Uebernahme der neuen Belastung bereit erklärt haben. Gegen die Möglichkeit der Wiederholung einer derartigen Vermögensbesteuerung von Reichs wegen würden indessen gerade aus diesen Kreisen die allerschwersten Bedenken zu erheben sein. Diese Bedenken sind um so gerechtfertigter, als der Wortführer der Sozialdemokraten, der Abgeordnete Dr. Südekum, in der ersten Lesung der Wehrvorlage am 16. April d. J. die Vorlage der Regierung als einen „zweifellosen Erfolg der Sozialdemokratie und der sozialdemokratischen Erziehung, als ein Zugeständnis von nicht zu übertreffender Bedeutung“ bezeichnet und hiermit zur Genüge dargetan hat, wie groß in einem Reichstage, in dem eine Mehrheit von 110 Sozialdemokraten den Ausschlag gibt, die Gefahr des sozialistischen Mißbrauchs der Steuerhoheit des Reiches in bezug auf die direkte Vermögensbesteuerung sein würde. Die Folge einer solchen Entwickelung würde, darüber kann ein Zweifel wohl kaum obwalten, ganz gleich, mit welchem „Prinzip der Gerechtigkeit“ eine weitere Erhöhung der Steuerlast drapiert werden würde, eine Erbitterung und eine gegenseitige Verhetzung der verschiedenen Teile der Bevölkerung sein, durch welche schließlich in ihrem Endergebnis ein jeder Fortschritt des Reiches, in wirtschaftlicher wie kultureller Beziehung, gehemmt werden würde.

Zu welchen Unstimmigkeiten schon jetzt die Frage der parlamentarischen Behandlung der Wehr- und Deckungsvorlagen innerhalb der politischen Parteien des Reichstages geführt hat, dafür liefert der bisherige Verlauf der Verhandlungen in der Budgetkommission einen schlagenden Beweis. Gegen die Stimmen der Konservativen und des Zentrums war von der Mehrheit der Kommission der Beschluß gefaßt worden, zunächst die Heeresvorlage als solche zu verabschieden, und sodann erst an die Beratung über die Deckungsvorlagen heranzugehen. Und noch heute ist es innerhalb des Plenums des Reichstages unentschieden, ob in letzterer Hinsicht nur über die Gestaltung des einmaligen Wehrbeitrages Entscheidung getroffen werden oder ob auch die Frage der Deckung der neuen laufenden Ausgaben für das Heer gleichzeitig ihre Erledigung finden soll.

Meine Herren! Ich bin beauftragt, es als die einmütige Ansicht des Direktoriums des Centralverbandes Deutscher Industrieller hier auszusprechen, daß eine Trennung der Beschlußfassung über die einmaligen und die dauernden Ausgaben der Heeresvermehrung auf seiten der deutschen Industrie den schwersten Bedenken begegnen würde, und daß diejenigen politischen Parteien, die für eine Verschiebung der Deckungsfragen bis zum Herbst dieses Jahres eintreten, sich in offensichtlichen Widerspruch mit den wichtigsten Interessen weiter Erwerbskreise setzen würden. Es hat sich in dieser Beziehung das Direktorium des Centralverbandes Deutscher Industrieller zunächst auf den Standpunkt gestellt, daß der Grundsatz: „Keine Ausgabe ohne Deckung", der seit den Tagen der letzten Reichsfinanzreform die zwischen den positiv arbeitenden Parteien des Reichstages und der Regierung vereinbarte Grundlage für die Behandlung aller Finanzfragen im Reiche gebildet hat, auch in Zukunft unbedingt aufrecht zu erhalten ist, und es ist ferner als der wohlberechtigte Anspruch nicht nur des industriellen Unternehmertums, sondern auch des ganzen erwerbstätigen Mittelstandes erachtet worden, daß in Bälde Klarheit darüber geschaffen wird, in welcher Weise und bis zu welchem Grade Handel und Gewerbe mit neuen Auflagen bedacht werden sollen. Es ist naturgemäß, daß mit der Ungewißheit über die Art und Höhe der neuen Steuerbelastung in weite Schichten der Bevölkerung ein starkes Moment der Beunruhigung hineingetragen wird, und gerade die deutsche Industrie, die in schwerem Wettbewerb mit den übrigen Ländern auf den ausländischen Märkten steht, und die im Falle einer jeden Erhöhung der einheimischen Steuerlast mit einer weiteren Steigerung ihrer Selbstkosten zu rechnen hat, empfindet einen derartigen Unsicherheitsfaktor bei ihren geschäftlichen Unternehmungen besonders stark.

Eine jede Verschleppung der Entscheidung über die Deckungsvorlagen bringt daher eine starke Gefährdung erheblicher Interessen der deutschen Volkswirtschaft mit sich, die sich um so schwerer fühlbar machen wird, als einerseits das Vertrauen auf die Weiterentwickelung unserer innerpolitischen Lage kaum als sehr groß bezeichnet werden kann und andererseits eine etwa einsetzende rückläufige Wirtschaftskonjunktur schon an sich weite Kreise der Industrie, insbesondere aber die Kleinindustrie und das mittlere Gewerbe, schwer in Mitleidenschaft ziehen würde. Es sprechen somit die gewichtigsten Gründe dafür, daß die Verabschiedung der Deckungsvorlagen in Gemeinschaft mit der Wehrvorlage sobald als möglich erfolgt, und es dürfen in dieser Hinsicht sowohl die berufenen Leiter unserer Reichsverwaltung als auch die Vertreter der staatserhaltenden Parteien des Reichstages an das treffende Wort eines unserer geistvollsten Rechtslehrer, des verstorbenen Professor Ihering erinnert werden, mit denen er einst die „wahren Politiker" folgendermaßen gekennzeichnet hat: „Die wahre Politik ist die Fernsicht des Interesses, das Auge des Weitsichtigen ..... Der Charakterzug der schlechten Geschäftspolitik besteht in ihrer Richtung auf den einzelnen Akt und den flüchtigen Moment, der guten in der Richtung auf das Ganze und die Zukunft." (Lebhafter Beifall.)

Vorsitzender: Meine Herren, bei der Zusammengehörigkeit der beiden Themata, des eben von Herrn Regierungsrat Schweighoffer gehörten Vortrages und des nunmehr bevorstehenden Referats des Herrn Kommerzienrat Kauffmann, darf ich mich der Zustimmung der Herren versichert halten, wenn ich Herrn Kauffmann bitte, sogleich das Wort zu nehmen (Zustimmung), und wenn ich dann nachher über beide Referate gemeinsam die Diskussion eröffne.

Ich bitte nun Herrn Kommerzienrat Kauffmann, zum dritten Punkt der Tagesordnung:

Der einmalige außerordentliche Wehrbeitrag

das Referat zu erstatten.

Berichterstatter Kommerzienrat Dr. **G. Kauffmann,** Vorsitzender der Handelskammer zu Schweidnitz, Hermsdorf (Katzbach): Meine sehr geehrten Herren! Die steuertechnischen Grundlagen, auf welchen die Heranziehung des Handels- und Industrievermögens zum Wehrbeitrage erfolgen soll, würden vielleicht eine besonders wichtige Frage nicht sein und auch Härten und Ungerechtigkeiten hierbei würden vielleicht in Kauf genommen werden können, wenn es sich wirklich bloß um den einmaligen Wehrbeitrag handelte. Diese Auffassung ist aber meiner Meinung nach nur sehr bedingt richtig. Denn wenn auch die Versicherung der Regierung vollen Glauben verdienen mag, daß die Deckung großer Ausgaben für Rüstungszwecke durch eine sehr weitgehende Heranziehung der Vermögen nur ein einmaliges Vorkommnis sein soll, so ist doch kaum daran zu zweifeln, daß Vermögenssteuern in den verschiedensten Formen künftig dauernd eine viel größere Rolle in unseren Steuersystemen zu spielen berufen sind als bisher, sei es, daß der Wunsch der liberalen Parteien, eine Reichsvermögenssteuer eingeführt zu sehen, sich trotz des jetzt noch vorhandenen Widerspruchs der verbündeten Regierungen doch noch einmal verwirklicht, sei es, daß durch den Umweg mehr oder weniger edler, bzw. „veredelter“ Matrikularbeiträge oder aber durch steigende eigene Bedürfnisse den Einzelstaaten die Einführung von Vermögenssteuern nahegebracht wird. Und es ist wohl kaum daran zu zweifeln, daß die Besteuerungsprinzipien, auf Grund welcher jetzt die Heranziehung der in Handel und Industrie investierten Vermögen zum Wehrbeitrage erfolgen wird, für alle in der Zukunft voraussichtlich bevorstehenden Vermögenssteuern das Vorbild abgeben werden. Hierin liegt die über den einmaligen Wehrbeitrag weit hinausgehende prinzipielle Bedeutung der Angelegenheit, und es müssen hauptsächlich aus diesem Grunde Handel und Industrie durchaus darauf bedacht sein, daß die Erhebung des Wehrbeitrages, welchen für die hohen vaterländischen Ziele zu opfern Handel und Industrie so freudig wie nur irgendein Berufsstand bereit sind, nach Maßgabe der tatsächlichen Leistungsfähigkeit des einzelnen Unternehmens auf durchführbaren und möglichst gerechten Grundlagen und in möglichst zweckmäßiger Weise erfolgt.

Bei unveränderter Annahme der Regierungsvorlage würde dies aber ganz gewiß nicht der Fall sein, vielmehr wird jeder im praktischen Geschäftsleben stehende Kaufmann und Industrielle wohl recht verwundert darüber gewesen sein, wie unzweckmäßig, ungerecht und zum Teil undurchführbar diese Bestimmungen der Regierungsvorlage, insoweit sie das Handels- und Industrievermögen berühren, gestaltet sind, wie wenig sie in den wirtschaftlichen Aufbau eines Handels- oder Industrieunternehmens sich harmonisch einfügen lassen, und in wie geschäftsfremder und bureaukratischer Weise sie in der „Begründung“ des Gesetzes motiviert sind; und ebensowenig zeigt sich eine solche ausgleichende Gerechtigkeit in den jetzt beendigten Beschlüssen der ersten Lesung der Budgetkommission.

Wohl das größte Novum, welches die Wehrvorlage für Handel und Industrie bringt, ist die besondere Besteuerung der Aktiengesellschaften, welche, wenigstens partiell, außer der Besteuerung des Aktienbesitzes erfolgen soll. Gewisse Präzedenzien sind ja allerdings in dieser Beziehung in Preußen bezüglich der Besteuerung des Aktieneinkommens vorhanden, indem das preußische Einkommensteuergesetz das Einkommen der Aktiengesellschaften, aber doch immerhin nur insoweit, als es über 3½ pCt. hinausgeht, noch einmal besteuert, obgleich der Aktionär das ganze Einkommen aus der Aktie zu versteuern hat. Daß aber nicht nur das Einkommen aus einer Aktie, sondern auch das Aktienvermögen selbst doppelt vorhanden sei und doppelt besteuert werden müsse, einmal in den Händen des Aktionärs und zweitens in den Händen der Aktiengesellschaft, das ist ein Gedanke, dem in Preußen noch im Jahre 1909, aus welchem Jahre die letzte Novelle zum preußischen Vermögenssteuer- bzw. Ergänzungssteuergesetz stammt, weder die Herren Regierungsvertreter, noch der Landtag Raum gewährt haben, obgleich allerdings in Sachsen seit dem Jahre 1902 ein Präzedenzfall dieser Art bestand, auf den ich nachher noch zurückkommen werde. Daß eine solche Besteuerung eine sachlich durch nichts zu rechtfertigende Doppelbesteuerung bedeuten würde, dieses Bewußtsein ist offenbar damals in Preußen noch vorhanden gewesen, und es ist an dieser Auffassung unbedingt auch heute noch festzuhalten. Denn der Charakter dieser Erwerbsgesellschaften als selbständige Rechtssubjekte — der übrigens den Gesellschaften mit beschränkter Haftung und den bergrechtlichen Gewerkschaften formell ganz ebenso innewohnt — ist nur ein juristisch-formeller; materiell und wirtschaftlich fallen diese Gesellschaften mit der Gesamtheit der einzelnen Gesellschafter (Aktionäre) vollständig zusammen, und nur diese letzteren sind die Besitzer des in die Form von Aktien gekleideten Vermögens, während die Gesellschaften als solche kein Vermögen besitzen, sondern deren gesamter Besitz ausschließlich Eigentum der Aktionäre ist. Lediglich von Zufälligkeiten und Zweckmäßigkeitsfragen im einzelnen hängt es ab, ob ein kommerzielles oder industrielles Unternehmen in der Form einer Aktiengesellschaft oder in derjenigen einer Gesellschaft mit beschränkter Haftung oder auch einer offenen Handelsgesellschaft betrieben wird.

Demnach ist auch die Rechtfertigung, welche die „Begründung“ des „Gesetzentwurfs über den Wehrbeitrag“ der partiellen Sonderbesteuerung der Aktiengesellschaften und Kommanditgesellschaften auf Aktien zu geben versucht, in allen Punkten unhaltbar. — Wenn die „Begründung“ sagt: „An der Erhaltung des Friedens sind die großen Erwerbsgesellschaften besonders interessiert“, so ist es ja etwas Selbstverständliches, daß Deutschlands Handel und Industrie und deren Arbeiterschaft — nicht minder aber die deutsche Landwirtschaft und die gesamte deutsche Volkswirtschaft — an der Erhaltung des Friedens ein eminentes materielles wie auch ethisches Interesse haben. Wieso aber die Aktiengesellschaften und Kommanditgesellschaften auf Aktien ein größeres Interesse am Frieden haben sollen als die Gesellschaften mit beschränkter Haftung, die Berggewerkschaften, die offenen Handelsgesellschaften oder begüterten Einzelunternehmer, ist nicht einzusehen, und die „Begründung“ macht auch nicht den leisesten Versuch, diese

Behauptung näher zu erläutern. — Wenn ferner die „Begründung" sagt, die Sondersteuer müsse deshalb erhoben werden, weil sonst der Besitz ausländischer Aktionäre oder ausländischer Gesellschafter in unerwünschter Weise steuerfrei bleiben würde, so ist diesem Argumente entgegenzuhalten, daß andererseits der gesamte ausländische Aktien- und Effektenbesitz deutscher Reichsangehöriger, der ungleich erheblicher sein dürfte als der Besitz des Auslandes an Aktien deutscher Gesellschaften, zum Wehrbeitrage herangezogen wird. Der Besitz des Auslandes an deutschen Aktien ist kein deutscher Besitz, und der Präzedenzfall, der durch die Besteuerung desselben für das im Auslande arbeitende deutsche Kapital geschaffen würde, würde vielleicht immerhin nicht ganz unbedenklich sein. Wenn endlich die „Begründung" behufs Rechtfertigung der Sondersteuer behauptet, daß die Aktiengesellschaften und Kommanditgesellschaften auf Aktien „in der Regel eine hohe wirtschaftliche Leistungsfähigkeit aufweisen" und daß die Doppelbesteuerung „gerade bei den genannten Gesellschaften nicht als besondere Härte empfunden werden würde", so ist hieran nur soviel richtig, daß allerdings die allergrößten kommerziellen und industriellen Unternehmungen in Deutschland — auch hier gibt es aber Ausnahmen — in der Form von Aktiengesellschaften oder Kommanditgesellschaften auf Aktien betrieben zu werden pflegen; die große Mehrheit der Aktiengesellschaften und Kommanditgesellschaften auf Aktien sind jedoch Gesellschaften mittleren oder kleineren Umfanges, welche in keiner Beziehung eine höhere wirtschaftliche Leistungsfähigkeit besitzen als die Gesellschaften mit beschränkter Haftung, die offenen Handelsgesellschaften und zahlreiche gutsituierte Einzelunternehmer. In meiner Heimat Schlesien z. B. werden die größten Kapitalkräfte nicht durch Aktiengesellschaften, sondern durch den mit Bergwerksbesitz verbundenen Großgrundbesitz repräsentiert, also durch Einzelpersonen, und an der Spitze aller industriellen Erwerbsgesellschaften steht, was die Größe des immobilen und mobilen Kapitalbesitzes betrifft, ebenfalls nicht eine Aktiengesellschaft, sondern eine oberschlesische Gewerkschaft.

Konnte die Heranziehung der Aktiengesellschaften als solcher zur preußischen Einkommensteuer wenigstens formell bis zu einem gewissen Grade mit der Auffassung gerechtfertigt werden, daß die Gesellschaft ihren Aktionären gegenüber eine einkommenvermittelnde Rolle spiele, derart, daß das Einkommen zunächst während des Geschäftsjahres der Aktiengesellschaft zufließt und erst später, nach der Generalversammlung, von der Aktiengesellschaft als Dividende an die Aktionäre weitergegeben wird, so fällt auch diese formelle Fiktion bei einer doppelten Vermögenssteuer fort. Denn das betreffende Vermögen ist unter allen

Umständen nur einmal vorhanden, von einer Uebertragung desselben seitens der Gesellschaft an die Aktionäre kann gar keine Rede sein. Uebrigens ist die in Preußen bestehende doppelte Einkommenbesteuerung durch die Steuerfreiheit von 3½ pCt. Dividende erheblich gemildert, und nur diese Milderung, welche wenigstens die schlecht rentierenden Aktiengesellschaften von der doppelten Einkommensteuer befreit, hat dieselbe einigermaßen erträglich gemacht; bei der jetzt geplanten Doppelbesteuerung des Aktienvermögens aber würde manche Aktiengesellschaft, welche trotz hoher offener oder stiller Reserven dennoch einen Ertrag von 3½ pCt. nicht abwirft, trotz der fehlenden Rentabilität zur Doppelsteuer herangezogen werden.

Völlig ungerecht ist aber auch der in dem Gesetzentwurfe geplante Modus des Umfanges der Sondersteuer. Es soll das Vermögen der Gesellschaften abzüglich des Nennwertes des Aktienkapitals (bzw. der Geschäftsanteile der persönlich haftenden Gesellschafter bei Kommanditgesellschaften auf Aktien) steuerpflichtig sein. Der Nennbetrag des Aktienkapitals ist aber im allgemeinen ein zufälliges, von den verschiedensten Umständen abhängendes Moment. Gerade die guten Gesellschaften pflegen ein verhältnismäßig niedriges Grundkapital zu haben, und es galt bisher als ein besonders gesundes und solides Geschäftsprinzip, das Grundkapital möglichst niedrig zu bemessen. Der neue Gesetzentwurf legt diesen soliden und vorsichtigen Gesellschaften eine besondere Strafe auf und behandelt diejenigen Gesellschaften günstiger, die ein im Verhältnis zu ihrem Gesamtvermögen großes Aktienkapital haben. Vorsichtige und gute Gesellschaften, die nur knappe Dividenden verteilen und infolgedessen große Reservefonds angesammelt haben, haben für diese Reservefonds die Doppelsteuer zu bezahlen; bei den weniger vorsichtigen Gesellschaften jedoch, die die gesamten Reingewinne als Dividende ausgeschüttet haben, kommen diese Beträge nur einmal (in den Händen der Aktionäre) zur Versteuerung. — Auch schon bei der Gründung von Aktiengesellschaften gilt es als ein solides und deshalb besonders empfehlenswertes Prinzip, von Hause aus möglichst große Reservefonds zu schaffen und das Aktienkapital dementsprechend kleiner zu bemessen; oder aber es wird bei Unternehmungen, deren Rentabiliät zu wünschen übrig läßt, durch einmalige buchmäßige Kapitalsreduktionen oder Sanierungen der Reservefonds auf Kosten des Aktienkapitals vergrößert. Ein derartiges solides und geschäftlich empfehlenswertes Vorgehen wird durch die neue Wehrvorlage geradezu mit einer Strafe belegt, denn der auf Kosten des Aktienkapitals geschaffene Reservefonds muß versteuert werden, das Aktienkapital dagegen nicht.

Meine Herren, diesem Gedanken einer besonderen Besteuerung der Reservefonds einer Aktiengesellschaft liegt offenbar die Auffassung zugrunde, daß es sich bei einem Reservefonds um einen besonderen Vermögensfonds handele, der unabhängig vom Aktienkapital arbeitet und Ertrag bringt, so wie das etwa bei einem aus dem Gesamtvermögen eines Unternehmens ausgeschiedenen und separat angelegten Fonds der Fall sein würde. Diese Auffassung ist bezüglich der sogenannten stillen Reserven, die bei vielen Gesellschaften die Stelle der offenen Reserven vertreten, ebenso aber auch bezüglich der buchmäßig geführten offenen Reservefonds ganz unzutreffend; vielmehr besteht die Funktion sowohl der stillen als auch der offenen buchmäßigen Reserven einer Gesellschaft ausschließlich darin, die Betriebsmittel und den Kredit der Gesellschaft zu stärken, sie gegenüber schlechten Zeiten oder gegenüber besonderen Unglücksfällen widerstandsfähiger zu machen, die prozentuale Rente des Aktienkapitals zu steigern und nach Möglichkeit auch für schlechte Zeiten noch eine kleine Rente der Aktiengesellschaft sicherzustellen, endlich bisweilen auch darin, für zu hoch bewertete oder unsichere Aktivposten einen Ausgleich zu gewähren. Diese Funktionen des Reservefonds können aber nicht dazu führen, ihm einen selbständigen, vom Aktienkapital unabhängigen Vermögenswert beizumessen, sondern der Reservefonds kann nur in unmittelbarem Zusammenhange mit dem Aktienkapital als ein den Wert desselben sichernder und erhöhender oder eine anderenfalls vorhandene Unterwertigkeit des Aktienkapitals ausgleichender Faktor bewertet werden, und sein Vorhandensein kommt unter allen Umständen zum Ausdruck und muß zum Ausdruck kommen durch den Wertzuwachs, welchen das Aktienkapital selbst durch den Reservefonds erfährt und der sowohl im Kurswert der Aktie, wie im gemeinen Wert der Aktie, wie auch im Ertragswert der Aktie gleichermaßen zum Ausdruck kommen muß und tatsächlich kommt.

Nun habe ich vorhin schon erwähnt, daß trotz alledem im Königreich Sachsen eine Vermögenssteuer bzw. Ergänzungssteuer von dem Vermögen der Aktiengesellschaften und Kommanditgesellschaften auf Aktien schon seit dem Jahre 1902 — in Kraft traten die betreffenden Bestimmungen am 1. Januar 1904 — abzüglich des Nennwertes des Aktienkapitals erhoben wird, und diesen in Sachsen geltenden Bestimmungen sind die Bestimmungen, die jetzt durch die Wehrvorlage auf das ganze Deutsche Reich ausgedehnt werden sollen, genau nachgebildet. Einer der Herren Regierungsvertreter hat sich auch bei der ersten Lesung der Wehrvorlage in der Budgetkommission auf diese Bestimmungen des sächsischen Ergänzungssteuergesetzes vom 2. Juli 1902 berufen. Die betreffenden Bestimmungen waren aber in der damaligen sächsischen Regierungsvorlage noch nicht enthalten, vielmehr wandte sich die Begründung der sächsischen Regierungsvorlage im Jahre 1902 mit Entschiedenheit gegen eine solche Besteuerung mit folgenden zutreffenden Ausführungen:

„Der Vermögenssteuer sollen nur die physischen Personen unterworfen werden. In der allgemeinen Befreiung der juristischen Personen, sowohl des öffentlichen Rechts, als auch des Privatrechts (Aktiengesellschaften, eingetragene Genossenschaften, Berggewerkschaften, eingetragene Vereine, Stiftungen usw.) stimmt der Entwurf mit den Gesetzen Preußens, Braunschweigs und Hessens überein. Einen abweichenden Standpunkt einzunehmen, erscheint schon im Interesse der Rechtsgleichheit nicht empfehlenswert. Aber auch innere Gründe sprechen gegen die Heranziehung der juristischen Personen zur Vermögenssteuer. Die Befreiung der Aktiengesellschaften usw. rechtfertigt sich in der Erwägung, daß ihre Heranziehung schon bei der Einkommensteuer im Ergebnis zu einer Doppelbesteuerung führt und es unbillig erscheinen würde, diese Doppelbesteuerung auf die Vermögenssteuer auszudehnen. Bedenkt man endlich, daß die nach § 6, Ziffer 9 und 10 des Einkommensteuergesetzes von der Einkommensteuer befreiten juristischen Personen (Berufsgenossenschaften, Kranken- und Pensionskassen, ausschließlich kirchlichen und gemeinnützigen Zwecken dienende Vereine und Stiftungen) unter allen Umständen auch von der Vermögenssteuer frei bleiben müssen, so empfiehlt es sich, im Anschluß an die im Eingang erwähnten Gesetzgebungen alle juristischen Personen ohne Unterschied mit der Vermögenssteuer zu verschonen."

Trotz dieses damaligen Standpunktes der sächsischen Regierung beschloß die Deputation der Zweiten Kammer, die Aktiengesellschaften und Kommanditgesellschaften auf Aktien zur Vermögenssteuer heranzuziehen, obwohl die Regierung nochmals nachdrücklich die Gründe betont hatte, die gegen diese Maßnahme sprachen.

Zu der ebenfalls jetzt für den Wehrbeitrag vorbildlich gewordenen Bestimmung des sächsischen Ergänzungssteuergesetzes, der zufolge das eingezahlte Aktienkapital bei der Besteuerung der Aktiengesellschaften abzuziehen ist, sagt der Geheime Finanzrat Just vom Königlich sächsischen Finanzministerium in seinem Kommentar zum sächsischen Ergänzungssteuergesetz folgendes:

„Die Vorschrift ist verfehlt. Das Aktienkapitalkonto ist zwar ein handelsrechtliches Passivum dieser Gesellschaften, aber keine Schuld derselben und daher an sich ebensowenig eine steuerrechtliche Abzugspost wie der Reservefonds oder wie das Kapitalkonto des Einzelkaufmanns. Der Abzug des Aktienkapitals ist nur deshalb zugelassen worden, weil die Aktien und Interimsscheine in der Hand der Aktionäre ergänzungssteuerpflichtig sind. Dies trifft insoweit zu, als diese der unbeschränkten subjektiven Steuerpflicht unterliegen. Auch hätte man dann den Abzug der Reservefonds nicht zulassen müssen, weil deren Höhe in dem Kurswert der Aktien zum Ausdruck zu kommen pflegt."

Just bekennt sich also hier zu der für jeden praktischen Kaufmann ganz selbstverständlichen Ansicht, daß ein steuerrechtlicher Unterschied zwischen Aktienkapital und Reservefonds nicht gemacht werden kann, sondern beides zusammen entweder nur objektiv, das heißt bei der Gesellschaft, oder subjektiv, das heißt beim Aktionär, besteuert werden darf, und daß bei subjektiver Besteuerung der Reservefonds durch den Kurswert oder sonstigen inneren Wert, zu welchem die Aktie besteuert wird, ebenfalls mit herangezogen wird. Wenn er im übrigen hervorhebt, daß das gesamte Kapital der objektiven Steuerpflicht unterliegen müsse, insoweit es nicht der subjektiven Steuerpflicht unterliege, so hat die Betonung dieses Umstandes bei dem Steuergesetz eines Bundesstaats wie Sachsen, dessen Aktien naturgemäß sehr viel in preußischen, bayerischen und sonstigen außersächsischen deutschen Händen sind, eine viel größere Berechtigung als bei einer Reichssteuer, bei welcher als der subjektiven Steuerpflicht entzogen nur der Besitz des außerdeutschen Auslandes an deutschen Aktien in Betracht kommen kann.

Es wäre also wohl richtiger gewesen, wenn die Herren Vertreter der Reichsregierung sich auf den damaligen Standpunkt der sächsischen Regierung und der dem sächsischen Ministerium angehörenden Kommentatoren gestellt, nicht aber für das Reich Bestimmungen empfohlen hätten, die gegen den Willen der sächsischen Regierung durch die sächsische Zweite Kammer — die übrigens heut, soweit mir bekannt ist, infolge des abgeänderten Wahlrechts eine wesentlich andere Zusammensetzung hat als damals — in das sächsische Gesetz hineingekommen sind und deren Unzweckmäßigkeit vermutlich in Sachsen nur dadurch erträglich geworden ist, daß es sich bei der sächsischen Ergänzungssteuer um eine im Vergleich zum Wehrbeitrage ganz minimale Abgabe handelt.

Meine Herren, viele Zweifel sind ferner darüber entstanden und öffentlich diskutiert worden, ob nach dem § 12 der Wehrvorlage nur offene Reservefonds oder auch sogenannte stille Reserven zu der Sondersteuer herangezogen werden sollen. In der Sitzung der Budgetkommission vom 4. Juni hat ein Regierungsvertreter diese Frage klargestellt durch die von ihm abgegebene Erklärung: „Die Regierung denke nicht daran, die stillen Reserven mit zu versteuern; wenn dies aus dem Entwurf nicht ganz klar hervorgeht, so könne die Fassung noch geändert werden." Ich muß gestehen, daß diese Aufklärung mich nur noch mehr gegen den ganzen Gedanken des von der Budget-kommision in erster Lesung leider angenommenen § 12 der Regierungs-vorlage einnimmt. Denn der Bilanzwahrheit, die jeder Kaufmann nach Möglichkeit erstreben soll, entspricht es mehr, mit offenen Reserven zu arbeiten als mit stillen. Nun aber sollen die stillen Reserven gegen-über den offenen prämiiert werden. Auch arbeiten in der Regel die weniger leistungsfähigen und weniger bekannten Gesellschaften, denen viel daran gelegen sein muß, durch ihre Bilanzen einen guten Eindruck in der Oeffentlichkeit zu machen, mit offenen Reserven, während gerade die erstklassigen Gesellschaften, bei denen schon der bloße Name als Empfehlung genügt und die so viel verdienen, daß sie die Gewinne vor den Aktionären und vor dem Publikum verstecken müssen, sich be-trächtliche stille Reserven zu schaffen pflegen. Die auf die offenen Reserven beschränkte Steuerpflicht bedeutet also auch eine Bevorzugung der starken vor den schwachen Schultern.

In hohem Maße drückend und ungerecht erscheinen aber auch die dem Gesetzentwurfe zugrunde liegenden Prinzipien der Abschätzung des Wertes des in Handel, Gewerbe und Industrie angelegten Vermögens im allgemeinen. Ich würde dringend empfehlen, für die Bewertung des in Handel, Gewerbe und Industrie investierten Kapitals, ein-schließlich der eines Börsenkurses entbehrenden Aktien und Anteile, den Begriff des „gemeinen Wertes“ aus dem Gesetze auszuscheiden und den Ertragswert an seine Stelle zu setzen, und zwar aus folgenden Gründen:

Einen mit einiger Sicherheit feststellbaren gemeinen Wert haben überhaupt nur solche Objekte, welche oft und regelmäßig aus einer Hand in die andere übergehen. Dagegen ist eine Fabrik oder ein Handelsgeschäft als Ganzes heutzutage sehr oft völlig unverkäuflich, im allgemeinen aber jedenfalls viel schwerer und seltener verkäuflich als der an allererster Stelle als „immobiler Besitz“ geltende land- und forstwirtschaftliche Grund und Boden. Insoweit als ein industrielles Unternehmen oder ein Handelsgeschäft im ganzen überhaupt verkäuflich ist, bestimmt sich der zu erzielende Verkaufspreis so gut wie ausschließ-lich nach dem nachweisbaren Ertrage des Unternehmens. Der gemeine Wert der einzelnen Vermögensobjekte aber, die das in einem Handels-geschäft oder in einem industriellen Unternehmen arbeitende Gesamt-vermögen bilden, ist, selbst insoweit er für sich allein feststellbar ist, ebenfalls kein gerechter Besteuerungsmaßstab für das Gesamtvermögen des Geschäftsbetriebes, denn die Einzelobjekte lassen sich meistens nicht realisieren, ohne daß der Geschäftsbetrieb des ganzen Unternehmens eingestellt werden müßte. — Besonders die kleineren privaten geschäftlichen oder gewerblichen Unternehmungen sind übrigens meistens mit der persönlichen Tätigkeit, den individuellen Kenntnissen und den individuellen Eigenschaften des Besitzers so eng verbunden, daß sie unabhängig hiervon gar nicht bewertet werden können. In allen diesen Fällen bleibt der „gemeine Wert" ein Gegenstand reinster Willkür. Von individuellen geschäftlichen Verhältnissen und wirtschaftlichen, sowie technischen Verschiebungen aller Art hängt es oft ab, ob ein industrielles Etablissement überhaupt noch einen Betriebswert oder nur noch einen Alteisenwert hat. Aus diesen Verhältnissen ergeben sich z. B. bei Umwandlungen bestehender industrieller Etablissements in Aktiengesellschaften oder in Gesellschaften mit beschränkter Haftung, zum Teil auch bei der Einschätzung zur preußischen Ergänzungssteuer oft schwere, zu langwierigen Verwaltungsstreitverfahren oder Beschwerdeverfahren führende Differenzen mit den kommunalen Behörden, den staatlichen Stempelbehörden oder den Staatseinkommensteuer-Veranlagungskommissionen bei der Festsetzung der kommunalen Umsatzsteuern und der staatlichen Einbringungsstempel, da diese Behörden immer geneigt sind, sich ihr Urteil über den gemeinen Wert auf Grund der für diesen ganz unmaßgeblichen Feuerversicherungstaxwerte oder aber auf Grund des Verkaufspreises, den irgendeinmal ein ganz anders geartetes, unter ganz anderen Produktions- und Absatzverhältnissen arbeitendes, eventuell in einer ganz anderen Gegend Deutschlands belegenes Etablissement einer ähnlichen Industriebranche bei einem Verkauf erzielt hat, zu bilden und an diesem Urteil mit größter Hartnäckigkeit festzuhalten. Ich selbst könnte auf Grund eigener persönlicher Erfahrungen sehr viel gerade hierüber erzählen.

Der Begriff des „gemeinen Wertes" ist im Bürgerlichen Gesetzbuch nicht definiert; er stammt aus dem Preußischen Landrecht. In der Rechtswissenschaft gilt als „gemeiner Wert" anerkanntermaßen „der Wert, welchen ein Gegenstand mit Rücksicht auf Zeit und Ort für einen jeden hat". Mehr und mehr hat man daher den Begriff „gemeiner Wert" identifiziert mit dem Begriff „Verkaufswert", und das tut auch die Wehrbeitragsvorlage, indem sie in ihrem Text den Worten „gemeiner Wert" einfach das Wort „Verkaufswert" in Klammern beifügt. In einer Entscheidung des preußischen Oberverwaltungsgerichts vom 23. Dezember 1902, Preußisches Verwaltungsblatt Band XXIV Seite 466 heißt es: „Der gemeine Wert deckt sich mit dem Verkaufswerte. Miets- oder Nutzungswert sind begrifflich hiervon verschieden; sie müssen für die Ermittelung des „gemeinen" oder „Verkaufswertes" außer Betracht bleiben." In einer späteren Oberverwaltungsgerichtsentscheidung aus dem Jahre 1910 heißt es:

„Der gemeine Wert eines Grundstückes bestimmt sich sowohl im Anwendungsbereiche des Ergänzungssteuergesetzes als auch in dem des Kommunalabgabengesetzes regelmäßig nicht nach dem kapitalisierten tatsächlichen Ertrage, sondern nach dem Verkaufswerte, den jeder Besitzer im gewöhnlichen Verkehr erzielen kann."

Meine Herren, auf Grund dieser Definition müßte man eigentlich, wenn es sich darum handelt, den gemeinen Wert eines Fabriketablissements festzustellen, in sehr vielen Fällen zu der Entscheidung kommen, daß der „gemeine Wert" des Etablissements gleich null sei. Denn weitaus die meisten industriellen Etablissemens haben „für jeden Besitzer" und für den „gewöhnlichen Verkehr" überhaupt keinen Wert, vielmehr bedeuten die meisten industriellen Etablissements für die meisten Käufer ein Danaergeschenk, und es kommt für weitaus die meisten Fabriken und Handelsgeschäfte immer nur ein recht kleiner Kreis von Kaufreflektanten in Betracht, die dadurch, daß sie die nötigen speziellen Fachkenntnisse in der betreffenden Branche besitzen, eine Rente aus dem betreffenden Unternehmen herauszuwirtschaften erhoffen können und deshalb unter Umständen als Kaufreflektanten auftreten, wenn nicht das Unternehmen so eigenartig und individuell zugeschnitten oder so unrentabel ist, daß überhaupt ein Käufer für dasselbe nicht existiert, oder wenn nicht das Unternehmen so umfangreich ist, daß aus diesem Grunde kein eigentlicher Verkauf, sondern allerhöchstens die Umwandlung in eine Aktiengesellschaft in Betracht kommen kann. In allen diesen Fällen, wo eine tatsächliche Verkaufsmöglichkeit überhaupt nicht vorhanden ist, müßte nach der vorhin von mir zitierten oberverwaltungsgerichtlichen Begriffsbestimmung des „gemeinen Wertes" dieser Wert, wollte man der Begriffsbestimmung wörtlich folgen, eigentlich mit Null angenommen werden; tatsächlich werden aber gerade in diesen Fällen erfahrungsgemäß von unseren Behörden die allerhöchsten Phantasiewerte als „gemeine Werte" angenommen.

Wie wenig im übrigen selbst die Bilanzwerte zuverlässige Unterlagen für die Feststellung der „gemeinen Werte" bilden, das wollen Sie aus den sehr zutreffenden Ausführungen des Geheimen Regierungsrats von Wilmowski in der „Deutschen Juristenzeitung" (Nr. 9, Seite 552ff.) ersehen, der zu dieser Frage in folgender Weise Stellung nimmt. Er sagt: „Man wird geneigt sein, zu glauben, daß gerade diese Wertfeststellung deshalb auf keine Schwierigkeiten stoßen könne, weil der Kaufmann Vermögensbilanzen aufstellt und der Gesetzentwurf die Deklaration des Vermögens vorschreibt. Allein es kann nicht entschieden genug betont werden, daß sich aus der kaufmännischen Bilanz der gemeine Wert des Geschäftsvermögens eben nicht ergibt. Die Vermögensbilanz existiert nur in der Theorie. In Wirklichkeit stellt der Kaufmann in seinen bilanzmäßigen Berechnungen nicht den objektiven Wert seines Geschäftsvermögens fest, sondern er ermittelt damit den Erfolg seiner gewerblichen Tätigkeit, den Gewinn oder Verlust seines Betriebes. Die kaufmännische Bilanz ist mit anderen Worten keine Vermögens-, sondern eine Betriebsbilanz. Sie verzeichnet insbesondere unter den Aktiven nicht den Verkaufswert der Betriebsobjekte, Warenbestände usw., sondern die Anschaffungs-(Herstellungs-)preise unter Absetzung der erforderlichen Abschreibungen."

Meine Herren, Sie wissen, daß Erwägungen ähnlicher Art, die auch für die Landwirtschaft zutreffen, dazu geführt haben, daß im Jahre 1909 in das Preußische Ergänzungssteuergesetz eine neue Bestimmung aufgenommen worden ist, derzufolge seit diesem Jahre für land- und forstwirtschaftlich genutzten Grund und Boden nicht mehr der gemeine Wert, sondern der Ertragswert die Grundlage der Vermögensbesteuerung bildet. Von den Kreisen des Handels und der Industrie ist diese für die Landwirtschaft geschaffene Ausnahmebestimmung als eine „Bevorzugung" der Landwirtschaft fortgesetzt aufs heftigste getadelt worden, und Herr Senatspräsident beim Oberverwaltungsgericht S t r u tz hat kürzlich in einer Veröffentlichung diese für die Landwirtschaft bestehende und mit Bezug auf den land- und forstwirtschaftlichen Grund und Boden auch für den Wehrbeitrag im Regierungsentwurf in Aussicht genommene Ausnahmebestimmung als eine „hahnebüchene Ungerechtigkeit" bezeichnet. Demgegenüber hat der bekannte Abgeordnete Freiherr v o n G a m p - M a s s a u n e n in der 137. Sitzung des Reichstages bei der ersten Lesung der Wehrbeitragsvorlage folgendes gesagt:

„Es hätte doch dem Herrn Präsidenten S t r u tz bekannt sein müssen, weshalb bei den landwirtschaftlich genutzten Gütern die Feststellung eines Verkaufs- und Verkehrswertes außerordentliche Schwierigkeiten hat, ja fast unmöglich ist. Ich weise zunächst darauf hin, daß in den meisten Gegenden Verkäufe von landwirtschaftlichen Gütern überhaupt nicht so häufig stattfinden, daß man von einem Verkehrswert sprechen und einen solchen feststellen kann. Ferner — und das ist die Hauptsache — gibt es im ganzen Deutschen Reiche nicht zwei landwirtschaftliche Grundstücke, die in ihrem inneren Werte völlig gleich sind, nicht zwei Grundstücke, von denen man sagen kann, sie sind in bezug auf Zahl und Güte des Inventars, in bezug auf die Bodenverhältnisse, die Entwässerungsverhältnisse, die Niederschlagsverhältnisse usw. völlig gleich. Der Kaufpreis eines Grundstückes, das in der letzten Zeit verkauft ist, kann also schon aus diesen Gründen für die Feststellung des Wertes eines anderen Grundstückes nicht in Frage kommen. Dazu kommt, daß bei jedem Kauf eine große Zahl von individuellen Gründen den Preis beeinflussen."

Ich kann das, was Herr Abgeordneter Freiherr von Gamp hier mit Bezug auf landwirtschaftliche Grundstücke gesagt hat, nur Wort für Wort unterschreiben, und ich stehe vielleicht auch diesen Verhältnissen nicht völlig fern, denn ich wohne auf einem mir gehörigen land- und forstwirtschaftlich bewirtschafteten Gute. Aber alles, was Herr Freiherr von Gamp hier gesagt hat, wird noch sehr viel richtiger und zutreffender, wenn Sie an Stelle des Wortes „landwirtschaftliches Grundstück" das Wort „Fabrik" setzen, und Sie können in diesem Falle sogar getrost das Wort „fast" weglassen, welches Herr Freiherr von Gamp einschränkend gebraucht hat, indem er sagte „die Feststellung eines Verkehrs- und Verkaufswertes eines Gutes sei fast unmöglich", Sie können vielmehr ohne jede Einschränkung hinzufügen: „Die Feststellung des Verkaufs- und Verkehrswertes einer Fabrik oder eines Handelsgeschäftes ist unmöglich", und wenn Herr Freiherr von Gamp gesagt hat: „In den meisten Gegenden finden Verkäufe von landwirtschaftlichen Gütern nicht so häufig statt, daß man von einem Verkehrswerte sprechen könnte, so können Sie, auf die Industrie angewandt, getrost sagen: „In keiner Gegend Deutschlands und in keinem Industriezweige finden Verkäufe von Fabriken so häufig statt, daß man von einem Verkehrs- oder Verkaufswerte derselben sprechen und einen solchen feststellen könnte." (Sehr richtig!)

Ich glaube daher, daß es für Handel und Industrie nicht der richtige Standpunkt ist, diese für die Landwirtschaft mit vollem Recht geschaffenen Ausnahmebestimmungen zu bekämpfen, sondern vielmehr, zumal nachdem durch die Kommissionsbeschlüsse erster Lesung der Ertrag auch für städtische Hausgrundstücke im allgemeinen zum Maßstabe für die Wertbestimmung gemacht worden ist, die Ausdehnung dieser Bestimmungen mutatis mutandis auf Handel und Industrie zu verlangen. Es kann nach meiner Ansicht auch für das in Handel, Gewerbe und Industrie arbeitende Kapital nur der Ertragswert, ebenso wie es für land- und forstwirtschaftlich bewirtschaftete Grundstücke vorgesehen ist, den Bewertungsmaßstab bilden, jedoch kann für Handel, Industrie und Gewerbe nur allerhöchstens der 16 ²/₃ fache (nicht 25 fache oder 20 fache) Betrag des Durchschnittsertrages der der Einschätzung vorausgegangenen drei Jahre in Betracht kommen, da das in Handel und Industrie angelegte Kapital wegen des im Vergleich mit der Landwirtschaft ungleich größeren Risikos und wegen des stets möglichen Aufhörens der weiteren Existenzfähigkeit des Unternehmens allermindestens 6 pCt. Reinertrag bringen muß, um Anspruch auf eine Bewertung al pari machen zu können.

Der dreijährige Durchschnittsertrag unterliegt in Preußen bereits der Feststellung durch die Steuerbehörde, da er die Grundlage für die preußische Staatseinkommensteuer bildet. Der Unterschied, der zwischen unseren Vorschlägen und den für den landwirtschaftlichen Besitz nach dem Vorbilde des preußischen Ergänzungssteuergesetzes in Aussicht genommenen und von der Budgetkommission in erster Lesung mit einigen die Landwirtschaft noch günstiger stellenden Abänderungen angenommenen Bestimmungen darin liegt, daß für den letzteren der normalerweise erzielbare Ertrag zugrunde gelegt werden soll, während für das Handels- und Industriekapital nach Lage der Dinge nur der im Durchschnitt tatsächlich erzielte Ertrag festgestellt und zugrunde gelegt werden könnte, weil für den erzielbaren Ertrag Feststellungsnormen nicht existieren, — dieser Unterschied würde praktisch nicht ins Gewicht fallen. Denn die Fassung, welche die für das landwirtschaftliche Vermögen in Preußen geltenden Bestimmungen erhalten haben, dürfte nur deshalb gewählt worden sein, weil einerseits der Landwirtschaft die Pflicht der Buchführung und der kaufmännischen Bilanzen nicht obliegt, der tatsächliche Ertrag also nicht allgemein mit der gleichen Genauigkeit wie bei Handel und Industrie festgestellt wird, andererseits land- und forstwirtschaftlicher Grund und Boden zu einem — wenn auch nur kleinen — Teile Luxusbesitz ist, bei dessen Bewirtschaftung andere Grundsätze als derjenige der Erzielung der höchstmöglichen Rente noch mitspielen; in industriellen und Handelsbetrieben dagegen gibt es keinen anderen leitenden Grundsatz als denjenigen der Erzielung der höchstmöglichen Rente, und zweifellos ist im allgemeinen der mit dem Geschäft verwachsene Besitzer oder gegenwärtige Leiter des Geschäftes auch der beste Leiter desselben, so daß hier der erzielte Betrag und der „erzielbare Ertrag“ im allgemeinen als identisch betrachtet werden können.

Der Unterschied, der zwischen diesen beiden Fassungen — der für die Landwirtschaft gewählten Fassung: „Der Ertrag, den das Grundstück bei ordnungsgemäßer Bewirtschaftung nachhaltig gewähren kann“ und der für Handel und Industrie allein in Betracht kommenden Fassung: „der Ertrag, den das Vermögen tatsächlich gewährt“, der Unterschied, der zwischen diesen beiden Fassungen besteht, wird noch geringer, wenn man die „Ausführungsbestimmungen für die Ermittelung der Ertragswerte der dauernd land- oder forstwirtschaftlichen Zwecken dienenden Grundstücke gemäß Artikel II des Gesetzes vom 26. Mai 1909, Verfügung des Herrn Finanzministers an die Einkommensteuer-Veranlagungsbehörden vom 15. Mai 1910, J.-Nr. II 6774" betrachtet, in welchen ausgedrückt ist, daß bei selbstbewirtschafteten Besitzungen in erster Linie der ziffernmäßig bekannte, d. h. der durch die Wirtschaftsbuchführung ermittelte Reinertrag zu gelten hat. Es heißt auf Seite 7 dieser Ministerialverfügung wörtlich: „Ist für eine dauernd land- und forstwirtschaftlich genützte Besitzung der Reinertrag im Sinne des § 11 Absatz 1 ziffernmäßig bekannt, dann gilt als Ertragswert unmittelbar das Fünfundzwanzigfache dieses Reinertrages". Nur für diejenigen Fälle, in welchen der Reinertrag nicht ziffernmäßig in einwandfreier Weise ermittelt ist, lassen die erwähnten Ausführungsbestimmungen subsidiär andere Merkmale für die Ermittelung des Reinertrages, insbesondere die Heranziehung gewisser Normalpachtpreise zu, bezüglich welcher jedoch unter Ziffer 4 der erwähnten Ministerialverfügung gesagt ist, daß dieselben den Wert des Grundstückes „nur in roher Annäherung finden lassen" und daß daher „jederzeit noch zu prüfen ist, ob und inwieweit die besonderen Umstände des einzelnen Falles eine Aenderung bedingen". Also, Sie sehen, daß ein „erzielbarer" Ertrag im Gegensatz zu dem „tatsächlich erzielten" Ertrage auch für die Landwirtschaft im allgemeinen nur in denjenigen, namentlich bei kleinen Wirtschaften allerdings die Regel bildenden und auch bei großen Wirtschaften vorkommenden Fällen in Betracht kommt, wo eine kaufmännische Buchführung, die ja für landwirtschaftliche Betriebe nicht gesetzlich vorgeschrieben ist, nicht vorliegt. Bei Handel und Industrie scheiden diese Fälle, weil jeder Kaufmann und Industrielle gesetzlich gezwungen ist, durch eine kaufmännische Buchführung irgend welcher Art den Ertrag seines Unternehmens in einwandfreier Form ziffermäßig zu ermitteln, vollständig aus, mit einziger Ausnahme der sogenannten Minderkaufleute und reinen Handwerker, deren Geschäftsvermögen jedoch für den Wehrbeitrag im allgemeinen nicht in Betracht kommen dürfte; insoweit aber, wie etwa dennoch Minderkaufleute oder reine Handwerker zum Wehrbeitrage mit ihrem Vermögen herangezogen würden, so könnte ja subsidiär gesagt werden: „Wo kaufmännische Buchführung bzw. Feststellung des Geschäftsertrages durch eine solche Buchführung nicht erfolgt, geschieht die Heranziehung des Geschäftsvermögens nach dem gemeinen Werte, sonst jedoch zum Ertragswerte." Eine Bestimmung solcher Art auf dauernd wirkende Steuergesetze zu übertragen, würde nebenbei noch eine sehr erziehliche nützliche Wirkung haben, insofern als sie wahrscheinlich dazu dienen würde, auch diejenigen kleingewerblichen Kreise, die der gesetzlichen Pflicht der Buchführung noch nicht unterliegen, zu einer solchen zu veranlassen.

Eigentlich müßte allerdings, wenn man für das gesamte Handels- und Industriekapital den Ertragswert zugrunde legen will, bezüglich des Kapitalisierungsfaktors noch ein Unterschied gemacht werden zwischen denjenigen Unternehmungen — in erster Linie kommen hier die unpersönlichen Gesellschaften in Betracht —, an deren Leitung der Besitzer nicht selbst teilnimmt, deren Einkommen also durch das Einkommen eines mehr oder weniger hoch bezahlten Direktors verringert ist, und denjenigen Unternehmungen, die vom Besitzer selbst ohne persönliches Arbeitsentgelt geleitet werden. Für die letzteren Fälle müßte eigentlich der Kapitalisierungsfaktor 15 genügen. — Der Durchführung dieser Differenzierung würden sich aber, wie ich fürchte, praktische Schwierigkeiten entgegenstellen, und da im allgemeinen die Unternehmungen der ersteren Art sich mit den großen, die der letzteren Art mit den kleineren Unternehmungen decken dürften, so dürfte ein genügender Ausgleich dafür, daß bei den vom Besitzer selbst geleiteten Unternehmungen die kapitalisierte Arbeitskraft des letzteren mitversteuert wird, durch die Staffelung der Steuer, die ja in jedem Fall in das Gesetz hineinkommen wird, gegeben sein. Auch pflegt gerade der selbst für sein Geschäft arbeitende kleinere Unternehmer wohl zufrieden zu sein, wenn er sich sein Kapital, ohne Anrechnung seiner Arbeitskraft mit 6 pCt. verzinst.

Auf eine Bestimmung entsprechend der jetzt von der Budgetkommission zugunsten der Landwirtschaft angenommenen Bestimmung, daß die eigene Arbeitskraft des selbst das Unternehmen leitenden Besitzers bei der Berechnung des Ertragswertes mit zu berücksichtigen ist, werden also Handel und Industrie verzichten können und müssen.

Es ist ja nicht zu leugnen, daß durch Zugrundelegung des Ertragswertes für Handel und Industrie nach meinen Vorschlägen der Wehrbeitrag einen Teil seines Charakters als Vermögenssteuer verlieren und, wenigstens dem Wesen nach, mehr zu einer Einkommensteuer werden würde, insofern als ein Handels- oder Industrieunternehmen, das drei Jahre lang gar nichts gebracht hat, unter Umständen gar keinen Beitrag bezahlen würde; aber ein Unternehmen solcher Art, das Jahre hindurch gar nichts bringt, ist doch eben ein notleidendes, die finanzielle Kompensation für die Schonung derartiger Unternehmungen würde durch den Mehrertrag bei den hochrentablen Unternehmungen reichlich gegeben sein, und schließlich ist doch gerade die Budgetkommission des Reichstages auch in jeder anderen Beziehung eifrig dabei am Werke, den Wehrbeitrag aus einer Vermögenssteuer in eine Kombination von Vermögens- und Einkommensteuer umzumodeln.

Meine Herren! Nun ist von mehreren bedeutenden Vertretungskörperschaften von Handel und Industrie (meines Wissens übereinstimmend vom Bunde der Industriellen, vom Ausschuß des Deutschen Handelstages und vom Hansabunde) gefordert worden, es sollen bei den Handels- und Industrievermögen grundsätzlich die Bilanzwerte bzw. Buchwerte der Veranlagung zugrunde gelegt werden. — Ich glaube aber nicht, daß diese Forderung wirklich ernstlich aufrechterhalten und verfochten werden kann, da sie doch den Behörden etwas gar zu viel blindes Vertrauen zur persönlichen Bilanzwahrheit jedes beliebigen Unternehmers bzw. Unternehmens zumutet. Wie der Geheime Regierungsrat von Wilmowski in der „Deutschen Juristenzeitung" über die Bilanzwerte und deren Verhältnis zu den gemeinen Werten, denen doch wenigstens nahezukommen, das Ziel der Steuertechnik sein muß, sich äußert, habe ich schon vorhin bei meinen Ausführungen über den gemeinen Wert zitiert. Lassen Sie mich als einen weiteren Finanzfachmann noch den Geheimen Finanzrat im Sächsischen Finanzministerium Just zitieren, der in seinem schon vorhin erwähnten Kommentar zum sächsischen Ergänzungssteuergesetze in der Anmerkung 4d zum § 16 des Gesetzes sagt: „Wie in der Denkschrift vom Jahre 1901 bemerkt wird, leidet die Zuverlässigkeit der kaufmännischen Geschäftsabschlüsse unter der weitverbreiteten Uebung, fiktive Buchwerte einzustellen und übermäßige Abschreibungen zu bewirken. Zahlreiche blühende Fabriken haben ihre Maschinen mit 0 zu Buche stehen, obwohl diese einen bedeutenden Wert repräsentieren. Derartige unzutreffende Bewertungen müssen zum Zwecke der Besteuerung richtiggestellt werden." Nun, wir praktischen Industriellen wissen, daß die Zuverlässigkeit der kaufmännischen Geschäftsabschlüsse in ganz ebensoviel Fällen durch die Uebung, zu hohe Buchwerte einzustellen und zu geringe Abschreibungen zu bewirken, leidet. In jedem Falle teilt der Buchwert mit dem Ertragswert die Eigenschaft, ein subjektiver, der Feststellung durch die Steuerbehörden sich entziehender, nur aus den buchmäßigen Geschäftsabschlüssen der Zensiten sich ergebender Maßstab zu sein. Wenn es aber möglich ist, dieses subjektive Moment in das Gesetz hineinzubringen, so erscheint es mir viel richtiger und aussichtsvoller, solche Bemühungen auf die Einführung des Ertragswertes zu richten; denn ganz so subjektiv wie der Buchwert ist der Ertragswert bei weitem nicht, und insbesondere hat der Ertragswert vor dem Buchwerte den Vorteil, daß der Ertrag resp. der Ertragswert bei den gut rentierenden Unternehmungen am höchsten ist, bei Zugrundelegung des Ertragswertes also die leistungsfähigsten Schultern am meisten zu tragen haben würden, während umgekehrt die Buchwerte bei den unrentabelsten Unternehmungen — die nicht genügend abschreiben konnten — am höchsten zu sein pflegen, so daß bei Zugrundelegung der Buchwerte die schwächsten Schultern am meisten zu tragen haben würden. — Auch lehnt sich die Forderung, den Ertragswert gelten zu lassen, unmittelbar an die für die Landwirtschaft geltenden und durch die Kommissionsbeschlüsse erster Lesung auch auf anderen Grund- und Gebäudebesitz noch ausgedehnten Bestimmungen an, wogegen die Forderung, die Buchwerte zugrunde zu legen, sich absolut nicht verallgemeinern lassen würde, da für Landwirte, reine Handwerker, Hausbesitzer, sowie auch für Minderkaufleute die Verpflichtung zu kaufmännischer Buchführung mit bestimmten Buchwerten für Anlage- und Betriebskapital nicht besteht, während den Ertrag ihres Unternehmens in irgendeiner Form festzustellen, auch diese Unternehmer, in Preußen wenigstens schon der Einkommensteuer halber, gewöhnt sind.

Meine Herren! Wenn ich mich jetzt den Arbeiten der Budgetkommission des Reichstags zuwende, so lassen Sie mich zunächst einen dort gestellten Antrag des Zentrums erwähnen, der den von mir bisher eingehend behandelten Gesichtspunkten, sowohl was die Besteuerung der Aktiengesellschaften als auch was den Abschätzungsmaßstab des Handels- und Industrievermögens betrifft, in gewissem Umfange Rechnung trug und der den § 12 der Wehrvorlage folgendermaßen gestalten wollte:

„Abgabepflichtig sind: 1. Aktiengesellschaften, Kommanditgesellschaften auf Aktien, Kolonialgesellschaften, Gesellschaften mit beschränkter Haftung und Gewerkschaften, wenn sie ihren Sitz im Inland haben. Bei Berechnung des beitragspflichtigen Vermögens wird der Ertragswert zugrunde gelegt. Als Ertragswert gilt das 16²/₃fache der in den vorausgegangenen letzten drei Jahren jährlich im Durchschnitt auf das Gesellschaftskapital verteilten Gewinne. Bei Gesellschaften oder Gewerkschaften, die erst während des für die Berechnung des Ertragswertes maßgebenden Zeitraumes errichtet worden sind, wird die Dividende oder Ausbeute zugrunde gelegt, welche in der Zeit ihres Bestehens im Durchschnitt jährlich verteilt worden ist. Hat eine dieser Gesellschaften im Durchschnitt der letzten drei Jahre weniger als vier vom Hundert als Gewinn auf das Geschäftskapital verteilt, so gilt, wenn ihre Aktien, Anteile oder Kuxe einen Börsenkurs haben, der nach dem Durchschnittskurs des Jahres 1912 zu ermittelnde Gesamtbetrag aller Aktien, Anteile oder Kuxe als beitragspflichtiges Vermögen, wenn solche dagegen keinen Börsenkurs haben, der durchschnittliche Verkehrswert aller Aktien, Anteile oder Kuxe.

2. Gesellschaften oder Gewerkschaften, wenn sie im Inland keinen Sitz haben, mit ihrem inländischen Grund-, Betriebs- und Kapitalvermögen. — Der Wehrbeitrag kann aus dem gesetzlichen Reserve-

fonds entnommen werden. Unberührt bleiben die gesetzlichen Vorschriften über die Auffüllung der Reservefonds."

Die Aktien und Anteile in den Händen der Besitzer sollten dann völlig abgabenfrei werden, es sollte für alle diese Gesellschaften ausschließlich die objektive Steuerpflicht eingeführt werden mit völliger Beseitigung der subjektiven Steuerpflicht, und es sollte außerdem die von mir geforderte Zugrundelegung des Ertragswertes auf Grund des 16⅔ fachen Ertrages wenigstens in der Beschränkung auf die unpersönlichen Gesellschaften — allerdings auch für diese nur insoweit, als sie mehr als 4 pCt. Dividende gegeben haben — zur Einführung kommen. Gegen den Antrag wurden bei der Beratung der Kommission so viele Bedenken laut, daß er — wie ich glaube, mit knapper Majorität — abgelehnt wurde. Die geäußerten Bedenken waren nach meiner Meinung nur teilweise und nur gegenüber abänderungsfähigen Einzelheiten des Entwurfes, nicht jedoch gegenüber dem Grundgedanken desselben gerechtfertigt, der mir insbesondere dadurch, daß er wenigstens die Doppelbesteuerung der Aktiengesellschaften vermeidet und alle unpersönlichen handelsrechtlichen und bergrechtlichen Gesellschaften gleich behandelt, durchaus sympathisch ist und der sich nach meiner Ansicht beim Wehrbeitrage ebenso würde durchführen lassen, wie er für die Besteuerung der Gesellschaften mit beschränkter Haftung bei der preußischen Einkommensteuer seit dem Jahre 1907 eingeführt worden ist. Er hat auch den Vorteil, daß er eine Besteuerung der ausländischen Aktionäre und Anteilsbesitzer, die eigentlich kaum gerechtfertigt ist, die doch aber von der Regierung in der Begründung des Gesetzentwurfes gewünscht wird, in sich schließt, und daß er die stillen Reserven ebenso wie die offenen berücksichtigt. Eingewandt wurde von einem Regierungsvertreter: „Der Maßstab der dreijährigen Dividende sei nicht zulässig, da neben dem Dividendengewinn auch weitere Gewinne vorhanden sein könnten." Das ist in gewissem Umfange richtig, es hätte sich aber sehr leicht die Abänderung treffen lassen, daß an die Stelle des Kapitalwertes der Dividenden der Kapitalswert des Reinertrages, also einschließlich der Reservestellungen, die ja z. B. bei der Heranziehung der Gesellschaften mit beschränkter Haftung zur preußischen Einkommensteuer ebenfalls mit herangezogen werden, gesetzt worden wäre. Sodann sagte der Herr Regierungsvertreter: „Der Antrag des Zentrums vermeide nicht vollständig die Doppelbesteuerung, wenn die Gesellschaften Anteile anderer Gesellschaften besitzen." Nun, selbstverständlich müßte, wenn der Antrag Gesetz geworden wäre, die Steuerbefreiung der Aktien- bzw. Anteils*besitzer* auch auf *Gesellschaften*, die Aktien bzw. Anteile anderer Gesellschaften besitzen, ausgedehnt werden, so daß auch hier die Doppelbesteuerung vermieden worden wäre, und wenn die Fassung des Antrags hierüber Zweifel ließ, so hätte eben das Gesetz sich hierüber mit voller Klarheit ausdrücken müssen. — Es wurde ferner eingewandt, die Kuxe der Gewerkschaften hätten oft überhaupt keinen bestimmten Kapitalswert, sie repräsentierten oft nur einen bestimmten Anteil an der Ausbeute. Das ist richtig, aber gerade darum läßt sich eben der aktuelle Ertragswert solcher Kuxe sehr leicht berechnen, viel leichter als der gemeine Wert, durch einfache Multiplikation der Ausbeute mit $16^2/_3$. Es wurde ferner eingewandt, man solle lieber den Kurswert zugrunde legen als den Ertragswert. Ja, meine Herren, wo ein Kurswert vorhanden ist, d. h. bei den an einer Börse amtlich notierten Aktien, da brauchen wir allerdings den Ertragswert nicht, das ist auch meine Meinung; denn wo ein so präziser Wertmesser vorhanden ist, wie die amtliche Börsennotiz, da erscheint es auch mir das richtigste, sich streng an diesen Wertmesser zu halten, und ich würde den Zentrumsantrag dahin abgeändert haben, daß der Wert der Aktien mit amtlicher Börsennotiz zum Börsenkurse zu berechnen ist. Alle meine Ausführungen betreffend Ertragswert erstrecken sich nur darauf, den „gemeinen Wert" da, wo die Regierungsvorlage diesen heranzieht, durch den Ertragswert zu ersetzen; für Aktien mit amtlicher Börsennotiz dagegen mag es ruhig, wie in der Regierungsvorlage vorgesehen war und auch die Kommission in erster Lesung schließlich beschlossen hat, beim Kurswerte bleiben.

Völlig unhaltbar war nach meiner Ansicht die Bestimmung des Zentrumsantrages, daß nur bei einer verteilten Durchschnittsdividende von 4 pCt. der Verkehrswert bzw. gemeine Wert zugrunde gelegt werden sollte. Denn erstens ist 4 pCt. ein ganz relativer Begriff, der Dividendenprozentsatz ist nur eine relative Quote des Grundkapitals, das hoch oder niedrig bewertet sein kann, zweitens aber würden nach dieser Bestimmung die ertraglosesten, also zahlungsunfähigsten Unternehmungen am allerschärfsten behandelt worden sein. Ein Unternehmen, das 4 pCt. im Durchschnitt gebracht hat, hätte sein Grundkapital nur mit $4 \times 16^2/_3 = 66^2/_3$ pCt. seines Nennwertes zu versteuern brauchen, ein Unternehmen dagegen, das nur $3^3/_4$ pCt. oder noch weniger oder gar nichts gebracht hat, wäre dagegen zum gemeinen Wert, also nach der Praxis der Steuerbehörden ohne Rücksicht auf den geringen Ertrag unter Umständen zum vollen Nennwerte oder noch weit über diesen hinaus zu besteuern gewesen. — Auf private offene Handelsgesellschaften oder Einzelunternehmungen würde diese Grenze für die Anwendung zweier ganz verschiedener Besteuerungsmaßstäbe, die der Zentrumsantrag ja allerdings nur bei unpersönlichen Gesellschaften anwenden wollte, überhaupt nicht anwendbar sein, da hier eine prozentuale Ermittelung des Ertrages meist überhaupt nicht stattfindet und meist auch gar nicht ohne weiteres berechnet werden kann, sondern nur eine absolute ziffernmäßige Ertragsfeststellung erfolgt. Also bezüglich des Bewertungsmaßstabes dürfte es das richtigste bleiben:

Für börsenmäßig notierte Aktien Kurswert, für alle übrigen Aktien und Anteile sowie für alles private Handels- und Industriekapital durchweg Ertragswert; oder aber, falls letzteres durchaus nicht gewünscht wird, und die Eventualität, daß einmal irgendein notleidendes gewinnloses Unternehmen ganz beitragsfrei ausgeht, unter allen Umständen vermieden werden soll, empfehle ich, einen Antrag, den die Fortschrittliche Volkspartei in der Budgetkommission bezüglich der Aktien und Anteile von Gesellschaften gestellt hatte und der in dieser Beschränkung also nur für Aktien und Anteile von unpersönlichen Gesellschaften von der Budgetkommission in erster Lesung angenommen worden ist, zu verallgemeinern und für die Vermögens-Abschätzung alles Handels- und Industrie-Kapitals in Anlehnung an diesen Antrag folgende Bestimmung zu treffen:

„Aktien mit Börsenkurs werden zum Börsenkurse herangezogen. Aktien und Anteile von Gesellschaften ohne Börsenkurse und Kuxe von Gewerkschaften sowie alles sonstige Handels- und Industrie-Kapital werden zum allgemeinen Werte (Verkaufswerte) herangezogen. Sofern ein solcher nicht zu ermitteln ist, gilt als Wert das 16 ²/₃ fache des Durchschnittes des Ertrages der letzten drei Jahre, bei kürzerem Bestehen des Unternehmens das 16 ²/₃ fache des Durchschnittes des Ertrages während der Jahre des Bestehens. Ist ein Ertrag nicht vorhanden gewesen oder die Ausschüttung desselben durch den Gesellschaftsvertrag in ihrer Höhe beschränkt, so kann die Steuerbehörde den Wert durch die zuständige Handelsvertretung abschätzen lassen."

Nach diesem Vorschlage würde also wenigstens subsidiär der Ertragswert an die Seite des gemeinen Wertes treten und in gewissem Umfange eine Berücksichtigung geringer Erträge gegenüber phantastischen Wertschätzungen seitens der Behörde gesichert sein. — Es muß aber weiterhin unbedingt noch folgendes im Gesetzentwurf abgeändert werden:

1. Der § 19 des Gesetzentwurfes muß unbedingt dahin abgeändert werden, daß als Wert der Aktien oder Gesellschaftsanteile ohne Börsenkurs nicht, wie es in der Regierungsvorlage heißt, „derjenige Teil des Gesellschaftsvermögens, welcher dem Bruchteil entspricht, den die Aktie oder der Gesellschaftsanteil vom Gesamtaktien- oder Stamm-

kapital bildet", sondern vielmehr der Wert der Aktien bzw. Anteile als solcher gilt. Denn ein Vermögensanspruch besteht für den Besitzer einer Aktie oder eines Anteils einer unpersönlichen Gesellschaft nur an der Aktie bzw. dem Anteil als solchem, während die einzelnen Vermögensobjekte der Gesellschaft seiner Verfügung vollständig entzogen sind. Der Wert der Aktie oder des Anteils geht aber durchaus nicht immer mit dem Werte des Geschäftsvermögens konform, da er durch ganz andere Faktoren beeinflußt wird als der Wert dieses, auch kommt der völlig verschiedene Wert, der den verschiedenen Klassen von Aktien zukommt, je nachdem ob es sich um Vorzugsaktien, Stammaktien usw. handelt, sowie die auch bei Gesellschaften mit beschränkter Haftung gesetzlich zulässige und häufig vorkommende differenzielle Behandlung der einzelnen Anteile hinsichtlich ihrer Teilnahme am Gewinn, aus welcher bei gleichem Nennwert ein ganz verschiedener tatsächlicher Wert der einzelnen Anteile resultiert, bei dieser Art der Wertbestimmung überhaupt nicht zum Ausdruck.

Ich bemerke übrigens, daß der § 19 durch die Kommissionsbeschlüsse erster Lesung infolge der Annahme eines diesen Gesichtspunkten Rechnung tragenden Antrages im Sinne dieser Wünsche umgestaltet worden ist, so daß bezüglich dieses Paragraphen nur zu wünschen ist, daß das Gesetz in der Fassung dieser Kommissionsbeschlüsse und nicht in der Fassung der Regierungsvorlage verabschiedet wird.

2. Der § 16 des Gesetzentwurfes muß dahin abgeändert bzw. ergänzt werden, daß für Handel- und Industrievermögen nicht der Wert der einzelnen Bestandteile, sondern nur der Wert des Gesamtvermögens bzw. der Wert des Gesamtunternehmens zugrunde zu legen ist. Denn ein hoher Wert eines Einzelobjektes kommt für den Kaufmann oder Industriellen gar nicht in Betracht, er kann das betreffende Einzelobjekt nicht realisieren, so lange er sein Geschäft betreibt, eine Liquidation dieses letzteren aber ist keine Steuerbehörde ihm zuzumuten berechtigt. Ein hochwertiges Baugrundstück in einer Stadt kann als solches nicht verwertet werden, so lange ein Fabrikbetrieb darin ist, der nicht wegverlegt werden kann; für eine Wasserkraft, für welche vielleicht eine moderne Elektrizitätszentrale die höchsten Preise bezahlen würde, können die hieraus sich ergebenden Verkaufspreise nicht in Betracht kommen, so lange diese Wasserkraft die Betriebskraft einer unlukrativen alten Weberei darstellt.

Endlich mache ich darauf aufmerksam, daß, im Falle wirklich der gemeine Wert als Steuermaßstab bestehen bleiben sollte, für offene Handelsgesellschaften wenigstens das relative Verhältnis, in welchem der steuerpflichtige gemeine Wert des Unternehmens auf die einzelnen Sozien sich verteilt, auf Grund des Verhältnisses des Reingewinns, der jedem der Sozien im Durchschnitt der letzten drei Jahre zugeflossen ist, festgesetzt werden muß, denn das Verhältnis, in welchem die buchmäßigen Geschäftseinlagen der einzelnen Sozien zu einander stehen, ist kein gerechter Maßstab für deren Leistungsfähigkeit. Ich kenne offene Handelsgesellschaften, bei welchen die buchmäßigen Einlagen der einzelnen Sozien nur mit 3 pCt. — die Regel dürfte 4 pCt. sein — verzinst werden, während der ganze übrige Gewinn vertragsmäßig nach Köpfen zu gleichen Anteilen verteilt wird. Die persönliche Arbeitsleistung wird eben bei privaten Sozietäten höher, die rein kapitalistische Beteiligung niedriger bewertet als bei den unpersönlichen Gesellschaften. — Am treffendsten würden natürlich auch diese Verhältnisse erfaßt werden, wenn nicht nur für die Repartition der Gesamtsteuern, sondern auch für die Gesamtsteuer selbst die kapitalisierten Erträge, die jeder Sozius aus der Sozietät gehabt hat, d. h. also die Ertragswerte, herangezogen würden.

Ich kehre jetzt zu dem Zentrumsantrage, von dem ich ausgegangen bin, zurück und bemerke, daß die in dem Antrage vorgesehene Bestimmung, der zufolge die Gesellschaften die von ihnen zu bezahlende Steuer aus dem gesetzlich sonst nur zur Deckung von Unterbilanzen angreifbaren Reservefonds sollten entnehmen dürfen, durchaus zweckmäßig und eine für die Gesellschaften sehr wertvolle Erleichterung für die Aufbringung des Beitrages sein dürfte, deren für die Gesellschaftsgläubiger ungünstige Wirkungen man in den Kauf nehmen muß, wenn man überhaupt den Gesellschaften oder auch den Privaten Kapitalien solchen Umfanges durch eine einmalige Abgabe entziehen will. Ich trete daher dafür ein, daß diese Bestimmung auch dann in das Gesetz aufgenommen wird, wenn die Gesellschaften bzw. Aktiengesellschaften, wie es nach den Beschlüssen der ersten Lesung der Budgetkommission der Fall sein würde, nicht die ganze Steuer, sondern nur die Sondersteuer für die Reservefonds zu bezahlen haben. — Zu bemerken ist aber, daß durchaus nicht jede Aktiengesellschaft schon den gesetzlichen Reservefonds besitzt, daß ein solcher für Gesellschaften mit beschränkter Haftung nicht obligatorisch ist, und daß kleinere Einzelkaufleute erst recht keine Reservefonds haben, und deshalb ist es — ganz gleichgültig, wer die Steuer tragen mag — erstens nochmals wünschenswert, daß die Ertragswerte zugrunde gelegt werden, denn dann kann eben die Steuer wie eine Einkommensteuer aus dem Ertrage bezahlt werden, und ertraglose Unternehmungen haben sie überhaupt nicht zu bezahlen, zweitens aber ist es in jedem Falle unbedingt notwendig, daß die

Zahlungsfristen auf drei Jahre, nicht der Regierungsvorlage entsprechend auf nur zwei Jahre, verteilt werden und hierdurch die Flüssigmachung des Geldes den Geschäftsleuten oder Gesellschaften wenigstens einigermaßen erleichtert werde. — Das Reich wird, wenn es wirklich die gesamten Beträge früher brauchen sollte, mit Leichtigkeit provisorisch kurzfristige Schatzscheine ausgeben können.

Ich bemerke, daß diese Forderung glücklicherweise von der Budgetkommission am Schlusse der ersten Lesung noch angenommen worden ist.

Ich will mich nun noch weiter an den erwähnten Zentrumsantrag halten und bemerken, daß in der Budgetkommission manche Abgeordnete, die an und für sich Freunde der Besteuerung der Gesellschaften als solcher und der Steuerbefreiung für die Aktien- und Anteilbesitzer waren, schließlich nur aus dem Grunde gegen den Antrag gestimmt haben, weil inzwischen die so außerordentlich hohe Staffelung des Wehrbeitrages zur Tatsache geworden war und hierdurch für manche Fälle eine Zerlegung der Steuer in eine volle subjektive und außerdem partiell objektive Steuer trotz der hierin liegenden Doppelsteuer schonender erschien als die bei den Gesellschaften selbst konzentrierte und hierdurch sehr hoch gestaffelte einheitliche Steuer. — Es ist in der Budgetkommission gesagt worden, die Besteuerung der Aktiengesellschaft selbst sei eine Ungerechtigkeit gegen die kleinen Aktionäre, die vielleicht mit ihrem Vermögen weit unter der steuerfreien Grenze wären oder wenigstens nur mit einem geringen Steuersatze herangezogen würden. Nach dem Zentrumsantrag müßte z. B. ein Aktionär der Deutschen Bank unter Umständen das Neunfache dessen zahlen, was er eigentlich nach der Größe seines Vermögens zu zahlen hätte. Hierüber ist folgendes zu sagen: Den Fällen, wo ein kleiner Mann Aktionär einer großen Gesellschaft ist, stehen andererseits auch Fälle gegenüber, wo ein sehr reicher Mann Aktionär einer kleinen Gesellschaft ist, und in diesem Falle wirkt die Staffelung wieder in umgekehrter Richtung. Sodann aber haben wir längst andere Steuergesetze, wo die Verhältnisse in dieser Beziehung ganz ähnlich liegen wie beim Wehrbeitrage, ohne daß man deshalb jemals die betreffenden Steuergesetze beanstandet hätte. In erster Linie kommt hier die Besteuerung der Gesellschaften mit beschränkter Haftung bei der Preußischen Einkommensteuer in Betracht, wo ebenfalls die ganze Steuer den Gesellschaften auferlegt ist, während die Gesellschafter steuerfrei sind. Man hat hier nicht nur den an und für sich progressiven preußischen Einkommensteuertarif auf die Gesellschaften mit beschränkter Haftung angewandt, sondern sogar einen noch höheren Spezialtarif für die Gesellschaften mit beschränkter Haftung erfunden. Da aber diese Staffelung des preußischen Einkommensteuertarifs sich immerhin noch in maßvollen Grenzen bewegt, so hat dieser Modus der Besteuerung der Gesellschaften mit beschränkter Haftung in Preußen auch den kleinen Anteilbesitzern kaum Anlaß zu Beschwerden gegeben. Der Gedanke, daß die großen modernen Wirtschaftsgebilde, die durch Assoziation kleiner Kapitalien entstehen, nicht als die Summe ihrer einzelnen Glieder, sondern als ein Ganzes zu betrachten und zu erfassen sind, der Gedanke, daß die Leistungsfähigkeit dieser Gebilde nicht auf der Grundlage einer arithmetischen, sondern auf derjenigen einer geometrischen Progression wächst, dieser Gedanke beherrscht zu weite Kreise und hat vielleicht auch zu viel Berechtigtes in sich, als daß man ihm hier beim Wehrbeitrage innerhalb maßvoller und verständiger Grenzen jede Berechtigung versagen könnte. Ich möchte auch bestimmt glauben, daß gerade seitens der sogenannten „kleinen" Aktionäre, deren Interessen bei der Behandlung der Angelegenheit in der Kommission in den Vordergrund gestellt worden sind, auch eine maßvoll gestaffelte Steuer gern in den Kauf genommen werden würde, wenn dieselbe ganz von der Gesellschaft bezahlt wird und der kleine Aktionär selbst ganz steuerfrei wird. Er braucht sich dann wegen der Flüssigmachung der Steuer, die für die kleinen Aktionäre und insbesondere für die Besitzer schwer verkäuflicher oder unverkäuflicher Aktien und Anteile oft schwer genug sein wird, gar nicht zu bekümmern, die Aufbringung der Steuer liegt dann allein den Gesellschaften ob, und diesen wird die Aufbringung immerhin noch leichter fallen als gewissen kleinen Aktionären. Der Aktionär selbst würde von der Steuer oftmals überhaupt nichts merken, höchstens wird er sie durch eine kleine Verringerung der nächsten Dividenden allmählich ein klein wenig zu spüren bekommen, die Steuer würde auf ihn nicht mehr wie eine direkte, sondern wie eine indirekte Steuer wirken, und indirekte Steuern sind für den kleinen Mann viel leichter erträglich als direkte. — Ich möchte daher auch eine Staffelung innerhalb gewisser Grenzen, obgleich die Regierungsvorlage eine solche aus den in der Gesetzesbegründung angegebenen guten Gründen nicht enthielt, nicht zum Anlaß nehmen, um mich gegen den Zentrumsantrag betreffend die Besteuerung der Gesellschaften zu wenden. Wohl aber muß ich mich nicht nur gegen des Verhältnisses der Gesellschafter zu den Gesellschaften, sondern auch aus Gründen allgemeiner Art und auch aus Gründen, die in den wirtschaftlichen Verhältnissen der Industrie liegen — dieser Umstand berechtigt mich, zu dieser nicht nur die Industrie und den Handel berührenden allgemeinen Frage hier Stellung zu nehmen —, gegen eine Staffelung in demjenigen exorbitanten Umfange wenden, wie sie von der Budgetkommission in der ersten Lesung in das Gesetz hineingebracht worden ist, gegen eine Staffelung bis zum zehnfachen, von 0,15 pCt. bis zu 1,5 pCt. — denn selbst die obere Maximalgrenze von 1¼ pCt. ist ja gestrichen worden.

Meine Herren! Wenn ich eine Steuerstaffelung von solcher Schärfe zunächst einmal nur vom Standpunkte der Großindustrie betrachte, so heißt es doch „die goldene Henne, welche die ganz besonders auch für unsere Wehrkraft nötigen Eier legt, schlachten", wenn man die großen Betriebe den kleinen Betrieben gegenüber nicht nur durchstaffelt, um mich dieses neuesten parlamentarisch-politischen terminus technicus zu bedienen, sondern wenn man sie so durch und durch staffelt und zerstaffelt, wie dieser jetzt in der ersten Kommissionslesung angenommene Vermögensabgabentarif es tut. Denn auch die Leistungsfähigkeit der Großindustriellen hat ihre Grenze, und ihre Ueberlegenheit gegenüber den Klein- und Mittelbetrieben ist namentlich innerhalb der von unserer neuzeitlichen wirtschaftlichen Entwickelung weniger begünstigten Fertigindustrien durchaus keine allzu große, und durch die Entwickelung der elektrischen Kraftzentralen, die jetzt billige Betriebskraft bis in das kleinste Haus hineintragen, wird die Ueberlegenheit der Großbetriebe in Industrien dieser Art, z. B. in Webereien, gegenüber den kleinen Betrieben eine immer geringere. Aber auch auf allen anderen Gebieten kann eine derartige unerhört hohe Staffelung zu ganz bedenklichen Konsequenzen führen. Lassen Sie mich nur noch hervorheben, daß eine derartige Uebertreibung des Staffelungsprinzips gerade bei einer Vermögenssteuer, und zwar bei einer auf der Grundlage der „gemeinen Werte" aufgebauten, also reinen Vermögenssteuer, mir noch viel bedenklicher erscheint, als es bei einer Einkommensteuer oder sonstigen Ertragssteuer der Fall sein würde. Denn der Ertrag, das erst im Entstehen begriffene Vermögen, ist noch nicht fest angelegt; ihm kann der reiche Zensit, den die hohe Staffelung trifft, meist noch viel entziehen, ohne daß dies zu bedenklichen Konsequenzen, abgesehen von der volkswirtschaftlich übrigens auch nicht ganz gleichgültigen Schwächung der Kaufkraft der oberen Zehntausend, führen würde. Bei einer reinen Vermögenssteuer aber, die insbesondere bei Zugrundelegung der gemeinen Werte auch die großen ertragsschwachen oder ertragslosen Vermögen trifft, handelt es sich um die Notwendigkeit der Flüssigmachung von Teilen fest und großenteils unveräußerlich angelegter Vermögen, eine Notwendigkeit, welche tief eingreifende wirtschaftliche Konsequenzen im Gefolge haben kann. Der Centralverband muß daher meines Erachtens auf das dringendste dahin vorstellig werden, daß diese exorbitante Staffelung von 0,15 bis 1,5 aus dem Gesetz wieder herausgebracht wird, daß die Staffelung selbst für die allergrößten Vermögen keinesfalls über 1 pCt. hinausgehen darf, event. unter gleichzeitiger Erhöhung der untersten Staffelstufen bis etwa auf 0,25 bis 0,3 pCt., wodurch sehr reichlich der finanzielle Ausgleich für den Wegfall der über 1 pCt. hinausgehenden Staffelung geboten werden würde, und daß der Herr Staatssekretär des Reichsschatzamtes, der in der Kommission erklärt hat, die Regierung werde sich nur allerhöchstens mit einer Staffelung von 1 bis $1^1/_4$ pCt. abfinden, dem jetzt in erster Lesung geschaffenen Staffeltarife für die Vermögen seine Zustimmung versagen möchte.

Meine Herren! Lassen Sie mich nun zu der neuesten, ebenfalls in erster Lesung angenommenen Schöpfung der Budgetkommission, dem sogenannten „Kompromiß" betreffend die Kapitalisierung der unfundierten Einkommen und deren gemeinsame Besteuerung mit den fundierten — ein fait accompli, daß die endgültige befriedigende Lösung einiger der von mir erörterten Fragen ganz besonders verwickelt macht —, übergehen.

Es ist nicht zu leugnen, daß dieses Kompromiß dem von mir empfohlenen Gedanken, das Handels- und Industriekapital nach dem Ertragswerte zu besteuern, allerdings nur bis zu einem gewissen Grade und auf recht verschlungenen Pfaden, Rechnung trägt. Denn der Abzug von 5 pCt. des Vermögens, der bei der Berechnung des Einkommens gemacht werden kann, soll den Sinn haben, und hat in der Tat bis zu einem gewissen Grade die Wirkung, daß jedes Vermögen etwa auf der Basis eines 5proz. Ertrages zur Besteuerung herangezogen wird. Derjenige nämlich, dessen steuerpflichtiges Vermögen zu seinem tatsächlichen Ertrage in einem höheren Verhältnis steht als 100 zu 5, kann sich mehr als den tatsächlichen Ertrag bei der Einkommensteuer abziehen, während umgekehrt derjenige, dessen steuerpflichtiges Vermögen zu seinem tätsächlichen Ertrage in einem niedrigeren Verhältnis steht, als 100 zu 5, als Strafe für sein im Verhältnis zum Ertrage zu niedrig bewertetes Vermögen sich einen Teil seines tatsächlichen Vermögensertrages bei der Einkommenbesteuerung zu der Steuer für sein kapitalisiertes unfundiertes Einkommen zuschlagen lassen muß. Da aber die Zurückkapitalisierung des Abzugs von 5 pCt. des Vermögens nicht mit dem einem 5proz. Ertrage entsprechenden Kapitalisierungsfaktor 20, sondern nur mit den niedrigen Kapitalisierungsfaktoren 6 bis 12, je nach der Höhe des gesamten Einkommens, erfolgt, so ist der hierdurch geschaffene Ausgleich für die Vermögenssteuer nur ein teilweiser, die Reduktion der Vermögen auf einen 5proz. Ertrag nur eine approximative. Immerhin ist zuzugeben, daß die Frage, ob die Vermögenssteuer vom gemeinen Werte oder vom Ertragswerte erhoben wird, durch diesen verschlungenen Pfad, durch diese Verflechtung der Vermögensbesteuerung mit der Besteuerung des Gesamteinkommens unter Abzug von 5 pCt. des Vermögens bei der Einkommenbesteuerung, doch ein recht unebener und holpriger Pfad ist. Denn abgesehen von seiner nur approximativen Wirkung setzt er bei allen Arten von Vermögen den gleichen Kapitalisierungsfaktor 20, das gleiche Verhältnis zwischen Vermögenswert und Ertrag, voraus, und dies entspricht nicht der tatsächlichen Lage der Dinge. Vielmehr kann man im allgemeinen sagen, daß unter den gegenwärtigen Verhältnissen der Wert des Handels- und Industriekapitals das 16²/₃fache, der Wert des landwirtschaftschaftlichen Kapitals das 25fache — obgleich die Budgetkommission jetzt hierfür bei den Sonderbestimmungen für Landwirtschaft auf das 20fache übergegangen ist —, der Wert eines sicheren festverzinslichen Effekten-Vermögens das 20fache bis 25fache des Ertrages darstellt. Diese Verschiedenheiten kommen bei dem generellen Abzuge von 5 pCt. gar nicht zum Ausdruck, und außerdem hat der Antrag noch den sehr großen Haken, daß der Abzug von 5 pCt. des Vermögenswertes nur demjenigen Besitzer oder Mitbesitzer eines ertragslosen oder ertragsschwachen geschäftlichen Unternehmens zusteht, der außerdem ein unfundiertes Einkommen hat, auf welches er sich das fingierte 5 proz. Einkommen seines fundierten Vermögens abziehen kann. Wer jedoch nur ertragloses Geschäftsvermögen und außerdem kein oder nur sehr wenig unfundiertes Einkommen hat, der hat keine Gelegenheit, sich den fingierten 5 prozentigen Ertrag seines Geschäftsvermögens oder seiner dividendenlosen Aktien irgendwo in Abzug zu bringen; denn nach dem Wortlaute der Kompromiß-Beschlüsse verringert sich um diesen Betrag nur das steuerpflichtige kapitalisierte Einkommen, vorausgesetzt, daß ein solches in ausreichendem Umfange vorhanden ist, während es von der Vermögenssteuer, welche der Besitzer eines ertraglosen Vermögens auch bei völlig fehlendem Einkommen zu bezahlen hat, nicht in Abzug gebracht werden darf, vielmehr die Vermögenssteuer in jedem Falle voll bezahlt werden muß. Es ist das eine krasse Ungerechtigkeit und eine enorme Härte gegenüber denjenigen verschämten Armen, die zwar ein Vermögen, aber kein Einkommen haben, und deren Zahl bei Zugrundelegung der gemeinen Werte für die Vermögensbesteuerung keine geringe sein wird, denn hierunter fällt ja die große Kategorie der erfolglosen Geschäftsleute, die außer ihrem Geschäft nichts besitzen.

in ihrem Geschäft ohne Nutzen oder mit Verlust arbeiten, infolge der Einschätzung zum „gemeinen Wert" aber trotzdem zur Vermögensabgabe herangezogen werden.

Ich möchte deshalb den Vorschlag machen, daß der Abzug für die Zurückrechnung des fundierten Einkommens aus Handels- und Industrie-Kapital nicht 5 pCt., sondern 6 pCt. des effektiven Vermögens beträgt, und daß außerdem dieser Abzug nicht allein von der Steuer für das kapitalisierte Einkommen, sondern in Ermangelung eines genügenden Einkommens auch von der Steuer auf das ertraglose oder ertragsschwache Vermögen selbst, bzw. also von der gesamten Steuer — unter Zurückkapitalisierung etwa mit dem Kapitalisierungsfaktor 10 — gemacht werden kann.

Es würden also nach diesem Vorschlage zum Beispiele in dem Falle, wo ein ertragloses oder nur minimalen Ertrag bringendes, aber auf Grund seines „gemeinen Wertes" mit 100 000 M. abgeschätztes Fabriketablissement vorhanden ist, 6 pCt. hiervon, kapitalisiert mit 10, also 60 000 M. von dem steuerpflichtigen gemeinen Werte abgehen, der steuerpflichtige Wert des Fabriketablissements also nur 40 000 M. betragen, und die Steuer auf das kapitalisierte Einkommen würde dann natürlich, wenn ein solches Einkommen vorhanden ist, völlig unverkürzt zu bezahlen sein, bei fehlendem Einkommen aber nicht zu bezahlen sein.

Um nun noch einige wenige andere Punkte zu behandeln, so ist für Handel und Industrie noch der Termin von Interesse, auf welchen der zu deklarierende Vermögenswert sich beziehen soll; in dieser Hinsicht kann ich mich mit den von der Budgetkommission gefaßten Beschlüssen — Stand vom 31. Dezember 1913, subsidiär bei Betrieben mit Jahresbilanzen der Stand am Schlusse des letzten Rechnungsjahres — einverstanden erklären.

Endlich glaube ich, daß die Last des Wehrbeitrages für Handel und Industrie eine solche ist, daß auch sie sich der in der Budgetkommission aufgestellten, aber nicht durchgegangenen Forderung anschließen muß, daß der Wehrbeitrag nur in derjenigen Höhe erhoben wird, in welcher er zur Deckung der einmaligen Ausgaben für die jetzige Wehrvorlage gebraucht wird, nicht aber ein etwaiger Ueberschuß über diesen Bedarf hinaus noch mit erhoben und dann für allgemeine budgetäre oder sozialpolitische oder sonstige Zwecke oder, wie die Budgetkommission in erster Lesung beschlossen hat, zur Schuldentilgung verwandt wird. — Die Deckung umfangreicher staatlicher Bedürfnisse durch eine derartige präzipuale Belastung der größeren Vermögen, wie die Wehrvorlage sie insbesondere nach der von der Kommission hineingebrachten Staffelung bringt, ist immerhin etwas so Ungewöhnliches, daß eine solche Finanzpolitik nach meiner Ansicht nur für die vorliegenden exzeptionellen Umstände gebilligt werden kann, die Anwendung derselben auf andere Zwecke aber prinzipiell zurückgewiesen werden muß.

Ich will nun die Anträge, die ich zu stellen beabsichtigte, und die ich eingehend begründet habe, noch einmal kurz zusammenfassen. Es sind die folgenden:

1. Beseitigung der Doppelbesteuerung, die in der Heranziehung der Aktiengesellschaften und Kommanditgesellschaften auf Aktien neben dem Besitzer der Aktien und Anteile liegt.

2. Besteuerung aller Aktien mit amtlicher Kursnotiz auf Grund der Kursnotiz, Besteuerung alles sonstigen (gesellschaftlichen und privaten) Handels- und Industriekapitals in erster Linie zum Ertragswerte auf Basis des 16 $^2/_3$ fachen Durchschnittsertrages der letzten drei Jahre, wobei als Ertrag von Aktien und Anteilen bei Besteuerung in den Händen der Aktien- bzw. Anteilsbesitzer nur die Dividende, in den Händen der Gesellschaften dagegen der gesamte Reinertrag in Betracht kommen würde, in zweiter Linie (Eventualantrag) subsidiäre Heranziehung des Ertragswertes neben dem gemeinen Werte nach Maßgabe folgender Bestimmung:

„Aktien und Anteile von Gesellschaften ohne Börsenkurs und Kuxe von Gewerkschaften, sowie alles sonstige Handels- und Industriekapital werden zum gemeinen Werte (Verkaufswerte) herangezogen. Sofern ein solcher nicht zu ermitteln ist, gilt als Wert das 16 $^2/_3$ fache des Durchschnitts des Ertrages der letzten drei Jahre, bei kürzerem Bestehen des Unternehmens das 16 $^2/_3$ fache des Durchschnitts des Ertrages während der Jahre des Bestehens. Ist ein Ertrag nicht vorhanden oder die Ausschüttung desselben durch den Gesellschaftsvertrag in ihrer Höhe beschränkt, so kann die Steuerbehörde den Wert durch die zuständige Handelsvertretung abschätzen lassen."

3. Der § 16 des Gesetzentwurfs muß dahin abgeändert bzw. ergänzt werden, daß für Handel- und Industrievermögen nicht der Wert der einzelnen Bestandteile, sondern nur der Wert des Gesamtvermögens zugrunde zu legen ist.

4. Der § 19 des Gesetzentwurfs ist dahin abzuändern, daß als Wert der Aktien oder Gesellschaftsanteile ohne Börsenkurs nicht „derjenige Teil des Gesellschaftsvermögens, welcher dem Bruchteile entspricht, den die Aktie oder der Gesellschaftsanteil vom Gesamtaktien- oder Stammkapital bildet", sondern vielmehr der Wert der Aktien bzw. Anteile als solcher gilt.

5. Insoweit als Gesellschaften für ihr Vermögen, sei es für ihr ganzes Vermögen, sei es für Teile desselben, Wehrbeitrag zu bezahlen haben, darf derselbe, abweichend von den Bestimmungen des Handelsgesetzbuches, aus dem gesetzlichen Reservefonds entnommen werden.

6. Die Zahlungsfristen für den Wehrbeitrag müssen auf drei Jahre verteilt werden (eine Forderung, die von der Budgetkommission am Schlusse der ersten Lesung noch angenommen worden ist).

7. Die von der Budgetkommission in erster Lesung angenommene Staffelung des Wehrbeitrages von 0,15 bis 1,5 pCt. muß durch eine maßvollere Staffelung ersetzt werden, die selbst für die allergrößten Vermögen nicht über 1 pCt. hinausgehen darf, unter eventueller gleichzeitiger Erhöhung der untersten Staffelstufen bis etwa auf 0,25 pCt. oder 0,3 pCt.

8. Der von der Budgetkommission in erster Lesung angenommene „Kompromißbeschluß“ betreffend die gemeinsame Besteuerung des tatsächlichen und eines fiktiven — durch Kapitalisierung des Einkommens ausgerechneten — Vermögens ist, wofern er überhaupt bestehen bleibt, dahin abzuändern, daß der Abzug für die Zurückrechnung des fundierten Einkommens aus Handels- und Industriekapital nicht 5 pCt., sondern 6 pCt. des effektiven Vermögens beträgt und außerdem dieser Abzug nicht allein von der Steuer für das kapitalisierte Einkommen, sondern in Ermangelung eines genügenden Einkommens auch von der Steuer auf das ertraglose oder ertragschwache Vermögen selbst — unter Zurückkapitalisierung mit dem Kapitalisierungsfaktor 10 — abgezogen werden kann.

9. Der Wehrbeitrag darf nur in derjenigen Höhe erhoben werden, in welcher er zur Deckung der einmaligen Ausgabe für die Wehrvorlage benötigt wird. Eine Verwendung eines Teiles des Wehrbeitrages für Schuldentilgung oder für sonstige allgemein-budgetäre oder sozialpolitische Zwecke ist ausgeschlossen.

Meine Herren! Ich schließe hiermit mein Referat, indem ich die Worte zitiere, mit welchen ein ebenfalls auf den Wehrbeitrag bezüglicher Artikel des Ministerialdirektors a. D. Hermes in der Zeitschrift „Der Tag“ vom 17. Mai 1913 schließt:

„Nichts ist lähmender für die Bewilligungsfreudigkeit als die Vorstellung, daß bei Steuervorlagen nach ungleichem Maße gemessen wird. Deshalb erscheint es von großer politischer Bedeutung, daß auch in der Wehrbeitragsvorlage der Grundsatz „suum cuique“ nirgends verletzt wird.“ (Beifall.)

Vorsitzender: Meine Herren, bevor ich die Diskussion über die gehörten Referate eröffne, möchte ich noch zu Ihrer Kenntnis bringen, daß das Direktorium des Centralverbandes sich natürlich mit den Fragen, die in den eben gehörten Referaten behandelt worden sind, in wiederholten Sitzungen beschäftigt hat, zuletzt gestern abend. An der gestrigen Sitzung konnte leider Herr Kommerzienrat Kauffmann nicht teilnehmen, so daß wir über die Grundlagen für die heutige Debatte über sein Referat uns nicht mit ihm vorher verständigen konnten.

Wir sind nach eingehenden Beratungen gestern zu dem Ergebnis gekommen, daß wir, das Direktorium des Centralverbandes, uns gegenüber dieser außerordentlich schwierigen Frage auf den Standpunkt stellen sollten, daß erstens der gemeine Wert als Grundlage für die Veranlagung der Aktiengesellschaften und Kommanditgesellschaften auf Aktien von uns nicht empfohlen und gebilligt werden könnte, und zwar hauptsächlich aus dem Grunde, weil es für die Veranlagungsbehörden nach unserer aller Ansicht eine Unmöglichkeit sein wird, den gemeinen Wert überhaupt festzustellen (sehr richtig!), ihn festzustellen in der Art, daß die verantwortlichen Leiter der Aktiengesellschaften sich mit den Feststellungen zufrieden geben können, ihn festzustellen in der Art, daß nicht in sehr erheblichem Umfange die Folgen der Veranlagungen langatmige, langwierige Prozesse sein müssen, die naturgemäß in der Oeffentlichkeit lange nachwirken werden und die — ich brauche darauf in diesem Kreise nicht näher einzugehen — die schwerwiegendsten wirtschaftlichen, sozialen und politischen Folgen nach sich ziehen können. Das ist das eine.

Das andere, das wir feststellen zu müssen glaubten, war, daß der berechtigte Wunsch besteht, mag man sonst darüber denken, wie man will, daß doch nach Möglichkeit die Doppelbesteuerung zu vermeiden ist. Das ist radikal dadurch möglich, daß man die Aktiengesellschaften und Kommanditgesellschaften auf Aktien überhaupt aus dem Gesetz herausläßt. Wenn es nicht möglich ist, daß sie herausbleiben, so wäre der andere Weg in Erwägung zu ziehen, die Zensiten, die Einzelpersonen, die Aktionäre freizulassen. Wir stehen aber auf dem Standpunkt, daß es ein außerordentlich gefährliches Beginnen für die Industrie wäre, diesen Weg in Vorschlag zu bringen, weil naturgemäß im Reichstag und auch bei der Regierung die Neigung vorhanden ist, mit Rücksicht darauf, daß das Geld aufgebracht werden muß, sich auch über die Frage der Heranziehung der Einzelpersonen unter dem Gesichtspunkt der Doppelbesteuerung hinwegzusetzen, wenn man die erforderlichen Mittel auf diesem Wege aufbringen kann.

Wir sind der Ansicht, daß, wenn unser großer industrieller Verband die Besteuerung der Aktiengesellschaften unter der Voraussetzung zulassen will, daß die Aktionäre freigelassen werden, dann dieses Zugeständnis, die Aktiengesellschaften heranzuziehen, akzeptiert wird und die Aktionäre auch noch herangezogen werden (sehr richtig!), so daß also die Doppelbesteuerung dabei doch in das Gesetz hineinkommt. Das war das zweite.

Wenn es nicht erreichbar ist, daß die Aktiengesellschaften und die Kommanditgesellschaften auf Aktien freigelassen werden, wenn also nach einem Modus für eine möglichst gerechte Besteuerung der Aktiengesellschaften und der Kommanditgesellschaften gesucht werden muß, dann haben wir uns gesagt, daß man zur Lösung dieser außerordentlich schwierigen Frage den Versuch machen soll, eine möglichst einfache, klare und eindeutige Formel zu finden, die es den Veranlagungsbehörden möglich macht, ohne erhebliche Schwierigkeiten, ohne Eindringen in die internen Verhältnisse der Gesellschaften, ohne die aus einem solchen Eindringen in die Verhältnisse der Gesellschaften sich notwendig ergebenden Prozesse zu einem wirklich dem Gesetz entsprechenden, vom Gesetz gewollten Einschätzungsmodus zu kommen, und diese einfache, klare und eindeutige Formel könnte man nach unserer Ansicht finden, indem man eine Relation herstellt zwischen den durchschnittlichen Dividenden, die von den Gesellschaften verteilt werden, also zwischen dem durchschnittlichen Reingewinn, der in den Dividenden zum Ausdruck kommt, und dem Nennwert des Aktienkapitals.

Das sind die Gesichtspunkte, die wir geglaubt haben als den Standpunkt des Direktoriums für die Debatte in der heutigen Versammlung festlegen zu sollen.

Wie aber nun diese Relation zwischen den durchschnittlichen Dividenden und dem Nennwert des Aktienkapitals zu finden ist, das ist nach unserer Ansicht nicht Sache der industriellen wirtschaftlichen Körperschaften, sondern das würde Sache der gesetzgebenden Körperschaften sein, im vorliegenden Falle des Bundesrats und des Reichstages.

Dies den Herren zur Kenntnis zu bringen, habe ich im Zusammenhange mit dem Referat des Herrn Kommerzienrat Kauffmann für meine Pflicht gehalten.

Ich eröffne nun die Diskussion und gebe zunächst das Wort Herrn Geheimen Oberfinanzrat Müller.

Geheimer Oberfinanzrat **Müller**-Berlin: Mit den Ausführungen des ersten Herrn Referenten kann ich mich durchweg einverstanden erklären, auch mit einem Teil der Ausführungen des zweiten Herrn

Referenten, während ich einem anderen Teil leider auf das entschiedenste widersprechen muß.

Die Idee, die Aktiengesellschaften zu besteuern und die Aktien bei den einzelnen Aktionären freizulassen, ist bei der jetzt beschlossenen und wenn auch vielleicht zu modifizierenden, aber doch im wesentlichen wohl feststehenden Staffelung gänzlich unausführbar, denn bei den Gesellschaften würde vermöge der höchsten Staffeln ein Vielfaches von dem erhoben, was den Aktionären an Erleichterung zuteil wird. Umgekehrt würde eine unverständliche Bevorzugung bei Aktionären eintreten, die fast die ganzen Aktien einer Gesellschaft besitzen oder die ihr Vermögen fast ausschließlich in Aktien angelegt haben, so daß sie gerade bei dieser Staffelung, während sie vielfach Millionäre sind, in eine ganz niedrige Stufe kommen, und das würde wiederum solches Aergernis und solche Unzufriedenheit erregen, daß das, glaube ich, gar nicht denkbar ist. Ferner ist die Freilassung bei den einzelnen Aktionären steuertechnisch schwer zu konstruieren, denn das würde wiederum eine Vermögensdeklaration der einzelnen notwendig machen, die zu den widerwärtigsten Schikanen führen würde. Man müßte dann nicht bloß deklarieren, was man an Vermögen in Grundbesitz und was man an Vermögen in Aktien hat, sondern man müßte detaillieren, man müßte seinen ganzen Aktienbesitz auflegen, und man müßte, wie ich die Steuerbehörden kenne, nachweisen, nicht bloß daß man die Aktien am 31. Dezember 1913 besessen hat, sondern daß man sie einen gewissen langen Zeitraum vorher schon besessen hat, und bei Aktien, die im Laufe des letzten Jahres ihren Besitzer gewechselt haben, würde diese Schwierigkeit natürlich gar nicht zu lösen sein.

Diese Anregungen führen aber dahin, was ja vielleicht auch der zweite Herr Referent nicht beabsichtigt hat, daß man die reine Doppelbesteuerung der Aktiengesellschaften wieder auf die Tagesordnung bringt und die Aktiengesellschaften und den Aktionär ohne Milderung doppelt besteuert, also viel schwerer, als es die Regierungsvorlage hier vorgeschlagen hat und als es die Budgetkommission bei ihren letzten Beschlüssen gewollt hat.

Was ferner die Besteuerungsart des Ertragswertes anbetrifft, so ist sie ja besonders verführerisch für Betriebe mit geringer Rentabilität, das gebe ich zu; sie ist aber kein Maßstab beispielsweise für den gesamten Handel. Der Handel arbeitet mit geringem Eigenvermögen, wenigstens die Geschäfte, die neu begründet werden, arbeiten meist anfangs mit geringem Eigenkapital. Sie arbeiten, wenn der Mann als tüchtiger Mensch gilt und persönliches Vertrauen genießt, mit großem Kredit, und in dem Ertrage seines Geschäfts ist seni persönliches Arbeitseinkommen ganz untrennbar von der Rente seines Vermögens enthalten. Sie könnten zu ganz abenteuerlichen Resultaten kommen, wenn Sie das Erträgnis eines geschickten Inhabers eines Handelsgeschäfts zugrunde legen wollten, das bei 100 000 M. Vermögen, wie mir zahlreiche Fälle bekannt sind, mit 150 000 M. Gewinn in einem Jahre abschließt. Jeder Inhaber eines Handelsgeschäfts, der es später zu einem großen Vermögen bringt, muß doch anfangen; er muß durch geschickte Kombinationen schließlich ein Vermögen erwerben durch seine persönliche Tüchtigkeit und durch Inanspruchnahme des ihm gewährten Kredits, wenn er es überhaupt zu etwas bringen will, und er muß in guten Jahren soviel Vermögen erwerben, daß er auch schlechte Jahre vertragen kann. Also für den Handel ist diese ganze Theorie unanwendbar.

Richtig ist, daß der gemeine Wert für die Industrie ein unbrauchbares Moment ist, und daß man unmöglich eine Vermögensaufstellung fordern kann, die den Grundsätzen, welche dem Kaufmann im Handelsgesetzbuch auferlegt sind, schnurstracks widersprechen. (Sehr richtig!) Der oberste Grundsatz im Handelsgesetzbuch, auf dessen strikte Innehaltung im Interesse der Solidität gehalten werden muß, ist, daß Waren nur zu dem Herstellungs- oder Anschaffungspreise in die Bilanz einzustellen sind. (Sehr richtig!) Ich will einmal ein Beispiel erwähnen, das mir naheliegt. Die Aktiengesellschaft Phönix hat jahraus jahrein in allen Monatsbilanzen, die ich sehe, ungefähr einen Warenbestand von 25 Millionen Mark an Rohmaterialien, Halbfabrikaten und Ganzfabrikaten. Wenn diese Gesellschaft Dividenden verteilt, dann muß natürlich ein großer Mehrwert in diesen Vorräten stecken. Wenn der Direktor einer solchen Gesellschaft sich einfallen ließe, eine Vermögensaufstellung zu machen, wobei er diese 25 Millionen Mark Vorräte zu dem Verkaufswert einstellt, so würde, glaube ich, der Aufsichtsrat in Erwägung treten, ob man nicht den Mann sofort abberuft. (Sehr richtig!) Wenn ein Kaufmann der Bank eine Bilanz vorlegt und in dieser Bilanz eine solche Rechnung machen wollte, daß er sein Warenlager nach dem Verkaufswert einstellt, so würden wir ihm nicht nur den nachgesuchten Kredit nicht gewähren, sondern wenn wir ihm Kredit gewährt hätten, würden wir ihm den Kredit sofort entziehen. Der Mann würde im Kreise seiner Berufsgenossen als ein angehender Bankrotteur angesehen werden. Es kann also unmöglich in einem Steuergesetz eine Vermögensaufstellung verlangt werden, die den Verkaufswert der Aktiva darstellen soll. Ein solcher Verkaufswert ist für große Warenlager überhaupt nicht zu ermitteln. Ich kann den Verkaufswert von einem Paar Stiefel, von zehn Paar Stiefel, vielleicht von hundert Paar Stiefel angeben, aber ich kann keinen Verkaufswert angeben und schätzen für ein Warenlager im Anschaffungswerte von zwei Millionen Mark. Also man kommt zu unsinnigen Resultaten. Wenn ich mich in die Situation des Chefs eines Warengeschäfts oder einer Aktiengesellschaft versetze, der nach dem Gesetz verpflichtet ist, eine Vermögensaufstellung nach solchen Grundsätzen zu machen, so werde ich das bei großen Geschäften — und man muß doch auch diese in Rechnung ziehen — als ganz unmöglich erkennen. Mir liegt das Beispiel von Orenstein & Koppel nahe, die 80 Filialen im Auslande mit 80 verschiedenen Warenlagern haben, die teils in Asien, teils in Südamerika, teils sonstwo liegen. Da erfordert die Aufstellung der Jahresbilanz eine Arbeit von fünf bis sechs Monaten, und da sind natürlich die Grundlagen des Handelsgesetzbuches maßgebend. Es werden die Anschaffungspreise eingesetzt, und wo eine schwere Verkäuflichkeit angenommen wird, werden natürlich Abschreibungen auf die Anschaffungspreise gemacht. Daneben eine ganz andere grundsätzlich verschiedene Vermögensaufstellung zu machen, ist ein Unding. Als Direktor einer solchen Gesellschaft würde ich nicht in der Lage sein. irgendeine solche Vermögensaufstellung mit meinem Namen zu decken, (Sehr richtig!) Also nicht der gemeine Wert. Aber es kann natürlich auch nicht beansprucht werden, daß jede Gesellschaftsbilanz, gleichviel wie sie sonst aussieht, der Beanstandung der Steuerbehörde entzogen werden soll. Das ist ja auch jetzt nicht der Fall. Natürlich kann die Verität der Bilanz von der Steuerbehörde nachgeprüft werden. Aber die Steuerbehörde soll bei dieser Nachprüfung die Grundsätze des Handelsgesetzbuches berücksichtigen, namentlich auch hinsichtlich der Aufnahme der Debitoren. Wenn jemand in seiner Bilanz Debitoren aufführt, von denen die Insolvenz noch nicht nachgewiesen ist, bei denen er aber Zweifel hat, so muß er eine Abschreibung darauf machen oder er ist kein solider Kaufmann. Das Gesetz — und wie ich die Steuerbehörde kenne, hält sie sich an den Wortlaut — würde beispielsweise bei einem Debitor entweder den Nachweis der Insolvenz oder den Nachweis der Dubiosität verlangen. Stellen Sie sich nun einmal vor, daß eine große Bank — ich will einmal, um meine Bank nicht zu nennen, die Deutsche Bank nennen — zweihunderttausend und mehr Debitoren, glaube ich, hat, so wird man doch von einer solchen Bank und auch von einem Warengeschäft übrigens, das eine große Zahl von Debitoren hat, als Kriterium der Solidität verlangen, daß gegen eine solche Masse von Debitoren unbedingt eine Reserve gestellt werden muß, auch wenn jeder einzelne Debitor noch von der Direktion und von den Beamten als ein vollständig guter Debitor angesehen wird. Daß aber unter 250 000 Debitoren einige im Laufe des nächsten Jahres faul werden, ist bombensicher. Also dazu muß eine Reserve gestellt werden. Ich sehe keine Möglichkeit nach meinem langjährigen Verkehr mit Steuerbehörden, einem Steuerbeamten diese Sache plausibel zu machen. (Sehr richtig!)

Also das bezüglich der hier zum Vortrag gekommenen Einzelfälle.

Ich halte es aber für viel wichtiger, als mich mit diesen einzelnen, zum Teil sehr intrikaten Fragen zu beschäftigen, Stellung zu nehmen gegen die großen Gefahren, die aus dem Gesetzentwurf und aus der Gestalt, die derselbe in der Budgetkommission gefunden hat, für Handel und Gewerbe, überhaupt für die gesamten besitzenden Klassen, gleichviel welchen Namen sie haben, entspringen (sehr richtig!), und da möchte ich folgendes voranschicken:

Gegen die Idee der einmaligen Wehrleistung im Ausmaße von etwa einer Milliarde Mark sind in der Oeffentlichkeit sehr wenig Einwendungen bisher erhoben worden. Auch die Kreise der Industrie, des Handels und der Finanz haben teils zugestimmt, teils haben sie stillgeschwiegen, nicht etwa in Anerkennung der Richtigkeit und Zweckmäßigkeit dieser außerordentlichen Maßnahme, sondern lediglich aus dem Grunde, weil man sich sagte: Nachdem die Regierung eine solche Vorlage gemacht hat, kann man sie nicht ablehnen, ohne unser Vaterland dem Auslande gegenüber bloßzustellen. Aber was die Zweckmäßigkeit anbetrifft, da gehen die Ansichten auseinander, und ich kenne nur einige wenige Leute, die überhaupt für die Zweckmäßigkeit plädiert haben. Namentlich mit der Idee, daß man mit dieser Leistung von einer Milliarde freiwilliger Opfergabe, wie man im Anfange gesagt hat, dem Auslande imponieren will, muß man, glaube ich, aufräumen. Wenn Sie hier einem Franzosen damit imponieren wollen, so wird er mit Recht uns daran erinnern, daß Frankreich imstande gewesen ist, nach dem unglücklichen Siebziger Kriege fünf Milliarden innerhalb dreier Jahre aufzubringen, diese Kriegsschuld an Deutschland rascher abzutragen, als vorgesehen war, und zwar im Wege von Anleihen. Frankreich hat damals sich nicht gescheut, eine 5proz. Anleihe herauszubringen, die in Frankreich glänzend gegangen ist.

Es ist wohl gesagt worden, unsere letzte Anleihe habe mäßigen Erfolg gehabt, wir könnten keine neuen Anleihen aufbringen. Das öffentlich auszusprechen, halte ich für eine große Gefahr, und ich halte es auch für unrichtig. Wenn die staatlichen Finanzverwaltungen in ihren Anleihen in den letzten Jahren durchaus keine glückliche Hand gehabt haben, so liegt das vorzugsweise an ihnen und daran, daß sie es grundsätzlich ablehnen, sich über diese Fragen mit Sachverständigen der Privatfinanz zu unterhalten. (Heitere Zustimmung.) Sie würden sich nach ihrer Ansicht etwas vergeben, wenn sie das täten. Wenn man bei 6 pCt. Bankdiskont und $5^1/_2$ pCt. Privatdiskont, bei noch fortdauernder politischer Beunruhigung, bei einer Stimmung im Inlande, daß man mit einer kontinuierlichen industriellen Depression rechnet, vielleicht mehr rechnet als notwendig ist, daß man für die Zukunft eine schlechte Zeit für Handel und Industrie voraussieht und eine dauernde Anspannung des Geldmarktes, — wenn man in diesem Moment auch mit einer Anleihe herauskommt, die genau den Typ hat wie die früheren nicht ganz gut gegangenen Anleihen, so kann man sich nicht wundern, wenn der Erfolg ausbleibt.

Ich kann heute nicht sagen, wie die Anleihe, deren Zeichnung morgen ihren Abschluß findet, ausfallen wird. Ich habe aber das Gefühl, daß nach dem, was ich bisher gehört habe, die Anleihe einen sehr bescheidenen Erfolg haben wird, und wenn dieser Erfolg noch bescheidener ist, als er durch die Lage des Geldmarktes gerechtfertigt ist, so liegt das an der tiefgehenden Beunruhigung, welche die ganzen Kreise der Finanzwelt ergriffen hat durch das, was ihnen von der Budgetkommission schon präsentiert ist, und an den Sorgen, die sich hinsichtlich der Zukunft aus diesem ersten Schritt einer moderierten Konfiskation von Vermögen und Einkommen ergeben. (Sehr richtig!) Ich kann konstatieren, daß Leute, die nach ihrem Benehmen bei früheren Anleihen eigentlich hätten zeichnen sollen und vielleicht auch gezeichnet hätten, es diesmal nicht getan haben, und ich kann das nur auf diese Beunruhigung zurückführen.

Wenn man nun aber wirklich mit dem Gesichtspunkt gerechnet hat, auf das Ausland mit dieser einmaligen Abgabe einen Eindruck zu machen — und es wäre immerhin, wenn es glatt ginge, vielleicht auch ein günstiger Eindruck gewesen —, so hat man der Möglichkeit eines günstigen Eindruckes in wirksamer Weise vorgebaut, erstens dadurch, daß man es für notwendig gehalten hat, aus der Steuerentziehung oder aus der unrichtigen oder unvollständigen Deklaration ein Kriminalvergehen zu machen und dafür Gefängnisstrafe und Verlust der bürgerlichen Ehrenrechte anzudrohen. Von meinem Standpunkte aus hätte ich nichts dagegen: Sie könnten auch Zuchthausstrafe dafür androhen, denn die Kreise, die von der Wehrvorlage hauptsächlich betroffen werden, haben doch teilweise ihre gesellschaftliche, jedenfalls aber ihre geschäftliche Stellung zu riskieren; und wenn Sie gar keine Strafe, nicht einmal eine Vermögensstrafe androhen, so kann beispielsweise ein Bankdirektor oder der Direktor einer großen Aktiengesellschaft oder auch ein Aufsichtsratmitglied einer Aktiengesellschaft nicht riskieren, durch die Aufklärung der Steuerbehörde überführt zu werden, daß er falsch deklariert hat. Ich halte es für absolut unmöglich, daß ein solcher Mann noch einen Tag länger auf seinem Posten bleibt, wenn das in der Oeffentlichkeit bekannt würde, oder wenn es auch nur seinen Berufsgenossen bekannt würde; und mehr oder weniger trifft das doch für alle anständigen Kaufleute, für alle Rentiers zu. Ich halte es für eine sehr unglückliche Wendung, daß in der „Kölnischen Zeitung“ ein Satz gestanden hat: „Wenn man da zu weit geht, könnten die Kapitalisten ein Schnippchen schlagen.“ Was die „Kölnische Zeitung“ gemeint hat, weiß ich nicht, ich kann mir nicht denken, daß sie eine falsche Deklaration gemeint hat und das mit dem Ausdruck „ein Schnippchen schlagen“ bezeichnet hat. Jedenfalls kann aber von einer falschen Deklaration nicht die Rede sein bei dem Chef eines Geschäftes mit vielen Angestellten, wo jeder entlassene Kommis oder jeder entlassene Kassenbote oder ein entlassener Diener, wenn der Chef einen solchen hat, oder eine entlassene Köchin eine Denunziation machen und den Mann, wenn auch nicht zu einer Verurteilung bringen, doch in sehr unbequeme Steuerprozesse verwickeln kann. Da ist es nahezu unmöglich. Möglich ist, und das ist bei anderen Kategorien der Fall, daß man nicht feststehende Werte zu niedrig schätzt. Bei einer zu niedrigen Schätzung kann man, wenn die Steuerbehörde es beanstandet, immerhin die eigene bona fides entgegensetzen. Wer aber Aktien oder Hypotheken oder Bankguthaben hat, und das nicht deklariert, der ist doch des dolus überwiesen, der kann sich doch in keiner Weise mehr entschuldigen und verteidigen. Also ich halte das für überflüssig. Aber der Reichstag hat die Sache ja autoritativer zu beantworten als wir. Wenn er es für notwendig hält, mag er es hineinschreiben, mag es meinetwegen auch verschärfen. Aber man muß sich nur nicht der Illusion hingeben, daß Deutschland dadurch eine gute Rolle spielt und dem Auslande mit dieser Vorlage, in deren Durchführung solche Strafbestimmungen für notwendig gehalten werden, irgendwie imponiert.

Ferner würde der Eindruck gewiß dadurch nicht verbessert werden, daß man sich nicht damit begnügt, die einmaligen Kosten der Wehrvorlage von den besitzenden Klassen in dieser würdigen Weise tragen zu lassen, daß man vielmehr den Wehrbeitrag von vornherein zu hoch bemißt in der Idee, daß er mehr als diese einmalige Kostenvorlage decken soll, und daß man dann den Ueberschuß für irgendwelche Lieblingszwecke oder für Deckung von etatsmäßigen Defizits verwenden soll oder sogar für Schuldentilgung. Das ist doch eine Blamage vor dem Ausland. (Sehr wahr!) Wer es für notwendig hält, durch solche anormalen Maßregeln Schulden zu tilgen oder Defizits zu decken, der erklärt sich doch damit einigermaßen für bankrott. (Sehr richtig!) Also die Herren Reichstagsabgeordneten mögen sich doch einmal die Frage vorlegen, ob sie da, wenn sie etwaigen fiskalischen Wünschen entgegenkommen oder fiskalische Wünsche übertrumpfen, auf dem richtigen Wege sind. Ich halte es in erster Linie für erforderlich, daß der Wehrbeitrag in einer Höhe erhoben wird, die über die einmaligen Kosten der Wehrvorlage nicht hinausgeht.

Das Zweite, was ich für sehr wichtig halte, und was eine klare Stellungnahme des Centralverbandes notwendig macht, ist die Stellungnahme gegen die übertriebene Staffelung. Die Wehrvorlage der Regierung ging von einem gleichmäßigen Beitrage von $^1/_2$ pCt. aus, das ist das Zehnfache der Miquelschen Ergänzungssteuer, und rechnete einen Betrag heraus, der zwar nicht eine Milliarde erreichte, aber doch nach dem Gutachten von Sachverständigen ziemlich nahe kam, und ich möchte, ohne mich überheben zu wollen, behaupten, daß es für diese Frage, wie hoch das deutsche Nationalvermögen in dem hier steuerpflichtig gemachten Umfange zu schätzen ist, doch vielleicht keine kompetenteren Sachverständigen gibt als die Leiter großer Banken. Herr von Gwinner, der an der Spitze der Deutschen Bank steht, hat mit guten Gründen ausgesprochen, daß der Betrag des steuerpflichtigen Vermögens in Deutschland auf weit über 200 Milliarden zu schätzen sei. Damit stimmt meine und meiner Kollegen Schätzung überein. Also 0,5 pCt. hätten ausgereicht.

Man kann doch nun auch nicht sagen, daß, wenn einer ein Vermögen von 50000 M. hat und, wie ich allerdings für gerechtfertigt halte, hinzuzusetzen, ein Einkommen von 3000 M., eine Abgabe von 250 M., auf drei Jahre verteilt, eine unerträgliche Belastung wäre. Natürlich bringen die kleineren Vermögen, wenn sie herangezogen werden, in ihrer Masse mehr als die großen Einzelbeträge der Reichen. Was die Masse bedeutet, können Sie ja daraus ermessen, daß die Zehnpfennigbeiträge der Sozialdemokraten nach zuverlässiger und auch einigermaßen kontrollierbarer Berechnung eine Vermögensansammlung von 90 Millionen für die verschiedenen Zwecke ermöglicht haben. Das ist doch ein eklatanter Beweis dafür, was auch von kleinen Leuten ohne übermäßige Belastung aufgebracht werden kann. Daß im Reichstage das Bedürfnis vorliegt, den Kreis der Wähler, die für die Leistungen des Abgeordneten eine gewisse Dankbarkeit empfinden, so weit wie möglich zu erweitern, begreife ich (Heiterkeit) aus dem allgemeinen Wahlrecht, dessen Konsequenzen sich ja erst jetzt nach 40 Jahren ergeben, wo der Wähler eingesehen hat, was er mit seinem Wahlzettel für eine Macht hat, und wo er nun mit seinem Wahlzettel kommt und panem et circenses verlangt. Das ist erst in den allerneuesten Jahren so recht zum Bewußtsein gekommen. Das führt naturgemäß zu einer gewissen Demoralisation der Gesetzgebung, auch der Steuergesetzgebung, und man muß sich ja mit den Tatsachen abfinden und in gewissen Grenzen sich das gefallen lassen. Ich finde aber, auch die Herren Reichstagsabgeordneten, und zwar leider auch die Vertreter der uns am nächsten stehenden Parteien gehen in der Rücksichtnahme auf Stimmungen der Wähler und vermutete Stimmungen der Wähler viel zu weit, und die Herren Reichstagsabgeordneten mögen es mir nicht übel nehmen, wenn ich sage, daß sie vielleicht die Steuerscheu ihrer Wähler zu hoch taxieren und es dreist riskieren könnten, ihren Wählern, wo hier von einer freiwilligen Opfergabe die Rede ist, etwas mehr zuzumuten. (Sehr richtig!) In dem Eifer, den Beifall der Wähler in immer größerem Umfange zu gewinnen, gehen sie meines Erachtens entschieden zu weit.

Daß man nun, wenn man das Bedürfnis hat, aus Popularitätsrücksichten die Degression sehr kräftig zu machen, natürlich zu einer übertriebenen Progression den hohen Einkommen gegenüber schreitet, ist die natürliche Konsequenz. Wenn man aber von den großen Vermögen 1 1/2 pCt. verlangt, so muß man sich darüber klar sein, daß ein großes Vermögen sich naturgemäß durchschnittlich niedriger verzinst als ein kleines (sehr richtig!), und mir selbst sind sehr reiche Leute bekannt, die Verständnis für kommerzielle Dinge haben und mit guter Auswahl auch Aktien besitzen oder sich bei industriellen oder geschäftlichen Unternehmungen beteiligt haben, die aber andererseits vermöge ihres großen Vermögens doch einen berechtigten Anspruch auf einen gewissen Luxus haben. Man kann es doch einem, der das Vermögen dazu hat, nicht verargen, wenn er sich Schlösser und Villen hält oder sich vielleicht, wenn er Jäger ist, den Besitz von Jagdgründen leistet, die unrentabel sind; aber mir sind Fälle bekannt, wo solche Personen insgesamt nicht mehr als 3 bis 3 1/2 pCt. von ihrem Vermögen erzielen. Danach kommt man bei der Progression der Vermögensabgabe bis 1 1/2 pCt. auf 33 1/3 bis 50 pCt. der Jahreseinnahme. Nun, das ist denn doch schließlich schon eine Art Konfiskation.

Also ich meine, wenn ich schon allen diesen Gesichtspunkten aus praktischen Gründen Rechnung trage und sage, man muß sich hier schon etwas gefallen lassen, denn es rast der See und will sein Opfer haben (Heiterkeit), so müßte doch bei 1 pCt. Halt gemacht werden. Denn wo ist die Grenze? Auch Herr Miquel hat, als er die Bedenken gegen die Ergänzungssteuer widerlegte, feierlich erklärt, es handele sich ja nur um eine Ergänzungssteuer, um eine notwendige Kontrolle für die Richtigkeit der Einkommen-Steuerdeklaration, deshalb müßte man das Vermögen wissen, und ½ pro Mille wäre doch nicht die Welt: Nein, das ist auch nicht die Welt, und die ⅔ pro Mille, die inzwischen daraus geworden sind, sind auch nicht die Welt.

Aber 1 pCt. ist doch etwas ganz anderes, und es wird hiermit eine Proskriptionsliste für die Zukunft aufgestellt, wonach jedermann weiß, was aus dem Vermögen herauszuholen ist, und wenn der Staatssekretär Kühn heilige Eide schwört: es soll nur einmal sein, es soll sich nicht wiederholen, so mag er optima fide das heute sagen, aber ich lege meine Hand ins Feuer: das ist der Anfang von Wiederholungen (sehr richtig!), und wenn ich mir vorstelle, daß wir einen Krieg haben sollten, so würde das das erste sein, was ein Schatzsekretär, schon um seinen Grips nicht weiter anzustrengen (Heiterkeit), in der ersten Minute vorschlüge: wir machen wieder einmal eine Kriegsabgabe und legen sie auf das Vermögen. Also daß sich das wiederholen wird, ist ja ganz klar.

Der dritte Punkt, und nach meinem Dafürhalten der allerwichtigste und der allerkrasseste ist der Versuch, die Jahreseinkommen aus Arbeit zu multiplizieren und zu fingieren, daß das Vermögen sei. (Sehr wahr!) Ich muß sagen, ich habe von der Neigung des Reichstages, die vermögenden Klassen zu belasten, und von der geringen Widerstandsfähigkeit auch unserer Vertreter in den bürgerlichen Parteien schon lange eine sehr pessimistische Meinung gehabt (Heiterkeit); aber daß das möglich wäre, hatte ich mir nicht träumen lassen. Bisher habe ich immer den Grundsatz gehört: das fundierte Einkommen und das Einkommen aus fundiertem Vermögen ist steuerkräftiger und steuerpflichtiger als das Arbeitseinkommen. (Sehr richtig!) Daß man nun den Spieß umdreht und fingiert, ein Jahreseinkommen sei, mit zehn multipliziert, Vermögen, geht über meine Begriffe von dem bei seriöser Erörterung solcher Fragen Zulässigen.

Ich habe mir daraufhin auch einmal die Regierungsvorlage in den Punkten angesehen, die nach den mir vorliegenden Berichten in der Budgetkommission unverändert geblieben sind, — wenn ich mich darin irre, bitte ich, mich zu berichtigen. Die Vorlage enthält eine Bestimmung in § 22: Der Wert von Renten oder anderen auf die Lebenszeit einer Person beschränkten Nutzungen und Leistungen bestimmt sich nach dem Lebensalter der Person, mit deren Tode das Recht erlischt.

Als Wert wird angenommen bei einem Alter:

(1. bis 5.)

6. von mehr als	55	bis zu	65	Jahren	das	$8^1/_2$fache
7. „ „ „	65	„ „	75	„	„	5fache
8. „ „ „	75	„ „	80	„	„	3 „
9. „ „ „	80	Jahren			„	2 „

des Wertes der einjährigen Nutzung.

Eine für die ganze Lebenszeit in unveränderter Höhe sichergestellte Rente wird also, wenn der Berechtigte 55 bis 65 Jahre alt ist, mit $8^1/_2$, wenn er 65 bis 75 Jahre alt ist, mit 5, wenn er 75 bis 80 Jahre alt ist, mit 3 multipliziert bzw. kapitalisiert. Das von einem Manne von 66 Jahren im Jahre 1913 aus gewerblicher Tätigkeit oder ärztlicher Praxis oder Tantiemen einmal erzielte Jahreseinkommen von beispielsweise 300000 M., dessen Wiederholung in künftigen Jahren jedenfalls unsicher, keinesfalls aber für eine längere Reihe von Jahren wahrscheinlich ist, soll für den Wehrbeitrag als mit 12 multipliziertes Vermögen fingiert werden.

Ich will ja nicht behaupten, daß alle, die in hochdotierte Stellen berufen werden, ausnahmslos zu den Würdigsten, die überhaupt zur Wahl gestanden hätten, gehören; aber im großen ganzen wird man doch annehmen müssen, daß die Leute, die ein hohes Jahreseinkommen durch Arbeit beziehen, die tüchtigsten Elemente in unserem Wirtschaftsleben sind. Aber ehe einer zu dem wirklich hohen Jahreseinkommen gelangt, geht es doch in allen Berufen so, daß er meist über die erste Hälfte der vierzig hinaus ist. In diesem Alter stehen ungefähr die Direktoren unserer großen Industriegesellschaften, stehen besonders die Chefs der erfolgreichen Industrieunternehmungen und Handelshäuser, natürlich soweit sie nicht durch Erbschaft in jüngeren Jahren dazu gekommen sind. Nun fragt es sich, wie lange hält denn ein Mann in diesem hohen Einkommen und bei der Leistung, die dazu erforderlich ist, aus. Sie haben zwar gehört, ich glaube von einem Reichstagsabgeordneten, man müsse die Leute mit leichten Gewinnen besteuern. (Heiterkeit.) Ich weiß nicht, wie er sich das vorstellt. Glaubt er etwa, daß die Leute, die ein höheres Einkommen haben, es aus spekulativen Geschäften haben, es durch Spekulation erworben haben? Das widerspricht allen Erfahrungen, die man gerade im Bankwesen machen kann. Ich kenne niemand, der durch fortdauerndes Spekulieren etwas erworben hat; dagegen kenne ich viele, die ihr Vermögen durch fortgesetztes Spekulieren verloren haben. (Lebhafte Zustimmung.) Man kann einmal eine gute Spekulation machen, und wenn man das in jungen Jahren macht, ist es ein Unglück, man glaubt dann, das ginge so weiter. (Heiterkeit.) Aber daß die reguläre Möglichkeit, ein Vermögen zu erwerben und zu erhalten, darin besteht, daß man weniger ausgibt als man einnimmt, wobei man natürlich bemüht ist, möglichst viel einzunehmen, das ist eine Tatsache, die hier in diesem Kreise wohl nicht bestritten werden wird. Wenn nun jemand in ein hohes Jahreseinkommen kommt, so wird er doch zunächst bemüht sein, so viel zu ersparen, daß er sich für den Fall der Erkrankung oder der Arbeitsunfähigkeit oder der Kündigung seines Postens einigermaßen in seiner Zukunft sicherstellt. Hat er dieses Vermögen erworben, so ist er ja nach der Wehrvorlage als Inhaber eines Vermögens steuerpflichtig. Wenn er aber an die Sechzig kommt, so wird die Frage entstehen, ob er seiner Gesundheit und seiner geistigen Kraft die Fortsetzung einer solchen angestrengten Tätigkeit weiter zumuten kann, oder ob er sich zurückzieht. Einige sind ja vielleicht in der glücklichen Lage, als Chef eines vielgliedrigen Direktoriums sich eine Herabminderung der täglichen Arbeitszeit zu erlauben und doch an der Spitze zu bleiben. Aber das sind seltene Ausnahmefälle. Ich kenne beispielsweise die Direktoren der hiesigen Großbanken wohl alle persönlich, und es sind darunter nur vier, die über sechzig sind, zu denen gehöre ich. Sie sehen, trotz des hohen Einkommens, trotz der großen Verführung, dieses Einkommen sich so lange wie möglich zu sichern, ist doch das Gros vor dieser Zeit, vor Erreichung dieser Altersstufe entweder notgedrungen ausgeschieden wegen Gesundheits- oder sonstiger Rücksichten oder hat freiwillig das Zepter niedergelegt.

Nun, das Alter zwischen 55 und 65 Jahren ist sicher doch dasjenige, in dem die Einkommen am größten zu sein pflegen, und zu den Kategorien, die große Einkommen haben, gehören doch nun nicht bloß die Bankdirektoren, denn da würde ich vermuten, daß selbst im hiesigen Kreise kein großes Unglück darin erblickt wird, wenn diese recht scharf angefaßt werden (Heiterkeit), es gehören auch natürlich nicht bloß die paar Dutzend Leute dazu, die aus einer großen Zahl von Aufsichtsratsstellen ein hohes Einkommen beziehen — das lohnt sich auch für den Steuerfiskus nicht —, es gehören nicht bloß dazu die wenigen hervorragenden Advokaten und Aerzte, die eine Praxis haben, die in die Hunderttausende geht. Ich kenne die deutschen Advokaten, soweit sie einen Ruf für Handelssachen haben, ziemlich genau, und ich glaube nicht, daß Sie, Berlin, Frankfurt, Hamburg, Bremen, München und Stuttgart eingeschlossen, ein Dutzend herausbringen, bei denen ein Einkommen von einer drittel Million aus der Praxis zu rechnen wäre, und unter den berühmten Aerzten wüßte ich auch nicht mehr als ein Dutzend. Neuerdings gehören zu den Leuten mit großen Einkommen auch Dichter (sehr richtig!), und zwar nicht die hervorragenden lyrischen, epischen, dramatischen Dichter, sondern diejenigen, die für das große Publikum zu schreiben verstehen. (Landtagsabgeordneter Dr. Beumer: Für die Kinos!) Ich habe einen dieser Dichter persönlich gekannt. Er gehörte zu den Kunden der Dresdner Bank, er hatte einmal ein Stück geschrieben, das ein paar hundertmal aufgeführt wurde, und er war imstande, bei der Dresdner Bank ein Guthaben von 320 000 M. aus zweijährigen Tantiemen anzusammeln. Seitdem ist ihm nichts wieder eingefallen (Heiterkeit), er hat nicht wieder ein solches Stück fertig gebracht; dagegen hat er in den folgenden zehn Jahren bis zu seinem Tode die 320 000 M. aufgebraucht. Ja, meine Herren, wenn er im Jahre 1913 dieses Stück geschrieben hätte, so würde er nach dem Beschlusse der Budgetkommission ein fingiertes Vermögen von 12 × 320 000 M. gehabt haben, das ist eine Summe von beinahe vier Millionen und er würde danach besteuert worden sein. Wenn ein Arzt, der im Alter von 75 Jahren steht und noch praktiziert — und das war bei einigen berühmten Chirurgen der Fall, Langenbeck, glaube ich, hat noch mit 75 Jahren praktiziert, und ich glaube, Bergmann war nahe an 75 Jahre, als er starb oder jedenfalls über 70 —, wenn Bergmann nun mit seinem Jahreseinkommen im Jahre 1913, wenn er noch lebte, besteuert würde, wenn er im nächsten Jahre tot oder nicht mehr arbeitsfähig wäre, so wäre das doch eine Ungerechtigkeit. Daß aber unter den Inhabern von großen Einkommen, die hiernach multipliziert werden sollen, ein erheblicher Teil im Jahre 1914 oder 1915 sterben wird, ist ja außer aller Frage, das ist ja schon nach den Tabellen der Lebensversicherungsgesellschaften eine an Sicherheit grenzende Wahrscheinlichkeit. Daß denen also hier ein Unrecht widerfährt, das nicht wieder gut zu machen ist, liegt ja klar auf der Hand.

Sie hören, es ist auch von hohen Beamten die Rede, die hier von dieser Bestimmung mit betroffen werden und sich fügen. Ja nun, ein hoher Beamter kann kaum seinen Widerspruch, wenn er ihn innerlich fühlt, äußerlich geltend machen, ohne sich unliebsam zu machen. Aber daß unter diesen Beamten im Jahre 1914 oder 1915 auch so und so viele pensioniert werden, so und so viele sterben werden, liegt doch auch ganz klar auf der Hand.

Aber hier ist mir die Hauptsache die Prinzipienfrage: soll die Demoralisation unserer Gesetzgebung wirklich soweit gehen, daß man mit Fiktionen arbeitet? Die Steuer soll sich doch an Tatsachen knüpfen, die in der Wirklichkeit vorhanden sind, und nicht an Fiktionen. Das hat angefangen mit der Tantiemensteuer. Das gebe ich ohne weiteres zu: die Tantiemen der Aufsichtsräte werden etwas leichter verdient als andere Einnahmen, und wenn jemand in irgendeinem Stadium vorgeschlagen hätte, eine besondere Einkommensteuer dafür zu erheben, oder einen besonderen Zuschlag zu erheben, so, glaube ich, würden die Betreffenden selbst kaum einen Widerspruch dagegen erhoben haben. Dagegen hat man — das ist die erste Fiktion, die ich wenigstens erlebt habe — gesagt, das ist eine Stempelsteuer; nämlich die Aktiengesellschaften werden verpflichtet, eine Aufstellung über die Tantiemenbezüge zu machen, und diese Aufstellung wird mit einer Stempelsteuer von 8 pCt. des darin enthaltenen Gesamteinkommens belegt. Das Reichsgericht hat, trotzdem verschiedene Reichstagsabgeordnete und die Regierung im Reichstage erklärt haben, das sei eine Stempelsteuer, gesagt, das wäre falsch. Es ist, glaube ich, ein Minister, der das erklärt hat, daß er das auch für eine Stempelsteuer erachtet habe. Das Reichsgericht hat entschieden, ja, auch der Reichstag kann schwarz nicht weiß machen, die Tantiemensteuer ist eine Einkommensteuer, und mag da zehnmal erklärt worden sein, es ist eine Stempelsteuer.

Nachdem man sich einmal an die Fiktion gewöhnt hatte, hat man beim Wertzuwachssteuergesetz weitere Fiktionen für richtig gehalten, und, meine Herren, nachdem man den unverdienten Wertzuwachs als die Grundlage des Besteuerungsrechts in den Vordergrund gestellt hat, hat man, weil es nicht zu unterscheiden sei, auch den verdienten Zuwachs als einen unverdienten fingiert, ja man hat sogar den Zuwachs überhaupt fingiert, indem man die anrechnungsfähigen Gestehungskosten niedriger, als sie in Wirklichkeit sind, als anrechnungsfähig nur erklärt hat, so daß man also, was niemand zuwächst, auch als steuerpflichtig erklärt hat.

Nun geht man soweit, daß man Jahreseinkommen multipliziert und zum Vermögen stempelt und danach als Vermögen besteuert, und hier, meine ich, muß man wirklich Halt gebieten. Wenn das so weiter fortschreitet, dann ist man seines Eigentums und seines Lebens nicht mehr sicher. (Sehr richtig!) Denn ich wüßte wirklich nicht, wie man künftig den Sozialdemokraten einmal die Möglichkeit bestreiten könnte, auf Grund einer Fiktion nun ein Mehrfaches der heutigen Steuer zu fordern. Jedenfalls wären die Angehörigen der bürgerlichen Parteien, die jetzt dafür stimmen, nicht legitimiert, dagegen grundsätzlichen Widerspruch zu erheben. (Zustimmung.)

Ich glaube, daß diese Ausführungen ziemlich genügen, und daß insbesondere die Unstimmigkeit des Beschlusses mit den Bestimmungen über den Wert von Renten doch von keiner Seite wird verteidigt werden können.

Nun sind mir folgende zwei Einwendungen noch begegnet. Erstens ist mir von einem hervorragenden Parlamentarier, auch den bürgerlichen Parteien angehörend, auf die Deduktionen, die ich bei einer anderen Gelegenheit auch im heutigen Sinne gemacht habe, erwidert worden: Sie haben ja in allen Punkten Recht, nur in dem einen nicht, daß die Gerechtigkeit der Steuer bei einer einmaligen Abgabe ein Erfordernis sei; im Gegenteil ist die Ungerechtigkeit dieser einmaligen Abgabe gerade ein Vorzug in dem Sinne, daß damit die Erhebung einer solchen oder einer ähnlichen Abgabe oder einer Vermögenssteuerabgabe als dauernde Einrichtung verhütet wird. (Heiterkeit.) Ich war sehr verblüfft. Aber noch verblüffter war ich, als ich neulich auf der Eisenbahn auch von einem hervorragenden namhaften Abgeordneten, der einer anderen Partei angehört, aber auch den bürgerlichen Parteien, ungefähr dasselbe gehört habe. Ich werde Herrn Geheimrat Kirdorf nachher einmal den Namen nennen, mit Rücksicht darauf, daß er ganz in seiner Nähe ist. Ja, wenn das als Prinzip der Gesetzgebung proklamiert wird, daß man sich auch an Ungerechtigkeiten nicht stoßen darf, dann weiß ich allerdings nicht, wohin die Reise gehen soll.

Dann ist mir vor wenigen Tagen von einem Mitgliede des Bundesrates gesagt worden, zur Entschuldigung des Verfahrens der Budgetkommission, daß sie diese Multiplikation anwendet und fingierte Vermögen schafft: ja, Sie wissen ja gar nicht, mit welchen Schwierigkeiten das Reichsschatzamt zu kämpfen hat wegen der Stellungnahme der verbündeten Regierungen, die unter keinen Umständen eine Besteuerung des Einkommens durch das Reich zulassen wollen, die sich mit der einmaligen Vermögensabgabe zwar abgefunden haben, aber mit einer einmaligen Besteuerung des Einkommens unter keinen Umständen sich befreunden können. Ja, habe ich gesagt, sind die verbündeten Regierungen so einzuschätzen, daß, wenn man ihnen einen Storch vorführt und dem ein Bärenfell umhängt, sie sich einreden lassen, das sei ein Bär? (Heiterkeit.) Wenn jemand multipliziert und fingiert, aber gleichzeitig hinzufügt, das Einkommen ist von den Bundesstaaten nach landesgesetzlich zu erlassenden Bestimmungen einzuschätzen, — daß die Leute dann noch irgendjemand und sich selber einreden können, es sei keine Einkommenbesteuerung, ich meine, so niedrig habe ich wirklich bisher Vertreter von Staaten und Parlamentsmitglieder nicht eingeschätzt.

Ich habe vor, unter vollständiger Zustimmung zu der Resolution, die das Direktorium hier zu Punkt 2 der Tagesordnung eingereicht hat, zu Punkt 3 bestimmte Resolutionen vorzuschlagen, und zwar in drei Punkten, und ich hebe hervor, ich habe mich bemüht, während ich hier ja vielleicht nach Ansicht von einigen Herren scharfe Ausdrücke gebraucht habe, mich in durchaus maßvoller Weise auszudrücken.

„Der Centralverband Deutscher Industrieller hält:

1. die Einziehung eines einmaligen Wehrbeitrages vom Vermögen bzw. Einkommen in einer Höhe, welche den Bedarf der einmaligen Kosten der Heeresverstärkung übersteigt, für politisch und wirtschaftlich bedenklich, insbesondere die Verwendung eines darüber hinausgehenden Betrages zur Deckung eines etatsmäßigen Defizits oder gar zur Schuldentilgung für ungerechtfertigt. Ein etwa bei Einziehung des Beitrages sich ergebender Mehrbetrag muß zur Ermäßigung der zweiten und dritten Rate dienen;

2. eine Steigerung der Beitragsstaffel über höchstens 1 pCt. des effektiv veranlagten Vermögens und über eventuell ergänzungsweise heranzuziehende 4 pCt. des Jahreseinkommens aus gewinnbringender Beschäftigung für unzulässig und konfiskatorisch."

Ich bemerke, daß bei den hohen Einkommen, bei 300 000 M. Jahreseinkommen sich die Heranziehung des Vermögens auf 18 pCt. des Jahreseinkommens beziffert, denn wenn man 300 000 M. mit 12 multipliziert, also ein Vermögen mit 3 600 000 M. erhält und $1^1/_2$ pCt. davon berechnet, so sind das 54 000 M., und es steigert sich im einzelnen Falle noch höher.

„3. eine fiktive Umwandlung des unfundierten Jahreseinkommens in ein durch willkürliche Multiplikation konstruiertes steuerpflichtiges Vermögen für eine grundsätzlich verfehlte und einseitige Belastung der Erwerbstätigkeit und betrachtet ein gesetzgeberisches Vorgehen in dieser Richtung als den verhängnisvollen Anfang einer Umwälzung der bestehenden, auf das Privateigentum aufgebauten Wirtschaftsordnung."

(Lebhafte Zustimmung und Beifall.)

Ich gebe mich nicht der Illusion hin, daß wir sehr viel mit unserer Stellungnahme bewirken werden, denn ich muß mir sagen, wir und unsere Berufsgenossen, die Leute, die hier sich beschwert fühlen, sind eine kleine Minorität, die in keinem Wahlkreise über Wahlstimmen verfügt, die für das Resultat ausschlaggebend sein könnten. Also wir sind eine quantité négligeable in politischer Beziehung, soweit nicht das Urteil als das von sachverständigen erfahrenen Leuten bei denjenigen Instanzen gewürdigt wird, die über unser Schicksal zu verfügen haben. Aber ich glaube nicht, daß wir uns überheben, wenn wir unter den 4400 Zensiten mit über 100 000 M. Jahreseinkommen in Preußen, also einer entsprechenden noch nicht ermittelten Zahl in Deutschland, doch die gegebenen Führer unserer ganzen wirtschaftlichen Entwickelung in allen Branchen des Handels und der Industrie erblicken.

Zu der Entwickelung, die wir seit 1870 durchgemacht haben, hat ein unverwüstlicher Optimismus gehört, ein Optimismus, der Krisen überwunden hat und Schwierigkeiten überwunden hat, der es auch überwunden hat, wenn links und rechts die Leichen lagen. Aber solche Erfahrungen, eine solche ungerechte Behandlung seitens der politischen Machtfaktoren muß notgedrungen eine tiefgehende Verstimmung und einen Pessimismus herbeiführen. (Sehr richtig!) Denn wer soll den Mut haben, jetzt in weitsichtigen Unternehmungen sein Vermögen anzulegen, wenn er mit der Gefahr rechnen muß, daß zu der Zeit, wenn dieses Unternehmen rentabel gemacht ist, ihm ein Teil des Gewinnes und des Vermögenszuwachses weggenommen wird! (Sehr richtig!) Greift einmal bei uns ein Pessimismus Platz, dann ist es aus mit unserem Aufschwunge. (Sehr richtig!) Dann werden die Milliarden, die jetzt unserem Nationalvermögen zugeflossen sind, ihm geringer zufließen, und wer den Nachteil haben wird, wird der Staat sein und gerade auch der Steuerfiskus, der wird etwas erleben an Rückgang von Gewerbesteuer, von Einkommensteuer und von Vermögenssteuer!

Ich weiß nicht, der zweite Herr Referent, oder war es der erste, hat mit Recht darauf hingewiesen, daß gute Politik darin besteht, daß man in die ferne Zukunft voraussieht und nicht momentaner Vorteile wegen Prinzipien preisgibt. Ich halte für kurzsichtig die Politik unserer landwirtschaftlichen Freunde, mit denen zusammenzugehen gerade für den Centralverband Jahrzehnte eine Freude und eine Pflicht in Wahrnehmung der eigenen Interessen war. Ich warne Sie, sich etwa jetzt vorzustellen, daß man das Privateigentum an landwirtschaftlichem Grundbesitz schützen könne, wenn man das mobile Kapital den Hunden vorwirft. (Langanhaltender, lebhafter Beifall.)

Reichstags- und Landtagsabgeordneter Freiherr **von Gamp-Massaunen**: Meine Herren, ich kann meinem langjährigen politischen Freunde und Mitarbeiter im Reichstage, dem früheren Kollegen Müller versichern, daß auch viele von uns die ernsten Sorgen und die großen Befürchtungen teilen, die er hier ausgesprochen hat. Man kann Reichstagsabgeordneter sein und doch ebenfalls mit Sorge in die

Zukunft blicken. Ich bedaure es aufrichtig, daß Herr Müller nicht jetzt auch noch im Reichstage ist. (Geheimer Oberfinanzrat Müller: Weil ich keinen Wahlkreis habe!) Ich glaube, seine Rede würde doch etwas anders gelautet haben. Wenn man weiß, daß man keinen solchen Resonanzboden hat, wie er ihn hier hat, dann ist man auch in der Wahl der Ausdrücke etwas vorsichtiger.

Der frühere Kollege Müller hat wiederholt mit manchen unfreundlichen Worten der Reichstagsabgeordneten ganz allgemein gedacht. Ich hätte gewünscht, daß er sich vorher darüber vergewissert hätte, welche Stellung meine politischen Freunde in dieser Frage eingenommen haben. Er würde dann doch seine Vorwürfe wenigstens uns gegenüber wesentlich haben einschränken müssen; er würde genötigt sein, eine Ausnahme zu unseren Gunsten zu machen, was er hier nicht getan hat, und das ist doch ein großes Unrecht. Ich meine, ein solch hervorragender Mann muß, wenn er in dieser Weise über die Reichstagsabgeordneten spricht, sich über die Stellungnahme der einzelnen Parteien aus den stenographischen Berichten informieren.

Herr Müller sagte: bei den Vorschlägen der Kommission ist man seines Vermögens nicht mehr sicher. Ich teile diese Befürchtung vollständig. Uns treffen aber diese Vorwürfe nicht, denn in unserer Partei ist kein einziger, der solche Extravaganzen, wie sie in den Vorschlägen der Kommission enthalten sind, billigt. Wir sind noch nicht einmal so weit gegangen wie Herr Müller, der 1 pCt. als Wehrbeitrag konzediert hat. Wenn ich mich recht erinnere, waren wir nur geneigt, bis etwa 0,8 pCt. zu gehen. Aber nachdem Sie uns hier selbst gesagt haben, Sie würden bis 1 pCt. gehen, würde ich mein Gewissen nicht dadurch belastet fühlen, daß auch ich 1 pCt. bewillige.

Meine Herren, der zweite Punkt ist der — und da kann ich nun allerdings mit Herrn Müller nicht übereinstimmen —, daß das Einkommen überhaupt von jeder Steuer frei bleiben soll. Ich würde das für eine große Unbilligkeit halten. Herr Müller hat die eigentümliche Konstruktion scharf zurückgewiesen, in der die Besteuerung des Einkommens erfolgen soll; darin hat er natürlich vollständig recht. Es ist eine steuerliche Ungeheuerlichkeit, das Einkommen zu kapitalisieren und den Wehrbeitrag von dem kapitalisierten Einkommen zu erheben. Aber in keinem Falle kann ich es für unbillig halten, wenn man bei der Heranziehung des Vermögens bis zu 20 000 M. geht, daß dann Leute, die 20 000, 30 000 M. Einkommen in einem Jahre haben, nicht auch für diesen Zweck einen einmaligen Beitrag zahlen sollen. Ich würde es im Gegenteil für eine Ungerechtigkeit halten, wenn man bis zu 20 000 M. Vermögen heruntergInge in der Besteuerung und daß Leute, die aus Aufsichtsratsstellungen vielleicht 100 000 M. Einkommen haben, gar keinen Pfennig Steuer von diesem Einkommen zahlen sollen. Ich habe dem Centralverband ja nicht zu raten, aber mich würde ein Beschluß befremden, der dahin ginge, alle Leute, auch mit den höchsten Einkommen, von der Belastung frei zu lassen. (Zuruf: Soll ja auch gar nicht geschehen!) Ja, beantragt ist es hier. (Geheimer Oberfinanzrat Müller: Nein, 4 pCt. des Einkommens!) Dann gehen Sie in der Besteuerung derjenigen, die ein großes Vermögen außer ihrem Einkommen zu versteuern haben, noch weiter als die Budgetkommission gegangen ist. Man wird also mit positiven Vorschlägen sehr vorsichtig sein müssen.

Herr Direktor Müller hat eine ganze Reihe von Vorwürfen gegen die Reichsgesetzgebung erhoben. Ich kann ihm in vielen Beziehungen recht geben; aber, meine Herren, wenn er die Wertzuwachssteuer so schlecht macht, so muß ich doch darauf hinweisen, daß sie doch keine Erfindung des Reiches ist. Zahlreiche Gemeinden haben diese Steuer lange vorher gehabt und einer der Hauptbefürworter derselben war der Oberbürgermeister aus Hagen. Nun, meine Herren, wenn eine solche Persönlichkeit, die so lange in der Praxis gestanden hat, die große Erfahrungen besitzt und die Sache beurteilen kann, wenn eine solche Persönlichkeit, nicht bloß notgedrungen wie wir, für die Wertzuwachssteuer eingetreten ist, sondern mit heller Begeisterung, dann kann man uns doch nicht solche Vorwürfe machen!

Meine Herren, Herr Direktor Müller hat gegen die Besteuerung des Einkommens den Einwand erhoben, daß, wenn ein Mann mit hohem Einkommen stirbt, die Witwe nichts hat; das ist doch aber kein Grund, von einer Besteuerung des Einkommens abzusehen.

Ich habe mich für verpflichtet gehalten, hier festzustellen, daß auch meine Partei wegen der Entwickelung unserer Reichsfinanzen in hohem Grade besorgt ist, daß auch wir das Prinzip der indirekten Besteuerung für das Reich durchaus nicht aufgeben können und wollen, und daß wir auch natürlich im Reichstage, soweit es in unseren Kräften liegt, für unsere Ansichten eintreten. Sorgen Sie nur dafür, meine Herren, daß erheblich mehr Leute in den Reichstag kommen, die unsere Ansichten teilen, dann wird die Sache besser werden. (Heiterer Beifall.)

Geheimer Oberfinanzrat **Müller**-Berlin: Ich wollte nur zwei Punkte richtig stellen. Ich habe nicht für die Freilassung des Einkommens plädiert, sondern ich habe zugegeben, daß, wenn jemand ein höheres Einkommen hat und ein entsprechend geringeres Vermögen, er außer der auf sein Vermögen fallenden Steuer bis zu 2 pCt. seines Einkommens zu steuern hat, wie es die Regierungsvorlage vorschlug. Damit war ich einverstanden.

Ob ich zu weit gegangen bin, wenn ich 4 pCt. des Einkommens aus Arbeitsverdienst als zulässige Steuer bezeichnet habe, möchte ich dahingestellt sein lassen. Wenn ich zu dem Beispiel des Freiherrn von Gamp ein paar Worte sagen darf, so gibt es Fälle, wo jemand 47 000 M. Aufsichtsratstantiemen hat, ohne dafür noch eine Einkommensteuer als Wehrbeitrag entrichten zu müssen, nämlich wenn er einen anderen Teil seines Vermögens in Grundbesitz angelegt und von seinem Grundbesitz weniger als 5 pCt. Einkommen deklariert hat, und ich bin überzeugt, daß, wenn Herr Freiherr von Gamp auch ein noch so vorzüglicher Landwirt im Laufe der Jahre geworden ist, er doch nicht in der Lage sein wird, 5 pCt. seines im Grundbesitz angelegten Vermögens zu erzielen. (Zustimmung des Abgeordneten Freiherrn von Gamp.) Das, was er weniger erzielt als 5 pCt., wird bei dem Umfange seines großen Vermögens, glaube ich, mehr sein als 47 000 M., infolgedessen bleibt er von dieser Zusatzsteuer frei. (Heiterkeit.) Aber es gibt leider unglückliche Menschen, die ein Arbeitseinkommen von mehr als 47 000 M. haben, und ich kenne sogar zwei hervorragend tüchtige Leute, die ein Einkommen von über 300 000 M. aus ihrer Arbeitstätigkeit haben. Diese beiden Leute haben kein Vermögen, sondern infolge unglücklicher Zufälle und Torheiten, die sie in der Vergangenheit begangen haben, Spekulieren, Bürgschaftleisten usw. haben sie eine sehr ansehnliche Schuldenlast, zu deren Abtragung sie eine Lebensversicherungspolice haben nehmen müssen, von der sie eine sehr hohe Prämie zahlen. Diese Lebensversicherungsausgabe ist nach unserer Steuergesetzgebung, soweit sie 600 M. übersteigt, nicht abzugsfähig. Folglich haben die Leute von diesen 300 000 M. Einkommen erstens die Schulden zu bezahlen, — die Zinsen sind schon abgezogen. Trotz der Zahlung der Schuldenzinsen haben sie noch 300 000 M. übrig. Die Lebensversicherungsprämie dürfen sie aber nicht abziehen. Denen wird nun hier fingiert ein Vermögen von 3 600 000 M. vorgerechnet und davon sollen sie $1\frac{1}{2}$ pCt. oder 54 000 M. Vermögenssteuer zahlen. Jedenfalls ist keine Bestimmung in den Beschlüssen der Budgetkommission, die eine Abzugsfähigkeit von nachgewiesenen Schulden von dem fingierten Einkommen zuließe.

Direktor Dr. **Guggenheimer**-Augsburg: Meine sehr verehrten Herren! Es ist zweifellos große Versuchung gegeben, auf der Bahn fortzufahren, auf der Herr Geheimrat Müller begonnen hat, wenn ich auch von vornherein zugebe, daß es mir nicht möglich wäre, in solchen Ausführungen die Schädlichkeit der Steuer zu bekämpfen und so treffend mich dazu zu äußern. Aber, meine Herren, ich bin der Ueberzeugung, daß dieser Versuchung doch heute zum mindesten weiter widerstanden werden muß, damit noch einige praktische Fragen erörtert werden können, die meiner Auffassung nach gerade die Industrie und die die Industrie mit repräsentierenden Aktiengesellschaften interessieren. Wenn Sie darin mit mir einverstanden sind, so möchte ich auch der Versuchung widerstehen, die Frage aufzuwerfen, ob gerade der gegenwärtige Zeitpunkt, in dem die Industrie in eine nicht sehr rosige Zukunft blickt, sehr geeignet ist, eine derartige Abgabe von ihr in solcher Höhe zu erheben, wie dies beabsichtigt ist. Ich widerstehe dem um so mehr, als ich mit Herrn Geheimrat Müller der Ueberzeugung bin, daß uns alles das, was wir dazu sprechen und tun werden, eben in Erwägung der Tatsache, die auch er als Gründe für den geringen Nutzen derartiger Ausführungen angegeben hat, jetzt wenig helfen wird.

Was das Prinzip anbetrifft, so mag die Steuer ein in der Finanzpolitik vielleicht noch nie dagewesenes Ereignis sein, es mag Konfiskationen des Vermögens bilden, wenn man im Frieden vom Vermögen einfach eine Abgabe nimmt, aber, meine Herren, ob das begriffliche Konfiskation ist oder nicht — konfisziert wird in jedem Falle; damit müssen wir rechnen, wir müssen uns damit abfinden, und die Industrie hat sich in der letzten Zeit wahrlich daran gewöhnt, sich mit Tatsachen und Gesetzen abzufinden, die ihr mehr als schädlich waren und die sie, wenn so fortgefahren wird, einfach an den Rand des Unterganges bringen werden. Also abgefunden haben wir uns, weil wir uns abfinden müssen.

Wenn demgegenüber doch noch einiges hervorgehoben werden soll, so meine ich, muß zunächst betont werden, daß nach Möglichkeit krasse Ungerechtigkeiten bei der Auferlegung dieser Steuer zu vermeiden sind, daß man sie möglichst ausmerzen soll aus dem Entwurf dieses Gesetzes, wie er jetzt vorliegt, und weiter, daß man bei der Durchführung der Steuer Streitigkeiten und Unzuträglichkeiten vermeiden soll, welche — das lasse ich mir nicht nehmen, ich habe die Empfindung aus dem Auslande mitgebracht — den immerhin vorhandenen guten Eindruck, welchen die Bereitwilligkeit zur Tragung der Steuer und die Opferwilligkeit im Auslande hervorgerufen hat, zerstören.

Darüber, meine Herren, möchte ich doch keine Unklarheit lassen, daß, wenn die Durchführung dieser Steuer mit einer Unzahl von

Prozessen verbunden sein wird, wenn sie zu einer Menge von Schwierigkeiten führt, der immerhin bemerkenswerte Eindruck der Bereitwilligkeit zu der Steuer doch vollkommen aufgehoben wird. (Sehr richtig!)

Deshalb, meine Herren, verlange ich in allererster Linie Klarheit in dem Steuergesetz, unbedingte Klarheit, die vermeiden läßt, daß man sich dann immer mit den Behörden zu streiten hat, daß man in einer Unzahl von Prozessen die Steuer erst zur Feststellung bringt.

Ich verlange aber trotz der Ausführungen des Herrn Geheimrat Müller auch die Vermeidung der Doppelbesteuerung aus dem Gesichtspunkte, daß zweifellos das Ungerechteste, das existieren kann und das bei einer ungerechten Steuer nicht dadurch aufgehoben wird, daß sie selbst schon ungerecht ist, die Doppelbesteuerung ist.

Denn, meine Herren, wenn heute — ich beschränke mich jetzt zunächst auf die Besteuerung der Aktiengesellschaften — bei einer Aktiengesellschaft das Vermögen besteuert wird, sei es in Form des Ertragswertes, des Verkaufswertes oder wie immer und noch dazu das Einkommen aus der gleichen Aktie bei demjenigen besteuert wird, der im Besitze derselben ist, dann ist das meines Erachtens eben eine derartige Ungerechtigkeit, daß sie, wenn irgendwie vermeidbar, auch vermieden werden muß.

Es ist der Befürchtung Ausdruck gegeben worden, daß der Weg, der in der Kommission vorgeschlagen war, zu Unzuträglichkeiten führen würde und vor allem dazu, daß man dennoch beiden Teilen die Steuer auferlegen würde.

Ich kann das nicht einsehen. Ich kann nicht einsehen, warum nicht die Möglichkeit bestehen soll, daß der einzelne Fatierende — wozu natürlich nun auch solche Aktiengesellschaften, die Besitzer anderer Aktien sind, gehören würden — nicht die Aktien von Gesellschaften soll zum Abzug bringen können, die bereits besteuert worden sind.

Herr Geheimrat Müller führte dagegen an, daß jemand Besitzer der meisten Aktien einer Gesellschaft sein könnte. Ja, worin liegt denn da der Grund des Aergernisses? Er ist dann doch dadurch, daß er Besitzer der meisten Aktien der Gesellschaft ist, in der Besteuerung der Aktiengesellschaften auch am meisten betroffen, und wenn er eine Reihe von Aktien auf dasjenige, was sein Vermögen ist, in Abzug bringen kann, so kann doch darin eine Ungerechtigkeit nicht liegen; und wenn Herr Geheimrat Müller sich vorstellt, daß dadurch die Schikanen der Steuerbehörden ins endlose wachsen würden, so, glaube ich, daß er trotz seines Pessimismus immer noch eine zu optimistische Anschauung von der Steuerbehörde hat, wenn er glaubt, daß die Schikane noch weiter gehen kann, besonders in Fällen, in denen Industrielle und industrielle Unternehmungen zur Einschätzung gelangen.

Wenn es dahin kommen kann, daß Steuerbehörden bei Angabe der Fassion z. B. fragen, wie der Fatierende dazu käme, statt 6 im Vorjahre angegebene Aktien 10 in der Generalversammlung zu vertreten und er nachweisen muß, daß er sie für einen anderen zu vertreten gehabt hat, so ist es dagegen noch gar nichts, wenn der Fatierende nachweisen muß, daß er am 31. Dezember 1913 Aktien besessen hat, die bereits durch das Vermögen der Gesellschaft besteuert wurden, ein Nachweis, der übrigens aus den Depots der Bank leicht zu erbringen wäre.

Wir müssen versuchen, die Doppelbesteuerung unter allen Umständen zu vermeiden.

Die von dem Herrn Vorsitzenden in der verlesenen Erklärung vorgeschlagene Relation zwischen Aktienkapital und zwischen Ertragswert des Vermögens ist mir nicht ganz verständlich, und ich habe das nicht vollkommen begriffen, wie diese Relation geschaffen werden soll. Ich glaube aber, daß auf diesem Wege unter keinen Umständen die Doppelbesteuerung vermieden werden kann.

Nun fragt es sich aber weiter: was darf der Besteuerung zugrunde gelegt werden? In der Beziehung ist eine Reihe von Begriffen aufgestellt worden. Es sind deren vier: gemeiner Wert, Buchwert, Ertragswert und Börsenkurswert.

Meine Herren, ganz kurz: Der gemeine Wert, der Verkaufswert, ist als Grundlage für den Besitz industrieller Unternehmungen absolut unannehmbar. Zu welchen Schwierigkeiten die Einschätzung hier führen würde, welche Verfahren hier nötig wären, insbesondere bei dem Besitz von Aktiengesellschaften, brauche ich Ihnen nicht auszuführen.

Es besteht auch bei der Verschiedenheit der Einschätzungen meines Erachtens auf dem Gebiet volle Unsicherheit dafür, in welcher Weise die Einschätzung der Vermögen vorgenommen werden wird, vor allem ermangelt jeder Anhaltspunkt für einheitliche Einschätzung.

Was nun den Buchwert anbetrifft, für den Herr Geheimrat Müller eintritt, so weiß ich wirklich nicht, ob derselbe die Grundlage bilden soll. Er sprach auch von dem Bilanzwert, wobei er der Steuerbehörde das Recht geben wollte, nachzuprüfen, ob der Bilanzwert dem wirklichen entspricht unter Bindung an die Bestimmungen des Handelsgesetzbuches.

Es wird eine solche Befugnis von den Steuerbehörden — davon bin ich fest überzeugt — wie in allen diesen Fällen wieder ausgenutzt werden zu den weitgehendsten Beanstandungen, so daß eine Grundlage für die Besteuerung überhaupt nicht einheitlich vorhanden ist, und es wird auf Details eingegangen werden, noch weit über das hinaus, wie es bei der gewöhnlichen Gewerbesteuer heute erfolgt.

Ich möchte mich also für meine Person, so sehr es wünschenswert wäre, daß die in der Bilanz aufgestellten Werte die Grundlage der Besteuerung bilden — aber ohne ein Nachprüfungsrecht der Steuerbehörde —, dahin aussprechen, daß ich nicht glaube, daß dies akzeptiert werden wird, weil man dadurch den Einschätzungen der Gesellschaften selbst in einer den Steuerbehörden nicht genehmen und von ihnen nie zu verstehenden Weise folgen müßte.

Es bleibt demnach meines Erachtens nichts übrig, als nach dem Ertragswert zu besteuern, und ich kann die Einwendungen nicht für berechtigt finden, die dagegen erhoben werden; daß gerade diejenigen Gesellschaften es seien, die diese Art der Besteuerung suchen, die niedere Erträge haben, ist irrig.

Ich kann versichern, daß der Vorschlag, den Ertragswert, den Durchschnitt der Dividenden, zur Grundlage zu machen, von Gesellschaften mit ausgegangen ist, die ein recht anständiges Erträgnis abwerfen — ich habe darüber verschiedene Vertreter gehört —, und daß sie sich dem ganz gern unterwerfen. Warum? Weil dieses System Klarheit schafft, und weil gerade für die industriellen Gesellschaften die Klarheit das allerwichtigste und notwendigste ist.

Ich möchte dazu noch eins anführen.

Der Wert der Klarheit, die auf dem Gebiete gegeben wird, durch eine Einschätzung der Dividende wird meines Erachtens auch nicht dadurch aufgehoben, daß Gesellschaften existieren, welche tatsächlich kein Einkommen haben. Ich schließe mich da dem zweiten Herrn Referenten vollkommen an, daß hier tatsächlich ein ertragschaffendes Vermögen im Augenblick nicht gegeben ist. Es mögen z. B. Gebäude stehen, soviel nur immer wollen. Ein in einem industriellen Unternehmen stehendes Gebäude wird erst dann Wert besitzen, wenn die schaffende Kraft hineintritt, wenn durch das Mitwirken von fruchtbringender Arbeit aus dem Gebäude, aus dem Grundstück Einkommen erspriеßt. Bis dahin ist es kein Objekt, das als Vermögen gelten könnte, das als solches besteuert werden dürfte.

Daß derartiger Besitz als Vermögen wirklich nicht zu rechnen ist, ergibt sich am besten daraus, daß den Pfandbriefbanken verboten ist, industrielle Anlagen mit Hypotheken zu beleihen. Es ergibt sich auch noch aus einer ganzen Reihe von Umständen, die hier anzuführen meines Erachtens wirklich zu weit führen würde in anbetracht der vorgeschrittenen Zeit.

Dagegen bin ich nicht der Meinung des Herrn Referenten, daß für solche Gesellschaften, deren Aktien an der Börse notiert werden, der Börsenwert für die Einschätzung maßgebend sein soll. Ich bin überzeugt, daß er in dieser Richtung auch die Stelle in dem Gesetzentwurf nicht richtig angeführt hat. Die von ihm angeführte Stelle bezieht sich keineswegs auf die Besteuerung der Aktiengesellschaften, sondern auf die Besteuerung von Aktien in den Händen von Dritten. Dort soll der Kurswert maßgebend für die Besteuerung sein.

Das ist der Inhalt des von ihm angeführten § 16, während bei § 12 nach dem Antrage des Zentrums durchweg der Ertragswert maßgebend sein soll. Ich bin also der Meinung, daß hier nicht etwa eine Lücke geschaffen werden soll in dem System, und daß, wenn der Ertragswert die Grundlage bilden soll, nicht eine geeignete Schätzung, nicht die Heranziehung des Kurswertes dieses ganze Prinzip wieder umstoßen soll.

Dann möchte ich eins betonen: Wenn Sie wirklich so hohe Bedenken gegen die Zugrundelegung des Ertragswertes und die Kapitalisierung desselben haben, dann kommt als eventuelles Mittel das in Betracht, was vom Herrn Vorsitzenden bereits erwähnt worden ist und was hierher wohl angenommen werden könnte, die eventuelle Schaffung einer Relation zwischen dem Ertragswert und dem Aktienkapital, das ja doch im Grunde genommen das Vermögen der Aktiengesellschaft bildet. Man würde also durch Kapitalisierung mit der Zahl 16⅔ der durchschnittlichen Dividende der letzten drei Jahre beispielsweise das Kapital zunächst festsetzen — und nehmen wir an, es würde ein Kapital von 2 Millionen daraus erzielt —, dann das Aktienkapital dem gegenüber stellen und das Mittel aus beiden ziehen.

Dann würde man auch dem Einwand begegnen können, wenn er wirklich so viel Berechtigung haben sollte, daß ertragsunfähige Gesellschaften nichts abliefern; es würde sich dann so vollziehen, daß allerdings, wenn kein Ertrag vorhanden wäre, das Aktienkapital die zu besteuernde Grundlage allein geben würde, zur Hälfte gerechnet.

Meine Herren, endlich möchte ich mich ganz entschieden gegen die Staffelung bei der Besteuerung der Aktiengesellschaften wenden. Wer jemals einen Leitfaden der Nationalökonomie studiert hat, hat gelesen, was die Gründe für eine progressive Steuer bilden: erhöhte Leistungsfähigkeit des ein höheres Einkommen Besitzenden. Das hat man schon auf der Universität als Leitsatz gehört, und wenn bei der Prüfung man diesen Satz nicht gekannt hätte, wäre man mit Recht durchgefallen.

Meine Herren, mit diesem Satze bricht entschieden der Grundsatz der Besteuerung nach Staffelung für die Aktiengesellschaften, denn niemand wird behaupten können, daß eine Aktiengesellschaft, die mehr Aktienkapital hat oder mehr Vermögen berechnet nach dem Ertragswert, leistungs-, entbehrungsfähiger ist als eine andere, die weniger Aktienkapital oder Vermögen hat. Es liegt ja auf der Hand, daß eine solche Behauptung durch nichts gerechtfertigt wäre.

Ich gebe zu, daß vielleicht der einzelne, die physische Person, in ihrer Leistungsfähigkeit mit höherem Besitz gewinnt oder daß da eine progressive Steuer angebracht ist. Daß es aber bei der Aktiengesellschaft ebenso sein soll, ist eine Fiktion, die auch in dem Gebiet der vorhin von Herrn Geheimrat Müller angeführten Fiktionen Aufnahme finden kann.

Ich schließe damit: Drei Dinge müssen ausscheiden.

Die Doppelbesteuerung ist zu vermeiden, die Besteuerungen nach dem gemeinen, dem Verkaufswert, desgleichen — es muß an deren Stelle der Ertragswert treten — und die Staffelung, die für Aktiengesellschaften eintreten soll.

Dann wird das Gesetz noch kein gerechtes, aber die allerhärtesten Ungerechtigkeiten werden aus demselben ausgeschieden sein. (Beifall).

Reichstagsabgeordneter Rechtsanwalt **Wilhelm Meyer**-Hannover: Meine Herren, gestatten Sie mir auch noch einige Worte; ich glaube in Ihrem Sinne zu handeln, wenn ich mich in der vorgerückten Stunde recht kurz fasse.

Es ist von verschiedenen Herren Rednern hervorgehoben worden, welche Aenderungen das Gesetz über den außerordentlichen Wehrbeitrag in der Kommission erfahren hat. Es sind hauptsächlich drei Punkte, die uns interessieren. Das ist einmal die Aenderung der Staffelung, indem die Abgabe von $^1/_2$ pCt., wie sie in der Regierungsvorlage durchweg vorgesehen ist, von 0,15 bis auf 1,5 gestaffelt worden ist. Welche Ungeheuerlichkeit das ist, ist hier schon verschiedentlich ausgeführt worden. Ich brauche deshalb nicht weiter darauf einzugehen. Es ist dann sehr viel hier die Rede gewesen von der Ungerechtigkeit der Doppelbesteuerung, die darin liegt, daß die Aktiengesellschaften auch zum Wehrbeitrag herangezogen werden sollen. Meine Herren, es sind in der Budgetkommission verschiedene Versuche gemacht worden, diese Ungerechtigkeit zu beseitigen. Der radikalste Antrag, der da vorlag und der die Doppelbesteuerung auch mit einem Schlage beseitigt hätte, war der, den § 12, der von den Aktiengesellschaften handelt, zu beseitigen. Dann wäre natürlich von einer Doppelbesteuerung nicht die

Rede gewesen. Es ist aber in der Budgetkommission in der ersten Lesung nicht gelungen, zu einer Lösung dieser Frage zu kommen.

Herr Geheimrat Müller hat hier einige Gründe angeführt, warum der Zentrumsantrag nicht annehmbar ist, und die Bedenken gegen diesen Zentrumsantrag waren auch so groß, daß verschiedene Mitglieder der Kommission, die an sich für eine Beseitigung der Doppelbesteuerung sind, es doch vorgezogen haben, es dann lieber in der ersten Lesung bei der Regierungsvorlage zu lassen.

Es kommt dann in dritter Linie der § 31, der in seiner vorliegenden Fassung die Arbeitseinkommen kapitalisieren will. Meine Herren! Im Gegensatz zu Herrn Freiherrn von Gamp bin ich der Meinung, daß gerade diese Bestimmung manche Ungeheuerlichkeiten enthält. Es ist ja richtig — da gebe ich Herrn Freiherrn von Gamp durchaus recht —, daß man bei einer derartigen Vorlage, wie sie nun einmal da ist, auch an dem Einkommen nicht vorübergehen kann, dem kein Kapital zugrunde liegt. Es war das ja auch in der Regierungsvorlage vorgesehen. Die Regierungsvorlage hatte den Vorteil, daß sie sehr einfach war. Es kamen da nur Einkommen von über 50000 M. in Frage, und das waren nicht derartig viele, daß es besondere Schwierigkeiten gemacht hätte, die Bestimmungen durchzuführen. Aber diese Bestimmungen, wie sie jetzt in den Beschlüssen der Kommission vorliegen, sind so kompliziert, daß sie überhaupt kaum zu verstehen sind. Es gehören so umfangreiche Berechnungen dazu, um das Kapital festzustellen, das der Steuer zugrunde gelegt werden soll, daß diese Vorschläge, wenn sie angenommen werden, einmal in der Praxis unüberwindliche Schwierigkeiten haben würden. Dann aber ist die Staffelung derart, daß sehr hohe Einkommen mit über 15 pCt. des Jahreseinkommens herangezogen werden. Das ist eine Ungeheuerlichkeit, auf die Herr Geheimrat Müller bereits durchaus zutreffend hingewiesen hat.

Meine Herren! Welchen Gang die Verhandlungen über den Wehrbeitrag in der Kommission genommen haben, das kann man nach meiner Meinung am charakteristischsten feststellen aus drei kurzen Sätzen des Protokolls der Sitzung der Budgetkommission vom 29. Mai. Da hat der Herr Staatssekretär Kühn zu Anfang der Sitzung gesagt: Die Regierungsvorlage unterscheide sich von den sozialdemokratischen Vorschlägen einmal dadurch, daß die Sozialdemokratie jedesmal bei neuen Militärvorlagen Vermögensabgaben erheben wolle, die Regierung aber nur einmal; ferner dadurch, daß die Sozialdemokratie nur die reichen Leute besteuern wolle, während die Regierung in Uebereinstimmung mit der großen Mehrheit des deutschen Volkes auf dem Standpunkte stehe, daß bei einer so einschneidenden Maßregel des Reiches möglichst weite Kreise beteiligt werden sollen.

Es hat dann der Abgeordnete Erzberger weiter ausgeführt, der Antrag seiner Freunde komme zu der Erwägung, daß im allgemeinen eine steuerfreie Grenze von 50 000 M. gerechtfertigt sei. Es würden dann nach seiner Berechnung ungefähr 75 pCt. aller Zensiten von der Steuer frei bleiben. Dies sähe er für kein besonderes Unglück an.

Also, meine Herren, nach dem Abgeordneten Erzberger soll schon diese Last, die nach der Regierungsvorlage auf möglichst weite Kreise verteilt werden soll, nur 25 pCt. aller Zensiten auferlegt werden.

Es hat dann ferner der Abgeordnete Südekum in der Kommission ausgeführt: die Volksstimmung gehe dahin, daß die hohen Vermögen möglichst scharf herangezogen werden sollen, die Heranziehung habe aber darin ihre Grenzen, daß man mit der Möglichkeit der Abwanderung der Vermögen rechnen müsse.

Meine Herren! Wenn man sich die Vorlage ansieht, wie sie aus der Kommission herausgekommen ist, muß man zu der Ueberzeugung kommen, daß dieser Grundsatz, wie ihn Herr Südekum hier angeführt hat, eigentlich die einzige Richtschnur für die Kommissionsverhandlungen gewesen ist. Meine Herren, damit ist die abschüssige Bahn, auf die die Kommission getreten ist, nach meiner Meinung in genügender Weise gekennzeichnet.

Es muß der Versuch gemacht werden, die drei Bestimmungen, auf die ich hingewiesen habe, wieder zu verbessern. Und, meine Herren, ich gebe im Gegensatz zu verschiedenen Herren, die hier gesprochen haben, die Hoffnung nicht auf, daß es doch noch gelingt, diese Bestimmungen zu ändern.

Ich gehöre auch nicht zu den Abgeordneten, von denen hier der Herr Geheimrat Müller gesprochen hat, die es als einen Vorzug einer solchen Vorlage ansehen, wenn sie Ungerechtigkeiten enthält.

Im Gegenteil. Aber meine Herren, ich habe auch die Hoffnung nicht aufgegeben, daß es hier noch gelingt, der Gerechtigkeit oder, wie Herr Regierungsrat Schweighoffer vorhin gesagt hat, der steuerlichen Moral besser gerecht zu werden, als wie es hier der Fall ist. (Beifall.)

Geheimer Oberfinanzrat **Müller**-Berlin: Ich meine, über die Einschätzung der Aktiengesellschaften sind hier verschiedene Erörterungen angestellt worden, die ganz vergessen, daß das, was die Regierungsvorlage vorschlägt und was die Budgetkommission in erster Lesung angenommen hat, das glimpflichste ist, was bei irgendeiner weiteren Erörterung der Frage passieren kann. Die Krux ist, daß im Prinzip zunächst gesagt ist: nach dem gemeinen Wert! Eine Aufstellung nach dem gemeinen Wert ist unmöglich. Das kann keine Steuerbehörde, und wenn sie noch so tiftelig und schikanös wäre, ausrechnen, das ist ganz unmöglich. Was ich vorgeschlagen habe, war, daß die Vermögensaufstellungen für Handel, Gewerbe und Industrie die Vorschriften des Handelsgesetzbuches respektieren müssen, die für Aktiengesellschaften vorschreiben: Einkaufspreis, nicht Verkaufspreis. Das ist das Entscheidende. Aber wenn Sie mit 16 ²/₃ pCt. die Dividende multiplizieren wollen, so ist das ungefähr der Kurswert der Aktien der Gesellschaften, wobei von dem Abzug des Nominal-Kapitals, wie es Regierungsvorlage und Budgetkommission wollen, gar nicht mehr die Rede ist. Und wenn sich hier einzelne Herren damit trösten wollen, daß zur Vermeidung der Doppelbesteuerung der Abzug des in den Aktien angelegten Kapitals bei den Zensiten gestattet werden müsse, so ist das eine Illusion. Wenn Sie diese Frage weiter anrühren, so kommen Sie zur Doppelbesteuerung in der schlimmsten Form, die überhaupt möglich ist. Was wir in diesem Punkte für Resolutionen überhaupt fassen können, wird nur unsere Lage verschlechtern. Sie werden uns beim Worte nehmen, wenn wir für die Heranziehung der Aktiengesellschaften nach dem Ertragswert plädieren und uns nicht folgen, wenn wir sagen: der einzelne Aktionär soll frei gelassen werden. Das ist so sicher, wie zweimal zwei vier ist.

Also bei der jetzigen Lage ist es richtig: quieta non movere! Der Herr Vorsitzende hat seine Ansicht ausgesprochen, und ich habe es auch getan. Aber so lange die Kommission nicht neue Beschlüsse gefaßt hat, wäre es doch der größte Fehler, hier noch der Kommission Fingerzeige zu geben, um uns noch etwas Schlimmeres zuzufügen. Die Herren sind vollständig auf dem Holzwege, wenn sie glauben, damit etwas nützen zu können.

Was übrigens die Steuerbehörden anbetrifft, so fehlt ihnen allerdings ein genügendes Verständnis für kommerzielle Dinge. (Sehr richtig!) Aber die Steuerbehörden sind auch Menschen, die die Arbeit gar nicht leisten könnten, die nötig wäre, um neue Aufstellungen für Aktiengesellschaften zu machen. Und tatsächlich: Wir haben in Preußen doch eine langjährige Erfahrung, während Sie in Bayern eine kurze Erfahrung haben hinsichtlich der Einkommensteuer; die ist ja dort eben erst eingeführt. (Direktor Dr. Guggenheimer: Gewerbesteuer!) Die Gewerbesteuer ist aber nicht von der Tragweite und der Höhe. (Direktor Dr. Guggenheimer: Oho!) Wir haben doch auch mit bayrischen Steuerbehörden zu tun und ich weiß genau, daß sie beinahe noch schlimmer sind als die preußischen. Aber Sie haben doch bisher keine

Einkommensteuer gehabt. In Preußen hat sich die Prüfung der Bilanzen im wesentlichen auf die Nachprüfung der Abschreibungen beschränkt, und da kann man der Steuerbehörde nicht unrecht geben. Man kann nicht verlangen, daß sie in blanco jede kaufmännische Bilanz hinnehmen soll. Das wäre ein unberechtigtes Verlangen. Aber die Nachprüfung hat die Schranke, daß sie mehr als Menschenkraft erfordert und daß sie tatsächlich nicht viel ausrichten kann. In Preußen hat diese Nachprüfung trotz aller Schärfe niemals dazu geführt, daß die Bilanzen umgeworfen worden sind. Bisher ist auch bei den privaten Kaufleuten die kaufmännische Bilanz respektiert worden, und das ist ja eine Frage, die für die privaten Firmen viel wichtiger ist als für die Aktiengesellschaften. Bei den Aktiengesellschaften ist die Besteuerung nach dem Ertrage irrationell, es wäre ein grober Fehler, wenn wir uns darauf einlassen wollten, und für die Handelsgeschäfte ist die Besteuerung nach dem Ertrage eine Unmöglichkeit und eine schwere Schädigung der Handelshäuser. Die Industrie sollte sich mit dem begnügen, was jetzt für die Aktiengesellschaften geschehen ist.

Handelskammersyndikus Dr. **Dietrich**-Plauen: Ich möchte mir zu dem Vortrage des Herrn Schweighoffer eine kurze Anfrage gestatten. Der Vortrag mündet in einen Beschlußantrag. In diesem Beschlußantrag heißt es: Der Centralverband erachtet eine alsbaldige Verabschiedung der gesetzgeberischen Vorlagen, insbesondere auch der Vorlagen wegen der Deckung der laufenden Kosten für die Heeresvermehrung auch aus dem Grunde für dringend erforderlich, weil eine Verschleppung der Entscheidung in weite Kreise unserer erwerbstätigen Bevölkerung eine starke Beunruhigung hineintragen würde usw.

Ich möchte mir gestatten, zu bemerken, daß ich nicht daraus entnehme, daß der Centralverband ohne weiteres sich damit einsetzt für den Gesetzentwurf betreffend die Aenderung im Finanzwesen. Das ist in dieser Resolution nach meinem Erachten nicht zum Ausdruck gebracht. Ob die Deckung der laufenden Kosten durch Annahme des Gesetzentwurfes betreffend die Aenderung im Finanzwesen geschehen soll oder etwa durch ein Erbschaftssteuergesetz, kommt in der Resolution nicht zum Ausdruck. Man kann sich also beides darunter denken. Ich möchte nur bitten, zu sagen, ob diese meine Auffassung richtig ist.

Vorsitzender: Herr Dr. Schweighoffer wird sich darüber im Schlußwort äußern.

Wünscht noch jemand das Wort? — Es ist nicht der Fall.

Dann schließe ich die Diskussion und gebe das Schlußwort den beiden Referenten, zunächst Herrn Regierungsrat Dr. Schweighoffer.

Berichterstatter Regierungsrat a. D. Dr. **Schweighoffer**-Berlin: Meine Herren, ich darf zunächst Herrn Syndikus Dr. Dietrich auf seine Anfrage antworten. Ich habe in meinem Referate ausdrücklich betont, daß ich auf derartige Einzelfragen, wie er sie soeben angerührt hat, nicht einzugehen beabsichtige, und es kann infolgedessen auch der Beschlußantrag in seinem zweiten Absatz nicht in der Weise ausgelegt werden, wie es Herr Syndikus Dr. Dietrich befürchtet. Eine solche nicht zutreffende Auslegung haben, wie ich den Ausführungen des Herrn Freiherrn von Gamp und denen des Herrn Kommerzienrat Dr. Kauffmann entnehme, meine Darlegungen leider schon in einer anderen Beziehung erfahren. Es ist nämlich meine Bezugnahme auf die wirklich höchst interessante und lehrreiche Abhandlung des Senatspräsidenten Dr. Strutz dahin interpretiert worden, als ob ich meinerseits die Einführung einer Erbschaftssteuer hätte befürworten wollen. Meine Herren, hierzu würde ich mich im Namen des Centralverbandes Deutscher Industrieller in keiner Weise für legitimiert erachtet haben, und das habe ich daher denn auch, wie ich ausdrücklich betone, nicht getan. Ich habe lediglich die Ausführungen des Herrn Senatspräsidenten Strutz, in denen er die Erbschaftssteuer als letzten Ausweg aus der Reichsfinanzmisere erklärt, als in hohem Maße beachtenswert bezeichnet im Zusammenhang mit seinen weiteren Darlegungen, in denen er sich unbedingt gegen eine jede direkte Reichsvermögenssteuer ausspricht. Ich habe als ersten Grundsatz betont, und das ist auch in meiner Resolution zum Ausdruck gekommen, daß unter Aufrechterhaltung der finanz- und steuerpolitischen Grundsätze, wie sie Fürst Bismarck aufgestellt hat, das Bedürfnis des Reiches zu decken ist durch indirekte Steuern, und daß der jetzige Weg der direkten Besteuerung der einzelnen Privatwirtschaften von Reichs wegen ein überaus gefährlicher ist. In diesem Sinne ist daher denn auch der Beschlußantrag gehalten, der sich nur auf die grundsätzlichen Gesichtspunkte für die Deckungsvorlagen bezieht und auf Einzelheiten nicht eingehen will.

Zur Kennzeichnung der Empfindungen, die in weiten industriellen Kreisen in Bezug auf die jetzigen Beschlüsse der Budgetkommission über den Wehrbeitrag herrschen, möchte ich zum Schluß noch ein Telegramm verlesen, das eine der hervorragendsten Handelskammern im rheinisch-westfälischen Bezirk, die Handelskammer in Duisburg, soeben an den Centralverband Deutscher Industrieller gerichtet hat:

> „Bei der Einbringung der Wehrmachtvorlage hat die Handelskammer in Duisburg die Erwartung ausgesprochen, daß die Frage der Kostendeckung bald im Sinne der Regierungsvorschläge erledigt würde. Angesichts der Verhandlungen in der Budgetkommission

muß die Handelskammer gegen die Beschlüsse dieser Kommission scharfen Einspruch erheben; die Beschlüsse werfen die von der Regierung zur Frage des Wehrbeitrages gegebene Begründung völlig über den Haufen und würden bei endgültiger Annahme die wirtschaftliche Weiterentwickelung unseres Vaterlandes geradezu gefährden sowie das Gefühl der Rechtssicherheit dauernd verletzen.

Handelskammer in Duisburg."

Berichterstatter Kommerzienrat Dr. **G. Kauffmann**-Hermsdorf: Meine Herren, ich werde mich in meinem Schlußwort kurz fassen. Aber ich kann es mir, da mein Referat sich damit zu beschäftigen hatte, auf Einzelheiten einzugehen und Vorschläge im einzelnen zu machen, doch nicht ganz versagen, noch einmal auf dasjenige zu erwidern, was hier über diese Einzelheiten gesagt worden ist.

Meine Herren, einen Widerspruch gegen die von mir gemachten Vorschläge habe ich nur in einem Punkte gehört, und zwar sowohl von Herrn Dr. Guggenheimer als auch in einer privaten Unterhaltung, die ich die Ehre hatte, mit Herrn Reichstagsabgeordneten Freiherrn von Gamp zu führen. Es wurde mir gesagt, es sei nicht richtig, daß ich für die Aktien mit Kursnotiz die Kursnotiz bestehen lassen will, nachdem ich doch nun einmal im allgemeinen für den Ertragswert plädiere. Ich erlaube mir, dazu folgendes zu bemerken: In der Regierungsvorlage ist für Aktien mit Kursnotiz die Kursnotiz und für alle übrigen der gemeine Wert vorgesehen. Der Zentrumsantrag, der allerdings auch für die Aktien mit Kursnotiz dies ändern wollte, ist abgelehnt worden. Er ist als nicht mehr vorhanden zu betrachten. Im Gegenteil ist der § 19 noch auf Grund eines Vorschlages der Fortschrittlichen Volkspartei dahin abgeändert worden, daß im § 19 noch einmal gesagt wurde:

„Für Aktien mit Kursnotiz Kursnotiz, für alles andere so und so."

Also, meine Herren, ich hatte nur den Gedanken, an dem Bestehenden möglichst wenig zu ändern, möglichst nur das, was erreichbar erschien, zu erstreben, und nur da, wo jetzt der gemeine Wert vorgeschrieben ist, diesen durch den Ertragswert zu ersetzen. Ich glaube auch, daß diejenigen, die das Glück haben, daß ihre Aktien eine Kursnotiz besitzen, damit zufrieden sein können, daß die Kursnotiz der Besteuerung zugrunde gelegt wird. Ist das aber nicht der Fall, legen die Herren, deren Aktien eine Kursnotiz haben, Wert darauf, daß auch für diese Aktien ein anderer Wertmesser eingeführt wird, so würde ich gern bereit sein, den Vorschlag zu modifizieren, wenn überhaupt bei der vorgeschrittenen Zeit darauf eingegangen werden sollte, über bestimmte formulierte Einzel-Anträge zu beraten. Es scheint mir aber nicht so, als wenn das beabsichtigt wird.

Dann die Doppelbesteuerung. Ein großer Teil meines Vortrages war der Aufgabe gewidmet, nachzuweisen, daß die Doppelbesteuerung höchst ungerecht ist. Sie war aber in der Regierungsvorlage enthalten und ist auch angenommen worden. Ich stehe natürlich auch auf dem Standpunkte, daß in erster Linie die Aktien nur bei den Aktionären besteuert werden sollen. Das ist mir das liebste und auch bei weitem das gerechteste. Dies habe ich auch ausgeführt. Aber ich glaube nicht, daß dies noch zu erreichen ist; darum glaube ich doch, daß es als Eventualantrag ganz gut wäre, wenn zum mindesten der betreffende Zentrumsantrag zwar nicht in allen Einzelheiten, wohl aber in dem Punkte, daß die Aktiengesellschaften als solche besteuert werden, wieder Aufnahme finden könnte, und wenn da Herr Geheimer Oberfinanzrat Müller gesagt hat, daß in diesem Falle eine Doppelbesteuerung bestehen würde, so kann ich das nicht einsehen. In dem Zentrumsantrage war ja doch vorgesehen, daß die Aktionäre ihrerseits frei ausgehen sollten. Ich kann also nicht einsehen, weshalb Herr Geheimrat Müller meint: „es würde eine Illusion sein, zu glauben, daß die Aktionäre ihrerseits frei ausgehen würden."

Die übrigen Einwände, die Herr Geheimer Oberfinanzrat Müller gegen den Vorschlag, die Aktiengesellschaften selbst zu besteuern, vorgebracht hat, sind zum großen Teil von Herrn Dr. Guggenheimer widerlegt worden. Ich verzichte daher darauf, auf dieselben einzugehen. Herr Geheimrat Müller hat aber ferner auch gesagt: „Wenn Sie wünschen, daß der einzelne Aktionär frei bleibt, so müßte er jede einzelne Aktie als solche deklarieren." Ich kann nicht einsehen, daß das notwendig werden würde. Es ist Ihnen bekannt, daß bei der G. m. b. H.-Besteuerung für die preußische Einkommensteuer die Sache in der Weise gehandhabt wird, daß jedes Formular für die Einkommensteuerdeklaration eine Rubrik enthält, die mit einem breiten Strich eingerahmt ist und den Vermerk enthält: „Hiervon ist Einkommen bei G. m. b. H.'s — welches ausscheidet, weil es bei der G. m. b. H. besteuert wird — so und so viel", und ich kann nicht einsehen, warum nicht auch für den Wehrbeitrag das Deklarationsformular eine solche eingerahmte Rubrik enthalten könnte mit dem Vermerk: „Hiervon ist Vermögen aus Aktiengesellschaften — infolgedessen bei der persönlichen Besteuerung ausscheidend — so und so viel." Es brauchte also nur der Gesamtbetrag des Besitzes an inländischen Aktien angegeben und in Abzug gebracht, keineswegs aber jede Aktie einzeln deklariert werden.

Daß sich aus der Staffelung Abnormitäten ergeben, habe ich zugegeben. Darin hat ja auch Herr Geheimer Oberfinanzrat Müller mit mir übereingestimmt, daß die Staffelung wesentlich abgeschwächt werden muß. Im übrigen hat der Herr Geheimrat auch selbst hervorgehoben, daß den Fällen, wo durch die Staffelung jemand schlechter wegkommt, auch Fälle gegenüberstehen, wo jemand durch die Staffelung besser wegkommt.

Im übrigen sollen meine Vorschläge überhaupt nur ein Eventualantrag sein. Wenn Sie es ermöglichen können, daß nur der Aktionär besteuert wird, so soll mir das in allererster Linie recht sein. In diesem Sinne lautete auch mein Referat.

Bezüglich des „Kompromißbeschlusses", d. h. der Verquickung von Einkommensteuer und Vermögenssteuer, der Schöpfung der Budgetkommission, habe ich mich darauf beschränkt, einen Vorschlag zu machen, auf den von den Herren nicht weiter eingegangen worden ist, der dazu dienen sollte, die Ungerechtigkeit, die mit den Beschlüssen der Budgetkommission, insbesondere denen gegenüber verbunden ist, die kein Einkommen und nur ein steuerpflichtiges Vermögen haben, abzumildern. Selbstverständlich, wenn es möglich ist, diesen ganzen Kompromißbeschluß zu beseitigen, so soll mir das in erster Linie lieb sein. Ich bin selbstverständlich ganz ebenso wie Herr Geheimrat Müller über den ganzen Beschluß konsterniert gewesen. Ich habe es auch nicht für möglich gehalten, daß die Budgetkommission auf den Gedanken kommen könnte, ein unfundiertes Einkommen zu kapitalisieren und das so berechnete fiktive Vermögen mit einer Vermögenssteuer zu belegen. Ist dieser Beschluß überhaupt zu beseitigen, so soll er selbstverständlich beseitigt werden, und zwar braucht man darum durchaus noch nicht auf eine Steuer auf das Einkommen ganz zu verzichten, darin gebe ich Herrn Freiherrn von Gamp durchaus recht.

Eine Einkommensteuer war auch im Regierungsentwurf schon vorgesehen und dieselbe kann auch weiter ausgebaut werden. Die Verquickung der Einkommensteuer mit der Vermögenssteuer war nicht notwendig. Also wenn sich diese Verquickung beseitigen läßt, so soll sie beseitigt werden. Sie wird aber, wie ich fürchte, nicht beseitigt werden, denn gerade dieser Beschluß ist doch eine Hauptschöpfung der Kommission; und da glaube ich, daß mein Vorschlag, der eine Abmilderung der Ungerechtigkeiten des Beschlusses bedeuten würde, immerhin eine gewisse Beachtung verdienen könnte.

Was dann die wichtigste Frage: „Ertragswert oder Verkaufswert“ betrifft, so haben ja alle Herren, auch Herr Geheimrat Müller, zugegeben, daß der „Verkaufswert“ eine Unmöglichkeit ist. Ich habe aber keine Gegenvorschläge von Herrn Geheimrat Müller gehört. Herr Geheimrat Müller hat zugegeben, daß der Buchwert, wenigstens der Buchwert ohne Kontrolle, ebenfalls nicht brauchbar ist. Darüber sind wir wohl auch alle uns einig: „Daß die Steuerbehörde den Buchwert grundsätzlich als richtig soll anerkennen müssen, kann nicht verlangt werden“; denn es gibt Etablissements, die mit Null zu Buche stehen. Herr Geheimrat Müller hat daher, wenn ich ihn recht verstanden habe, empfohlen: „Buchwert mit Nachkontrolle durch die Steuerbehörde.“ Das ist aber im wesentlichen der gegenwärtige bzw. der im Gesetzentwurf vorgesehene Zustand, das bedeutet keine Aenderung dieses Zustandes. Die Steuerdeklaration wird fast immer auf Grund der Bilanzwerte erfolgen, aber so lange die Steuerbehörde sagen darf: „Wir erkennen den Bilanzwert als Grundlage für die Steuer nicht an, wir setzen vielmehr den gemeinen Wert so und so fest“, so bleibt eben das bestehen, was der Regierungsentwurf will. Ein brauchbarer Gegenvorschlag würde nur der „Ertragswert“ sein, und da kann ich nur meine Freude darüber ausdrücken, daß wenigstens Herr Dr. Guggenheimer mir darin zugestimmt hat, daß der Ertragswert ein besserer Maßstab ist als der Verkaufswert. Natürlich würden Fälle vorkommen, daß Kaufleute, die aus ihrem Vermögen sehr hohe Renten herausarbeiten, beim Ertragswert sehr viel höher herangezogen werden würden als beim gemeinen Wert. Andererseits aber würde der erfolglose Kaufmann oder Industrielle, der nichts oder nur sehr wenig aus seinem Vermögen herausarbeitet, sehr viel besser wegkommen. Ich habe selbst ausgeführt, daß die Annahme des Ertragswertes als Besteuerungsgrundlage dem Gesetze bis zu einem gewissen Grade den Charakter einer Einkommensteuer geben würde; ich leugne das durchaus nicht, aber der Zweck des Gesetzes ist doch nicht die Schaffung einer Vermögenssteuer, sondern der Wehrbeitrag; derselbe hätte ebenso gut von Hause aus in der Form einer Einkommensteuer gedacht gewesen sein können. Jedenfalls ist es eher gerechtfertigt, die Leute nach dem Einkommen heranzuziehen als nach einem Vermögen, das nicht existiert, wie Herr Dr. Guggenheimer mit Recht ausgeführt hat. Der gemeine Wert eines Vermögens, welches in der Gegenwart keinen Ertrag bringt, ist nur eine Zukunftsfiktion. Bei dem Wehrbeitrage aber handelt es sich um gegenwärtige dringende Bedürfnisse, die man auf Grund der gegenwärtigen Leistungsfähigkeit decken soll und nicht auf Grund einer zukünftigen Leistungsfähigkeit, wie es in allen denjenigen Fällen geschieht, wo ein unrentables Vermögen auf Grund von Zukunftsmöglichkeiten trotzdem mit einem hohen gemeinen Wert herangezogen wird.

Im übrigen habe ich zu meiner Freude bei einem weiteren Vorschlage die Zustimmung des Herrn Geheimrat Müller gefunden, nämlich bei der Forderung, die er erhoben hat und die auch von mir schon aufgestellt war, daß an Wehrbeitrag nur soviel erhoben werden darf, wie für die Wehrvorlage gebraucht wird, und daß darüber hinaus eventuell eine Reduktion der weiteren Raten stattfinden muß. Auch daß man sich gegen die übertriebene Staffelung wenden, und zwar als zulässige Maximalgrenze 1 pCt. zugestehen soll, war eine bereits von mir aufgestellte und begründete These.

Also ich glaube, soweit ich überhaupt Widerspruch gefunden habe, denselben klargestellt zu haben. Im übrigen möchte ich glauben, daß ich auf Resolutionen und Anträge in der vorgerückten Stunde ganz verzichten werde.

Vorsitzender: Ich glaube, meine Herren, daß wir doch zu einer Abstimmung kommen können. Die Herren sind ja noch zahlreich versammelt. Jedenfalls möchte ich die Abstimmung versuchen.

Der erste Beschlußantrag, der in Ihren Händen ist, würde zunächst zur Abstimmung kommen.

Dazu ist nur von Herrn Dr. Dietrich-Plauen gesprochen worden. Die Anfrage des Herrn Dr. Dietrich ist von Herrn Dr. Schweighoffer beantwortet worden. Ein Abänderungsantrag zu dem Beschlußantrag liegt nicht vor.

Wünschen die Herren, daß er erst noch einmal verlesen wird? (Wird verneint.)

Dann bitte ich diejenigen Herren, die gegen die Annahme des Beschlußantrages sind, sich zu erheben.

Der Antrag ist einstimmig angenommen.

Jetzt kommen wir zu dem Punkte 3 der Tagesordnung, dem Referate des Herrn Kommerzienrats Dr. Kauffmann. Der Herr Kommerzienrat hat seine Anträge den Herren vorgelegt. Ich habe darauf den Herren dargelegt, wie sich das Direktorium die Stellungnahme des Ausschusses dachte und möchte nun verlesen, was in bezug auf diese meine Ausführungen formuliert wurde:

„Der Centralverband Deutscher Industrieller hat mit lebhaftem Bedauern davon Kenntnis genommen, daß durch die Beschlüsse der Budgetkommission in der ersten Lesung des Gesetzes über den einmaligen Wehrbeitrag die Doppelbesteuerung des in Aktien repräsentierten Steuerobjekts aufrecht erhalten worden ist und spricht die Hoffnung aus, daß diese Doppelbesteuerung bei den weiteren Beratungen der Kommission beseitigt werden wird.

Es muß des weiteren erwartet werden, daß für die Ermittelung des Vermögens eine möglichst einfache Formel gefunden wird, um vor allem die sonst unvermeidlich zu erwartenden zahlreichen Differenzen mit den Einschätzungsbehörden nach Möglichkeit zu vermeiden.

Diesem Erfordernisse wird aber in keiner Weise entsprochen im Falle einer Besteuerung auf der Grundlage eines überhaupt nicht zutreffend festzustellenden **gemeinen** Wertes als Vermögens der Erwerbsgesellschaften.

Der Centralverband gibt vielmehr der Ansicht Ausdruck, daß zu diesem Zwecke bei der Ermittelung des Vermögens der auf Grund einer durchschnittlichen Berechnung des Reingewinnes einzusetzende Ertragswert oder der Ertragswert nach Maßgabe des Verhältnisses zwischen Reingewinn und Aktienkapital zugrunde gelegt wird."

Das wäre also der Niederschlag der Erwägungen, die im Direktorium stattgefunden haben, und zwar ein Niederschlag allgemeiner Art, während die Anträge des Herrn Referenten ja ganz spezieller Natur sind.

Dazu ist noch weiter der Antrag des Herrn Geheimen Oberfinanzrat Müller gestellt. Ich frage die Versammlung, ob ich ihn noch einmal zur Verlesung bringen soll. (Wird bejaht.)

(Der Antrag wird verlesen.)

Die Ausführungen, die in diesem Antrage niedergelegt sind, sind nach Ansicht des Direktoriums ohne weiteres in Einklang zu bringen mit den von mir vorher als Niederschlag der Erwägungen des Direktoriums bezeichneten und von mir verlesenen Ausführungen.

Die Anträge des Herrn Kommerzienrats Dr. Kauffmann sind die weitest gehenden und ich werde daher zunächst über diese Anträge abstimmen lassen, und erst wenn diese Anträge etwa nicht angenommen sein sollten, würde ich über die beiden anderen Anträge abstimmen lassen, und zwar in der Weise, daß ich zunächst den Antrag des Direktoriums zur Abstimmung stelle und dann den Antrag des Herrn Geheimen Oberfinanzrates Müller.

Sind die Herren mit einem solchen Abstimmungsmodus einverstanden? (Zustimmung.)

Kommerzienrat Dr. G. **Kauffmann**-Hermsdorf (zur Geschäftsordnung): Meine Herren, ich möchte meine Anträge nicht als die weitestgehenden betrachten, sie sind nur mehr spezialisiert, während die

Anträge des Direktoriums mehr allgemeiner Art sind. Ich möchte aber nach der ganzen Situation hier und bei der vorgerückten Stunde glauben, daß es besser ist, zumal da meine Anträge in einigen Einzelheiten doch Widerspruch gefunden haben, sich tatsächlich auf diese allgemeinen Resolutionen, die ja mit meinen Anträgen im allgemeinen durchaus nicht im Widerspruch stehen, zu beschränken.

Vorsitzender: Dann würde ich also mit Ihrem Einverständnis erst über die beiden anderen Anträge abstimmen lassen.

Kommerzienrat Dr. **G. Kauffmann**-Hermsdorf: Ich würde auf meine Anträge ganz verzichten.

Vorsitzender: Dann lasse ich zunächst abstimmen über den Antrag des Direktoriums.

Die Herren, die dafür sind, bitte ich, sich zu erheben. (Geschieht.)

Der Antrag ist einstimmig angenommen.

Nun kommen wir zu dem Antrag des Herrn Geheimen Oberfinanzrats Müller.

Die Herren, die für diesen Antrag sind, bitte ich, sich zu erheben. (Geschieht.)

Auch dieser Antrag ist einstimmig angenommen.

Dann haben wir noch den Punkt 4 der Tagesordnung:

Die Aenderung des Reichsstempelgesetzes.

Berichterstatter ist Herr Professor Dr. Moldenhauer.

Berichterstatter Professor Dr. **Moldenhauer**-Cöln: Meine Herren! Mit Rücksicht auf die vorgeschrittene Stunde werde ich mich so kurz fassen, als der Gegenstand dieses Punktes der Tagesordnung es erlaubt.

Zur Deckung der laufenden Ausgaben der neuen Wehrvorlage schlägt die Reichsregierung eine Erweiterung des Reichsstempelgesetzes vor, durch welche, wenn das Gesetz einmal seine volle Wirkung ausübt, 64 Millionen Mark aufgebracht werden sollen. Für die ersten Jahre ergibt sich ein geringerer Betrag, weil ein Teil der neuen Steuern den Bundesstaaten zum Ausgleich für die von ihnen bisher erhobenen Stempel überwiesen werden muß. Die neuen Steuern beziehen sich auf die Stempel für Gesellschaftsverträge und Versicherungen.

Der Stempel für die Errichtung von Aktiengesellschaften und Kommanditgesellschaften auf Aktien ist auf 4½ pCt. des Ausgabewertes berechnet. Derselbe Betrag wird bei Erhöhung des Aktienkapitals erhoben. Der bisherige Reichsstempel betrug 3 pCt. Allerdings fällt nunmehr auch der preußische Stempel weg. Dieser betrug aber nur bei den Gesellschaften mit einem Aktienkapital von über

10 Millionen Mark 1 1/2 pCt., so daß sich für alle anderen Aktiengesellschaften eine Erhöhung des bisherigen Aktienstempels ergibt. Diese Erhöhung wird noch aus dem Grunde fühlbarer, weil bisher der Stempel vom Nennwert und nicht vom Ausgabewert berechnet wurde. Durch diese Erhöhung des Aktienstempels wird naturgemäß die Errichtung von Aktiengesellschaften erschwert. Berücksichtigen wir, daß junge Gesellschaften mit großen Schwierigkeiten zu kämpfen haben, um in das Geschäft zu kommen, und auch infolgedessen außergewöhnliche Aufwendungen bestreiten müssen, so rechtfertigt sich die Forderung, bei der Bemessung des Aktienstempels eine Mäßigung zu bewahren, um die Entstehung neuer Gesellschaften nicht ganz unmöglich zu machen. Diese Mäßigung finde ich darin, daß man nicht den höchsten preußischen Stempel ohne weiteres zu dem Reichsstempel hinzuschlägt, sondern daß man nach preußischem Vorbild den Reichsstempel staffelt, so daß man nur bei Aktiengesellschaften mit einem Kapital von über 10 Millionen Mark — und das sind noch nicht 5 pCt. aller Aktiengesellschaften — einen Stempel von 4 1/2 pCt. erhebt. Freilich wird dadurch ein Ausfall eintreten. Aber dieser läßt sich dadurch einbringen, daß man die ausländischen Aktien den inländischen gleichstellt. Nach der Vorlage soll nämlich für ausländische Aktiengesellschaften nur ein Stempel von 3 pCt. und zwar vom Nennwert, nicht vom Ausgabewert erhoben werden. Ich unterschätze nicht die Bedeutung des Besitzes ausländischer Aktien für die Entwickelung unseres Exports, auch nicht ihre Bedeutung für die Förderung politischer Beziehungen. Aber auf der anderen Seite läßt sich nicht verkennen, daß für manche recht zweifelhafte Anlagewerte Kapital ins Ausland fließt, dessen die heimische Industrie entbehren muß. Ich halte es deshalb nicht nur für ein Gebot der Gerechtigkeit, wenn man die ausländischen Aktien den inländischen gleichstellt, sondern außerdem für eine Maßnahme, die der deutschen Industrie dient. — Wenn man befürchtet, daß die guten ausländischen Aktien sich dann fernhalten und nur die zweifelhaften an den Markt kommen würden, so übersieht man, daß unsere Prüfungsstellen ein gewisser Schutz gegen solche Gefahren sind. Ich befinde mich hier in Uebereinstimmung mit einem Referat, das Herr Dr. Beumer in der letzten Versammlung des „Vereins zur Wahrung der gemeinsamen wirtschaftlichen Interessen Rheinlands und Westfalens" gehalten hat, und dessen Ausführungen ich mich in dieser Frage vollkommen anschließe.

Die Vorlage schlägt einen neuen Reichsstempel für Gesellschaften mit beschränkter Haftung in Höhe von 3 pCt. vor, während diese Gesellschaften bisher einem Reichsstempel nicht unterlagen. Dafür fällt der preußische Stempel fort. Aber dieser bewegte sich nur zwischen 1/4 und 1 1/2 pCt. Nach der „Rundschau für die G. m. b. H.“ (April 1913) würden z. B. für eine kleine Unternehmung, in die der Unternehmer 40 000 M. hineingesteckt hat, wenn er sie durch Beteiligung fremden Kapitals in Höhe von 20 000 M. in eine G. m. b. H. umwandeln wollte, die gesamten Gründungskosten etwa 5 pCt. betragen. Dadurch wird vielfach der Uebergang zu einer G. m. b. H., also zu einer Unternehmungsform, die unter bestimmten Voraussetzungen leistungsfähiger ist als der Einzelbetrieb, unmöglich gemacht. Die Begründung erklärt, daß eine höhere Besteuerung der Gesellschaften m. b. H. deshalb angebracht sei, weil diese in immer bedeutenderem Maße an die Stelle von Aktiengesellschaften träten. Das trifft aber nur teilweise zu. Nach der Statistik ist das Stammkapital der neu errichteten G. m. b. H. von 143 000 M. im Jahre 1907 auf 82 000 M. im Jahre 1912 gesunken. Man darf also wohl nur insoweit die G. m. b. H. zum gleichen Stempel wie die Aktiengesellschaften heranziehen, als es sich tatsächlich um Unternehmungen handelt, die ebensogut in Form einer Aktiengesellschaft hätten errichtet werden können. Mein Vorschlag geht deshalb dahin, daß auch hier der Stempel nach der Höhe des Stammkapitals gestaffelt wird, und zwar in der Form, daß man bis zu einem Stammkapital von 500 000 M. den bisherigen preußischen Stempel erhebt, und darüber hinaus denselben Stempel, wie ihn die Vorlage für die Aktiengesellschaften vorsieht.

Nun will die Vorlage die G. m. b. H., die nach dem Inhalt des Gesellschaftsvertrages oder auch nur tatsächlich den Erwerb oder die Verwertung von Grundstücken betreibt, mit einem Stempel von 5 pCt. heranziehen, und zwar mit der Begründung, es handle sich hier um Spekulationsgesellschaften und solche Unternehmungen, die gegründet seien, um das Reichswertzuwachssteuergesetz zu umgehen. Demgegenüber ist zu bemerken, daß es sich in vielen Fällen hier überhaupt nicht um Spekulationsgesellschaften, sondern um Handwerkergenossenschaften handelt, die sich bilden, um den Betrieben ihrer Mitglieder überhaupt die Möglichkeit des Fortbestehens zu schaffen. Auch erscheint mir der Gedanke abwegig, eine Gesellschaft deshalb, weil sie in legitimer Weise eine Lücke der bisherigen Gesetzgebung benutzt hat, dafür zu bestrafen, indem man sie mit einem höheren Stempel bedenkt. Wenn die Gesetzgeber das Reichswertzuwachssteuergesetz so nachlässig abgefaßt haben, so gibt das doch keinen Grund, um diejenigen dafür verantwortlich zu machen, die sich diese Nachlässigkeit zunutze werden lassen. Ist also die Begründung für diesen höheren Stempel hinfällig, so muß auf der anderen Seite auf die schwierige Lage hingewiesen werden, in der sich heute der Grundstücksmarkt befindet, auf die große Belastung des Grundbesitzes, die noch dadurch gesteigert wird, daß der Umsatzstempel von $^2/_3$ pCt., der ursprünglich nach dem Inkrafttreten des Wertzuwachssteuergesetzes wegfallen sollte, bis auf weiteres bestehen bleibt.

Ich komme nun zu dem Versicherungsstempel. Es ist ein alter Wunsch der Versicherungsgesellschaften, daß an Stelle der zahllosen durchaus verschiedenen Stempel der Bundesstaaten ein einheitlicher Reichsstempel treten soll. Aber wenn man diesen Wunsch verwirklicht, darf man nicht außer acht lassen, welche große privat- und volkswirtschaftliche Bedeutung das Versicherungswesen hat, daß seine Aufgabe darin besteht, im Falle eines Schadens das vernichtete Kapital neu zur Verfügung zu stellen und so das Einkommen zu sichern. So hat die Volkswirtschaft, so hat aber auch der Fiskus an einer möglichsten Verbreitung des Versicherungswesens großes Interesse. Aber diesem Gedanken trägt der Entwurf nicht genügend Rechnung, insbesondere nicht in der Art und Weise, wie er die Feuerversicherung stempeln will. Es soll nämlich der Stempel für die Versicherung unbeweglicher Gegenstände gegenüber dem bisherigen preußischen Stempel auf das 5fache, für Versicherungen auf bewegliche Gegenstände auf das 25fache erhöht werden. Für die einfache Mobiliar-Feuerversicherung, die heute durchschnittlich eine Prämie von 0,75 pro Mille verlangt, bedeutet dies eine Verteuerung um 33 $^1/_3$ pCt., ja bei Vorauszahlung der Prämie auf 5 Jahre um 41 $^2/_3$ pCt. Für die Industrie, bei der im Durchschnitt die beweglichen Gegenstände sich zu den Gebäuden im Verhältnis von 4 : 1 verhalten, wird nach meinen Untersuchungen die Feuerversicherung um etwa 10 pCt. verteuert. Wenn die Begründung für diesen hohen Stempel anführt, man wolle auf diese Weise den Besitz steuerlich erfassen, so übersieht man, daß die große Masse der beweglichen Gegenstände sich aus dem Haushalt zusammensetzt und auch dieser in der Mehrzahl der Fälle nur das Notwendigste enthält. Geht man mit einer derartig scharfen Steuer gegen das Mobiliar-Feuerversicherungswesen vor, so ist zu befürchten, daß diese Versicherung, die heute schon schwer in den unteren Kreisen des Mittelstandes und in Arbeiterkreisen Eingang findet, dort in Zukunft noch auf größere Schwierigkeiten stoßen wird. Dazu kommt, daß eine Trennung zwischen beweglichem und unbeweglichem Eigentum sehr schwer ist. In unseren Feuerversicherungspolicen machen wir einen Unterschied zwischen Gebäuden und Inhalt. Aber unter dem Inhalt werden auch die fest mit dem Gebäude verbundenen Maschinen aufgeführt, die wesentliche Bestandteile des Gebäudes sind. Man müßte also in Zukunft diese Maschinen mit den Gebäuden zusammen deklarieren. Dadurch wird aber die sehr wertvolle Form einer summarischen Deklaration der gesamten maschinellen Anlage, die sich immer mehr einbürgert, unmöglich. Die Aufräumungskosten werden in der Regel derart versichert, daß als Versicherungssumme 1 pCt. des Wertes der Gebäude und des Inhalts genommen wird. Man müßte in Zukunft auch hier eine Trennung vornehmen. Fraglich ist, zu welcher Art die Betriebsunterbrechungs-Versicherung zu rechnen ist. Soll für sie etwa der Stempel für bewegliches Eigentum Anwendung finden? Das wird die Einführung dieser für die Industrie sehr wichtigen Versicherungsart, der bisher schon die hohen Prämien entgegenstehen, noch mehr erschweren. Es scheint mir deshalb das Praktischste, von einer Unterscheidung zwischen der Versicherung beweglichen und unbeweglichen Eigentums abzusehen und einen einheitlichen Stempel zu erheben, bei dem man bis auf das 5fache des jetzigen preußischen Stempels hinausgehen mag, d. h. bis zu dem Betrage, den die Vorlage für die Immobiliar-Feuerversicherung vorsieht.

Für die Lebensversicherung soll der Stempel 1 pCt. der Prämie betragen, während bisher eine einmalige Abgabe erhoben wurde, die sich zwischen 50 Pf. und 2 M. pro 1000 M. Versicherungssumme bewegte. Dies bedeutet gegenüber dem bisherigen preußischen Stempel eine durchschnittliche Erhöhung um das 15fache. Unstreitig wird dieses der weiteren Entwickelung der Lebensversicherung Eintrag tun. Wenn die Begründung sagt, man wolle hier die Kapitalbildung besteuern, so übersieht sie, daß die Hauptaufgabe der Lebensversicherung die Versorgung der Hinterbliebenen und nicht das Sparen eines Kapitals ist. Sie übersieht aber ferner, daß eine große Zahl von Policen beliehen sind, z. B. um Mittel für die Aussteuer der Tochter zu erhalten, um in Notfällen Schulden zu bezahlen und dergl. Es würde auch der Stempel von diesem Betrag zu erheben sein, so daß also nicht das sich bildende Kapital, sondern im Gegenteil die Schulden versteuert würden. Man wird auch hier den Wunsch aussprechen, daß eine Ermäßigung des Stempels eintritt, und am Zweckmäßigsten wäre es wohl, wieder zu dem einmaligen Stempel zurückzugreifen, den man ja, um dem Reich neue Einnahmen zu erschließen, etwas erhöhen kann, vielleicht auf 3 M. pro 1000 M. Versicherungssumme.

Nun zur Transportversicherung. Die Vorlage nimmt sich den Hamburger Stempel zum Vorbild. Aber Hamburg hat eine Besteuerung der Transportversicherung 1813 eingeführt, als man besondere Einnahmen zur Deckung der Kriegsschäden brauchte, und bei dem weiteren Ausbau seines Steuersystems auf diesen Stempel Rücksicht genommen. Es läßt sich nun nicht aus dem Steuersystem eines

Bundesstaates eine besondere Steuer herausgreifen und auf das Reich übertragen, weil ja auch die anderen Dinge nicht so im Reich liegen wie in Hamburg. Dazu kommen technische Schwierigkeiten. Das Schwergewicht der Transportversicherung liegt in der Güterversicherung. Diese wird von den großen Firmen in der Regel in der Form einer Generalversicherung abgeschlossen, bei der zunächst nur der Prämiensatz vereinbart wird. Die Prämie selbst ergibt sich auf Grund der Anmeldungen der im Laufe des Jahres stattfindenden Transporte. Bei großen Firmen handelt es sich um viele Tausende solcher Anmeldungen, die wiederum die verschiedenartigsten Prämien erfordern. Es wird für den Agenten eine fast unüberwindliche Arbeit sein, für jede dieser Anmeldungen den entsprechenden Stempel zu berechnen. In Hamburg liegt das Geschäft in den Händen der Makler, die seit Jahrzehnten an diese Stempelung gewöhnt sind und ein für diese Zwecke geschultes Personal besitzen. Was aber der große Makler im Laufe der Zeit zu leisten gelernt hat, wird man von dem kleinen häufig wechselnden Agenten des Binnenlandes nicht verlangen können. Auch werden die versicherten Güter ja schon in der Feuer- und häufig auch in der Einbruch-Diebstahl-Versicherung durch den Stempel erfaßt, so daß hier eine Doppelbesteuerung vorliegt. Ich halte es daher für zweckmäßig, mindestens die Güterversicherung von der Stempelpflicht zu befreien und sich auf einen mäßigen Stempel für die Schiffsversicherung und einen höheren für die Automobilversicherung zu beschränken. Letztere Versicherung, die ja mit Recht als Unterart der Transportversicherung behandelt wird, kann einen höheren Stempel, etwa $^1/_4$ pro Mille vertragen. Es würde dann bei einem Automobil im Werte von 10 000 M. der Stempel nur 2,50 M. betragen, während die Prämie mehrere hundert Mark ausmacht.

Für die übrigen Versicherungszweige werden bis auf die später zu nennenden Ausnahmen durchweg die bisherigen bundesstaatlichen Stempel erhöht. Aber es handelt sich im allgemeinen nicht um solche Beträge, daß dadurch die Versicherung sehr wesentlich verteuert wird oder die Gefahr einer Hemmung der Entwickelung besteht. Vom Standpunkt aus, daß dem Reiche neue Einnahmen erschlossen werden müssen, kann man sich daher mit diesen Stempeln einverstanden erklären.

Befreit bleiben die zur Sozialversicherung gehörigen Verträge, was man ohne weiteres für berechtigt erachten wird, ferner die Rückversicherung und die Hagel- und Viehversicherung. Diese beiden letzteren Versicherungszweige hat man offenbar befreit, um der Doppelbesteuerung zu entgehen, aber wohl auch aus dem Grund, weil es sich hier um Versicherungszweige handelt, die infolge ihrer recht hohen

Prämien erst langsam in der Landwirtschaft Eingang finden, aber wegen ihrer großen Bedeutung jeder Förderung bedürfen. Ich bin der Ansicht, daß in den Kreisen des Centralverbandes Deutscher Industrieller man gern damit einverstanden sein wird, wenn man in diesen Punkten den berechtigten Bedürfnissen der Landwirtschaft Rechnung trägt. Auf der anderen Seite kann aber die Industrie verlangen, daß gegenüber ihren Wünschen, die nicht minder berechtigt sind, seitens der gesetzgebenden Faktoren die gleiche Rücksicht beachtet wird. (Beifall.)

Vorsitzender: Ich eröffne die Diskussion.

Geheimer Oberfinanzrat **Müller**-Berlin: Ich bin mit den Ausführungen über die Gesellschaften mit beschränkter Haftung und über die Versicherungen ganz einverstanden. Was aber die Nummer 1 anbetrifft, so hat sich meines Dafürhaltens hier leider ein Irrtum eingeschlichen. Wenn es unter b) heißt, daß an Stelle des Ausgabewertes wie bisher der Nennwert der Aktien bei Bemessung der Stempelsteuer maßgebend sein soll, so ist das nicht ganz richtig. Bei inländischen Gesellschaften und insbesondere bei Kapitalserhöhungen ist schon jetzt immer der Ausgabewert zur Besteuerung herangezogen worden und nicht der Nennwert, und bei den Fusionen ist schon bisher nicht der Nennwert der ausgegebenen Aktien besteuert worden, selbst wenn bei der Fusionierung ausdrücklich ausgesprochen ist, die Aktien werden zum Nennwert den Aktionären der aufzunehmenden Gesellschaft angeboten, sondern da ist immer berechnet worden, wie hoch der innere Wert der aufzunehmenden Gesellschaft zu schätzen sei, und danach ist verfahren worden, und es ist sogar immer ignoriert worden, daß, wenn eine Kapitalserhöhung erfolgt, die Moyenne des Ausgabewertes der jungen Aktien und der der alten Aktien dadurch verändert wird. Es wird doch das Aktienkapital dadurch größer, das auf den Reingewinn angewiesen ist. Ebenfalls ist bei komplizierten Kapitalserhöhungen, wo teils den alten Aktionären ein Angebot auf Aktien gemacht worden ist und ein anderer Teil zur Fusion verwertet worden ist, ganz ignoriert worden, daß durch die Ausgabe junger Aktien, die den alten Aktionären beispielsweise zu 150 pCt. angeboten werden, während die alten Aktien 200 pCt. standen, der Kurswert der alten Aktien ermäßigt wird, während jeder Börsenmann ganz genau weiß, daß bei Ausgabe junger Aktien der Kurs der alten Aktien um den Wert des Bezugsrechts herabgesetzt wird. Der Unterschied zwischen dem bisherigen Zustande besteht bei inländischen Gesellschaften darin, daß der preußische Landesstempel nach dem Nennwert erhoben wurde, und zwar bei der höchsten Staffel in Höhe von $1^1/_2$ pCt. Das wird nun zusammengeworfen mit dem Reichsstempel, der vom Ausgabewert berechnet wird, und dadurch kommt natürlich eine Erhöhung der Stempellast zustande. Die Stempellast ist bereits nach den gegenwärtig bestehenden Sätzen so, daß Fusionen nur noch ganz ausnahmsweise möglich sind. Daher wird jetzt die Form von Interessengemeinschaften gewählt, wo der Stempel vermieden wird. Die Fusion kann einfach diese Last nicht mehr tragen, außer in Ausnahmefällen.

Nun scheint mir die Aussicht, daß hier dem Antrag entsprochen wird, auch hinsichtlich des Teiles der neuen Stempelabgabe, der an Stelle des preußischen Landesstempels treten wird, sehr gering zu sein, so daß ich empfehlen möchte, von diesem Absatz ganz abzusehen.

Dasselbe bezieht sich auf Absatz c. Erstens werden Auslandsaktien hier in sehr geringen Mengen gehandelt. Es sind ein paar russische Bankaktien und die Aktiengesellschaft Nobel, die hier eingeführt worden sind. Sonst handelt es sich um Aktiengesellschaften, die mit deutschem Kapital im Auslande errichtet worden sind, weil die ausländische Gesetzgebung, die Zollgesetzgebung namentlich, den Import der Produkte der inländischen Aktiengesellschaften verhindert. Also aus demselben Grunde, aus dem Tochtergesellschaften unserer Textilfabriken in Amerika gegründet worden sind, haben Elektrizitätsgesellschaften, Maschinenfabriken usw. in Rußland Tochtergesellschaften für den dortigen Verkehr gegründet. Es scheint mir doch ein inländisches Interesse vorhanden zu sein, daß diese Transaktionen nicht wesentlich erschwert werden. Es handelt sich überhaupt nicht um ein wesentliches Interesse. Das, was dem deutschen Kapital und der deutschen Industrie entzogen wird durch diese ausländischen Aktien, wird reichlich aufgewogen durch das Interesse der deutschen Industrie, welches darin besteht, daß sie auf dem Wege von Tochtergesellschaften im Auslande Absatz findet, und ich glaube, man täte besser, b und c zu streichen und sich auf die meines Erachtens auch platonische Aufforderung zu beschränken, daß die bisherige Staffelung des preußischen Landesstempels zur Schonung der kleineren Gesellschaften beibehalten wird. Nützen wird es auch nichts. Aber das ist jedenfalls eine Forderung, die man teilen kann. b ist falsch und müßte ganz anders redigiert werden, um richtig zu werden, und c erscheint mir bedenklich.

Vorsitzender: Meine Herren, es meldet sich niemand mehr zum Wort. Dann schließe ich die Diskussion und gebe dem Herrn Berichterstatter das Wort.

Berichterstatter Professor Dr. **Moldenhauer**-Cöln: Ich möchte zu den Bemerkungen des Herrn Geheimrat Müller nur erwähnen, daß nach dem Reichsstempelgesetz es im Tarif unter Nr. 1 heißt: „Inländische Aktien usw." und der Nachsatz: „vom Nennwert". Da dies die gesetzliche Bestimmung ist und da die Vorlage ausdrücklich statt des Nennwertes jetzt den Ausgabewert erwähnt, so habe ich die Resolution entsprechend gefaßt. Da, wie bereits erwähnt, auch Herr Dr. Beumer seinerseits dieselbe Auffassung vertreten hat, darf ich bitten, es bei der vorgeschlagenen Fassung zu belassen.

Geheimer Oberfinanzrat **Müller**-Berlin: Hier sitzt ein Leidtragender unter uns, Herr Geheimrat Kirdorf, der am eigenen Leibe erfahren hat, daß meine Angabe richtig ist. (Geheimer Kommerzienrat Kirdorf: Stimmt!) Das ist eine Sache, die uns ja sehr geläufig ist. Bei den Banken haben wir mit dem Steuerfiskus unzählige Prozesse gehabt, und es ist genau so, wie ich gesagt habe.

Professor Dr. **Moldenhauer**-Cöln: Selbst wenn das richtig wäre, was ich im Moment natürlich nicht nachkontrollieren kann, so würde bestehen bleiben, daß der preußische Stempel sich bisher nach dem Nennwert gerichtet hat. (Widerspruch.)

Vorsitzender: Gegenüber der Praxis ist es vielleicht doch besser, Sie lassen diese beiden Punkte fallen, nicht wahr?

Professor Dr. **Moldenhauer**-Cöln: Dann will ich ganz gern b streichen, weil mir nachgewiesen ist, daß meine Ansicht nicht mit der Praxis übereinstimmt. Dagegen möchte ich c aufrecht erhalten. Sind es wenige ausländische Aktien, so wird es ja nicht soviel ausmachen. Aber im Interesse der Gleichmäßigkeit würde ich es für berechtigt erachten, daß inländische und ausländische Aktien gleichgestellt werden. Es braucht sich durchaus nicht um diese genannten Fälle zu handeln, sondern es soll sich gerade um ausländische Aktien handeln, die hier gehandelt werden und die nicht inländisches Kapital betreffen, das im Auslande zur Errichtung von Filialaktiengesellschaften investiert ist.

Geheimer Oberfinanzrat **Müller**-Berlin: Was das erste anbetrifft, so ist es zweifellos so, wie ich gesagt habe, daß der Reichsstempel, der bisher 3 pCt. betrug, nicht nach dem Nennwert, sondern nach dem Ausgabewert erhoben wird. Die Praxis war bisher: Bei neuerrichteten Gesellschaften ist nicht nachgeforscht worden, wie der Wert der Illaten ist. Also wenn ein Privatunternehmen in eine Aktiengesellschaft zu so und soviel Aktien umgewandelt wird, dann ist bei der ersten Errichtung der Aktiengesellschaft nicht nachgeforscht worden nach dem inneren Wert, aber bei Kapitalerhöhungen, und das ist ja, was die Zahl der auszugebenden Aktien anbetrifft, der weitaus größere Betrag, und bei Fusionen ist regelmäßig nach dem Ausgabewert verfahren worden. Ich halte es für sehr schwer, eine Formulierung zu finden, die zum Ausdruck bringt, daß bezüglich desjenigen Teiles der Stempelabgaben, der an Stelle des preußischen Landesstempels tritt, der Nennwert gelten soll. Ich wüßte momentan keine Formulierung dafür zu finden und halte es auch für aussichtslos, daß das im Reichstag akzeptiert wird.

Was aber die ausländischen Aktien anbetrifft, so liegt meines Erachtens ein Interesse des deutschen Kapitals vor, für diejenigen Gründungen, die es im Auslande vorgenommen hat, die möglichst günstigen Bedingungen, die möglichst geringe Belastung zu erhalten. Es ist doch überhaupt schon etwas bedenklich, daß, während wir uns sonst gegen Erhöhungen der Stempelsätze wehren, wir in diesem Falle etwas verlangen, was über die Regierungsvorlage hinausgeht. Die Regierung hat ja auch gute Gründe gehabt, hier von den sonstigen Erhöhungswünschen abzusehen. Ich weiß nicht, was für Gründe aus den Handelsverträgen herzuleiten sind. Es könnte doch unter Umständen sehr fatal sein, wenn da Reziprozitätsverhältnisse gestört würden, und es kann uns jo unter Umständen sehr unangenehm sein, wenn im Auslande nunmehr gegen dort eingeführte deutsche Aktien in der Weise Stellung genommen wird. Also es läßt sich schwer übersehen. Es ist ein Antrag auf Erhebung eines von der Regierung gar nicht verlangten Stempels, und deshalb möchte ich doch bitten, bei der Zweifelhaftigkeit der Sache, das zu streichen. Es ist ja keine Möglichkeit vorhanden, heute darüber noch eingehendere Studien anzustellen. Ich war nicht darauf vorbereitet.

Vorsitzender: Meine Herren, wir kommen jetzt zur Abstimmung. Von Herrn Geheimrat Müller ist der Antrag gestellt worden: 1b und c zu streichen. Im übrigen sind Abänderungsanträge zu dem Beschlußantrage nicht gestellt worden.

Ich lasse zunächst über den Streichungsantrag des Herrn Müller abstimmen. Diejenigen Herren, welche gegen den Antrag sind, bitte ich, sich zu erheben.

Der Antrag ist einstimmig angenommen.

Ich lasse nun abstimmen über den Beschlußantrag in der neuen Formulierung, also unter Berücksichtigung des Antrages des Herrn Geheimrat Müller.

Generaldirektor **Grau**-Kratzwiek: Da jetzt etwas Wirrwarr in diese Resolution hineingekommen ist, möchte ich empfehlen, daß wir vielleicht den Herrn Vorsitzenden bitten, sie abzuändern, und zwar nach Vereinbarung mit Herrn Geheimrat Müller oder vielleicht mit ein paar anderen Herren, die er sich dazu kooptiert, und erst dann die Sache abgehen zu lassen. Wir können im Moment nicht beurteilen, ob nach Streichung von b und c sich der Nachsatz auch vollkommen deckt. (Zuruf: Das hat gar nichts damit zu tun!)

Vorsitzender: Es fallen ja nur die Punkte b und c weg.

Generaldirektor **Grau:** Also alles andere stimmt? (Wird bejaht.) Dann bin ich zufrieden.

Vorsitzender: Ich bringe nun den ganzen Antrag unter Berücksichtigung des eben gefaßten Beschlusses auf Streichung von b und c zur Abstimmung. Diejenigen Herren, welche gegen die Annahme des Beschlußantrages in dieser Form sind, bitte ich, sich zu erheben.

Der Antrag ist einstimmig angenommen.

Nun, meine Herren, sind wir am Schlusse unserer Verhandlungen angelangt. Ich danke den Herren, die hier so lange ausgehalten haben, insbesondere auch dem Herrn Vertreter des Reichsamts des Innern, daß sie bis zum Schlusse unseren Verhandlungen gefolgt sind, und hoffe, daß aus den Beschlüssen, die der Ausschuß gefaßt hat, doch noch etwas Ersprießliches herauskommt. Namentlich wird ja das eingehende Referat und die eingehende Diskussion, die hier noch in Gegenwart der Herren Reichstagsabgeordneten stattgefunden hat, vielleicht auch für die weitere Behandlung der Wehrvorlage eine besondere Bedeutung bekommen.

Ich schließe die Sitzung.

Schluß 10¾ Uhr.

Beschlüsse

des Ausschusses des Centralverbandes Deutscher Industrieller in der Sitzung vom 11. Juni 1913.

I.

Unter dem Eindruck der politischen Ereignisse der letzten Zeit, die die Notwendigkeit verstärkter Kriegsbereitschaft auf das eindringlichste erwiesen haben, sowie in der Erkenntnis, daß die Stärke unserer Rüstung nicht nur die zuverlässigste Bürgschaft des Friedens, sondern auch die unerschütterliche Grundlage unserer nationalen und wirtschaftlichen Machtstellung ist, begrüßt der Centralverband Deutscher Industrieller die von den verbündeten Regierungen eingebrachte Heeresvorlage mit Genugtuung und spricht die Erwartung aus, daß der Deutsche Reichstag bei der Entschließung sowohl über die Wehrvorlage wie über die Deckungsvorlagen parteipolitische Erwägungen beiseite stellt, um im Interesse des deutschen Vaterlandes die schleunige Durchführung der militärischen Maßnahmen zu ermöglichen.

Er erachtet eine alsbaldige Verabschiedung der gesetzgeberischen Vorlagen, insbesondere auch der Vorlagen wegen der Deckung der laufenden Kosten für die Heeresvermehrung auch aus dem Grunde für dringend erforderlich, weil eine Verschleppung der Entscheidung in weite Kreise unserer erwerbstätigen Bevölkerung eine starke Beunruhigung hineintragen würde und weil vor allem die deutsche Industrie, die im Falle einer jeden Erhöhung der Steuerbelastung mit einer weiteren Steigerung ihrer Selbstkosten zu rechnen hat, durch eine solche Unsicherheit in ihren geschäftlichen Unternehmungen schwer beeinträchtigt werden würde.

Diese Gefährdung wichtiger wirtschaftlicher Interessen hintanzuhalten, erscheint um so mehr geboten, als Handel, Gewerbe und Industrie durch die Erhebung eines einmaligen Wehrbeitrages schon an sich in außergewöhnlicher Weise belastet werden. Zu diesem einmaligen Wehrbeitrage an ihrem Teile beizutragen, erklärt sich trotzdem die im Centralverband Deutscher Industrieller vereinigte Industrie mit

Rücksicht auf die eingangs angeführten Gründe einmütig bereit. Sie glaubt indessen, hierbei betonen zu sollen, daß die Rechtfertigung dieser außerordentlichen, sich als eine **direkte** allgemeine Besitzsteuer darstellenden Maßnahme lediglich in der **Einmaligkeit** der Erhebung der Abgabe erblickt werden kann und daß eine Wiederholung dieses Vorganges für unser gesamtes deutsches Wirtschaftsleben als geradezu verhängnisvoll erachtet werden müßte.

Der Centralverband Deutscher Industrieller gibt der Ansicht Ausdruck, daß eine scharfe Abgrenzung der Verteilung der Steuern zwischen dem Reiche und den Bundesstaaten, wie sie der Altreichskanzler Fürst Bismarck zum Grundsatz erhoben hat, auch fortan aus finanzpolitischen und staatsrechtlichen Gründen eine unbedingte Notwendigkeit ist und daß daher nach Wesen, Entstehung und Entwickelung des Reiches dieses für die Deckung seines Geldbedarfs in erster Linie auf die Zölle sowie die Abgaben auf Verbrauchs- und Aufwandsartikel angewiesen ist, während den Bundesstaaten die direkten Steuern als die ihnen allein zur Verfügung stehende Steuerquelle zu überlassen sind.

II.

Der Centralverband Deutscher Industrieller hat mit lebhaftem Bedauern davon Kenntnis genommen, daß durch die Beschlüsse der Budgetkommission in der ersten Lesung des Gesetzes über den einmaligen Wehrbeitrag die Doppelbesteuerung des in Aktien repräsentierten Steuerobjekts aufrecht erhalten worden ist, und spricht die Hoffnung aus, daß diese Doppelbesteuerung bei den weiteren Beratungen der Kommission beseitigt werden wird.

Es muß des weiteren erwartet werden, daß für die Ermittelung des Vermögens eine möglichst einfache Formel gefunden wird, um vor allem die sonst unvermeidlich zu erwartenden zahlreichen Differenzen mit den Einschätzungsbehörden nach Möglichkeit zu vermeiden.

Diesem Erfordernisse wird aber in keiner Weise entsprochen im Falle einer Besteuerung auf der Grundlage eines überhaupt nicht zutreffend festzustellenden **gemeinen** Wertes als Vermögens der Erwerbsgesellschaften.

Der Centralverband gibt vielmehr der Ansicht Ausdruck, daß zu diesem Zwecke bei der Ermittelung des Vermögens der auf Grund einer durchschnittlichen Berechnung des Reingewinnes einzusetzende Ertragswert oder der Ertragswert nach Maßgabe des Verhältnisses zwischen Reingewinn und Aktienkapital zugrunde gelegt wird.

III.

Der Centralverband Deutscher Industrieller hält:

1. die Einziehung eines einmaligen Wehrbeitrages vom Vermögen bzw. Einkommen in einer Höhe, welche den Bedarf der einmaligen Kosten der Heeresverstärkung übersteigt, für politisch und wirtschaftlich bedenklich, insbesondere die Verwendung eines darüber hinausgehenden Betrages zur Deckung eines etatsmäßigen Defizits oder gar zur Schuldentilgung für ungerechtfertigt. Ein etwa bei Einziehung des Beitrages sich ergebender Mehrbetrag muß zur Ermäßigung der zweiten und dritten Rate dienen;
2. eine Steigerung der Beitragsstaffel über höchstens 1 pCt. des effektiv veranlagten Vermögens und über eventuell ergänzungsweise heranzuziehende 4 pCt. des Jahreseinkommens aus gewinnbringender Beschäftigung für unzulässig und konfiskatorisch;
3. eine fiktive Umwandlung des unfundierten Jahreseinkommens in ein durch willkürliche Multiplikation konstruiertes steuerpflichtiges Vermögen für eine grundsätzlich verfehlte und einseitige Belastung der Erwerbstätigkeit und betrachtet ein gesetzgeberisches Vorgehen in dieser Richtung als den verhängnisvollen Anfang einer Umwälzung der bestehenden, auf das Privateigentum aufgebauten Wirtschaftsordnung.

IV.

Der Centralverband Deutscher Industrieller steht der Absicht, an Stelle der verschiedenen bundesstaatlichen Stempel für Gesellschaftsverträge und Versicherungen einen einheitlichen Reichsstempel zu setzen, sympathisch gegenüber. Es wird hierdurch ein seit Jahren von den deutschen Versicherungsgesellschaften geäußerter Wunsch erfüllt. Auf der anderen Seite kann der Centralverband sich aber nicht verhehlen, daß der Entwurf im einzelnen eine Reihe schwerwiegender Bedenken hervorruft, deren Berücksichtigung seitens der gesetzgebenden Körperschaften dringend erwartet werden muß.

1. Bei den Vorschriften über die Stempelung der Verträge der Aktiengesellschaften ist zu fordern, daß die bisherige Staffelung des preußischen Landesstempels zur Schonung der kleineren Gesellschaften beibehalten wird.

2. Wenn die erhebliche Mehrbelastung der Gesellschaften mit beschränkter Haftung beschlossen werden sollte, so ist doch mindestens zu fordern, daß Gesellschaften, die den Erwerb oder die Verwertung

von Grundstücken betreiben, nicht schärfer zur Stempelsteuer herangezogen werden als die übrigen. Diese Forderung entspricht der Rücksicht auf den schon schwer genug belasteten Grundbesitz, zumal der Umsatzstempel von $^2/_3$ pCt. zunächst aufrecht erhalten wird.

3. Bei einer Versteuerung des Versicherungswesens ist in erster Linie darauf Rücksicht zu nehmen, daß die volkswirtschaftlich wertvolle Ausbreitung der Versicherung als eins der besten Mittel zur Einkommenssicherung nicht gehindert wird. Diesem Gedanken trägt der Entwurf nicht genügend Rechnung, da er zum Teil Stempelbeträge vorsieht, die eine erhebliche Verteuerung der Versicherung bedeuten. Das gilt besonders von dem Stempel für die Feuerversicherung beweglichen Eigentums. Dazu kommt, daß die Unterscheidung der Feuerversicherung beweglichen und unbeweglichen Eigentums innerlich nicht begründet und praktisch schwer durchführbar ist. Es ist deshalb ein einheitlicher Stempel zu wählen, der den für die Versicherung unbeweglicher Gegenstände vorgesehenen Betrag möglichst nicht überschreiten sollte. Für die Lebensversicherung, wie die anderen Versicherungszweige sind Ermäßigungen der Beträge zu fordern, damit die Entwickelung dieser Versicherungszweige nicht ungünstig beeinflußt wird. Die Hauptart der Transportversicherung ist die Güterversicherung, die in der Regel in der Form einer laufenden oder Generalversicherung abgeschlossen wird. Die Erhebung einer Gebühr von den einzelnen zahlreichen zur Anmeldung gelangenden Transporten wird zu einer großen Belästigung der Beteiligten führen, wenn sie überhaupt praktisch durchführbar ist. Es erscheint aus diesem Grunde, aber auch mit Rücksicht auf die Gefahr des Abwanderns der Transportversicherung nach dem Ausland, zweckmäßig, mindestens die Gütertransportversicherung stempelfrei zu belassen. Der Befreiung der Hagel- und Viehversicherung von der Stempelpflicht stimmt der Centralverband zu, da es wünschenswert ist, daß diese für den Landwirt unentbehrlichen Versicherungszweige sich noch mehr einbürgern, als es bisher geschehen ist. Er erwartet dafür aber, daß auch in den anderen Stempelfragen den berechtigten Wünschen der Industrie Rechnung getragen wird.

Druck: Deutscher Verlag (G. m. b. H.).
Berlin SW 48, Wilhelmstraße 8.

Verhandlungen, Mitteilungen

und

Berichte

des

Centralverbandes Deutscher Industrieller.

№. 128.

Herausgegeben

von

Dr. jur. Schweighoffer,
Generalsekretär des Centralverbandes Deutscher Industrieller,
Berlin W9, Linkstr. 25 (Fuggerhaus).

Telephon: Amt Lützow, Nr. 2527 u. 4454.

Oktober 1913.

Berlin 1913.
J. Guttentag, Verlagsbuchhandlung,
G. m. b. H.

Inhaltsverzeichnis.

Centralverband Deutscher Industrieller.

Sitzung des Ausschusses

am 15. September 1913, vormittags 9 Uhr, zu Leipzig im kleinen Kongreßsaale der Internationalen Baufach-Ausstellung.

Der Vorsitzende des Direktoriums, Herr Landrat a. D. Rötger, gedenkt vor Eintritt in die Tagesordnung der Herren, die seit der letzten Sitzung durch den Tod aus dem Kreise der Mitglieder des Centralverbandes Deutscher Industrieller ausgeschieden sind. Es sind dies die Herren Geheimer Kommerzienrat Dr.-Ing. h. c. Haarmann-Osnabrück, Kommerzienrat Stark-Chemnitz, Kommerzienrat Bock-Würzburg, Kommerzienrat Rössing-Plauen. Der Vorsitzende bezeichnet die Verstorbenen als hervorragende und treue Anhänger des Centralverbandes Deutscher Industrieller. Die Versammlung ehrt ihr Andenken durch Erheben von den Plätzen.

Es erfolgt sodann die Neuwahl der Prüfungskommission für die Jahresrechnung von 1913. Gewählt werden die Herren Generaldirektor Werminghoff-Weißer Hirsch bei Dresden, Generaldirektor Winkler-Berlin, Geheimer Baurat Mathies-Berlin.

Weiterhin nimmt die Versammlung die Zuwahl neuer Mitglieder des Ausschusses vor. Danach werden in den Ausschuß berufen die Herren Generaldirektor Ashoff-Altena, Kommerzienrat Bauriedel-Nürnberg, Generaldirektor Bergrat Dr. Grunenberg-Hermsdorf, Kommerzienrat Hertle-Leipzig, Dr.-Ing. h. c. von Oechelhäuser-Dessau, Kommerzienrat Reinecker-Chemnitz, Kommerzienrat Stahmer-Georgsmarienhütte, Fabrik- und Rittergutsbesitzer Selve-Altena, Direktor Tafel-Nürnberg.

Es wird nun in die Vorberatung für die Tagesordnung der Delegierten eingetreten. Punkt 1 derselben, Begrüßungsansprache des Vorsitzenden, wird durch Uebergang zur Tagesordnung erledigt.

Zu Punkt 2, Wahlen in den Ausschuß, bemerkt der Vorsitzende, daß deren Ergebnis wie oben der Versammlung der Delegierten bekanntgegeben wird.

Als 3. Punkt der zur Beratung stehenden Tagesordnung folgt der Bericht des Geschäftsführers. Von seiner Erstattung wird herkömmlicherweise abgesehen und sogleich in die Erörterung der vom Direktorium vorgelegten Beschlußanträge eingetreten. Vor Eröffnung der Diskussion hierüber gibt der Vorsitzende der Versammlung noch davon Kenntnis, daß im Einverständnis mit dem Referenten, Herrn Dr. Schlenker, der Vortrag „Deutsche Finanzpolitik und Industrie“, Punkt 4 der Tagesordnung, von dieser abgesetzt worden sei. Es sei dieses geschehen einmal wegen der am selben Tage stattfindenden Festsitzung, sodann weil das Direktorium das erwähnte Thema zunächst noch einmal einer eingehenden Erörterung in einer Ausschußsitzung zu unterziehen gedenke, bei welcher Gelegenheit dann nach Ansicht des Direktoriums zugleich auch über die Fragen „Industrie und Handwerk“ unter der bewährten Mitarbeit des Herrn Dr. Brandt-Düsseldorf gesprochen werden soll.

Der Vorsitzende stellt darauf den Resolutionsantrag zur Diskussion, der aus Anlaß der gegen den Centralverband Deutscher Industrieller wegen der Erklärung des Geschäftsführers auf dem 3. Reichsdeutschen Mittelstandstage gerichteten Angriffe vom Direktorium eingebracht worden ist. In der Debatte hierüber werden sowohl der Beschlußantrag selbst wie auch die ihm zugrunde liegenden Vorgänge sehr eingehend erörtert. Es beteiligen sich an der Erörterung die Herren Direktor Meesmann-Mainz, Dipl.-Ing. Frölich-Düsseldorf, Fabrikbesitzer March-Charlottenburg, Direktor Müller-Berlin, Syndikus Hirsch-Essen, Dr. Kuhlo-München, Dr. Schlenker-Saarbrücken, Dr. Büttner-Augsburg, Regierungsrat a. D. Dr. Schweighoffer-Berlin, Dr. Dietrich-Plauen, Dr. Martens-Dortmund, Dr. Töpffer-Stettin, Geh. Kommerzienrat Vorster-Köln, Dr. Beumer-Düsseldorf, Direktor Forthmann-Berlin. Die Ausführungen der genannten Herren, die sich zum Teil auch auf die grundsätzliche Stellung des Centralverbandes Deutscher Industrieller zur Handels- und Sozialpolitik erstrecken, heben die Diskussion stellenweise auf eine bedeutsame Höhe. Sie finden ihren Abschluß in der mit einigen redaktionellen Aenderungen einstimmig beschlossenen Annahme der vom Direktorium vorgelegten Resolution.

Ohne Diskussion werden sodann, gleichfalls einstimmig, angenommen die Beschlußanträge betreffend die Beteiligung Deutschlands an der Weltausstellung in San Francisco im Jahre 1915 und die bevorstehende Internationale Arbeiterschutzkonferez in Bern. Damit ist die Tagesordnung erledigt.

Schluß der Sitzung ½11 Uhr vormittags.

Versammlung

der

Delegierten des Centralverbandes Deutscher Industrieller

am 15. September 1913, vormittags 10 1/2 Uhr zu Leipzig im großen Kongreßsaale der Internationalen Baufach-Ausstellung.

Vorsitzender Landrat a. D. **Rötger**: Meine Herren! Im Namen des Direktoriums des Centralverbandes Deutscher Industrieller heiße ich die Herren Delegierten herzlich willkommen. In diesen Willkommengruß darf ich heute einschließen zunächst unsere Freunde von den mit uns verbündeten Vereinigungen. Ich nenne da den Verein zur Wahrung der Interessen der chemischen Industrie Deutschlands, die Centralstelle für Vorbereitung von Handelsverträgen, die ständige Ausstellungskommission für die deutsche Industrie. Außerdem haben wir heute die besondere Ehre, die Herren vom Präsidium des Zentralverbandes der Industriellen Oesterreichs unter uns zu sehen, welche ja morgen mit uns den Kongreß abhalten werden, dessen Veranstaltung infolge einer anläßlich des vorjährigen Münchener Kongresses geführten Korrespondenz vor etwa 6 Monaten angeregt worden ist. Ich möchte schon in unserem Kreise dem Wunsche und der Hoffnung Ausdruck geben, daß diese unsere erste gemeinsame Tagung mit den Herren des Zentralverbandes der Industriellen Oesterreichs recht schön verlaufen möge, daß sie bei allen Teilnehmern das Gefühl voller Befriedigung erwecken möge und daß aus dieser Tagung Nutzen für die beiden hochbedeutsamen Wirtschaftsgebiete erwachsen möge.

Des weiteren, meine Herren, haben wir die hohe Ehre, Vertreter der Königl. Sächs. Staatsbehörden unter uns zu sehen, an deren Spitze ich Se. Exzellenz den Herrn Staats- und Finanzminister v. Seydewitz besonders herzlich willkommen heiße.

Meine Herren! Bevor wir in die Erledigung unserer Tagesordnung eintreten, habe ich Ihnen herzliche Grüße von unserem alten Bueck zu bringen. (Bravo!) Ein großer Teil von den hier versammelten Herren wird wissen, daß der alte Herr in den letzten Wochen sehr schwer zu leiden hatte, so daß man in seiner nächsten Umgebung auf das Ernsthafteste um sein Leben besorgt sein mußte. Gott sei Dank kann ich Ihnen mitteilen — ich habe ihn gestern vor 8 Tagen besucht —, daß es ihm wesentlich besser geht, und daß ich den Eindruck hatte, als ich an seinem Bette saß, daß er wieder ganz der Alte war. Er hat mir also Grüße an die Herren aufgetragen, und ich möchte Sie bitten, meine Herren, sich damit einverstanden zu erklären, daß wir ihm von hier heute einen Gruß in der Form einer Depesche schicken. Ich bin überzeugt, daß wir ihm damit eine große Freude machen werden. (Lebhafte Zustimmung.)

Meine Herren! Wir haben dann seit der letzten Delegiertenversammlung zu unserem Leidwesen eine Reihe von hervorragenden Männern durch den Tod aus unserer Mitte verloren, deren wir heute beim Eintritt in unsere Verhandlungen ehrend und dankbar gedenken müssen.

Ich nenne da zuerst den Herrn Geh. Kommerzienrat Dr.-Ing. h. c. Haarmann in Osnabrück, einen Selfmademan in des Wortes wahrster Bedeutung, einen Mann, der als Mensch jedem, der ihn gekannt hat, unvergeßlich bleiben wird, dank seiner vortrefflichen Charaktereigenschaften, dank aber auch seines Humors und seiner dichterischen Begabung, die oft genug im rechten Momente zutage trat und die mir persönlich ganz besonders schöne Erinnerungen hinterlassen hat. Besonders aber gedenken wir des verstorbenen Geheimrats Haarmann als eines Pioniers auf dem Gebiete der Verwertung des Stahls für die Zwecke des Verkehrs, sein Name ist mit ehernem Griffel eingezeichnet in die Geschichte der Eisen- und Stahlverwertung.

Der zweite Herr, dessen ich zu gedenken habe, ist Herr Kommerzienrat Starck in Chemnitz, der, schon lange leidend, vor einigen Monaten das Zeitliche gesegnet hat. Er war ein treuer Freund und Mitarbeiter des Centralverbandes Deutscher Industrieller. Vor allen Dingen unvergessen wird ihm bleiben seine sehr rege Teilnahme an den Arbeiten der vom Centralverband Deutscher Industrieller gegründeten Hauptstelle deutscher Arbeitgeberverbände auf dem Gebiete der Organisierung der deutschen Arbeitgeber.

Ich nenne dann den Herrn Kommerzienrat Rössing in Plauen, Vorsitzenden der dortigen Handelskammer, einen Herrn, mit dem ich noch vor wenigen Monaten in angeregter Unterhaltung mich zusammengefunden hatte, und dessen Tod mich — und vielen unter uns ist es jedenfalls ebenso ergangen — auf das Schwerste erschüttert hat. Mit ihm ist ein Mann aus dem Leben gegangen, der wirklich aus der Vollkraft der Jahre und der Tätigkeit hinweggerafft wurde.

Und dasselbe kann man wohl sagen von dem vierten unter diesen Dahingeschiedenen, Herrn Kommerzienrat Bock in Würzburg, der auch ein treuer Freund des Centralverbandes Deutscher Industrieller und ebenso wie Herr Rössing ausgezeichnet war durch einen weltumspannenden Blick, wie er der deutschen Industrie in ihren führenden Männern so nötig und Gott sei Dank so reich gegeben ist.

Meine Herren! Ich bitte Sie, zu Ehren der Verstorbenen sich von Ihren Plätzen zu erheben. (Geschieht.) Ich danke Ihnen.

Schon wiederholt habe ich in den letzten Jahren bei Delegiertenversammlungen auf die fruchtbare Zusammenarbeit der Interessengemeinschaft verwiesen, welche der Centralverband Deutscher Industrieller zusammen mit dem Verein zur Wahrung der Interessen der chemischen Industrie Deutschlands und der Centralstelle für Vorbereitung von Handelsverträgen gegründet hat. Auch heute kann ich mitteilen, daß unsere auf die Beschaffung der Grundlagen für die mit Ablauf des Jahres 1917 beginnende neue Aera der Handelsverträge gerichtete Arbeit im gedeihlichen Zusammenwirken der genannten 3 Körperschaften fortschreitet, und ich knüpfe hieran die Bitte, daß diejenigen körperschaftlichen Mitglieder des Centralverbandes Deutscher Industrieller, welche noch nicht ihre diesbezüglichen Wünsche angemeldet haben, dies recht bald tun mögen. Es steht zu hoffen, daß wir diesmal dank dieser groß angelegten und langer Hand vorbereiteten Arbeit weit besser gerüstet dastehen werden, als dies in der kritischen Zeit um die Wende des Jahrhunderts der Fall war. (Bravo!)

In den letzten Wochen ist eine verwunderliche Preßfehde über den Centralverband Deutscher Industrieller dahingegangen, aus Anlaß der Ausführungen, welche Ihr Herr Geschäftsführer am 24. August auf dem dritten Reichsdeutschen Mittelstandstage über die Solidarität der Interessen der großen deutschen Erwerbsstände in vollem Einvernehmen mit mir gemacht hat. Meine Herren! Die demokratische Presse, ihre Schrittmacher und Gefolgsmänner entrüsten sich über etwas, was so selbstverständlich ist wie der Sonnenschein um Mittag bei klarem Himmel, daß nämlich im Erwerbsleben stehende unabhängige Männer ihre vitalsten Interessen zu verteidigen suchen, und zwar gegen jedermann, vor allem gegen eine Reichstagsmehrheit, welche durch ihre Haltung in der letzten Session die begründete Befürchtung hat aufkommen lassen, daß auch bei bürgerlichen Parteien die Rücksicht auf die Wohlfahrt der Erwerbsstände unter Umständen hinter das Parteiinteresse zurücktreten muß. (Sehr richtig!)

Meine Herren! Ist es den im harten Kampfe des praktischen Lebens Stehenden zu verdenken, wenn sie derartigen Auswüchsen der Parteidoktrin entgegentreten und ohne Rücksicht auf Parteizugehörigkeit einen Warnungsruf ertönen lassen? Wer verdient wohl mehr den Namen des selbständig denkenden Mannes? Der, welcher sich gehorsam den Wünschen der Parteiführer unterordnet und ihre höhere Weisheit regieren läßt, oder der, welcher Kritik übt, und zwar nicht nur an den politischen Gegnern, und auf die Beseitigung von unerhörten Uebelständen hinzuwirken sucht und danach sein Verhalten einrichtet. (Bravo! Sehr richtig!)

Ich will auf die in diesen Wochen in der demokratischen Presse zutage getretenen — als höflicher Mann sage ich — Mißdeutungen nicht eingehen, sondern beschränke mich darauf, zu konstatieren, daß recht beachtliche Stimmen auch von nationalliberaler Seite in unserem Sinne laut geworden sind. Diese Beobachtung läßt uns hoffen, daß in Zukunft alle bürgerlichen Parteien bereit gefunden werden dürften, den dringendsten Wünschen der deutschen Arbeitgeber aus allen Erwerbskreisen in Richtung der Haltung des Reichstages zu den brennenden Fragen der Autorität der Arbeitgeber und des Schutzes der Arbeitswilligen gebührend Rechnung zu tragen, wie dies bereits von seiten der Rechten geschehen ist.

Meine Herren! Manchmal besorgen einem auch die Gegner die Geschäfte. Ich war, wie schon angedeutet, einigermaßen verwundert, daß das Auftreten Ihres Herrn Geschäftsführers am 24. August solche Beachtung in der demokratischen Presse fand. Die Sache hat dadurch erfreulicherweise eine so große Bedeutung für die Oeffentlichkeit erhalten, daß sie vielleicht in noch höherem Maße bei den verbündeten Regierungen und beim Reichstage Beachtung findet, als wenn der ganze Entrüstungssturm unterblieben wäre. (Sehr richtig!)

Meine Herren! Ein wirtschaftlicher Verein von der Bedeutung des unserigen muß sich vor allem das Recht der Kritik an den Maßnahmen der gesetzgebenden Körperschaften auf wirtschafts- und sozialpolitischen Gebieten in vollstem Umfange wahren (sehr richtig), darf sich also unter keinen Umständen in die Gefolgschaft einzelner politischer Parteien oder Parteirichtungen drängen lassen. (Sehr richtig!) Diesem Grundsatze haben die Führer des Centralverbandes Deutscher Industrieller allezeit nachgelebt, das läßt sich an ungezählten Beispielen erweisen, und sie haben mit dieser ihrer Haltung das nationale Wirtschaftsleben in hohem Maße gefördert und sich den Dank der Industrie verdient.

Es geht nicht an, daß man uns Inkonsequenz vorwirft, wenn wir vor 4 Jahren Kritik geübt haben an der Haltung der äußersten Rechten und wenn wir heute Kritik üben an der Haltung von deren Gegnern im bürgerlichen Lager und danach unsere Maßnahmen treffen. Wir sind nicht Parteimänner, sondern unabhängige Männer des praktischen Lebens und verteidigen unsere Interessen gegen jedermann, auf welcher Seite er auch stehen mag. (Sehr richtig!) Dabei haben wir niemals vergessen, den Blick auf das große Ganze zu richten, und sind immer bereit, Opfer zu bringen, auch dauernd, wo es das große Ganze erfordert. Diesen Grundsätzen wird auch in Zukunft Ihr Direktorium getreu bleiben zum Besten der deutschen Industrie und des deutschen Wirtschaftslebens überhaupt. (Lebhafter, langanhaltender Beifall.)

Meine Herren! Ehe wir in die weitere Behandlung der Tagesordnung eintreten, möchte ich mitteilen, daß das Direktorium beschlossen hat, den 4. Punkt der Tagesordnung, „Deutsche Finanzpolitik und Industrie", abzusetzen. Wir haben das getan, einmal wegen Zeitmangels mit Rücksicht darauf, daß wir heute nachmittag die hohe Ehre haben werden, Se. Majestät den König unter uns zu sehen, und natürlich den Herren Zeit gegeben werden muß, nicht nur rechtzeitig im Rathause sich zu versammeln, sondern vorher auch noch sich etwas auszuruhen. Außerdem aber haben wir in der Erörterung gestern im Direktorium in Uebereinstimmung mit dem Herrn Referenten uns davon überzeugt, daß es richtiger ist, diese Fragen, die hier in Punkt 4 zur Erörterung gestellt werden sollten, über Finanzpolitik und Industrie, zunächst im Ausschuß eingehend zu besprechen. Ich habe das heute im Ausschuß mitgeteilt und die Billigung des Ausschusses gefunden. Wir werden also zunächst die Angelegenheit im Ausschuß behandeln.

Nun kommen wir zu Punkt 2 der Tagesordnung: „Wahl des Ausschusses." Der Ausschuß hat heute in seiner ordentlichen Sitzung — die Herren wissen, daß der Ausschuß berechtigt ist, sich zu kooptieren — zugewählt die folgenden Herren: Generaldirektor

Ashoff, Vorsitzender der Vereinigung deutscher Messingwerke zu Köln a. Rh., Altena i. W.; Kommerzienrat Bauriedel, Vorsitzender des Verbandes deutscher Müller. Nürnberg; Generaldirektor Bergrat Dr. Grunenberg, Hermsdorf (Niederschlesien); Kommerzienrat Hertle, Leipzig; Dr.-Ing. h. c. von Oechelhäuser, Dessau; Kommerzienrat Dr.-Ing. Reinecker i. Fa. J. E. Reinecker, A.-G., Chemnitz-Gablenz; Kommerzienrat Stahmer, Georgs-Marienhütte; Fabrik- und Rittergutsbesitzer Walther Selve, Altena i. W.; Direktor Tafel, Nürnberg.

Ich habe die Ehre, der Delegiertenversammlung davon Kenntnis zu geben.

Nun kommen wir zu dem Geschäftsberichte des Herrn Regierungsrat Dr. Schweighoffer. Ich gebe ihm das Wort.

Geschäftsführer Regierungsrat a. D. Dr. jur. Schweighoffer-Berlin:

Eure Exzellenz! Meine sehr geehrten Herren! Es ist Brauch im Centralverbande Deutscher Industrieller, daß sich der zu erstattende Geschäftsbericht auf die seit der letzten Delegiertenversammlung verflossene Periode bezieht. Diese letzte Versammlung der Delegierten des Centralverbandes Deutscher Industrieller hat am 12. Dezember v. J. in Berlin stattgefunden und gleichwie auf jener Versammlung, so kann ich auch heute wieder mit Genugtuung feststellen, daß der Centralverband Deutscher Industrieller in der Zeit der abgelaufenen Berichtsperiode eine beachtenswerte Stärkung und Erweiterung erfahren hat. Es haben sich ihm seit der letzten Delegiertenversammlung nicht weniger als 26 bedeutende Einzelfirmen und 14 große Verbände angeschlossen, so daß der Centralverband Deutscher Industrieller gegenwärtig in seinen körperschaftlichen Mitgliedern über 55 000 industrielle Firmen umfaßt.

Durch diese Tatsache sowie dadurch, daß die neu beigetretenen Mitglieder in der überwiegenden Mehrzahl den Industrien der Fertigfabrikate und der Feinverarbeitung angehören, sollte eigentlich die immer wieder erhobene Behauptung zur Genüge widerlegt sein, daß der Centralverband Deutscher Industrieller nur die sogenannte „schwere" Industrie vertrete, daß aber die verarbeitende oder Fertigindustrie in ihm nicht zur Geltung komme.

Es ist nicht uninteressant, daß bereits vor nunmehr 37 Jahren, alsbald nach der Begründung des Centralverbandes Deutscher Industrieller im Jahre 1876, ähnliche unzutreffende Behauptungen aufgestellt wurden, und daß der Centralverband Deutscher Industrieller schon damals, wie auch noch heute, in den Blättern demokratischer und freihändlerischer Richtung „agrarischer Tendenzen“, der „einseitigen Hochschutzzöllnerei“ usw. bezichtigt und verdächtigt wurde. Zu diesen Angriffen nahm in der ersten Sitzung des Ausschusses des Centralverbandes Deutscher Industrieller, die hier in Leipzig in den Tagen des 5. und 6. Mai 1876 stattfand, der damalige Vorsitzende, Herr von Kardorff-Wabnitz, nach den protokollarischen Aufzeichnungen mit folgenden Worten Stellung: „Bereits auf die unvollständigen Nachrichten hin, die über die Versammlung im Dezember verlautet sind, haben eine große Zahl der wunderlichsten Angriffe und die Unterschiebung abenteuerlicher Absichten stattgefunden und einzelne Preßorgane haben in bezug auf Erfindung viel geleistet, ebenso in bezug auf dunkle Darstellung . . . Unter anderen schönen Sachen hat man auch dem Verbande die „Reaktion“ zugesprochen.“

Nun, meine Herren, Sie alle wissen, daß gerade diese Bezeichnung „reaktionär“, zu dem sich später das Schlagwort „Scharfmachertum“ hinzugesellte, auch jetzt noch zu den Hauptargumenten der Gegner des Centralverbandes Deutscher Industrieller gehört, und daß ihm auch heute noch, ebenso wie vor 37 Jahren, die abenteuerlichsten und wunderlichsten Absichten unterschoben werden. Dieses mag allerdings wohl zu einem gewissen Teile damit zusammenhängen, daß der Centralverband Deutscher Industrieller es stets als seine Pflicht erachtet hat, mit aller Entschiedenheit und Offenheit für seine Ziele und Aufgaben zu kämpfen, und daß er während seines langjährigen Bestehens konsequent an den Grundsätzen festgehalten hat, die er von Anfang an mit voller Zustimmung seiner Mitglieder in Vertretung der Interessen der deutschen Industrie in wirtschafts- und sozialpolitischer Hinsicht verfolgt hat, Eigenschaften, die sich allerdings nicht immer in gleicher Weise bei seinen Gegnern, mögen sie Einzelpersonen oder wirtschaftliche Verbände sein, vorfinden. (Sehr richtig!)

Von diesen Grundsätzen hat sich der Centralverband Deutscher Industrieller auch leiten lassen bei seiner Stellungnahme zu den großen Fragen, die im Laufe der verflossenen Berichtsperiode zur Erörterung standen und deren Lösung nicht nur für die Industrie allein, sondern weit darüber hinaus für unsere ganzen wirtschaftlichen und sozialen Verhältnisse, für unser gesamtes Staatsleben von dauernder Bedeutung sein wird.

Es gehört hierzu in allererster Linie die Verabschiedung der Wehr- und Deckungsvorlagen, die wohl ohne Zweifel während der ersten Hälfte dieses Jahres im Brennpunkt des Interesses aller Kreise und namentlich aller erwerbstätigen Kreise des deutschen Volkes gestanden haben. In welchem Maße durch diese letzte „Reichsfinanzreform" Handel und Industrie belastet worden sind, und welche Beurteilung die Art und Weise der Erledigung der Deckungsvorlagen im Parlament von seiten der Industrie zu erfahren hat, das sollte Ihnen, meine Herren, heute noch in einem besonderen Referate dargelegt werden. Dieses Referat muß indessen leider aus den vom Herrn Vorsitzenden bereits dargelegten Gründen ausfallen und ich sehe mich daher veranlaßt, mit einigen Worten auf die Angelegenheit einzugehen.

Der Centralverband Deutscher Industrieller hat von jeher auf dem Standpunkte gestanden und dieser Auffassung auch in wiederholten Entschließungen Ausdruck gegeben, daß auf der Leistungsfähigkeit und Schlagfertigkeit unserer Wehrkräfte zu Lande und zu Wasser unsere nationale Machtstellung, die politische wie die wirtschaftliche, beruht und daß die Sicherung dieser Machtfülle des Deutschen Reiches, die ihre starke Stütze findet in der treuen Bundesgenossenschaft, die uns mit unserem großen Nachbarreiche Oesterreich-Ungarn eint, die beste Bürgschaft für eine Erhaltung des Friedens ist. Aus diesem Grundgedanken heraus hat sich daher denn auch der Centralverband Deutscher Industrieller angesichts der offensichtlichen Notwendigkeit einer Verstärkung unserer militärischen Rüstung von Anfang an mit der Erhebung eines einmaligen Wehrbeitrages einverstanden erklärt, und trotz der außerordentlichen Belastung, die hiermit für die Industrie verbunden war, dem Vorschlage der Regierung in dieser Hinsicht zugestimmt. Auf der anderen Seite hat er aber — ich darf in dieser Hinsicht auf die eingehenden Verhandlungen des Ausschusses des Centralverbandes Deutscher Industrieller am 11. Juni d. J. verweisen — mit Nachdruck die schweren Bedenken hervorgehoben, denen die Beschlüsse der Budgetkommission des Reichstages in bezug auf die Ausgestaltung des Wehrbeitrages begegnen mußten, und hat eindringlichst davor gewarnt, durch eine ungerechte und übermäßige Belastung der Einzelwirtschaften die ganze weitere Entwickelung unserer deutschen Volkswirtschaft zu gefährden, die nun einmal auf dem Gedeihen dieser Einzelwirtschaften beruht. Diese Warnung hat leider bei den gesetzgebenden Körperschaften ebensowenig Beachtung gefunden, wie die weitere, von der *einmaligen* Besitzbesteuerung zu einer *dauernden* direkten Reichssteuer überzugehen und hierdurch die finanzielle und politische Selbständigkeit der Einzelstaaten zu untergraben.

Es ist das letztere wohl der verhängnisvollste Schritt, der mit der Verabschiedung des Gesetzes über eine Reichsvermögenszuwachssteuer getan worden ist und der uns leider erkennen läßt, daß die bewährte Steuer- und Finanzpolitik unseres größten deutschen Staatsmannes, des Altreichskanzlers Fürsten Bismarck, der den Grund zur Größe unserer ganzen Nationalwirtschaft gelegt hat, und der die Verteilung der Steuern zwischen dem Reiche und den Bundesstaaten stets in scharfer Abgrenzung zu halten wußte, von seinen Nachfolgern endgültig verlassen worden ist. (Sehr richtig!)

Diese Reichsvermögenszuwachssteuer ist von Männern, die wegen ihrer hervorragenden Stellungen im wirtschaftlichen Leben und wegen ihrer reichen praktischen Erfahrungen wohl zu maßgebendem Urteil berufen sind, als eine „steuerliche Mißgeburt schlimmster Sorte" gekennzeichnet worden, und welche schwerwiegenden Folgen sie für die einzelstaatlichen Steuersysteme nach sich ziehen wird, das ist kürzlich für das Königreich Sachsen in einem sehr bemerkenswerten Artikel der Dresdener Zeitschrift „Das Vaterland" dargelegt worden.

Wenn daher nach Beendigung des Kampfes um die Deckung der Kosten der Heeresvermehrung von einzelnen Abgeordneten behauptet worden ist, „es gebe weder Sieger noch Besiegte", so haben diese Abgeordneten offenbar übersehen, daß eine Partei es nicht an Ausrufen triumphierender Genugtuung über diese gesetzgeberische Tat hat fehlen lassen: Die sozialdemokratische Partei. Von dieser Seite ist die neue Besitzsteuer klar und bündig als der alleinige Erfolg der „Genossen" bezeichnet worden, die, wie es im „Vorwärts" am 26. Juni d. J. hieß, die Regierung gezwungen hätten, dem Willen der sozialdemokratischen Wähler zu folgen, und die auch weiter dafür Sorge tragen würden, daß man auf diesem Wege bis zum Ziele fortschreite.

Dieses Ziel der sozialdemokratischen Partei, „die völlige und unmittelbare Vermögenskonfiskation", mag nun zwar trotz der beachtenswerten Tatsache, daß der demnächst zur Erhebung gelangende Wehrbeitrag von rund 1 Milliarde Mark nach den eigenen Berechnungen des Reichsschatzamts bei einer Gesamtbevölkerung des Deutschen Reiches von 66½ Millionen Seelen nur von etwa 480 000 Steuerträgern aufzubringen ist (hört, hört!), wohl noch in ziemlich weiter Ferne liegen; aber sozialistische Ideen sind in dem Gesetze über die Reichsvermögenszuwachssteuer bereits insoweit verwirklicht worden, als durch dieses Gesetz in allererster Linie diejenigen betroffen werden, die es durch geschäftliche Regsamkeit und Tüchtigkeit, durch wirtschaftlichen Spartrieb zu Erfolgen über das gewöhnliche Maß hinaus gebracht haben. Ein solches Ergebnis läßt daher denn auch die tiefgehende Verbitterung verständlich erscheinen, die in den weitesten Kreisen des gewerblichen Unternehmertums über die neueste gesetzgeberische Leistung des Deutschen Reichstages herrscht, wobei zudem noch große Zweifel auftauchen, ob die hinsichtlich des finanziellen Erfolges der Zuwachssteuer gehegten Erwartungen sich überhaupt erfüllen werden. Denn bei einer längeren Andauer der unverkennbar sich bemerkbar machenden rückläufigen Wirtschaftskonjunktur könnte doch leicht bei der Veranlagung dieser Steuer sich der Fall wiederholen, der sich in früheren Jahren schlechten Geschäftsganges einmal zwischen der Steuerbehörde und dem Leiter eines größeren Bankinstituts abspielte. Es wurde hierbei dem letzteren von der Behörde auf seine Steuererklärung zurückgeschrieben: „Wir vermissen den Gewinn aus Konjunkturgeschäften,“ worauf der Steuerpflichtige sehr treffend und prompt erwiderte: „Ich leider auch.“ (Lebhafte Heiterkeit.)

Meine Herren! Bisher glaubte die Industrie, und das ist noch im vorigen Jahre von mir in meinem Geschäftsberichte ausdrücklich hervorgehoben worden, daß sie gegenüber den ins Unverständige gehenden Bestrebungen sozialistischer Agitatoren und Parteipolitiker auf das bessere Verständnis der verbündeten Regierungen für die Anforderungen des praktischen Lebens, auf deren gerechtere Würdigung der Interessen aller an unserem Wirtschaftsleben beteiligten Faktoren würde rechnen können. Aus den verschiedensten Kundgebungen der letzten Zeit geht indessen hervor, daß dieses Vertrauen in weiten Kreisen der Industrie stark erschüttert ist, da es leider eine unverkennbare Tatsache ist, daß die Regierung bei den Kämpfen um die Erledigung der Wehrvorlagen gegenüber dem parlamentarischen Mehrheitswillen ohne Kampf die Waffen gestreckt und die Souveränität des Reiches einem Parlamente preisgegeben hat, das schon jetzt fast völlig unter der Herrschaft der Masse steht. (Zuruf: Leider!)

Wie sehr das letztere der Fall ist, hat sich in der verflossenen Session des Deutschen Reichstages mehrfach gezeigt, und zwar besonders deutlich sowohl bei den Eingriffen des Reichstages in die Zuständigkeit der Militärverwaltung, als vor allem bei den Angriffen des Abgeordneten Liebknecht auf die Firma Krupp.

Es ist nicht meines Amtes, hier als Wortführer der Firma Krupp, deren Name mit den deutschen Siegen 1866 und 1870/71 ebenso innig verflochten ist, wie der Name Moltkes, und deren überragende nationale Bedeutung über jeden Zweifel erhaben ist (sehr richtig!), aufzutreten: aber darauf möchte ich doch die Aufmerksamkeit weiterer Kreise der Industrie lenken, daß es sich bei diesen Angriffen um einen grundsätzlichen Kampf der Gegner unserer ganzen bestehenden Gesellschafts- und Wirtschaftsordnung, der Sozialdemokratie, gegen den von der Kruppschen Werkgemeinschaft ein Jahrhundert hindurch gewahrten Grundsatz der Autorität des Arbeitgebers in seinem Betriebe handelt, und daß die hetzerische Wühlarbeit des „Genossen" Liebknecht, der, selbst wegen Hochverrats vorbestraft, eine „Panama" aufgedeckt zu haben behauptete, nur eine einzelne Phase dieses Kampfes ist. (Sehr richtig!)

Eine monarchisch geordnete Organisation, wie sie die Kruppschen Werke darstellen, wird, ohne jede Rücksicht auf die gerade von dieser Firma mit bedeutenden Mitteln für die Arbeiterschaft geschaffenen Wohlfahrts- und sozialen Mustereinrichtungen, der Sozialdemokratie und ihren Freunden stets in gleicher Weise ein Dorn im Auge sein, wie die Monarchie im Staatswesen, und ihr ganzer Kampf richtet sich ebenso auf die Beseitigung dieser monarchischen Arbeitsverfassung wie auf die Untergrabung der Autorität in allen großindustriellen Betrieben überhaupt.

Schon bei Gelegenheit der Jubelfeier der Firma Krupp im vorigen Jahre, als der Abgeordnete Liebknecht seine „unterirdischen" Geheimnisse noch gar nicht in Empfang genommen hatte, wies in der Festrede der Vorsitzende des Direktoriums der Firma Krupp darauf hin, daß mancher der Kruppschen Werkgemeinschaft, die in der Arbeit für des Reiches Wehrhaftigkeit und Sicherheit stets ihre höchste Ehre, aber auch ihre höchste Verantwortung erblickt habe, „gerne so oder so einen Makel anheften" möchte, und die sozialdemokratischen Blätter ließen es sich schon damals nicht entgehen, ihren Haß gegen diese industrielle Großmacht offenkundig zum Ausdruck zu bringen.

Aus dieser grimmigen Gegnerschaft heraus erklärt sich denn allein schon zur Genüge der Vorstoß des Abgeordneten Liebknecht, der, ohne das Ergebnis des bereits eingeleiteten Verfahrens abzuwarten, die schwersten Beschuldigungen von der Tribüne des Reichstages herab erhob.

Es liegt mir selbstverständlich in jeder Hinsicht fern, und ich möchte den Eindruck vermieden sehen, als ob ich an diesem, demnächst erst zum Abschluß kommenden Verfahren zurzeit irgendwie Kritik üben oder etwa gar einer Schmälerung des bei uns geltenden Legalitätsprinzips das Wort reden wollte. Aber gerade deshalb, weil kein Volk der Erde festere Rechtsbegriffe hat, wie das deutsche, sollte man sich davor hüten, in doktrinärer Begriffsspalterei geringfügige Verfehlungen untergeordneter Beamter zu schweren Rechtsverletzungen der leitenden Persönlichkeiten und der Firmeninhaber zu stempeln (sehr gut!), oder aus nervöser Furchtsamkeit vor den Massen durch Sensationsprozesse das Ansehen der gesamten deutschen Industrie, namentlich dem Auslande gegenüber, aufs Spiel zu setzen. (Lebhaftes Sehr richtig!)

Die fortschreitende Demokratisierung des Volkes, der wachsende Druck der Massen auf die Staatsleitung sind Begleiterscheinungen des schweren sozialen Kampfes der Gegenwart, die nur dann in den richtigen Bahnen gehalten werden können, wenn die staatlichen Behörden dieser Entwickelung feste Schranken zu ziehen wissen und sich zur rechten Zeit bewußt werden, daß in ihnen der Staatsgedanke verkörpert und vertreten wird, und daß der Staat Macht ist. (Sehr richtig!)

Eine solche Betätigung der Macht durch Verstärkung der staatlichen Schutzmittel hat erst jüngst der deutsche Handwerks- und Gewerbekammertag gefordert, indem er auf seinem letzten Verbandstage in Halle a. S. in einer einmütig gefaßten Resolution positive Gesetzesvorschriften zum Schutze der Arbeitswilligen verlangte. Es ist das die gleiche Forderung, die angesichts der immer drohender werdenden Gestaltung der Arbeitskämpfe und des immer rücksichtsloseren Machtgebrauchs der Streikgewerkschaften vom Centralverband Deutscher Industrieller nunmehr seit Jahren erhoben und in der Sitzung des Ausschusses am 1. Februar d. J. nochmals in eingehenden Darlegungen begründet worden ist. Um so bedauerlicher ist es, daß sich die zuständigen Reichsbehörden in Berlin diesem Verlangen gegenüber so wenig zu einem entschiedenen Vorgehen entschließen können, und es gebührt daher denjenigen Einzelstaaten besonderer Dank, die in bestimmten Erklärungen ihr Eintreten für eine solche einmütige Forderung der Industrie und des gewerblichen Mittelstandes in Aussicht gestellt haben. Es ist dieses in erster Linie von seiten der Königlich Sächsischen Staatsregierung geschehen (bravo!), und ich glaube mich aus diesem Grunde Ihrer Zustimmung versichert halten zu dürfen, wenn ich hier in des Königreichs Sachsen Handelsmetropole der Königlich Sächsischen Staatsregierung für ihre bisherige Stellungnahme zu der Frage eines verstärkten Schutzes der Arbeitswilligen den Dank der im Centralverband Deutscher Industrieller vereinigten Industriellen ausspreche. (Lebhaftes Bravo!)

Von seiten des industriellen Unternehmertums ist es wohl ohne Zweifel mit besonderer Genugtuung begrüßt worden, daß gerade auch der gewerbliche Mittelstand sich in dieser Frage den Forderungen der Industrie angeschlossen hat und daß sich Industrie und Handwerk somit völlig eins wissen. In beiden Berufsständen herrscht die Ueberzeugung, daß es sich hier um gemeinsame Lebensinteressen und gemeinsame Lebensvoraussetzungen handelt, und ich habe bereits auf der letzten großen Hauptversammlung des Reichsdeutschen Mittelstandsverbandes in Leipzig am 24. August d. J. der Ansicht Ausdruck gegeben, daß die gleiche Gemeinsamkeit ihrer Interessen Handwerk und Industrie auch auf anderen Gebieten unseres Wirtschaftslebens ebenfalls zusammenführen wird.

Diese Bekundung hat wiederum einmal Anlaß gegeben, gegen den Centralverband Deutscher Industrieller die schwersten Verdächtigungen auszusprechen, und ihn, da auch die Landwirtschaft sich in ähnlichem Sinne geäußert hat, gewissermaßen als „Vasallen" des Bundes der Landwirte hinzustellen. Es ist auf das „Geheimnisvolle" der Umtriebe des Centralverbandes Deutscher Industrieller hingewiesen und ihm angedichtet worden, daß er, wie der Reichsdeutsche Mittelstandsverband, dem Bunde der Landwirte in seiner politischen Arbeit Gefolgschaft zu leisten, den sogenannten lückenlosen Zolltarif zu propagieren beabsichtige und dergleichen mehr.

Diese ganzen Verdächtigungen, deren Verbreitung sich naturgemäß alle demokratischen und sozialdemokratischen Blätter ganz besonders haben angelegen sein lassen, sind derart haltlos und zeigen einen solchen Mangel an Ehrlichkeit, ja, ich scheue mich nicht zu sagen, einen solchen Tiefstand, daß sie eigentlich jenseits der Grenze einer jeden Diskussion liegen. Leider hat aber auch der Bund der Industriellen sich an diesen Angriffen lebhaft beteiligt und hiermit in sehr eigenartiger Weise die Aufrichtigkeit seines letzthin mehrfach bekundeten Willens, ein freundschaftlicheres Verhältnis zum Centralverband Deutscher Industrieller anzubahnen, dargetan. Ich bin daher zu meinem Bedauern genötigt, auf die ganzen Vorgänge etwas näher eingehen zu müssen.

In aller Oeffentlichkeit ist auf dem zweiten westdeutschen Mittelstandstage zu Essen am 18. Mai dieses Jahres, dem Abgeordnete mehrerer bürgerlicher Parteien des Reichstages beigewohnt haben, von den Vertretern der Handelskammer zu Essen und dem Vertreter des Centralverbandes Deutscher Industrieller auf die gemeinsamen Interessen von Großindustrie und Handwerk und die Möglichkeiten ihrer Wahrnehmung und Pflege hingewiesen worden. Im Anschluß hieran hat alsdann Anfang Juli dieses Jahres zwischen Mitgliedern des Reichsdeutschen Mittelstandsverbandes und dem Geschäftsführer des Centralverbandes Deutscher Industrieller eine Besprechung stattgefunden, an der auf Veranlassung des Reichsdeutschen Mittelstandsverbandes auch Vertreter des Bundes der Landwirte und der Vereinigung christlicher deutscher Bauernvereine teilnahmen, um zu der Frage Stellung zu nehmen, inwieweit eine Gemeinsamkeit wirtschaftlicher Interessen zwischen Handwerk, Industrie und Landwirtschaft vorhanden sei und wie diese Interessen durch eine Gemeinschaftsarbeit gefördert werden könnten.

Die Frage einer solchen Gemeinschaftsarbeit ist nunmehr auf der Tagung des Reichsdeutschen Mittelstandsverbandes am 24. August d. J. in Leipzig Gegenstand eines besonderen Referates gewesen, und in der sich an dieses Referat anschließenden Diskussion wurde von mir als Gast der Versammlung, unter Hervorhebung der gemeinsamen Lebensinteressen von Industrie, Handwerk und Landwirtschaft die Notwendigkeit eines Zusammenstehens dieser drei Berufsstände in allen grundsätzlichen Fragen unserer Wirtschafts- und Sozialpolitik betont. (Sehr richtig!) Zu diesen grundsätzlichen Fragen rechnete ich die Aufrechterhaltung der bestehenden Wirtschafts- und Gesellschaftsordnung, eine weise Beschränkung der sozialpolitischen Gesetzgebung und eine Verstärkung des Schutzes aller erwerbstätigen Kreise gegen Wirtschaftsstörung durch Boykott und Streiks, und gab der Genugtuung darüber Ausdruck, daß auch der gewerbliche Mittelstand die Förderung dieser Ziele durch eine friedliche Gemeinschaftsarbeit zu seinem Programm erhoben habe. (Bravo!)

Während der ganzen Tagung ist weder von einer „Interessengemeinschaft", noch von einem „Kartell" oder von der Art eines organisatorischen Ausbaues des Gedankens der Gemeinschaftsarbeit überhaupt die Rede gewesen; es ist vielmehr besonderer Nachdruck von mir auf die Erhaltung der vollen Unabhängigkeit und Selbständigkeit der einzelnen Gruppen gelegt worden, so daß alle gegenteiligen Behauptungen haltlose Kombinationen und Erfindungen sind.

Wenn man lediglich aus der Tatsache, daß zwei Vertreter verschiedener Interessengruppen auf einer Tagung sich in übereinstimmendem Sinne geäußert und die gleiche Zustimmung der Teilnehmer gefunden haben, den Schluß auf eine „Verbrüderung" ziehen oder daraus folgern will, daß — wie es der Hansabund in seiner Erklärung zu dieser Angelegenheit tut — der eine Verband zu einem „abhängigen Gebilde" des anderen Verbandes geworden ist, dann würde an einer „Interessengemeinschaft" des Hansabundes und des Bundes der Industriellen mit Freihändlern und Sozialisten wohl kaum noch ein Zweifel bestehen. (Lebhaftes Sehr richtig!) Denn auf dem Zweiten Deutschen Hansatage am 17. November v. J. hat nach einer Rede des Herrn Dr. Stresemann, des Präsidialmitgliedes des Hansabundes und des Bundes der Industriellen, der bekannte Freihändler und Sozialist Dr. Friedrich Naumann unter dem Beifall aller Anwesenden Erklärungen abgegeben, wie sie demagogischer und radikaler nicht gehalten werden konnten (Sehr richtig!), und in denen der feste Zusammenschluß aller derjenigen, die heute „links" stehen, mit Nachdruck gefordert wird. (Hört, hört!)

Diese Reminiszenz dürfte wohl angebracht sein, wenn man gegenwärtig aus der Sympathieerklärung eines Vertreters des Bundes der Landwirte und des Geschäftsführers des Centralverbandes Deutscher Industrieller für eine wirtschaftliche Gemeinschaftsarbeit, der im übrigen auch der Vertreter der 700 000 Mitglieder umfassenden christlichen Bauernvereine vollauf beitrat, Folgerungen auf „politische" Ambitionen herleiten will. Es ist in der Tat, wie der Herr Referent auf der Tagung des Reichsdeutschen Mittelstandsverbandes sehr zutreffend am Schlusse seiner Ausführungen bemerkte, ein beklagenswertes Zeichen der Zeit, daß eine jede, rein wirtschaftliche Ziele verfolgende Bewegung bei uns in Deutschland von vielen Kreisen nur vom Standpunkte engherzigster Parteipolitik betrachtet und bekämpft wird, und es entsteht mit Recht die Frage, ob wir im Deutschen Reiche schon soweit gekommen sind, daß sich ein Vertreter einer industriellen Körperschaft überhaupt nicht mehr mit einem Vertreter der Landwirtschaft — und, meine Herren, gegen die Landwirtschaft als solche, nicht gegen den Bund der Landwirte geht der Kampf — zur Erörterung wirtschaftlicher Fragen an einen Tisch setzen darf, ohne daß gerade von denjenigen, die sonst, wenigstens der Oeffentlichkeit gegenüber, den Ausgleich der wirtschaftlichen Gegensätze stets als ihr Ziel und ihre Richtlinien hinzustellen pflegen, hieran Verdächtigungen jedweder Art geknüpft werden. (Sehr richtig!)

Der Vorsitzende des Bundes der Industriellen, Herr Kommerzienrat Friedrichs, hat vor wenigen Tagen auf der Generalversammlung des Bundes die Erklärung abgegeben, daß eine Organisation, wie der Bund der Landwirte und demnach doch auch der Centralverband Deutscher Industrieller, der nach seinen Ausführungen mit dem Bunde der Landwirte „Seite an Seite marschiert", sich mit ihm „verbündet" hat, für alle Industriellen „nie und nimmer bündnisfähig" seien. Es würde in weiten Kreisen der Industrie wohl mit besonderer Genugtuung begrüßt worden sein, wenn Herr Kommerzienrat Friedrichs sich auch darüber ausgelassen hätte, ob denn die Bündnisfähigkeit der Demokraten und Freihändler vom Schlage des „Berliner Tageblattes", der „Frankfurter Zeitung", der „Freisinnigen Zeitung", ja selbst des „Vorwärts", die gegenwärtig „Seite an Seite mit dem Bunde der Industriellen marschieren", für ihn über jeden Zweifel erhaben ist und ob ein solches Bündnis von ihm als den Interessen der Industrie entsprechend angesehen wird. (Lebhaftes Sehr richtig!)

Und es würde ferner sehr viel zur Klärung der Sachlage und zu der vom Centralverbande Deutscher Industrieller in der gleichen Weise gewünschten Annäherung der beiden industriellen Verbände beigetragen haben, wenn Herr Kommerzienrat Friedrichs die eminent praktische Frage, ob der Bund, wie es kürzlich erst wieder in einem Artikel der „Vossischen Zeitung" von einem freisinnigen Abgeordneten als ganz selbstverständlich angenommen wurde, gewillt ist, für den Abbau der Schutzzölle einzutreten, nicht mit einer kurzen Handbewegung als „theoretische Erörterung" abgetan, sondern klar und bündig beantwortet hätte (sehr richtig!), und wenn er sich offen dazu bekannt haben würde, daß der Bund der Industriellen die Sozialdemokratie und ihre Anhänger als die grimmigsten Gegner unserer ganzen bestehenden Gesellschafts- und Wirtschaftsordnung und damit auch der Industrie ebenso zu bekämpfen, für seine Pflicht hält, wie der Centralverband Deutscher Industrieller. (Bravo!)

Es darf bei dieser Gelegenheit daran erinnert werden, daß es der Centralverband Deutscher Industrieller gewesen ist, der Anfang der 90er Jahre die Initiative zur Bildung des „Wirtschaftlichen Ausschusses zur Vorbereitung und Begutachtung handelspolitischer Maßnahmen" ergriffen hat, in der Erkenntnis der Notwendigkeit einer Verständigung von Industrie, Handel und Landwirtschaft in allen handels- und zollpolitischen Fragen, und daß es auch damals der Ueberwindung mannigfacher Schwierigkeiten bedurfte, bis unter tätiger Mitwirkung des Finanzministers Dr.

Miquel und des Staatssekretärs Grafen von Posadowsky zwischen den Vertetern der Landwirtschaft, des Handels und der Industrie eine Einigung über die grundsätzlichen Fragen einer Gemeinschaftsarbeit erzielt werden konnte.

Um so bedauerlicher ist es, daß gegenwärtig unter Hintansetzung aller größeren Gesichtspunkte, lediglich aus Gründen kleinlichen Eigennutzes und eigenster Privatinteressen, so viele Mächte am Werke sind, um die verschiedenen Erwerbsstände in der wechselseitigen Achtung ihrer Lebensinteressen immer weiter voneinander zu entfernen und das Verständnis für die Notwendigkeit des Zusammengehens unserer maßgebenden Berufsstände, von Handwerk, Industrie und Landwirtschaft, immer mehr zu erschweren.

Der Centralverband Deutscher Industrieller weiß ebensogut, wie der Bund der Industriellen, daß mit Rücksicht auf die von einzelnen Vertretern der Landwirtschaft aufgestellten extremen und unberechtigten Forderungen die Industrie mehr denn je genötigt ist, ihren Lebensinteressen nachdrücklichst Geltung zu verschaffen, und es ist daher denn auch in dem Ihnen zur Annahme vorliegenden Beschlußantrage von neuem die Erklärung abgegeben, daß der Centralverband Deutscher Industrieller nicht in der Lage sein wird, einer weiteren Erhöhung der Lebensmittelzölle oder dem sogenannten „lückenlosen" Zolltarif zuzustimmen. Auf der anderen Seite ist sich aber der Centralverband Deutscher Industrieller in gleicher Weise bewußt, daß die stärksten Wurzeln unserer Industrie in einem aufnahmefähigen Inlandsmarkte ruhen, und daß es nur im eigensten Interesse der Industrie selbst liegt, wenn der Inlandsmarkt möglichste Sicherung erfährt. (Sehr richtig!) Aus diesem Grunde wird der Centralverband Deutscher Industrieller, wie er es von jeher getan, auch in Zukunft bestrebt sein, mit der Landwirtschaft, und hier darf ich betonen, daß man sehr wohl zwischen der Landwirtschaft und dem Bunde der Landwirte zu scheiden vermag, auf dem Boden einer von wechselseitiger Gleichberechtigung getragenen Wirtschaftspolitik zusammenzustehen, und er erblickt in dem Zusammenhalten der Landwirtschaft und der Industrie zum Schutze der nationalen Arbeit nach wie vor eines seiner hauptsächlichsten wirtschafts- und handelspolitischen Ziele. (Bravo!) Wenn er diese Bestrebungen nunmehr auch im Sinne einer friedlichen Gemeinschaftsarbeit auf ein Zusammengehen mit dem Handwerk, mit dem gewerblichen Mittelstande, ausdehnt, so darf wohl die Hoffnung ausgesprochen werden, daß auch hierzu alle Kreise des Centralverbandes Deutscher Industrieller ihre Zustimmung zu geben bereit sind. (Bravo!)

Wie dringend notwendig ein solches Zusammenhalten unserer drei großen Erwerbsgruppen gerade unter den gegenwärtigen Zeitläuften erscheinen muß, das zeigen zur Genüge die Erörterungen, die letzthin innerhalb der radikal-sozialistischen Kreise in bezug auf die Inszenierung eines politischen General- und Massenstreiks gepflogen worden sind und noch gepflogen werden. Es ist der schon vorher von mir in wenig erfreulichem Zusammenhange erwähnte Abgeordnete Dr. Liebknecht gewesen, der sich Anfang Juli dieses Jahres in einer öffentlichen Versammlung zu diesem Thema folgendermaßen äußerte: „Mit großer Angst betrachten die Regierenden den Eintritt von immer mehr und besser geschulten Sozialdemokraten in das Heer, das Steigen des rebellischen Geistes in dem Beamtenheer. Der Massen- oder Generalstreik ist uns da als eine Heilsbotschaft erschienen . . . Die Sozialdemokratie ist sich dahin einig geworden, ihn anzuwenden."

Es mag dahingestellt bleiben, ob und inwieweit diese Bestrebungen in naher oder späterer Zukunft von Erfolg begleitet sein werden; sie zeigen aber mit aller Deutlichkeit das nächste Ziel der Führer der Sozialdemokraten, und wenn es noch eines Beweises dafür bedurft hätte, wie leicht infolge der maßlosen Verhetzung der Arbeiterschaft diese zum Eintritt in einen Streik geneigt ist, dann ist dieser Beweis wohl erbracht worden durch die Vorgänge beim Hamburger Werftarbeiterstreik und durch seine Begleiterscheinungen in den übrigen deutschen Seestädten. (Sehr richtig!)

Noch während die Arbeiterführer, denen die von den Schiffswerften gemachten Zugeständnisse nicht genügten, in Verhandlungen mit den Werftbesitzern begriffen waren, wurde von den Arbeitern auf fast allen Werften der Unterweser und der Elbe sowie auch an der Ostsee die Arbeit gegen den Willen der Gewerkschaftsvorstände niedergelegt. Die Folge dieses eigenmächtigen Vorgehens der Arbeitermassen war neben der Verweigerung der Streikunterstützung die Nichtanerkennung dieses „wilden" Streiks seitens der Gewerkschaftsleiter, und dieser Beschluß ist auch auf der anfangs August in Berlin abgehaltenen außerordentlichen Hauptversammlung des Deutschen Metallarbeiterverbandes insoweit aufrechterhalten worden, als die Haltung der Werftarbeiter gemißbilligt und von ihnen die Beendigung des Lohnkampfes verlangt wurde. Trotz dieses Beschlusses, der nur unter dem heftigsten Widerstande der Versammlung zustande kommen konnte, muß man dennoch, insbesondere mit Rücksicht darauf, daß die nachträgliche Gewährung von Streikunterstützung an die arbeitslosen Gewerkschaftsmitglieder zugesagt wurde, als Ergebnis des Streiks feststellen, daß in diesem Kampfe die moderne gewerkschaftliche Streiktaktik eine schwere Niederlage erlitten hat, und daß nicht die Organisation, sondern die Herrschaft der Masse den Sieg davongetragen hat.

Es hat sich gezeigt, daß die Organisationsleiter wohl imstande sind, die Massen zu verhetzen, aber daß sie nicht befähigt sind, sie nach ihrem Willen zu lenken, und wenn unsere Kathedersozialisten und Sozialideologen bei ihrer Beurteilung von Arbeiterbewegungen immer von der Voraussetzung ausgegangen sind, daß die Führer der Massen die Lohnarbeiterschaft fest am Zügel hätten, und daß die sozialdemokratischen Gewerkschaften die berufenen Vertretungen der Arbeiterschaft seien, so ist durch den Verlauf des Hamburger Werftarbeiterstreiks über diese kathedersozialistische Irrlehre ein Urteil gesprochen worden, wie es vernichtender nicht ausfallen konnte. (Sehr richtig!) Gegenüber allen Verschleierungen der tatsächlichen Vorgänge ergibt sich aus dem diesjährigen „wilden" Werftarbeiterstreik die unwiderlegliche Lehre, daß auf dem Wege kollektiver Vertragsabschlüsse mit den Gewerkschaften niemals der Friede auf dem Arbeitsmarkte gewährleistet werden kann. (Lebhaftes Sehr richtig!)

Dieses ist die *taktische* Bedeutung des Hamburger Werftarbeiterstreiks, und gerade diese ist in der Oeffentlichkeit derart bewertet worden, daß im Vergleich zu ihr die *sachliche* Berechtigung der erhobenen Arbeiterforderungen fast völlig in den Hintergrund trat. Und doch darf in dieser Hinsicht wohl darauf verwiesen werden, daß, wenn die Forderungen der Arbeiter auf Erhöhung des Stundenlohnes und vor allem auf Herabsetzung der wöchentlichen Arbeitszeit bewilligt worden wären, die Ausgaben der Werften zu so außerordentlicher Höhe angewachsen wären, daß z. B. die Werft *Blohm & Voß* rund 1 300 000 M. an Arbeitslöhnen jährlich mehr zu zahlen gehabt hätte (hört, hört!), ein Betrag, der wieder einmal beweist, mit welcher enormen Erhöhung der Selbstkosten unsere Industrie nicht nur im Falle weiterer Lohnsteigerungen, sondern vor allem auch im Falle einer weiteren Verkürzung der Arbeitszeit zu rechnen hat.

Diese Tatsache sollte doch etwas mehr Beachtung finden und sie sollte vor allem von seiten der Regierung nicht nur bei der Erörterung über die gesetzliche Einführung des Achtstundentages in der deutschen Großeisenindustrie, sondern auch bei den Verhandlungen, die gerade jetzt in Bern auf der Internationalen Staatenkonferenz für Arbeiterschutz über das Verbot der industriellen Nachtarbeit der jugendlichen Arbeiter bis zum vollendeten 18. Lebensjahre und über die gesetzliche Beschränkung der Ueberarbeit stattfinden, in Berücksichtigung gezogen werden.

Zu welchen schwerwiegenden Folgen die Einführung der Achtstundenschicht in den Betrieben der Großeisenindustrie führen würde, das ergibt sich daraus, daß nach einer genauen Betriebsaufnahme der in ein und zwei Schichten tätigen Arbeiter auf den preußischen und einer sich darauf gründenden Schätzung in den außerpreußischen Betrieben die Zahl der alsdann mehr einzustellenden Arbeiter mindestens 85 bis 90 000 beträgt, für welche bei Annahme eines durchschnittlichen Jahresverdienstes von nur 1400 M. eine Lohnsumme von jährlich 119 Millionen Mark erforderlich sein würde (hört, hört!), und was das Verbot der industriellen Nachtarbeit für jugendliche Arbeiter bis zum vollendeten 18. Lebensjahre anbetrifft, so wird der im Falle eines solchen Verbots für die Betriebe der Großeisenindustrie entstehende Ausfall an Arbeitskräften vom Verein Deutscher Eisen- und Stahlindustrieller auf über 20 000 Mann geschätzt. Diese Zahlen beweisen, wie überaus berechtigt die Bedenken sind, die von der Großeisenindustrie als eines der wichtigsten Zweige unserer ganzen vaterländischen Industrie gegen die von der Internationalen Vereinigung für Arbeiterschutz erstrebten gesetzlichen Maßnahmen erhoben werden. Diese Bedenken sind aber um so begründeter, als es eine in dem Verhandlungsberichte des Komitees dieser Vereinigung selbst anerkannte Tatsache ist, daß die internationalen Abmachungen über Jugendlichenschutz in anderen Ländern sehr viel mangelhafter erfüllt werden als bei uns.

Während bei uns in Deutschland alle derartigen Vorschriften, sobald sie zwingenden Charakter haben, mit bureaukratischer Genauigkeit und Gewissenhaftigkeit durchgeführt werden, und es eine Umgehung der Gesetze nicht gibt, ist in den meisten Staaten des Auslandes die Handhabung der gesetzlichen Bestimmungen eine sehr viel freiere, und es gilt hier vielfach das Wort „Il y a des arrangements avec le ciel", also auch ganz gewiß mit der Polizei. (Heiterkeit.)

Dieser unterschiedlichen Auffassung kann bei allen sozialpolitischen Maßnahmen, die irgendwie auf das Verhältnis unserer deutschen Industrie zur ausländischen von Einfluß sind, nicht genügend Rechnung getragen werden, und es darf daher die Erwartung ausgesprochen werden, daß gerade dieser Umstand auch bei der Stellungnahme unserer verbündeten Regierungen zu einer weiteren internationalen Regelung des Jugendlichenschutzes volle Beachtung finden wird. Die verbündeten Regierungen würden hiermit allerdings kaum den Beifall derjenigen Sozialreformer finden, die es bereits jetzt als ganz selbstverständlich bezeichnet haben, daß Regierung und Reichstag sich der Aufforderung zur gesetzlichen Festlegung dieser Schutzmaßnahmen fügen werden, und die auch heute noch, mehr wie je, sich von dem Grundsatze leiten lassen, daß die Kultur der Nationen sich nach der Kürze ihres Arbeitstages bemißt.

Dieser sozialistische Grundsatz führt letzten Endes doch zu dem Schlusse, daß die höchste Gesittung nur aus der vollkommenen Faulheit erblühe (Lebhaftes Sehr richtig! Heiterkeit), und er steht in unlöslichem Widerspruche mit der geschichtlichen Tatsache, daß nur diejenigen Völker stark und mächtig geworden und auch geblieben sind, die sich von dem Glauben leiten ließen, daß die erste wirtschaftliche Tugend einer Nation der nachhaltige Ernst der Arbeit sei. (Sehr richtig! Sehr wahr!)

Es gibt wohl in der Gegenwart unter den führenden Persönlichkeiten der deutschen Industrie niemand, der dem Lohnarbeiter das gute Recht bestreiten wollte, eine Bemessung der Arbeitszeit dahin zu verlangen, daß seine Gesundheit keinen Schaden erleide und daß ihm die zu seiner Erholung erforderliche Zeit und Muße vergönnt werde: Aber, was gegenwärtig auf dem Gebiete der Sozialpolitik von den Sozialfanatikern für Arbeiter und Angestellte gefordert wird, das läßt in der Tat ein jedes Verständnis für und ein jedes tiefere Eindringen in die Zusammenhänge der Volkswirtschaft vermissen, und es ist bedauerlich, daß dieses mangelnde Verständnis auch bereits beim Deutschen Reichstage als so selbstverständlich angenommen wird, daß die „Soziale Praxis" vor einiger Zeit schreiben durfte: „Von diesem Reichstage brauchen wir nicht zu besorgen, daß er die Sozialpolitik auf ihren besonderen Ackergebieten verkümmern lassen werde." (Hört, hört!)

Ein gewisses Recht zu dieser Annahme mag ja allerdings die erwähnte Zeitschrift wohl gehabt haben, wenn man berücksichtigt, welche Umgestaltung z. B. der Entwurf eines Gesetzes betr. Aenderung des Handelsgesetzbuches (sog. Konkurrenzklausel) in der Kommission des Reichstages erfahren hat. Es ist nicht nur der Betrag der Karenzentschädigung erhöht, die Befreiung des Prinzipals von der Entschädigungszahlung ganz wesentlich eingeschränkt und bestimmt worden, daß die Konkurrenzklausel erst bei Kündigung des Dienstverhältnisses durch den Gehilfen ihre volle Wirkung äußert, sondern es ist auch eine Vorschrift eingefügt worden, nach welcher die Konkurrenzklausel unter Umständen als eine Garantie für eine angemessene Gehaltserhöhung wirken muß; und das alles, obgleich in einer vom Centralverband Deutscher Industrieller und dem Verein zur Wahrung der Interessen der chemischen Industrie Deutschlands am 1. Februar d. J. zu Berlin abgehaltenen Versammlung den anwesenden Mitgliedern der Reichstagskommission an der Hand zahlreicher Einzelfälle der Nachweis erbracht worden war, welche berechtigten Interessen die Arbeitgeber den von den Organisationen der Handlungsgehilfen erhobenen Forderungen entgegenzustellen hätten.

Es ist wohl nicht verwunderlich, wenn unter solchen Umständen und vor allem auch in Berücksichtigung der Tatsache, daß gerade Angehörige derjenigen bürgerlichen Parteien, die sich mit Vorliebe als die Vertreter industrieller Interessen zu bezeichnen pflegen, es bei der Beratung dieses Gesetzentwurfs an jeder Rücksichtnahme auf die begründeten Wünsche der Industrie haben fehlen lassen, die Erbitterung des industriellen Unternehmertums über eine solche, lediglich auf die Gunst der Massen abzielende Politik eine immer schärfere Form annimmt, und wenn es innerhalb der beteiligten Kreise nur mit sehr gemischten Gefühlen begrüßt worden ist, daß die Regierung anscheinend beabsichtigt, dem derzeitigen Reichstage in dieser Session auch noch den bereits veröffentlichten Entwurf eines neuen Patentgesetzes zur Beschlußfassung zu unterbreiten.

In welcher Weise und nach welcher Richtung hin die Industrie an diesem Entwurf Kritik zu üben gezwungen ist, das wird den Mitgliedern des Centralverbandes Deutscher Industrieller in einer besonderen Denkschrift demnächst mitgeteilt werden, nachdem vorgestern und gestern der erweiterte Patentausschuß des Centralverbandes Deutscher Industrieller in eingehenden Beratungen sich mit der Materie beschäftigt hat. Hervorheben möchte ich nur, daß auch in bezug auf die Ausgestaltung dieses Gesetzentwurfes durch den Reichstag von den Vertretern der Angestelltenorganisationen die weitestgehenden Erwartungen gehegt werden, denen auch hier wieder die „Soziale Praxis" mit den Worten Ausdruck gegeben hat, daß an den Vorentwürfen „die sozialpolitische Veredelungsarbeit des Reichstages noch einzusetzen" haben werde.

Dieser Ruf der „Sozialen Praxis" nach der „sozialpolitischen Veredelungsarbeit" des Reichstages ist so bezeichnend und dokumentiert so überaus deutlich die Ueberzeugung unserer Sozialreformer von dem Allheilmittel des Staatssozialismus, daß man in der Tat an das Wort eines alten Sanitätsrats erinnert wird, der sich einmal dahin äußerte: „Keine Krankheit ist so unbedeutend, daß sie nicht durch das Hinzutreten eines Arztes lebensgefährlich werden könnte. (Sehr richtig! Lebhafte Heiterkeit.)

Bei diesem lebensgefährlichen Zustande sind wir allmählich durch die bisherige sozialpolitische „Veredelungsarbeit" des Reichstages (lebhafte Heiterkeit) wohl schon angelangt. Wenn man berücksichtigt, welche Beschlüsse vom Reichstage bei Gelegenheit der Verabschiedung der Wehrvorlagen in bezug auf die an den Rüstungslieferungen beteiligten Gewerbe und ihre Arbeitsverfassung gefaßt worden sind, daß bereits jetzt, nachdem die Reichsversicherungsordnung mit ihrer weitgehenden Neubelastung überhaupt noch nicht völlig zur Durchführung gebracht ist, schon Erwägungen über die Herabsetzung des Alters für den Bezug der Invalidenrente vom 70. auf das 65. Lebensjahr gepflogen werden, und daß die Forderungen auf eine gesetzliche Neuregelung des Arbeitsvertrages, die Einführung einer Arbeitslosenversicherung und dergleichen mehr nicht verstummen, dann fragt man sich in der Tat, ob denn innerhalb unserer gesetzgebenden Faktoren jedes Verständnis dafür geschwunden ist, daß es schließlich auch in der Leistungsfähigkeit eines jeden Unternehmers, in der Belastungsfähigkeit aller industriellen Betriebe eine Grenze gibt, die ohne Schaden für die Gesamtheit nicht überschritten werden kann. (Sehr richtig!)

Es ist ein alter volkswirtschaftlicher Grundsatz, daß ein jedes Wirtschaftsgebilde einmal Ruhe für die Sammlung seiner Kräfte braucht, wie es ein anderes Mal des Fortschritts für deren Auslösung bedarf. Gerade darin bestand eines der überragenden Verdienste des großen Meisters Bismarck, daß er als leitender Staatsmann und als Wirtschaftspolitiker stets den richtigen Zeitpunkt zu erfassen wußte, wann die Zeit der Beharrung, wann die der Bewegung gekommen war, zum Wohle des Ganzen. (Bravo!) Die überhastende Art, in der gerade in den letztverflossenen Jahren im Wettlauf der Parteien um die Stimmen der Massen sich Gesetze gefolgt sind, die für Arbeitgeber wie für Arbeitnehmer völlig neue und ungewohnte Vorschriften brachten, hat bereits zu manchen schweren Unzuträglichkeiten geführt, die ganz besonders stark bei dem Inkrafttreten des Angestelltenversicherungsgesetzes in die Erscheinung getreten sind.

Die großen Bedenken, die bei der Vorberatung dieses Gesetzes von allen den praktischen Verhältnissen nahestehenden Männern —

und ohne die Praxis des Lebens bleibt meines Erachtens ein jedes Studium nur eine halbtätige Arbeit — (sehr richtig!) geltend gemacht worden sind, fanden weder bei den Vertretern der verbündeten Regierungen, noch bei den Abgeordneten eine Berücksichtigung, und es ist daher denn auch nicht verwunderlich, daß die Anwendung der Bestimmungen dieses Gesetzes in der Praxis auf die allergrößten Schwierigkeiten stößt. Entscheidungen der obersten Reichsbehörde für die Angestelltenversicherung, der Reichsversicherungsanstalt, die sich auf die Versicherungspflicht einzelner Personen, Musiklehrer, Turnlehrer usw. bezogen, sind vom Bundesrat einfach desavouiert worden oder haben, wie z. B. hinsichtlich der Frage der Versicherung im Auslande tätiger Angestellter deutscher Firmen, nachträglich einer Revision unterzogen werden müssen.

Einen wenig angenehmen Ausblick in die Zukunft bietet auch ferner der Umstand, daß, obwohl die Reichsversicherungsanstalt erst in der Entwickelung begriffen ist, sich die Höhe der reinen Verwaltungskosten bereits jetzt auf fast zwei Millionen Mark beläuft (hört, hört!), eine Summe, die sich ohne Zweifel wohl noch sehr wesentlich steigern wird, sobald die Reichsversicherungsanstalt ihre Tätigkeit erst einmal in vollem Umfange aufgenommen haben wird. Durch diese Tatsache wird vor allem die nach Verabschiedung des Gesetzentwurfs von seiten der Angestelltenorganisationen gestellte Forderung, die Leistungen zur Angestelltenversicherung auf alleinige Kosten der Arbeitgeber zu übernehmen, in das rechte Licht gerückt, und es muß daher die unbedingte Ablehnung dieses Anspruches allen Arbeitgebern nicht allein aus dem im Rundschreiben des Centralverbandes Deutscher Industrieller vom 14. Februar d. J. bereits dargelegten Gründen, sondern auch aus einem weiteren Grunde nochmals von hier aus auf das dringlichste empfohlen werden.

Ich denke hierbei an die Frage der Fortzahlung des Gehalts an einen Angestellten, der zur Durchführung eines Heilverfahrens von dem Arbeitgeber hat beurlaubt werden müssen und dem nach Maßgabe der gesetzlichen Bestimmungen ein sogenanntes Hausgeld nicht gewährt wird. Da die Einleitung eines solchen Heilverfahrens für die nächsten 10 Jahre die einzige Gegenleistung der Reichsversicherungsanstalt an die Angestellten ist, und da auf diese Wohltat des Gesetzes nach einer Veröffentlichung der Reichsversicherungsanstalt bis Mitte August dieses Jahres nicht weniger als 4037 Angestellte bereits Anspruch erhoben haben, so wird die Frage der Fortdauer der Gehaltszahlung bei Einleitung eines Heilverfahrens ernste Beachtung von seiten aller Arbeitgeber verdienen, zumal in denjenigen Fällen, in denen es sich um größere Aufwendungen handelt, durch welche wiederum eine die Leistungs- und Wettbewerbsfähigkeit des einzelnen Unternehmens erschwerende Mehrbelastung herbeigeführt werden würde.

Gerade im Hinblick auf eine solche Erschwernis der Wettbewerbsfähigkeit der deutschen Industrie ist es eigentlich eine selbstverständliche Forderung, daß die Fesseln, die ihr durch die einheimische Gesetzgebung auferlegt werden, nicht allzu drückend sich gestalten, nachdem die Schwierigkeiten, die der Ausdehnung unserer Industrie auf den ausländischen Märkten durch die Gesetzgebung des Auslandes bereitet werden, sich von Jahr zu Jahr gesteigert haben.

In welchem Maße dieses bezüglich des Handelsverkehrs mit unserem Nachbarstaate Frankreich der Fall ist, wird Ihnen bekannt sein. Die von chauvinistischer Seite, vom Pariser „Matin" und ähnlichen Blättern inszenierte Boykottbewegung gegen deutsche Waren hat ihren besonderen Niederschlag gefunden in der schikanösen Art und Weise, in der deutsche Produkte von den französischen Zollbehörden beim Uebergang über die Grenze in der letzten Zeit behandelt worden sind. Diese Vorgänge, insbesondere die differenzierende Anwendung des Artikels 15 des französischen Zollgesetzes (sog. Importé-Vermerk) haben den Centralverband Deutscher Industrieller in Gemeinschaft mit dem Verein zur Wahrung der Interessen der chemischen Industrie Deutschlands und der Zentralstelle für Vorbereitung von Handelsverträgen Anlaß gegeben, in einer Eingabe vom 18. Juni d. J. bei den zuständigen Behörden mit dem Antrage auf Erlaß von Schutzmaßnahmen vorstellig zu werden. Diesem Ersuchen ist nach einer Mitteilung des Auswärtigen Amtes vom 11. August d. J. durch eine besondere Anweisung an den Kaiserlich Deutschen Botschafter in Paris erfreulicherweise Rechnung getragen worden.

In gleichem Maße, meine Herren, hat der Centralverband Deutscher Industrieller sich auch die Wahrnehmung der Interessen der deutschen Industrie bei Gelegenheit der Zolltarifreform in den Vereinigten Staaten von Amerika angelegen sein lassen, und es ist wohl der besondere Hinweis gestattet, daß diese Bemühungen des Centralverbandes Deutscher Industrieller einzig und allein im Interesse der Ausfuhr, im Interesse der Fertigindustrie, gelegen haben.

Die in dieser Beziehung vom Centralverband Deutscher Industrieller in den verflossenen Sommermonaten geleistete Arbeit war infolge der eingeleiteten Sonderaktion eine — das darf unumwunden ausgesprochen werden — ganz außerordentlich umfangreiche und sie wird auch vielleicht für die Zukunft noch von besonderer Bedeutung sein. Aus verschiedenen Gründen möchte ich es mir indessen heute versagen, auf Einzelheiten einzugehen, und bitte mir einen umfassenden Bericht bis nach Abschluß der ganzen Angelegenheit vorbehalten zu dürfen. Erwähnen möchte ich nur, daß auch in bezug auf die amerikanische Zolltarifreform von den in einer Interessengemeinschaft vereinigten drei Verbänden, dem Centralverband Deutscher Industrieller, dem Verein zur Wahrung der Interessen der chemischen Industrie Deutschlands und der Zentralstelle für Vorbereitung von Handelsverträgen im Juni dieses Jahres an den Herrn Reichskanzler eine Eingabe gerichtet worden ist, die in ausführlichen Darlegungen auf die überaus rigorosen Zollverwaltungsvorschriften des neuen Tarifs hinwies und Abhilfe durch wirksame Gegenmaßregeln erbat.

Es waren, von anderen Bestimmungen abgesehen, insbesondere die Vorschriften des Gesetzentwurfs über die Verpflichtung der ausländischen Fabrikanten zur Vorlage ihrer Bücher und die sogenannte Dumping-Klausel, welche geeignet erschienen, deutsche Interessen aufs schwerste zu schädigen, so daß es mit großer Genugtuung begrüßt werden darf, daß diese Vorschriften unter dem starken Drucke der auswärtigen diplomatischen Vertretungen, insbesondere derjenigen des Deutschen Reiches, bei der Beratung des Zolltarifs vom Senate der Vereinigten Staaten gestrichen worden sind.

Trotz dieser offensichtlichen Verbesserung wird man aber dennoch kaum sagen können, daß der amerikanische Tarif in der gegenwärtigen Fassung irgendwie geeignet ist, den starken Optimismus zu rechtfertigen, der von freihändlerischer Seite in bezug auf die fernere Entwickelung des deutsch-amerikanischen Handelsverkehrs bisher zur Schau getragen worden ist, und der lediglich dazu gedient hat, den Gegnern der jetzigen Tarifreform in den Vereinigten Staaten ein wirksames Agitationsmaterial gegen die Herabsetzung einzelner Tarifsätze an die Hand zu geben.

In sehr treffenden Darlegungen ist Mitte vorigen Monats selbst in der „New Yorker Handelszeitung“ das Grundfalsche einer solchen optimistischen Auffassung gekennzeichnet und hierbei zugleich die in den vielfachen Publikationen des Centralverbandes Deutscher Industrieller über die amerikanische Tarifreform immer wieder vertretene Ansicht bestätigt worden, daß die grundsätzliche Bedeutung der Tarifreform in den Vereinigten Staaten nicht in der materiellen, sondern in der formellen Ausgestaltung des Tarifs liegt, und daß Amerika und die maßgebenden Kreise dortselbst sich, wie bei allen früheren handelspolitischen Maßnahmen, so auch bei der jetzigen Tarifreform einzig und allein von den Interessen des eigenen Landes, ohne jede Rücksicht auf die wirtschaftlichen Bedürfnisse anderer Länder, haben leiten lassen. Ich darf in dieser Hinsicht wohl auf das Einfuhrverbot von Erzeugnissen aus solchen Ländern, die keine Kinderschutzgesetzgebung besitzen, hinweisen, ferner auf das bekannte Vorgehen der Vereinigten Staaten gegen die deutsche Farbenindustrie und die deutsche Schiffahrt auf Grund der Sherman-Akte, und vor allem auf einen Vorgang, der ganz besonders kennzeichnend ist für die handelspolitische Denkart der Amerikaner.

Es ist bekannt, meine Herren, daß in den Vereinigten Staaten, selbst in führenden Kreisen, über die Bedingungen der ausländischen, insonderheit der deutschen Produktion durchaus unzutreffende und unrichtige Anschauungen verbreitet sind. Dieses trat ganz besonders scharf zutage in den Protokollen der sogenannten Hearings, die vom Kongreß bei der Abänderung bestehender Zollgesetze zwecks Entgegennahme der einzelnen Wünsche der Interessenten veranstaltet zu werden pflegen. Es wurde daher anläßlich der Beratung des derzeitigen (sogenannten Payne-Aldrich) Tarifs zur Berichtigung der in diesen Protokollen gemachten Angaben unter dem Titel „Wages paid in Germany" — „In Deutschland gezahlte Löhne" — eine Schrift herausgegeben, die auf Grund der Publikationen deutscher Handelskammern besondere Lohnstatistiken enthielt und die durchaus geeignet war, die unzutreffenden, bei den Hearings niedergelegten Angaben über deutsche Löhne zu rektifizieren. Zu einer Verbreitung und Nutzbarmachung dieser Schrift ist es indessen nicht gekommen, da ihre amtliche Uebersetzung auf Veranlassung des Senates der Vereinigten Staaten abgebrochen worden ist. (Hört, hört!)

Aus allen diesen Vorgängen ergibt sich demnach wohl zur Genüge, wie in Wirklichkeit die handelspolitischen Maßnahmen in den Vereinigten Staaten von Amerika ihrem Wesen und ihrem Zweck nach zu bewerten sind, und daß das Deutsche Reich auf Grund dieser Vorgänge, die auch nicht ohne Einfluß auf die von der Mehrheit der deutschen Industriellen eingenommene Haltung bei der Frage der Beschickung der Weltausstellung in San Francisco sein konnten, ganz gewiß keinen Anlaß hat, sich von den Bahnen einer Wirtschaftspolitik zu enfernen, die bisher der gesamten deutschen Gewerbetätigkeit in allen ihren Erwerbszweigen so sehr zum Segen gereicht hat.

Es ist das charakteristische Merkmal des Freihandels, der gegenwärtig sein Feldgeschrei wieder besonders stark ertönen läßt, daß er seiner ganzen Natur nach internationale Tendenzen verfolgt, während das Wesen der Schutzzollpolitik ein nationales ist. (Sehr richtig!) Ein früherer französischer Minister, de Meaux, hat einst sehr treffend gesagt, daß das Zollsystem eines jeden Landes die Verkörperung des nationalen Gedankens sein muß, und der Centralverband Deutscher Industrieller kann es als ein geschichtliches Verdienst für sich in Anspruch nehmen, daß er, als in den 70er Jahren das deutsche Volk nach einem Ausspruche des Fürsten Bismarck an „Verblutung und Entkräftung“ wirtschaftlich zugrunde zu gehen in Gefahr war, dieser Einsicht zum Siege verholfen hat. (Bravo!) „Gegen den Strom“ hieß die denkwürdige Broschüre, mit der der erste Vorsitzende des Centralverbandes Deutscher Industrieller, Herr von Kardorff-Wabnitz, seine Tätigkeit für die wirtschaftliche Neugestaltung des Deutschen Reiches, für eine nationale Wirtschaftspolitik aufnahm und „gegen den Strom“ hat der Centralverband Deutscher Industrieller im weiteren Verlaufe seines 37jährigen Bestehens immer kämpfen müssen. (Bravo!) Wie er aber das Bewußtsein hegen darf, daß er mit seiner Begründung wesentlich dazu beigetragen hat, den deutschen Landen ihre materielle Grundlage, ihr nationales wirtschaftliches Leben wiederzugeben, so wird es auch in Zukunft Ziel und Aufgabe des Centralverbandes Deutscher Industrieller sein, in diesem nationalen Sinne seine Arbeit auf allen Gebieten seiner Tätigkeit unbeirrt fortzuführen in der Ueberzeugung, daß über allen anderen Interessen stets das gemeinsame Interesse der vaterländischen Arbeit und das Vaterland selbst steht. (Lebhafter, lang anhaltender Beifall.)

Vorsitzender: Meine Herren! Ich eröffne die Diskussion und gebe Herrn Abg. Dr. Beumer das Wort.

Abg. Dr. Beumer-Düsseldorf: Meine Herren! In Ihren Händen befindet sich ein Beschlußantrag des Direktoriums, in dem namentlich die Ausführungen des Herrn Geschäftsführers in bezug auf die Versammlung der Mittelstandsvereinigung in Leipzig ihre Erledigung finden, bekanntlich Verhandlungen, die zu den in der Presse und in anderen Verbänden betätigten Angriffen auf den Centralverband Deutscher Industrieller Veranlassung gegeben haben. Wenn ich Sie bitte, diesem Beschlußantrage des Direktoriums einmütig zuzustimmen, so geschieht es mit dem Ausdruck der Freude darüber, daß sowohl die lichtvollen Darlegungen unseres Herrn Geschäftsführers als auch dieser Beschlußantrag geeignet sind, das Haltlose aller dieser Angriffe darzutun und damit hoffentlich auch alle diese Angriffe aus der Welt zu schaffen.

Aus den Ausführungen des Herrn Regierungsrats Dr. Schweighoffer sowohl wie aus dem Beschlußantrage geht hervor, daß von einem Kartell des Centralverbandes Deutscher Industrieller mit dem Bund der Landwirte in keiner Verhandlung die Rede gewesen ist. Ich hebe in dieser Beziehung ganz besonders hervor, daß unser Herr Geschäftsführer auf jener Versammlung der Mittelstandsvereinigung sich mit dieser Materie nicht zu beschäftigen Veranlassung gehabt hat, weil er ja, was immer bei diesen Angriffen übersehen worden ist, zu Handwerkern sprach und lediglich die Gemeinsamkeit der Arbeit auf einem von ihm durchaus bestimmt abgegrenzten Gebiete erörterte. Es ist also weder in Leipzig, noch anderwärts, seitens des Geschäftsführers oder seitens des Direktoriums unseres Centralverbandes von einem Kartell mit dem Bunde der Landwirte auch nur mit einem einzigen Worte die Rede gewesen.

Ich darf daran erinnern, daß wir auch den Zolltarif 1902 nicht mit dem Bunde der Landwirte, wohl aber mit der Landwirtschaft gemacht haben, eine Unterscheidung, die der Centralverband Deutscher Industrieller immer gemacht hat. Wir haben auch den Zolltarif, soweit er industrieller Natur war, 1902 — und ich spreche da aus Erfahrungen der Reichstagskommission, der ich angehörte — mit der Landwirtschaft, aber gegen die Stimmen des Bundes der Landwirte gemacht. Insbesondere haben die Vertreter des Bundes der Landwirte, die der Zolltarifkommission angehörten, gegen die Grundlage aller Eisenindustriezölle, gegen den Roheisenzoll gestimmt, und zwar mit der ausgesprochenen Begründung, daß die Industrie für einen Zoll von 7,50 M. für das Getreide nicht zu haben gewesen sei. Meine Herren! In dem Kampfe, den ich damals — ich darf das sagen — an erster Stelle für den Roheisenzoll geführt habe, ist mir aber die Landwirtschaft in so hervorragenden Vertretern, wie es der Graf Kanitz, der Graf v. Schwerin-Löwitz und der Gutsbesitzer Herold von der Zentrumspartei waren, auf das treueste und entschiedenste an die Seite getreten. Diese haben mit Rücksicht auf die Beziehungen, die wir auf Grund der Solidarität zwischen Landwirtschaft und Industrie immer hochgehalten haben, darauf hingewiesen, daß man der Industrie diese Grundlagen eines Roheisenzolls nicht vorenthalten dürfe, zumal die Industrie die Getreidezölle bewilligt habe. Schon dieses Beispiel zeigt zur

Genüge, daß Landwirtschaft und Bund der Landwirte nicht dasselbe sind, und es ist anzunehmen, daß intelligente, hochstehende Kreise der Landwirtschaft in den Parteien, auf die wir rechnen dürfen, auch bei der künftigen Gestaltung unserer Handelsvertragsverhältnisse mit der Industrie in derselben Weise zusammengehen werden.

Und nun, meine Herren, was hat denn Herr Regierungsrat Dr. Schweighoffer in Leipzig empfohlen? Er hat ein Zusammengehen von Landwirtschaft, Industrie und Handwerk empfohlen in allen den Fragen, die das Bürgertum zur Verteidigung der Interessen der Erwerbsstände bewegen. Er hat also ganz besonders ein Zusammenarbeiten von Industrie, Landwirtschaft und Handwerk betont auf dem Gebiete der Abwehrbestrebungen gegenüber der Sozialdemokratie. Ich habe schon in jungen Jahren, soweit meine Kräfte dazu reichten, die Politik des Fürsten Bismarck nicht allein auf zolltarifarischem Gebiete in den 70er Jahren, sondern auch auf den Gebieten, die sich auf diese von Herrn Dr. Schweighoffer in Leipzig berührten Fragen bezogen, zu verteidigen gesucht, und ich habe das Glück gehabt, oft genug mit ihm im Leben auch persönlich über diese Dinge zu sprechen, um überzeugt zu sein, daß das, was der Geschäftsführer des Centralverbandes Deutscher Industrieller gesagt hat, echt Bismarckschen Geistes war. (Bravo!) Und, meine Herren, in dem gemeinsamen Kampfe der bürgerlichen Parteien gegen die Sozialdemokratie wird es sich um die Betätigung des alten Spruches handeln: In necessariis unitas, in dubiis libertas, in omnibus caritas. (Lebhafte Zustimmung!) Der Centralverband Deutscher Industrieller ist gegründet zum Schutze der nationalen Arbeit. Parteipolitisch hat er sich niemals betätigt, parteipolitisch wird er sich niemals betätigen. Aber wenn er die Lösung so wichtiger Fragen auf solchem gemeinsamen Gebiete der Industrie, Landwirtschaft und Handwerk sucht, so macht er damit den glücklichen Versuch, den traurigen Folgen entgegenzutreten, die wir in Deutschland mehr als in irgendeinem anderen Lande gerade von der Partei- und Fraktionspolitik zu beklagen haben. (Mehrfaches „Sehr richtig!"). Und auch das ist Bismarckscher Geist, wie Sie in vielen Reden, die Bismarck der Große im Reichstage und im Preußischen Abgeordnetenhause gehalten hat, lesen können. (Sehr richtig!)

Und deshalb, meine Herren, bitte ich Sie, diesem Beschlußantrage des Direktoriums zuzustimmen und nach dem eben von mir zitierten Spruche zu handeln, der, in das Gegenwartsproblem, das uns hier beschäftigt, übersetzt, lautet: In notwendigen Dingen mit den übrigen Erwerbsständen Einheit, in parteipolitischen Dingen Freiheit, in allem aber Liebe, das heißt Achtung vor dem Gegner und Hochhaltung des Anstandes. (Bravo!) Meine Herren! Wenn Sie den Beschlußantrag des Direktoriums annehmen und möglichst einstimmig annehmen, dann dienen Sie diesen drei Forderungen und damit nicht allein den Erwerbsständen, sondern dem Vaterlande im ganzen, Sie dienen der salus publica. (Lebhaftes Bravo.)

Vorsitzender: Meine Herren! Bevor ich das Wort weiter erteile, möchte ich den ersten Beschlußantrag — ich will ihn als den äußerlich längsten bezeichnen — Ihnen vorlesen lassen, und zwar deswegen, weil einige kleine, im wesentlichen redaktionelle Aenderungen daran vorgenommen worden sind, die in dem Ihnen vorliegenden Exemplar noch nicht haben vermerkt werden können.

(Regierungsrat Dr. Schweighoffer verliest den Beschlußantrag. Der Wortlaut steht auf Seite 54.)

Das Wort hat nun Herr Direktor Tafel-Nürnberg.

Direktor Tafel-Nürnberg: Meine Herren! Unter den Stimmen, welche gegen den Centralverband Deutscher Industrieller und gegen die Erklärung unseres Herrn Geschäftsführers auf dem Reichsdeutschen Mittelstandstage laut geworden sind, sind auch solche aus Bayern gewesen, und deshalb ist es vielleicht gut, wenn auch in der heutigen Debatte Bayern einige Minuten zum Worte kommt, schon damit Sie, meine Herren, sehen, daß wir nicht alle so schlimm sind, wie Sie das in den letzten Wochen vielleicht manchmal geglaubt haben. Es ist allerdings leider nicht zu bestreiten, daß die Strömungen, die dem Centralverband Deutscher Industrieller nicht günstig sind — und es sind das die gleichen Strömungen, die in den letzten 6 Jahren so außerordentlich zur Verschärfung und zur Vertiefung der Gegensätze zwischen den produktiven Ständen beigetragen haben —, ich sage, es ist leider außer Zweifel, daß diese Strömungen bei uns in Süddeutschland vielfach noch tiefer gefressen haben als im Norden. Aber, meine Herren, was beweist das und was beweist überhaupt die ganze Entrüstung, die in den letzten Wochen gegen den Centralverband Deutscher Industrieller geschleudert worden ist? Meiner Ansicht nach nur das Eine, wie weit uns diese Strömungen in unserem Vaterlande schon gebracht haben. (Sehr richtig!)

Die Forderungen, auf denen die produktiven Stände sich auf dem Reichsdeutschen Mittelstandstage zusammengefunden haben, sind meiner Ansicht nach doch eigentlich derart, daß bei ruhiger, objektiver Betrachtung ohne Voreingenommenheit kein verständiger Mensch, zum mindesten keiner, der im praktischen Leben steht, selbst wenn er mit der Lupe danach sucht, irgendeine Beanstandung darin finden kann. (Sehr richtig! Sehr wahr!)

Für den Schutz der Autorität müßte nicht nur jeder Arbeitgeber, sondern jeder deutsche Bürger überhaupt eintreten in einer Zeit, in der an der Untergrabung jeglichen Autoritätsgefühls so stark gearbeitet wird wie in unserer Zeit. (Sehr richtig!) Dann die Forderung des Schutzes des angemessenen Preises: Auf den haben sich ja eigentlich alle Gruppen geeinigt und alle Parteien, wenigstens in der Theorie, wenn es auch in der Praxis leider noch vielfach anders aussieht. Dann kommt der Schutz der nationalen Arbeit. Meine Herren! Ich kann nur unterstreichen, was von diesem Platze aus schon mehrfach gesagt worden ist und was durchaus auch die Meinung der süddeutschen und der bayerischen Kollegen ist; ich kann nur unterstreichen, daß wir gar nicht daran denken, wegen der Forderung des Schutzes der nationalen Arbeit uns mit Haut und Haar jeder Forderung der Landwirtschaft überhaupt zu verschreiben. Ich habe eine viel zu gute Meinung von dem Verstande und dem Billigkeitsgefühl eines Herrn v. Heydebrand und eines Grafen Westarp und auch der Führer des Bundes der Landwirte, als daß sie es uns verübeln werden, wenn wir in dieser Frage zu einem Teil getrennte Wege marschieren, und wenn sie es uns verübeln wollten, dann könnte uns das nicht hindern, unsere Pflicht zu tun und an die zu denken, deren Wohl uns anvertraut ist. (Sehr richtig!).

Das eine aber, glaube ich, muß doch betont werden. Es ist ein gewaltiger Irrtum, und wo es kein Irrtum ist, ist es ein gewaltiger Volksbetrug, wenn es immer wieder so hingestellt wird, als ob die Hunderte von Millionen, von denen man so viel spricht, die jedes Jahr durch die Schutzzölle in unser Vaterland gebracht werden, ausschließlich den Arbeitgebern zuflössen. (Sehr richtig!) Es ist gar keine Frage, und jeder, der die Augen aufmacht, muß das wissen, und wenn er ehrlich sagt, was er gesehen hat, so muß er es auch aussprechen, daß der größere Teil dieses Geldes auf die Arbeiter in Form von höheren Löhnen abgeströmt ist (Sehr richtig!), und die Richtigkeit der Gleichung: guter und fester Schutz der nationalen Arbeit gleich höhere Löhne, und schlechter Schutz der nationalen Arbeit gleich niedere Löhne wird sich in dem Augenblick erweisen, wo eine Links-Majorität die Axt wieder an das alte bewährte System des Schutzes der nationalen Arbeit legen wird;

(sehr richtig!) und dann, meine Herren, werden wir denen die Verantwortung für die Schäden, die daraus entstehen, zuweisen müssen, die diesen Weg beschritten haben gegen den Rat der Männer, die im praktischen Leben stehen und das schließlich besser wissen müssen als sie.

Ich komme zu dem letzten Punkte, den ich berühren möchte, zum Schutz der Arbeitswilligen. Ich bin der Meinung, daß dieses Verlangen, wenn überhaupt eins, eine Forderung des Tages bedeutet, und in dieser Beziehung weiß ich mich eins mit der weitaus überwiegenden Zahl oder wohl mit allen meinen Kollegen auch in Bayern; auch der Bayerische Industriellenverband hat ja auf diesem Gebiete eine Erklärung abgegeben, deren Deutlichkeit nichts zu wünschen übrig gelassen hat. Ich kann Ihnen auch sagen, meine Herren, daß hinter dieser Forderung nicht nur die Arbeitgeber, sondern auch ein guter Teil der Arbeitnehmer steht. (Sehr richtig!) Der Staat und die Gemeinde schützen in unserem Vaterlande ja noch so leidlich das leibliche, das materielle Gut der Bürger; aber unser bestes Geistesgut, das wir besitzen, den freien Willen, den zu schützen, haben in vielen Gegenden Deutschlands Gemeinde und Staat leider schon die Kraft verloren. (Lebhaftes sehr richtig! Sehr wahr!) Und es ist abermals ein ganz schwerwiegender Irrtum zu glauben, daß in diesem Zustande etwa nur eine Verletzung der Interessen der Arbeitgeber und wirtschaftsfriedlichen Arbeiter läge. Nein, meine Herren, in diesem Zustande liegt meiner Ansicht nach eine Sache, die von weittragender Bedeutung für den ganzen Staat ist. Denn der Zustand, daß Gemeinde und Staat sich in vielen Gegenden auf diesem Gebiete des Schutzes des freien Willens, des Schutzes der Arbeitswilligen schon vielfach allmählich haben in die Kniebeuge zwingen lassen, dieser Zustand bringt naturgemäß die Gefahr mit sich, daß der Staat in der Aufrechterhaltung der Ordnung und der Autorität auch auf anderen Gebieten in die Kniee gezwungen werden kann. (Lebhaftes sehr richtig!)

Die beiden Forderungen des Schutzes der nationalen Arbeit und des Schutzes insbesondere der Arbeitswilligen, noch mehr natürlich die Forderung der Bekämpfung der Sozialdemokratie, sind ja dieser Partei selbst ein Dorn im Auge. Sie wirken auf sie wie das rote Tuch. Nun, meine Herren, haben wir in unserem Vaterlande leider mehr und mehr Menschen, die es mit der Sozialdemokratie nicht mehr verderben können und verderben dürfen. Ich denke dabei nicht nur an die vielen, die auf die sozialdemokratische Wahlhilfe angewiesen sind, sondern ich denke an die noch weit größere Zahl derjenigen, die wirtschaftlich abhängig von der Sozialdemokratie werden, eine Zahl, die leider von Jahr zu Jahr in beängstigender Weise wächst. (Sehr richtig!) Wer aber einmal an der Leine der Sozialdemokratie zu gehen gezwungen ist, sei es aus dem einen, sei es aus dem anderen Grunde, der ist für die Sache der Ordnung verloren, der hat die Kraft und die Fähigkeit eingebüßt, für die Sache der Autorität einzutreten. Und es ist eine ganz merkwürdige Erscheinung unserer Zeit, daß ein Wort und ein Name, der ehedem unter den bürgerlichen Parteien so sehr beliebt war, der Name der „Ordnungsparteien", immer weniger gebraucht wird und mehr und mehr in Vergessenheit gerät. (Sehr richtig!) Wenn ein Teil der bürgerlichen Parteien nicht mehr imstande ist, die Sache der Ordnung auf den Schild zu erheben, dann habe ich es als ein Ereignis von außerordentlich erfreulicher Art betrachtet, daß es nun die deutschen Stände gewesen sind, die die Sache der Ordnung in die Hand genommen haben (bravo!), und die Forderungen, von denen ich Ihnen vorhin gesprochen habe, von denen auf dem reichsdeutschen Mittelstandstage geredet worden ist, sind in erster Linie eine Art von Einigungsprogramm, eine gemeinschaftliche Plattform, aber zweitens sind sie nichts anderes als ein ausgesprochen klares, scharfes Ordnungsprogramm!

Meine Herren! Lassen Sie mich noch einen Augenblick die Gegner betrachten, die bei uns in Süddeutschland sich gegen den Centralverband Deutscher Industrieller und gegen seine Erklärung auf der genannten Tagung gewendet haben. Ich brauche nicht von der Sozialdemokratie in diesem Kreise zu reden, auch nicht viel vom Linksliberalismus. Nur das eine möchte ich sagen: daß dieser dem Einfluß der Sozialdemokratie durch seine Wahlabkommen über das ganze Reich stärker ausgesetzt ist als je zuvor, ist wohl unbestreitbar. Weiter möchte ich darauf nicht eingehen, schon deshalb nicht, weil ich nicht zuviel mit Politik mich befassen möchte. Aber den wirtschaftlichen Verbänden möchte ich noch einen Augenblick widmen. Es ist in erster Linie der Bund der Industriellen und der Hansabund gewesen, die sich gegen das Vorgehen unseres Geschäftsführers gewendet haben. Der Bund der Industriellen ist in Bayern sehr schwach vertreten —, ich kann darauf verzichten, mich mit ihm zu befassen. Um so fester aber sitzt in allen Positionen der Hansabund, nicht zum wenigsten dank seiner klugen Verteilung von Hunderten von Aemtern und Aemtchen. (Lebhafte Heiterkeit.) Meine

Herren, ich glaube bei Ihnen auf Verständnis zu stoßen, wenn ich sage: Der Hansabund, den wir Industriellen und den ich persönlich mit so großer Freude und mit hochgespannten Erwartungen empfangen und aufgenommen haben, hat uns schwere Enttäuschung auf vielen Gebieten gebracht (lebhaftes sehr richtig!), und ich bin der rein persönlichen Meinung, daß der Punkt, in dem sich diese Enttäuschung vor allem konzentriert, eben auch wieder auf dem Gebiete des Verhältnisses zur Demokratie und insbesondere zur Sozialdemokratie zu suchen ist. Ich sage noch einmal: Es ist meine rein persönliche Ueberzeugung, die ich gewonnen habe und ich gewinne sie immer wieder, wenn ich in meinen Erinnerungen blättere. Ganz wenige davon möchte ich Ihnen nennen. Es ist sonst nicht meine Gewohnheit, Persönliches öffentlich zu benützen. Die Frage aber, um die es sich hier handelt, die Frage nämlich, ob dem fortgesetzten Verhetzen der produktiven Stände endlich einmal Einhalt geboten werden soll, scheint mir von sehr weittragender Bedeutung. Ich bin der Ansicht, daß diese Frage so ziemlich die wichtigste ist, mit der der Centralverband Deutscher Industrieller sich seit 10 Jahren befaßt hat, darum lasse ich heute jede andere Rücksicht gegenüber der Wahrheit fallen.

Ich will Ihnen nur drei kleine Erinnerungen bringen. Die eine ist die: Sie entsinnen sich vielleicht selbst, daß der erste Mann, der aus dem Hansabunde offiziell seinen Austritt erklärt hat, ein Bayer gewesen ist, der Direktor der bayerischen Handelsbank Freiherr v. Pechmann, dem vor ungefähr 3 Jahren Zweifel entstanden sind, ob der Hansabund in bezug auf die Sozialdemokratie die Stellung einnähme, die er für notwendig gehalten hat, und deshalb hat er an den Hansabund die klare Frage gerichtet: Wie hälst du's mit der Sozialdemokratie? Auf diese Fragestellung — der Briefwechsel ist ja dann veröffentlicht worden — ist vom Hansabunde niemals eine klare Antwort erfolgt. Der Briefwechsel wurde von dem Bunde abgebrochen, ehe das Ja oder Nein, das verlangt worden war, gegeben war. Darauf hat Freiherr v. Pechmann das getan, was jeder charaktervolle Mann tun sollte, wenn er sich uneins weiß in grundsätzlichen Fragen: Er hat sich von dem Bunde geschieden.

Und eine andere, diesmal rein persönliche Erinnerung: Ich habe einmal in einer Sitzung sehr energisch gegen den Großblockgedanken, gegen dieses Bündnis gesprochen, das der Sozialdemokratie in Süddeutschland den Eingang in das Bürgertum und in das Beamtentum freigemacht hat, wie eine hochgerissene Schütze dem

Wasser den Eingang freimacht auf die Wiesen und Felder! Damals ist nach der Sitzung der Präsident des Hansabundes — das war die einzige Gelegenheit, wo ich die Ehre hatte, ihn kennen zu lernen —, an mich herangetreten und hat mir eindringlichst klarzumachen versucht, daß wir in Bayern garnicht anders könnten, als einen Großblock mit der Sozialdemokratie zu schließen (lebhaftes Hört, hört!) — denselben Großblock, der nachher auch unter Mitwirkung von einflußreichen Leuten des Hansabundes in Bayern tatsächlich zustande gekommen ist.

Und noch eine dritte Erinnerung — auch aller schlechten Dinge sind drei — (Heiterkeit), die wenige Monate erst zurückliegt. In einem Wahlkampfe in Bayern, bei dem sich nur zwei Kandidaten gegenüberstanden, ein Sozialdemokrat und ein bürgerlicher Industrieller — der letztere steht vor Ihnen — (Heiterkeit), ist an den Hansabund das Ersuchen gerichtet worden, gemäß seinem Standpunkte und gemäß seinen Versprechungen den industriellen Kandidaten zu unterstützen — und diesem Ersuchen hat der Hansabund nicht stattgegeben. (Lebhaftes Hört, hört!)

Und noch eine letzte kleine Erinnerung, die nicht direkt mit dem Hansabund zu tun hat, die Ihnen aber immerhin ein kleines Bild bieten mag, zu welcher Verwirrung der Geister es vielfach unter der Aegide des Hansabundes schon gekommen ist. In dem gleichen Wahlkampfe hat ein Industrieller eine Unterstützung mir persönlich abgelehnt mit der Begründung, daß doch auch wir Industriellen nicht gegen den Fortschritt ankämpfen könnten. (Lebhafte Heiterkeit. Sehr gut!) Wenn es schon so weit gekommen ist, daß selbst in unseren Kreisen in der Verdrängung eines industriellen und bürgerlichen Kandidaten durch einen sozialdemokratischen ein Fortschritt erblickt wird, dann dürfen Sie sich wahrlich nicht wundern, wenn aus diesen zum Glück immerhin sehr spärlich gesäten Kreisen Stimmen laut werden, die das Vorgehen des Centralverbandes Deutscher Industrieller und eine Einigung der produktiven Stände oder mindestens eine Verminderung der Gegensätze zwischen ihnen für einen Rückschritt erklären. (Sehr wahr!) Ich meine, man kann nichts anderes tun, als über solche Stimmen zur Tagesordnung überzugehen, man kann nichts anderes tun, als trotz dieser Stimmen einfach festzubleiben auf dem, was man vorher als das Richtige erkannt hat und kann sich vielleicht trösten mit dem Wort eines großen Deutschen, der vor vielen hundert Jahren gesagt hat: Meine größte Angst und Sorge aber ist, daß meine Sache könnte nicht verdammt werden, danach ich gewißlich wüßte, daß sie nicht gut ist! (Lebhaftes Bravo!)

Meine Herren! Ich meine, ganz anderen Stimmen sollten wir folgen als solchen. Ich bin nicht mit allem einverstanden gewesen und unterschreibe nicht alles, was unser verstorbener Dr. Tille geschrieben und gesagt hat. Er hat vielleicht manchmal nur eine Seite der Dinge gesehen, wir müssen aber in der schwierigen Lage, in der die Industrie sich befindet, die Dinge von allen Seiten betrachten. Das ist übrigens ein Vorwurf, den wir vielleicht Dr. Tille machen dürfen, nicht aber unsere Gegner; denn sie machen den gleichen Fehler hundert und hundertmal stärker fast Tag für Tag. Aber in dem einen großen Lebensgedanken von Dr. Tille hat er sicher recht gehabt, in dem Gedanken nämlich, daß die deutschen Arbeitgeber sich solidarisch fühlen sollten. (Bravo!) Ich sage darüber hinaus noch: Wir sollten uns auch solidarisch fühlen mit demjenigen Teil der Arbeiterschaft, für den die Anhänglichkeit an die Firma und die Treue zum Geschäft noch kein leerer Wahn geworden ist.

Und noch einen anderen Toten möchte ich Ihnen als Eideshelfer nennen, wenn ich als Bayer dafür spreche, der Resolution zuzustimmen, einen Toten, der heute schon von zwei Rednern zu meiner Freude genannt worden ist. Wenn es in unseren Betrieben manchmal nicht ganz klappt, dann fragen wir uns wohl da und dort: Wie ist das früher gewesen, wie hat es der Mann gemacht, der den Betrieb noch hatte, als die Sache besser gegangen ist? Und so, meine ich, sollten wir uns auch im Großen in schwierigen Lagen viel öfter, als das heutzutage geschieht, fragen: Wie ist es früher gewesen, wie hat der Mann darüber gedacht, der die Zügel noch in der Hand hatte, als es in Deutschland wirtschaftlich und politisch besser geklappt hat als je zuvor und je danach? Mit anderen Worten: Was hat der eiserne Kanzler über die Frage gedacht? Und der hat gesagt: Die deutsche Landwirtschaft und die deutsche Industrie haben soviel gemeinschaftliche Interessen, daß sie entweder zusammen in die Höhe kommen oder zusammen untergehen werden. Hier steht also Ansicht gegen Ansicht, meine Herren, und ich bin der Meinung, daß wir besser daran tun, uns an die Bismarcksche zu halten als an die hansabündlerische! (Bravo! Sehr gut!) Es steht aber nicht nur Ansicht gegen Ansicht, sondern auch ganze Tätigkeit gegen Tätigkeit, ganze Wirkung gegen Wirkung. Bismarck hat einigend gewirkt, und es gibt ja keine größere Tat, als wenn einer die Hände von uneinigen Deutschen ineinander legt. Aber die Kreise, aus denen die bekannten Proteste laut geworden sind, haben nicht einigend, sondern zersetzend gewirkt, sie haben nicht die Eintracht in unseren Stand gebracht, die wir erstreben, sondern die Zwietracht. (Zuruf: Das wollen sie auch!) Das wollen sie auch, der Ansicht bin ich auch; denn daraus lassen sich nachher Riemen schneiden zu politischen Zwecken! Meine Herren! Bismarck hat den deutschen Stämmen die Solidarität gebracht, und ich hoffe zu Gott, daß jetzt die Zeit wieder anbrechen wird, wo auch den deutschen Ständen wieder das Solidaritätsgefühl zurückkehrt, und zwar von dem Tage ab der Erklärung unseres Geschäftsführers auf dem Reichsdeutschen Mittelstandstage! (Bravo!)

Ich meine aber, wir sollten mit dem Solidaritätsgefühl in den eigenen Reihen anfangen, indem wir durch einen einstimmigen Beschluß, den ich dringend befürworte, uns auf den Boden der Resolution stellen und uns durch einen einstimmigen Beschluß solidarisch mit unseren Führern und unserem Geschäftsführer erklären, und durch diesen Beschluß es begrüßen, daß der Hetze zwischen den deutschen produktiven Ständen nun endlich einmal Einhalt geboten werden soll. (Bravo!)

Noch eins, meine Herren! Ich weiß genau — zum Teil können Sie es ja in der Oeffentlichkeit verfolgen, aber viel schlimmer ist, was sich in der Stille abspielt —, ich weiß genau, daß auch in den Kreisen des Mittelstandes jetzt gewühlt und gearbeitet und intrigiert und unterminiert wird, was Zeug hält, um die Angehörigen des Mittelstandes von der Führerschaft abzubringen und Stimmung zu machen gegen diese Forderung auf dem reichsdeutschen Mittelstandstage und gegen eine Abschwächung der Gegensätze insbesondere zur Landwirtschaft, und ich glaube — ich weiß das nicht, vermute es aber —, daß ähnliche Bestrebungen sich auch in der Landwirtschaft geltend machen werden. Ich bin aber fest überzeugt, daß sowohl die Angehörigen des Mittelstandes wie die der Landwirtschaft sich vollzählig oder in mindestens überwiegender Mehrzahl an die Seite der Führer stellen werden und auf dem Boden der Forderungen, die auf dem reichsdeutschen Mittelstandstage aufgestellt worden sind. Ich meine, wir sollten doch dafür sorgen, daß nicht schließlich die Industrie die einzige von den drei Ständen ist, bei denen die Zwietrachtsäer auf einen fruchtbaren Boden stoßen. Ich meine, wir sollten dafür sorgen, daß nicht die Industriellen die einzigen sind, die schließlich vor dem Geschrei der Gegner feig das Hasenpanier ergreifen! Denken wir daran, daß die Deutschen stärker als jedes Volk sind, wenn sie nur den alten Erbfehler, das mangelnde Solidaritätsgefühl, den Teufel der Uneinigkeit ablegen, und sorgen wir dafür, — und nur durch einen einstimmigen Beschluß auf dem Boden der Ihnen vorliegenden Resolution kann das geschehen —, daß jeder, der von dieser Tagung weggeht, so stolz weggehen kann, wie er gekommen ist, und daß er nach all diesem Kampfe und dieser Entrüstung gegen den Centralverband Deutscher Industrieller so stolz wie zuvor sein Haupt erheben und sagen kann: Gott sei Dank, ich bin ein Industrieller! (Lebhaftes Bravo!)

Vorsitzender: Das Wort hat Herr Direktor M e e s m a n n.

Direktor **Meesmann**-Mainz: Meine sehr geehrten Herren! Die Ausführungen des Herrn Vorredners haben sich zum Teil etwas auf politischem Gebiete bewegt. Ich möchte deshalb doch meinerseits hier der Tatsache Ausdruck geben, daß die Zugehörigkeit zum Centralverbande Deutscher Industrieller keineswegs an die Zugehörigkeit zu einer bestimmten Partei gebunden ist. Ich bin überhaupt der Meinung, daß die industriellen Körperschaften — und das ist ja auch in dem Vortrage des Herrn Generalsekretärs zum Ausdruck gebracht worden — sich weder gegen einzelne Parteien wenden, noch mit einzelnen Parteien sich stark liieren sollten. Die wirtschaftlichen Körperschaften sollten ihre wirtschaftlichen Interessen in allen bürgerlichen Parteien vertreten, und ich weiß aus meiner Erfahrung: es gibt in allen bürgerlichen Parteien Industrielle, die auch auf dem Boden der Forderungen stehen, die hier ausgesprochen werden.

Meine Herren! Was mich eigentlich veranlaßt zu sprechen, ist der Umstand, daß auf der Generalversammlung des Bundes der Industriellen von dem Herrn Vorsitzenden dieses Bundes auch die Frage des Zusammengehens der verschiedenen industriellen Körperschaften angeschnitten worden ist. Der Herr Vorsitzende hat dort gesagt: Der Bund der Industriellen bedauere die Schwenkung des Centralverbandes Deutscher Industrieller um so mehr, als in den Kreisen der Industrie in beiden Lagern der Wunsch nach einem Zusammengehen schon oft Ausdruck gefunden habe, und gerade in der Gegenwart viele Aufgaben vorlägen, die ein Zusammengehen erwünscht machten. Ich kann diese Worte nur in vollem Umfange bestätigen aus dem Kreise derjenigen Industriellen, mit dem ich zu arbeiten habe.

Man muß sich aber doch nun fragen: Wie kommt es, daß ein solches Zusammengehen tatsächlich nicht stattfindet? Ich glaube, auch die Herren vom Bunde der Industriellen sollten sich doch einmal die Frage vorlegen, und ich bin gern bereit, ihnen Material zur Beantwortung der Frage zur Verfügung zu stellen. Ich will hier einiges darüber mitteilen, ohne Ihre Zeit zu lange in Anspruch zu nehmen.

Ich will hier erklären, daß man in weiten Kreisen der Industrie Anstoß nimmt an der Arbeitsmethode des Bundes der Industriellen, und daß man aus diesem Grunde oft, obgleich man mit ihm Hand in Hand gehen möchte, gar nicht in der Lage ist, das zu tun. (Lebhaftes sehr richtig!) Ich will Ihnen dafür zwei Beispiele geben. Als im Jahre 1911 Industrielle, die dem Centralverband Deutscher Industrieller nahe stehen, aus dem Hansabunde austraten, hat der Bund der Industriellen am 1. Juli 1911 ein Rundschreiben an die Mitglieder des Centralverbandes Deutscher Industrieller gerichtet. In dem Rundschreiben sind diese unter Entstellung der wirklichen Tatsachen, unter Erhebung ungerechtfertigter Vorwürfe gegen den Centralverband Deutscher Industrieller — ich kann es nicht anders sagen — aufgehetzt worden, und sind aufgefordert worden, aus dem Centralverband Deutscher Industrieller auszutreten und dem Bunde der Industriellen beizutreten. (Hört, hört!) Es erinnert dies Verfahren an die schlimmsten Auswüchse des Kundenfanges, wie er im geschäftlichen Verkehr vorkommt, ein Verfahren, wie es von seiten einer industriellen Körperschaft, namentlich auch einer solchen, die auf ein Zusammengehen der Industrie hinwirken zu wollen erklärt, bisher nicht erhört gewesen ist. (Lebhaftes sehr richtig!)

Eine zweite Tatsache liegt mir noch näher. Der Mittelrheinische Fabrikantenverein, den ich vertrete, umfaßt, wie das ja die Konstellation seines Bezirks mit sich bringt, Industriezweige der verschiedensten Art und naturgemäß fast ausschließlich weiter verarbeitende und Fertig-Industrien. In seinen Reihen sind Interessengegensätze verschiedener Gruppen noch niemals, weder früher, noch bis zum heutigen Tage, irgendwie fühlbar geworden. (Hört, hört!) Ich kann weiter sagen: Die leitenden Männer des Fabrikantenvereins haben sich — und ich rufe das Zeugnis des Herrn Generalsekretär S c h w e i g h o f f e r dafür an — stets bemüht, auf ein Zusammengehen des Centralverbandes Deutscher Industrieller und des Bundes der Industriellen hinzuwirken. Meine Herren! Gerade in einem solchen Bezirke ist es vorgekommen, daß der Bund der Industriellen durch seine maßgebenden Geschäftsführer eine Agitation zur Gründung eines Gegenverbandes eingeleitet hat, und zwar in der Form, daß persönlich unter Vermeidung jeglicher Fühlungnahme mit der Leitung des bestehenden Vereins an die einzelnen Industriellen herangetreten wurde, daß unwahre Dinge über den Centralverband Deutscher Industrieller und den Mittelrheinischen Fabrikantenverein verbreitet und daß die Industriellen zu einer Versammlung zusammengerufen wurden. In dieser Versammlung wurde nun von einem Teilnehmer auf den Verein hingewiesen, der bereits seit Jahrzehnten besteht und ein Zusammengehen mit diesem Verein angeregt. Und was hat man darauf getan? Die Herren haben eine Resolution vorgelegt, welche besagte: 1. Der neue Verband wird gegründet. 2. Man wird aber mit dem Mittelrheinischen Fabrikantenverein in Verbindung treten und ist geneigt, mit ihm zusammenzuarbeiten unter zwei Bedingungen: 1. der Fabrikantenverein muß aus dem Centralverband Deutscher Industrieller austreten (Hört, hört!); 2. der Fabrikantenverein muß in den neuen Verband aufgehen. (Lebhafte Heiterkeit.) Die Industriellen, die anwesend waren, haben diesen — ich kann es nicht anders bezeichnen — Trick offenbar nicht verstanden; sie haben eine solche Resolution angenommen (Heiterkeit), durch welche für jeden vernünftigen Menschen ein Riegel vorgeschoben war jedem Versuch einer Verständigung. Trotzdem ist dieser Versuch gemacht worden von seiten der Kreise des Fabrikantenvereins, allerdings naturgemäß persönlich. Aber, meine Herren, alle diese Versuche hat man ignoriert oder vereitelt. Man hat ferner die Behauptungen über den Centralverband Deutscher Industrieller und den Fabrikantenverein, die berichtigt wurden, mehrfach in Zeitungsartikeln und Rundschreiben wiederholt; man hat ferner ein neues System des Mitgliederwerbens begonnen, indem man den Geschäftsführer auf Reisen schickte, damit er die einzelnen Industriellen besuche, und zwar auch diejenigen, die bereits dem bestehenden Verein angehörten, und sie unter Verwendung der früher schon reichlich angewendeten Argumente zum Austritt aus diesem Verein und zum Eintritt in den neuen Verband veranlasse. (Hört, hört!) Alle Berichtigungen, die diesem Verbande zugeschickt wurden, haben ihn nicht veranlaßt, irgendwie auch nur zuzugeben, daß er unrichtige Behauptungen aufgestellt hat; er hat seine Methode bis zum heutigen Tage nicht verlassen. (Hört, hört!) Meine Herren! Ich muß Ihnen erklären: Wenn von seiten des Centralverbandes Deutscher Industrieller in dieser Weise in der Agitation, in der Arbeitsmethode, vorgegangen würde, so würde ich der erste sein, der sofort jede Gemeinschaft mit dem Centralverband

Deutscher Industrieller lösen würde (sehr wahr!), weil ich mit Herrn Dr. Beumer der Ansicht bin, daß die erste Bedingung eines Zusammengehens die Befolgung der Anstandsregeln bildet, die im gewöhnlichen Verkehr üblich sind. (Sehr richtig!)

Meine Herren! Es ist etwas scharf und hart gewesen, was ich gesagt habe, es sind aber Tatsachen, die ich vorbrachte, und ich meine, wenn man schon — und das ist ganz richtig — auf ein Zusammengehen der Industrie hinarbeitet, dann ist Erkenntnis der begangenen Fehler die erste Voraussetzung. Die Fehler, die gemacht worden sind, muß man anerkennen, es muß auf diese Weise der Boden geebnet werden zu einem Zusammengehen; wenn das nicht geschieht, dann ist es eben, so leid es einem tun mag, nicht möglich, zu einer Annäherung zu gelangen.

Ich möchte nun, um kein Mißverständnis aufkommen zu lassen, noch sagen, daß diese Agitation dem von mir vertretenen Verein durchaus nicht geschadet hat, im Gegenteil, er hat an Mitgliederzahl erheblich gewonnen, und wir sind mit diesem Erfolge sehr zufrieden. (Heiterkeit.) Aber aus allgemeinen Rücksichten halte ich mich doch für verpflichtet, hier ganz offen auf die Tatsachen hinzuweisen, und ich würde es sehr begrüßen, wenn man von seiten derjenigen Herren Industriellen in dem Bunde, die wirklich auf das Zusammengehen Wert legen, einmal an eine Prüfung der Verhältnisse herantritt.

Was die Resolution anbelangt, so freue ich mich, daß der Wortlaut eine Fassung erhalten hat, die jedem der im Centralverband Deutscher Industrieller vereinigten Verbände die Zustimmung leicht macht; dies beweist wieder, daß der Centralverband Deutscher Industrieller — das muß immer wieder betont werden — nicht eine einseitige Vertretung industrieller Interessen darstellt, sondern eine Gesamtvertretung der deutschen Industrie. (Lebhaftes Bravo!)

Vorsitzender: Das Wort hat Herr Generalsekretär Stumpf.

Generalsekretär Stumpf-Osnabrück: Meine verehrten Herren! Zur Befürwortung des Beschlußantrages, den unser Herr Geschäftsführer Ihnen vorgelesen hat, glaube ich kaum noch etwas Besonderes sagen zu können. Aber es drängt mich, doch hier noch eine Bemerkung zu machen, die meines Erachtens am Platze ist.

Ich habe es außerordentlich angenehm empfunden, daß Herr Regierungsrat Schweighoffer sich gegenüber den Auslassungen des Bundes der Industriellen so maßvoll und vornehm verhalten und daran eigentlich nur eine recht milde Kritik geübt hat; denn.

meine Herren, mögen die leitenden Persönlichkeiten jener Vereinigung heute auch noch so sehr einen dem Centralverbande Deutscher Industrieller feindlichen Standpunkt vertreten, so hoffe ich doch, daß einmal der Tag kommt, wo man auch in den Kreisen der dort zusammengeschlossenen Industrie die Einsicht gewinnt, wie wenig Grund dazu vorhanden ist, dem Centralverband Deutscher Industrieller gegenüber sich künstlich in eine feindliche Stimmung drängen zu lassen.

Wenn man so lange einer Vereinigung angehört wie ich dem Centralverband Deutscher Industrieller, den ich vor 37 Jahren als junger Mann mit zu begründen die Ehre hatte, dann bedarf man einer Belehrung durch eine übelwollende Presse nicht, um sich von dem Entrüstungsrummel, der gegen den Centralverband Deutscher Industrieller entfacht wurde, ohne Schwierigkeit das richtige Bild zu machen. Ich meine auch, als nach dem Mittelstandstage von seiten unseres Herrn Geschäftsführers in den Organen des Centralverbandes Deutscher Industrieller die Erklärung erlassen wurde, daß in der h e u t i g e n Versammlung eine Klarstellung, eine zweifellose Klarstellung der Auffassung des Verbandes würde gegeben werden, da hätte man auch in anderen Kreisen — wenigstens soweit bei ihnen Anstandsgefühl vorhanden war —, diesen Tag ruhig abwarten sollen. (Sehr richtig!) Ich gebe zu, meine Herren, diejenigen Leute, die solches Gefühl nicht haben, bekunden wenigstens ein gewisses Maß literarischer Bildung, indem sie sich das Wort aus Goethes Xenien zur Richtschnur nehmen:

Im Auslegen seid frisch und munter!
Legt Ihr's nicht aus, so legt was unter! (Heiterkeit.)

Aber es war doch nicht nötig, es lag doch kein Bedürfnis dazu vor! Man soll doch vor allen Dingen auch in den Kämpfen, die wir zu führen haben, zumal, wenn man mit Gegnern von einigermaßen großzügiger Auffassung zu tun hat, e h r l i c h bleiben. Und wenn der Bund der Industriellen immer seine Existenzberechtigung davon herleiten will, daß der Centralverband Deutscher Industrieller angeblich die Interessen der Schwerindustrie vertrete, während e r die Interessen der verarbeitenden Industrien zu vertreten habe, ja, meine Herren, Unwissenheit kann es bei den Herren nicht sein, die es entschuldigen könnte, wenn eine derartige falsche Behauptung öffentlich aufgestellt wird. Als der Bund der Industriellen 20 J a h r e n a c h dem Centralverband Deutscher Industrieller gegründet wurde, hätte er sich aus der Mitgliederliste des letzteren sehr leicht überzeugen können, daß diese „fable convenue" von der sogenannten verarbeitenden Industrie gegenüber der Schwerindustrie ein lächerliches Märchen ist. Das war es damals und ist es heute. Aber, wie gesagt, ich gebe die Hoffnung nicht auf, daß, je klarer diese Verhältnisse hingestellt werden, desto eindringlicher die Wahrheit zu ihrem Rechte kommen wird, und das ist dasjenige, was ich heute nicht unausgesprochen lassen möchte. (Lebhaftes Bravo!)

Vorsitzender: Meine Herren! Es ist ein Schlußantrag gestellt worden. Zu meiner Genugtuung kann ich sagen, daß durch die Annahme dieses Antrages niemand in seinem Rechte beschwert würde; denn es steht niemand mehr auf der Rednerliste. — Herr Direktor Tafel wünscht noch das Wort. Ich darf wohl annehmen, daß Sie es ihm noch gewähren wollen.

Direktor Tafel-Nürnberg: Meine Herren! Ich möchte nur ganz kurz auf die Bemerkung des Herrn Meesmann erwidern und sagen, daß es mir gar nicht in den Sinn gekommen ist, für irgendeine politische Richtung Propaganda zu machen. Wenn ich mich gegen einzelne Gruppen und Parteien gewendet habe, so waren das, ich möchte dies ausdrücklich feststellen, solche, die uns, den Centralverband Deutscher Industrieller, zuerst angegriffen haben. Wenn wir uns dagegen wehren, und wenn wir sie ebenfalls angreifen, dann treiben wir meiner Meinung nach keine Politik, sondern wir üben einfach das Recht der Notwehr! Wenn wir auf dieses Recht verzichten wollen, können wir uns nicht wundern, wenn wir unter die Räder kommen.

Noch mit einem Satz möchte ich über den Rahmen einer persönlichen Bemerkung hinausgehen: Es ist meiner Meinung nach ein lächerlicher Zustand, daß die Industrie, von der doch schließlich ungefähr zwei Drittel des deutschen Volkes lebt, und daß der Gewerbestand, der anerkanntermaßen eine der festesten Stützen unseres Staatswesens bildet, seit Jahrzehnten immer und immer wieder die gleichen Forderungen aufstellen, wie zum Beispiel die des besseren Schutzes der Arbeitswilligen, und daß trotzdem die Parteien, die angeblich die Interessen dieser Stände vertreten, immer und immer wieder über diese Forderungen zur Tagesordnung übergehen. Ich treibe meiner Ansicht nach ebensowenig Politik, wie ich es vorhin getan habe, wenn ich sage: Der genannte lächerliche Zustand wird erst aufhören, wenn jeder Industrielle und jeder Gewerbetreibende einmal erklärt: Für eine Partei oder eine wirtschaftliche Gruppe, die nicht ohne jeden Rückhalt für solche Kardinalforderungen meines Standes eintritt, habe ich keinen Pfennig und keine Stimme mehr!

Vorsitzender: Ich gebe nunmehr das Schlußwort Herrn Regierungsrat Schweighoffer.

Regierungsrat a. D. Dr. **Schweighoffer:** Meine Herren! Ich darf zunächst meinem lebhaftesten Danke Ausdruck geben für die freundlichen Worte, mit denen mehrere der Herren Vorredner sich zu meinem Auftreten auf dem reichsdeutschen Mittelstandstage geäußert haben, das lediglich veranlaßt war durch die innerste Ueberzeugung von der Notwendigkeit eines Zusammenhaltens unserer Erwerbs- und Berufsstände in den gegenwärtigen Zeitläuften. (Bravo!) Ich würde es als den Haupterfolg der heutigen Versammlung und der heutigen Aussprache ansehen, wenn diejenigen Mitglieder, die sowohl dem Centralverband Deutscher Industrieller wie dem Bunde der Industriellen angehören, darauf hinwirken würden, daß die Gegensätze, die jetzt leider bestehen, beseitigt, und daß die Mißverständnisse, die auf der Gegenseite immer wieder zutage treten, durch ihre Vermittelung aus dem Wege geräumt würden.

Ich komme in meinem Schlußworte noch einmal auf das zurück, was ich schon in meinem Geschäftsberichte gesagt habe: Der Centralverband Deutscher Industrieller hat immer „gegen den Strom" ankämpfen müssen und hat manche Zeiten durchgemacht, wo seine Gegner ihn aufs schwerste befehdet haben. Aber gerade in solchen Zeiten glaube ich, an das alte horazische Wort erinnern zu dürfen, das der Centralverband Deutscher Industrieller sich auch gegenwärtig zu eigen machen kann das Wort: Aequam memento rebus in arduis servare mentem — Gedenke, dir in schwierigen Zeitläuften einen gleichbleibenden Sinn zu bewahren! (Lebhaftes Bravo!)

Vorsitzender: Meine Herren! Es liegen Ihnen drei Resolutionen vor. Es ist bis jetzt nur über den ersten Beschlußantrag gesprochen worden; ich glaube annehmen zu dürfen, daß Sie über die zwei anderen Anträge eben nicht haben sprechen wollen, weil diesen Anträgen gegenüber nichts zu sagen war.

Ich bringe die Anträge nun nacheinander zur Abstimmung und möchte, bevor ich die Abstimmung eröffne, noch die Frage stellen, ob Sie Wert darauf legen, daß die Anträge 2 und 3, zu denen nicht gesprochen worden ist, noch verlesen werden. (Zurufe: Nein!) Es wird mir Nein zugerufen, ein Ja höre ich nicht; ich darf also annehmen, daß die Herren einverstanden sind, wenn wir einfach über die Anträge zur Abstimmung schreiten.

Zunächst der Beschlußantrag, der Ihnen verlesen worden ist. Diejenigen Herren, welche gegen die Annahme dieses Beschlußantrages sind, bitte ich, sich zu erheben. — Der Antrag ist einstimmig angenommen. (Lebhaftes Bravo!)

Dann kommen wir, meine Herren, zu dem Beschluß, die Weltausstellung in San Francisko betreffend. Die Verlesung ist nicht gewünscht worden. Ich bringe den Antrag zur Abstimmung. Diejenigen Herren, welche gegen den Antrag sind, bitte ich, sich zu erheben. Der Antrag ist einstimmig angenommen.

Endlich der Beschlußantrag betr. die diesjährige internationale Arbeiterschutzkonferenz. Diejenigen Herren, welche gegen den Antrag sind, wollen sich erheben. — Der Antrag ist einstimmig angenommen.

Meine Herren! Bevor ich die Sitzung schließe, möchte ich noch daran erinnern, daß um 1 Uhr hier in dem Hauptrestaurant den Herren ein kaltes Buffet serviert wird.

Ich habe weiter daran zu erinnern, daß die Geschäftsführung des Centralverbandes Deutscher Industrieller die Herren dringend gebeten hat, heute nachmittag bereits um 3¼ Uhr im Rathause anwesend zu sein. Se. Maj. der König wird nach den letzten Nachrichten um ¾4 Uhr in Leipzig eintreffen und wird vom Bahnhofe aus direkt zu uns kommen, so daß also aller Wahrscheinlichkeit nach Se. Majestät schon vor 4 Uhr im Rathause sein wird. Ich bitte also die Herren, pünktlich 3¼ Uhr da zu sein und dann Ihre Plätze einzunehmen.

Dann, meine Herren, habe ich Ihnen noch ein Telegramm vorzulesen folgenden Wortlauts:

> Der Delegiertenversammlung sende herzliche Grüße, wärmste Wünsche für besten Erfolg ihrer Beratungen und Beschlüsse. Mögen diese wie seit vielen Jahren trotz aller Neider, Lügner und Trüger der deutschen Industrie zum Segen gereichen und möchten die deutschen Industriellen dies wohl anerkennen.
>
> Bueck.

(Bravo!)

Meine Herren! Sie sehen aus dem Telegramm, daß der alte Herr wieder gesund ist. Ich schließe die Sitzung.

Schluß der Sitzung 1 Uhr.

Beschluß.

Die in den letzten Wochen gegen den Centralverband Deutscher Industrieller wegen der Vorgänge auf dem Reichsdeutschen Mittelstandstage in Leipzig am 24. August d. J. erhobenen Angriffe geben der Versammlung der Delegierten des Centralverbandes zu folgender Erklärung Anlaß:

Aus dem Wortlaute der zur allgemeinen Kenntnis gebrachten Erklärungen des Geschäftsführers des Centralverbandes und des Vertreters des Bundes der Landwirte ergibt sich, das irgendwelche Abmachungen handelspolitischer oder sonstiger Art nicht erörtert und noch weniger getroffen worden sind.

Der Centralverband Deutscher Industrieller, der mit dem Verein zur Wahrung der Interessen der chemischen Industrie Deutschlands und der Centralstelle für Vorbereitung von Handelsverträgen in grundsätzlichen Beratungen darüber begriffen ist, inwiefern unser Zollsystem vom Standpunkte der einzelnen Zweige der Industrie einer Nachprüfung und Abänderung bedarf, hat sich bereits mehrfach dahin ausgesprochen, daß er einer weiteren Erhöhung der von weiten Kreisen der Gesamtheit als hoch empfundenen Zölle auf Lebensmittel und einem sogenannten lückenlosen Zolltarif nicht zustimmen kann.

Auf der anderen Seite wiederholt der Centralverband seine bereits am 6. Februar 1891 abgegebene Erklärung, daß die in ihm vereinigte Industrie keine Vorteile anstrebt, welche nur auf Kosten der Landwirtschaft erreicht werden können. Er geht hierbei von der Erwägung aus, daß das in erster Linie zu erstrebende wirtschaftspolitische Ziel die Sicherstellung genügender Arbeitsgelegenheit für landwirtschaftliche und industrielle Arbeiter sowie die Erhaltung und Erweiterung der vaterländischen Erwerbstätigkeit ist und daß, wie es vom Fürsten Bismarck mehrfach als Grundgedanke seiner ganzen Wirtschaftspolitik ausgesprochen worden ist, hierin die Interessen von Landwirtschaft und Industrie solidarisch sind.

In gleicher Weise hält es der Centralverband Deutscher Industrieller für seine Pflicht, auf dem Gebiete der Sozialpolitik unter Beachtung der Erfordernisse der Volkswirtschaft enge Fühlung zu unterhalten und gemeinsame Arbeit zu leisten mit allen denjenigen Kreisen, welche, auch ohne dem Centralverbande anzugehören, für Aufrechterhaltung der Autorität des Arbeitgebers in den Betrieben und wirksamen Schutz der Arbeitswilligen einzutreten gewillt sind. Bei dieser Fühlungnahme und bei dieser gemeinsamen Arbeit sind alle einseitigen Interessenfragen auszuschalten, aber alle Berufsstände zu beteiligen, denen es um Verfolgung derjenigen Ziele zu tun ist, welche die Stärkung des Reichs und die Abwehr umstürzlerischer Bestrebungen im Interesse des Gemeinwohls, insbesondere der arbeitenden Klassen, bezwecken.

Beschluß.

Der Centralverband Deutscher Industrieller gibt anläßlich der Erörterungen, die gegenwärtig in der Presse über die Frage einer Beteiligung Deutschlands an der Weltausstellung in San Franzisko gepflogen werden, der Ueberzeugung Ausdruck, daß die überwiegende Mehrheit der deutschen Industrie auf ihrem ursprünglich zu dieser Frage eingenommenen Standpunkte beharrt und nach wie vor einer Beschickung dieser Ausstellung durchaus abgeneigt ist.

Der Centralverband spricht den Verbündeten Regierungen seinen Dank dafür aus, daß dieser Anschauung, die bei den Beratungen der zuständigen Reichsbehörden mit den berufenen Vertretungen der Industrie zum Ausdruck gebracht wurde, durch die Ablehnung einer Beteiligung des Deutschen Reiches Rechnung getragen worden ist.

Die Gründe, welche für die Haltung der Regierung der Oeffentlichkeit bekanntgegeben worden sind, erkennt der Centralverband als richtig an. Darüber hinaus aber pflichtet er auch den Gründen bei, die von der Ständigen Ausstellungskommission für die deutsche Industrie in ihrer Kundgebung vom 6. September d. J. für ihren gleichfalls ablehnenden Standpunkt geltend gemacht worden sind. Neben den wenig ermutigenden Ergebnissen der früheren amerikanischen Weltausstellungen sind es vor allem die großen Mißstände, die in den Vereinigten Staaten auf zollpolitischem und auf dem Gebiete des Urheber- und Gewerbeschutzes zu schwerem Nachteil der ausländischen Produktion bestehen, welche es auszuschließen scheinen, daß die deutsche Industrie von einer Ausstellung in San Franzisko nennenswerte Vorteile für sich gewinnen könnte. Des weiteren sind aber auch die außerordentlichen Kosten, die den Ausstellern entstehen würden, geeignet, jeden wirtschaftlichen Nutzen einer solchen Teilnahme von vornherein auszuschließen.

Beschluß.

Der Centralverband Deutscher Industrieller gibt im Hinblick auf die diesjährige Internationale Arbeiterschutzkonferenz in Bern der Erwartung Ausdruck, daß die Verbündeten Regierungen den Anträgen der internationalen Vereinigung für Arbeiterschutz auf Verbot der Nachtarbeit für jugendliche Arbeiter bis zum vollendeten 18. Lebensjahre, sowie auf gesetzliche Einschränkung der Ueberarbeit für Frauen und junge Leute im Alter bis zu 18 Jahren ihre Zustimmung versagen werden.

Es haben weder die gegenwärtig in den einzelnen Industrien üblichen Arbeitszeiten zu irgendwie wesentlichen Schädigungen der jugendlichen Arbeiter und der Frauen geführt, noch geht die bisherige Arbeitsdauer über das den wirtschaftlichen und sozialen Verhältnissen Deutschlands entsprechende Maß hinaus. In einem Zeitpunkte, in welchem die Existenzbedingungen weiter Kreise der deutschen Industrie durch die bevorstehende Neuregelung der Handelsverträge aufs stärkste berührt werden, hält der Centralverband eine weitere Belastung der Industrie durch Einschränkung der Arbeitszeit für ganz besonders unangebracht. Es hat sich gezeigt, daß gewisse Vertragsstaaten es an der strikten Durchführung der internationalen Abmachungen haben fehlen lassen, so daß die ursprüngliche Absicht, durch internationale Vereinbarungen eine Benachteiligung einzelner Länder im Wettbewerbe auf dem Weltmarkt auf Grund von Arbeiterschutzmaßnahmen zu verhüten, vielfach vereitelt worden ist. Es muß unter diesen Umständen vor einer jeden weiteren Abmachung auf diesem Gebiete gefordert werden, daß zunächst erst einmal die Durchführung der bestehenden internationalen Vorschriften in allen Vertragsstaaten unter eine ebenso sorgfältige Kontrolle, wie sie in Deutschland besteht, gestellt wird.

Empfang durch den Rat der Stadt Leipzig
und
Festsitzung des Centralverbandes Deutscher Industrieller im Neuen Rathause
am Montag, den 15. September 1913, nachmittags 3 Uhr.

Am 15. September, nachmittags 3 Uhr, fand in den Festräumen des Neuen Rathauses ein vom Rat der Stadt Leipzig dargebotener Empfang statt, dem sich eine Festsitzung anschloß, der der König Friedrich August von Sachsen mit Gefolge beiwohnte. Der König traf um 4 Uhr nachmittags ein und wurde am Portal des Rathauses von dem Vorsitzenden des Centralverbandes, Landrat a. D. Rötger, und dem Geschäftsführer, Dr. Schweighoffer, empfangen und in den Festsaal geleitet. Nachdem der König die ihm persönlich bekannten anwesenden Herren begrüßt hatte, ergriff der Vorsitzende des Centralverbandes Deutscher Industrieller Landrat a. D. Rötger das Wort und begrüßte den König mit folgender Ansprache:

„Eure Majestät wollen Allergnädigst zu gestatten geruhen, daß ich zunächst dem ehrfurchtsvollen Danke der hier versammelten Vertreter des Centralverbandes Deutscher Industrieller für die uns durch Allerhöchstderen Besuch in dieser Festsitzung erwiesene außerordentliche Ehre ehrerbietigsten Ausdruck verleihe.

Eurer Majestät reichgesegnete Lande, dessen gedenken wir in dieser festlichen Stunde mit besonderem Nachdruck, stehen in industrieller Entwickelung und industrieller Vielseitigkeit an der Spitze der deutschen Bundesstaaten.

In langsamem, gesundem Vorwärtsschreiten, ausgehend von den wasserkräftereichen Tälern des Sachsenlandes, mit einer arbeitsamen und unternehmungstüchtigen Bevölkerung hat sich unter einer weisen Regierung weitblickender Fürsten aus kleinen Anfängen eine Industrie entwickelt, welche auf fast allen Gebieten des modernen Bedarfs mit den Industrien der ganzen Welt in erfolgreichem Wettbewerb steht.

Als eine bedeutungsvolle Etappe auf dem langen Wege zielbewußter Fürsorge, welchen schon Eurer Majestät erlauchte Vorfahren in der Krone beschritten haben, dürfen wir den heutigen gnädigen Besuch werten. Freudigen Widerhall wird dieser Beweis gnädigen Interesses in allen Gauen des Deutschen Reiches wecken, wo überall deutsche industrielle Arbeit geleistet wird zur Hebung deutscher Kultur, deutscher Lebensführung in allen Kreisen unserer Bevölkerung, insonderheit auch der Handarbeitenden, und zur Festigung und Wahrung der Weltgeltung unseres teueren Vaterlandes.

In welcher Weise der Centralverband Deutscher Industrieller zum Schutze und zur Förderung der nationalen Arbeit an diesen Aufgaben zu seinem Teil mitarbeitet, dies in Kürze darzulegen, bitte Eure Majestät ich um gnädige Erlaubnis.

Ziel und Arbeit des Centralverbandes Deutscher Industrieller.

Der Bahnbrecher der nationalen Wirtschaftspolitik Bismarcks und der Vorkämpfer seiner Sozialreform gewesen zu sein, 1½ Jahrzehnte als Arbeits- und Kampfgenosse dem Großmeister der deutschen Realpolitik zur Seite gestanden zu haben, ist das grundlegende geschichtliche Verdienst, welches der Centralverband Deutscher Industrieller für sich in Anspruch nehmen darf. Und als eine seiner bleibenden Hauptaufgaben erachtet er es, die Grundgedanken Bismarcks als Grundbedingungen des Gedeihens unserer Volkswirtschaft auch für die Zukunft zu wahren und zu pflegen.

Gegen den Strom! hieß die Schrift, die vor nunmehr 38 Jahren der Begründung des Centralverbandes unmittelbar vorausging.

Ihr Verfasser, der verdienstvolle verstorbene Parlamentarier von Kardorff-Wabnitz, wurde der erste Führer des Centralverbandes, er wollte die verschiedenen Industriezweige zu einheitlicher Organisation zusammenfassen, um so deren gemeinsame Bedürfnisse wirksam zum Ausdrucke zu bringen und auch auf die gesetzgebenden Körperschaften den Einfluß zu gewinnen, welcher der Bedeutung der deutschen Industrie entspricht. Gegen den Strom! war die Losung, unter der der Centralverband sich sein Recht aufs Dasein zu erkämpfen hatte. Gegen den Strom der damals allmächtigen, zum Axiom gewordenen Freihandelslehre galt es zu schwimmen; rund 95 v. H. der deutschen Einfuhr ging damals zollfrei ein. Die Herrschaft dieses Systems galt es zu brechen. Der durchschlagende Erfolg steht verzeichnet in den Annalen der deutschen Wirtschaftsgeschichte, er bedeutet die grundsätzliche Abkehr vom Freihandel und die Einführung des Schutzes der nationalen Arbeit als Grundlage der deutschen Wirtschafts- und Handelspolitik. Daß sich Fürst Bismarck hierzu hat bestimmen lassen und selber mit der ihm eigenen, Hindernisse und Hemmungen sieghaft überwindenden Kraft die Initiative ergriff, ist wesentlich der Tätigkeit des Centralverbandes zu danken. Des Centralverbandes damalige umfangreiche Arbeiten und Untersuchungen, die besonders auf umfassende und gründliche Ermittelungen über die Lage und die Bedürfnisse der damals schwer notleidenden Industrie gerichtet waren, haben in dem großen Kanzler die Ueberzeugung geweckt und gefestigt, daß der Niedergang unseres wirtschaftlichen Lebens, der, um nur an einiges zu erinnern, im Ausblasen der Hochöfen, in der Stillstellung der Spindeln und Webstühle, in der Entlassung tausender fleißiger Arbeiter zur Erscheinung kam, nur aufzuhalten und ein Aufschwung nur zu erzielen sei durch die Einführung von Zöllen, die der nationalen Arbeit, gegenüber der überlegenen Konkurrenz des in den Produktionsbedingungen günstiger gestellten Auslandes, den unbedingt nötigen Schutz gewährten. Hauptsächlich der Agitationsarbeit des Centralverbandes war es zu danken, daß aus den Reichstagswahlen des Jahres 1878 eine Mehrheit, die sogenannte „Wirtschaftliche Vereinigung“, hervorging, die mit Bismarck eine Reform des deutschen Zolltarifs für notwendig erklärte und annahm.

Als mit der Annahme des neuen Tarifs durch den Reichstag und mit dem Erlaß des Zollgesetzes vom 15. Juni 1879 der Uebergang zum maßvollen Schutzzollsystem vollzogen war, galt die weitere Arbeit des Centralverbandes der zielbewußten Neugestaltung der nunmehr unter der Losung „Schutz der nationalen Arbeit“ stehenden Handelspolitik des Deutschen Reiches. Der Centralverband hat stets die Ueberzeugung vertreten, daß nur durch langfristige Handelsverträge die notwendige Sicherheit und Stetigkeit für Industrie und Handel zu schaffen sei. Von jeher hat er hierbei alle Maßnahmen und Bestrebungen unterstützt, die auf Hebung und Förderung des deutschen Exports abzielen, in der Erkenntnis, daß die Erhaltung und die ersprießliche Entwickelung unserer Industrie durch den Absatz eines wesentlichen Teiles ihrer Erzeugnisse auf den Auslandsmärkten bedingt ist, und hiervon insbesondere auch das Wohl und Wehe der stetig wachsenden Arbeiterbevölkerung abhängt. Zum Zwecke der gewissenhaftesten und sorgsamsten Vor- und Mitarbeit aller interessierten Kreise bei den neu zu schaffenden oder zu revidierenden Zolltarifen und Handelsverträgen hat der Centralverband mit Erfolg auf die Unterstützung der Regierung durch eine ständige Organisation der beteiligten Wirtschaftskreise hingewirkt. So ist es der Initiative des Centralverbandes zu danken gewesen, daß sich im Jahre 1893 ein Zollbeirat bildete, der die Fehler vermeiden half, die bei dem vorangegangenen, unzulänglich vorbereiteten deutsch-österreichischen Handelsvertrage begangen worden waren; dieser Zollbeirat hat bei den folgenden Handelsverträgen die besten Dienste verrichtet. Den Anregungen des Centralverbandes beim Reichsamt des Innern verdankt das deutsche Wirtschaftsleben die im Jahre 1897 erfolgte Schaffung des Wirtschaftlichen Ausschusses zur Vorbereitung und Begutachtung handelspolitischer Maßnahmen, der, wie schon sein Name besagt, auf dem Gebiete der Handelspolitik dem Reichskanzler mit der in ihm vertretenen, Landwirtschaft, Industrie und Handel umfassenden Sachkunde beratend zur Seite steht. Die deutsche Produktionsstatistik, ein unschätzbares Hilfsmittel für die Führung unserer Handelspolitik, ist auf die Anregung dieses Ausschusses zurückzuführen.

Dem Zwecke, die Interessen und Ansprüche der Industrie so umfassend und wirksam wie möglich bei den Verhandlungen über die Erneuerung der in einigen Jahren ablaufenden Handelsverträge vertreten zu können, widmet sich seit mehr als Jahresfrist die sog. Interessengemeinschaft, die der Centralverband, zusammen mit dem Verein zur Wahrung der Interessen der chemischen Industrie Deutschlands und der Centralstelle für Vorbereitung von Handelsverträgen vor etwa einem Jahrzehnt gebildet hat. Es steht zu hoffen, daß in dieser Zusammenarbeit der genannten hochangesehenen wirtschaftlichen Körperschaften unter der Führung des Centralverbandes Grundlagen geschaffen werden, welche für die amtliche Behandlung dieser für unser Wirtschaftsleben vielleicht wichtigsten Fragen der nächsten Zukunft von höchstem Werte sein dürften.

Hierbei dürfte es nicht zweifelhaft sein, daß diese Zusammenarbeit nur gelingen kann auf der Basis eines maßvollen Schutzes der nationalen Arbeit. Auch in Zukunft wird der Centralverband hochschutzzöllnerische Tendenzen, d. h. solche, die über das unbedingte Bedürfnis hinausgehen, bekämpfen, wie er sie bisher stets und konsequent bekämpft hat.

Der Centralverband vertritt hierbei allerdings den Standpunkt, daß die Rücksichten der nationalwirtschaftlichen Gesamtwohlfahrt und der Fortführung einer gedeihlichen Wirtschaftspolitik zwingend die Betonung der Solidarität der Interessen der einzelnen Industriezweige unter sich, sowie von Industrie und Landwirtschaft fordern, weil alle diese einzelnen Teile unseres nationalen Erwerbslebens auf Gedeih und Verderb auf einander angewiesen sind. Der Centralverband erachtet es daher als seine nationale Pflicht, den anderen großen Produktivständen der deutschen Wirtschaft den ihnen erforderlichen Schutz in derselben Weise zuzugestehen, wie er ihn für die Industrie erfordert, und ist überzeugt, daß auch in immer weiteren Kreisen die Erkenntnis Platz greift, daß gleicher Schutz und gleiche Förderung der nationalen Arbeit insonderheit in Landwirtschaft und Industrie gewahrt werden muß, sollen deutscher Unternehmungsgeist und deutsche Volkskraft, die festen Stützen des deutschen Wirtschaftslebens und der für dasselbe unentbehrlichen Weltmachtstellung des Deutschen Reiches, erhalten bleiben.

Die Pflege der deutschen Volkskraft, die Erhaltung und Stärkung der im deutschen Volke vorhandenen Arbeitskraft für nationale Zwecke, das ist die andere Seite der Arbeit des Centralverbandes. In der vordersten Reihe derer, die zu der Sozialreform, wie sie von der Kaiserlichen Botschaft vom 17. November 1881 inauguriert worden ist, Anregung und Anstoß gegeben haben, steht der Centralverband. Einer seiner hervorragendsten Mitarbeiter, der verstorbene Freiherr von Stumm-Halberg, ist einer der ersten gewesen, die eine erhöhte Sicherung der Existenz der Arbeiter und ihrer Angehörigen durch gesetzgeberische Maßnahmen, zunächst durch Altersversicherungs- und Invalidenkassen, gefordert haben, und schon 1879 ist der Centralverband grundsätzlich für die staatliche Arbeiterfürsorge eingetreten. Daß von vornherein sozialer Geist in dem Centralverband lebte, beweist ferner, daß einer unserer Führer aus den ersten Lebensjahren des Centralverbandes, der verstorbene Geheime Kommerzienrat Baare, schon im Jahre 1880 eine Abhandlung über die Arbeiterunfallversicherung veröffentlicht hat, welche ihm eine Einladung zum Reichskanzler Fürsten Bismarck nach Friedrichsruh eintrug. Die Kaiserliche Botschaft vom 17. November 1881 hat der Centralverband mit wärmster Genugtuung und lebhaftester Zustimmung begrüßt und sie bis zum heutigen Tage als eine epochemachende und nationale Großtat gewürdigt. In einer Erklärung des Direktoriums des Centralverbandes aus dem Jahre 1882 hieß es: „Die Industriellen erkennen vollkommen an, daß die Hebung und Besserung der sozialen Lage der arbeitenden Klassen für das Gedeihen der deutschen Volkswirtschaft und für ein erfolgreiches Zusammenwirken von Kapital und Arbeit dringend wünschenswert ist. Sie haben daher die aus reiflicher Erwägung hervorgegangene ernste Absicht, die Pläne der Verbündeten Regierungen nach besten Kräften zu stützen und zu fördern.“ Niemals ist der

Centralverband für den Stillstand der sozialen Gesetzgebung eingetreten, wohl aber hat er es für seine Pflicht gehalten, wiederholt vor zu schnellem Tempo, vor hastigem und sprungweisem Fortschreiten zu warnen und auf die Grenzlinien hinzuweisen, wie sie Fürst Bismarck gezogen hat, wenn er, das erste Mal bereits in einer Reichstagsrede im Jahre 1882, die Rücksichtnahme auf die Tragfähigkeit der Industrie geltend gemacht hat und die Frage gestellt hat: „Wo ist die Grenze, bis an welche man die Industrie belasten kann, ohne dem Arbeiter die Henne zu schlachten, die ihm die Eier legt?". Vor Ueberschreitung dieser Grenze hat der Centralverband oft genug warnen zu müssen geglaubt.

Wie der Arbeiterversicherung, so hat der Centralverband der Arbeiterschutzgesetzgebung grundsätzlich zugestimmt, und zwar auch schon vor der bahnbrechenden Kaiserbotschaft von 1881. Bereits im Februar 1878 hatte er einen besseren Schutz der Kinder und weiblichen Personen gefordert und die prinzipielle Auffassung vertreten, daß die Auswüchse der Gewerbeordnung vom Jahre 1869, die durch weitgehende Befolgung des Grundsatzes von „laisser faire laisser aller" gezeitigt worden waren, durch die Erfüllung der staatlichen Pflicht, die Schwachen zu schützen, zu beseitigen seien. Dahingegen aber hat der Centralverband ebenso grundsätzlich diejenigen Absichten und Maßnahmen der Sozialpolitik bekämpft, welche die Grundlagen des nationalen Wirtschaftslebens zu verschieben, zu erschüttern oder zu untergraben drohen, von deren Aufrechterhaltung das Gedeihen der Industrie, der Unternehmer wie der Arbeiter, und der ganzen Volkswirtschaft abhängig ist. Hier richtet sich der grundsätzliche Widerspruch des Centralverbandes vor allem gegen die Gefährdung der Stellung des Unternehmers, die er, wie in einem Beschlusse des Centralverbandes vom Jahre 1905 gesagt ist, einnehmen muß, wenn durch das Zusammenwirken von Intelligenz, Kapital und Arbeit im Rahmen der bestehenden Staats- und Wirtschaftsordnung die notwendige höchste Wirkung erzielt werden soll. Unter dem Gesichtspunkte der Arbeiterwohlfahrt hat der Centralverband seine sozialpolitische Haltung in folgendem festgelegt: Die allseitig angestrebte Verbesserung der Lage der arbeitenden Klassen hat die Aufrechterhaltung und die entsprechende Steigerung der nationalen Gütererzeugung zur unumgänglichen Voraussetzung. Ohne eine Vermehrung der für den jährlichen Verbrauch zur Verfügung stehenden Gütermenge fehlt es an der Grundlage für eine gesteigerte Lebenshaltung und für den vermehrten Verbrauch der breiten Massen der Bevölkerung; ein Rückgang der nationalen Gütererzeugung und folglich des nationalen Wohlstandes würde in seinen Folgen gerade die arbeitenden Klassen an erster Stelle und am empfindlichsten schädigen. Solcher Stellungnahme liegt das dem Centralverband gesteckte Ziel „Förderung und Wahrung der nationalen Arbeit" zugrunde. „Diese", so wurde in einer Denkschrift des Centralverbandes aus dem Jahre 1887 gesagt, „ist nur auf einer nach jeder Richtung möglichst günstig gestalteten Lage der Arbeiterbevölkerung zu erzielen. Den zur äußersten Schärfe zugespitzten Wettbewerb im Innern, und mehr noch auf dem Weltmarkte, wird keine Industrie bestehen können mit Arbeitern, die in ihren berechtigten Interessen zurückgedrängt und vernachlässigt werden. Andererseits aber werden diese Interessen der erforderlichen Pflege und Förderung entbehren, wird sich die Gesamtlage der Arbeiter sicher verschlechtern müssen, wenn dem Arbeitgeber die Bedingungen für eine ersprießliche Tätigkeit rücksichtslos gestört oder entzogen werden." Aus dieser fundamentalen Aufgabe der Förderung und Wahrung der nationalen Arbeit ergibt sich für den Centralverband die Pflicht, alles daran zu setzen, daß den Unternehmern die autoritative Stellung den Arbeitern gegenüber gewahrt bleibt, und aus dieser Erkenntnis heraus ergibt sich auch die Stellungnahme des Centralverbandes gegenüber der Sozialdemokratie. Diese unter Einsetzung aller erlaubten Mittel zu bekämpfen, hat der Centralverband stets als eine seiner vornehmsten Aufgaben erachtet. Nichts liegt ihm ferner, als Parteipolitik zu treiben. Er steht jenseits der parteipolitischen Bekenntnisse und Interessen. Aber er steht unverbrüchlich fest auf dem nationalen Boden der bestehenden staatlichen und wirtschaftlichen Ordnung, und die Sozialdemokratie, die nicht auf diesem Boden steht, ist deshalb sein unbedingter Gegner. Die Sozialdemokratie fußt auf dem Gegensatz zwischen Unternehmertum und Arbeiterschaft. Sie hat es verstanden, zwischen beiden eine Kluft zu schaffen und diese immer mehr zu erweitern und zu vertiefen. Sie sucht die versöhnlichen Wirkungen der der Arbeiterfürsorge dienenden sozialpolitischen Gesetzgebung zu verhindern. Weil dieses so ist, deshalb fordert der Centralverband entschiedene und wirksame Maßregeln zur Bekämpfung der Machtstellung und hauptsächlich des Terrorismus der Sozialdemokratie und einen wirksameren Schutz gegen die Vergewaltigung der Arbeitswilligen. Denn diese Vergewaltigung unterdrückt die individuellen Arbeitsrechte, auf denen unser Wirtschaftsleben beruht und deren Schutz eine der Hauptaufgaben des modernen Staates ist; diese Vergewaltigung Arbeitswilliger durchbricht die Rechtsordnung und hebt sie auf, die zu gewährleisten die wichtigste Staatspflicht bildet.

Der nationale Gedanke, der den Schutz der nationalen Arbeit nach außen und nach innen fordert, hat den Centralverband ins Leben gerufen, er wird ihn als Leitstern auch ferner begleiten. „Wir müssen unsere deutschen Erwerbsstände," hat Fürst Bismarck in seinen „Tischgesprächen" einmal gesagt, „den Stamm unseres Volkes halten und kräftigen: das muß die Richtschnur für unsere innere Politik sein." Das ist auch die Richtschnur der wirtschafts- und sozialpolitischen Arbeit des Centralverbandes für Gegenwart und Zukunft. Um die ganze große Zukunft handelt es sich dabei: darum, unser nationales Wirtschaftsleben so zu erhalten und zu gestalten, daß es die Grundlage gewährt, auf welcher unser deutsches Volk seine politische Größe, seine Stellung unter den ersten Völkern der Erde mit Festigkeit behaupten kann, unseren spätesten Enkeln zum Heil und Segen!"

Landrat Rötger forderte die Versammlung auf, ein dreifaches Hurra auf den König als den Schützer und Förderer der sächsischen Industrie auszubringen, in das alle Anwesenden begeistert einstimmten. Der König dankte in freundlichen Worten für diese Huldigung und sprach seine Genugtuung aus, die Ziele und Arbeiten des Centralverbandes kennen gelernt zu haben. Er hoffe und wünsche, daß diese auch fernerhin der deutschen Industrie zum Segen gereichen werden.

Gemeinsame Tagung

deutscher und österreichischer Industrieller.

am 16. September 1913, vormittags 10 Uhr, zu Leipzig im großen Kongreßsaale der Internationalen Baufach=Ausstellung.

Vorsitzender Landrat a. D. **Rötger**: Meine Herren! Zugleich im Namen des Herrn Präsidenten des Zentralverbandes der Industriellen Oesterreichs habe ich die Ehre, die Tagung der beiden Centralverbände Deutscher Industrieller und der Industriellen Oesterreichs zu eröffnen, ebenfalls zugleich im Namen des Herrn Präsidenten Dr. Brosche darf ich die Herren herzlich willkommen heißen. Wir beide, die Vorsitzenden der beiden Centralverbände richten durch meinen Mund einen Willkommengruß auch an die Vertreter der hohen Behörden, die uns heute die Ehre geben, unter uns erschienen zu sein, um an unseren Verhandlungen teilzunehmen. Ich begrüße hier die Vertreter der deutschen Reichsämter, den Herrn Direktor im Reichsamte des Innern, Wirkl. Geh. Oberregierungsrat Müller, als Vertreter des Herrn Staatssekretärs des Innern, und den Herrn Geh. Legationsrat und Vortragenden Rat im Auswärtigen Amt von Stockhammern, als Vertreter des Herrn Staatssekretärs des Auswärtigen Amtes. Ich hoffe, daß die Vertreter dieser hohen Behörden mit dem Eindruck aus der heutigen Tagung heimkehren werden, daß gemeinsame Interessen über die Grenzpfähle des Deutschen Reiches und des österreichischen Kaiserstaates hinaus vorhanden sind, die die Industriellen zu gemeinsamer Arbeit veranlassen könnten und sollten.

Ebenso herzlich begrüße ich die Herren Vertreter der Königlich Sächsischen Staatsbehörden, den Herrn Geh. Regierungsrat Morgenstern, als Vertreter des Herrn Ministers des Innern, den Herrn Ministerialdirektor Dr. Elterich, als Vertreter des Herrn Finanz=

ministers. Ich begrüße ferner die Behörden, die in Leipzig ihren Dienstsitz haben und die heute vertreten sind durch Herrn Geh. Regierungsrat Dr. Ayrer, als Vertreter des Herrn Kreishauptmanns, und begrüße vor allen Dingen den Herrn Vertreter der Stadt Leipzig, welche in so gastlicher Liebenswürdigkeit uns in ihren Mauern aufgenommen hat. Insbesondere heiße ich unter diesen Herren, die von seiten des Rates und der Stadtverordneten-Versammlung von Leipzig hier sind, den Herrn Oberbürgermeister der Stadt herzlich willkommen und richte den speziellen Dank durch den Herrn Oberbürgermeister an den Rat der Stadt Leipzig, daß er uns bei dem Arrangement der heutigen Veranstaltungen seine hilfreiche Hand in liebenswürdigster Weise zur Verfügung gestellt hat.

Dann, meine Herren, habe ich zu begrüßen den Herrn Präsidenten der Handelskammer Leipzig, Herrn Kommerzienrat Schmidt, der durch seine Anwesenheit kundgibt, daß die Handelskammer, wie das ja an sich nicht anders zu erwarten — es ist aber schön, daß es auch zum äußeren Ausdruck kommt —, unseren gemeinsamen Verhandlungen mit Interesse folgt.

Meine Herren! Im Anschlusse an diese Begrüßungsworte möchte ich nun noch einige Worte an die Herren des Zentralverbandes der Industriellen Oesterreichs, als Vorsitzender des Centralverbandes Deutscher Industrieller zu richten mir gestatten. Wir haben bereits im vorigen Jahre im Anschluß an ein Zusammensein österreichischer Industrieller und Gewerbetreibender und deutscher Industrieller und Gewerbetreibender in München eine Korrespondenz geführt zwischen Berlin und Wien und diese Korrespondenz hat Veranlassung gegeben, daß im Anfang des Frühjahrs dieses Jahres die Leitung des Zentralverbandes der Industriellen Oesterreichs an uns mit dem Vorschlage herantrat, im schönen Leipzig anläßlich der hochinteressanten Internationalen Baufachausstellung eine Begegnung der beiden für das österreichische und für das deutsche Wirtschaftsleben bedeutsamen Korporationen zu veranstalten. Diese Anregung ist von uns gern und mit großer Genugtuung aufgenommen worden. Glauben wir in derselben doch vor allem den lebhaften Wunsch erblicken zu sollen, auf dem fruchtbaren Boden gegenseitigen Gedankenaustausches unseren gemeinsamen Interessen Förderung angedeihen zu lassen.

Nicht im Gegensatz, meine Herren, zu bestehenden Organisationen, sondern völlig unabhängig von äußerem Zwang soll unser heutiges Zusammensein der Aussprache über wichtige Probleme unseres Interessenkreises gewidmet sein. Die Anregungen, welche die beiden auf der Tagesordnung stehenden Vorträge uns geben werden, sollen dieser

Interessengemeinschaft Ausdruck geben, die Grundlage geben zu dem zwanglosen Gedankenaustausch im Verlaufe des heutigen und des morgigen Tages, eines Gedankenaustausches, bei dem meines Erachtens häufig sehr viel mehr herauskommt, als wenn langatmige Diskussionen an einen solchen Vortrag geschlossen werden. Insonderheit wird Gelegenheit in den Unterhaltungen gegeben sein bei den Veranstaltungen, welche aus Anlaß unseres Zusammenseins die sächsische Industriemonopole uns darbietet. Es werden ja heute mittag Vorführungen hier in der Ausstellung stattfinden und die Herren werden sich erinnern, daß auch morgen Gelegenheit gegeben ist, dank weitgehenden Entgegenkommens verschiedener Leipziger Firmen uns hier umzusehen und gemeinsame Führungen durch ihre Werke vorzunehmen.

Möge dieses erste Zusammensein — mit diesem Wunsche möchte ich schließen — der beiden Centralverbände den gleichgerichteten Interessen der beiden großen Wirtschaftsgebiete recht förderlich sein. Das ist der Wunsch des Centralverbandes Deutscher Industrieller, mit dem ich den verehrlichen Zentralverband der Industriellen Oesterreichs nochmals namens unseres Centralverbandes auf das Allerherzlichste willkommen heiße. (Lebhaftes, langanhaltendes Bravo.)

Der Herr Präsident des Zentralverbandes der österreichischen Industriellen!

Präsident Sektionschef a. D. Dr. **Brosche**: Meine hochverehrten Herren! Gestatten Sie mir zunächst, für die liebenswürdigen Worte der Begrüßung Ihres hochverehrten Herrn Vorsitzenden meinen wärmsten Dank auszusprechen, den wärmsten Dank des Zentralverbandes der Industriellen Oesterreichs und aller ihm angeschlossenen und befreundeten Körperschaften, welche er vertritt. Ich bin auch beauftragt, die wärmsten Grüße des Bundes der österreichischen Industriellen zu überbringen.

Mit lebhafter Freude haben wir die Gelegenheit einer Zusammenkunft mit dem Centralverband Deutscher Industrieller ergriffen. Sind doch die Beziehungen des Deutschen Reiches und Oesterreichs so enge, ist doch die Bundesfreundschaft, welche die beiden großen Nachbarreiche verbindet, eine so festgefügte und so unerschütterliche, daß schon aus diesem Grunde die österreichische und die deutsche Industrie einander nahestehen. Sind doch wir, die wir Mitglieder großer Organisationen eines und desselben Berufstandes sind, durch unsere Verbände schon seit Jahren in regem schriftlichen Verkehr und in bestem Einvernehmen. Da mußte wohl früher oder später auch das Moment des persönlichen Kontaktes hinzutreten, für den kein besserer Anlaß gefunden werden konnte als ein Besuch der herrlichen Stadt Leipzig und ihrer großartigen Ausstellung.

Jedem unserer Verbände obliegt die konsequente nachdrückliche Wahrung der Interessen seiner vaterländischen Industrie. Wenn auch dieser Zweck unserer Organisationen in mancher Richtung Gegensätze auslöst, so ergibt sich doch auf anderen Gebieten ein Parallelismus von Interessen, der die Grundlage unserer heutigen Tagung bildet. Sie wird, ich zweifle nicht daran, uns wichtige Aufschlüsse und Anregungen bieten.

Indem ich der Hoffnung Raum gebe, daß die Tagung eine baldige Fortsetzung auf österreichischem Boden finden wird, wo Sie stets liebe und willkommene Gäste sein werden (Bravo!), bitte ich den Centralverband und seinen hochverehrten Herrn Präsidenten, noch unseren wärmsten Dank für den uns bereiteten liebenswürdigen Empfang entgegenzunehmen, und insbesondere unseren Dank auch dafür, daß uns Gelegenheit geboten war, der gestrigen so hochinteressanten Delegiertenversammlung und der glänzenden Festsitzung des Centralverbandes als Zuhörer beizuwohnen. (Lebhaftes Bravo!)

Vorsitzender: Ich gebe nun das Wort dem Herrn Direktor im Reichsamt des Innern Müller.

Direktor im Reichsamt des Innern **Müller**-Berlin: Meine hochgeehrten Herren vom Centralverbande Deutscher Industrieller und vom Zentralverbande der Industriellen Oesterreichs! Ich habe die besondere Ehre und Freude, Ihnen den Dank des Herrn Reichskanzlers, den Dank des Herrn Staatssekretärs des Innern, Staatsminister Dr. Delbrück, meines Herrn Chefs, und den Dank des Herrn Staatssekretärs des Auswärtigen Amtes, Exz. v. Jagow, zum Ausdruck zu bringen dafür, daß Sie die Reichsregierung eingeladen haben, an der gemeinsamen Tagung der beiden hervorragenden Verbände teilzunehmen. Welches Interesse die Reichsregierung den gemeinsamen Verhandlungen entgegenbringt, meine Herren, wollen Sie daraus ersehen, daß aus den beiden in erster Linie beteiligten Reichsressorts Vertreter hierher entsandt worden sind.

Meine Herren! Gestatten Sie mir, daß ich auch in meinem Namen und in demjenigen meines Kollegen vom Auswärtigen Amte, des Herrn Geh. Legationsrates v. Stockhammern, den beiden Verbänden unseren persönlichen Dank an dieser Stelle zum Ausdruck bringe, daß es uns vergönnt ist, Ihren heutigen Verhandlungen anzuwohnen.

Man kann die Frage aufwerfen, ob es überhaupt Angelegenheiten gibt, welche geeignet sind, in einer gemeinsamen Tagung industrieller Interessenverbände zweier verschiedener Länder vorgebracht zu werden, ob dafür überhaupt ein Bedürfnis vorliegt und ob deren Erörterung einen praktischen Nutzen verspricht. Meine Herren! Die Frage aufwerfen heißt sie bejahen. Nicht bloß Ihre vorjährige Zusammenkunft, die Sie in München gehabt haben, sondern auch die heutige Tagesordnung beweist, daß in der Tat gemeinsame Fragen vorhanden sind, Fragen bedeutsamer Natur, welche so recht geeignet dazu sind, in einer Aussprache zwischen hervorragenden Vertretern der Industrie der beiden hier vertretenen Staaten zur Erörterung gebracht zu werden. Und wo sollte ein Bedürfnis zu einer solchen Aussprache näher liegen als zwischen Vertretern der Industrie des Deutschen Reiches und derjenigen Oesterreichs, wo nicht bloß die Sprache, wo auch die kulturellen Beziehungen dieselben sind, wo die wissenschaftlichen Erscheinungen, wo die Erfindungen auf technischem Gebiete gegenseitig ausgetauscht und nutzbar gemacht werden und gegenseitig anregen. Eine gemeinsame Erörterung wichtiger, die Industrien beider Länder in gleicher Weise berührender Fragen, wie sie heute von Ihnen veranstaltet ist, muß und wird dazu beitragen, das gegenseitige Verständnis für wirtschaftliche und andere Fragen, die die Industrie der beiden Staatsgebiete bewegen, immer inniger, das gegenseitige Verhältnis immer fester zu gestalten.

Lassen Sie mich, meine Herren, den Willkommengruß des Herrn Reichskanzlers und der Reichsressorts darin zusammenfassen: Wie die erhabenen Monarchen der beiden hier vertretenen großen mitteleuropäischen Staatsgebiete, wie die Regierungen der beiden Länder in engster Freundschaft zusammengewirkt haben in den letzten Jahrzehnten, wie dies ganz besonders in den letzten Monaten zum Ausdruck gekommen ist (Bravo!), so möge auch ein inniges Zusammengehen auf den Gebieten stattfinden, wo sonst im Alltagsleben ein Interessenkampf unvermeidlich ist, ein gegenseitiges Ringen, das nötig ist zum Gedeihen der beiden Industrien. Möge das freundschaftliche Band, das den Centralverband Deutscher Industrieller zur Förderung und Wahrung nationaler Arbeit und den Zentralverband der Industriellen Oesterreichs umschließt, heute fester gebunden werden, möge die gemeinsame Arbeit zum Segen der beiden großen und bedeutsamen Verbände ausschlagen, möge sie ausschlagen zum Segen unseres geliebten deutschen Vaterlandes, nicht minder aber auch zum Segen der österreichisch-ungarischen Monarchie! (Lebhaftes Bravo!)

Vorsitzender: Herr Geh. Regierungsrat Morgenstern!

Geh. Regierungsrat **Morgenstern-Dresden**: Meine sehr geehrten Herren! Im Namen der Königl. Sächs. Staatsregierung habe ich die Ehre, den Centralverband Deutscher Industrieller und den Zentralverband der Industriellen Oesterreichs im Königreich Sachsen von ganzem Herzen willkommen zu heißen. Welche Bedeutung die sächsische Regierung der Industrie, ihrer Tätigkeit und ihrer Stellung im Wirtschaftsleben des Volkes beilegt, das haben Sie gestern aus dem Munde Sr. Majestät des Königs selbst gehört. (Lebhaftes Bravo!) Ich betrachte es als eine besonders glückliche Fügung, daß in diesem Jahre der Erinnerung an die Leipziger Völkerschlacht die Industriellen der beiden Länder sich hier auf dem Boden zu gemeinsamer friedlicher Arbeit vereinigen, auf dem vor hundert Jahren ihre Vorväter in gemeinsamem Kampfe geblutet und gesiegt haben. Deutschland und Oesterreich haben ja, wie mein Herr Vorredner schon ausgeführt hat, eine gemeinschaftliche Entwickelung durch Jahrhunderte hindurch gehabt. Sie sind verbunden durch gemeinsame Sprache, durch ihre gemeinsame Kulturentwickelung und durch vielfache Blutsverwandtschaft. Ganz besonders gilt dies alles auch von unserem sächsischen Volke. Wir grenzen mit unserer Südgrenze an das mächtige, schöne Donaukaiserreich und wir haben von jeher in den freundnachbarlichsten Beziehungen zu ihm gestanden. Ein mächtiger Verkehr flutet herüber und hinüber, getragen von der starken Schiffahrtsstraße der Elbe, von zahlreichen Eisenbahnen und Landstraßen.

So sind, glaube ich, die Voraussetzungen dafür gegeben, daß die Annäherung zwischen den deutschen und österreichischen Industriellen, die in diesen Tagen sich vollzieht, auch gute, praktische Früchte zeitigen wird. Nicht als ob ich mich der Auffassung hingäbe, daß durch derartige Tagungen alle Interessengegensätze, die naturgemäß vorhanden sein müssen, beseitigt werden könnten; wenn man sich aber zunächst denjenigen Angelegenheiten zuwendet, bezüglich deren eine gemeinsame Auffassung der Sachlage hüben und drüben feststeht oder noch festgestellt wird, so wird, des bin ich gewiß, ersprießliche praktische Arbeit geleistet werden können. Möge dies der Fall sein, möge eine reiche Ernte ersprießen aus der Saat, die heute gesät wird. (Lebhaftes Bravo!)

Vorsitzender: Ich gebe nun das Wort Herrn Oberbürgermeister Dr. Dittrich.

Oberbürgermeister Dr. **Dittrich**-Leipzig: Meine sehr geehrten Herren! Es gereicht mir zur lebhaften Freude, im Namen des Rates Ihnen, den Herren Mitgliedern des Centralverbandes, einen herzlichen Willkommengruß zurufen zu dürfen, und ich möchte in Anknüpfung an die liebenswürdigen Worte Ihres geehrten Herrn Vorsitzenden noch besonders betonen, daß es uns eine große Freude war, Ihnen gestern abend diesen Willkommengruß durch die Tat zu beweisen in dem Empfang auf dem Rathause, und mit diesem Willkommengruß an Sie, meine verehrten Herren, freue ich mich auch einen Willkommengruß an die Herren aus Oesterreich noch besonders verbinden zu können. Unsere Bausachausstellung, von der wir hoffen, daß sie für das Bauwesen sowie auch für die damit zusammenhängenden Industrien von förderndem und anregendem Einfluß sein wird, ist in diesem Jahre Veranlassung gewesen, daß eine große Anzahl Vertreter des Handels, der Industrie, des Gewerbes und der Technik bei uns eingekehrt sind, und wir haben zu unserer Freude wahrnehmen dürfen, daß bei den Besuchen dieser Vereinigungen verschiedenfache Anregungen gegeben werden und Förderungen erfolgt sind, und darum dürfen wir uns auch der zuversichtlichen Hoffnung hingeben, daß auch Ihrer Tagung, meine verehrten Herren, der Erfolg nicht fehlen wird, wissen wir doch, von welcher Bedeutung die in dem Centralverband vertretene Industrie für unser gesamtes volkswirtschaftliches Leben ist.

Vor wenigen Tagen konnte ich an dieser Stelle darauf hinweisen, daß unsere alte Handelsstadt Leipzig im Laufe der letzten Jahrzehnte vorgerückt ist in die vorderste Reihe der Industriestädte. Aber sie hat doch die Bedeutung als Handelsplatz nicht verloren, und es genügt wohl, wenn ich darauf hinweise, daß heute unsere großen Mustermessen in ganz Europa nicht bloß, sondern in der ganzen Welt, darf ich wohl sagen, von anerkannter Bedeutung sind, daß wir uns rühmen dürfen, Zentrum des deutschen und österreichischen und schweizerischen Buchhandels zu sein und daß wir Weltplatz sind des Rauchwarenhandels. Aber wir haben auch den Vorzug, daß Leipzig noch Sitz einer beträchtlichen Garnison ist, daß wir eine blühende Universität und viele höhere Lehranstalten besitzen und nicht zum wenigsten, daß Leipzig Sitz des obersten deutschen Gerichtes ist. Diese Eigenschaften der Stadt Leipzig bringen es mit sich, daß die verschiedenen Gruppen unserer Bürgerschaft in gegenseitigem regen Verkehr stehen, und dieser Verkehr hat naturgemäß den Blick für das Allgemeine ganz wesentlich erweitert und zugleich vertieft und geschärft. Und weil dem so ist, so darf ich Ihnen versichern, meine verehrten Herren, daß in unserer Bürgerschaft ein lebhaftes Interesse für alle die Maßnahmen und alle die Erwägungen und all das herrscht, das darauf abzielt, unser wirtschaftliches Leben zu fördern, und deswegen darf ich weiter die Versicherung geben, daß wir Ihre Beratungen mit vollstem Interesse begleiten und daß unser lebhaftester Wunsch dahin geht, daß Ihre Beratungen für unsere gesamte deutsche Volkswirtschaft von Erfolg begleitet sein möchten, daß die Leipziger Tagung für diese Förderung von Bedeutung wird. (Bravo!)

Aber ich möchte auch noch ganz besonders unserer Freude Ausdruck geben, daß wir in diesem Jahre so oft den Vorzug genossen haben, Herren aus Oesterreich begrüßen zu können. Unsere Ausstellung ist ausgezeichnet durch ein österreichisches Haus, in dem der österreichische Staat in hervorragender Weise ausgestellt hat. Wir haben den Vorzug gehabt, die Herren Minister des Handels und der Eisenbahnen in unserer Stadt begrüßen zu dürfen, und ich erinnere mich mit aufrichtiger Freude des zahlreichen Besuches aus Oesterreich bei dem glänzend verlaufenen Deutschen Turnfest, und auch unser Deutscher Feuerwehrtag hat zu unserer großen Freude eine große Anzahl von Berufsgenossen aus Oesterreich zu uns gebracht. Und nun haben wir heute, wie auch schon in voriger Woche, die Freude, eine ganze Anzahl Vertreter der österreichischen Industrie in unserer Stadt zu sehen. Ich möchte Ihnen, meine sehr geehrten Herren, ganz besonders zum Ausdruck bringen, daß wir daraus die zuversichtliche Hoffnung schöpfen, daß die Verbindung zwischen Oesterreich und unserer Stadt eine immer engere und tiefere wird und daß, wie wir politisch — wir haben es ja heute schon wiederholt betonen gehört — Schulter an Schulter stehen, wir auch wirtschaftlich zusammenstehen und uns gegenseitig immer mehr verstehen lernen und gegenseitig immer mehr fördern.

Und endlich, meine verehrten Herren, lassen Sie mich dem Wunsche Ausdruck geben, daß Ihnen allen, den Herren aus Oesterreich wie den Herren des deutschen Centralverbandes, die hier verlebten Stunden eine angenehme Erinnerung sein möchten und daß die Beziehungen, die sich durch diese heutige Tagung zwischen Ihnen und unserer Stadt knüpfen, so fest werden möchten, daß wir hoffen dürfen, daß sie auch für die Zukunft gegenseitig recht rege und lebendige sind. Mit dieser zuversichtlichen Hoffnung nochmals herzlich willkommen! (Lebhaftes Bravo!)

Vorsitzender: Das Wort hat der Präsident der Leipziger Handelskammer, Herr Kommerzienrat Schmidt.

Kommerzienrat **Schmidt-Leipzig:** Daß Sie, meine verehrten Herren vom Centralverband Deutscher Industrieller und vom Zentralverband der Industriellen Oesterreichs, Ihre gemeinsame Tagung nach Leipzig gelegt und dadurch den wirtschaftlichen Kreisen unseres Bezirks Gelegenheit gegeben haben, sowohl mit den Herren Vertretern Ihrer großen Verbände als auch mit den Herren Delegierten der Ihnen angeschlossenen zahlreichen bedeutenden Körperschaften und Vereinigungen als auch mit den Abgesandten der, gerade unserem Bezirk besonders nahestehenden Industriellen Oesterreichs unmittelbaren und persönlichen Verkehr und Gedankenaustausch zu pflegen, gereicht der Handelskammer Leipzig, die ich die Ehre habe, hier zu vertreten, zu großer Freude. Ich möchte diesem Gefühl hierdurch Ausdruck geben, zugleich mit einem verbindlichen Danke für die freundliche Aufforderung zur Teilnahme an Ihrer großartigen Veranstaltung und Ihren interessanten Verhandlungen. Und diesem Danke füge ich gleich noch einige Worte persönlichen Dankes für die freundliche Begrüßung seitens Ihres Herrn Vorsitzenden hinzu.

Unsere Stadt hat in diesem Jahre eine außerordentlich große Anzahl von Kongressen wirtschaftlicher Vereinigungen in ihren Bannkreis zu locken verstanden. Es hat daher den Mitgliedern der Leipziger Handelskammer an wertvollen Anregungen der verschiedensten Art nicht gefehlt. Allein nur wenige Kongresse haben uns so nahe berührt wie die Zusammenkünfte der beiden größten Vertretungen der deutschen Industrie, die gerade jetzt uns die Ehre ihres Besuches geschenkt haben; in der vorigen Woche der Bund der Industriellen, in dieser Woche der Centralverband Deutscher Industrieller mit dem Zentralverbande der Industriellen Oesterreichs.

Man sagt ja gemeinhin: es führen verschiedene Wege nach Rom, d. h. im vorliegenden Falle nach der höchsten erreichbaren Stufe der Entwickelung unserer Volkswirtschaft. Allein von den verschiedenen Wegen, die nach dem gleichen Ziele führen, kann der eine wohl der kürzere und bessere sein; um diesen ausfindig zu machen, kann die Orientierung über die Gebiete, die wir bearbeiten und die noch vor uns liegen, gar nicht weit genug sein, können wir gar nicht tief genug in die Erfahrung und Ueberzeugung führender Persönlichkeiten eindringen. Daß Sie, meine verehrten Herren vom Centralverbande Deutscher Industrieller, neben den zahlreichen bedeutsamen Aufgaben, die Sie sich gestellt haben, vor allem nach einem Zusammenarbeiten der verschiedenen Erwerbskreise und der verschiedenen Nationalitäten, nach einem Ausgleich widerstrebender Interessen trachten, berührt uns von der Handelskammer, die wir von Gesetzes wegen zur Vertretung der gesamten Interessen von Handel und Industrie berufen sind und daher bei den naturgemäß vorhandenen Gegensätzen der Einzelnen vielfach eine mittlere Linie für unsere Handlungen ausfindig machen müssen, besonders sympathisch. Wir wünschen Ihrem Wirken zur Förderung und Wahrung nationaler Arbeit den reichsten Erfolg. Möge Ihre Leipziger Tagung in Gemeinschaft mit den Herren aus

Oesterreich eine glückverheißende Etappe auf Ihrem gemeinsamen Marsche sein! (Lebhaftes Bravo!)

Vorsitzender: Meine Herren! Ich bitte nun die Herren vom Zentralverband der Industriellen Oesterreichs um die Erlaubnis, hier noch einige dem Centralverbande Deutscher Industrieller nahestehende Verbände besonders begrüßen zu dürfen, die wir zu der heutigen Tagung eingeladen und die dieser Einladung Folge geleistet haben. Es sind das der Verein zur Wahrung der Interessen der chemischen Industrie Deutschlands, die Centralstelle für Vorbereitung von Handelsverträgen und die Ständige Ausstellungskommission für die deutsche Industrie. Namens des Centralverbandes Deutscher Industrieller heiße ich die Herren Vertreter dieser mit uns freundschaftlich verbundenen Verbände herzlich willkommen.

Herr Regierungsrat Schweighoffer, Geschäftsführer des Centralverbandes Deutscher Industrieller, ist von Herrn Geheimrat v. Böttinger als Vertreter der beiden zuerst von mir genannten Vereinigungen gebeten worden, in seinem Namen hier eine Erklärung zu verlesen. Herr Geheimrat v. Böttinger ist durch eine Sitzung der Handelskammer zu Elberfeld, der er nicht fernbleiben konnte, verhindert, hier zu erscheinen.

Regierungsrat a. D. Dr. **Schweighoffer** liest:

Hochgeehrte Herren!

Gestatten Sie mir, Sie namens der mit Ihnen in einer Interessengemeinschaft zusammenarbeitenden Vereine — des Vereins zur Wahrung der Interessen der chemischen Industrie Deutschlands und der Centralstelle für Vorbereitung von Handelsverträgen — zu begrüßen und damit deren Wünsche zu überbringen für ein ersprießliches Ergebnis Ihrer Beratungen.

Mögen dieselben zum Wohle unseres gesamten Wirtschaftslebens beitragen und damit auch zum Segen unseres ganzen Volkes und zum weiteren Blühen Deutschlands auf allen Gebieten der forschenden und der angewandten Arbeit.

Vorsitzender: Meine Herren! Die Huldigungen, welche wir im Anschlusse an unsere Tagung den Herrschern der Reiche und Staaten, aus denen wir hier zusammengeführt worden sind, darbringen wollen, diese Huldigungen werden wir nachher beim festlichen Mahle kundzutun Gelegenheit haben. Ich darf aber annehmen, daß die Herren alle einverstanden sind, daß wir den Huldigungsgruß, den wir heute nachmittag den erhabenen Herrschern, dem Kaiser von Oesterreich, dem

Deutschen Kaiser und dem König von Sachsen darbringen werden, schon jetzt in der Form von gleichlautenden Depeschen hinausgehen lassen. (Bravo!) (Der Wortlaut der Depeschen und der darauf eingegangenen Antworten findet sich auf Seite 103.)

Meine Herren! Wir kommen nun zur Erledigung unserer Tagesordnung. Ich bitte Herrn Regierungsrat Schweighoffer, das Wort zu seinem Vortrage zu nehmen.

Das Unternehmertum und seine volkswirtschaftliche Bedeutung in der Gegenwart.

Vortrag des Geschäftsführers des Centralverbandes Deutscher Industrieller, Regierungsrat a. D. Dr. Schweighoffer-Berlin.

Meine sehr geehrten Herren! Kein Abschnitt der Jahrtausende alten Weltgeschichte hat innerhalb einer solchen kurzen Spanne Zeit im Wirtschaftsleben der Völker einen so gewaltigen, alles umwälzenden Umschwung gesehen, wie die Zeitepoche seit dem Beginn des 19. Jahrhunderts.

Noch gegen Ende des 18. Jahrhunderts floß das ganze gewerbliche Leben, erstarrt in dem altüberkommenen Zunftzwange, gleichmäßig und ruhig dahin. Von einigen Hausindustrien abgesehen, sind die gewerblichen Unternehmungen jener Zeit fast ausschließlich Handwerksunternehmungen, und ein Gegensatz zwischen Kapital und Arbeit in sozialem Sinne ist nicht vorhanden. Wo man hinblickt, zeigt sich das geruhsame Bild wirtschaftlicher Selbstgenügsamkeit, der Stadtwirtschaft. Dieses, aus ältester Zeit organisch erwachsene Wirtschaftssystem erfuhr durch das fast gleichzeitige Zusammentreffen der verschiedensten Momente in den ersten Jahrzehnten des verflossenen Jahrhunderts eine von Grund aus sich vollziehende Umwandlung.

Eine neue Gesellschafts- und Wirtschaftsordnung erstand, in welcher der Großbetrieb, der Großverkehr die Herrschaft übernahmen und in welcher die Industrie zur Grundlage des gesamten Wirtschaftslebens sich entwickelte.

An dieser wirtschaftlichen Entwickelung hat unser deutsches Vaterland erst verhältnismäßig spät teilgenommen und es hat erst der durch Blut und Eisen gewonnenen nationalen Einheit bedurft, bis das Deutsche Reich den erfolgreichen Wettbewerb mit den älteren und mächtigeren Kulturvölkern hat aufnehmen und bis das deutsche Unternehmertum sich diejenige Stellung im Weltverkehre hat erringen können, die es gegenwärtig einnimmt. Dieser Prozeß hat sich nur vollziehen können unter schwerem Ringen und Kämpfen und auch heute noch bildet die Charakteristik des Unternehmertums im Kampfe der Meinungen eine ständig wiederkehrende Streitfrage. Es haben sich Theorie und Wissenschaft, Männer der Praxis und der Arbeit an der Lösung dieser Streitfrage beteiligt, und ich darf in dieser Hinsicht wohl auf die außerordentlich bemerkenswerten Untersuchungen hinweisen, die letzthin der Schweizer Nationalrat Dr. Eduard Sulzer-Ziegler, Professor Richard Ehrenberg-Rostock und vor allem Prof. Dr. Wiedenfeld-Cöln vorgenommen haben, und in denen das Unternehmertum als „die eigentliche Nährzelle", als „die verkörperte Willenskraft der Volkswirtschaft" dargestellt wird.

In schroffem Gegensatze zu dieser Charakteristik steht die Begriffsbestimmung, die dem Unternehmertum von den Sozialisten und den Vertretern sozialistischer Lehren gegeben wird. Nach ihnen wird das Denken und Trachten, das gesamte Handeln des Unternehmertums lediglich durch eine Eigenschaft diktiert: durch schnöde Profitwut und unersättliche Gewinnsucht, und als sein hervorstechendster Zug wird die Ausbeutung des Menschen durch den Menschen, der Raubbau in der Gütererzeugung bezeichnet. Diese kabbalistischen Redensarten sind bezeichnend für die sozialistische Denkart. (Sehr richtig!) Sie stehen zunächst in offensichtlichem Widerspruch mit der einfachen Logik, daß ebenso, wie der seine Arbeitskraft zur Verfügung stellende Lohnarbeiter eine Arbeitslohnrente verlangt, auch der Unternehmer den gleichen Anspruch auf eine Unternehmergewinnrente hat, und Dr. Sulzer-Ziegler weist ihnen gegenüber in einem seiner Werke treffend darauf hin, daß, wenn der Unternehmer, wie jeder andere arbeitende Mensch sich einen Verdienst verschaffen wolle, seine Arbeit doch stets eine „qualifizierte", „höher zu bewertende" sei, zu der bei weitem nicht ein jeder fähig und geeignet ist.

Diese Wahrheit scheint in der letzten Zeit auch bei sonst in sozialistischen Irrlehren stark befangenen Persönlichkeiten etwas mehr gewürdigt worden zu sein, denn ein höherer Staatsbeamter, der sich bei der Vertretung des Leuchtöl-Monopolgesetzes einen gewissen Namen gemacht hat, bequemte sich in seinem Buche „Ueber den Organisationszwang" zu dem Anerkenntnis: „Geld zu verdienen und Gewinn zu machen ist nicht unerlaubt, ja gewissermaßen die Grundlage unserer Wirtschaftsordnung." (Heiterkeit.)

Für diese aus der Tiefe seiner volkswirtschaftlichen Kenntnisse gewonnene Weisheit (Heiterkeit) wird das Unternehmertum dem betreffenden Herrn sicher Dank wissen. Wenn derselbe aber diesen

Ausführungen die weitere Bemerkung anschließt: „Handlungen, die ausschließlich Rentabilitätserwägungen entspringen, sucht man mit sozialen, idealistischen, nationalen Empfindungen zu überziehen", so sind ihm anscheinend die Werke eines Großen im Reiche des Geistes, Heinrich von Treitschke, nicht bekannt geworden, der in seiner vor kurzem wieder herausgegebenen Schrift: „Der Sozialismus und seine Gönner" sich mit einer erfrischenden Offenheit und tiefen Entrüstung gegen eine solche Beurteilung unserer sozialen Ordnung durch „pessimistisch gesinnte Gelehrte" wendet und alle derartigen Anklagen „als bequeme Flankendeckung für die Bestrebungen der Sozialisten" bezeichnet.

Treitschke kommt in seinen Betrachtungen über den Wert der Arbeit und die Verteilung der Früchte der Arbeit zu dem Schlusse: „Die schwere Arbeitslast der Gegenwart entspringt nicht der Habgier der Unternehmer, sondern den gesteigerten Bedürfnissen der Gesellschaft. Nachhaltiger Ernst der Arbeit bleibt die erste wirtschaftliche Tugend der Völker; der gewöhnliche Mensch leistet aber nichts Rechtes, wenn er nicht seine beste Kraft an seinen Beruf setzt."

Von einer solchen Ueberzeugung haben sich alle diejenigen Führer des deutschen Unternehmertums leiten lassen, die unser Vaterland zu seiner jetzigen Größe und Machtstellung gebracht haben und auf die stolz zu sein die deutsche Industrie in der Tat ein Recht hat. Werner von Siemens, der Gründer der deutschen Elektrotechnik, gab dieser Empfindung mit den Worten Ausdruck: „Ich will schaffen und nützen, solange ich kann, ich sehne mich nicht nach den persönlichen Annehmlichkeiten, nach den Genüssen des Reichtums. Ich würde körperlich und geistig zugrunde gehen, wenn ich keine nützliche Tätigkeit, an der ich Anregung und dadurch Beruhigung finde, mehr entfalten könnte." (Hört!)

Ein solches Wort wird immer wieder klingen, wo deutsche Unternehmer am Werke sind, und vielleicht wird hiermit das tiefste Geheimnis ausgedrückt, das die rastlose Tätigkeit unseres Unternehmertums unserem Verständnis näher bringt. Gerade hierin liegt wohl auch eins der wesentlichsten Merkmale, welches das deutsche Unternehmertum von dem Unternehmertyp anderer Länder, wie z. B. der Vereinigten Staaten von Amerika unterscheidet, ein Moment, das Professor Wiedenfeld in seiner vortrefflichen Abhandlung „Das Persönliche im modernen Unternehmertum" mit dem Ausspruche kennzeichnet: „Selbstbeschränkung gegenüber allem einzelnen, richtige Auswahl der Mitarbeiter, straffe Zusammenfassung des Ganzen, ist heute die Aufgabe des großen Unternehmers, d. h. nicht Fertigkeiten, sondern Charaktereigenschaften werden verlangt, die Persönlichkeit ist das Entscheidende geworden." (Sehr richtig!)

Die Wahrheit dieses Satzes hat wohl selten eine so glänzende Bestätigung gefunden wie im letztverflossenen und laufenden Jahre, in welchem eine große Zahl von industriellen Unternehmungen auf ein 100-, 75- oder 50 jähriges Bestehen hat zurückblicken können. In nimmer müder Schaffenskraft, unter Entbehrungen und Enttäuschungen aller Art, aber mit großem Mute und genialem Weitblicke hat Alfred Krupp den glänzenden Bau seines Werkes aufgetürmt. In ähnlicher Weise hat der Begründer der A. Borsigschen Maschinenfabrik sein anfangs kleines Werk durch rastlose Arbeit zu immer größerer Blüte entwickelt, und für viele andere Betriebe, die, wie die Sächsische Maschinenfabrik in Chemnitz, die Schiffswerft F. Schichau in Elbing, die Maschinenfabrik Wolf in Magdeburg, die Firma Wilh. Vogel in Chemnitz usw. die Jubelfeier eines langjährigen Bestehens feiern konnten, ist in der gleichen Weise die ganze, unermüdliche Hingabe einer Persönlichkeit an die Sache die Grundbedingung des Erfolges gewesen. Es hat sich hier so recht gezeigt, daß, wenn auch in der kapitalistischen Produktionsform und der gesellschaftsmäßigen Organisation der Betriebe besondere Entwickelungsmöglichkeiten gegeben sind, der Boden, auf dem das einzelne Werk zu seiner überragenden Bedeutung sich entwickeln konnte, doch einzig und allein die persönliche Tatkraft, die wagende Intelligenz des einzelnen Unternehmers gewesen ist. (Bravo!)

Unter der Führung dieser Unternehmerpersönlichkeiten hat sich denn auch in immer intensiverem Maße der Uebergang Deutschlands von einem Agrar- zu einem Industriestaat vollzogen.

Gewaltig sind die Bevölkerungsverschiebungen, welche in dieser Hinsicht in den letzten Jahrzehnten in Deutschland stattgefunden haben und welche auch gegenwärtig noch andauern. Nach der Berufszählung für das Deutsche Reich waren im Jahre 1882 in der Land- und Forstwirtschaft 8 236 496 Menschen, im Bergbau, Hüttenwesen und der Industrie 6 396 465 erwerbstätig. Bereits im Jahre 1907 hatte sich dieses Verhältnis indessen schon so verschoben, daß in der Landwirtschaft nur noch 9 883 257, in der Industrie hingegen etwa $11^1/_4$ Millionen sich betätigten, so daß, während sich die Zahl der Erwerbstätigen in der Landwirtschaft innerhalb dieser Zeit um ein geringes, 1,65 Millionen, vermehrte, die in der Industrie, im Bergbau usw. tätige Bevölkerung um 4,86 Millionen angewachsen war. Der prozentuale Bevölkerungsanteil der landwirtschaftlich Tätigen betrug somit im Jahre 1907 nur noch 28,5 gegen 42,5 v. H. im Jahre 1882, der Anteil der gewerblich Tätigen dagegen im Jahre 1907 42,5 gegen 35,1 v. H. im Jahre 1882. Berücksichtigt man ferner, daß in dem seit dem Jahre 1907 verflossenen Zeitabschnitt der Abwanderungsprozeß der bisher der Landwirtschaft angehörigen Bevölkerung in die Großstädte und Industriezentren ununterbrochen fortgeschritten ist, so wird man annehmen können, daß zurzeit mindestens $^3/_4$ der erwerbstätigen Gesamtbevölkerung des Deutschen Reiches im Gewerbe, Handel und Industrie beschäftigt sind und nur etwa $^1/_4$ der Landwirtschaft noch angehört.

Diesen Millionen Menschen, deren Zahl bei einer durchschnittlichen jährlichen Bevölkerungszunahme des Deutschen Reiches von rund 800 000 Menschen in andauerndem Steigen begriffen ist, Arbeitsgelegenheit und Unterhalt zu schaffen, ist die Aufgabe des deutschen Unternehmertums, dessen Tatkraft und Initiative es allein zu danken ist, daß, während früher jährlich Hunderttausende auswandern mußten, um sich jenseits des Meeres ihr Brot zu suchen, für alle diese Hunderttausende nunmehr im deutschen Vaterlande Arbeit und Verdienst gegeben ist.

Welche gewaltige Entwickelung die deutsche Volkswirtschaft im Laufe weniger Jahrzehnte genommen hat, geht zur Genüge daraus hervor, daß, während im Jahre 1880 der Wert des gesamten deutschen Außenhandels nur 5,82 Milliarden Mark betrug, dieser Wert im Jahre 1912 auf rund 20 Milliarden Mark gestiegen ist, und daß sich hierbei der Wert der Ausfuhrerzeugnisse im Jahre 1912 allein auf 8,9 Milliarden Mark gegenüber 2,9 Milliarden Mark im Jahre 1880 stellte. (Hört!)

Solche Zahlen verdienen wohl Beachtung und zwar um so mehr, je größer sich im Laufe der Jahre die Schwierigkeiten gestaltet haben, die sich der fortschreitenden Ausdehnung der industriellen Produktion entgegenstellten, nicht nur durch den ausländischen Wettbewerb auf dem Weltmarkte, sondern vor allem auch durch das ständige Anwachsen der Selbstkosten der Unternehmer infolge der sozialen Abgaben und der andauernden Lohnerhöhungen. (Zustimmung.)

Aus den Nachweisen der gewerblichen Berufsgenossenschaften seit dem Jahre 1885 ergibt sich, daß die an die Arbeiter zur Auszahlung gebrachten Lohnsummen in fast gleichmäßiger Folge von Jahrzehnt zu Jahrzehnt sich durchweg verdoppelt haben, und daß, während sie im Jahre 1885 bei rund 3 Millionen versicherten Arbeitern 476 Millionen Mark betrugen, sie sich im Jahre 1911 bei rund 10 Millionen Versicherten auf fast 10 Milliarden Mark beliefen.

Der Tagesverdienst der Arbeiterschaft — um einige wenige Zahlen herauszugreifen — ist in der Großeisenindustrie vom Jahre 1876 bis zum Jahre 1906 um 47 v. H., derjenige der Schlosser in der Maschinenindustrie von 1883 bis 1903 um 50 v. H. gestiegen, und der durchschnittliche Lohn der oberschlesischen Bergarbeiter hat sich im Laufe der letzten 25 Jahre um nicht weniger als 110 v. H. gebessert.

Das allgemeine Lohnniveau der Arbeiterschaft hat sich nach den Berechnungen eines früheren Mitgliedes der sozialdemokratischen Partei, Calwer, in den Jahren 1895 bis 1906 um 37—38 v. H. gehoben, d. h. um 12—13 v. H. stärker als das Niveau der Warenpreise, so daß die Arbeiter imstande waren, den Konsum durchschnittlich um 1 v. H. im Jahre zu vermehren und zu verbessern.

Aus dieser *steigenden Konsumkraft der arbeitenden Klassen* erklärt es sich denn auch in der Hauptsache, daß der Konsum von Brotgetreide, Weizen und Roggen, sich vom Jahre 1878 bis zum Jahre 1910 von 199,4 kg auf 245,3 kg und der Fleischkonsum von 25 kg auf 53,7 kg auf den Kopf der Bevölkerung erhöht hat (hört, hört!), eine Steigerung, die sich in ähnlicher Weise auch hinsichtlich des Bierverbrauchs, des Verbrauchs von Zucker, Tabak usw. gezeigt hat. Durch diese Tatsachen wird wohl die Lehre der Sozialisten und sozialistischen Agitatoren, daß sich durch die Tätigkeit des Unternehmertums das Kapital in immer wenigeren Händen anhäufe und gleichzeitig die Masse der Besitzlosen immer mehr vergrößere, auf das schlagendste widerlegt, und wenn eine solche Ansicht auch in der öffentlichen Meinung bisweilen noch vorherrschend ist, so ist das nur ein bedauerliches Zeichen dafür, daß sich diese öffentliche Meinung nicht immer in wirtschaftlichem Denken, sondern sehr oft nur in allgemeinen Schlagworten erschöpft (vielfache Zustimmung), die für das geistige Leben unserer Zeit vielfach so bezeichnend geworden sind. (Sehr richtig!) Wenn des öfteren die Behauptung aufgestellt wird, daß die besitzenden Klassen, zu denen man ja das Unternehmertum in erster Linie rechnet, in früheren Zeiten häufiger durch ihre Gleichgültigkeit gegen das Los der Arbeiter gefehlt haben, so stehen wir gegenwärtig ohne Zweifel im Begriff, uns durch die Angst vor den Massen noch weit schwerer zu versündigen. (Lebhafter Beifall.) Aus dieser Furchtsamkeit vor den Massen entspringt nicht zum mindesten die Hauptschuld an jener Verwirrung aller wissenschaftlichen und sittlichen Begriffe, die heutzutage auf dem Gebiete der Volkswirtschaft so befremdend wirkt und die für die Lehren des Sozialismus so weidlich ausgebeutet wird. (Sehr richtig!)

Zu solchen Lehren gehört z. B. auch der sozialistische Lehrsatz, *daß nur die Arbeit allein Werte erzeuge.* Dieser Lehrsatz ist schon vor vielen Jahren in den vortrefflichen Schriften von Heinrich *von Sybel* widerlegt worden, der in seinem Aufsatze: „Lehren des heutigen Sozialismus und Kommunismus" überzeugend nachweist, daß nicht die Arbeit schlechthin Werte schaffe, sondern allein die den Zwecken der Gesellschaft entsprechende Arbeit, und daß der Unternehmer es sei, der die Arbeitskräfte für die Zwecke der Gesellschaft wirken lasse; „er sei die bewegende Kraft, die Seele der Arbeitsgemeinschaft und die Sprache nenne ihn mit sicherem Instinkte den Arbeitgeber, obgleich er Arbeit zu nehmen scheine".

Es ist eine völlige Verkennung der volkswirtschaftlichen Zusammenhänge, wenn einst ein bekannter Berliner Nationalökonom den Ausspruch tat, die Intelligenz der Arbeiter sei schon soweit gediehen, daß ein großer Teil der Unternehmer durch sie überflüssig geworden sei. (Heiterkeit.) Es ist das dieselbe Irrlehre, die Karl Marx vertrat, wenn er behauptete, daß in der Großindustrie die Persönlichkeit des Unternehmers immer mehr verschwinde und das große Kapital durch seine eigene Wucht wirke.

Gerade in Zeiten wirtschaftlichen Niederganges hat es sich gezeigt, daß es nur der Tatkraft und dem ausharrenden Mut des Unternehmers zuzuschreiben gewesen ist, wenn so manches Werk die Not der Krisis glücklich überstanden hat, während andere Werke trotz der in ihnen investierten großen Kapitalien dem Untergange geweiht waren, weil ihnen die Persönlichkeit des Unternehmers, die monarchische Leitung fehlte. (Sehr richtig!)

Dieser Wert der monarchischen Leitung hat in der neuesten Zeit auch bei einzelnen derjenigen Nationalökonomen, die bisher dem kapitalistischen Unternehmertum nicht gerade sehr wohlwollend gegenüberstanden, eine etwas objektivere Beurteilung gefunden und es ist bemerkenswert, daß selbst Professor W. Sombart in seinem Werke „Der kapitalistische Unternehmer", wenn auch nicht ausdrücklich, so doch stillschweigend anerkennen muß, daß die demokratische Arbeitsverfassung, die jeden Arbeiter zum Mitsprechen in Betriebsangelegenheiten ermächtigt, für die ganze weitere Entwickelung unserer Volkswirtschaft ein Unsegen sein würde.

Diese Lehre von der „demokratischen Arbeitsverfassung", von dem „konstitutionellen Fabriksystem" usw., die letzten Endes doch unzweifelhaft zum reinen Kommunismus, zur endgültigen Aufteilung aller Güter führen würde, kann in der Tat nur vertreten werden von solchen Leuten, die noch niemals aus der Theorie den Weg zur Praxis haben finden können. (Sehr richtig!) Denn so lange der Arbeiter die Gefahr der Verwertung des Arbeitsproduktes allein dem Unternehmer überläßt, so lange der Unternehmer nicht die Möglichkeit hat, mit Sicherheit auf ein dauerndes Verbleiben der an die Freizügigkeit gewohnten

Arbeitermassen zu rechnen, so lange verbietet sich die praktische Durchführung jener Lehre eigentlich ganz von selbst. (Sehr richtig!)

Mit überaus treffenden Worten hat auch hier wieder Heinrich von Treitschke diese sozialistischen Irrlehren in dem Ausspruche gekennzeichnet: „Der feste Arbeitslohn ist als Regel unentbehrlich für eine Gesellschaft, welche nach dem Grundsatze der Arbeitsteilung schafft und eine Welt überlieferter Kulturgüter zu bewahren hat vor frechen Begierden. Bis zu welchem Wahnwitz die Begehrlichkeit sich versteigen kann, das zeigt die rohe Forderung, es solle jeder nicht nach seinen Leistungen, sondern nach seiner Anstrengung belohnt werden!"

Auf dieser Voraussetzung der Belohnung nicht nach der Leistung, sondern nach der „Anstrengung" beruhen im wesentlichen die Argumente derjenigen, deren programmatische Forderungen auf eine immer weitere Verkürzung der Arbeitszeit, auf die gesetzliche Einführung eines Mindestlohnsatzes sowie auf eine ständige Ausdehnung der Arbeiterschutzvorschriften hinausgehen. Ich hatte bereits gestern Gelegenheit, an einzelnen Beispielen nachzuweisen, zu welchen schwerwiegenden Folgen die Erfüllung der auf diesem Gebiete gerade in jüngster Zeit von neuem erhobenen Ansprüche für die gesamte deutsche Industrie führen müßte, möchte aber auch heute hier noch einmal auf das durchaus Unzutreffende und Irrige hinweisen, das in der Ansicht liegt, als ob von seiten des Staates durch Akte der positiven Gesetzgebung, die eine anderweitige Regelung der nationalen Gütererzeugung zum Gegenstande haben, wesentliches zur Verbesserung der Lage der arbeitenden Klassen geschehen könne.

Die materielle Lage unserer deutschen Arbeiterschaft ist in allererster Linie und unbedingt abhängig von unseren gesamten wirtschaftlichen Verhältnissen (sehr richtig!) und es ist durchaus fehlsam, anzunehmen, daß, falls auf der einen Seite die Arbeitsproduktion in ihrer Gesamtsumme durch gesetzgeberische Maßnahmen, insbesondere durch Beschränkung der Arbeitszeit über das zulässige Maß hinaus oder andere dementsprechende Vorschriften herabgedrückt wird, auf der anderen Seite durch gleiche Maßnahmen die Lebenshaltung des Arbeiters, unabhängig von der Entwickelung der Dinge, gebessert und geändert werden könnte. Nur mit der steigenden Kultur, mit der fortschreitenden Leistungsfähigkeit des Menschen ist dieses Ziel zu erreichen, und das deutsche Unternehmertum hat wohl im Laufe der letzten Jahrzehnte vollauf den Beweis dafür erbracht, daß es in dieser Hinsicht seiner volkswirtschaftlichen Aufgabe gerecht geworden ist und daß es für die materielle und kulturelle Hebung der Arbeiterschaft Sorge zu tragen verstanden hat, nicht nur innerhalb des Rahmens der gesetzlichen Leistungen, sondern vor allem auch durch freiwillige Leistungen, mit denen es weit über das gesetzliche Maß hinausgegangen ist und vielfach unserer Gesetzgebung überhaupt den Weg gewiesen hat. (Richtig!)

Ich darf in letzterer Beziehung wohl kurz daran erinnern, daß bereits anfangs der 70er Jahre es einer der größten deutschen Unternehmer, der Freiherr von Stumm-Halberg gewesen ist, der im Deutschen Reichstage den Erlaß von Arbeiterschutzvorschriften und besonders das Verbot der Feiertags- und Nachtarbeit von Frauen forderte, und daß schon viele Jahre vorher, bevor im Jahre 1901 in der Arbeiterschutzgesetzgebung der gesetzliche Zwang eingeführt wurde, zahlreiche Unternehmer, insbesondere in der chemischen, der Sprengstoff-, der Nadelindustrie, sowie im Bergbaubetriebe aus freien Stücken kostspielige Betriebsvorkehrungen zum Schutze der Gesundheit ihrer Arbeiter getroffen hatten.

In gleicher Weise haben die Unternehmer schon in den 70er Jahren auf die Einführung obligatorischer Altersversorgungs- und Invalidenkassen hingewirkt und der damals als die alleinige Zentralorganisation der deutschen Industrie bestehende Centralverband Deutscher Industrieller hat bereits auf seiner Delegiertenversammlung am 22. September 1879 energisch eine baldige Betätigung des Reiches auf diesem Gebiete verlangt, damit die „Kranken- und Unfallversicherung der Arbeiter als Maßregel zur Besserung ihrer Lage schleunigst in Wirksamkeit treten möchte".

So ist es also das Unternehmertum gewesen, das nicht aus Nützlichkeitsgründen, sondern aus ethischer und moralischer Ueberzeugung den Anstoß zu der staatlichen Arbeiterfürsorge- und Arbeiterversicherungsgesetzgebung gegeben hat, und es ist wohl bezeichnend, daß die Unternehmer bei der Durchführung dieser gesetzlichen Maßnahmen in den 80er Jahren in hartem Kampfe gestanden haben mit denjenigen politischen Parteien, die gegenwärtig nicht mehr Maß zu halten wissen in dem Bestreben, die Segnungen des Staatssozialismus immer weiteren Kreisen der Bevölkerung zwangsweise zuzuwenden. (Zustimmung.)

Welchen gewaltigen Umfang die Lasten erreicht haben, die dem deutschen Unternehmertum aus der Arbeiterversicherungsgesetzgebung bisher erwachsen sind und täglich noch erwachsen und die es, sei es als direkte Abgabe, sei es mittelbar in der Form von Lohnerhöhungen zu tragen hat, das geht zur Genüge daraus hervor, daß die gegenwärtigen Kosten dieses Zweiges der sozialen Versicherung auf täglich etwa 3 Millionen Mark sich belaufen und daß seit Bestehen der Arbeiterversicherungsgesetzgebung bis zum Jahre 1911 den Arbeitern über 9 Milliarden Mark, und zwar aus der Krankenversicherung rund 4749 Millionen, aus der Invalidenversicherung mehr als 2272½ Millionen und aus der Unfallversicherung über 2139½ Millionen ausgezahlt worden sind, Zuwendungen, die nahezu doppelt so hoch sind als die Beiträge, die die versicherten Arbeiter selbst aufzubringen hatten. (Hört!)

Diese Zahlen reden eine deutliche Sprache und legen Zeugnis davon ab, daß das Unternehmertum in dem volkswirtschaftlichen Organismus unserer Nation nicht nur einen wirtschaftlichen Faktor, sondern auch eine soziale Kraft darstellt, durch deren Schwächung die weitesten Volksschichten schwer in Mitleidenschaft gezogen werden würden. (Bravo!)

Es ist eine Binsenwahrheit, daß bei einer immer stärkeren und schwereren Belastung eines jedweden Dinges den Ausschlag nur der allerletzte Zuwachs zu geben pflegt, der gegen alles übrige als ein verschwindend kleiner angesehen werden mag und den vor vielen Jahren ein Berliner Volkswirtschaftler einmal mit treffender Bezeichnung „das unendliche Kleine im volkswirtschaftlichen Leben" genannt hat. Aber diese Wahrheit kann heutzutage nicht oft und nachdrücklich genug wiederholt werden, wenn man sieht, in welcher rücksichtslosen Art der Industrie und dem gewerblichen Unternehmertum immer wieder neue Steuerbürden auferlegt werden und wie ohne jede Prüfung der sich daraus ergebenden Konsequenzen die politischen Parteien des Reichstages sich in immer neuen Beschlüssen über kostspielige sozialpolitische Neuerungen ergehen.

Es ist in dieser Hinsicht charakteristisch, daß, als bei der Eröffnung des neuen Reichstages im vorigen Jahre nicht weniger als 175 sozialpolitische Initiativanträge eingebracht wurden, dieses von dem Vertreter einer bürgerlichen Partei mit der Gewohnheit einzelner Fraktionen, ihre sozialpolitischen Programme in Initiativanträgen „aufzulösen", begründet wurde. „Einem derartigen Vorgehen einzelner Parteien — so sagte jener Fraktionsredner wörtlich — müssen sich naturgemäß die übrigen Fraktionen anschließen (hört, hört!), sonst kommen sie bei der Wählerschaft ins Hintertreffen. (Lebhafte Heiterkeit.) Auf diese Weise kommen wir zu der großen Zahl sozialpolitischer Initiativanträge." Eine solche Aeußerung, in der mit erfrischender Deutlichkeit einmal ausgesprochen worden ist, daß für die Einbringung der meisten sozialpolitischen Anträge nicht sachliche Ueberzeugung und guter Glauben maßgebend sind, sondern lediglich die Sucht einzelner Parteien, auf die Masse der Wähler Eindruck zu machen oder, wie der Abgeordnete Graf Posadowsky sich einmal im Reichstage ausdrückte, „die Wähler sozusagen zu massieren" (Heiterkeit), wirft in der Tat ein grelles Licht auf die Anschauungen, die in manchen bürgerlichen Kreisen in bezug auf unser ganzes heutiges Wirtschaftsleben und in bezug auf unser deutsches Unternehmertum bestehen. (Sehr richtig!)

Diese Anschauungen und die unternehmerfeindliche Haltung der Mehrzahl der politischen Parteien des Reichstages mögen allerdings zu einem wesentlichen Teile ihren Grund darin haben, daß das Unternehmertum über seiner wirtschaftlichen Betätigung es lange Zeit hindurch versäumt hat, selbst rechtzeitig auf die Wahrung seines politischen Einflusses bei den breiteren Volksschichten Bedacht zu nehmen (sehr richtig!), so daß diese Teilnahmslosigkeit industrieller Kreise an der Wahrnehmung ihrer Interessen nicht ohne Einfluß auf die parlamentarische Konstellation bleiben konnte. Sehr treffend hat dieses das frühere Mitglied des Centralverbandes Deutscher Industrieller, Dr. Alexander Tille, in seinem großen Werke: „Die Berufsstandspolitik des Gewerbe- und Handelsstandes" in die mahnenden Worte gekleidet: „Es ist nicht genug, daß ein großer Berufsstand in der Wirklichkeit das Größte leistet, was für ein Volk getan werden kann, er muß es auch, wenn böser Wille und Unwissenheit in den „wissenschaftlichen" Kreisen seiner Zeit sich dagegen stemmen, in der Theorie zur Anerkennung zu bringen wissen .... Die ganze Welt des Denkens und Fühlens, des Sorgens und Strebens, welche im deutschen Unternehmertum lebt, hat bis heute noch nicht ihren Wortausdruck gefunden .... Erst der wissenschaftliche Ausdruck seiner innersten Anschauung und Begriffswelt kann ihm selbst Befreiung und der Bedeutung seines Wirkens die wissenschaftliche und politische Anerkennung bringen."

Daß diese Anerkennung, die dem deutschen Unternehmertum im gesamten Auslande rückhaltlos gezollt wird, sich im eigenen Vaterlande nicht durchzusetzen vermag, ist ein bedauernswertes Zeichen der Zeit. Ein jeder Vergleich der einzelnen Zeitepochen in der Werdezeit des Deutschen Reiches zeigt mit aller Deutlichkeit, wie die wirtschaftlichen Kräfte unserer Nation sich zu immer größerer Leistung entwickelt haben, wie dank der Schaffenskraft und den Fähigkeiten des Unternehmertums das gesamte Volkseinkommen und das Volksvermögen eine gewaltige Höhe erreicht haben und wie die Lebenshaltung aller Volksschichten eine von Jahr zu Jahr gesteigerte Besserung und Erhöhung erfahren hat: und dennoch werden mit der größten Voreingenommenheit, wie ich bereits eingangs ausführte, von manchen Lehrern der Volkswirtschaft und von den Vertretern sozialistischer Lehren Urteile über das industrielle Unternehmertum gefällt, die nur dazu beitragen können, die Gegensätze zwischen Unternehmerschaft und Arbeiterschaft immer mehr zu verschärfen und vor allem die Achtung zu zerstören, auf welche im Hinblick auf seine Bedeutung für das Nationalwohl das Unternehmertum einen berechtigten Anspruch hat. (Richtig!)

Es wurde einmal vom Altreichskanzler Fürsten Bismarck bei einer sozialpolitischen Debatte im Reichstage das Wort gebraucht: „Um geistreich zu erscheinen, braucht man nur vor nichts mehr Respekt zu haben, dann findet sich das andere sehr leicht.“ (Sehr richtig! Heiterkeit.) Diesen Respekt vor dem, was aus der deutschen Nation und ihren wirtschaftlichen Einrichtungen werden soll, wenn das Unternehmertum eines Tages den heftigen Angriffen seiner Gegner unterliegen würde, den vermißt man in der Tat gegenwärtig in vielen Kreisen und vor allem bei denjenigen, die es sich in sog. „wissenschaftlichen“ Begründungen angelegen sein lassen, im deutschen Volke in jeder Weise das zu zerstören, was die Nation stark und groß gemacht hat: Das Ehrgefühl der Arbeit. (Lebh. Bravo!) In solchen Zeiten dürfte es Pflicht und Aufgabe aller sein, die als Vertreter des Unternehmertums gewillt sind, das Erbe ihrer arbeitsfrohen Väter treu zu bewahren, sich von neuem zu bekennen zu dem Wahlspruche eines der größten der deutschen Unternehmer und wohl des Unternehmertums überhaupt, zu dem Wahlspruche Alfred Krupps, der im Jahre 1873 nach schwerer Zeit der Not und harter Schule der Arbeit die denkwürdigen Worte sprach:

„Der Zweck der Arbeit soll das Gemeinwohl sein,
dann bringt Arbeit Segen, dann ist Arbeit Gebet!“

(Lang anhaltender, stürmischer Beifall.)

Vorsitzender Dr. **Brosche**: Meine Herren! Wir kommen zum nächsten Programmpunkte. Ich bitte Herrn Generalsekretär Dr. Hermann seinen Vortrag zu erstatten.

Die deutsche und österreichische Arbeiterschutzgesetzgebung.

Vortrag des Geschäftsführers des Zentralverbandes der Industriellen Oesterreichs, Generalsekretär Dr. **Hermann**-Wien.

Manche von Ihnen, meine sehr geehrten Herren, haben vielleicht den Titel des Berichtes, den ich zu erstatten die Ehre habe, mit etwas kritischem Erstaunen gelesen, mit Verwunderung darüber, daß er die deutsche und österreichische Arbeiterschutzgesetzgebung in einem Atem nennt, als handle es sich hier selbstverständlich um Gleichartiges und Gleichwertiges. Solche Gleichstellung muß auch wohl jeden überraschen, dem bei dem Worte „Arbeiterschutz" neben der schier unendlichen Fülle von Formen, in welche sich die öffentliche Fürsorge für Leben und Gesundheit der Arbeiter kleidet, die damit so eng verwandte Gruppe der Arbeiterversicherung vor Augen tritt, in der sich die sozialen Bestrebungen unserer Zeit am auffälligsten verkörpern. Auf diesem Gebiete ist das Deutsche Reich mit einem Opfermute vorausgegangen, dem in einem Vierteljahrhundert noch kein anderer Staat Gleichwertiges zur Seite gestellt hat. Am guten Willen fehlt es allerdings gerade in Oesterreich nicht. Schon seit vielen Jahren müht sich unsere Gesetzgebung an der Vorlage betreffend die Sozialversicherung ab, an einem Gesetzentwurfe, der mit einem Sprunge jenes hohe Ziel erreichen will, zu dem Deutschland in schrittweisem Vorgehen mit der Reichsversicherungsordnung gelangt ist, an einem Entwurfe, der sogar darüber hinausgreifend in Einem auch noch eine Zwangsversicherung selbständiger Erwerbstätiger schaffen möchte. Aber niemand wird besser verstehen als Sie, daß gerade diese Fülle der Wünsche bisher ihre Erfüllung erschwerte und verzögerte; und die wirtschaftliche und staatsfinanzielle Lage, in die recht unerfreuliche Wandlungen der inneren und äußeren Politik Oesterreich augenblicklich versetzt haben, wird die Verabschiedung dieses Gesetzes gewiß nicht beschleunigen. Selbst innerhalb des engeren Interessenkreises der Industrie zeigt daher die Arbeiterversicherung beider Staaten annähernde Uebereinstimmung nur bezüglich der Krankenversicherung und der Unfallversicherung; Zwangsfürsorge für Alter und Invalidität, für Witwen und Waisen kommt in Oesterreich dagegen nur den Bergarbeitern durch das Bruderladengesetz zugute und den Angestellten durch das Gesetz über die Pensionsversicherung der Privatbeamten. Diese Beschränkung in sachlichem Umfange der Versicherung industriell Tätiger, mehr aber noch die, angeblich verfassungsrechtlich gebotene Scheu der österreichischen Reichsgesetzgebung, die Verhältnisse landwirtschaftlicher Arbeiter zu regeln, vergrößert jenen Unterschied der gesamten Versicherungslast in Deutschland und Oesterreich, der schon durch die Volkszahl beider Staatsgebiete und ihre wirtschaftliche Entwickelung bedingt ist. Deshalb darf man aus der Höhe der Gesamtbeiträge oder irgendeiner beliebigen Durchschnittsrechnung durchaus nicht schließen, daß solche Versicherungslasten die österreichische Industrie etwa weniger drücken als die deutsche. Ein praktisch bedeutsames Maß dieses Druckes gibt nur die Belastung, welche auf die Einheitsmenge des Erzeugnisses entfällt. Für eine einwandfreie Rechnung solcher Art fehlen allerdings die erforderlichen allgemeinen

Grundlagen; soweit aber Schätzungen führen, wird man das Maß dieses Druckes in beiden Staaten ziemlich gleich annehmen dürfen. Denn allen Verschiedenheiten im Aufbau der Arbeiterversicherung stehen wohl ebenso bedeutsame Verschiedenheiten der auf den Arbeiter entfallenden Erzeugungsmengen gegenüber, da der durchschnittliche Umfang der Betriebe, der Grad der Spezialisierung, die Intensität der Arbeitsleistung u. dgl. in Oesterreich notorisch geringer sind als in Deutschland.

Weit unmittelbarer tritt die Gleichartigkeit der Zustände in Oesterreich und Deutschland hervor im Bereiche des Arbeiterschutzes im engeren Sinne.

Mit fast gleichem Eifer und fast gleichen Mitteln waren hier wie dort Gesetzgebung und Verwaltung beflissen, zunächst die aus der Natur der Betriebe sich ergebenden Gefahren für Gesundheit und Sicherheit des Arbeiters herabzudrücken. Die Gewerbeordnung beider Staaten macht grundsätzlich dem Unternehmer eine entsprechende Vorsorge bei Anlage und Führung seines Betriebes zur Pflicht. In beiden Staaten wird dieses allgemeine Gebot durch Sondervorschriften über Anlage, Einrichtung und Führung der Betriebe von ähnlichem Inhalt und Wirkungsbereich ergänzt, sowie durch ebenso ähnliche spezielle Beschränkungen der Verwendung von Kindern, jugendlichen und weiblichen Arbeitern zu gewerblicher Arbeit überhaupt und zu gewissen, mit größerer Gefährdung verbundenen Verrichtungen. Auch die Organisation, die zur Anwendung dieser Normen im Einzelfall und zur Kontrolle ihrer dauernden Beachtung besteht, zeigt außerordentliche Uebereinstimmung. Wenn in einem Staate dieses Eingreifen der Gesetzgebung und Verwaltung in das Wirtschaftsleben fühlbar wird, so ist das im ganzen und großen in Oesterreich. Die Forderung nach vorausgehender Genehmigung der Betriebsanlagen ist hier weit über jene Grenzen ausgedehnt, in denen Nachbarinteressen mitspielen, sie erfaßt alle Betriebe mit Feuerungsstätten und Motoren u. dgl., also alle industriellen Etablissements; neben den Organen der staatlichen Gewerbepolizei greifen hierbei gleichzeitig mindestens die Gemeinden als Bau- und Sanitätsbehörden, vielfach aber auch noch andere Instanzen ein; vor allem aber können die einschlägigen Vorschriften in Oesterreich ihre durchaus bureaukratische Abstammung nirgends verleugnen, trotz aller Helfersdienste, welche die Unternehmerschaft bei ihrem Indieweltttreten leistet, ebensowenig wie zum Vorteil Deutschlands die nachträgliche Pflegeelternschaft seiner Bureaukratie zu bemänteln vermag, daß seine Vorschriften aus dem Schoße glücklich gestalteter Selbstverwaltungskörper, der Berufsgenossenschaften für Unfallversicherung, hervorgegangen sind.

Kaum anders liegen die Verhältnisse in jener Gruppe von Schutzbestimmungen, die den Arbeiter vor einem vorzeitigen Verbrauch seiner Kräfte behüten sollen, den Vorschriften über die zulässige Arbeitsdauer, die Pausen, die Ueberstunden, die Sonntagsruhe, die Nachtarbeit u. dgl. Hier war bis vor kurzem Oesterreich gegenüber seiner Industrie in jeder Richtung strenger als Deutschland; es hat schon 1885 eine maximale Arbeitszeit von 11 Stunden, bzw. eine maximale Schichtdauer von 12 Stunden auch für erwachsene männliche Arbeiter vorgeschrieben und auch durchgeführt. Mit der Festsetzung des 10-Stunden-Tages für jugendliche und weibliche Arbeiter und mit dem früheren Sonnabendschluß für weibliche Arbeiter ist Deutschland im Jahre 1910 für diese Arbeitergruppen weitergegangen und natürlich auch für die männlichen Arbeiter zahlreicher Betriebe mit gemischter Arbeiterschaft. Doch genießt trotzdem eine große Zahl von Betriebszweigen, vor allem die so hoch entwickelte Schwerindustrie Deutschlands eine Bewegungsfreiheit, welche die gleichartigen Betriebe Oesterreichs schmerzlich vermissen. Wird doch für diese z. B. in den nächsten Wochen sogar eine Anordnung in Kraft treten, welche die einzige Ausnahme von dem regelmäßigen Maximalarbeitstag erwachsener Männer, die wöchentliche 18stündige Wechselschicht in kontinuierlichen Betrieben, fast unanwendbar macht; denn sie läßt die korrespondierende 18stündige Ruhezeit nicht mehr als Ersatz für die Sonntagsruhe gelten, sondern schreibt die Gewährung einer 24stündigen Ersatzruhe vor.

Trotz mancher Verschiedenheit im einzelnen sind, wie aus diesem allgemeinen Ueberblick hervorleuchtet, die Verhältnisse in Oesterreich und Deutschland außerordentlich ähnliche und das ist ja auch innerlich durch die uralte Kulturgemeinschaft der Bevölkerung beider Staatsgebiete begründet. Es wäre eine dankbare Aufgabe, diese Uebereinstimmung in den wesentlichen Zielen und wichtigsten Wegen durch einen Vergleich der Maßnahmen beider Gesetzgebungen im einzelnen darzulegen. Doch ist eine solche Aufgabe im Rahmen eines Berichtes nicht zu lösen, und Sie, meine Herren, die aus eigener Erfahrung die Vielfältigkeit dieser Materie am besten kennen, haben derartiges auch gewiß nicht von mir erwartet.

Dagegen kann man einer allgemeinen kritischen Würdigung dieser ganzen Gesetzeskomplexe nicht wohl aus dem Wege gehen. Ich hoffe auf Ihre Zustimmung, wenn ich hierbei eines nicht tue, was manchem angesichts der Zusammensetzung dieser Versammlung vielleicht als das Nächstliegendste erscheinen könnte, wenn ich es nicht versuche, ja sorgfältig vermeide, die Frage der Arbeiterschutzgesetzgebung als Gegenstand eines Klassenkampfes zwischen Arbeiterschaft und Unternehmertum hinzustellen. Mir scheint eine derartige Betrachtung der Dinge vollkommen falsch. Gewiß ist der Arbeiterschutz ein Klasseninteresse der Arbeiter, ebenso sicher ist es aber kein Klasseninteresse des Unternehmertums, den Arbeiterschutz zu bekämpfen. Waren es doch in hervorragendem Maße gerade industrielle Unternehmer, die noch vor Beginn aller staatlichen Eingriffe, vor dem Auftreten politischer Klassenorganisationen der Arbeiter, vor Aufnahme der wissenschaftlichen Behandlung dieser Frage aus eigenster Initiative für Sicherheit und Wohlfahrt der Arbeiterschaft in Wort und Tat gewirkt haben. Sehen wir doch, daß das Unternehmertum in der freien Betätigung seiner Fürsorge für die Arbeiter und seines Entgegenkommens gegen ihre Wünsche auch heute noch weit über das hinausgeht, was behördlicher Zwang oder sozialer Druck ihm aufnötigen. Und was noch vielsagender ist: derartiges Vorgehen stößt nur in ganz extremen Fällen auf eine mißbilligende Kritik der Berufsgenossen; es erfreut sich im Gegenteil meist ihrer vollen Anerkennung und ihrer Nacheiferung, gilt also sicherlich nicht als Verletzung eines Klasseninteresses. Das ist auch vollkommen erklärlich. Auch der Unternehmer ist ja ein Kind seiner Zeit mit ebenso vollem Anteil an deren wirtschaftlichen, ethischen und sozialen Idealen als die Bürger anderer Berufe, ja er bringt vielleicht mehr als irgend andere an Anlage und gutem Willen zur vollen Würdigung und Beachtung der Arbeiterinteressen mit. Denn seine geschäftliche Erfahrung lehrt ihn Tag für Tag, daß ersprießliche Beziehungen und ein gedeihliches Zusammenwirken nur dann dauernd möglich sind, wenn beide Teile hierbei ihren wohlerwogenen und bleibenden Vorteil finden, und es müßte mit sonderbaren Dingen zugehen, wenn diese Erfahrung, die er stündlich im Verkehr mit seinen Lieferanten und seinen Kunden betätigt, im Verkehr mit seinen Arbeitern versagen sollte.

Wenn trotzdem die Unternehmerschaft regelmäßig ziemlich allein steht mit ihrer Kritik der bestehenden Arbeiterschutzgesetze, mit ihren Bedenken und Einwendungen gegen manche geplante Erweiterungen derselben, so ist das durchaus kein Beweis für die Richtigkeit des Einwandes, daß eben nur das Unternehmertum die Nötigung oder doch besonderen Anlaß hätte, seine sozialen Ideale um persönlicher Interessen willen zu verleugnen. Im wirtschaftlichen Leben steht kein Berufsstand und keine Erwerbsform für sich allein, jedes Einzelschicksal ist mit allen übrigen untrennbar verflochten und verknüpft. Sozialpolitische Vorschriften können das Unternehmertum nie treffen, wie etwa der Hammer den Steinblock, den man formen oder zertrümmern will. Mag ein Gesetz noch so sorgfältig darauf berechnet sein, daß die ganze Macht seines Druckes auf das Unternehmertum allein falle, so wird es doch nur im ersten Anprall mehr oder minder empfindliche Veränderungen des inneren Gefüges dieser Klasse herbeiführen, dann aber wird sich seine Wirkung elastisch und unaufhaltsam fortschreitend auf alle Berufsschichten und Klassen übertragen, die überhaupt im Bereiche der nationalen Wirtschaft liegen, auch auf jene, denen der erste Druck freieren Raum geschaffen. Nicht ein ausschließliches oder dauernd vorwiegendes Interesse, sondern das schärfere und weitreichendere Verständnis für wirtschaftliche Zusammenhänge ist es, das die besondere Haltung des Unternehmertums gegenüber der Schutzgesetzgebung bestimmt. Jeder Industrielle muß gleichen Ueberblick haben über jene Faktoren, welche die Gestaltung der Produktion bestimmen, wie über jene, welche auf die Entwickelung der Konsumkraft wirken. Und das gibt seiner, wenn auch vielleicht nur instinktiven Schätzung des Einflusses neuer gesetzgeberischer Maßregeln eine viel zuverlässigere Grundlage als alle Vorbilder, Statistiken und Berechnungen, auf die andere, dem großen Strome des Wirtschaftslebens ferner Stehende, ihre Urteile stützen müssen. Das Leben in seiner natürlichen Fülle ist eben mit Typen, Summen und Durchschnitten nicht restlos zu erfassen.

Deshalb ist es unerläßlich, nicht so sehr im Interesse des Unternehmertums, als in jenem der Gesamtheit, immer wieder darauf hinzuweisen, daß jene Gesichtspunkte und jene Methoden, nach welchen bisher Maßregeln zum Schutze der Arbeiterschaft von der Oeffentlichkeit meist geprüft wurden, einseitig und unzulänglich sind, und daß sie in keiner Weise Gewähr für die Entwickelung jenes Gesellschaftszustandes bieten, dessen Erreichung das einzige Ziel einer wirklich gesunden Sozialpolitik sein kann. Denn eine Sozialpolitik, die ihren Namen in Ehren führen soll, kann doch nie und nimmer sich damit begnügen, den aufscheinenden Notstand einer Klasse durch einen blinden Griff in den bequem gelegenen Besitzstand irgendeiner anderen zu beseitigen, sie kann nur ein Ziel haben: die dauernde Sicherung einer möglichst vollständigen und harmonischen Entfaltung und Betätigung aller Kräfte im Staate. Dann genügt es aber zur Rechtfertigung staatlichen Zwanges noch lange nicht, wenn nur die Zweckmäßigkeit des Eingriffes für eine Bevölkerungsklasse klarliegt und vielleicht noch weiter sichersteht, daß der geplante Aufwand technisch geboten sei. Denn an Nutzen und Last der zunächst Betroffenen und an gar mancher Nebenwirkung, die aus ihrer Reaktion entspringt, werden auch alle übrigen Schichten der Bevölkerung teilnehmen; entscheidend ist also nur, wie sich die endliche Bilanz aller Folgen einer bestimmten Maßnahme für die Gesamtheit stellen wird.

Einer ernsten Prüfung dieser entscheidenden Frage ist sowohl in Deutschland wie in Oesterreich die Vorbereitung der verschiedenen Versicherungsgesetze noch am nächsten gekommen. Hier war es notwendig, das mathematische Gleichgewicht zwischen Verpflichtungen und Eingängen der Versicherungsstellen nachzuweisen, und mit Hilfe dieses Ziffernmateriales war auch ein halbwegs begründetes Urteil darüber möglich, ob Richtung und Maß der Verschiebung des Besitzstandes dem Interesse der Allgemeinheit entspreche oder nicht.

Freilich mag auch hierbei gar manche irrige Buchung unterlaufen sein; man hielt sich gewiß nicht überall vor Augen, daß die gesetzliche Verteilung der Beiträge gar nichts mit der wirklichen Verteilung der Lasten zu tun habe, daß diese vielmehr sich ausschließlich kraft gegebener wirtschaftlicher Verhältnisse vollziehen und durchaus nicht auf die Kreise der Unternehmer und Arbeiter allein beschränken werde.

Noch viel weniger hat man nachweisbar sich mit den unvermeidlichen Nebenwirkungen solch allgemeiner Zwangsversicherungen befaßt. Kümmert sich doch selbst jetzt, wo eine reiche wissenschaftliche, besonders medizinische Literatur die Rentenhysterie in all ihren Erscheinungen, Wirkungen und Ursachen schildert, weder die neue Reichsversicherungsordnung Deutschlands, noch der Entwurf der österreichischen Sozialversicherung auch nur im geringsten darum, wie der schweren Schädigung vorgebeugt werden könnte, die aus einer solchen im Wege einer Art Infektion durch das Gesetz erzeugten Lahmlegung der Arbeitskraft den unmittelbaren Opfern und wohl noch mehr der Gesamtheit erwachsen muß.

Und noch viel weniger hat man mit seltenen Ausnahmen ernstlich beachtet, wie arg jede Versicherung der Arbeiter — und je wirksamer sie ist, desto ärger — die Spartätigkeit und den Sparsinn dieser Schichten untergraben muß. Nicht so sehr, weil ein Teil des kargen Einkommens durch Pflichtbeiträge gebunden ist, weit mehr deshalb, weil der Anreiz, für künftige Notfälle in der Gegenwart ein Opfer zu bringen, im gleichen Maße sinken muß, in dem eben die Versicherung die Wahrscheinlichkeit des Eintrittes unvorhergesehener Notfälle vermindert. Diese Verringerung des Besitzes an freiem Kapital erschwert das Aufsteigen des Arbeiters in höhere soziale Schichten, sie scheidet also die Arbeiterklasse schärfer von der sogenannten besitzenden Klasse und verbreitert den nun leider einmal bestehenden Riß durch die Gesamtheit der Staatsbürger ins Unüberbrückbare. Das sind Erscheinungen, welche die Rechnung des Klassenpolitikers vielleicht nicht sonderlich stören; aber darf auch der Sozialpolitiker achtlos daran vorübergehen?

Daß auf dem Gebiete der eigentlichen Arbeiterschutzgesetzgebung die wünschenswerte Vorprüfung über den Einfluß jeder Maßregel auf die Gesamtheit noch viel weniger stattfand, liegt in der Natur der Sache.

Soweit es sich hier um den Schutz der Arbeiter gegen die speziellen Gefahren des Betriebes handelt, bieten allerdings Statistik, Medizin, Hygiene und Technik alle erforderlichen Unterlagen, um sich über die relative Bedeutung auftretender Schädigungen, über ihre Ursachen und über die wirksamen Abhilfemaßnahmen klar zu werden.

Dagegen fehlt wohl heute noch jeder Maßstab dafür, wie weit das Interesse der Gesamtheit an jeder einzelnen solchen Schutzmaßregel eigentlich gehe, die Kosten solcher Maßnahmen sind bezüglich ihrer rein technischen Berechtigung nicht geprüft, ja man hat nicht einmal versucht, den Aufwand, den sie verursachen mußten, überhaupt abzuschätzen. Wie dringend solche Untersuchungen geboten wären, zeigen Ausführungen, die anläßlich der Verhandlungen über die Novelle zur deutschen Gewerbeordnung von 1908 der Abgeordnete Schmitt im Deutschen Reichstag machte. Er verwies auf eine Verfügung des Bundesrates, welche den vorgeschriebenen Luftraum in Zigarrenfabriken von 7 m³ auf 10 m³ für den Arbeiter erhöhte und berechnete, daß eine solche Vorschrift, für die Gesamtindustrie erlassen, an Zins und Amortisation für Neubauten und an Auslagen für Unterhaltung, Beleuchtung und Beheizung einen Mehraufwand von jährlich 520 Millionen Mark bedingen würde. Auch in industriellen Kreisen ist dies als eine Uebertreibung bezeichnet worden, doch beweist die Rechnung bei noch so großen Abschlägen das eine, daß derartige Vorschriften zu einer Steigerung der Produktionskosten führen können, die dem Verfügenden selbst vielleicht am überraschendsten wäre. Wenn man die Vielfältigkeit der allgemeinen und besonderen Vorkehrungen zur Verbesserung der hygienischen und Sicherheitsverhältnisse gewerblicher Betriebe überblickt, wird es höchst wahrscheinlich, daß die finanzielle Bedeutung dieser Anordnungen noch weit über jene der Arbeiterversicherung hinausgeht.

Aber mehr noch als in der Höhe der Beträge liegt im Charakter dieser Aufwendungen eine alle Versicherungssorgen überragende Gefahr für das Gesamtinteresse. Dort stiftet jedes, wenn auch noch so hohe Opfer wenigstens für irgendein anderes Glied des Staates entsprechenden Nutzen. Hier aber führt jede übertriebene Anforderung zu vollkommen unproduktiven Investitionen, zu unbedingten Kapitalsverlusten der Gesamtwirtschaft. Und daß solch überflüssige Investitionen keine Seltenheit sind, ist leicht und einwandfrei nachzuweisen. Ich denke dabei nicht einmal in erster Linie an den raschen Wechsel der Anschauungen an verfügenden und kontrollierenden Stellen mit seinen genugsam bekannten Folgen u. dgl. mehr, sondern vor allem an die Tatsache, daß die Arbeiterschaft die geschaffenen Einrichtungen nicht benützt oder mißbraucht, daß sie die Vorschriften über Betriebsführung nicht beachtet und sich ihnen widersetzt. Diese von den Versicherungsträgern, den Inspektionsorganen usw. seit jeher beklagten Zustände sind ja bis zu einem Maße gediehen, das die Gesetzgebung in Deutschland — und noch mehr in Oesterreich — veranlaßte, den Arbeitern für solches Verhalten Straffolgen anzudrohen. Hätte man nicht besser getan, schon von Beginn an auch hier den pädagogischen Grundsatz zu betätigen, daß man nicht durch sorgfältiges Fernhalten jeder Gefahr jemanden am sichersten vor Schaden bewahrt, sondern nur durch zweckmäßige Schulung, sie selbst zu erkennen und ihr, soweit die eigene Kraft reicht, auch selbständig zu begegnen? Hätte man damit nicht der Gesamtheit schwere Opfer an Nationalvermögen erspart und zahlreichen Arbeitern den Verlust ihrer geraden Glieder? Denn Arbeiter von normaler Achtsamkeit und Gewandtheit fühlen sich durch ängstliche Bevormundung, durch arbeithemmende Fürsorge zur Widersetzlichkeit geradezu aufgereizt, und die vertrauensselige oder prahlerische Nachahmung solcher Beispiele bringt die Unerfahrenen und Ungeübten erst recht zu Schaden.

Derart reift aus jeder unnötigen Ueberspannung der Vorschriften wieder neuer Anlaß und Anreiz zu noch schärferem Vorgehen, zu noch vielfältigeren Anordnungen, zu noch größeren Uebertreibungen. Und niemand fragt, welche Unsumme an Verdienstmöglichkeiten der Arbeiterschaft und mit ihr der ganzen Nation dadurch entgehen, daß die notwendige Abwehr unerträglicher Bedingungen die Genehmigung neuer Anlagen endlos verschleppt, daß unerwartete Neuauflagen für bleibende Betriebsteile zeitgemäße Reorganisationen unterbinden, daß die stets wachsenden Forderungen nach Anzeigen, Verzeichnissen, Bewilligungen usw. das gesamte Tempo der Produktion auf das empfindlichste hemmen.

Am allerschlimmsten freilich ist es um die objektive Begründung jener Anordnungen bestellt, welche die Arbeitsdauer, die Pausen, die Nachtarbeit, die Sonntagsruhe usw. regeln. Hier setzt sich die Gesetzgebung in der Hauptsache das vollauf zu billigende Ziel, einem Raubbau an den Kräften der Nation vorzubeugen. Doch läßt sich schon die Frage, ob tatsächlich bei irgendeiner Gruppe von Arbeitern der regelmäßige Kräfteverbrauch den regelmäßigen Kraftersatz übersteige, schwer entscheiden. Die subjektiven Angaben der Arbeiter können sie nicht klarstellen, die meisten objektiven Quellen, wie Altersaufbau der Arbeiterbevölkerung, Morbiditätsstatistik, Unfallstatistik, Assentierungsergebnisse u. dgl. sind von einer Menge von Momenten beeinflußt, die mit der beruflichen Arbeitsleistung gar nichts zu tun haben.

Und noch unsicherer wird die Grundlage für die Entscheidung der Frage, ob die irgendwie eruierte Differenz zwischen Kraftverbrauch und Kraftersatz einer übernormalen Ausgabe oder einer unternormalen Regenerierung der Kräfte entspringt. Gerade darüber müßte aber Klarheit haben, wer Abhilfe bringen will; denn es gibt kein Mittel, das beiden Fällen gerecht werden könnte, solange man auf dem Boden der geltenden Gesellschaftsordnung verbleiben will, solange der Bedarf die wesentlichste Triebfeder der Arbeit und die Leistung der Maßstab des Lohnes ist. Nur Erwägungen politischer Art vermögen zu erklären, weshalb die Gesetzgebung trotzdem alles Heil in der Beschränkung der regelmäßigen Lohnarbeit sucht, in einem Mittel, das in einem Falle nicht sicher und in dem anderen geradezu verderblich wirkt. Die Beschränkung gewerblicher Lohnarbeit beseitigt ja keineswegs alle Gelegenheiten zu übermäßiger Kraftanspannung, und scharfe Kürzungen der Arbeitszeit schaffen geradezu neue Anreize und eröffnen neue Mögichkeiten, an die sorgfältig kontrollierte Tätigkeit in der Fabrik ganze unkontrollierte, nicht minder erschöpfende Nebenarbeit anzuschließen. Gerade weiblichen und jugendlichen Arbeitern schlägt deshalb die besondere Fürsorge der Gesetzgebung nicht selten erst recht zum Unsegen aus.

Andererseits können Not und Elend doch durch Unterbindung des Verdienstes nicht behoben werden, und die Hoffnung, daß jede Arbeitsbeschränkung mindestens indirekt zum materiellen Vorteil der Arbeiterschaft ausschlagen müsse, ist trügerisch. Dauernd läßt sich der Arbeitsmarkt auf diese Weise nicht zu ihren Gunsten beeinflussen, denn der bleibende Umfang der Nachfrage wird durch das Verhältnis zwischen den Produktionskosten und dem von außen her unverrückbaren Maß der Konsumkraft der Bevölkerung bestimmt und jede unorganische Steigerung der Lohnquote muß die Nachfrage nach Arbeitskräften drücken. Ueberdies verschlechtert jede Beschränkung des Spielraums für die Disposition über die Arbeiterschaft die Ausnützbarkeit aller Betriebsanlagen, das Maß solcher Betriebsbehinderungen übersteigt gar häufig jenes der wirklichen Einbuße an Arbeitskräften und derartige Mißverhältnisse erwecken das intensivste Bedürfnis, die unfreie Handkraft durch unreglementierte mechanische Vorrichtungen zu ersetzen. Solch künstlich erzwungene Aenderungen der Betriebsmethoden machen nicht nur Menschen entbehrlich und die den restlichen Hilfskräften obliegende Arbeit immer eintöniger und unbefriedigender, sie erschweren auch dem zu einseitig ausgebildeten Arbeiter, durch einen Wechsel der Stellung seine Lage zu verbessern und den Rückwirkungen von Krisen auszuweichen.

Freilich glauben Optimisten die Möglichkeit gar nicht hoch genug anschlagen zu können, daß durch eine Steigerung der Arbeitsintensität während kürzerer Arbeitsperioden mit geringerem Kräfteverbrauch gleiche Leistungen erzielt werden können. Mit der Entwickelung der Technik wird jedoch das Feld zusehends kleiner, auf dem das Produktionstempo noch vom Arbeiter bestimmt wird und nicht von der Geschwindigkeit chemischer oder biologischer Reaktionen, von der Festigkeit des Materiales u. dgl. mehr. Im selben Maße verringern sich aber auch die Aussichten, die Kraftausgabe des Einzelnen vermindern zu können, ohne zugleich auch seine Lebenshaltung herabzudrücken, im gleichen Maße vergrößert sich die Gefahr, daß die Gesetzgebung, selbst vom Klassenstandpunkt der Arbeiter aus gesehen, ein Loch nur stopft, um ein noch größeres aufzureißen.

Jene Grenze, die aus höheren Rücksichten dem Parteiwillen auch in bitterster Not heilig bleiben muß, hat die Gesetzgebung wohl längst gezogen, das ängstliche Bemühen, sie immer und immer wieder nachzurücken, das Bestreben deshalb, weil günstige Verhältnisse hier und dort noch größere Beschränkungen ermöglicht haben, sie auch jenen aufzuzwingen, denen sie bisher untunlich schienen, stiftet sicherlich auch für die Arbeiterschaft mehr Schaden als Nutzen. Auch für sie kann es unmöglich von Vorteil sein, wenn grundsätzlich die Leistungsfähigkeit des Schwächsten und die Arbeitslust des Sattesten zur Kynosur für die Betätigung aller gemacht wird.

Härter noch freilich trifft solches Vorgehen die Gesamtheit. Offenbar verkürzt doch jeder Ausfall an zulässiger Produktion unmittelbar und mittelbar alle in der Deckung ihres Bedarfes, und jede Nötigung, entbehrliche Produktionskosten aufzuwenden, um das gleiche zu bieten wie bisher, kann nur in einer Einschränkung des Konsums enden. Es ist deshalb geradezu unverständlich, wie trotz des stetig wachsenden Druckes auf die Lebenshaltung aller jede Nachricht über die Beschränkung der Arbeitsmöglichkeit, jeder Nachweis der Gewerkschaften über die Erfolge ihrer Tarifverträge und Streiks u. dgl. auch in anderen Lagern fast unbesehen als ein Zeichen des Fortschrittes der Nation gebucht und als Anlaß zu noch weitergehendem Eingreifen der Gesetzgebung betrachtet wird.

Vielleicht gerade die breiten Schichten des Bürgertums fühlen die Wirkung am deutlichsten, wenn das Gesetz immer schärfer auf die

Ausschaltung menschlicher Arbeitskraft hinwirkt und die Mechanisierung der Produktion beschleunigt. Die Auflösung der so mannigfach gestalteten Hilfsfunktionen des Arbeiters in automatisch ablaufende mechanische oder chemische Vorgänge wird ja um so rationeller, je spezieller die Richtung, je größer der Umfang des Unternehmens ist. So stärkt die gesetzliche Bindung der Menschenkraft künstlich die ohnedies bestehende Tendenz zur Konzentration der Betriebe, so lichtet sie die Reihen jener, deren Kapital noch genügt, um ihre Tatkraft und ihre Kenntnisse nach eigenem Ermessen zu betätigen, so mehrt sie das Heer jener, die in persönlicher Abhängigkeit streng umschriebene Arbeit zu leisten haben, und trägt dazu bei, daß die verbitternde, klassenmäßige Zersetzung der Gesellschaft in immer höhere Schichten hinauf fortschreitet, daß immer größere und wesentlichere Teile der Kräfte der Nation vollkommen brachgelegt werden. Die deutsche Berufszählung von 1907 verzeichnet einen Rückgang der selbständig Erwerbstätigen in Industrie und Gewerbe um 4 v. H., eine Vermehrung der Angestellten um 160 v. H. und der Arbeiter um 44 v. H. Oekonomisch ist das ein ungeheurer Fortschritt, sozial aber ein ungeheures Opfer, an dem die wachsende Energie der Arbeiterschutzgesetzgebung keineswegs schuldlos ist.

Wie antisozial die Rückwirkungen vorwiegend gefühlsmäßiger Sozialpolitik werden können, tritt noch schärfer in manchen Ergebnissen der besonderen Fürsorge zutage, deren sich die jugendlichen und weiblichen Arbeiter erfreuen. Die Sonderbestimmungen für diese Arbeiterkategorie machen ihre Verwendung in manchen Unternehmungen, z. B. in kontinuierlichen Betrieben überhaupt unmöglich oder mindestens unrationell. Dort, wo solche Industrien die ausschließliche oder ausschlaggebende Verdienstmöglichkeit bieten, kürzen sie deshalb das Gesamteinkommen des Haushaltes um den Verdienst der Frau und der Kinder, sie berauben den Nachwuchs zu seinem dauernden Schaden der Möglichkeit rechtzeitiger und gründlicher Ausbildung, sie machen dem Arbeiter seine bisherige Stütze zur Last, sie erschweren die Gründung von Familien und fördern ihren Zerfall, sie drücken die Zahl der Geburten und vermehren die Abwanderung, kurz sie verhindern die Entwickelung einer bodenständigen, durch Verwandtschaft und Freundschaft dem seßhaften Bürgertum verbundenen Arbeiterschaft.

Die bedauerliche Unterschätzung derartiger Nebenwirkungen der Arbeiterschutzgesetze zeigt vielleicht am klarsten der Glaube, daß man den Folgen des zunehmenden staatlichen Reglementierens der Produktion durch den Uebergang zu internationalem Vorgehen begegnen könne. Es liegt doch auf der Hand, daß die Internationalität des

Vorgehens an dem Einflusse einer Maßnahme auf die Lebenshaltung und Kapitalsbildung der Bevölkerung, an den Verschiebungen der sozialen Gliederung und der Entwickelung der Klassengegensätze, an der Ausbreitung und den Formen der Rentenhysterie u. dgl. gar nichts ändern kann.

Nur in nationalwirtschaftlicher Richtung bietet eine internationale Vereinbarung gegenüber dem selbständigen Vorgehen eines Staates einen Vorteil; sie zieht den unvermeidlichen Störungen des Kräfteverhältnisses auf dem Weltmarkte einige Schranken. Doch wäre es schon ein Irrtum, anzunehmen, daß eine internationale Regelung imstande wäre, die wirkliche Aufrechthaltung des bisherigen Konkurrenzzustandes zu sichern. Sie kann das um so weniger, als sie immer nur einen Teil der Arbeitsverhältnisse, einen kleinen Ausschnitt der gesamten Produktionsbedingungen betrifft. Derartige Teilmaßregeln werden aber auch bei vollkommener Gleichheit in Anordnung und Durchführung solange ganz verschiedene Wirkungen auslösen, solange die übrigen Produktionsbedingungen der Industrie in den Vertragsstaaten nicht auch vollkommen gleichartige sind. Das ist nun, soweit die natürlichen Verhältnisse in Frage kommen, überhaupt nicht zu erreichen und wurde bisher nicht einmal auf dem Gebiete der gesetzlichen Produktionsregelung ehrlich versucht. Deshalb kann ein Staat ohne ausgebildete Schwerindustrie, wie etwa die Schweiz, ohne weiteres einer Arbeitszeit zustimmen, die für die wichtigen kontinuierlichen Betriebe eines anderen den Ruin bedeutet, deshalb kann ein Staat mit ausgebreitetem Export Ueberstundenbeschränkungen annehmen, die auf den schwankenden Bedarf des heimischen Marktes angewiesene Saisonindustrien eines anderen ganz lahmlegen würden usw. Selbst von dem weitaus zu engen Standpunkte der Schonung der nationalen Produktion ist also der Abschluß internationaler Vereinbarungen nur ein Mittel zur Milderung, aber nicht zur Verhinderung schädlicher Folgen.

Und diesem, wenn auch wesentlichen, so doch enge begrenzten Erfolge steht überdies die erhöhte Gefahr sozialer Mißgriffe gegenüber. Denn das Bewußtsein, Genossen zu haben, verringert das Gefühl der Verantwortlichkeit bei der Entscheidung und die Form diplomatischer Verhandlungen schließt die prüfende und beratende Mitwirkung weiterer Kreise, die nachträgliche Korrektur nur für einen Teil bedenklicher Bestimmungen aus. Dabei fällt die Führung in solchen Beratungen unweigerlich jenem Staate zu, in dem der politische Einfluß der Arbeiterklasse und ihrer Freunde am stärksten ist; denn dieser Staat ist es, der sich in seinem nationalen Interesse vor allem bemühen muß, daß auch andere jene Schritte tun, die er bereits getan hat oder die er demnächst wird tun müssen; und wäre der Angreifer nicht ohnedies schon überall dem Verteidiger überlegen, so wäre er es hier, wo er in dessen eigenem Lager auf mächtige Bundesgenossen zählen kann.

Mit größter Sorge sieht deshalb die Industrie Oesterreichs wieder jenen Verhandlungen entgegen, die in Bern über die neuesten Vorschläge der internationalen Vereinigung für gesetzlichen Arbeiterschutz stattfinden werden, über die Erhöhung des Schutzalters der Jugendlichen, über die allgemeine Festsetzung der zehnstündigen Maximalarbeit für jugendliche und weibliche Arbeiter und über die Begrenzung der Ueberstunden für diese Arbeitergruppen. Noch hat unsere Industrie sich mit den Wirkungen des internationalen Uebereinkommens, betreffend das Verbot der Nachtarbeit für Frauen, nicht ganz abfinden können; denn ging unser altes autonomes Verbot auch vielfach weiter, so wurde es doch in anderen Belangen empfindlich verschärft, in denen die besonderen Verhältnisse unseres Staatsgebietes auch weiterhin gleiche Berücksichtigung verlangt hätten, wie bisher. Noch sind unsere kontinuierlichen Betriebe in vollster Unklarheit darüber, wie sie die neueste Sonntagsruheverordnung durchführen sollen, die ihnen fast ausnahmslos eine 24stündige Ersatzruhe vorschreibt, trotzdem das Gesetz auch bei Wechselschichten keine 24stündige Arbeitszeit für erwachsene männliche Arbeiter duldet. Bei diesem unaufhörlichen gegenseitigen Ueberbieten in nationalen und internationalen Eingriffen ist der Ruf der österreichischen Industrie nach einer Atempause wohl begreiflich. Und auch die deutsche Industrie wird dieses Bedürfnis fühlen, trotzdem ein Teil der in Bern zu verhandelnden Forderungen in Deutschland bereits Gesetzeskraft besitzt. Denn sie hat keinerlei Gewähr dafür, daß nicht gar manche Freiheit, die ihr die Novelle von 1910 noch gelassen, auch bei bloßer internationaler Neuredaktion dieser Bestimmungen geopfert oder beschnitten werde.

Es müßte doch wahrlich nicht gerade die Regelung der Arbeitsbeschränkung, das Gebiet, auf dem die soziale Notwendigkeit eines weiteren Eingreifens am schwersten einwandfrei nachzuweisen ist, auf dem die sozialen Rückwirkungen einer Anordnung am schwersten voll zu übersehen sind, das erste sein, auf dem internationale Gleichheit hergestellt oder der Kampf um die internationale Weltmeisterschaft ausgetragen wird. Empfinden Sie hier, meine Herren, es wirklich als so besonders dringlich, daß etwa die Frage der Arbeitszeit für weibliche und jugendliche Arbeiter, in der unsere Gesetzgebungen seit kurzem sich nicht mehr decken, von Oesterreich nach deutschem Muster geregelt werde, oder umgekehrt jene des gesetzlichen Maximalarbeitstages für Männer, in der sie ja auch nicht übereinstimmen, von Deutschland nach dem Muster Oesterreichs? Geben die anderen Zweige der Arbeiterfürsorge vor allem die weitaus durchsichtigere, gleichmäßiger und wechselseitiger Regelung bedürftigere Arbeiterversicherung den Industrieländern nicht noch reichlich Raum zu internationaler Verständigung? Läge es nicht im staatlichen Interesse gerade unserer beiden Reiche, an Stelle des systemlosen Wettbauens, das hier die luftigsten Türme zimmert und daneben die gefährlichsten Gruben offenläßt, eine wirkliche Nivellierung anzubahnen und jedes neue Uebereinkommen abzulehnen, bis nicht in allen entscheidenden Staaten mindestens jenes Maß von Arbeiterfürsorge gesetzlich festliegt, das wir schon gleichmäßig besitzen?

Ich glaube, das wäre eine Parole, auf die wir uns einigen könnten, ein Verlangen, das auch dort Gehör verdiente, wo die Entscheidung liegt, denn es fordert eigentlich nur Selbstverständliches.

Die Schwierigkeit, die auch dem weitsichtigsten und einsichtsvollsten Staatsmann aus der Not erwächst, mit den vorhandenen politischen Kräftegruppen operieren und rechnen zu müssen, ist freilich groß. Nicht nur die Macht einer Arbeiterpartei, die ihr politisches Interesse selbst über die Wohlfahrt der eigenen Klasse stellt, ist zu bedenken; immer wieder aufgetischte Schilderungen des Arbeiterelendes einer längst überwundenen Zeit, Schlagworte, die, damals geprägt, ihren Einfluß auf das Gefühl bewahren, wenn ihre tatsächliche Grundlage auch längst entschwunden ist, alle die Appelle an die besten und schlechtesten Instinkte, die hier in den kreischenden Stimmen des Hasses, dort in der zuckersüßen der Philantropie jedem Tag für Tag an die Ohren klingen, haben ja auch jene Berufsstände und sozialen Schichten arg beeinflußt, die nach Stand, Interessen und Gesinnung eigentlich an der Seite des Unternehmertums stehen sollten. Freilich ist die Industrie, die ja nichts anderes darstellt als die erschöpfende wirtschaftliche Ausdrucksform für unseren gegenwärtigen Bestand an technischem Wissen, eben gerade so jung wie dieses Wissen und ihr kommt leider jene mildernde und heiligende Patina jahrhundertelanger Gewöhnung nicht zugute, die bei den althergebrachten Berufsständen die Frage nach der Notwendigkeit ihres Seins und nach der Berechtigung ihres Strebens erst gar nicht auf die Zunge treten läßt. Freilich hat die volkstümliche Neigung, alles Geschehen auf das Wollen und Wirken einzelner zurückzuführen, personifiziert alle treibenden wirtschaftlichen Kräfte, die das Fortschreiten unserer Erkenntnis weckte, in dem Eigeninteresse des Unternehmers und ihm schiebt die Menge die Verantwortung zu für die Verkümmerung gewohnter Verhältnisse, für die Enttäuschung überspannter Hoffnungen und für all die anderen schmerzlichen Begleiterscheinungen der Umwälzung, zu der die Ausbildung neuer zweckmäßiger Formen, der Naturtrieb, unser Wissen auch zu gebrauchen, notwendig führen muß. Deshalb wiederholt man trotz aller Warnungen immer wieder den Versuch, das ganze Weh und Ach wirtschaftlicher und sozialer Zustände aus einem Punkte zu kurieren, aus dem des industriellen Unternehmertums. Allerdings hat dank der Zähigkeit, mit der jeder seine wirtschaftliche Position verteidigt, bisher noch kein staatlicher Eingriff zu einer plötzlichen Katastrophe geführt, und die schleichenden Krankheiten, die er im wirtschaftlichen Organismus erregte, beurteilt man gar zu gerne nur nach den scheinbaren Ursachen ihrer Einzelsymptome.

Man übersieht, daß die Industrie in jeder Beziehung Verkehrsproduktion ist, daß sie nur dort gedeiht, wo die gemeinsame Resultierende aus allen Produktionsfaktoren sich günstig gestaltet, und daß für sie kein einzelner dieser Faktoren so zur absoluten Grundlage werden kann, wie etwa Grund und Boden für die Landwirtschaft oder die Kundschaft für das Lokalgewerbe. Jeder Druck auf die Produktionsverhältnisse wirkt auf die Industrie nicht bloß mit dem Maß der aufgewendeten Kraft, sondern bei der Elastizität all ihrer Beziehungen als Auslösung latenter Spannungen, deren Richtung und deren Wirkung von außen her im voraus gar nicht abzuschätzen ist. Gewiß bilden die unübertragbaren und unrealisierbaren Investitionen ein Gegengewicht gegen das Abziehen bestehender Unternehmungen; aber dieses Gegengewicht ist eben nur bei b e s t e h e n d e n Unternehmungen vorhanden und auch da kann es ohne äußere Vorzeichen bereits bis zur äußersten Grenze seiner Wirksamkeit beansprucht sein. Jeder Fehlgriff des Staates kann deshalb zu den empfindlichsten Erschütterungen führen, Erschütterungen auch seiner eigenen Macht, die ja mehr als je von der wirtschaftlichen Kraft der Bevölkerung abhängt. Deshalb darf der Staat sich trotz aller Einflüsse politischer Parteitaktik und wirklichkeitsfremder Philantropie nicht die Sonderwünsche einer Klasse als Forderungen des Gemeinwohles unterschieben lassen und muß durch sorgfältigste Prüfung verhindern, daß man durch solchen Mißbrauch sozialen Strebens unhaltbare Augenblicksvorteile für einzelne mit dem bleibenden Schaden der Gesamtheit erkauft. Er darf nicht in unseliger Verblendung den Kampf für die Arbeiter als einen Kampf gegen die Produktion führen, oder die Träger freien Unternehmungsgeistes zu Beamten öffentlichen Wohlfahrtsdienstes pressen. Gerade der Staat, dessen ganzes Gefüge doch auf der geltenden Gesellschaftsordnung basiert, muß sich klar darüber sein, daß im Rahmen dieser Ordnung die Wohlfahrt der Besitzlosen nur auf den Ertrag des Besitzes gegründet werden kann. Möge man danach handeln! Besonders dann, wenn die Lorbeeren politischer Eintagserfolge auf andere Wege locken! (Lebhafter, lang anhaltender Beifall.)

Vorsitzender Dr. **Brosche:** Ich darf konstatieren, daß die Erwartung, die ich zu Beginn der heutigen Versammlung ausgesprochen habe, sich voll und ganz erfüllt hat, daß uns bei unserer Tagung tatsächlich außerordentlich wichtige und wertvolle Anregungen geboten worden sind. Meine Herren! Ich habe der gespannten Aufmerksamkeit, mit der Sie den beiden Vorträgen gelauscht haben, entnommen, daß Sie denselben ein außerordentlich lebhaftes Interesse entgegengebracht haben. Ich darf daher wohl nicht nur im eigenen, sondern auch im Namen meines hochgeehrten Amtskollegen vom deutschen Centralverbande und gewiß in Ihrer aller Namen den beiden Herren Referenten für ihre überaus interessanten und geistvollen Vorträge den wärmsten Dank der ganzen Versammlung zum Ausdruck zu bringen. (Lebhaftes Bravo!)

Ich möchte nur noch einen Wunsch aussprechen. Die Vorträge haben bei Ihnen, obzwar wir keine Debatte geführt, obzwar wir keine Abstimmung eingeleitet haben — aber ich konnte aus den Mienen lesen — vollste Zustimmung gefunden. (Lebhaftes sehr richtig!) Allerdings, Sie gehören zu den Ueberzeugten, und der Wunsch, den ich aussprechen möchte, ist der, daß die Anschauungen, welche in diesen Vorträgen enthalten sind, auch hinausgetragen werden in die weiten Kreise der Bevölkerung, welche hüben wie drüben in demagogischer Weise gegen Industrie und Kapital verhetzt wird. (Bravo!)

Meine Herren! Indem ich noch dessen gedenke, daß die Stadtgemeinde so liebenswürdig war, dem Kongreß als Ehrengabe ein Buch zu widmen, welches draußen den Herren Kongreßteilnehmern zur Verfügung steht, nachdem ich also auch darüber mit Dank quittiert habe, darf ich die heutige Tagung mit den Worten schließen: Auf baldiges Wiedersehen in Oesterreich! (Lebhaftes Bravo!)

Vorsitzender Landrat a. D. **Rötger:** Meine Herren! Den Wunsch, den der Herr Vorsitzende des Zentralverbandes der Industriellen Oesterreichs zum Ausdruck gebracht hat, möchte ich auch von seiten des deutschen Centralverbandes lebhaft und stark unterstreichen. Ich will hoffen, daß, wenn wir uns in der schönen Donaukaiserstadt wiedersehen, daß wir dann einen ebenso guten Verlauf unserer Verhandlungen haben werden, wie das heute der Fall gewesen ist. (Bravo!)

Meine Herren! Nun möchte ich noch eine Mitteilung für die Herren des Centralverbandes Deutscher Industrieller machen. Im Anschluß an unsere gestrigen Verhandlungen und an die Festsitzung ist die Anregung gegeben worden, der Centralverband möge vor seinem Auseinandergehen den Manen unseres großen Reichskanzlers auch ein äußeres Zeichen der Huldigung darbringen. Es ist deswegen an dem Bismarckdenkmal der Stadt Leipzig ein Kranz niedergelegt worden mit der Aufschrift: „Dem Schöpfer unserer nationalen Wirtschaftspolitik.“ (Lebhaftes Bravo!)

Die Sitzung ist geschlossen.

Schluß der Sitzung 12¾ Uhr.

Telegramme.

An

Seine Majestät den Deutschen Kaiser,
Seine apostolische Majestät den Kaiser von Oesterreich und
Seine Majestät den König von Sachsen

wurden gleichlautende Telegramme folgenden Wortlautes gesandt:

„Eurer Majestät bringen die zu gemeinsamer Tagung in Leipzig versammelten Mitglieder des Centralverbandes Deutscher Industrieller und des Zentralverbandes der Industriellen Oesterreichs begeisterte, ehrfurchtsvolle Huldigung dar.

Centralverband Deutscher Industrieller.
Zentralverband der Industriellen Oesterreichs.“

Hierauf sind folgende Antworten eingegangen:

„Seine Majestät der Kaiser und König haben den Huldigungsgruß der Mitglieder des Centralverbandes Deutscher Industrieller und des Zentralverbandes der Industriellen Oesterreichs gern entgegengenommen und lassen bestens danken.

Auf Allerhöchsten Befehl:
Der Geheime Kabinettsrat von Valentini.“

„Seine K. und K. apostolische Majestät haben die Huldigung der zu gemeinsamer Tagung in Leipzig versammelten Mitglieder des Zentralverbandes der Industriellen Oesterreichs und des Centralverbandes Deutscher Industrieller mit herzlichstem Dank Allergnädigst zur Kenntnis zu nehmen geruht.

Im Allerhöchsten Auftrage:
Freiherr von Schiessel."

„Ich bitte Sie, den Teilnehmern der Versammlung deutscher und österreichischer Industrieller meinen herzlichsten Dank für den freundlichen Gruß zu übermitteln.

Friedrich August."

Verzeichnisse.

Liste der Anwesenden

bei der

Delegiertenversammlung des Centralverbandes Deutscher Industrieller

am 15. September 1913 im kleinen Kongreßsaale der Internationalen Baufach-Ausstellung zu Leipzig.

Vertreter von Reichs- und anderen Behörden, von Parlamenten usw.:

Herr Böttger, Hugo, Dr., M. d. R., Berlin.
„ Mehnert, Dr., Wirkl. Geh. Rat, Exzellenz, Dresden.
„ Morgenstern, H., Dr., Geh. Regierungsrat und vortragender Rat im Kgl. Sächs. Ministerium des Innern, Dresden-Blasewitz.
„ von Seydewitz, Staats- und Finanzminister, Exzellenz, Dresden.

Ferner nahmen als **Vertreter von befreundeten industriellen Organisationen** teil:

Herr von Böttinger, Dr., Geh. Regierungsrat, M. d. H., Berlin, als Vertreter des Vereins zur Wahrung der Interessen der chemischen Industrie Deutschlands und der Zentralstelle für Vorbereitung von Handelsverträgen.
„ Helft, Dr., Berlin, als Vertreter der Ständigen Ausstellungskommission für die deutsche Industrie.

Mitglieder des Direktoriums:

Herr Rötger, Landrat a. D., Vorsitzender, Berlin.
„ Abt, Kommerzienrat, Saarbrücken.
„ Ehrhardt, Max, Baurat, Weimar.
„ Hilger, Geh. Bergrat, Generaldirektor der Vereinigten Königs- und Laurahütte, Schloß Siemianowitz.
„ Hugenberg, Geh. Finanzrat, Vorsitzender im Direktorium der Fried. Krupp A.-G., Essen (Ruhr).
„ Schrey, Regierungs- und Geh. Baurat, Berlin.

Herr Semlinger, H., Geh. Kommerzienrat, Vorsitzender des Vereins Süddeutscher Baumwollindustrieller, Bamberg.
„ von Siemens, Wilhelm, Dr.-Ing., Geh. Regierungsrat, Vorsitzender des Aufsichtsrats der Siemens-Schuckertwerke, Berlin.
„ Vogel, Geh. Kommerzienrat, Vorsitzender des Verbandes der Textilindustriellen Chemnitz, Chemnitz.

Mitglieder der Geschäftsführung:

Herr Schweighoffer, Dr., Regierungsrat a. D., Geschäftsführer, Berlin.
„ von Stojentin, Dr., stellvertretender Geschäftsführer, Berlin.
„ Ebner, Dr., Berlin.
„ Hoff, Dr., Berlin.
„ Lohan, Dr., Berlin.

Mitglieder des Centralverbandes Deutscher Industrieller:

Herr Arends, Robert, Direktor, Geschäftsführer des Niederschlesischen Kohlensyndikats, G. m. b. H., Waldenburg (Schles.).
„ Ashoff, Wilhelm, Generaldirektor, Vorsitzender der Handelskammer Altena und des Wirtschaftlichen Verbandes Deutscher Messingwerke, Generaldirektor der Firma Basse & Selve.
„ von Böttinger, Geh. Regierungsrat Dr., M. d. H., Elberfeld.
„ Beisert, Geschäftsführer des Deutschen Braunkohlen-Industrie-Vereins, Halle a. S.
„ Beumer, W., Dr., Mitglied des Hauses der Abgeordneten, Generalsekretär des Vereins zur Wahrung der gemeinsamen wirtschaftlichen Interessen in Rheinland und Westfalen und der Nordwestlichen Gruppe des Vereins Deutscher Eisen- und Stahl-Industrieller, Düsseldorf.
„ Bleichert, Max, Kommerzienrat, i. Fa. Bleichert & Co., Leipzig-Gohlis.
„ Bleichert, Paul, Kommerzienrat, i. Fa. Bleichert & Co., Leipzig-Gohlis.
„ Blick, Dr., Vertreter der Firma Th. Goldschmidt, A.-G., Essen (Ruhr).
„ Boelcke, Dr., Vertreter des Gesamtverbandes Deutscher Metallindustrieller, Berlin.
„ von Borsig, E., Geh. Kommerzienrat, Berlin-Tegel.

Herr von Brockdorff, Dr. Graf, Generalbevollmächtigter, Sr. Durchlaucht des Fürsten von Donnersmarck, Berlin.

„ Burgers, F., Vertreter der Gelsenkirchener Bergwerks-A.-G., Rheinelbe b. Gelsenkirchen.

„ Büttner, Erhard, Dr., Syndikus, Geschäftsführer der Handelskammer zu Augsburg und des Vereins Süddeutscher Baumwollindustrieller, Augsburg.

„ Butz, Dr., Vertreter des Vereins für die bergbaulichen Interessen im Oberbergamtsbezirk Dortmund, Essen (Ruhr).

„ Cramer, W., Vertreter der Handelskammer Hagen, Hagen (Westf.).

„ van Delden, Gerrit, Geh. Kommerzienrat, Gronau (Westf.).

„ Dietrich, Dr., Syndikus der Handelskammer Plauen.

„ Ditges, Rudolf, Generalsekretär des Vereins Deutscher Papierfabrikanten und des Vereins Deutscher Schiffswerften, Berlin W 10, Lützowufer 17.

„ Eckardt, Dr.-Ing., Bergdirektor, Geschäftsführer des Bergbaulichen Vereins für Zwickau und Lugau-Oelsnitz, Zwickau.

„ Elsner, Georg, i. F. Buchdruckerei und Verlagsanstalt Otto Elsner, A.-G., Berlin S 42, Oranienstr. 141.

„ Ernst, Vertreter der Coronawerk-A.-G., Brandenburg a. H.

„ Fasolt, Dr., Generalsekretär des Vereins zur Wahrung gemeinsamer Wirtschaftsinteressen der deutschen Elektrotechnik, Berlin.

„ Fett, M., Direktor, i. Fa. Archimedes Aktiengesellschaft, Berlin, Vorsitzender des Verbandes zur Wahrung gemeinsamer wirtschaftlicher Interessen der deutschen Schrauben-Industrie, Hagen (Westf.).

„ Funcke, Bergrat, Kamen, Vertreter der Gelsenkirchener Bergwerks-Aktiengesellschaft, Gelsenkirchen.

„ Frölich, Fr., Dipl.-Ingenieur, Geschäftsführer des Vereins Deutscher Maschinenbau-Anstalten, Düsseldorf.

„ Forthmann, W., Direktor des Kalisyndikats, Berlin.

„ Grabenstedt, Dr., Generalsekretär des Gesamtverbandes Deutscher Metallindustrieller, Berlin.

„ Grunenberg, Dr., General-Bergdirektor, Bergrat, Hermsdorf, Bezirk Breslau, Vorsitzender des Niederschlesischen Kohlensyndikats G. m. b. H., Waldenburg (Schles.).

„ Haas, Karl, Dr. med. h. c., Geh. Kommerzienrat, erster stellvertretender Vorsitzender des Vereins Deutscher Zellstoff-Fabrikanten, Generaldirektor der Zellstoffabriken Waldhof in Deutschland und Rußland, Mannheim, Waldhof.

Herr Hasenclever, Vertreter der Gelsenkirchener Bergwerks-A.-G., Rheinelbe b. Gelsenkirchen.

„ Hasse, Hans, Vertreter des Vereins Deutscher Werkzeugmaschinenfabriken, Berlin, Berlin.

„ Henneberg, Joh., Vertreter des Deutschen Vereins feuerfester Produkte, Freienwalde.

„ Hirsch, Mitglied des Hauses der Abgeordneten, Syndikus der Handelskammer für die Kreise Essen, Mülheim (Ruhr) und Oberhausen, Essen (Ruhr).

„ Hoehl, W., Direktor, Geschäftsführer des Ausschusses der Steinsalzwerke, Deutsches Steinsalzsyndikat Leopoldshall-Staßfurt.

„ Hoff, Kommerzienrat, Vorsitzender des Zentral-Verbandes deutscher Kautschuk-Fabriken und Vertreter der Vereinigten Gummiwarenfabriken Harburg-Wien vormals Menier J. N. Reit hoffer in Harburg (Elbe).

„ Hoffmann, L., Generaldirektor, Halle (Saale), Vertreter der Firma A. Riebecksche Montanwerke A.-G., Halle (Saale).

„ Hohn, G., Vertreter der Harzer Hosenträger- und Gürtelfabrik, Goslar.

„ Karau, Bergassessor a. D., Geschäftsführer des Vereins der Deutschen Kaliinteressenten, Magdeburg.

„ Keibel, R., Dr., zweiter Syndikus der Handelskammer für die Kreise Essen, Mühlheim (Ruhr) und Oberhausen zu Essen (Ruhr).

„ Kind, Dr., Düsseldorf, Vertreter des Vereins zur Wahrung der gemeinsamen wirtschaftlichen Interessen in Rheinland und Westfalen und der Nordwestlichen Gruppe des Vereins Deutscher Eisen- und Stahlindustrieller, Düsseldorf.

„ Klemm, M., Kommerzienrat, Vertreter des Fabrikantenvereins zu Forst i. L. (E. V.), Forst (Lausitz).

„ Klenk, W., Vertreter des Vereins Wandsbeker Industrieller, Wandsbek.

„ Körting, Max, Leutzsch, i. Fa. Körting & Mathiesen A.-G.

„ Krüger, Generalleutnant z. D., Exzellenz, Geschäftsführer des Vereins der Fabrikanten landwirtschaftlicher Maschinen und Geräte sowie des Verbandes Deutscher Maschinenfabrikanten für Brauereiindustrie, Berlin.

„ Kubatz, Dr., Geschäftsführer des Vereins Deutscher Pappenfabrikanten (E. V.) und des Vereins zur Wahrung der Interessen der Asphaltindustrie in Deutschland, Berlin.

Herr Kuhlo, Dr., Syndikus des Bayerischen Industriellen-Verbandes, München.

„ Latwesen, Geschäftsführer der Wirtschaftlichen Vereinigung deutscher Messingwerke, Cöln.

„ von und zu Loewenstein, Bergassessor, Geschäftsführer des Vereins für die bergbaulichen Interessen im Oberbergamtsbezirk Dortmund, Essen (Ruhr).

„ March, Albert, Fabrikbesitzer, Vorsitzender des Deutschen Vereins für Ton-, Zement- und Kalkindustrie, Charlottenburg.

„ Martens, Dr., Syndikus der Handelskammer Dortmund, Dortmund.

„ Marwitz, Kommerzienrat, Vorsitzender des Verbandes Deutscher Baumwollgarnverbraucher, Dresden.

„ Mathiesen, Leutzsch, i. Fa. Körting & Mathiesen A.-G.

„ Meesmann, Direktor, Geschäftsführer des Mittelrheinischen Fabrikantenvereins, Mainz.

„ Meyer, W., Direktor, Vertreter des Vereins Wandsbeker Industrieller, Wandsbek.

„ Meyer, Wilhelm, Rechtsanwalt, M. d. R., Hannover.

„ Mittelstaedt, Wilhelm, Fabrikbesitzer, i. Fa. Christian Dierig, G. m. b. H., Oberlangenbielau.

„ Müllensiefen, Th., Kommerzienrat, Vertreter der Handelskammer Bochum, Crengeldanz (Westf.).

„ Müller, Bergrat, Vertreter der Bergwerks-Aktiengesellschaft „Consolidation“, Gelsenkirchen.

„ Müller, Th., Direktor der Firma Gebr. Stumm, G. m. b. H., Neunkirchen (Saar).

„ Mundt, Arthur, i. Fa. Berliner Gipswerke L. Mundt, vorm. H. Kühne, Berlin.

„ von Oechelhäuser, W., Dr.-Jng., Dessau, Vertreter des Kolonialwirtschaftlichen Komitees und der Deutschen Kontinental-Gas-Gesellschaft.

„ Ostern, Adolf, Dr., Gerichtsassessor, Geschäftsführer der Nordwestl. Eisen- und Stahl-Berufsgenossenschaft, Hannover.

„ Pelzer, Adolf Fr., Fabrikbesitzer, Vertreter des Vereins der Textilindustriellen von M.-Gladbach und Umgegend, M.-Gladbach.

„ Pohl, Dr., Geschäftsführer des Arbeitgeberverbandes für die Provinz Sachsen und der Vereinigung Deutscher Baumwollstrickgarnfabrikanten, Magdeburg.

Herr **Post**, Alexander, Fabrikbesitzer, Vorsitzender des Vereins der Märkischen Kleineisenindustrie, Hagen, und Vertreter der Handelskammer Hagen (Westf.).

„ **Reichert**, Dr., Geschäftsführer des Vereins Deutscher Eisen- und Stahlindustrieller, Berlin.

„ **Reincke**, F. C., Baumeister und Fabrikbesitzer, Vertreter des Verbandes Ostdeutscher Industrieller, Stolp (Pom.).

„ **Reinecker**, Joh. G., Kommerzienrat Dr.-Ing., Chemnitz, i. Fa. J. E. Reinecker, A.-G., Chemnitz-Gablenz, stellvertretender Vorsitzender des Vereins Deutscher Werkzeugmaschinenfabriken, Düsseldorf.

„ **von Reiswitz-Kaderzin und Grabowka**, Freiherr, geschäftsführendes Vorstandsmitglied des Allgemeinen Industrieverbandes, Hamburg.

„ **Reusch**, Kommerzienrat, Generaldirektor der Gutehoffnungshütte, Oberhausen (Rheinland).

„ **Riepert**, Regierungsbaumeister a. D., Vorsitzender der Zentralstelle zur Förderung der Deutschen Portland-Zement-Industrie, Berlin.

„ **Roitzsch**, Ernst, Syndikus, Geschäftsführer der Vereinigung Sächsischer Spinnereibesitzer, J. P. Chemnitz.

„ **Röll**, Wilhelm, Kommerzienrat, i. Fa. Erdmann Kircheis, Aue (Erzgebirge).

„ **Schaafhausen**, Direktor, Neuwelzow (N.-Lausitz).

„ **Scheufelen**, Adolf, Kommerzienrat Dr., Oberlenningen, i. Fa. Erste Deutsche Kunstdruck-Papierfabrik Carl Scheufelen, Oberlenningen-Teck, Württemberg.

„ **Schiele**, Ernst, Ingenieur, 2. Vorsitzender der Industrie-Abteilung der Hamburgischen Gewerbekammer, Hamburg.

„ **Schieß**, Dr.-Ing. h. c., Geh. Kommerzienrat, Düsseldorf, Vertreter des Vereins Deutscher Werkzeugmaschinenfabrikanten.

„ **Schlenker**, Dr., Syndikus der Handelskammer Saarbrücken, Generalsekretär des Vereins zur Wahrung der gemeinsamen wirtschaftlichen Interessen der Saarindustrie und der Südwestlichen Gruppe des Vereins Deutscher Eisen- und Stahl-Industrieller, Saarbrücken 3.

„ **Schmiedel**, Friedr., Landshut, Vertreter der Keksfabrik Landshut.

„ **Schrödter**, E., Dr.-Ing., Ingenieur, Geschäftsführer des Vereins Deutscher Eisenhüttenleute, Düsseldorf.

„ **Schröter**, Paul, Dr., Geschäftsführer der Handelskammer Duisburg-Ruhrort.

Herr Stahmer, Kommerzienrat, Georgs-Marienhütte, Vorsitzender der Handelskammer Osnabrück.
„ Steller, Paul, Generalsekretär des Vereins der Industriellen des Regierungsbezirks Cöln und des Vereins Deutscher Werkzeugmaschinenfabriken, Cöln.
„ von Stoephasius, Landrichter a. D., Geschäftsführer der Handelskammer für den Reg.-Bez. Oppeln, Oppeln.
„ Stumpf, F., Generalsekretär des Georgs-Marien-Bergwerks- und Hütten-Vereins, Syndikus der Handelskammer zu Osnabrück.
„ Süreth, Direktor, Königsberg i. Pr.
„ Tafel, W., i. Fa. Eisenwerk Nürnberg A.-G., vorm. J. Tafel & Co., Nürnberg.
„ Titze, Bergassessor, Senftenberg.
„ Toepffer, Dr., Vertreter des Vereins der Industriellen Pommerns und der benachbarten Gebiete, Stettin.
„ Töwe, Max, Dr., Verteter des Gesamtverbandes deutscher Metallindustrieller, Halle a. S.
„ Treutler, Bergwerksdirektor, Saarau i. Schlesien, Vertreter der Firma C. Kulmiz, G. m. b. H.
„ Tschierschky, Dr., Geschäftsführer des Vereins der Deutschen Textilveredlungsindustrie, Düsseldorf.
„ Ugé, Kommerzienrat, Kaiserslautern (Pfalz).
„ von Vopelius, Max, Dr., Hüttenbesitzer, Kom.-Rat, Sulzbach a. d. Saar.
„ Voye, Dr., Geschäftsführer der Handelskammer Hagen und des Vereins der Märkischen Kleineisenindustrie, Hagen.
„ Wächter, C., Zwickau, Vertreter der Handelskammer Plauen.
„ Walter, W., Senator, Fabrikdirektor, Hannover-Linden.
„ Weber, Herm., Geh. Kommerzienrat, Vorsitzender der Handelskammer Gera.
„ Weiskopf, Dr., Direktor der Hannoverschen Waggonfabrik, A.-G., Hannover-Linden.
„ Wenzel, Kommerzienrat, Direktor der Kammgarnspinnerei zu Leipzig, Leipzig.
„ Wiebe, Dr., Syndikus der Handelskammer Bochum, Bochum.
„ Wiesen, Herm. C., i. Fa. Websky, Hartmann & Wiesen, G. m. b. H., Wüstewaltersdorf (Schles.).
„ Zahnbrecher, Franz Xav., Dr. phil. und oec. publ., Nürnberg, Sandstr. 4, Geschäftsführer des Verbandes Bayerischer Metallindustrieller.

Herr Zanders, Hans, Kommerzienrat, i. Fa. J. W. Zanders, Papierfabrik, Bergisch-Gladbach, Vertreter des Vereins der Industriellen des Regierungsbezirks Cöln.
„ Zechner, Professor, Mannheim, Vertreter des Vereins deutscher Fabriken landwirtschaftlicher Maschinen und Geräte, Berlin.
„ Zeyß, Richard, Dr., Syndikus der Handelskammer Crefeld, Crefeld.
„ Ziese, Geh. Kommerzienrat, i. Fa. F. Schichau, Elbing.

Mitglieder des Zentralverbandes der Industriellen Oesterreichs:

Herr Brosche, Dr., Vertreter des Zentralverbandes der Industriellen Oesterreichs, Wien.
„ Czerwiny, Franz, Kommerzial, Wien.
„ von Gutmann, Ritter Max, Bergrat, Wien, Vertreter des Zentralverbandes der Industriellen Oesterreichs, Wien.
„ Heimann, Karl, Dr., Wien, Vertreter des Zentralverbandes der Industriellen Oesterreichs, Wien.
„ Josephy, G., Bielitz, Vertreter des Verbandes der Industriellen von Bielitz, Biala und Umgebung, Oesterreich.
„ Knöpfel, A., Fiume.
„ Kuffler, Arthur, Vertreter des Zentralverbandes der Industriellen Oesterreichs, Wien.
„ v. Méhely, K., Budapest, Vertreter des Landesverbandes ungarischer Eisenwerke und Maschinenfabriken.
„ Raunig, Wien, Vertreter des Industriellen-Klub.
„ Weil, A., Kaiserl. Rat, Wien.

Als Gäste waren anwesend:

Herr Beindorff, Hannover, i. Fa. Günther Wagner, Hannover.
„ Bovenschen, Dr., Geschäftsführer des Reichsverbandes gegen die Sozialdemokratie.
„ Dieterich, E., Hannover, i. Fa. W. Dieterich, Hannover.
„ Eberle, Dr., Bürgermeister, Vorsitzender des Reichsdeutschen Mittelstandsverbandes, Nossen (Sa.).
„ Fahrenbach, L., Geschäftsführer des Reichsdeutschen Mittelstandsverbandes, Leipzig, Senefelderstr. 13—17.
„ Flathmann, Geschäftsführer, Charlottenburg.
„ Grona, A., Bergwerksdirektor, Bitterfeld.
„ Haak, Carl, Leipzig.

Herr Heynig, H., Syndikus, Chemnitz, Vertreter des Chemnitzer Bezirks Deutscher Metallindustrieller.
„ Klitzsch, L., Direktor der „Leipziger Illustrierten Zeitung", Leipzig.
„ Köhler, Dr., Berlin.
„ Rechtsanwalt Dr. Kohlmann, Hans, Dresden, Vertreter der Ortsgruppe Dresden der Mittelstands-Vereinigung.
„ Méguin, Franz, Dillingen (Saar), i. Fa. Franz Méguin & Co., A.-G.
„ Moeller, Bergassessor, Waldenburg (Schl.).
„ Obst, Edm., Leipzig, Vertreter der Firma Erste Deutsche Kunstdruck-Papierfabrik Carl Scheufelen, Oberlenningen-Teck, Württemberg.
„ Pfauter, Herm., Chemnitz, Vertreter der Werkzeugmaschinenfabrik, Chemnitz.
„ Richter, Josef A., Kaiserl. Rat, Warnsdorf.
„ Rix, Berlin.
„ Röchling, P., Saarbrücken.
„ Sack, P., Kommerzienrat, Leipzig.
„ Schrader, Regierungsrat, Leipzig.
„ Steinegger, L., Mittweida.
„ Tänzler, Dr., Syndikus, Berlin.
„ Weber, Hofrat, Vertreter der „Illustrierten Zeitung", Leipzig.
„ Weise, Halle a. S., Vertreter der Firma Weise & Monski.
„ Zell, Halle a. S., Vertreter der Halleschen Pfännerschaft, A.-G.

Als Vertreter der Presse waren anwesend:

Herr Borchardt, Dr., „Correspondenz Herzberg", Berlin.
„ Kiessig, Paul, Leipzig, Redakteur, Vertreter der Zeitung die „Post".
„ Klinenberger, A., Wien, Vertreter der „Neue Freie Presse".
„ Müller, Julius, Wien, Redakteur der „Industrie".
„ von Röell, Kammerherr, Freiherr, Berlin.
„ Schweinburg, Viktor, Herausgeber der „Berliner Politischen Nachrichten".
„ Steinmann-Bucher, Herausgeber der „Deutschen Industrie-Zeitung", Berlin.
„ Süßmuth, Berlin, Chefredakteur der „Deutschen Export-Revue".

Entschuldigt hatten sich:

Vom Direktorium:

Herr Brückner, Richard, Kommerzienrat, Fabrikbesitzer, Calbe a. S.
„ Bueck, H. A., Generalsekretär, Berlin.

Herr Flohr, Geh. Baurat, Hamburg.
" Kirdorf, E., Geh. Kommerzienrat, Generaldirektor der Gelsenkirchener Bergwerks-Akt.-Ges., Rheinelbe bei Gelsenkirchen.
" Koenig, G., Geh. Regierungsrat, Vorsitzender des Direktoriums des Vereins der Deutschen Zucker-Industrie, Zweiter stellvertretender Vorsitzender, Berlin W, Kleiststr. 32.
" von Rieppel, A., Dr.-Ing. h. c. und Dr. phil., Kgl. Geh. Baurat, Vorsitzender des Bayerischen Industriellen-Verbandes, Erster stellvertretender Vorsitzender, Nürnberg, Aeußere Cramer-Klett-Str. 12.
" Schlumberger, Th., Geh. Kommerzienrat, Vorsitzender des Elsässischen Industriellen-Syndikats, Mülhausen i. Els.
" Vorster, Jul., Geh. Kommerzienrat, Mitglied des Hauses der Abgeordneten, Vorsitzender des Vereins der Industriellen des Reg.-Bez. Cöln, Cöln.
" Werminghoff, Generaldirektor, Weißer Hirsch bei Dresden.

Von Mitgliedern:

Herr Baur, G., Baurat, Kiel.
Bayerische Stahlformgießerei Krautheim & Comp., G. m. b. H., Allach b. München.
Herr Bedall, C. O., Fabrikdirektor, Mittweida (Sachs.).
" Beukenberg, Geh. Baurat, Hörde.
" Blohm, Herm., Dr.-Ing., Hamburg-Steinwärder.
" Blume, Direktor, Stettin.
" Brunner, A., Hof (Bayern).
" Däbritz, M., Bergrat, Zwickau.
" Delius, Carl, Geh. Kommerzienrat, Dr.-Ing., Aachen.
Deutsche Ammoniak-Verkaufsvereinigung, G. m. b. H., Bochum.
Deutscher Wäscherei-Verband, E. V., Berlin.
Herr Dietel, Franz, Geh. Kommerzienrat, Coßmannsdorf.
" von Donnersmarck, Guido Fürst Henckel, Neudeck (Oberschl.).
" Förster, Direktor der Zuckerfabrik Anklam, Anklam.
Handelskammer Altona.
Handelskammer Colmar.
Harzer Werke zu Rübeland und Zorge, Blankenburg (Harz).
Herr Haßler, i. F. Rugendas & Cie., Augsburg.
" Haumann, Oberbürgermeister, Cöln.
" Hinsberg, Ed., Düren.
Hochofenwerk Lübeck, A.-G., Herrenwyck.

Herr Jung, Kurt, Erster Direktor der Niederlausitzer Brikett-Verkaufsgesellschaft, Berlin.
„ Koechlin, Alb. G., Steinen (Baden).
„ Koch, Arthur, i. F. Gebrüder Koch, G. m. b. H., Lausigk (Sachs.).
„ Langen, C. O., Kommerzienrat, M.-Gladbach.
„ Lindgens, A., Cöln-Bayenthal.
„ Linke, Fürstlich-Hohenlohescher Generaldirektor, Slawentzitz.
„ Lürmann, Fritz W., Berlin.
„ Macco, Heinrich, Dr.-Ing., M. d. A., Siegen.
Mechanische Weberei Fischen, Sonthofen.
Herr Miller & Hetzel, München.
„ Moldenhauer, Professor Dr., Cöln.
„ Müller, C., i. Fa. Rütgerswerke, Akt.-Ges., Berlin.
„ Neubarth, Eugen, Kommerzienrat, Forst i. L.
„ Niedt, Dr., Kommerzienrat, Gleiwitz.
„ von Oswald, W., Geh. Kommerzienrat, Coblenz.
„ von Pechmann, Freiherr, Kgl. Kämmerer, München.
„ Petry, J., Kgl. Kommerzienrat, München.
„ Richter, Georg, Döbeln.
„ Schlesinger, Arthur, i. F.: Holzhandel G. m. b. H., Beuthen (Ob.-Schles.).
Schlesische Textilwerke, Methner & Frahne, A.-G., Landeshut (Schles.).
Herr Schmid, Th. W., Generaldirektor, Hof (Bayern).
„ Schwemann, Carl, Gevelsberg.
„ Servaes, A., Geh. Kommerzienrat, Düsseldorf.
„ Siegert, Kgl. Kommerzienrat, Hildesheim.
„ von Skene, Karl, Geh. Kommerzienrat, Breslau.
„ Sorge, Kurt, Direktor, Magdeburg-Buckau.
„ Stahl, Kommerzienrat, Dr.-Ing., Düsseldorf.
„ Tiemann, Kommerzienrat, Bielefeld.
„ Trescher, Dr., Düsseldorf.
„ Weinlig, Otto F., Generaldirektor, Burg Lede bei Beuel a. Rh.
„ Weicker, G., Direktor der Maschinen-Genossenschaft, Königsberg i. Pr.
„ Wihard, H. & F., Liebau (Schles.).
„ Winkler, Paul, Geh. Kommerzienrat, Fürth (Bayern).
„ Wolf, Netter & Jacobi, Berlin.
„ Zörner, Bergrat, Cöln-Kalk.

Liste der Anwesenden

bei der

gemeinsamen Tagung der deutschen und österreichischen Industriellen

am Dienstag, den 16. September 1913, 10 Uhr vormittags im großen Kongreßsaale der Internationalen Baufach-Ausstellung zu Leipzig.

Vertreter von Reichs- und anderen Behörden usw.:

Herr Ayrer, Dr., Geh. Regierungsrat, Vertreter der Kgl. Kreishauptmannschaft, Leipzig.
„ Dittrich, Dr., Oberbürgermeister, Leipzig.
„ Elterich, Ministerialdirektor, Geh. Rat im Kgl. Sächs. Finanzministerium, Dresden.
„ von Kreutzbruck, Robert, Ministerialrat im Handelsministerium, Wien.
„ Müller, Direktor im Reichsamt des Innern, Wirkl. Geh. Rat, Berlin.
„ Morgenstern, H., Geh. Regierungsrat im Kgl. Sächs. Ministerium des Innern, Dresden-Blasewitz.
„ Mehnert, Dr., Wirkl. Geh. Rat, Exzellenz, Dresden.
„ von Stockhammern, Geh. Legationsrat im Auswärtigen Amt, Berlin.

Ferner nahmen als **Vertreter von befreundeten ind ustriellen Organisationen** teil:

Von der Ständigen Ausstellungskommission für die deutsche Industrie:

Herr Busley, Prof., Dr., Kais. Geh. Regierungsrat, Berlin.
„ Helft, Dr., Berlin.

Mitglieder des Direktoriums:

Herr Rötger, Landrat a. D., Berlin.
„ Abt, Kommerzienrat, Saarbrücken.
„ Hilger, Geh. Bergrat, Generaldirektor der Vereinigten Königs- und Laurahütte, Vorsitzender der Oestlichen Gruppe des Vereins Deutscher Eisen- und Stahl-Industrieller, Berlin NW, Dorotheenstr. 50.
„ Hugenberg, Geh. Finanzrat, Vorsitzender im Direktorium der Fried. Krupp A.-G., Essen (Ruhr).
„ Schrey, Regierungs- und Geh. Baurat, Berlin.
„ Semlinger, H., Geh. Kommerzienrat, Vorsitzender des Vereins Süddeutscher Baumwollindustrieller, Bamberg.
„ Vogel, Geh. Kommerzienrat, Vorsitzender des Verbandes der Textilindustriellen Chemnitz, Chemnitz.

Mitglieder der Geschäftsführung:

Herr Schweighoffer, Dr., Regierungsrat a. D., Geschäftsführer, Berlin.
„ von Stojentin, Dr., stellvertretender Geschäftsführer, Berlin.
„ Ebner, Dr., Berlin.
„ Hoff, Dr., Berlin.
„ Lohan, Dr., Berlin.

Mitglieder des Centralverbandes Deutscher Industrieller:

Herr Arends, Robert, Direktor, Geschäftsführer des Niederschlesischen Kohlensyndikats, G. m. b. H., Waldenburg (Schles.).
„ Ashoff, Wilhelm, Generaldirektor, Vorsitzender der Handelskammer Altena und des Wirtschaftlichen Verbandes Deutscher Messingwerke, Generaldirektor der Firma Basse & Selve.
„ Batscheck, Generaldirektor des Deutschen Braunkohlen-Industrie-Vereins, Halle a. S.
„ Beisert, Geschäftsführer des Deutschen Braunkohlen-Industrie-Vereins, Halle a. S.
„ Beumer, W., Dr., Mitglied des Hauses der Abgeordneten, Generalsekretär des Vereins zur Wahrung der gemeinsamen wirtschaftlichen Interessen in Rheinland und Westfalen und der Nordwestlichen Gruppe des Vereins Deutscher Eisen- und Stahl-Industrieller, Düsseldorf.
„ Bleichert, Max, Kommerzienrat, i. F. Bleichert & Co., Leipzig-Gohlis.

Herr Blick, Dr., Vertreter der Firma Th. Goldschmidt, A.-G., Essen (Ruhr).

„ Boelcke, Dr., Vertreter des Gesamtverbandes Deutscher Metallindustrieller, Berlin.

„ von Borsig, E., Geh. Kommerzienrat, Berlin-Tegel.

„ Burgers, F., Vertreter der Gelsenkirchener Bergwerks-A.-G., Rheinelbe b. Gelsenkirchen.

„ van Delden, Gerrit, Geh. Kommerzienrat, Gronau (Westf.).

„ Dietrich, Dr., Syndikus der Handelskammer Plauen.

„ Ditges, Rudolf, Generalsekretär des Vereins Deutscher Papierfabrikanten und des Vereins Deutscher Schiffswerften, Berlin W 10, Lützowufer 17.

„ Elsner, Georg, i. F. Buchdruckerei und Verlagsanstalt Otto Elsner, A. G., Berlin S 42, Oranienstr. 141.

„ Ernst, Vertreter der Coronawerk-A.-G., Brandenburg a. H.

„ Frölich, Fr., Dipl.-Ingenieur, Geschäftsführer des Vereins Deutscher Maschinenbau-Anstalten, Düsseldorf.

„ Gerwin, C., Direktor des Stahlwerksverbandes, Aktiengesellschaft, Düsseldorf.

„ Grabenstedt, Dr., Generalsekretär des Gesamtverbandes Deutscher Metallindustrieller, Berlin.

„ Gulden, W., Vorsitzender der Handelskammer Chemnitz.

„ Hasenclever, Vertreter der Gelsenkirchener Bergwerks-A.-G., Rheinelbe b. Gelsenkirchen.

„ Hasse, Hans, Vertreter des Vereins Deutscher Werkzeugmaschinenfabriken Berlin, Berlin.

„ Henneberg, Joh., Vertreter des Deutschen Vereins feuerfester Produkte, Freienwalde.

„ Hirsch, M. d. A., Syndikus der Handelskammer für die Kreise Essen, Mülheim (Ruhr) und Oberhausen, Essen (Ruhr).

„ Hoehl, W., Direktor, Geschäftsführer des Ausschusses der Steinsalzwerke, Deutsches Steinsalzsyndikat Leopoldshall-Staßfurt.

„ Hoff, Kommerzienrat, Vorsitzender des Zentral-Verbandes deutscher Kautschuk-Fabriken und Vertreter der Vereinigten Gummiwarenfabriken Harburg-Wien vormals Menier J. N. Reithoffer in Harburg (Elbe).

„ Hoffmann, Felix, Geh. Kommerzienrat, Vertreter der Firma C. G. Hoffmann, Mechanische Buntweberei, Neugersdorf i. Sa.

Herr Horey, Dr., M. d. R., Vertreter der Leipziger Baumwollspinnerei, Leipzig-Lindenau.

„ Karau, Bergassessor a. D., Geschäftsführer des Vereins der Deutschen Kaliinteressenten, Magdeburg.

„ Keibel, R., Dr., zweiter Syndikus der Handelskammer für die Kreise Essen, Mülheim (Ruhr) und Oberhausen zu Essen (Ruhr).

„ Klemm, M., Kommerzienrat, Vertreter des Fabrikantenvereins zu Forst i. L. (E. V.), Forst (Lausitz).

„ Klenk, W., Vertreter des Vereins Wandsbeker Industrieller, Wandsbek.

„ Krüger, Generalleutnant z. D., Exzellenz, Geschäftsführer des Vereins der Fabrikanten landwirtschaftlicher Maschinen und Geräte sowie des Verbandes Deutscher Maschinenfabrikanten für Brauereiindustrie, Berlin.

„ Kuhlo, Dr., Syndikus des Bayerischen Industriellen-Verbandes, München.

„ von Langen, Gottlieb, Fideikommiß- und Fabrikbesitzer, Cöln, Vertreter des Vereins der Deutschen Zuckerindustrie.

„ Martens, Dr., Syndikus der Handelskammer Dortmund, Dortmund.

„ Meesmann, Direktor, Geschäftsführer des Mittelrheinischen Fabrikantenvereins, Mainz.

„ Meyer, W., Direktor, Vertreter des Vereins Wandsbeker Industrieller, Wandsbek.

„ Meyer, Wilhelm, Rechtsanwalt, M. d. R., Hannover. gartenstr. 39.

„ Mittelstaedt, Wilhelm, Fabrikbesitzer, i. Fa. Christian Dierig, G. m. b. H., Oberlangenbielau.

„ Müllensiefen, Th., Kommerzienrat, Vertreter der Handelskammer Bochum, Crengeldanz (Westf.).

„ Müller, Bergrat, Vertreter der Bergwerks-Aktiengesellschaft „Consolidation", Gelsenkirchen.

„ von Oechelhäuser, W., Dr.-Ing., Dessau, Vertreter des Kolonialwirtschaftlichen Komitees und der Deutschen Kontinental-Gas-Gesellschaft.

„ Ostern, Adolf, Dr., Gerichtsassessor, Geschäftsführer der Nordwestl. Eisen- und Stahl-Berufsgenossenschaft, Hannover.

„ Peltzer, Adolf Fr., Fabrikbesitzer, Vertreter des Vereins der Textilindustriellen von M.-Gladbach und Umgegend, M.-Gladbach.

Herr Pohl, Dr., Geschäftsführer des Arbeitgeberverbandes für die Provinz Sachsen und der Vereinigung Deutscher Baumwollstrickgarnfabrikanten, Magdeburg.

„ Post, Alexander, Fabrikbesitzer, Vorsitzender des Vereins der Märkischen Kleineisenindustrie, Hagen, und Vertreter der Handelskammer Hagen (Westf.).

„ Preller, F., Mitinhaber der Fa. F. M. Weber, Papier- und Pappenfabrik, Leipzig.

„ Reichert, Dr., Geschäftsführer des Vereins Deutscher Eisen- und Stahlindustrieller, Berlin.

„ Reinecker, Joh. G., Kommerzienrat, Dr.-Ing., Chemnitz, i. Fa. J. E. Reinecker, A.-G., Chemnitz-Gablenz, stellvertretender Vorsitzender des Vereins Deutscher Werkzeugmaschinenfabriken, Düsseldorf.

„ Reusch, Kommerzienrat, Generaldirektor der Gutehoffnungshütte, Oberhausen (Rheinland).

„ Roitzsch, Ernst, Syndikus, Geschäftsführer der Vereinigung Sächsischer Spinnereibesitzer, J. P., Chemnitz.

„ Röll, Wilhelm, Kommerzienrat, i. Fa. Erdmann Kircheis, Aue (Erzgebirge).

„ Schaltenbrand, Direktor der Hohenlohewerke in Hohenlohehütte (O.-S.).

„ Schieß, Dr.-Ing. h. c., Geh. Kommerzienrat, Vertreter des Vereins Deutscher Werkzeugmaschinenfabrikanten, Düsseldorf.

„ Schlenker, Dr., Syndikus der Handelskammer Saarbrücken, Generalsekretär des Vereins zur Wahrung der gemeinsamen wirtschaftlichen Interessen der Saarindustrie und der Südwestlichen Gruppe des Vereins Deutscher Eisen- und Stahl-Industrieller, Saarbrücken 3.

„ Schröder, Vertreter der A. Riebeckschen Montanwerke, A.-G., Halle a. S., Halle a. S.

„ Schröter, Paul, Dr., Geschäftsführer der Handelskammer Duisburg-Ruhrort.

„ Schürholz, H., Vorsitzender des Verbandes Deutscher Cocosindustrieller, Hervest-Dorsten.

„ Steven, A., Vertreter des Verbandes Deutscher Cocosindustrieller, Hervest-Dorsten.

„ v. Stoephasius, Landrichter a. D., Geschäftsführer der Handelskammer für den Regierungsbezirk Oppeln, Oppeln.

„ Stumpf, F., Generalsekretär des Georgs-Marien-Bergwerks- und Hütten-Vereins, Syndikus der Handelskammer Osnabrück.

Herr Tafel, W., i. Fa. Eisenwerk Nürnberg A.-G., vorm. J. Tafel & Co., Nürnberg.

„ Toepffer, Dr., Direktor, Vertreter des Vereins der Industriellen Pommerns und der benachbarten Gebiete, Stettin.

„ Töwe, Max, Dr., Vertreter des Gesamtverbandes deutscher Metallindustrieller, Halle a. S.

„ Treutler, Bergwerksdirektor, Vertreter der Firma C. Kulmiz, G. m. b. H., Saarau i. Schlesien.

„ Tschierschky, Dr., Geschäftsführer des Vereins der Deutschen Textilveredlungsindustrie, Düsseldorf.

„ Ugé, Kommerzienrat, Kaiserslautern (Pfalz).

„ von Vopelius, Max, Dr., Hüttenbesitzer, Kom.-Rat, Sulzbach a. d. Saar.

„ Voye, Dr., Geschäftsführer der Handelskammer Hagen und des Vereins der Märkischen Kleineisenindustrie, Hagen.

„ Weber, Herm., Geh. Kommerzienrat, Vorsitzender der Handelskammer Gera.

„ Wiebe, Dr., Syndikus der Handelskammer Bochum, Bochum.

„ Wiegand, Generaldirektor, Vertreter des Vereins deutscher Fabriken feuerfester Produkte, Cöln.

„ Wiesen, Herm. C., i. Fa. Websky, Hartmann & Wiesen, G. m. b. H., Wüstewaltersdorf (Schles.).

„ Zahnbrecher, Franz Xav., Dr. phil. und oec. publ., Nürnberg, Geschäftsführer des Verbandes Bayerischer Metallindustrieller.

„ Zeyß, Richard, Dr., Syndikus der Handelskammer Crefeld, Crefeld.

„ Ziese, Geh. Kommerzienrat, i. Fa. F. Schichau, Elbing.

Mitglieder des Zentralverbandes der Industriellen Oesterreichs:

Herr Bathelt, Richard, Bielitz (Oest.-Schl.), Verband der Industriellen von Bielitz, Biala und Umgebung.

„ Baumann, L., Oberbaurat, Wien, Oesterreichischer Ingenieur- und Architekten-Verein.

„ Bokmayer, Walther, Kais. Rat, Verband der Industriellen in den pol. Bezirken Baden, Mödling, Neunkirchen, Wr.-Neustadt und Umgebung.

„ Budig, Max, Dr., Zwickau, Verein der Baumwollspinner Oesterreichs.

„ Bujatti, Hermann, Kommerzialrat, Wien, Verband österr. Seiden-Industrieller.

Herr Callenberg, Carl, Oberfurt, Zentraldirektor, Nordmähr.-schlesischer Industriellen-Verband.
„ Carus, Fritz, Dr., Regierungsrat, Reichenberg, Sekretär der Handels- und Gewerbekammer.
„ Cichorius, Theodor, Kratzau, Verband Nordböhmischer Industrieller.
„ Czerweny, Franz, Kommerzialrat, Wien, Juduſtrieller Klub.
„ Deutsch, Oscar, Bielitz (Oesterr.), Verband der Industriellen von Bielitz-Biala und Umgebung.
„ Fischl, Josef, Ing., Wien, Industrielle Vereinigung.
„ Fischer, Felix, Generalkonsul, Wien, Industrieller Klub.
„ von Fuchs, Oskar, Ingenieur, Böhm.-Kamnitz, Verein der österr.-ungar. Papierfabrikanten.
„ Grab, Emanuel, Kommerzialrat, Wien, Verein der österr.-ungar. Fabrikanten von Wachstuch, Linoleum, wasserdichten Stoffen und Kunstleder.
„ von Gutmann, Ritter Max, Bergrat, Wien, Industrieller Klub.
„ Haerdtl, Theodor, Dr., Direktionssekretär, Witkowitz, Nordmähr.-schles. Industriellen-Verband.
„ Hamburger, Adolf, Wien, Verein der österr.-ungar. Papierfabrikanten.
„ Heller, Rudolf, Direktor, Wien, Verein der österr. Zementfabrikanten.
„ Hüttemann, Gottfried, Oberbergrat, Brüx, Zentralverein der Bergwerksbesitzer Oesterreichs.
„ von Huze, Alfonse, Wien, Verein der österr. Waggonfabriken.
„ Josephy, Gustav, Kommerzialrat, Bielitz, Verband der Industriellen von Bielitz, Biala und Umgebung.
„ Kahl, Josef, Dr., Sekretär, Reichenberg, Verband nordböhmischer Industrieller.
„ Kaiser, Max, Dr., Sekretär, Wien, Hauptstelle österr. Arbeitgeber-Organisationen.
„ Karrer, Heinrich, Reichenberg, Verband nordböhmischer Industrieller.
„ Kern, Theodor, Kommerzialrat, Iglau, Verein der Industriellen von Iglau und Umgebung.
„ Kiesewetter, Ferdinand, Reichenberg, Verband nordböhmischer Industrieller.
„ Klinenberg, Ludwig, Redakteur, Wien, Neue Freie Presse.
„ Kreindl, Karl, Wien, Oesterr. Ton-Industrie-Verein.
„ von Kreutzbruck, Robert, Ministerialrat, k. k. Handelsministerium.

Herr Krükl, Franz, Wien, Oesterr. Azetylen-Verein.
„ von Kubinzky, Eugen, Freiherr, Prag, Verein der Baumwoll-Drucker, Bleicher, Färber und Appreteure.
„ Kuffler, Arthur, Wien, Verein der Baumwoll-Spinner Oesterreichs.
„ Löbl, Richard, Dr., Aussig a. E., Elbeverein.
„ Löw-Beer, Alfred, Brünn, Verein der Woll-Industriellen Mährens.
„ Magnus, C. M., Direktor, Wien, Verband der österr.-ungar. Kautschukwarenfabriken.
„ Marbach, Ernst, Dr., Kommerzialrat, Wien, Verein der Baumwollweber Oesterreichs.
„ Marton, Max, Dr., Warnsdorf, Verband zur Wahrung von Industrie- und Handels-Interessen.
„ Mautner, Isidor, Kommerzialrat, Verein der Baumwoll-Spinner Oesterreichs.
„ Mayer, Isidor Edmund, Wien, Verein der Montan-, Eisen- und Maschinen-Industriellen in Oesterreich.
„ Mayr, Robert, Reg.-Rat Dr., Brünn, Sekretär der Handels- und Gewerbekammer.
„ Merz, Julius, Asch, Verein der Ascher Textilindustriellen.
„ Neumann, Adolf, Edler v. Ditterswald, Kais. Rat, Wien, Verein der Baumwoll-Drucker, Bleicher, Färber, Appreteure Oesterreichs.
„ Neumann, Alfred, Dr., Wien, Industrieller Klub.
„ Neumann, Karl, Kais. Rat, Reichenberg, Vereinigung zur Wahrung industrieller und gewerblicher Interessen für Reichenberg und Umgebung.
„ Nevole, Svetozar, Ingen., Wien, Verband zur Wahrung der Interessen der österr. Betriebskrankenkassen.
„ v. Noot, Hugo, Dr., Wien, Industrielle Vereinigung.
„ von Medinger, Edler, Hans, Generalkonsul, Wien, Brauherren-verein für Wien und Umgebung.
„ Mukden, Max, Brünn, Verband der Vigogne-Spinnereien Oesterreichs.
„ von Penzig-Franz, Ritter, Edgar, Generaldirektor, Vöslau, Verband der Kammgarnspinnereien Oesterreichs.
„ Pollak, Richard, Ingenieur, Wien, Industrieller Klub.
„ Pusch, Kurt, Direktor, Golleschau, Verein der österreichischen Zementfabrikanten.
„ Raunig, A. G., Generalsekretär, Wien, Industrieller Klub.

Herr Richter, Josef, A., Kais. Rat, Warnsdorf, Verband zur Wahrung von Industrie- und Handelsinteressen.
„ Rühr, K., Dir., Prag-Smichow, Verein der österr. Zementfabrikanten.
„ Scheider, Paul, Reichenberg (Böhmen), Verband nordböhmischer Industrieller.
„ Schindler, Max, Brünn, Verein österr. Malzfabrikanten.
„ Schmidt, Theodor, Kommerzienrat, Zentralverein der Schokolade- und Zuckerwarenfabrikanten in Oesterr.-Ungarn.
„ Schneider, Theodor, Dr., Sekretär, Wien, Verband zur Wahrung der Interessen der österreichischen Betriebskrankenkassen.
„ Schuster, Friedrich, Dr., Generaldirektor, Witkowitz, Nordmährisch-schlesischer Industriellen-Verband.
„ Seidner, Emil, Iglau, Verein der Wirk- und Strickwarenfabrikanten Oesterreich-Ungarns.
„ Spiegel, Fritz, Warnsdorf, Verband zur Wahrung von Industrie- und Handels-Interessen.
„ Spiro, Emanuel, Böhm.-Krumau, Verein der österr.-ungar. Papierfabrikanten.
„ Tom, Adolf, Asch, Verein der Ascher Textilindustriellen.
„ Urban, Karl, Dr., Prag, Herrenhausmitglied.
„ Vogt, Hans, Bielitz, Verband der Industriellen von Bielitz, Biala und Umgebung.
„ Walter, Alfred, Dr., Reichenberg, Verband nordböhmischer Industrieller.
„ Wiedermann, Ig., Georgswalde, Verband nordböhmischer Industrieller.
„ Winterberg, Josef, Wegstädtl, Genossenschaft der österreichischen Zuckerfabriken.
„ Wolf, Albert, Dr., Sekretär, Verein der Montan-, Eisen- und Maschinen-Industriellen in Oesterreich.
„ von Zimmermann, Carl, Althabendorf, Verband nordböhmischer Industrieller.
„ Zipser, Eduard, Bielitz, Verband der Industriellen von Bielitz, Biala und Umgebung.
„ Zipser, Erwin, Bielitz, Verband der Industriellen von Bielitz, Biala und Umgebung.

Als Gäste waren anwesend:

Herr Beindorff, Hannover, i. Fa. Günther Wagner, Hannover.
„ Böker, Leipzig.

Herr Bovenschen, Dr., Geschäftsführer des Reichsverbandes gegen die Sozialdemokratie.
„ Budia, Max, Dr., Zittau.
„ Dieterich, E., Hannover, i. Fa. W. Dieterich, Hannover.
„ Dix, Bruno, Leipzig.
„ Eberle, Dr., Bürgermeister, Vorsitzender des Reichsdeutschen Mittelstandsverbandes, Nossen (Sa.).
„ Eckardt, Dr.-Ing., Zwickau.
„ Eydam, Willy, Dresden, Vertreter des Zentralverbandes der Bergwerksbesitzer Oesterreichs.
„ Fahrenbach, L., Geschäftsführer des Reichsdeutschen Mittelstandsverbandes, Leipzig.
„ Finke, Cainsdorf, Vertreter der Königin-Marien-Hütte.
„ Flathmann, Geschäftsführer, Charlottenburg.
„ Heynig, H., Syndikus, Chemnitz, Vertreter des Chemnitzer Bezirks Deutscher Metallindustrieller.
„ Klien, Dr., Leipzig, Vertreter der Handelskammer Leipzig.
„ Konegen, F., Dr.-Ing., Braunschweig.
„ Köhler, Dr., Berlin.
„ Koehn, Theodor, Baurat, Berlin, Vorsitzender des Wasserwirtschaftlichen Verbandes.
„ List, Hermann, Naumburg (Saale).
„ Moeller, Bergassessor, Waldenburg (Schl.).
„ Olee, Syndikus, Mannheim, Vertreter des Verbandes der Metall-Industriellen Badens und der Pfalz.
„ Richter, Josef A., Warnsdorf.
„ Rix, Berlin.
„ Röchling, P., Saarbrücken.
„ Sack, P., Kommerzienrat, Leipzig.
„ Schmidt, Komm.-Rat, Leipzig, Vorsitzender der Handelskammer Leipzig.
„ Schön, Kgl. Baurat, Braunschweig, i. Fa. Max Jüdel & Co.
„ Schrader, Regierungsrat, Leipzig.
„ Spiegel, Fritz, i. F. Emil Spiegel & Comp., Warnsdorf.
„ Steinegger, L., Mittweida.
„ Tänzler, Dr., Syndikus, Berlin.
„ Walde, Direktor, Cöln a. Rh.
„ Weber, Hofrat, Vertreter der „Illustrierten Zeitung“, Leipzig.
„ Weise, E. F., Halle a. S.
„ Weise, Halle a. S.

Als Vertreter der Presse waren anwesend:

Herr Corvey, J., „Frankfurter Zeitung", Dresden.
„ Efferoth, „Abendzeitung", Leipzig.
„ von Röell, Kammerherr Freiherr, Berlin.
„ Schweinburg, Chefredakteur der „Berliner Pol. Nachrichten", Berlin.
„ Steinmann-Bucher, Herausgeber der „Deutschen Industrie-Zeitung", Berlin.
„ von Ulrich, C., „Berliner Lokal-Anzeiger", Leipzig.

Entschuldigt hatten sich:

Vom Direktorium:

Herr Brückner, Richard, Fabrikbesitzer, Calbe a. S.
„ Bueck, H. A., Generalsekretär, Berlin.
„ Ehrhardt, Max, Baurat, Weimar.
„ Flohr, Geh. Baurat, Hamburg.
„ Kirdorf, E., Geh. Kommerzienrat, Generaldirektor der Gelsenkirchener Bergwerks-Akt.-Ges., Rheinelbe bei Gelsenkirchen.
„ Koenig, G., Geh. Regierungsrat, Vorsitzender des Direktoriums des Vereins der Deutschen Zucker-Industrie, Zweiter stellvertretender Vorsitzender, Berlin W, Kleiststr. 32.
„ von Rieppel, A., Dr.-Ing. h. c. und Dr. phil., Kgl. Geh. Baurat, Vorsitzender des Bayerischen Industriellen-Verbandes, Erster stellvertretender Vorsitzender, Nürnberg, Aeußere Cramer-Klettstr. 12.
„ Schlumberger, Th., Geh. Kommerzienrat, Vorsitzender des Elsässischen Industriellen-Syndikats, Mülhausen i. Els.
„ von Siemens, Wilhelm, Dr.-Ing., Geh. Regierungsrat, Vorsitzender des Aufsichtsrats der Siemens-Schuckertwerke, Berlin SW, Askanischer Platz 3.
„ Vorster, Jul., Geh. Kommerzienrat, Mitglied des Hauses der Abgeordneten, Vorsitzender des Vereins der Industriellen des Reg.-Bez. Cöln, Cöln.
„ Werminghoff, Generaldirektor, Weißer Hirsch bei Dresden.

Von Mitgliedern:

Herr Baur, G., Baurat, Kiel.
Bayerische Stahlformgießerei Krautheim & Comp., G. m. b. H., Allach b. München.
Herr Bedall, C. O., Fabrikdirektor, Mittweida (Sachs).

Herr Beukenberg, Geh. Baurat, Hörde (Westf.).
„ Blohm, Herm., Dr.-Ing., Hamburg-Steinwärder.
„ Blume, Direktor, Stettin.
„ Brunner, A., Hof (Bayern).
„ Bührig, Dr., Berlin.
„ Däbritz, M., Bergrat, Zwickau.
„ Delius, Carl, Geh. Kommerzienrat, Dr.-Ing., Aachen.
Deutsche Ammoniak-Verkaufsvereinigung, G. m. b. H., Bochum.
Deutscher Wäscherei-Verband, E. V., Berlin.
Herr Dietel, Franz, Geh. Kommerzienrat, Coßmannsdorf.
„ von Donnersmarck, Guido Fürst Henckel, Neudeck (Oberschl.).
„ Förster, Direktor der Zuckerfabrik Anklam, Anklam.
Handelskammer Altona.
Handelskammer Colmar.
Handelskammer Krakau.
Harzer Werke zu Rübeland und Zorge, Blankenburg (Harz).
Herr Haßler, i. F. Rugendas & Cie., Augsburg.
„ Haumann, Oberbürgermeister, Cöln.
„ Hegenscheidt, Landrat, Dr. jur., Hoyerswerda.
„ Hinsberg, Ed., Düren.
Hochofenwerk Lübeck, A.-G., Herrenwyck.
Herr Jung, Kurt, Erster Direktor der Niederlausitzer Brikett-Verkaufsgesellschaft, Berlin.
„ Koechlin, Alb. G., Steinen (Baden).
„ Koch, Arthur, i. F. Gebrüder Koch, G. m. b. H., Lausigk (Sachs.).
„ Langen, C. O., Kommerzienrat, M.-Gladbach.
„ Lindgens, A., Cöln-Bayenthal.
„ Linke, Generaldirektor, Slawentzitz.
„ Lürmann, Fritz W., Berlin.
„ Macco, Heinrich, Dr.-Ing., M. d. A., Siegen.
„ Mayer, Dr., Geschäftsführer der Abteilung der Rohzuckerfabriken des Vereins der deutschen Zucker-Industrie, Berlin.
Mechanische Weberei Fischen, Sonthofen.
Herr Miller & Hetzel, München.
„ Moldenhauer, Professor Dr., Cöln.
„ Müller, C., i. F. Rütgerswerke Akt.-Ges., Berlin.
„ Neubarth, Eugen, Kommerzienrat, Forst i. L.
„ Niedt, Dr., Kommerzienrat, Gleiwitz.
„ von Oswald, W., Geh. Kommerzienrat, Coblenz.
„ von Pechmann, Freiherr, Kgl. Kämmerer, München.

Herr Petry, J., Kgl. Kommerzienrat, München.
„ Richter, Georg, Döbeln.
„ Schauseil, Verwaltungsdirektor, Hamburg.
„ Schlesinger, Arthur, Beuthen (Ob.-Schles.).
Schlesische Textilwerke, Methner & Frahne, A.-G., Landeshut (Schles.).
Herr Schmid, Th. W., Generaldirektor, Hof (Bayern).
„ Schwemann, Carl, Gevelsberg.
„ Servaes, A., Geh. Kommerzienrat, Düsseldorf.
„ Siegert, Kgl. Kommerzienrat, Hildesheim.
„ von Skene, Karl, Geh. Kommerzienrat, Breslau.
„ Sorge, Kurt, Direktor, Magdeburg-Buckau.
„ Stahl, Kommerzienrat, Dr.-Ing., Düsseldorf.
„ Tiemann, Kommerzienrat, Bielefeld.
„ Trescher, Dr., Düsseldorf.
„ Vosberg-Rekow, Dr., Berlin.
„ Weicker, G., Direktor der Maschinen-Genossenschaft, Königsberg i. Pr.
„ Weinlig, Otto F., Generaldirektor, Burg Lede bei Beuel a. Rh.
„ Wihard, H. & F., Liebau (Schles.).
„ Winkler, Paul, Geh. Kommerzienrat, Fürth (Bayern).
„ Wolf, Netter & Jacobi, Berlin.
„ Ziegler, Dr., Generalsekretär, Berlin.
„ Zörner, Bergrat, Generaldirektor der Maschinenbauanstalt Humboldt, Cöln-Kalk.

Industrie und Landwirtschaft.

Von H. A. Bueck.

Wieder einmal hatten die Gegner des Centralverbandes Deutscher Industrieller die Gelegenheit für gegeben erachtet, eine vernichtende Hetze gegen ihn zu veranstalten. Es handelte sich um die auf dem reichsdeutschen Mittelstandstage in Leipzig von dem Geschäftsführer des Centralverbandes Deutscher Industrieller, Regierungsrat a. D. Dr. Schweighoffer, gemachten Aeußerungen über die Beziehungen des Verbandes zur Landwirtschaft. Danach sollte von Schweighoffer auf der Grundlage der extremsten agrarischen Forderungen ein festes Bündnis mit dem Bunde der Landwirte geschlossen und damit seitens des Centralverbandes Deutscher Industrieller Verrat an der gesamten Industrie und dem Wirtschaftsleben des Vaterlandes verübt worden sein.

Die Führung bei dieser Hetze hatte die linksliberale Presse übernommen. Der „Bund der Industriellen" aber hatte die Anklage gegen den Centralverband Deutscher Industrieller als ersten Punkt auf die Tagesordnung seiner am 11. September in Leipzig abgehaltenen Mitgliederversammlung gesetzt, und sein Vorsitzender gab daselbst die genugsam bekannte „Erklärung" ab. Alle, die mit der Entstehungsgeschichte und der Wirksamkeit des Centralverbandes Deutscher Industrieller und des Bundes der Industriellen nicht vertraut sind, werden erstaunt sein über die Wirkungslosigkeit dieser Angriffe. Ihr Mißerfolg konnte nicht schlagender erwiesen werden, als durch den überaus glänzenden und erfolgreichen Verlauf der kurze Zeit nach der Versammlung des Bundes der Industriellen in Leipzig abgehaltenen Sitzungen und Versammlungen des Centralverbandes Deutscher Industrieller. Im Verlaufe dieser Versammlungen war es dem Geschäftsführer leicht geworden, überzeugend nachzuweisen, daß von irgendwelchen zoll- oder sonstigen wirtschaftspolitischen Abmachungen zwischen dem Centralverbande Deutscher Industrieller und dem Bunde der Landwirte, die überhaupt niemals bestanden haben, auch in Leipzig nicht die Rede gewesen war; auf entgegengesetzte, also falsche und trügerische Behauptungen, war auch diese neueste Hetze gegen den Centralverband Deutscher Industrieller aufgebaut.

Der Herausgeber dieser Blätter*) hat nun kürzlich in der Nr. 36 die Beziehungen zwischen der Industrie und der Landwirtschaft besprochen; diese Beziehungen sind auch mehrfach im Verlaufe der Leipziger Tagung des Centralverbandes Deutscher Industrieller sachgemäß erörtert worden. Trotzdem dürfte es doch vielleicht zum besseren Verständnis und zum Ausgleich der Gegensätze dienen, wenn die Gestaltung der Beziehungen zwischen der im Centralverbande Deutscher Industrieller vereinigten Industrie und der Landwirtschaft hier von einem Manne dargelegt wird, der, zu den wenigen Ueberlebenden gehörig, die damals in der vordersten Reihe der Kämpfer für den Schutz der nationalen Arbeit stehend, alle hier in Betracht kommenden Vorgänge miterlebt hat und aus 25jähriger praktischer Tätigkeit in der Landwirtschaft und aus fast 40jähriger Vertretung der industriellen Interessen diese beiden bedeutendsten Erwerbszweige unseres Vaterlandes in allen hier in Betracht kommenden Beziehungen ziemlich genau kennt.

Der Schutzzoll war abgetan. Auf dem Wege der autonomen Zollermäßigungen — autonom, weil sie aus eigener Entschließung erfolgten und weil, als besonderes Kennzeichen dieser handelspolitischen Richtung, keine Vorteile dafür vom Auslande verlangt oder erreicht wurden — waren seit dem Jahre 1868 Zölle ermäßigt und aufgehoben worden. Selbst die große Masse der Industriellen hatte sich mit der Aussicht abgefunden, demnächst den Rest ihrer Zölle zu verlieren. Sie hatten sich dem Zuge der Freihändler angeschlossen, die meisten wohl nicht aus innerer Ueberzeugung, sondern aus der, vielfach auch jetzt noch bestehenden gänzlichen Interesselosigkeit an den Vorgängen im öffentlichen Leben, und daher aus der Unfähigkeit, die Bedeutung und die Folgen dieser Vorgänge zu erfassen.

Nur eine geringe Anzahl weitblickender, entschlossener Männer der rheinisch-westfälischen Montanindustrie und der süddeutschen Baumwollindustrie hatte die unheilvollen Wirkungen des Freihandels und die traurigen Zustände erkannt, in welche der volle Sieg und die dauernde Herrschaft des Freihandels das Wirtschaftsleben des deutschen Volkes stürzen müsse. Offen erklärten sie, die Umkehr unserer Wirtschaftspolitik vom Freihandel zu dem System des

*) Der Artikel erschien zuerst in dem Organ des Centralverbandes, der „Deutschen Industrie-Zeitung".

Schutzes der nationalen Arbeit erstreben zu wollen. Ungeachtet des Hohnes und Spottes, mit dem sie überschüttet wurden, nahmen sie den Kampf für eine anscheinend gänzlich aussichtslose Sache auf.

Die im Jahre 1873 eingebrochene andauernde, Sorge, Not und Vernichtung verbreitende schwere Krisis veranlaßte jedoch zahlreiche Industrielle zum Nachdenken. So kam es, daß das kleine Häuflein der Schutzzöllner mit seiner außerordentlich kraftvoll betriebenen Agitation überraschend schnell Anhänger gewann und unter der Führung des schlesischen Großgrundbesitzers, Abgeordneten von Kardorff, sich bereits im Jahre 1876 eine Organisation, den Centralverband Deutscher Industrieller zur Förderung und Wahrung nationaler Arbeit schaffen konnte. Dieser hatte die Aufgabe, die Gesamtheit der industriellen Interessen zu vertreten, zunächst aber in unserer Wirtschaftspolitik den Grundsatz des Schutzes der nationalen Arbeit zur Geltung zu bringen und zu diesem Zwecke vor allem den Fürsten-Reichskanzler von der Notwendigkeit zu überzeugen, von dem bedingungslosen Freihandel zu einem System maßvoller Schutzzölle zurückzukehren. Diesen Aufgaben unterzog sich der täglich an Ausdehnung zunehmende Centralverband Deutscher Industrieller mit äußerster Kraft, mit großem Geschick und unverkennbarem Erfolge. Bereits wenige Jahre nach seiner Begründung hatte er aus dem Verlauf und den Nachwirkungen der von ihm veranstalteten beiden großen industriellen Kongresse im Juni 1877 in Frankfurt und im Februar 1878 in Berlin die Ueberzeugung gewonnen, daß er mit seiner Agitation nicht nur in der Industrie, sondern auch in der öffentlichen Meinung durchgedrungen sei. Eine glänzende Bestätigung brachten die Wahlen zum Reichstage im Sommer des Jahres 1878.

Die Bestrebungen des Centralverbandes Deutscher Industrieller hatten unverkennbar eine sehr wesentliche Unterstützung ganz besonders beim Reichskanzler gefunden durch den verhältnismäßig schnellen Gesinnungswechsel der Landwirte. Im Jahre 1873 waren ihrem leidenschaftlich freihändlerischen Andrange die Eisenzölle zum Opfer gefallen; in der ersten Hälfte der 70er Jahre hatte aber auch die fast 40jährige aufsteigende Konjunktur der deutschen Landwirtschaft ihr Ende erreicht. Die in großem Maßstabe verbesserten und vermehrten Verkehrsmittel zu Wasser und zu Lande ermöglichten es den überseeischen Ländern, die mit äußerst geringen Kosten hervorgebrachten Erzeugnisse ihrer gewaltigen Flächen jungfräulichen Bodens im Wettbewerb mit der heimischen Landwirtschaft besonders auf die vollkommen ungeschützten deutschen Märkte zu werfen. Die mehr und mehr zurückgehende Prosperität war der Landwirtschaft eine sehr gute Lehrmeisterin, um den Unterschied zwischen Freihandel und Schutzzoll und die Notwendigkeit des Schutzes auch für die Landwirtschaft klar zu machen.

Der Reichskanzler war mit seinen Bestrebungen für die Aenderung des Systems der Wirtschaftspolitik besonders bei der preußischen Regierung auf derart hartnäckigen und zähen Widerstand gestoßen, daß er sich veranlaßt sah, 1877 sein Entlassungsgesuch einzureichen; es wurde von dem großen Kaiser nicht angenommen. Dafür wurden Delbrück und Camphausen, diese festesten Stützen des Freihandels, beseitigt. Nun folgten Schlag auf Schlag die durchgreifendsten Maßregeln zur Aenderung unseres Wirtschaftssystems, so daß die verbündeten Regierungen in der Lage waren, bereits am 4. April 1879 den Entwurf eines neuen Zolltarifs den Reichstagsabgeordneten in die Osterferien nachzuschicken. Die Grundlage zu diesem Entwurf hatte freilich in sehr schwerer, mühevoller Arbeit der Centralverband Deutscher Industrieller geliefert. Er hatte in der Delegiertenversammlung vom 13. bis 15. Dezember 1877 nach Ausschaltung aller Gegensätze zwischen den verschiedenen Industrien den Entwurf eines Zolltarifes festgestellt und damit ein leuchtendes Beispiel für die Anerkennung des von ihm seit seiner Begründung hochgehaltenen Grundsatzes der Solidarität der Interessen gegeben. Der Centralverband Deutscher Industrieller hatte die Genugtuung, daß seine Vorschläge im großen und ganzen von der Regierung angenommen waren.

Zum vollen Siege der Bestrebungen des Centralverbandes Deutscher Industrieller fehlte nur noch die Annahme der Zollvorlage im Reichstage. Sie erschien den Männern im Centralverbande Deutscher Industrieller nicht sicher. Die Nationalliberalen vermochten sich nicht von den theoretischen Freihandelsideen zu trennen; es war sicher, daß sie den Reichskanzler in dieser für das deutsche Wirtschaftsleben entscheidenden Frage im Stiche lassen würden. Sie haben ihr Verhalten schwer büßen müssen. Der Gesinnungswechsel in der Landwirtschaft war zu schnell gekommen, um mit Sicherheit annehmen zu können, daß die Konservativen, die Vertreter der Landwirtschaft im Reichstage, geschlossen und fest zum Reichskanzler stehen würden. Noch mit den Nationalliberalen zu verhandeln, erschien absolut zwecklos; die wenigen mit dem Doktrinarismus der Partei nicht einverstandenen Männer hatten sich bereits von ihr getrennt.

Im Hinblick auf diese Verhältnisse entschloß sich der Vorsitzende des Centralverbandes Deutscher Industrieller, Geh. Kommerzienrat Schwartzkopff, Verhandlungen mit der Landwirtschaft anzuknüpfen, um diese sicher und fest für das Prinzip der Solidarität der Interessen zwischen Industrie und Landwirtschaft zu gewinnen. Das Ergebnis dieser Verhandlungen war zunächst die Einladung des Vorsitzenden des Centralverbandes Deutscher Industrieller zu dem am 24. und 25. Februar 1879 in Berlin tagenden 10. Kongreß deutscher Landwirte.

Der Centralverband Deutscher Industrieller hatte sich jedoch bereits früher über seine Stellung zu der Landwirtschaft geäußert. Am zweiten Tage des von ihm am 21. und 22. Februar 1878 in Berlin veranstalteten großen Kongresses der deutschen Industriellen wurde der in Leipzig ausgearbeitete Entwurf eines Zolltarifs nochmals beraten und gegen eine Stimme angenommen. In der Versammlung tadelte Knauer, ein höchst angesehener Grundbesitzer aus der Provinz Sachsen, das Fehlen von Zollvorschlägen für die Landwirtschaft. Darauf erklärte die Versammlung einstimmig und ausdrücklich,

> „daß der Centralverband Deutscher Industrieller die in seinem Tarifentwurf enthaltenen Positionen, welche die Landwirtschaft betreffen, ohne irgendein Urteil über dieselbe abgeben zu wollen, lediglich dem alten Tarif entnommen habe, da er sich nicht für berechtigt halte, über diese Materie ein Urteil abzugeben und dies den Landwirten selbst überlassen müsse".

Dieser Beschluß entsprach vollkommen den in der Einleitung (S. VIII) zu dem von der großen Versammlung nunmehr definitiv angenommenen Entwurfe eines deutschen Zolltarifs hinsichtlich des Verhältnisses zur Landwirtschaft niedergelegten Ansichten. Es hieß daselbst:

> „Daß Landwirtschaft und Industrie in der innigsten Wechselwirkung zueinander stehen und daß die Förderung der einen zurückwirken muß auf das Gedeihen der anderen, wird derjenige nicht verkennen, der einen tieferen Einblick in das wirtschaftliche Getriebe des Volkshaushaltes gewonnen hat. Es lag deshalb ursprünglich die Absicht vor, auch bezüglich derjenigen Tarifpositionen, welche in das landwirtschaftliche Gewerbe einschlagen, bestimmte Vorschläge in den Tarifentwurf aufzunehmen. Bei näherer Ueberlegung mußte man sich jedoch sagen, daß es, streng genommen, der Industrie an der erforderlichen Legitimation zur Stellung von Anträgen fehle, welche in korrekter Weise nur von

den Landwirten allein gestellt werden können. Wir haben deshalb davon abgesehen, bestimmte Anträge in bezug auf die Positionen zu formulieren, halten es aber für notwendig, hiermit ausdrücklich zu erklären, daß die deutsche Industrie gegen Zolleinrichtungen, welche der schwer bedrängten deutschen Landwirtschaft zu Hilfe kommen, in keiner Weise etwas zu erinnern findet."

Im Einklang mit dieser Erklärung hatte die Versammlung der Delegierten des Centralverbandes Deutscher Industrieller vom 15. und 16. Februar 1879 folgenden Beschluß gefaßt:

„Der Centralverband Deutscher Industrieller spricht seine volle Zustimmung zu dem in dem Schreiben des Fürsten-Reichskanzlers vom 15. Dezember vorigen Jahres entwickelten System einer ausgiebigen indirekten Besteuerung, namentlich zu einer Besteuerung ausländischer Konsumartikel aus. Insbesondere erklärt derselbe, daß er vom Standpunkt einer geschützten nationalen Industrie- und Gewerbetätigkeit aus gegen den entsprechenden Schutz der vaterländischen Landwirtschaft, also auch gegen einen mäßigen Getreide- und Viehzoll nichts zu erinnern findet und davon Nachteil weder für die deutsche Industrie, noch für die in derselben beschäftigten Arbeiter befürchtet."

Schwartzkopff hatte die Einladung zur Teilnahme an dem Kongreß deutscher Landwirte Folge geleistet und damit vollständig im Sinne der vorstehenden Meinungsäußerungen und Entschließungen des Centralverbandes Deutscher Industrieller gehandelt. Der erste Beratungspunkt der Tagesordnung lautete:

„Die Stellung der Landwirtschaft zu den wirtschaftlichen Reformplänen des Fürsten-Reichskanzlers."

Bezeichnenderweise war das Referat dem Fabrikdirektor Lohren übertragen, einem hochangesehenen Mitgliede des Centralverbandes Deutscher Industrieller, der mit außergewöhnlicher Energie für den Schutz der nationalen Arbeit eingetreten und ein begeisterter Anhänger des Fürsten Bismarck und seiner wirtschaftlichen Reformpläne war. Diese seine Ansichten äußerst scharf und rückhaltlos darstellend, hielt er sein von der Versammlung beifällig aufgenommenes Referat. Nachdem der Referent gesprochen, verlas Schwartzkopff die vorstehend angeführten, das Verhältnis zur Landwirtschaft betreffenden Aeußerungen und Beschlüsse des

Centralverbandes Deutscher Industrieller, und knüpfte daran einige kurze, treffende Bemerkungen über die Bedeutung des Schutzes der nationalen Arbeit; sie wurden mit lebhaftem Beifall aufgenommen. Schwartzkopff wies besonders darauf hin, daß, wenn infolge von Arbeitsmangel die Konsumtionsfähigkeit aufhöre, auch die billigsten Konsumartikel nichts nützen. Bei dem so beklagenswerten Daniederliegen der Industrie im Deutschen Reiche könne es dem Arbeiter nichts nützen, wenn das Brot noch einmal so schwer gebacken werde und er es nicht kaufen könne, sondern sich mit dem halben Brote begnügen müßte. Deshalb müßte auf die gemeinschaftliche Fahne geschrieben werden: „Arbeit und ihr Schutz für die Nation!" Diesen Worten folgte lebhafter Beifall.

Hierauf erhob sich einer der hervorragendsten Führer und Vertreter der Landwirtschaft, der Graf v. Mirbach-Sorquitten, um Schwartzkopff für seine offenen und bündigen Erklärungen zugunsten der Landwirtschaft zu danken und an die Landwirte die Bitte zu richten, die ihnen von der Industrie gebotene Hand zu akzeptieren. Er schloß mit den Worten: „Der Herr Reichskanzler, dem wir die ganze günstige Situation verdanken, hat es klar und deutlich ausgesprochen: „Keiner von uns wird stark genug sein, etwas zu erreichen, wenn wir uns nicht gegenseitig mit aller Hingebung unterstützen."

Die Landwirte hatten dieser Mahnung Folge geleistet. Am 12. Juli 1879 wurde die Zolltarifvorlage des Bundesrats vom Reichstage mit 217 gegen 117 Stimmen angenommen. Die Konservativen hatten fest zu Bismarck gestanden. Das kleine Häuflein der rheinisch-westfälischen und süddeutschen Schutzzöllner hatte das gewaltige Werk, die Umkehr unserer Wirtschaftspolitik zu dem System des Schutzes der nationalen Arbeit, vollbracht, und hat damit die sichere Grundlage für den gewaltigen Aufstieg unseres Wirtschaftslebens geschaffen. Dieser Aufschwung ist die feste Stütze des Staatswesens, der Machtstellung unseres Vaterlandes unter den Ländern der Erde, er ist die Quelle geworden, aus der die Mittel zur Erfüllung seiner Kulturaufgaben fließen.

Von einer immerhin noch sehr mächtigen Partei, zu der besonders die akademisch gebildeten Mitglieder fast aller Berufsstände gehörten, wurde die Rückkehr zum Schutzzoll als ein Akt krassester Reaktion betrachtet. Diesen Leuten, die, verrannt in die Ideen Adam Smiths und Cobdens, diese blindlings auch auf Deutschland übertragen wollten, war besonders die Einführung von Getreidezöllen selbst in dem geringen Betrage von 1 M. für 100 Kilogramm

Weizen und 0,50 M. für alles andere Getreide ein gewaltiger Stein des Anstoßes. Gegen sie, wie gegen den ganzen neuen Zolltarif entbrannte ein heftiger Kampf, dessen Abwehr die äußerste Aufmerksamkeit und Tätigkeit des Centralverbandes Deutscher Industrieller noch viele Jahre in Anspruch nahm.

An den Erhöhungen der Getreidezölle in den Jahren 1885 und 1887 hat der Centralverband Deutscher Industrieller keinen Anteil genommen, er hatte jedoch im Hinblick auf die immer schwerer werdende Notlage der Landwirtschaft keine Veranlassung gehabt, Widerstand gegen sie zu erheben.

Es kam das von Frankreich durch die Kündigung seiner sämtlichen Handelsverträge veranlaßte sogenannte handelspolitische Kometenjahr 1892. Deutschland, das keine Tarif-, sondern nur Meistbegünstigungsverträge besaß, war dadurch in der überaus günstigen Lage gewesen, alle Zugeständnisse, die andere Nationen sich gegenseitig machten, mitzugenießen, ohne dafür irgendetwas zu opfern. Es wurde aus dieser glücklichen Position heraus und in eine äußerst schwierige Lage versetzt. Deutschland aus dieser befreit, durch seine Handelsverträge dem deutschen Wirtschaftsleben das Fundament für eine von der Welt staunend beobachtete Entwickelung gegeben zu haben, war das unsterbliche Verdienst des Reichskanzlers C a p r i v i. Freilich hat er einen Fehler gemacht: Die Herabsetzung der Getreidezölle von 5 auf 3,50 M. Richtiger wird man freilich sagen, er hat nicht Kraft genug gehabt, um dem von den Freihändlern in den Parlamenten, in den Städtetagen, in der gesamten liberalen Presse veranstalteten jahrelangen Sturm gegen die Getreidezölle den erforderlichen Widerstand entgegen zu setzen. Die Herabsetzung war verhängnisvoll, da sie mit der äußersten Not der Landwirtschaft zusammen fiel, sie in eine verzweifelte Stimmung versetzte, die ihren Ausdruck in der Begründung des B u n d e s d e r L a n d w i r t e fand. Unter sehr geschickter und energischer Führung wurde dieser Bund eine Macht, von der die Interessen der Landwirtschaft nicht selten in rabiater, fast demagogischer Weise vertreten wurden.

Merkwürdigerweise wurde seitens des Bundes der Landwirte die Industrie und insbesondere der Centralverband Deutscher Industrieller beschuldigt, die Herabsetzung der Getreidezölle mit veranlaßt bzw. begünstigt zu haben, um damit in dem Vertrage mit Oesterreich günstigere Bedingungen für die Industrie zu erhandeln. Zur Abwehr dieser Verdächtigung veröffentlichte das Direktorium des Centralverbandes Deutscher Industrieller eine Erklärung, in der es hieß, „daß die deutsche Industrie keine Vorteile erstrebe, die nur auf Kosten der Landwirtschaft erreicht werden könnten. Wichtiger als die Höhe der landwirtschaftlichen Zölle sei die Erhaltung genügender Arbeitsgelegenheit für landwirtschaftliche und industrielle Arbeiter und die Aufrechterhaltung der vaterländischen Gewerbetätigkeit im bisherigen Umfange. Hierin seien die Interessen von Landwirtschaft und Industrie solidarisch."

Bereits in der Mitte der 90er Jahre begannen die Vorbereitungen für die Erneuerung der Handelsverträge. Der Kampf mit den Freihändlern nahm an Heftigkeit wieder zu, im Vordergrund der ganzen Bewegung standen die Getreidezölle. Auch jetzt wieder trat seitens der Führer des Bundes der Landwirte eine gereizte, fast feindliche Stimmung gegen die Industrie hervor. Diese Führer waren durch die hinter ihnen stehende große Macht und die bereits erzielten Erfolge ersichtlich in einen gewissen Taumel geraten, der sie veranlaßte, für den dem Abschluß der neuen Handelsverträge zugrunde zu legenden neuen Zolltarif Forderungen zu stellen, denen der Centralverband Deutscher Industrieller sich nicht nur nicht anschließen konnte, sondern denen er teilweise sogar entschieden entgegentreten mußte. Der Centralverband Deutscher Industrieller nahm seine Stellung zu den Hauptfragen des heiß entbrannten Kampfes, des Abschlusses von Handelsverträgen überhaupt und des ihm zugrunde zu legenden Zolltarifes, in folgender Erklärung:

„Der Centralverband Deutscher Industrieller erachtet den Abschluß von Handelsverträgen auf eine tunlichst lange Zeit im Interesse des deutschen Wirtschaftslebens für unbedingt notwendig, ebenso, daß dabei den Gewerben jeder Art, der nach Maßgabe ihres Bedürfnisses und der Interessen des Gemeinwohls zu bemessende Schutz erhalten bleibe bzw. gewährt werde."

Von diesen Gesichtspunkten geleitet ließ sich der Centralverband Deutscher Industrieller hinsichtlich seiner Stellung zu den Getreidezöllen weder durch das Geschrei der Freihändler noch durch die Feindseligkeit des Bundes der Landwirte beeinflussen. Im Interesse des Gemeinwohles erachtete er einen ergiebigen Schutz der Landwirtschaft für geboten, daher verlangte er die Wiederherstellung der Getreidezölle von 1887, hatte auch gegen die von dem Bundesrat vorgeschlagenen kleinen Erhöhungen schließlich nichts einzuwenden; die extremen Forderungen des Bundes mußte er jedoch nicht nur hinsichtlich der Getreidezölle, sondern auch in manchen anderen Beziehungen von denselben Gesichtspunkten aus entschieden bekämpfen.

Für die nunmehr bevorstehenden Erneuerungen der Handelsverträge hat der Bund dieselben extremen Forderungen angekündigt.

Es ist zu hoffen, daß es dem Centralverband Deutscher Industrieller gelingen wird, die Leiter des Bundes zu annehmbaren Kompromissen zu bewegen.

Aus den vorstehenden Darstellungen ist zu ersehen, daß der Geschäftsführer des Centralverbandes Deutscher Industrieller, Regierungsrat a. D. *Schweighoffer*, vollkommen im Geiste der Traditionen des Centralverbandes Deutscher Industrieller gehandelt hat, wenn er auf dem reichsdeutschen Mittelstandstage in Leipzig für die Verständigung und die Beziehungen zwischen Landwirtschaft und Industrie eingetreten ist. Dafür gebührt ihm nicht Tadel, sondern Dank, der ihm in der letzten Versammlung des Centralverbandes Deutscher Industrieller rückhaltlos zuteil geworden ist.

Persönlich möchte ich meiner Ansicht Ausdruck geben, daß das Bestreben *Schweighoffers*, die alten Beziehungen zwischen Industrie und Landwirtschaft in Erinnerung zu bringen und aufzufrischen, für die Gegenwart noch eine besondere Bedeutung hat.

Unverkennbar ist der von der Sozialdemokratie bereits erlangte starke Einfluß auf die Parteien und auf die Regierung. Ein starker Beweis dafür ist die Lösung der Frage, wie die Kosten der Heeresverstärkung aufzubringen seien. Die Masse des an der Erhaltung des Friedens und der Sicherheit des Staates in höchstem Maße interessierten Volkes hat nichts zu dieser Belastung beizutragen. Warum? Sollte der Arbeiter, der an seine Gewerkschaft *im Durchschnitt* jährlich rund 30 M. — die lokalen Parteiauflagen nicht mitgerechnet — abführt, nicht imstande sein, auch einige wenige Mark für die große patriotische Sache herzugeben? Sollte es nicht recht und billig sein, ihm durch dieses kleine Opfer seine Zugehörigkeit zum Vaterlande und das, was es ihm bietet, einmal wieder näher vor Augen zu halten? Nein, Regierung und Parteien scheuen sich, die Massen zu belasten, weil die Sozialdemokratie verlangt, daß nur der sogenannte „Besitz" die Lasten tragen muß. Die Besitzenden zu vernichten, gehört aber zu den Zielen der Sozialdemokratie, und die Auspoverung des Besitzes ist ein Schritt zur Erreichung desselben.

Die unfaßliche Zurückhaltung der Regierung gegenüber dem in den verschiedensten Formen seitens der Sozialdemokratie gegen die anderen Arbeiter geübten Terrorismus, die Ablehnung jeder Schutzmaßregel gegen die Uebergriffe der Sozialdemokraten seitens der liberalen Parteien — alles das sind doch nur Folgen des starken, zunehmenden Einflusses der Sozialdemokratie.

Und nun die Verhandlungen im Reichstage über die Heeresvorlage. Da ist auch viel über die Sozialdemokratie geredet worden.

von der einen Seite, um ihre Ungefährlichkeit darzustellen, von der anderen, bei Anerkennung der großen, in der sozialdemokratischen Bewegung liegenden Gefahr, doch in der deutlich erkennbaren Zuversicht, daß, wenn es zu dem von der Sozialdemokratie täglich gepredigten und mit allen Mitteln vorbereiteten Kampfe kommen sollte, der Staat mit seinem Heere leicht und schnell siegen werde. Demgegenüber möchte ich die freilich etwas heikle Frage aufwerfen, wie lange denn wohl noch auf die Treue und Zuverlässigkeit des Heeres zu rechnen sein wird, wenn die Regierungen mit so weitgehender Nachsicht der zügellosen Propaganda der Sozialdemokratie uneingeschränkten Fortgang gewähren? Diese, die Monarchie, den Staat, alle Autorität niederreißende, infam verhetzende Propaganda wurde ja bei den Verhandlungen über die Heeresvorlage in denkbar äußerstem Maße betrieben. Nach meiner Meinung trägt der Staat dessen Institutionen das Halten und die wörtliche weiteste Verbreitung solcher Reden, wie sie gelegentlich der Verhandlungen über die Heeresvorlage von den Sozialdemokraten gehalten wurden, frei gestatten, bereits den Todeskeim in sich.

Gegen diese trostlosen Zustände im Interesse der Erwerbsstände anzukämpfen, gehört meines Erachtens auch zu den Aufgaben des Centralverbandes Deutscher Industrieller. Wo darf er hoffen, Verbündete zu finden? Die linksliberalen bürgerlichen Parteien einschließlich des linken Flügels der Nationalliberalen erstreben das Bündnis mit den Sozialdemokraten, irgendwelche Schritte gegen diese zu tun, wird von ihnen entschieden abgewiesen. Ob es der verhältnismäßig geringen Zahl der Altnationalliberalen gelingen wird, die Mehrheit ihrer Partei in andere Bahnen zu lenken, ist fraglich. Das Zentrum hat bisher, wohl mit Rücksicht auf die große Zahl der zu ihm gehörenden süddeutschen Demokraten, sich jedem Vorgehen gegen die Sozialdemokratie gegenüber ablehnend verhalten. Es bleiben einzig die konservativen Parteien, auf die als Genossen in dem Streben, die Tatkraft der Regierung anzufachen und die liberalen Parteien zur besseren Einsicht zu führen, gerechnet werden könnte. Die konservativen Parteien aber haben ihre festeste Stütze in der Landwirtschaft, aus der ihre Angehörigen zumeist hervorgegangen sind.

Daher betrachte ich auch von diesen Gesichtspunkten aus das Streben Schweighoffers, die Beziehungen zwischen Industrie und Landwirtschaft wieder fester zu knüpfen, als höchst verdienstvoll.

Deutscher Verlag (G.m.b.H.), Berlin SW 48, Wilhelmstr. 8

FSC
www.fsc.org
MIX
Papier | Fördert
gute Waldnutzung
FSC® C083411

Kolibri 360 GmbH
Ferdinand-Jühlke-Straße 7
99095 Erfurt, Deutschland
produktsicherheit@kolibri360.de